Einführung
in die
Versicherungswirtschaft

Allgemeine Versicherungslehre

Von

Werner Mahr

Dritte Auflage

DUNCKER & HUMBLOT / BERLIN

Unveränderter Nachdruck der 1951 erschienenen ersten Auflage

Gedruckt 1970 bei fotokop wilhelm weihert, Darmstadt
Printed in Germany

Meinem Lehrer

Herrn Geheimrat Universitätsprofessor

Dr. Otto von Zwiedineck-Südenhorst

in herzlicher Verehrung zum

80. Geburtstag

gewidmet

Vorwort

Die Meinungen über Wesen und Wert der Versicherung sind geteilt. Die Fachkreise huldigen einem l'art pour l'art-Standpunkt, der sich zuweilen zu schwungvollen Phrasen hinreißen läßt, ohne damit die oft abfällige Einschätzung der breiten Öffentlichkeit beeindrucken zu können. Unbeirrt um den Streit der Parteien sucht das vorliegende Buch die ökonomischen Probleme der Versicherungswirtschaft durch eine sachlich-nüchterne Begründung unter Vermeidung aller Werturteile darzulegen. Das Bestreben ist, dem Praktiker die theoretische Begründung seiner täglichen Arbeit, dem Theoretiker die praktische Handhabung seiner Deduktionen zu zeigen. Der zur Verfügung stehende Raum machte eine weitgehende Zusammenpressung des Stoffes notwendig und ist damit zum Leidwesen des Verfassers einer leichten Verständlichkeit nicht zuträglich. Es ist ein Buch zum Studieren, nicht zum Lesen geworden, was, wie mir scheint, der Versicherungswissenschaft nicht zu schaden braucht. Es wurde darauf verzichtet, Lehrsätze als unumstößliche Dogmen zu verkünden, gegen die kein Zweifel mehr erlaubt ist. Die Berechnungen sind unter Aufzeigung der verwendeten Unterlagen durchgeführt und wollen von den Interessenten nachgeprüft werden. Die etwas umfangreich gewordenen Anlagen sollen einen Vergleich der Ausführungen des Verfassers mit den in der Sozial- und Individualversicherung getroffenen Maßnahmen erlauben und gleichzeitig das wichtigste Material für ein selbstständiges Durcharbeiten der Probleme bieten; eine spezielle Versicherungslehre, die noch mannigfache Fragen zu beantworten hätte, wollen sie keineswegs ersetzen. Ebenso sind nur die für die Ökonomik der Versicherungswirtschaft notwendigen Ansätze der Versicherungsmathematik einbezogen worden. Mangels neuerer Statistiken mußte mehrfach auf ältere Daten zurückgegriffen werden, was wohl die Aktualität, nicht aber die Problematik berührt. Vorwiegend liegen die deutschen Verhältnisse zugrunde, da uns eine zuverlässige Kenntnis des Auslandes immer noch erschwert ist. Vieles entstammt einem mehr als 20jährigen praktischen Einblick in die Versicherungswirtschaft.

Die Herren Prof. Dr. Friedrich Böhm, München, Prof. Dr. Reinhard Schaeder, Göttingen, und Direktor Josef Asang, München, hatten die Liebenswürdigkeit, Teile des Manuskriptes durchzusehen; für manche wertvolle Anregung und Verbesserung habe ich ihnen zu danken. Ebenso fand ich bei Herrn Direktor Dr. Georg Hoffmann, München, freundliches Verständnis für meine Arbeit.

Besonders verpflichtet bin ich Herrn Prof. Dr. Dr. Walter Rohrbeck, Köln, für die großzügige Hilfe, die er mir in mehrfacher Hinsicht bei der Abfassung dieses Werkes zuteil werden ließ.

Herrn Dr. Hans Broermann, dem Inhaber des Verlages, gebührt der Dank für seine unter den heutigen Verhältnissen besonders große Mühe, die er in freundlichem Entgegenkommen an die Wünsche des Verfassers aufgewendet hat.

Einer sachlichen Kritik danke ich im voraus, wenn sie mich auf Unrichtigkeiten und Unvollkommenheiten aufmerksam macht; das ganze Versicherungswesen zu beherrschen, geht über eines Menschen Kraft.

Mit der Widmung des Buches an meinen hochverehrten Lehrer, Herrn Geheimrat Universitätsprofessor Dr. Otto von Zwiedineck-Südenhorst, zu seinem 80. Geburtstage möchte ich ihm als verspätete Gabe nur einen kleinen Teil dessen zurückgeben, was ich in vielen Jahren aus seinem Munde auch in den Fragen des Versicherungswesens entgegennehmen durfte.

München, Ostern 1951

Dr. Werner Mahr

Inhalt

Abkürzungen

ADS.	=	Allgemeine Deutsche Seeversicherungsbedingungen.
AktGes.	=	Gesetz über Aktiengesellschaften und Kommanditgesellschaften auf Aktien (Aktiengesetz) vom 30. 1. 1937.
AVAVG.	=	Gesetz über Arbeitsvermittlung und Arbeitslosenversicherung vom 16. 7. 1927.
AVG.	=	Angestelltenversicherungsgesetz vom 28. 5. 1924.
BAG.	=	Gesetz über die Errichtung eines Bundesaufsichtsamtes für das Versicherungs- und Bausparwesen vom 7. 6. 1951.
BGB.	=	Bürgerliches Gesetzbuch für das Deutsche Reich vom 18. 8. 1896.
DVO.	=	Durchführungsverordnung.
DVW.	=	Deutsche Versicherungswirtschaft (siehe Literaturübersicht).
EStG.	=	Einkommensteuergesetz vom 27. 2. 1939.
GewStG.	=	Gewerbesteuergesetz vom 1. 12. 1936.
HandwAVG.	=	Gesetz über die Altersversorgung für das Deutsche Handwerk vom 21. 12. 1938.
HGB.	=	Handelsgesetzbuch vom 10. 5. 1897.
KnG.	=	Reichsknappschaftsgesetz vom 1. 7. 1926.
KnVersAnpG.	=	Knappschaftsversicherungsanpassungsgesetz vom 30. 7. 1949.
KStG.	=	Körperschaftsteuergesetz vom 5. 9. 1949.
RAO.	=	Reichsabgabenordnung vom 22. 5. 1931.
RVO.	=	Reichsversicherungsordnung vom 19. 7. 1911.
SozVersAnpG.	=	Sozialversicherungs-Anpassungsgesetz vom 17. 6. 1949.
StGB.	=	Strafgesetzbuch für das Deutsche Reich vom 15. 5. 1871.
VAG.	=	Gesetz über die Beaufsichtigung der privaten Versicherungsunternehmungen und Bausparkassen vom 6. 6. 1931.
VL.	=	Versicherungs-Lexikon (siehe Literaturübersicht).
VO.	=	Verordnung.
VVG.	=	Gesetz über den Versicherungsvertrag vom 30. 5. 1908.

Erstes Kapitel

Versicherung und Volkswirtschaft

§ 1. Die Gefahr, eine Gegebenheit des Lebens

Anstoß zur Entstehung und Entfaltung des Versicherungswesens ist die Bedrohung des menschlichen Lebens, seiner Veranstaltungen und Vorhaben durch Gefahren. Eine wirtschaftstheoretische Betrachtung des Versicherungswesens hat deshalb von der Gefahrenlage des Lebens auszugehen. Von hier aus hat sie Wesen und Aufgabe (Funktion) der Versicherung im Rahmen der Volkswirtschaft zu entwickeln. Die anderen Teildisziplinen der sogenannten Versicherungswissenschaft folgen anderen Prinzipien: für das Versicherungsrecht ist die jeweilige rechtliche Konzeption und Durchgestaltung des Versicherungsgedankens, für die Versicherungsstatistik die zahlenmäßige Erfassung der versicherungswirtschaftlich wesentlichen Vorgänge des Gesellschafts- und Wirtschaftslebens, für die Versicherungsmathematik die mathematische Auswertung der so gewonnenen Daten, für die Versicherungsmedizin die aus versicherungstechnischen Gründen notwendige Möglichkeit zur Beurteilung und Beeinflussung von Lebensdauer und Gesundheit bei Mensch und Tier maßgebend, während sich die Versicherungstechnik mit der Gesamtheit der zumeist aus Erfahrung gewonnenen Regeln über die praktische Beurteilung von Wagnissen, Versicherungsverträgen, sowie von Schadenabwicklungen befaßt. Die Versicherungsbetriebslehre schließlich wendet sich den mit der Führung eines Versicherungsbetriebes verbundenen Aufgaben, der betriebswirtschaftlich richtigen Kostenermittlung und der Rechnungslegung zu. Alle diese Wissenschaften, die sich jeweils mit einer besonderen Seite des „Gegenstandes“ Versicherung beschäftigen, setzen den mit dem Begriff der Versicherung gemeinten Sachverhalt als bekannt voraus und überlassen es der allgemeinen Versicherungslehre als der grundlegenden Disziplin, das Wesen der Versicherung zu erforschen.

Max Webers bekannte These, nicht die sachlichen Zusammenhänge der Dinge, sondern die gedanklichen Zusammenhänge der Probleme liegen den Arbeitsgebieten der Wissenschaften zugrunde und wo mit einer neuen Methode einem neuen Problem nachgegangen wird, entstehe eine neue Wissenschaft, trifft, wie auch anderwärts, nur für in ihrer Fragestellung spezialisierte und dank der angewendeten rational-einheitlichen Methode höchst entwicklungsfähige Teildisziplinen zu, wie sie hinsichtlich der Versicherungswissenschaft aufgeführt wurden. Die Versicherungswissenschaft grenzt sich durch die ihren Gegenstand berührenden sachlichen Zusammenhänge und Beziehungen ab; wo immer neue Bezogenheiten zu ihrem Gegenstand, der Versicherung schlechthin, entdeckt werden oder Bedeutung erlangen, die für eine gesonderte Behandlung umfangreich und problematisch genug sind, entstehen neue Teildisziplinen dieser Wissenschaft. Ihre Reihe erscheint keineswegs abgeschlossen, denn in Versicherungssoziologie, Versicherungsethik, Versicherungsklimatologie u. a. bahnen sich neue Teilwissenschaften an.

Die meisten der sogenannten Versicherungstheorien gehen von einem a priori gesetzten Begriff der Versicherung aus. Je nachdem, ob man diesen

Begriff weiter oder enger faßt, ihn auf die modern-rationale Gestaltung des Versicherungswesens abstellt, oder auch die Vorstufen berücksichtigt, wird man dem Gedanken der Versicherung universale oder nur auf unser Zeitalter beschränkte historische Geltung zuschreiben. Versteigen wir uns nicht zu der höchst unberechtigten Annahme, nur unsere moderne europäisch-amerikanische Lebensform sei die einzige rationale Gestaltungsmethode wirtschaftlichen und gesellschaftlichen Lebens, dann wird man alle Zeiten und Kulturen überspannend der Versicherung die Aufgabe zuschreiben: die Gefahren des Lebens in irgendeiner Form zu meistern. Ehe wir uns anschicken zu untersuchen, wie dies geschehen kann und welche hierzu gebotenen Möglichkeiten im besonderen als die eigentliche, ihr Wesen konstituierende Aufgabe der Versicherung erscheinen, ist die Vorfrage nach dem Wesen der Gefahr zu stellen. Zweifellos liegt es in der Linie der fortlaufenden Rationalisierung unseres Wirtschaftslebens, die mit den Gefahren gegebenen Unsicherheiten und Unberechenbarkeiten stetig einzuschränken und nach Kräften zu unterdrücken: Medizin, Hygiene, gesundheitliche Aufklärung suchen die Gefährdung des Lebens auf ein Mindestmaß herabzudrücken; die oft abfällig beurteilte Intensivierung der Staats- und öffentlichen Tätigkeit wie der wirtschaftlichen Verflechtung aller hat, wie den Kritikern zugegeben werden muß, zwar neue Gefahrenherde entstehen lassen, aber, wie ebensowenig geleugnet werden darf, andere Gefahrenbereiche eingedämmt oder ausgeschaltet; die individuelle oder kollektive Selbsthilfe der Bedrohten hat Maßnahmen zur Minderung oder Unterdrückung der Gefahren ergriffen, sucht man doch selbst durch eine möglichst exakte Marktforschung die Chancen eines dynamischen Wirtschaftsfortschrittes in immer engeren Grenzen zu berechnen. Hieraus den Schluß auf eine abnehmende Bedeutung des Versicherungsgedankens zu ziehen, wäre jedoch voreilig, weil wir erkennen müssen, daß jenseits und vor unserem Kalkul die Gefahr dem Leben innewohnt und mit seiner Ausgestaltung sogar erneut beschworen wird. ***Darin, daß mit dem Leben selbst unabweisbar die Gefahr gegeben ist, in seinem nur existentiell konstatierbaren Sein liegt der Ankergrund der Versicherung.*** Eine existentielle Analyse des Lebens in seiner Gesamtheit zeigt uns die Gefahren der Lebensstruktur und der Lebenskultur mit erschreckender Deutlichkeit.

Die Gefahren der Lebensstruktur

Nach einem allgemeinen Baugesetz sucht die Natur, das anorganische wie das organische, das individuelle wie das gesellschaftliche, das wirtschaftliche wie das technische Sein in einander entgegenwirkenden, aufbauenden und abbauenden, fördernden und hemmenden Kräften die jeweils geeignete Gestaltungsmöglichkeit der Wirklichkeit. Warum es so ist oder ob es auch anders denkbar wäre, bleibt eine metaphysische Frage. Wir haben diese Tatsache als ein mit unserer Existenz gegebenes Faktum hinzunehmen: In allem Geschehen um uns und in uns offenbart sich die Polarität widerstreitender Kräfte, die in ihrem Ausgleich die Gestalt des Seins, die „Ordnung" und in ihrem Mißverhältnis die Ungestaltetheit, Verworrenheit der anorganischen, die Krankheit der organischen Struktur ergeben. Jedes Sein dieser Welt findet in dem Augenblick seiner Reife, in dem Zustand seiner harmonischen Geordnetheit das seine Vollendung gewährende einmalige immer höchst labile Gleichgewicht dieser widersetzenden Kräfte, während in den vorangehenden oder nachfolgenden Perioden des Werdens die aufbauenden oder abbauenden, die positiven oder negativen Tendenzen das Übergewicht haben. Das Wort vom „gefährlichen Leben" ist ein Pleonasmus, insofern das Leben die Möglichkeit einer Disharmonie der es tragenden widerstreitenden Kräfte einschließt. Alles Sein geht seiner Auflösung, und sei es als Material eines neuen Werdeprozesses, einmal entgegen. Das Leben der Organismen, der Kulturen und Gesellschaften ist „ein Leben zum Tode" (Dacqué), naturgemäß wenn sie die Stufe ihrer Reife überschritten, tragisch wenn sie zuvor zerfallen. ***Die Lebensstruktur beinhaltet die Gefahr, die Lösung ihrer Harmonie wie des unzeitgemäßen Überwiegens der negativen Kräfte in sich.*** Was die Störung in der Ausgewogenheit dualer Lebenskräfte veranlaßt, ist hier unerheblich. „Diese Natur der Weltdinge bringt es mit sich, daß die Dinge, die versagen können, manchmal auch wirklich versagen" *(Thomas von Aquin)*. In der Struktur des Lebens selbst liegt unabwendbar die Gefahr, ihre alles Sein bedrohende Mächtigkeit.

Oscar Feyerabend hat in seiner philosophisch-naturwissenschaftlichen Theorie des Organischen diesen Tatbestand, der letztlich auch der heutigen Existentialphilosophie zugrunde liegt und deren berechtigten Kern bildet, herausgearbeitet. „Die Folge der Polarität ist also ein fortwährendes Gegeneinander bzw. Zusammenwirken von Gegensätzen, in denen der Weltprozeß fortschreitet, sei es in harmonischer Form in Liebe, sei es in disharmonischer im Kampfe. Philia und Neikos hat schon Empedokles als Weltprinzipien gelehrt. Die Planetenbewegungen entstehen durch Zentripetal- und Zentrifugalkraft, die Fortpflanzung der Organismen durch die Vereinigung der polaren Geschlechter, die Ertüchtigung der Lebewesen im Kampfe mit der feindlichen Umwelt, die menschliche Arbeit im Kampfe gegen Hunger und Not, die dramatische Handlung durch den Konflikt der Gegensätze, die Wirtschaft durch Angebot und Nachfrage, die Organisation der staatlichen Ordnung im Kampfe gegen ihre Feinde . . ." In seinem berühmten Aufsatz über „Die großen Mächte" hat *Leopold von Ranke* die gleiche Erkenntnis gewonnen: „Es sind Kräfte, und zwar geistige, Leben hervorbringende, schöpferische Kräfte, selber Leben, es sind moralische Energien, die wir in ihrer Entwickelung erblicken. Zu definieren, unter Abstraktionen zu bringen sind sie nicht; aber anschauen, wahrnehmen kann man sie; ein Mitgefühl ihres Daseins kann man sich erzeugen. Sie blühen auf, nehmen die Welt ein, treten heraus in dem mannigfaltigsten Ausdruck, bestreiten, beschränken, überwältigen einander; in ihrer Wechselwirkung und Aufeinanderfolge, in ihrem Leben, ihrem Vergehen oder ihrer Wiederbelebung, die dann immer größere Fülle, höhere Bedeutung, weiteren Umfang in sich schließt, liegt das Geheimnis der Weltgeschichte."

Wer noch weitere Belege für diese antagonistische Seinsstruktur sucht, sei an das geheimnisvolle Wechselspiel der Vitamine und Antivitamine, Hormone und Gegenhormone erinnert, und er übersehe nicht die Seinsnotwendigkeit gewisser, von uns vorschnell als unnütz oder sogar lebensschädlich bezeichneter Stoffe und Pflanzen, worauf *Karl Fahrenkamp* hingewiesen hat. Die Stabilität des Atoms ruht in der gegenseitigen Bindung seiner Ladungen. Die heutige Gestalt unserer Erdoberfläche ist das Ergebnis der gebirgsbildenden Kräfte gegen die abbauenden der Erosion. Das Klima erwächst aus dem Gegeneinander der Luftbewegungen, der Wasserzu- und -abführung, der Sonnenschein- und Wolkentage. Welche Wirkungen die jahreszeitlichen Schwankungen dieser Faktoren auf das tierische, pflanzliche, menschliche, gesellschaftliche und wirtschaftliche Leben haben, ist bekannt.

Selbst diesem Seinsgesetz verhaftet, erkennen wir und da oft nur die eine schädigende Seite dieser Polarität meist erst dann, wenn die Harmonie dieses Wechselspiels widerstreitender Kräfte gestört ist, wenn die eine Kraft über die andere die Oberhand gewinnt und die Ordnung des Ganzen in Frage stellt. „Halten sich die treibenden polaren Kräfte die Waage, so verläuft der organische Prozeß auf dem goldenen Mittelwege, d. h. normal; gewinnt eine der polaren Kräfte aber das Übergewicht über die anderen, so wird eine Verschiebung, ein Abweichen von der Norm eintreten: Krankheit.“ *(Feyerabend.)* Ist der durch den stets sich erneuernden Ausgleich der Gegenharmone und Gegenvitamine gesteuerte Hormon- und Vitaminhaushalt des Körpers aus dem Gleichgewicht gebracht, hilft folgerichtig vielfach eine künstliche Zufuhr der in die Minderheit geratenen Substanzen. Gewinnt im staatlichen oder wirtschaftlichen Leben ein Stand oder eine Berufsschicht die Übermacht, kann die eine der Marktparteien (Käufer oder Verkäufer, Unternehmer oder Arbeiter, Industrie oder Landwirtschaft, Staat oder private Wirtschaft) einseitig ihre Interessen in den Vordergrund schieben, ein Vorgang, den wir soziologisch als das Machtproblem begreifen, dann ist jedesmal die Auflösung der staatlichen und wirtschaftlichen Ordnung in greifbare Nähe gerückt.

Die Gefahren der Lebenskultur

Eine Reihe von Gefahren tritt hinzu, wenn der Mensch in der Absicht, das Sein seinem menschlichen Zwecke geeigneter zu gestalten, in die die Existenz des Lebens konstituierende Ordnung der polaren Kräfte eingreift. Vieles, was uns als Gefahr entgegentritt, ist Entartung des Lebens, bewußt, wenn auch nicht einsichtig vom Menschen vorgenommene Störung der Lebensharmonie. Oft will der Mensch ohne Bedachtnahme auf die vorgenommene Störung, vermeintlich im Namen der Kultur und des Fortschritts, die eine ihm gerade vorteilhaft scheinende Kraft fördern, die andere unterdrücken. So hoch die Errungenschaften der Technik gefeiert wurden, so unbestreitbare „Vorteile“ sie uns gebracht hat, so wenig dürfen wir heute die Gefährdung übersehen, die sie in unser Leben einführte. Nüchtern betrachtet ist Technik die vom Menschen vorgenommene einseitige Steigerung gewisser als brauchbar erachteter Naturkräfte, ein Eingriff in den an sich ausgeglichenen Energiehaushalt des Kosmos und damit Störung des Lebens im umfassenden Sinne. Niemand vermag die Wohltaten der Göttergabe zu ermessen, die Prometheus auf die Erde brachte und damit die Kultur begründete, aber jeder kennt auch den Schaden, den die „freie Tochter der Natur“ auf ihrer eigenen Spur anrichtet, noch dazu wenn sie der Mensch entfesselt. Neben die Gefahren der Lebensstruktur treten die *Gefahren der Lebenskultur*, die der an sich wohlgemeinten Absicht des Menschen entstammen, sein Leben besonders zu pflegen, die aber nicht oder nicht in diesem Maße bestanden haben, solange der Mensch noch sein naturhaftes Leben lebte; sie sind aufgetreten, als der Mensch die sinnvolle Ordnung der Natur zu seinen Gunsten „verbessern“ wollte.

Die im Zusammenhang mit der Verstädterung stehende Umstellung der Ernährung auf verstärkten Kohlehydratverbrauch (Eiweiß) brachte die Mangelkrankheiten und Avitaminosen (Skorbut, Rachitis, Rheuma, Zahnfäule usw.). Die im Interesse einer „rationellen“ Forstwirtschaft durchgeführte Beseitigung des Unterholzes und der Hekken sowie der einseitig, wegen der besseren Verwertbarkeit bevorzugte Anbau von Nadelhölzern verbunden mit der Fluß- und Bachregulierung störte den für die Landeskultur so wichtigen Wasserhaushalt der Natur (Senkung des Grundwasserspiegels), nahm den Vögeln die Nist- und Lebensgrundlage und damit der Insekten- und Raupenwelt die sie regulierenden Feinde. „Wo man die Bussarde abschießt und die Kreuzottern ausrottet, kommt die Mäuseplage und verdirbt durch Zerstörung der Hummelnester den zu seiner Befruchtung auf diese Insektenart angewiesenen Klee; das größere Raubzeug besorgte die Auslese unter dem Jagdwild, welches durch Fortpflanzung kranker Stücke entartet, wo seine natürlichen Feinde fehlen; und so geht es fort bis zu den schlimmeren Rückschlägen der verwundeten Natur exotischer Länder in Gestalt jener furchtbaren Seuchen, die sich an die Fersen des zivilisierten Europäers heften" *(Klages)*. Das ob seiner verheerenden Auswirkung erschütterndste Beispiel liefert die Bodenerosion, jene „Wüstenpolitik der Reichen", wie sie neuerdings *Metternich* eindringlich geschildert hat: Blühendes Land mit üppiger Fruchbarkeit wurde zur heimtückischen Steppe oder droht es zu werden. Die großstädtische Agglomeration uneinheitlicher Menschenmassen in den Industriezentren hat Gefahren in soziologischer, politischer, moralischer und wirtschaftlicher Hinsicht heraufbeschworen, weil sie, allein vom Verwertungsstreben unpersönlicher Kapitalien getragen, die verpflichtende Gegenseitigkeit aller Leistungen in einer organisch gegliederten Gesellschaft verleugnete und damit ganzen Menschengruppen mit der Sicherheit ihrer Existenz auch das Bewußtsein ihres Wertes und ihrer Würde nahm.

Immer wieder treten im Gefolge der technischen Entwicklung Gefahren auf: Explosionen, Verkehrs- und Betriebsunfälle, Verbrennungen bei Bestrahlungen, chemischen und technischen Vorgängen, Untergrunderschütterungen, Kurzschlüsse, Intensivierung der in der Natur verteilten und darum in ihrer Schadenswirkung paralysierten Kräfte auf einen kleinen Raum oder eine kurze Zeitspanne und dadurch bewirkte Störungen des Gleichgewichts (Strahlungstechnik, Energieversorgung, Atomkräfte u. dgl.), Vergiftungen des menschlichen, tierischen und pflanzlichen Lebens durch Abwässer, Narkotika usw.

Die zunehmende Verflechtung aller nationalen und übernationalen Wirtschaftsvorgänge, die Kehrseite der Vereinseitigung und Spezialisierung der Einzel- und Volkswirtschaften (Monokulturen!), angetrieben durch die höchstmögliche Ausnutzung fixer Kapitalien und unterstützt von einer Monopolisierungstendenz verschiedenster Aufmachung, hat die Anfälligkeit der Wirtschaften gegen Konjunkturen und Krisen erhöht und den Massen die Möglichkeit genommen, sich auf eine eigene, wenn auch schmalere Existenzbasis zurückzuziehen.

Wachsende Existenzgefährdung

Die labile Struktur unseres Seins hat demnach die forschreitende Entwicklung unserer Kultur nicht aufzuheben vermocht, die Gefahren der Lebensstruktur sind geblieben, wenn sie sich auch in ihrer Erscheinung gewandelt haben mögen. Neben sie treten immer bedrohender die durch die Entwicklung unserer materiellen und geistigen Kultur selbst gegebenen Gefahren der Lebenskultur. Einer Umkehr dieser existentiell begründeten Entwicklung, mit anderen Worten einer Primitivierung unseres Lebens, sind die Menschen, von asketischen Ausnahmen abgesehen, abgeneigt. Es bleibt demnach nur die Aufgabe, mit den mit unserem Lebensstil untrennbar verbundenen Gefahren fertig zu werden, sie abzuschwächen oder ihr Wachsen zu verhindern, soweit dies möglich ist, und im übrigen gegen ihre verheerende Auswirkung Vorkehrungen zu treffen. Dies geschah und geschieht in gewisser Hinsicht durch die Versicherung. Gegen die in der Unsicherheit und Unberechenbarkeit des menschlichen Lebens liegenden Gefahren (Lebensdauer, Erkrankung, Tod, Hinterbliebenenfürsorge, Verlust der Freiheit) haben die Menschen seit je einen versicherungsmäßigen Schutz gesucht, ebenso gegen die Wechselfälle der Natur und ihrer Kräfte (Brände, Dürren, Mißernten, Hagelschlag, Seuchen, Überschwemmungen u. dgl.). Die hier anknüpfenden Versicherungszweige haben sich nicht nur quantitativ mit der Vermehrung der Menschen und der Vergrößerung ihrer wirtschaftlichen Interessen ausgedehnt, sondern sie haben, wie noch zu zeigen, auch eine der jeweiligen gesellschaftlichen Situation entsprechende qualitative Ausgestaltung erfahren. Zu diesen auf eine lange Entwicklungslinie zurücksehenden Zweigen der Versicherung hat uns die steigende Gefährdung des technischen und industriellen Zeitalters eine unübersehbare Reihe neuer Versicherungszweige beschert: Transportversicherung, Glas-, Maschinenbruch-, Einbruch-Diebstahl-, Kraftfahrzeug-, Unfall-, Haftpflicht-, Regen-, Sturm-, Wasserleitungsschäden- und andere Versicherungen. Immer wieder entstehen neue Versicherungsarten und erfahren die bestehenden eine Anpassung an die sich ewig wandelnden Verhältnisse. *Der wachsenden Gefährdung unserer Existenz entspricht ein dem Umfang und dem Inhalt nach wachsendes Bedürfnis nach Versicherungsnahme.* In der Absicht, das oft erprobte Mittel der Versicherung gegen neu auftauchende Gefährdungen unserer Existenz immer wieder anzuwenden, hat man gelegentlich auch die Grenzen übersehen, innerhalb deren die Versicherung, namentlich in ihrer modernen rationalen Form, nur gedeihlich arbeiten kann, und sie auch gegen Gefahren versucht, wo sie versagen mußte. Die steigende Versicherungsnahme, zum Teil zwangsweise veranlaßt, hat ihrerseits Rückwirkungen auf unsere Zivilisation gezeitigt, die die ernste Frage aufwerfen, ob nicht mancherorts das Optimum des Versicherungsschutzes überschritten und einem in mancher Hinsicht nicht unbedenklichen Maximum nachgestrebt wurde. Ein gewisses Maß der Unsicherheit ist nicht nur tragbar, sondern scheint zuweilen sogar vorteilhaft zu sein.

Schrifttum: a) *Oscar Feyerabend* „Das organologische Weltbild", Berlin 1939; b) *Ludwig Klages* „Der Mensch und das Leben", Jena 1937; c) *Heinz Graupner* „Elixiere des Lebens", Berlin 1939; d) *Martin Heidegger* „Sein und Zeit", Halle a. d. S. 1935; e) *Werner Mahr* „Die Gefahr im Leben" Jahrb. f. Nat. u. Stat. Bd. 151, Jena 1940; f) *A. Metternich* „Die Wüste droht", Bremen 1947; g) *Leopold von Ranke* „Völker und Staaten". Eine Auswahl von *Leonhard von Muralt*, Erlenbach-Zürich 1945; h) *Otto von Zwiedineck-Südenhorst* „Sozialpolitik", Leipzig und Berlin 1911; i) *Max Weber* „Gesammelte Aufsätze zur Wissenschaftslehre", Tübingen 1922; k) *Thomas von Aquin* „Lehre des Heils". Übertragen und zusammengefügt von *Eduard Stakemeier*, Heidelberg 1948; l) *Aurelius Augustinus* „Die Ordnung". Übertragen von *Carl Johann Perl*, Paderborn 1940; m) *Walter Rathenau* „Die Mechanisierung der Welt", Schwenningen a. N. 1948; n) *Peter Wust* „Ungewißheit und Wagnis", München und Kempten 1946.

Die Lehre von der Polarität der das Leben gestaltenden Kräfte ist uraltes Gedankengut der Menschheit; sie wurde insbesondere von der Romantik neu aufgegriffen *(Novalis, Carus)*. Eine von tiefer Weisheit getragene Darstellung der Ordnung alles menschlichen und natürlichen Seins sowie der aus einer Störung drohenden Gefahren findet sich in *Adalbert Stifters* Roman „Der Nachsommer".

§ 2. Die wirtschaftliche Auswirkung der Gefahr: das Risiko

Der Wirtschaftsplan

Die geschilderten Gefahren bedrohen uns selbst und die Mittel, mit denen wir unsere Existenz führen; dazu erfordert die Paralysierung und Beseitigung der durch diese Gefahren eingetretenen abträglichen Folgen weitere Mittel naturaler oder monetärer Art. Da die überwiegende Mehrheit der für unsere Existenz notwendigen Mittel im Verhältnis zu ihrem Bedarf knapp ist und die strukturellen wie kulturellen Gefahren diese knappen Mittel angreifen oder zu ihrer Beseitigung vom Betroffenen zusätzlich knappe Mittel beanspruchen, greifen die Gefahren in unsere Dispositionen über die knappen Mittel, in unsere Wirtschaftsführung störend ein.

„Wirtschaften ist geordnetes Entscheiden über die Verwendung von Mitteln, es ist Widmen von knappen Mitteln für menschliche Zwecke nach dem Rationalprinzip, d. h. nach dem Grundsatz, mit den eingesetzten Mitteln das höchste Maß von Nutzen zu erreichen" *(v. Zwiedineck)*. Um die nach dem Rationalprinzip erforderliche Ordnung in die Verwendung unserer Mittel zu bringen, sei es um mit ihnen verbrauchswirtschaftlich das Höchstmaß an Nutzen zu erlangen, sei es um mit ihnen erwerbswirtschaftlich neue, geeignetere Mittel zu gewinnen, was beides für unsere Daseinsführung und -gestaltung von entscheidender Bedeutung ist, legen wir als Wirtschafter, oft nur in Gedanken, einen Wirtschaftsplan (Verbrauchswirtschafts- oder Erwerbswirtschaftsplan) an. In ihm werden die verfügbaren Mittel so auf die verschiedenen Verwendungsmöglichkeiten verteilt, daß mit ihnen direkt oder indirekt der weiteste Umkreis unserer Zwecke, die vordringlichsten vor den weniger dringlichen, erfüllt werden. Im Wirtschaftsplan werden die verfügbaren Mittel — und jeder muß, um überhaupt wirtschaften zu können, über Mittel, sei es auch nur über seine Arbeitskraft verfügen — auf jene Auswahl von Zwecken abgestimmt, die der Wirtschafter zu erfüllen beabsichtigt, und in ihm ist auch die Reihenfolge und Intensität festgelegt, bis zu der angesichts der Knappheit der Mittel die einzelnen Zwecke an die Reihe kommen. Der auf die Einkommensbeschaffung abzielende Erwerbwirtschaftsplan sieht den den höchsten Gewinn versprechenden Einsatz der verfügbaren Mittel (Arbeitskraft, Natur und Produktivgüter, Geldkapital), deren Verteilung auf die verschiedenen Verwendungsmöglichkeiten (je nach dem Erwerbszweig auf Rohstoffeinkauf, Maschinen- und Werkzeugbeschaffung, Unterkunftsbereitstellung, Absatz der Erzeugnisse, Finanzierungsaufgaben, Transportleistungen usw.) zwecks nachhaltiger Beschaffung im Betrieb oder Geschäft vor. Der Konsumwirtschaftsplan enthält die Aufteilung der gewonnenen Mittel (Einkommen) sowie der darüber hinaus herangezogenen Mittel (Vermögensverzehr, Schuldaufnahme, Unterstützungen) auf die in der Wirtschaftsperiode wiederkehrenden Bedürfnisse (Nahrung), den intermittierend wiederkehrenden Bedarf (Wohnungs- und Kleidungsaufwand) und den einmaligen Bedarf (größere Anschaffungen, Urlaubsreisen u. dgl.) vor. Jeder Wirtschaftsplan geht von einer als gegeben angenommenen Summe von Mitteln bzw. deren Verfügbarkeit, einer umgrenzten Auswahl zu erfüllender Zwecke und einer gewissen, meist durch die Verhältnisse im Zeitpunkt der Planaufstellung herrschenden oder erwarteten Relation zwischen den Mitteln und den für die Zweckerfüllung unmittelbar notwendigen Gütern (Preisen) aus. Diese dem Wirtschaftsplan zugrunde gelegten Daten (Menge der Mittel, Auswahl der Zwecke, sachliche und wirtschaftliche Zweck-Mittel-Beziehungen) bezeichnet *Eucken* als die *Plandaten*. „Seine jährlichen, monatlichen oder täglichen Wirtschaftspläne baut jeder Leiter einer Einzelwirtschaft auf Tatsachen auf, die er als gegeben ansieht. Sie sind für ihn Daten. Jeder einzelwirtschaftliche Plan ist auf solche Plandaten gegründet" (Eucken).

Diskrepanz zwischen Plandaten und faktischen Daten

Zu Beginn der Wirtschaftsperiode aufgestellt, wird der Wirtschaftsplan in deren Verlauf verwirklicht. Am Ende erweist sich, ob die im Wirtschaftsplan eingesetzten, erwarteten Daten mit den eingetretenen faktischen Daten übereinstimmen und den erhofften Gewinn oder Nutzen ergeben. Meist wird sich zeigen, daß alle oder einige Daten der Wirklichkeit von den ursprünglich geplanten Daten mehr oder weniger abweichen. Oft zeigen sich schon während der Ausführung des Wirtschaftsplanes „Abweichungen zwischen Erwartungen und Fakta" *(Erich Schneider)* nach der positiven oder negativen Seite, die unter Umständen schon während der laufenden Planungsperiode zu einer Umdisponierung der Mittel Anlaß geben können. Sowohl die gesamtwirtschaftlichen als auch die einzelwirtschaftlichen Daten, mit denen die Wirtschaft geplant wurde, erweisen sich als ungleich mit ihren faktischen Werten oder Verhältnissen und führen zu unvorgesehenen „Überraschungen".

Eine „Distanz zwischen Plandaten und faktischen Daten" *(Eucken)* kann sich aus verschiedenen Gründen ergeben, aus Irrtümern, falscher oder unvollständiger Berechnung, unzutreffender Beurteilung der einzelnen Posten, also aus subjektiven Mängeln des Wirtschafters. In der persönlichen oder sachlichen Ausstattung seiner Wirtschaft können Änderungen eintreten z. B. durch Tod, Krankheit, Vermehrung oder Verminderung der Kopfzahl, Anfall von Erbschaften, Auszahlung von Erbanteilen oder Mitgiften, Witterungsänderungen, Schadhaftwerden oder Zerstörung der sachlichen Produktionsmittel oder Einrichtungen usw. Aus den einzelwirtschaftlichen Dispositionen der an der Verkehrswirtschaft Beteiligten können sich Preis- und Mengenänderungen der Nachfrage oder des Angebotes ergeben. Schließlich erfahren die zumeist als konstant unterstellten gesamtwirtschaftlichen Daten (das technische und organisatorische Wissen, die rechtliche und soziale Ordnung, die Bedürfnisse überhaupt, Bevölkerungsgröße und Marktumfang) mitunter sogar umstürzende Veränderungen.

Ein Unterschied zwischen den vorher geplanten und später wirklich eintretenden Daten kann sich für die einzelne Wirtschaft unterschiedlich auswirken. Er kann sein

a) ***neutral***, wenn sich die angenommene Datenkonstellation ohne Beeinträchtigung des Wirtschaftszweckes in eine neue, den geänderten Verhältnissen angepaßte überführen läßt oder wenn der Unterschied zwischen Plandaten und faktischen Daten zu gering ist, um überhaupt von Bedeutung zu sein: Konsumänderungen und gleichzeitige entsprechende Produktionsänderungen, Berufswechsel, Kompensation von Preissenkungen bei dem einen Erzeugnis mit Preiserhöhungen bei anderen Waren u. a. m.

b) ***günstig***, wenn der in der Wirtschaftsführung eintretende faktische Gewinn oder Nutzen den erwarteten übertrifft, ein erwarteter Verlust sich als kleiner herausstellt oder die Wirtschaft einen zu diesem Zeitpunkt nicht erwarteten Mittelzugang erfährt (Erbschaften, Lotteriegewinne, Schenkungen, überreiche Ernte usw.). In Konsumwirtschaften können Preissenkungen bei unverändert gebliebenem (Nominal-) Einkommen, in Erwerbswirtschaften Preiserhöhungen bei gleichen oder nicht im gleichen Ausmaß gestiegenen Kosten und bei zumindest nicht entsprechend verringerter Absatzmenge dasselbe Ergebnis haben.

c) ***ungünstig***, wenn umgekehrt der faktische Gewinn oder Nutzen hinter dem veranschlagten zurückbleibt, die Wirtschaft in ihrem Vermögens- oder

Kapitalbestand Ausfälle erleidet oder bisher als erfüllt angesehene Zwecke infolge der geschilderten Unsicherheit des Lebens plötzlich ihre Erfüllung einbüßen und diese deswegen neu zu befriedigenden Zwecke sich mit höherer Dringlichkeit vor die anderen schieben, d. h. einen kostspieligen Umbau des gesamten Wirtschaftsplanes erfordern. Entgegengesetzte Preisentwicklungen wie bei b), Mittelausfall bei Arbeitslosigkeit, Zerstörung der Betriebsstätte, der Behausung, Mißernten, Viehsterben, Erkrankungen mit Arzt- und Heilkosten, Veruntreuungen sind Beispiele.

Geht auch in einer Anzahl von Fällen die volkswirtschaftliche und einzelwirtschaftliche Beurteilung dieser Diskrepanzen parallel, so ist in anderen die gesamtwirtschaftliche Bewertung zumindest problematisch (sog. Produktivitätsproblem). Auch innerhalb der Einzelwirtschaft hängt die Beurteilung unter Umständen von den individuellen Verhältnissen ab. Dasselbe Ereignis kann sich für die eine Wirtschaft günstig, für die andere als ungünstig auswirken: Erkrankungen, Unfälle sind für die Betroffenen von Nachteil, für den Arzt oder das Krankenhaus von Nutzen; Preisänderungen beeinflussen Anbieter und Nachfrager entgegengesetzt.

Das Risiko

Die neutralen und günstigen Unsicherheitsfaktoren beeinträchtigen die Ausführung des Wirtschaftsplanes (in ursprünglicher oder in abgeänderter Form) nicht, ja sie fördern ihn unter Umständen in erwünschter und unerwarteter Weise. Anders die ungünstigen Momente: mit ihnen bricht die Labilität unseres Seins zerstörend in die geplante Ordnung unserer Wirtschaft ein. In der Auswirkung der ungünstigen Unsicherheitsfaktoren konkretisiert sich wirtschaftlich die im Leben existentiell gegebene Gefahr, entsteht die Möglichkeit von Gewinn- oder Nutzenentgang, stehen den von den Wirtschaftern errechneten Gewinnchancen auch Verlustchancen gegenüber. Letztere bezeichnet man als Risiko. *Dem Begriff der Gefahr als einer nur existentiell erhellbaren Gegebenheit allen Seins schlechthin entspricht wirtschaftlich der engere Begriff des Risikos: die instabile Ordnung des Seins bringt in die Wirtschaftsführung Unsicherheiten hinein, die, wenn sie sich verwirklichen, eine abträgliche Diskrepanz zwischen Plandaten und faktischen Daten aufreißen.* Anders als die Gefahr ist Risiko ein wirtschaftlicher Begriff und meint kurz: die Möglichkeit von Verlusten an Mitteln oder Zwecken („chance of loss"). Risiken sind sich wirtschaftlich ungünstig auswirkende Gefahren.

In diesem Sinne ist der Begriff des Risikos in der Wirtschaftstheorie heimisch, und das für seine Übernahme anfallende oder geforderte Entgelt hat die Bezeichnung Risikoprämie gefunden. Trotzdem das in jeder wirtschaftlichen Betätigung liegende Risiko schon sehr früh erkannt wurde (z. B. von *Cantillon, v. Mangoldt*), hat sich die Wissenschaft erst in neuerer Zeit den mit dem Risiko verbundenen Problemen zugewandt. Auf eine schon ältere Untersuchung *Del Vecchios* sind besonders amerikanische Arbeiten gefolgt. Der erste hat sich mit dem Risiko und den verschiedenen Arten, es in Rechnung zu stellen, befaßt.

Willet unterscheidet *positive und negative Risiken*, je nachdem ob bereits vorhandene Güter (existing wealth) verlorengehen oder ob erwartete künftige Güter (expected future wealth) nicht eintreffen. Andererseits unterscheidet er *dynamische Risiken* (Verlustchancen unter dynamischen Wirtschaftsbedingungen) von *statischen Risiken* (im statischen Zustand vorhandene Verlustmöglichkeiten). Kann der letzten Unterscheidung zugestimmt werden, wobei die Wirtschaftstheorie auf den erheblich größeren Umfang der dynamischen Risiken gegenüber den statischen hinweist, so darf bei der zuvor genannten Unterscheidung nicht übersehen werden, daß damnum emergens und lucrum cessans wirtschaftlich oft dieselbe Auswirkung haben und oft in engstem Zusammenhang auftreten (Krankheit und Unfall bedeuten positiv Verlust der Gesundheit, ein Fabrikbrand Vermögensverlust und negativ Ausfall künftigen Einkommens).

Mowbray trennt die *reinen Risiken* (pure risks) von den *spekulativen Risiken* (speculative risks). In beiden Fällen beinhaltet das betreffende Ereignis eine Unsicherheit. Im Falle des reinen Risikos bedeutet sein Eintritt einen Verlust (Vernichtung zerstörbaren Eigentums), während bei den spekulativen Risiken als positives Ergebnis sich auch ein Gewinn einstellen kann (wirtschaftliche Unternehmung, Setzen im Spiel). Die Erhaltung eines von einem reinen Risiko bedrohten Objektes bedeutet an sich noch keine Wertvermehrung oder Gewinnzunahme. Aber Mowbray übersieht hierbei, daß ebenso wie bei den einem spekulativen Risiko unterliegenden Objekten auch den nur dem reinen Risiko unterworfenen der Verlustchance eine Gewinnchance gegenübersteht, nämlich der Nutzen, der sich aus diesen Gegenständen ziehen läßt, wenn sie nicht zerstört werden. Man wird also die Unterscheidung zwischen reinen und spekulativen Risiken in einem anderen Umstand suchen müssen (s. S. 75).

Speziell im Hinblick auf Investitionen hat *Keynes* auf einen besonderen Umstand aufmerksam gemacht, der für den Wirtschaftsablauf von weittragender Bedeutung ist. Neben das Risiko des Investors (Unternehmers oder Borgers), das aus den eigenen Zweifeln des Unternehmers über das voraussichtliche Erträgnis seiner Anlage entsteht, tritt im Falle der Kreditfinanzierung noch das Gläubigerrisiko, die Unsicherheit des Kreditgebers über die Rückzahlungssicherheit seitens des Investors, und gegebenenfalls als dritte Quelle des Risikos die Gefahr einer Änderung der Währungsgrundlage. Solange Borger und Verleiher ein und dieselbe Person sind, der Unternehmer also aus seinem eigenen Vermögen finanziert, wird das Investitionsrisiko nur einmal veranschlagt; sind beide verschiedene Personen, so tritt eine „Verdoppelung des Ansatzes eines Teiles des Risikos“ ein, weil sowohl der Investor als auch der Gläubiger ein höheres Entgelt fordern. „Während eines Aufschwunges hat die öffentliche Schätzung der Größe dieser beiden Risiken, sowohl des Borgerrisikos als des Verleiherrisikos, die Neigung, ungewöhnlich und unvorsichtig niedrig zu werden“.

Das Wort Risiko stammt von dem arabischen „rizk“ und hatte auch die Bedeutung eines glücklichen Zufalls, eines zufälligen Geschenkes. In „Tausendundeine Nacht“ findet der Prinz Scharkân unerwartet ein schönes Mädchen und sagt hierauf: „Jedes rizk hat seinen Grund“. Da bei dem strengen Fatalismus der Araber das „Rizk“ eine Fügung Allahs ist, wurde ihm auch ein ungünstiger Ausgang beigemessen (nach *Kulischer*). Der Begriff Risiko deckt heute in diesem zweiten Sinne einen unsere Erwartungen enttäuschenden Verlauf wirtschaftlich relevanter Ereignisse.

Schrifttum: Die Werke der Volkswirtschaftslehre, insbesondere: a) *Otto von Zwiedineck-Südenhorst* „Allgemeine Volkswirtschaftslehre“, Berlin-Göttingen-Heidelberg 1948; b) *Walter Eucken* „Die Grundlagen der Nationalökonomie“, Godesberg 1947; c) *Erich Schneider* „Einführung in die Wirtschaftstheorie“, Tübingen 1947 und 1949; d) *Adolf Weber* „Allgemeine Volkswirtschaftslehre“, München und Leipzig 1933; e) *John Maynard Keynes* „Allgemeine Theorie der Beschäftigung, des Zinses und des Geldes“, München und Leipzig 1936; f) *Gustavo del Vecchio* „Untersuchungen zur Theorie des Unternehmergewinnes“ in „Die Wirtschaftstheorie der Gegenwart“, Wien 1928.

§ 3. Die Risikobekämpfung

Risikohäufigkeit und Risikoumfang

Zufolge der in der Instabilität der Seinsordnung begründeten Gefahrenlage ist jede Wirtschaft von verlustbringenden Störungen ihres Planes bedroht. Wer die positive Chance des Gewinnes, der Nutzensteigerung sucht, muß die negative etwaiger Verluste in Kauf nehmen. Der Wirtschafter, der einen möglichst großen Nutzen oder Gewinn zu erreichen plant (Gewinnmaximierung), muß sich dabei auch über die Größe der ihn möglicherweise treffenden Verluste klar zu werden versuchen. Die Größe drohender Verluste hängt einmal davon ab, wie oft im Planungszeitraum durchschnittlich Verlustfälle eintreten *(Risikohäufigkeit)* und welches Ausmaß diese Verluste im Durchschnitt haben *(Risikoumfang)*.

Risikohäufigkeit. Wie oft die das menschliche, betriebliche und gesellschaftliche Leben tragende Polarität gegensätzlicher Kräfte ihre Ausgewogenheit verliert, kann nur die Erfahrung zeigen, die dabei jeweils die konkreten Verhältnisse zu berücksichtigen hat. Die Häufigkeit von Erdbeben ist geographisch außerordentlich verschieden; Stadt und Land unterscheiden sich hinsichtlich der Ansteckungshäufigkeit bei Seuchen und der Einwirkung der politischen Massenpropaganda; infolge der größeren und fast alltäglichen Preisschwankungen sind Börsengeschäfte riskanter als der Handel mit täglichen Bedarfsartikeln (Lebensmittel) oder taxierten Gütern; Herstellung eines neuen Artikels, Anwendung einer neuen Technik, Bearbeitung eines fernen Marktes sind problematischer als eine herkömmliche Wirtschafts- und Produktionsweise in bekannten Gleisen; Holzhäuser, noch dazu solche mit Holz- oder Schindelbedachung, fangen leichter Feuer als Steinhäuser mit Ziegel- oder Blechdach; in engen Großstadtstraßen verkehrende Kraftfahrzeuge verursachen öfter Zusammenstöße; im Kriege sterben mehr Menschen als im Frieden usw. usw.

Ein eindeutiger Zusammenhang zwischen der Häufigkeit von einem schädigenden Ereignis betroffen zu werden und der Häufigkeit, mit der der Mensch sich und seine Vermögensobjekte einer Gefahrensituation aussetzt, besteht nicht. Wer häufiger in die Stadt fährt, kann zwar öfters von Verkehrsunfällen betroffen werden als der, der sein Leben lang zu Hause auf dem Lande bleibt. Wenn aber die Berufskraftfahrer weniger häufig Unfälle haben als die Sonntagsfahrer, so beweist dies die größere Geschicklichkeit, die sich jene durch ihr häufigeres Fahren erworben haben. Umgekehrt kann das dauernde Schweben in einer Gefahrensituation zu Gewöhnung an die Gefahr und damit zu Unvorsichtigkeit und Nachlässigkeit verleiten, was eine Häufung der Schadensereignisse zur Folge haben kann.

Risikoumfang. Die „Dimension des Risikos" *(del Vecchio)* ist bestimmt: 1. von dem Wertverhältnis des von einem Gefahrenereignis bedrohten Objektes zum Gesamtgüterbestand der betreffenden Wirtschaft. Ein kleiner Verlust trifft eine arme Wirtschaft schwerer als ein vielfach größerer eine reiche. Seltene Erdbeben können in Städten mit großen Steinhäusern, umfangreichen unterirdischen Gas- und Wasserleitungen größere Verluste bringen (San Franzisko 1906) als in erdbebenreichen Gegenden mit überwiegend leichten Holzhäusern. Ein vielseitiger Betrieb, eine Gemischtwarenhandlung wird von der Preisschwankung eines Artikels weniger berührt als ein Spezialgeschäft. Eine Mißernte, zumal wenn sie nur bei einem Erzeugnis eintritt, oder eine Viehseuche vermag der universale bäuerliche Betrieb Europas eher zu überstehen als die reine Getreidefarm Amerikas oder die Viehfarm Südafrikas. Entscheidend ist das Verhältnis, in dem der riskierte Gegenstand bzw. sein Wert zur gesamten Ausstattung der Wirtschaft steht. Dieses Verhältnis kann, wie die höhere Empfindlichkeit von Großbetrieben gegen von außen kommende Störungen (Krisen) beweist, bei diesen ungünstiger sein als bei Klein- oder Mittelbetrieben.

Der Risikoumfang hängt 2. davon ab, wie lange die durch ein Gefahrenereignis herbeigeführte Störung der „normalen" Wirtschaftsführung andauert. Einkommensausfall wächst proportional der Dauer der Arbeitslosigkeit, Erkrankung, Betriebsstillegung. Heil- und Sanatoriumskosten summieren sich mit der Zeit. Ein oder wenige Regentage benachteiligen eine Sommerfrische oder ein mehrwöchiges Volksfest u. U. nicht erheblich, eine längere Regenperiode dagegen kann wirtschaftlichen Ruin bedeuten.

Der statistische Durchschnitt der Häufigkeit und des Umfanges bestimmter Risiken besagt indes noch nichts darüber, welche Verluste tatsächlich eine bestimmte Einzelwirtschaft erleiden kann; jene sind Werte, die nur in dem statistischen Kollektiv oder Universum gelten und hinsichtlich der Einzelfälle (Einzelwirtschaften) erhebliche Abweichungen zulassen. Trotz einer statistisch geringen Risikohäufigkeit und eines im allgemeinen kleinen Verlustumfanges kann die konkrete Wirtschaft X rasch hintereinander von ungünstigen Ereignissen mit jeweils größerem Schadensumfang betroffen werden. (Der statistische Durchschnitt ändert sich ja nicht, wenn dafür andere Wirtschaften weniger und kleinere Schäden erleiden.) Mit anderen Worten: *Selbst bei gleichen objektiven Bedingungen bleibt es der subjektiven Erwägung des einzelnen Wirtschafters überlassen, wie hoch er das Risiko seiner Wirtschaftsführung nach Häufigkeit und Umfang einzuschätzen hat.* Es hängt weiterhin von seinen individuellen Verhältnissen, seiner sonstigen Ausstattung, seinem Vermögensstand, seiner Kreditfähigkeit, seiner Improvisationsgabe, der ihm von anderen zukommenden Hilfe und ähnlichen Umständen ab, ob er eine bei ihm eintretende zufällige Häufung von schädigenden Ereignissen überstehen kann. Jeder versucht sein Glück anders.

Jede Wirtschaft muß sich mit ihrer nur subjektiv bestimmbaren Verlustchance individuell auseinandersetzen. Der eine Wirtschafter tut dies mit vorsichtiger, alle denkbaren Gefahrenklippen klug umschiffender Zurückhaltung, läßt dafür lieber eine Gewinnchance aus, der andere wagt sich im Vertrauen auf sein Glück und in der Hoffnung auf einen reicheren Gewinn an das riskantere Geschäft. Vor dem Risiko zurückzuschrekken, es in Kauf zu nehmen oder sogar zu suchen, unterscheidet die seelischen Temperamente. Gedeih und Verderb einer Wirtschaftsgesellschaft ist zu einem entscheidenden Teil auf die glückliche oder ungünstige Mischung dieser Temperamente zurückzuführen. Innerhalb der Verkehrswirtschaft verwirklichen sich nicht wenige wirtschaftlichen Projekte nur, weil „zwei Individuen gleich großen Vermögens das Opfer, ein Risiko auf sich zu nehmen, nicht in gleicher Weise einschätzen, obwohl dieses Risiko als Gegenstand, Dauer, Wahrscheinlichkeit und Berechenbarkeit gleich ist" *(del Vecchio).*

Minderung des Risikos

So notwendig und unvermeidbar es für unser aller Wohlergehen ist, daß Risiken getragen werden, mit ebensolcher Dringlichkeit verlangt das Rationalprinzip der Wirtschaft, daß jedes Risiko auf das geringstmögliche Maß herabgedrückt wird. Dafür bieten sich jeder Wirtschaft eine Reihe von Möglichkeiten:

1. *Die Risikomeidung.* Wenn es auch infolge der Seinslabilität nicht möglich ist, jeder Verlustgefahr bei wirtschaftlichen Betätigungen auszuweichen, so lassen sich doch bestimmte Verlustquellen vermeiden, indem auf eine besonders gefährliche Betätigung verzichtet wird. Man verzichtet lieber auf lockende Gewinne oder Genüsse, ehe man das Risiko läuft. Ein derartiges Verhalten ist rationell, wenn einem die Gewinnchance nicht groß genug erscheint oder wenn man die mit der Risikotragung verbundene Aufregung und Nervenanspannung nicht auszuhalten vermag.

Beispiele: Verzicht auf hagelempfindliche Kulturen in gewitterreichen Gegenden, auf Tierzucht in seuchenverdächtigen Gebieten, auf Anbau frostempfindlicher Gewächse in Landstrichen mit zu kurzer Sonnenscheindauer; Beibehaltung des gemischten landwirtschaftlichen Betriebes trotz günstigerer Rentabilität einer Monokultur; Verzicht auf neue unbekannte Techniken und Produkte; Verbot der Phosphorverwendung bei der Zündmittelherstellung; Vermeidung der Spekulation; Verzicht auf besonders riskante Verbindungen u. dgl. mehr.

Ein striktes Gebot der Risikomeidung würde heißen, auf die Möglichkeiten einer Verfeinerung unserer Lebenskultur zu verzichten, würde jede technische, wirtschaftliche und organisatorische Entwicklung abschneiden. Wird dies, und zwar aus gutem Grund, nicht gewollt, verspricht andererseits ein derartiges Vorgehen etwa angesichts der Auslandskonkurrenz auch keinen Erfolg, muß nach anderen Möglichkeiten, das Risiko zu mindern, gesucht werden.

2. *Die Risikovorbeuge.* Anders als bei dem mehr passiven Verhalten bei der Risikomeidung sucht man hier durch ein aktives Eingreifen das Risiko aufzuheben oder wenigstens zu beschränken. Dies setzt, wie allerdings auch schon die Risikomeidung, eine gewisse Kenntnis der Ursachen voraus, die die zerstörerischen Kräfte im Seinskosmos das Übergewicht gewinnen lassen, verlangt also ein genaues Studium der jeweils gültigen Seinsstruktur und die Erforschung der möglichen „konkreten Komplikationen" *(del Vecchio).* Wo Vorsicht nicht genügt, werden zusätzliche Sicherungen eingebaut. Da sich die schädigende Wirkung, die von einer Wirtschaft oder einem Betrieb ausgeht, vielfach nicht auf diesen beschränkt, vielmehr auch andere Wirtschaften (Nachbarn, Kunden usw.) gefährdet, ist die Risikovorbeuge, soweit es notwendig erscheint, zu einer behördlich sanktionierten Pflicht gemacht.

Anzuführen sind die Vorschriften einer gesunden Lebensführung und Ernährung; Maßnahmen einer die Spaltung der Wirtschaftsgesellschaft vermeidenden Sozialpolitik; die das ganze Wirtschafts- und Betriebsleben durchziehenden rechtlichen, gewerbe- und hygienepolizeilichen sowie Verkehrsvorschriften; Überwachung technischer Vorgänge, Unfallverhütung (Berufsgenossenschaften), Feuerschau, Trichinenschau, Dampfkesselüberwachung, regelmäßige Revision der elektrischen Anlagen, Lebensmittelkontrolle, Kaminkehrerordnung, Straßenreinigung, Müllabfuhr, Ungezieferbekämpfung, Schädlingsbekämpfung, Impfzwang, Absonderung ansteckend Kranker, Bevorzugung werdender und stillender Mütter, Schutz des Familienlebens, Fürsorge für gefährdete Jugendliche und vieles andere mehr.

3. *Die Risikobegrenzung (Risikoteilung).* Der drohende Verlust wird in ein tragbares, die Existenz zwar schmälerndes aber doch nicht vernichtendes Verhältnis zu der vorhandenen Wirtschaftssubstanz, dem Vermögen oder der sonstigen Ausstattung gebracht, indem man sich nur mit einem begrenzten Teil an dem riskanten Geschäft beteiligt; man begnügt sich nur mit einem Teil des Gewinnes, riskiert dafür mit einem Verlust auch nicht die gesamte Existenz. Je nach Lage kann man sich dafür an mehreren, voneinander unabhängigen Geschäften beteiligen und so eine gegenseitige Kompensation verschiedener Risiken erreichen.

Man kann zwei verschiedenartige Kulturen anlegen, deren eine Vorteil von dem Regen hat, der der anderen schadet *(del Vecchio).* Man kann eine Vielzahl von Artikeln führen und darauf bauen, daß sich Preissenkungen und Absatzrückgang bei den einen mit entgegengesetzten Bewegungen bei den anderen kompensieren. Wirtschaftsgeschichtlich sei auf die handelsrechtlichen Haftungsbeschränkungen verwiesen, die sich zu allen Zeiten durchgesetzt haben (Verlustteilung bei der Haverei — lex Rhodia de jactu —, Partenreederei, Seedarlehen, Aufkommen der handelsrechtlichen Gesellschaftsformen wie A.-G., G. m. b. H., K.-G., Genossenschaften m. b. H.). Allerdings darf nicht übersehen werden, daß eine gerissene Spekulation diese Teilung des haftenden Unternehmungskapitals in viele kleine Beträge auch benutzt hat, um die Anteile in weiten Kreisen unerfahrener Leute unterzubringen, deren schmale wirtschaftliche Existenz schon bei verhältnismäßig kleinen Verlusten bedroht war (Gründungsschwindel). Die rechtlichen Möglichkeiten der Haftungsbegrenzung wurden ferner in nicht wenigen Fällen zu einer der praktischen Annullierung der verantwortlichen Haftung gleichkommenden Verlustabwälzung mißbraucht. Aus derartigen Vorgängen ziehen selbst ausgesprochene Liberalisten die Forderung einer öffentlichen Publizität und Kontrolle solcher Hafteinschränkungen.

Dieser Risikoteilung stehen die Wünsche der am Gewinn- und Verlustrisiko Beteiligten auf eine Einflußnahme auf die Wirtschaftsführung, eine Kontrolle und Überwachung, letzten Endes auf ein Hineinregieren gegenüber, denen die kleinsten Wirtschaftseinheiten aus verschiedenen Gründen nicht nachgeben wollen und können (Handwerksbetriebe, Bauernwirtschaften, Einzelhandelsgeschäfte). Auch das Recht sucht einer zu weitgehenden Verkleinerung der Anteile Grenzen zu setzen, indem es Mindestbeträge für die Beteiligung vorschreibt (Aktien, Genossenschaftsanteile, Kuxe).

4. *Die Risikoüberwälzung.* Sofern all die aufgezählten Maßnahmen zur Risikominderung noch nicht ausreichen, bleibt als letzte Möglichkeit die Risikoüberwälzung auf eine oder mehrere andere Wirtschaften. Der nicht vermeidbare Verlust wird auf andere Wirtschaften abgewälzt, von diesen getragen, oder durch Natural- oder Geldleistungen aus fremden Wirtschaften ausgeglichen. Dies geschieht:

a) durch *Abschieben des Risikos auf den wirtschaftlich Schwächeren*, indem dessen höhere Bedürftigkeit oder Dringlichkeit ausgenutzt wird. Derartige Maßnahmen lassen sich durch wettbewerbseinschränkende Vereinbarungen auf seiten einer Marktpartei u. U. leicht durchsetzen: Vertragsklauseln („Für Bruchschäden keine Haftung" — „Sie empfangen auf Ihre Rechnung und Gefahr"), Streikklauseln, Valutaklauseln, Einspruch der höheren Gewalt, „Erfüllung freibleibend", Entlassung der Arbeitskräfte bei Auftragsrückgang usw.

b) durch *Übernahme des Risikos seitens einer besonders dafür bestimmten Wirtschaft*, die ihrerseits von den bedrohten Wirtschaften zu diesem Zweck geschaffen sein kann: die *Versicherung. Von seiten der bedrohten Wirtschaft versteht man darunter die Sicherung der Wirtschaftsführung gegen unvermeidbare Risiken durch Verlustausgleich seitens anderer Wirtschafter.*

Die Versicherung ist also ein letztes, subsidiäres Mittel, das dann angewendet wird, wenn die übrigen Maßnahmen zur Risikominderung nicht genügen. Sie ist kein Allheilmittel, das sonstige Vorkehrungen überflüssig macht. Die Voraussetzungen, unter denen dieses Mittel überhaupt verläßlich angewendet werden kann, also seine Grenzen wie auch seine innere Struktur, werden noch genauer untersucht.

Mit der Feststellung der Funktion, die die Versicherung für die von Gefahren bedrohte Einzelwirtschaft leistet, ist das Wesen der Versicherung noch keineswegs eindeutig umschrieben. Übernahme von eingetretenen Verlusten durch eine andere Wirtschaft kann auch in anderer Weise als durch Versicherungsnahme geschehen, etwa durch Bürgschaften, Garantieverträge, Unterstützungszusagen, Haftungsversprechen usw. Was die Versicherung speziell von diesen mitunter dem gleichen Zweck dienenden Institutionen unterscheidet, wird in den folgenden Paragraphen herauszuarbeiten sein.

Bis auf die vorerst nur vage umschriebene Versicherung scheiden die der Risikominderung dienlichen Maßnahmen aus dem Kreis unserer Darstellung aus und werden nur noch gelegentlich, wo es notwendig ist, berührt werden. Die Bedeutung dieser Maßnahmen zu untersuchen, ist Aufgabe anderer Wissenschaften, wie der Rechtswissenschaft (insbesondere des Wirtschafts- und Verwaltungsrechtes), der Sozialpolitik, der Wirtschaftspolitik, der Technologien, der Agrarwissenschaft, der Betriebswirtschaftslehre usw.

§ 4. Das Versicherungsverhältnis

Der soziologische Charakter

Die Versicherung findet ihre Verwirklichung darin, daß

1. die aus gewissen Risiken drohenden Verluste im Falle ihres Eintrittes von außen her der betroffenen Wirtschaft ersetzt werden, ihr ebenso im Falle des Mittelentganges wie der Ausgabensteigerung die fehlenden Mittel zugeführt und sie dadurch instand gesetzt wird, ihre bisherige Wirtschaftsweise wenigstens annähernd beizubehalten. Die so in ihrer Wirtschaftsführung garantierte Wirtschaft ist die versicherte Wirtschaft, heißt kurz der *Versicherte*.

Der Zustand des Versichertseins kann sich aus einem mit einem anderen dafür prädestinierten Wirtschafter geschlossenen Vertrag, aus dem *Versicherungsvertrag*, ergeben oder dieser Zustand kann ohne einen förmlichen Vertrag gegeben sein. Derjenige, der im ersten Fall mit der anderen Wirtschaft den Vertrag abschließt, heißt *Versicherungsnehmer*. Versicherungsnehmer und Versicherter sind vielfach identisch, doch sind die Fälle nicht selten, in denen ein Versicherungsnehmer den Vertrag eingeht, um eine dritte Wirtschaft gegen die Wechselfälle des Lebens zu sichern. Dann ist Versicherter speziell die Wirtschaft, der die Ersatzleistungen zufließen sollen. So kann ein Unternehmer das Eigentum seiner Kunden „für fremde Rechnung" versichern, die Altersversorgung seiner Arbeitskräfte in einem Versicherungsvertrag regeln, ein Spediteur kann die ihm zur Verwahrung oder zum Transport übergebenen Gegenstände zugunsten seiner Auftraggeber, ein Fabrikant die mitgebrachten Kleidungsstücke, Fahrräder (die sogenannten Gebrauchsgegenstände) seiner Arbeitnehmer, eine wirtschaftliche Interessengruppe (etwa ein Jägerverein, eine Ausstellungsleitung, ein Zeitschriftenverlag) bestimmte Risiken der mit ihr Verbundenen (Haftpflichten der Jäger, das Ausstellungsgut der Aussteller, Unfälle der Abonnenten) versichern. Wenn die Person des Versicherten nicht feststeht, kann der Vertrag „für Rechnung wen es angeht" geschlossen werden.

Etwas abweichend und nicht ganz systemgerecht wird in der Lebens- und Unfallversicherung die Person, auf deren körperlichen Zustand (Erleben eines bestimmten Alters, Tod, Unfallschädigung) sich der Tatbestand des Versicherungsfalles bezieht, als Versicherter bezeichnet, während die Leistungen aus dem Versicherungsvertrag einem Dritten, dem *Bezugberechtigten*, unwiderruflich oder widerruflich, zugewendet werden können. Genau besehen wäre jedoch dieser Dritte als Versicherter zu bezeichnen, weil er zumeist in seiner Existenz von dem Versicherungsnehmer abhängt und dieser ihn sichern will, falls er, der Versicherungsnehmer, sei es infolge seines Ablebens, sei es infolge eines Unfalles nicht mehr in der Lage ist, für den Abhängigen zu sorgen. Deswegen schlägt *Julius von Gierke* vor, denjenigen, auf dessen Person die Versicherung genommen wird, als Gefahrsperson oder Gefahrträger zu bezeichnen und den Ausdruck Versicherter ausschließlich für den zu gebrauchen, dem das Hauptrecht aus dem Versicherungsvertrag zusteht.

Indirekt berührt nahezu jede Versicherung fremde Interessen insofern, als die von einem Schadenereignis betroffene Wirtschaft durch die Versicherungsnahme in die Lage versetzt wird, trotzdem ihre Verpflichtungen anderen gegenüber zu erfüllen, Zahlungen zu leisten, Waren abzunehmen, wieder zu liefern.

Versicherung kommt zustande, weil neben dem Versicherten

2. eine weitere Wirtschaft oder eine Mehrheit von Wirtschaften die Garantieleistung aus Vertrag, Herkommen oder gesetzlicher Verpflichtung übernimmt. Diese fremde Wirtschaften gegen Existenzbedrohungen sichernden Wirtschafter heißen *Versicherer*. Sie müssen eine speziell auf die Erfüllung dieser Leistung aufgebaute Wirtschaft führen. Versicherer kann eine Einzelperson (Einzelversicherer) oder eine Verbandsperson privaten oder öffentlichen Charakters (A. G., Gegenseitigkeitsverein, Staat, öffentliche Körperschaft, Anstalt) sein. Je nachdem, ob der Versicherer privatem oder öffentlichem Recht untersteht, unterscheidet man Privatversicherer (Einzelversicherer, A. G., Gegenseitigkeitsverein) und öffentliche Versicherer (öffentliche Versicherungsanstalten oder -verbände).

Öffentlicher Versicherer kann sinngemäß niemals ein Einzelversicherer sein. Die Unterscheidung zwischen privatem und öffentlich-rechtlichem Versicherer hat sich aus dem deutschen Recht ergeben, weil hier, besonders in Preußen, der Staat schon sehr früh öffentliche Versicherungsanstalten schuf. Rein liberale Rechts- und Wirtschaftsordnungen, die staatliche Einflußnahme auf die Wirtschaft verpönen, kennen diese Unterscheidung nicht. In USA. bahnt sich eine Entwicklung zu stärkerer staatlicher Betätigung auf dem Gebiete des Versicherungswesens (Lebensversicherung in Massachusetts 1906, in Wisconsin 1911, 1917 Bureau of War Risk Insurance, 1935 Federal Deposit Insurance Corporation und Workmen's Compensation Insurance) an.

Versicherer ist nur, wer tatsächlich die Garantie leistet. Wenn, wie es gelegentlich vorkommt, der im Versicherungsvertrag als Versicherer Genannte in Wirklichkeit (intern) das übernommene Risiko an einen anderen voll weitergibt, so steht er nur in der Rolle eines Vermittlers. Nicht jedoch trifft diese Einschränkung auf den sogenannten Erstversicherer zu, der nur einen Teil des gezeichneten Risikos an einen anderen Versicherer, den Rückversicherer weitergibt.

Die Zusage oder Inaussichtstellung des Verlustausgleichs schafft zwischen dem Versicherten und dem Versicherer oder deren Mehrheit ein zwischenmenschliches bzw. zwischenwirtschaftliches Verhältnis, das sowohl rechtlich als auch soziologisch als Versicherungsverhältnis bezeichnet wird.

Juristisch ist das Versicherungsverhältnis nach *von Gierke* „eine selbständig zu beurteilende Rechtsbeziehung, kraft welcher der Versicherer einem anderen, dem Versicherten, Versicherungsschutz gewährt". Das Versicherungsverhältnis kann auf Grund eines Vertrages oder auf Grund des Gesetzes von selbst entstehen, und es kann, wie wir *von Gierke* ergänzend hinzufügen müssen, auf Grund des Herkommens, des Brauches oder der Sitte gegeben sein. Das Versicherungsverhältnis erzeugt „eine Gebundenheit der Parteien für eine mehr oder minder lange Zeitdauer, von einem Tag bis auf viele Jahre, ja auf Lebenszeit. Wenn die Haftung des Versicherers zeitweilig unterbrochen ist, so ‚ruht' die Versicherung, einerlei, ob inzwischen Prämien zu entrichten sind oder nicht: eines neuen Vertrages, um die Versicherung wieder vollwirksam werden zu lassen, bedarf es nicht" *(Victor Ehrenberg)*. Gründe für das Ruhen des Versicherungsschutzes sind: nicht rechtzeitige Einlösung des Versicherungsscheines

(VVG. § 38), nicht fristgemäße Bezahlung der Folgeprämien (VVG. § 39), Unterlassung der Anzeige der Gefahrerhöhung (VVG. § 25), vorsätzliche oder grobfahrlässige Herbeiführung des Versicherungsfalles (VVG. § 61), Unterlassung der unverzüglichen Anzeige des Besitzwechsels der versicherten Sache (VVG. § 71).

Die Normen des für die Privatversicherung maßgebenden Versicherungsvertragsgesetzes (VVG.) sind teils zwingend, können weder zugunsten noch zuungunsten des Versicherungsnehmers geändert werden, teils halbzwingend, sie dürfen keine Änderung zum Nachteil des Versicherungsnehmers erfahren, zu einem erheblichen Teil sind sie jedoch abdingbar. Weiteres ist in den Lehrbüchern des Versicherungsrechts nachzulesen. Uns interessiert hier die soziologisch-wirtschaftliche Seite des Versicherungsverhältnisses.

Da sich die Versicherung immer nur in der Verbundenheit mehrerer Menschen oder Wirtschafter zueinander, der Versicherten auf der einen Seite sowie des oder der Versicherer auf der anderen Seite, verwirklichen kann, ist das Versicherungsverhältnis eine bestimmte zwischenmenschliche oder zwischenwirtschaftliche Beziehungen charakterisierende Verbundenheit von Menschen oder Wirtschaftern miteinander, und es ist sofort ersichtlich, daß *mit Änderungen des Gesellschaftslebens notwendig Änderungen des Versicherungsverhältnisses verbunden sind.* Sowenig es eine für alle Zeiten und Kulturen gültige Gesellschaftsform schlechthin gibt, ebensowenig gibt es ein Versicherungsverhältnis, und sei es das uns gewohnte moderne, als ewige Kategorie. Jedes Versicherungsverhältnis ist nur als Ausdruck der jeweiligen Gesellschaftsstruktur zu verstehen. Wer unbeeinflußt von einer mit mehr oder weniger Richtigkeit a priori aufgestellten Definition der Versicherung an die Menschheitsgeschichte mit der Frage herantritt, wie die Menschen in Anlehnung an andere das ihnen zugefallene Existenzrisiko fortgewälzt haben, wird die verschiedensten Formen des Versicherungsverhältnisses finden. Sie lassen sich mit der jeder Typenbildung eigentümlichen Idealisierung auf drei Grundformen zurückführen, die selten rein und ausschließlich, zumeist jedoch mit der deutlichen Betonung der einen oder anderen Type auftreten.

Gegenteiliger Auffassung war *Richard Ehrenberg*. Er sah in der natural-wirtschaftlichen Versicherung nicht mehr als den Keim zu der in arbeitsteiliger Sonderexistenz erwachsenen Versicherung gegen spezielles Entgelt (geldwirtschaftliche Versicherung). Nach ihm ist die Versicherung nicht auf Grund des Solidaritätsgefühles, sondern auf Grund des Erwerbssinnes zuerst als besondere soziale Erscheinung entstanden. Auch für *Victor Ehrenberg* beginnt die Geschichte des Versicherungswesens erst mit der Entstehung eines Versicherungsgewerbes als einer Einrichtung des Handelsverkehrs in den Küstenländern des Mittelländischen Meeres seit dem 14. Jahrhundert. Mag diese rein juristische Argumentation einige Begründung darin finden, daß erst seit dieser Zeit geschriebene Quellen ausdrücklich von der anfangs noch rein spekulativen, später gewerbsmäßig betriebenen Risikoübernahme sprechen, und muß man dieser Auffassung auch zugeben, daß die moderne Erwerbsversicherung hier ihre Wurzeln hat, so bleibt doch unbestreitbar die historische Tatsache, daß der moderne Gegenseitigkeitsverein seine Vorstufen in einem anderen sozialen Milieu findet, das die Menschen veranlaßt hat, gemeinschaftlich dem ihnen drohenden Risiko zu begegnen, und zwar ohne jede Erwerbsabsicht. Die Versicherung ist nicht erfunden worden, als einige auf den Gedanken kamen, man könne mit ihr Geld verdienen. Nicht dem Namen, aber der Sache nach — das ist entscheidend — ist Versicherung so alt wie die menschliche Gemeinschaft überhaupt.

Tiefer hat *Wilhelm Roscher* aus einem Vergleich der mittelalterlichen Versicherungsanstalten mit denen der Gegenwart den Unterschied von Korporation und Assoziation herausgearbeitet. „Dort (in der Korporation) stehen die Mitglieder als Personen zusammen, welche deshalb in der einen Verbindung ihr ganzes Leben zu garantieren suchen; hier (in der Assoziation) nur als Vertreter bestimmter Kapitalien und gegenüber einer bestimmten, im Durchschnitt genau zu berechnenden Gefahr. Jene sind deshalb von geringem Umfange, meist lokal; diese können sich über große Reiche, ja über den ganzen Erdkreis erstrecken. Jene haben regelmäßig nur gleiche Mitglieder, diese umfassen Menschen der verschiedensten Klassen. Während sich jene daher ganz einfach selbst regieren, oft nur bei ihren festlichen Zusammenkünften, haben diese ein genaues Statut, einen künstlichen Tarif und ein eigenes Beamtenpersonal nötig." Hier sind wesentliche Strukturunterschiede zwischen verschiedenen Typen des Versicherungsverhältnisses erkannt.

Die Typen des Versicherungsverhältnisses

Das Versicherungsverhältnis als eine bestimmte Form gesellschaftlicher Verbundenheit der Menschen oder Wirtschaften hat als erster *Rohrbeck* erkannt; es muß sich mit den Begriffen der Gesellschaftslehre oder Soziologie beschreiben lassen. Das soziale Leben ist eine unaufhörliche Kette von Geschehnissen, in denen sich die Menschen miteinander verbinden oder voneinander lösen. Das zwischenmenschliche Dasein spielt sich in Bindungs- und Lösungsvorgangen, in Näherungen und Entfernungen ab. Diese sozialen Prozesse, Vorgänge des Sich-Einens und Sich-Trennens, häufen sich in mannigfachen Formen und Wiederholungen. Manche von ihnen führen zu Zuständen verhältnismäßiger Verbundenheit oder Getrenntheit zwischen den Menschen, zu Abstandsverhältnissen, die sich oft als hinreichend fest und schwer veränderlich erweisen. Solche Abstandsverhältnisse heißen *soziale Gebilde.* Sie umfassen die aus sozialen Prozessen entspringenden dauerhaften Verbindungen, angefangen von der einfachsten Verbindung zweier Menschen hinauf bis zu den komplizierten Kollektivgebilden: von Paar, Familie, Gruppe, Horde über Sippe, Stamm bis zu Staat, Volk, Kultverband, Klasse, Stand, Wirtschaftsunternehmung und Betrieb. Sie sind Festgebilde, deren Daseinsregelungen oft über Geschlechter dauern, die sich stetig ändern, unter Umständen auch plötzlich abreißen können.

Ausgehend von der *Tönniesschen* Unterscheidung zwischen Gemeinschaft und Gesellschaft hat die deutsche Gesellschaftslehre drei Typen sozialer Gebilde herausgearbeitet:

a) die aus dem Wesenswillen der Menschen entspringende *Gemeinschaft,* beruhend auf Gefühl (Neigung, Instinkt), befestigt aus Gewohnheit, Vertrauen, Glaube, Sitte. Gemeinschaften sind: Familie, Sippe, Verwandtschaft, Freundschaft, Nachbarschaft, Stände, Volk.

b) die aus dem Kürwillen der Menschen hervorgehende *Gesellschaft,* die planmäßig zur Erreichung bestimmter Zwecke (Interessen) geschaffene Verbindung, wie Erwerbsunternehmungen, Betrieb, Zweckvereine, Kundschaft, Klassen, Staat (als bürokratische Verwaltungsorganisation), die Volkswirtschaft als bloße arbeitsteilige Tauschorganisation. Eint Gemeinschaft die Menschen, so Gesellschaft die Interessen!

c) der zwischen beiden, zwischen der naturgegebenen Verbindung der Gemeinschaft und der künstlich bewirkten Verbundenheit der Gesellschaft stehende *Bund,* der an beiden teilhat, ohne ihrer Einseitigkeit zu verfallen. Im Bunde tritt uns „das freie und bewußte Gemeinschaftswollen engerer Kreise" entgegen, „in denen sich ohne Tradition, vielmehr durch Neubegründung einer solchen, anderseits aber auch ohne rational-vertragsmäßige Fassung, vielmehr durch höchst irrationale Liebesgesinnung und Kameradschaft oft und oft das innerste und höchste Leben größerer Gesellschaften offenbart" (*Carl Brinkmann* nach *Schmalenbach*). Das soziale Gebilde des Bundes trägt auch historisch einen Übergangscharakter: Männerbünde, Gefolgschaft, Zünfte, Gilden, Sekten, Logen, Klubs, Parteien, Künstler- und Dichtergemeinden, Frontkameradschaft. Der Bund kennt nicht nur das formale Recht der Satzung, sondern daneben den geheiligten Brauch.

Auf einen für die innere Statik oder Dynamik der sozialen Gebilde bedeutenden Unterschied hat *Arnold J. Toynbee* hingewiesen: In den Gemeinschaften richtet sich die Nachahmung nach der älteren Generation und den toten Vorfahren; die Nachahmung ist nach rückwärts, nach der Vergangenheit gerichtet; es herrscht der unveränderliche Brauch — die Gemeinschaft bleibt starr. Gesellschaften, je mehr je moderner sie sind, ahmen schöpferische Persönlichkeiten nach, die Gefolgschaft gerade deswegen finden, weil sie Bahnbrecher sind; die Gesellschaft setzt sich in Bewegung, ändert sich und wächst. Die gegenüber vergangenen Jahrhunderten so ungeheuer gesteigerte Unrast unseres sozialen Lebens ist zu einem großen Teil bestimmt auf die beherrschende Stellung zurückzuführen, die gesellschaftliche Gebilde seit dem Ende des Mittelalters in steigendem Maße gewonnen haben, einen Vorgang, den wir von der schöpferischen Persönlichkeit her auch als Individualismus zu bezeichnen gewohnt sind.

Mit Hilfe dieser drei Typen der sozialen Gebildelehre kann man die Versicherungsverhältnisse in gemeinschaftliche, bündische und gesellschaftliche unterscheiden, eine Unterscheidung, die, wenn auch nicht in Einzelheiten, so doch schematisierend die historische Entwicklung des Versicherungsverhältnisses wiedergibt. Mag auch die immer noch ausstehende Geschichte des Versicherungswesens mannigfache Zwischenbildungen zeigen, jede Zeit wird in der uns hier interessierenden Hinsicht durch das Vorherrschen der einen oder anderen Grundform des Versicherungsverhältnisses gekennzeichnet sein.

1. *Das gemeinschaftliche Versicherungsverhältnis*

Dieses ist jenes faktische Versicherungsverhältnis, bei dem die Übernahme des Risikos seitens anderer Wirtschaften in der ethischen Pflicht zu gegenseitiger Hilfe, in Brauchtum, Sitte, Gewohnheit, Tradition, letzten Endes in der Liebesgesinnung jedes einzelnen ruht.

In den urtümlichen und noch heute bestehenden Sozialgebilden der Gemeinschaft sehen wir immer wieder, wie die Angehörigen im Falle der Not einander beistehen. Neben den engeren Gemeinschaften (Familie, Verwandtschaft, „große Freundschaft", Sippe), die ihren Angehörigen im Notfalle aus Liebe, ethischer, auf Gewohnheit und Brauch gegründeter Pflicht hilfreich beispringen, haben auch die weiteren Gemeinschaften (Stamm, Völkerschaft, Totem, Dorfverband, Siedlungsverband, Markgenossenschaft) die Wirtschaftsführung ihrer Mitglieder gegen unabwendbare Gefahren gesichert. Im Dorfverband helfen bis auf unsere Tage die Nachbarn zusammen, um das abgebrannte Haus durch Naturalleistungen wieder aufzubauen. In Norwegen helfen nach alten Verpflichtungen in Mißjahren die Höfe einander mit Getreide aus. Im Mir fand sich „ein ganz ausgedehntes System, welches in gemeinsamer Hilfeleistung den Alten, Waisen und Kranken beisteht". Dem Brandbrief oder Brandbettel lag die Idee der Gemeinschaft aller Christen zugrunde. Gemeinschaften sind überall die ersten Träger der Versicherung.

Der Ursprung des Versicherungsverhältnisses ist in einem auf individueller Selbstverantwortung beruhenden *Solidarismus* zu sehen, wie er schon auf der Stufe der

Wildbeuter in der Vorgeschichte von *von Zwiedineck* festgehalten wurde: „Solidarisch nennen wir eine Haltung, die dem Bewußtsein der Schicksalsgemeinschaft innerhalb einer Menschengruppe entspricht, bei deren Mitgliedern aber grundsätzlich eine individualistische Einstellung obwaltet. In erster Linie ist jeder für sein wirtschaftliches Schicksal verantwortlich, denn er ist der Träger des auf Bedarfsdeckung und Mittelbeschaffung gerichteten Wollens. Aber es gilt als selbstverständliche Pflicht, dem derselben Gemeinschaft angehörenden Nächsten zu helfen, wenn er Hilfe braucht, wie man auch damit rechnen kann, daß einem selbst von dem Nächsten geholfen wird". Wenn bei der Verteilung der Beute einer Gemeinschaftsjagd auch die Alten, mitunter zuerst, bedacht werden, so haben wir hier die Anfänge einer gemeinschaftlichen Altersversorgung.

Auf der den Wildbeutern folgenden Stufe der Pflanzer und Hirten finden wir „die Solidarität in der dualistischen ehelichen und in der Hordengemeinschaft", die „die Spitzendeckung gegenüber der Gefahr unzulänglicher Existenzgesichertheit durch den Einzelnen" liefert. Die dritte Kulturstufe des Vollbauerntums, die Synthese aus den spezialisierten Daseinsformen der Pflanzer und Hirten, brachte in einem Jahrtausende dauernden Lernprozeß eine größere Planmäßigkeit in die Zukunftsvorsorge, jährliche Verteilung des Bodens an die anbauberechtigten Familien durch die politische Gemeinschaft (Staat) und festigte die schon bei dem Hirtentum entwickelte Großfamilie, in der alle Angehörigen einen existenzsichernden Rückhalt fanden. Die durch die Gemeinschaft gebotene Lebenssicherung gab den bäuerlichen Kulturen schon vor der altorientalischen Stadtkultur ihre die Jahrtausende überdauernde Stabilität.

Alfred Manes und *Josef Schreiegg* bestreiten den Versicherungscharakter der familienwirtschaftlichen Gefahrengemeinschaft. Ihr Einwand, es fehle „das wesentliche Moment der Vereinigung mehrerer Wirtschaften zur Bedarfsdeckung", ist auf die moderne individualistische Familie bezogen, übersieht jedoch, wie gerade in den Urformen der Gesellschaft und darüber hinaus bis weit in das Mittelalter, gelegentlich sogar in die Neuzeit hinein, jede Familie in einen größeren Verband eingegliedert war, der tatsächlich auch eine Gefahrengemeinschaft bedeutete.

Kennzeichen des gemeinschaftlichen Versicherungsverhältnisses sind: (1) Versicherung ist in ihm kein bewußt übernommener Haupt- oder Nebenzweck, noch fehlt der Name, die Versicherung ist in der Gemeinschaft verborgen; (2) es fehlt jeder planmäßige Versicherungsbetrieb, jeder steuert bei, was er zu leisten vermag oder sich verpflichtet fühlt; (3) es fehlt jede Erwerbsabsicht, gegenseitige Hilfe ist sittliche Pflicht nach dem Vorbild der Älteren oder Vorfahren; (4) der Anspruch auf die Hilfeleistung ist nicht festgelegt und nicht erzwingbar; auf Unterstützung kann nur rechnen, wer gemäß der Moral der Gemeinschaft lebt und ihr Brauchtum achtet; (5) Schutz findet man nur gegen die ursprünglichen Gefahren der Lebensstruktur (Tod, Krankheit, Alter, Brand, Hagelschlag, Hochwasser, Mißernten), wer aus der gewohnten Lebensführung der Gemeinschaft heraustritt, verscherzt ihre Hilfe.

Wer mit *Werner Sombart* alle echten Gemeinschaften als letztlich im Transzendentalen gründende Liebesgemeinschaften erkennt und sich darauf beruft, daß fast alle Verbände auf religiöser und kultischer Grundlage geruht haben und in den außereuropäischen Kulturen heute noch ruhen, findet hier einen metaphysischen Hintergrund für die Anfänge des Versicherungswesens, den die Forschung noch nicht genügend erhellt hat: Gott hat den Menschen nicht hilflos in die Gefahren des Lebens gestellt, in der sozialen Natur der Gemeinschaft hat Er ihm auch den Rückhalt gegeben, diese zu bestehen.

2. *Das bündische Versicherungsverhältnis*

Bei ihm wird die Sicherung der Wirtschaftsführung gegen die unabwendbaren Risiken als bewußte Sonderaufgabe neben anderen Aufgaben auf Grund gemeinschaftlicher Beweggründe übernommen.

Wie *Schreiegg* treffend hervorhebt, suchen die Menschen mit den überkommenen Einrichtungen, unter schrittweiser Umbildung, auszukommen, wenn sie Aufgaben gegenüberstehen, denen die alten Einrichtungen nicht mehr genügen. So ist das bündische Versicherungsverhältnis eine Fortbildung des universalen gemeinschaftlichen auf das spezialisierte gesellschaftliche Versicherungsverhältnis hin: es ist eine Übergangsform, Spätform des gemeinschaftlichen Verhältnisses und eine Frühform des gesellschaftlichen. Bündische Versicherungsverhältnisse wurden überall dort versucht, wo die Gemeinschaften mit ihrer notwendig beschränkten Kraft und Reichweite sowie ihrem oft mangelhaften Lastenausgleich nicht mehr die nötige Sicherheit gegen die unabwendbaren Gefahren in allen Fällen des sich entwickelnden Wirtschafts- und Gesellschaftslebens zu bieten vermochten. Die Gilden „ergriffen den ganzen Menschen und erstreckten sich auf alle Seiten des Lebens" *(Richard Ehrenberg)*. Sie dienten nicht nur religiösen und geselligen Bedürfnissen (gemeinsame Gottesdienste und Trinkgelage), sondern einem Schutzbedürfnis: sie waren „Schwurgenossenschaften zu gegenseitigem Schutze". In England weisen die judicia civitatis Lundonia, welche in der Zeit König Aethelstans (925—940) niedergeschrieben sind, auf eine Gilde hin, „deren Mitglieder sich zu einer Art wechselseitiger Assekuranz gegen Raub verpflichten". Skandinavische Gilden „bezweckten den Schutz der Genossen gegen Dritte, ihre Unterstützung bei Vermögensnot und die Wahrung des Rechtes in ihrem Verhältnis zueinander, woneben dann noch religiöse Pflichten zur gegenseitigen Unterstützung der Gildebrüder auferlegt wurden. Eine der ältesten englischen Gilden, die von Cambridge, bezweckte, die dem Geschlechte früher obliegende Wehrgeldpflicht zu übernehmen, falls ein Gildebruder erschlagen worden war oder einen anderen im Rechte erschlagen hatte. Die ebenso alte Gilde von Exeter leistete neben der Begräbnisfürsorge schon Hilfe bei Feuersbrunst" *(Ehrenberg)*.

Gilden sind nach *von Gierke* „frei sich bildende Genossenschaften, die Schutz und Fürsorge der Gildebrüder in voll umfassender Weise bezwecken. Sie sind Nachbildungen der natürlichen Geschlechtsverbände. Sie sind religiöse, politische, wirtschaftliche, gesellige Vereinigungen. Bei ihrem Ausbau war vielfach die Fürsorge für den Verstorbenen (Begräbnis, Totenkult) sowie eine gegenseitige Unterstützung in Unglücksfällen, namentlich bei Brand und Schiffbruch, in den Vordergrund gestellt. Ein Treueid festigte das genossenschaftlich begründete Treueverhältnis. Solche Gilden sind uns urkundlich in der Zeit Karls des Großen bezeugt, in eine sehr viel frühere Zeit reichen sie nicht zurück, da für sie erst ein Bedürfnis mit der beginnenden Auflösung der alten natürlichen Geschlechtsverbände vorhanden war. Karl der Große hat sie als politische Gebilde bekämpft". Von derartigen Gilden, in mannigfachen Wiederholungen und Abwandlungen auftretend, ist das ganze Mittelalter durchzogen. Zu ihnen zählen die Zünfte, die zahllosen „Laden" und „Bruderschaften" für bestimmte Sonderzwecke, die Gesellenbrüderschaften, die Knappschaften in ihren Anfängen, die Hansen, die Genossenschaften der Flandern-, England-, Schonen- und Bergenfahrer.

Eine auffällige Ähnlichkeit zeigen zahlreiche Genossenschaften des späteren griechischen Lebens, die neben dem Kult einer meist orientalischen Gottheit und der Pflege der Geselligkeit, dem Totenkult, den Kranken und Bedrängten Unterstützungen und zinsfreie Vorschüsse gewähren. Die collegia tenuiorum der römischen Kaiserzeit zahlen Sterbe- und Reisegelder, beim Ausscheiden aus dem Militärdienst ein anularium. Innerhalb des Senatorenstandes finden sich Vereinigungen zu gegenseitiger Hilfe bei Brandschäden. Wenn sich auch Gierkes Datierung über den Anfang der mittelalterlichen Gilden in der Zeit Karls des Großen nicht widerlegen läßt, so wird man dennoch, ohne damit ein Kontinuitätsproblem aufzuwerfen, in der Geschichte der Antike eine analoge Entwicklung annehmen dürfen.

In neuerer Zeit finden sich bündische Versicherungsverhältnisse z. B. in den seit 1750 in ganz England bekannten Friendly Societies. „Der eigentliche Sinn des Zusammenschlusses war zwar die gegenseitige Hilfe und Sicherstellung in den Unsicherheiten des Arbeitsverhältnisses, doch geschah dies noch nicht eigentlich systematisch... Es haben bei den ersten Zusammenschlüssen auch andere als nur Sicherheitsgründe mitgesprochen, z. B. 'to take a social pint of porter together' — oder ähnliche Beweggründe" (*Pfister*). Die seit dem Anfang des 18. Jahrhunderts auftretenden Trade Unions haben sich selbst derartigen Friendly Societies angeschlossen. In der Zeit des Verbots (1799 bis 1824) durch die Combinations Acts haben sich die Gewerkschaften sehr geschickt als Friendly Societies getarnt. Neben und in Ergänzung ihrer arbeitsmarktpolitischen Aufgaben (Kampf um höhere Löhne, Normalarbeitstag, Regelung der Überarbeit) haben diese Unionen eine umfangreiche Fürsorge für ihre Mitglieder auf dem Wege der Selbsthilfe entwickelt: Begräbnishilfe, Krankenhilfe, Arbeitslosenunterstützung, später auch Altersunterstützung, Witwenhilfe und Unfallversicherung. Immer erneut standen die Gewerkschaften vor der Frage, ob sie ein Kampfbund, ein Notbund oder beides zusammen sein wollten.

Das bündische Versicherungsverhältnis kennzeichnet sich durch folgende Momente: (1) Die Versicherungsleistung ist als eine besondere Aufgabe neben anderen Aufgaben, denen der Bund oder die Gilde dienen, ausdrücklich festgelegt; je mehr die Spezialisierung fortschreitet, desto mehr tritt bei gewissen für uns wichtigen Bünden die Versicherungsaufgabe in den Vordergrund; (2) je nach dem Stand der Versicherungstechnik und der Rationalität haben die Bünde zur Erfüllung ihrer Versicherungsaufgabe mehr oder weniger vollkommene Einrichtungen (Kassen, Fonds); (3) Erwerbsabsicht fehlt wie beim gemeinschaftlichen Versicherungsverhältnis; (4) das bündische Versicherungsverhältnis findet in Eid, Gelöbnis und Handschlag seine Festlegung; juristische Erzwingbarkeit fehlt zumeist; (5) in den Bünden wird bereits Schutz gegen die Gefahren der Lebenskultur gesucht (Schiffbruch, Freiheitsverlust, Erwerbslosigkeit).

Das religiöse Fundament, auf dem die Bünde anfänglich ausnahmslos ruhten, wird im Laufe der zunehmenden Verweltlichung und Rationalisierung immer mehr verlassen. Gleichzeitig wandeln sich die Bünde damit von den ursprünglich mehr gemeinschaftlichen Gebilden, die sie waren, schrittweise zu gesellschaftlichen Gebilden um und nähern sich, je mehr sie sich auf den Versicherungsschutz ihrer Mitglieder differenzieren, den gesellschaftlichen Versicherungsverhältnissen.

3. *Das gesellschaftliche Versicherungsverhältnis*

Es ist jenes Versicherungsverhältnis, das allein zur rechtlichen Sicherung der Versicherungsleistung eingegangen wird. In ihm suchen die Menschen den Versicherungsschutz, nicht mehr, nicht weniger, aber diesen mit allen Kautelen prozessualer Erzwingbarkeit. Der Inhalt des gesellschaftlichen Versicherungsverhältnisses ist sachlicher, exakter definierbar, ermangelt aber merklich der menschlichen Wärme und brüderlichen Anteilnahme bei den früheren Formen.

Das moderne gesellschaftliche Versicherungsverhältnis ist nicht mit einem Schlag entstanden. Seine im folgenden Paragraphen darzustellende Geschichte knüpft teilweise an bündische Versicherungsverhältnisse an, zum Teil hat sie eine andere Wurzel.

Betrachten wir das sachlich-rationale Verhältnis, in dem heute Versicherungsnehmer und Versicherer zueinander stehen, lassen wir uns also nicht durch eine die Gemütswerte geschickt ansprechende Reklame der Versicherer ablenken, so erkennen wir das gesellschaftliche Versicherungsverhältnis als den Gegenpol des gemeinschaftlichen, als den Abschluß einer Entwicklung, die von der gefühlsbetonten Gemeinschaft über den halbrational, halb-irrational begründeten Bund zu dem rein geschäftlichen Ausgleich widerstreitender Interessen im modernen Versicherungsvertrag geführt hat. *Als Merkmale des gesellschaftlichen Versicherungsverhältnisses ergeben sich dann:*

(1) *Das Versicherungsverhältnis wird von beiden Teilen allein zwecks Sicherung der Wirtschaftsführung geschaffen.* Es steht und fällt mit diesem einzigen Zweck. Die organisch aus dem Transzendenten fließende Gemeinschaft mit ihrer sinnvollen Ein- und Unterordnung aller Glieder in die „natürliche" Ordnung der menschlichen Gesellschaft wurde zu einer Summe untereinander getrennter Beziehungen einzelner Individuen aufgelöst: *eine* Art dieser Beziehungen ist das Versicherungsverhältnis. Es wird für sich allein eingegangen, zwischen Versicherer und Versichertem besteht kein weiterer Zusammenhang, als er durch den „Markt" gegeben ist. Der Versicherungsschutz steht jedem offen, der seine Bedingungen anerkennt und dessen Wagnis dem Versicherer tragbar erscheint.

Man vergleiche die nüchterne Festlegung der gegenseitigen Pflichten aus dem Versicherungsvertrag gemäß VVG. § 1. Wenn darüber hinaus die Versicherungsgesellschaften eine dauernde Fühlungnahme mit dem Versicherten aufrechtzuerhalten versuchen (durch Rundschreiben, Beratungen, Besuche, in Amerika auch durch eine laufende gesundheitliche Beratung und Betreuung des Lebensversicherten), so ist das in Wahrheit ein zwar kostspieliger, aber sich im Endeffekt gut rentierender Kundendienst, wie ihn auch sonst die Marktwirtschaft kennt.

Das Versicherungsverhältnis wird in der Privatversicherung auf eine bestimmte Zeit eingegangen; soweit ein gesetzlicher Zwang herrscht, ist für seinen Eintritt allein das Vorliegen des im Gesetz vorgeschriebenen Tatbestandes maßgebend (Bannrecht, Versicherungspflicht). Wenn das versicherte Interesse wegfällt oder überhaupt nicht entsteht oder die Voraussetzungen des Versicherungszwanges nicht mehr vorliegen, löst sich das Versicherungsverhältnis auf (VVG. § 68, 69).

(2) *Der Versicherer hat einen auf rationaler Versicherungstechnik aufgebauten Versicherungsbetrieb,* der seine Kosten nach Wahrscheinlichkeitsgrundsätzen zu berechnen sucht, die Beurteilung der zu übernehmenden Wagnisse nach statistischen und anderen Erfahrungsregeln vornimmt und Vorkehrungen trifft, um den versprochenen Leistungen zu genügen.

Die innere Gebarung eines Versicherungsbetriebes ist zu einem dem Außenstehenden oft, sogar dem Fachmann mitunter undurchsichtigen Spezialwissen geworden. Waren in der Gemeinschaft oder im Bund die gegenseitigen Beziehungen allen Beteiligten transparent, so muß jetzt die Publizistik oder die staatliche Aufsicht eingreifen, um eine Schädigung der Versicherteninteressen zu verhüten.

(3) *Mit der Eingehung des Versicherungsverhältnisses kann seitens des Versicherers die Deckung der anfallenden Kosten, aber auch ein Reinertrag (Gewinn) erstrebt werden.* Innerhalb des gesellschaftlichen Versicherungsverhältnisses sind zwar noch rein vom Bestreben nach Kostendeckung getragene Versicherungsbetriebe denkbar, ja sie werden auf dem Wege der Selbsthilfe sogar geschaffen, aber die sogenannte Erwerbsversicherung kennt nur das gesellschaftliche Versicherungsverhältnis, und in beiden Fällen muß zumeist

das Wohlergehen des Betriebes an das materielle Interesse seiner Kräfte geknüpft werden.

Überspitzt ausgedrückt kann man sagen: der Versicherte ist bestrebt, für möglichst geringe Beiträge eine möglichst hohe Entschädigungsleistung herauszuschlagen, während der Versicherer dem umgekehrten Bestreben zuneigt, möglichst viel, auf jeden Fall ausreichende Prämien zu kassieren und die Entschädigungsleistungen auf das vertraglich vereinbarte Maß zu begrenzen. Es ist Schönfärberei, diese grundsätzliche Polarität der gegensätzlichen Interessen beider Parteien zu leugnen, sie schwingt in allen Erwägungen mit, und sie ist innerhalb einer Marktwirtschaft nur natürlich. Damit ist gegenseitiger Ausbeutung nicht das Wort geredet. Wie auch sonst kann eine Marktwirtschaft auf die Dauer nur dann für alle an ihr Beteiligten vorteilhaft funktionieren und damit dem Gesamtinteresse aller dienen, wenn die Parteien einem soliden und fairen Ausgleich ihrer Gegensätze zustreben: der Versicherer muß sich durch anständige und pünktliche Schadenregulierung einen guten Ruf verschaffen, und der Versicherte muß eine entsprechende Prämie zugestehen. Die ethisch-sittliche Verbundenheit der früheren Versicherungsverhältnisse ist zu dieser nüchternen Geschäftsmoral verblaßt.

Eine Rationalisierung des Versicherungsverhältnisses bis auf den letzten Rest seines Inhaltes widerspricht seiner Natur: es bleibt immer bestehen, daß gegen eine sofortige Leistung des Versicherten, der Beitragszahlung, der Versicherer eine künftig, oft nur bedingt eintretende Gegenleistung verspricht. Ein Versicherungsabschluß ist deshalb nur denkbar, wenn der Versicherte dem Versicherer ein großes Vertrauen entgegenbringt, denn im Versicherungsfall ist zumeist der Versicherte die durch das Schadenereignis geschwächte Partei. Wollte ein im Wettbewerb stehender Versicherer diese Situation skrupellos zu seinen Gunsten ausnützen, wäre es wohl bald um seinen Ruf und um seinen Betrieb geschehen. Aber die große Öffentlichkeit sollte sich bei Beurteilung der verschiedenen Versicherungsunternehmen weniger von der Höhe der vereinnahmten Prämien imponieren lassen, als vielmehr auf die Qualität der Ersatzleistungen achten. Daß der größere Versicherungsbetrieb mehr Schäden zu bezahlen hat als der kleinere, sagt noch nichts. Die Orientierung unseres Denkens an exakt berechenbaren Quantitäten offenbart auch hier ihre Unzulänglichkeit.

(4) ***Das Versicherungsverhältnis ist rechtlich und vertraglich genau festgelegt, der Versicherungsschutz ist spezialisiert auf den bei Abschluß des Vertrages oder in einer gesetzlichen Bestimmung vorgesehenen Tatbestand.*** Gilt der Versicherungsschutz nur in dieser konkreten Form, so ist er dafür prozeßrechtlich erzwingbar. In schärfster Ausprägung bestimmt die juristische Auslegung Umfang und Inhalt der Versicherungsleistung; in der Kulanz des Versicherers ist ein letzter Rest der einstigen Solidarität geblieben.

Da der Versicherer im allgemeinen die sofort einzuhebenden Prämien nach den erst in der Zukunft anfallenden Ausgaben (Versicherungsleistungen), d. h. im voraus nur als Wahrscheinlichkeitsgrößen berechnen kann, er aber rationellerweise danach streben muß, den Bereich der Wahrscheinlichkeitsschwankungen nach Möglichkeit einzuschränken, sucht er die künftig seine Leistungspflicht bestimmenden Fakten möglichst exakt festzulegen. Es zeigt sich deutlich die Tendenz, den Versicherungsfall, d. h. den die Ersatzleistung auslösenden Tatbestand immer präziser zu umschreiben, sei es durch immer verfeinerte Definitionen, sei es durch einschränkende Klauseln (Ausschlüsse). Auch hier zeigt sich eine natürliche Polarität zwischen Versicherer und Versichertem: während der erste das sich ewig wandelnde Leben nur nach den heute herrschenden Fakten beurteilt sehen will, sucht dieser gerade Schutz gegen die künftigen Überraschungen, gegen das Unvorhersehbare. Die Kasuistik in der Auslegung der Versicherungsbedingungen gewinnt hier ihre Bedeutung, und auch in dieser Hinsicht muß der Versicherte dem Rufe des Versicherers viel vertrauen. Die prozessuale Erzwingbarkeit der Versicherungsleistung, so vorteilhaft sie im gesellschaftlichen Versicherungsverhältnis ist, hat ihre Grenze. Beide Parteien stehen sich schlecht, wo viel prozessiert wird.

(5) *Neben den immer vorhandenen Gefahren der Lebensstruktur verlegt sich das gesellschaftliche Versicherungsverhältnis zunehmend auf die Gefahren der Lebenskultur.* Die ganze moderne Aufsplitterung des Versicherungswesens in eine schier unübersehbare Reihe von Versicherungszweigen und -nebenzweigen ist die Folge der Komplizierung unserer Lebensführung, im besonderen der technischen Entwicklung. Nach dem neuernden Unternehmer, der den Sicherungsbedarf gegenüber einer neu aufgetauchten Gefahr erkannte, einen ihr genügenden Versicherungszweig organisierte und damit Erfolg hatte, richten sich die anderen Versicherer und entfalten so eine ständig fortwirkende Dynamik innerhalb der Versicherungswirtschaft.

Es wäre engstirnig und überheblich, einem Versicherungsverhältnis vor den anderen den unbedingten und allgemeingültigen Vorzug zu geben. Freilich hat sich der ursprüngliche, noch im bündischen Versicherungsverhältnis vorhandene Reichtum an gegenseitiger Opferbereitschaft und liebendem Helfen im gesellschaftlichen Versicherungsverhältnis zu einer den wechselseitigen Interessen dienenden Nützlichkeitserwägung verflüchtigt. Dafür hat es aber, wie die Versicherungsgeschichte des 19. und 20. Jahrhunderts beweist, eine außerordentliche Elastizität und Anpassungsfähigkeit an die rasch wechselnden Bedürfnisse des modernen Lebens gezeigt, der die anderen, mehr statischen Versicherungsverhältnisse nicht mächtig gewesen wären. Es nimmt nicht wunder, daß man in der Absicht, das Versicherungsprinzip auf neue Gefährdungen unseres Lebens anzuwenden, an die Grenzen des überhaupt Versicherbaren gestoßen ist. Währungsstürzen, Kriegsgefahren, Massenarbeitslosigkeit und, wenn praktisch geworden, einem weitreichenden Aufruhrrisiko gegenüber, überhaupt angesichts der politischen Bedrohung unserer wirtschaftlichen und gesellschaftlichen Welt, muß die Versicherung aus inneren Gesetzen versagen. Das ist keine Verurteilung des gesellschaftlichen Versicherungsverhältnisses, denn jedes Mittel kann nur soviel leisten, wie es fähig ist.

Gemeinschaftliche und bündische Versicherungsverhältnisse haben in unserer Zeit die früher innegehabte, nahezu ausschließliche Herrschaft eingebüßt und sind zunehmend dem gesellschaftlichen Versicherungsverhältnis gewichen, in dem sich das moderne Versicherungswesen repräsentiert. Einmal aus diesem Grund beschränkt sich unsere Darstellung auf das gesellschaftliche Versicherungsverhältnis; die Darstellung der anderen Verhältnisse bleibt einer Geschichte des Versicherungswesens, gegebenenfalls der Wirtschaftsgeschichte und einer Einstellung der Menschen zu den Risiken des Lebens überlassen. Zum zweiten kann die dem Versicherungsgedanken eigene Problematik rein nur am gesellschaftlichen Versicherungsverhältnis studiert werden; es kommt in seiner rational nur auf den Versicherungszweck abgestellten Gestaltung auch den Voraussetzungen einer ökonomisch-theoretischen Analyse am nächsten. Diesem Umstand kommt insofern noch Bedeutung zu, als andere gesellschaftliche Gebilde (außer jenen Gesellschaften im Tönniesschen Sinne) wie etwa bündische Organisationen, wenn sie einen Versicherungsschutz für ihre Mitglieder irgendwie aufnehmen wollen, sich heute hinsichtlich der Bewältigung dieser Aufgabe an die von den Versicherungsgesellschaften entwickelten Prinzipien anlehnen und von den Aufsichtsorganen dazu angehalten werden.

Die Wandelbarkeit des Versicherungsverhältnisses

In ihrer mehrtausendjährigen Geschichte und in ihren verschiedenen Kulturbereichen hat die Menschheit immer wieder andersartige Möglichkeiten gesucht, mit den dem Leben innewohnenden und durch die Leistungen der Menschen selbst herbeigeführten Gefahren nach Kräften fertig zu werden. Soweit es dabei um die nicht auf anderen Wegen beseitigbaren Gefahren ging, war das Ergebnis die Herausbildung der angeführten Versicherungsverhältnisse, die vorläufig in dem gesellschaftlichen gipfeln. Es ist nicht anzunehmen, daß die in Typen aufgezeigte Entwicklung, die niemals eine vollständige Verdrängung des vorangegangenen Typs war, diesen vielmehr in gewandelter oder rudimentärer Form weiter existieren ließ, heute ihren Abschluß gefunden hätte. Auch das gesellschaftliche Versicherungsverhältnis wird sich neuen Situationen gegenüber wandeln, und man kann bereits Anzeichen dafür beobachten. Das neu sich anbahnende Versicherungsverhältnis dürfte mehr einen sozialen Charakter tragen, es wird aber kaum eine Kopie des vorangegangenen bündischen sein. Soziologische Entwicklungsreihen tragen einen nicht umwendbaren „Pfeil nach vorwärts" *(Freyer)* in sich und zeige die Kulturgeschichte weniger einen geradlinigen als einen spiralförmigen Verlauf, in dem alte Gedanken und Errungenschaften immer wieder neu aufgegriffen werden, so verschmelzen diese doch jedesmal in neuer Umgebung und neuen Situationen gegenüber mit der letzten Form zu einer den vorangegangenen niemals restlos gleichenden Einheit. Jedes Versicherungsverhältnis, auch das gegenwärtige, ist „geprägte Form, die lebend sich entwickelt" *(Goethe)* und das neue wird immer „größere Fülle, höhere Bedeutung und weiteren Umfang" in sich schließen. Wir können in der Eindämmung des individualistisch-rationalen Charakters des gesellschaftlichen Versicherungsverhältnisses die Anzeichen einer Frühform des in sozialer und politischer Verantwortung gegenüber dem Volksganzen beruhenden kommenden Versicherungsverhältnisses sehen und mag auch in größerem Rahmen die ethische Verpflichtung der gemeinschaftlichen und bündischen Formen wieder aufleben, die rationale Technik des gesellschaftlichen Versicherungsverhältnisses, das in ihm gewonnene Erfahrungswissen, das Wissen um seine relativen Vorteile und Nachteile im Vergleich zu den vorangegangenen Formen, wird als unverlierbarer Bestand in das werdende neue Versicherungsverhältnis eingehen.

Es ist problematisch, wieweit man angesichts der Überraschungen, die das Leben bietet, aus vereinzelt auftretenden Erscheinungen auf die Gestalt des Kommenden schließen darf. Wenn sich indes bestimmte Erscheinungen immer wieder einstellen, wenn sie zunehmend Bedeutung und Gewicht erhalten, wenn sie deswegen das Bestehende zu Anpassungen zwingen, kann man in ihnen die sich regenden Kräfte neuer Gestaltungen vermuten. Die immer stärker werdende Kontrolle des Versicherers durch die Öffentlichkeit, die verlangte Publizität der Versicherungsleistungen und Prämieneinnahmen, der daran anknüpfende kritische Vergleich, das in gewissen Kreisen eher wachsende als schwindende Mißtrauen gegen anrüchige Praktiken einzelner Versicherer, die scharfe Verurteilung des Versicherers, der ihm zu ungünstig erscheinende Wagnisse nicht übernehmen will, der Zweifel daran, ob die gegenwärtige Versicherungswirtschaft denn überhaupt die zweckmäßigste Form der Gefahrenüberwälzung sei, ja die Tendenz, das Vermögen der großen Versicherungsunternehmen als ein der individuellen Gewinnkalkulation entzogenes Zweckvermögen und den Versicherungsbetrieb als einen einer bestimmten volkswirtschaftlichen Funktion verschriebenen, von den daran beteiligten Menschen unabhängigen Apparat anzusehen, der nur die landesüblichen Erträge abwerfen soll, alles das deutet auf Wandlungen hin, die schrittweise einer mehr der Funktion als dem individuellen Vorteil dienenden Form des Versicherungsverhältnisses zustreben. In die gleiche Richtung weist das Anwachsen der öffentlich-rechtlichen, unter Staatseinfluß stehenden Versicherungsbetriebe und der sich noch immer ausbreitende Umfang der Sozialversicherung, die enger und enger sich mit dem Staatshaushalt verknüpft. Der unbeschränkte Wettbewerb, der sich selbst überlassene Marktautomatismus findet keine Befürworter mehr, selbst die Neoliberalisten fordern einen im staatlich gesetzten Rahmen sich abspielenden, voll seiner Aufgabe im Interesse der Gesamtwirtschaft genügenden Wettbewerb, einen gegen Exzesse regulierten Markt. Ideen der Wirtschaftslenkung haben weit in ehedem nichtsozialistische Kreise Eingang gefunden. Das aus individuellen Erwägungen entsprungene gesellschaftliche Versicherungsverhältnis kann sich diesen Tendenzen nicht entziehen und wird zusehends mit sozialen und gesamtwirtschaftlich relevanten Gesichtspunkten angefüllt.

Schrifttum: a) *Leopold von Wiese* „System der Allgemeinen Soziologie", München und Leipzig 1933; b) *Carl Brinkmann* „Gesellschaftslehre", Berlin 1925; c) *Hans Freyer* „Soziologie als Wirklichkeitswissenschaft", Leipzig und Berlin 1930; d) *Werner Mahr* „Das Versicherungsverhältnis. Seine soziologischen Typen" in „Zeitschrift für die gesamte Versicherungswissenschaft", Bd. 36, Jhrg. 1936; e) *Josef Schreiegg* „Die Versicherung als geistige Schöpfung des Wirtschaftslebens", Leipzig und Berlin 1934; f) *Otto von Zwiedineck-Südenhorst* „Kollektivismus und Kapitalwirtschaft in der Vor- und Frühgeschichte", München 1949; g) *Arnold J. Toynbee* „Studie zur Weltgeschichte", Hamburg 1949; h) *Bernhard Pfister* „Die Entwicklung der Arbeitslosenversicherung und der Arbeitslosigkeit in England", Stuttgart 1936; i) *W. Rohrbeck* „Versicherungswesen und Soziologie" im Ehrenzweigschen Assekuranz-Jahrbuch, Wien 1910 und andere Arbeiten.

§ 5. Entstehung und Entwicklung des gesellschaftlichen Versicherungsverhältnisses

Das gesellschaftliche Versicherungsverhältnis in seiner sachlich-rationalen Beschränkung auf den alleinigen Versicherungszweck ist zwar der vorläufig letzte Typ einer die möglichen Verhaltensweisen gegenüber den Risiken des Lebens durchlaufenden Entwicklungsreihe. Aber damit ist, wie schon angedeutet, nicht gesagt, daß es allein aus den den vorhergehenden Typen inhärenten Bestandteilen zu erklären wäre. Im Gegenteil: Entfaltung und Entwicklung eines neuen Typs setzt voraus, daß zu den bisherigen ein neues Gestaltungsmotiv hinzutritt, das nicht von Anfang an in vollkommener Exaktheit erfaßt zu sein braucht, es genügt schon, wenn es sich, an den neuen Aufgaben messend und bewährend, Schritt um Schritt durchsetzt und damit das von ihm erfaßte Gebilde zunehmend umgestaltet, bis es als ein neues, in allen Einzelheiten rational gestaltetes Gebilde erscheint. *Schreiegg* hat mit Recht vom „Prinzip der kleinen Schritte" gesprochen.

„Nur auf der ‚Höhe der Versicherungsidee' tritt das Prinzip der kleinen Schritte immer weniger in Erscheinung. Aus einer das Ganze umfassenden Schöpfungsabsicht entsteht hier Einrichtung um Einrichtung; denn man besitzt ein klares Bewußtsein von der Versicherung als eines allgemeinen Mittels der Gefahrenüberwindung. Ein solches Bewußtsein fehlte jedoch anfangs vollkommen. Daher finden wir hier jene für die Frühphasen der Kulturschöpfungen charakteristische Gebundenheit an erprobte Überlieferung, zu der die freie, zweckbewußte Zielsetzung der Spätphasen in schroffem Gegensatz steht: Es hat niemals ein Mensch das Ziel gehabt, eine Seeversicherung zu schaffen wie später eine Sozialversicherung oder Wasserleitungsversicherung". Trotz ihrer dem Überkommenen verhafteten Einstellung brauchen schon die gemeinschaftlichen und bündischen Versicherungsverhältnisse nicht schlechthin unveränderlich zu sein. Auch in ihnen vollzog sich eine schrittweise Anpassung an neu aufgetretene Bedürfnisse. Mehr jedoch waren es persönliche Erlebnisse und unangenehme äußere Vorfälle, die in einer immer rationaler werdenden Organisation des Versicherungswesens zu „objektiven Auslösungsbedingungen" *(Schreiegg)* für die Anstrengungen der menschlichen Vernunft wurden, unter Zuhilfenahme der seitherigen Erfahrungen sowie der durch Recht und Gesellschaftsordnungen jeweils gegebenen Institutionen, durch die logische Überzeugungskraft der Idee in fortschreitender Wandlung des Erreichten die jeweils bestmögliche rationale Gestaltung eines Versicherungsverhältnisses zu schaffen. Dabei mußte, wie es besonders bei einem Massengeschäft wie der Versicherung notwendig ist, der Idee des einzelnen Organisators das bewußt gewordene Bedürfnis der Menge auf Versicherungsschutz antworten, sollte sich die Planung nicht ins Leere verlaufen. *Schreiegg* ist in psychologisch vertiefter Form diesen Voraussetzungen nachgegangen, die die Versicherung als eine geistige Schöpfung des Wirtschaftslebens zur Entwicklung brachten.

Je nach der Vorliebe des Schriftstellers für die eine oder andere Entwicklungsreihe sucht man die Anfänge des gesellschaftlichen Versicherungsverhältnisses entweder in den bündischen Organisationen des Mittelalters bzw. der beginnenden Neuzeit oder in den vom Frühkapitalismus geschaffenen handelsrechtlichen Institutionen des Mittelmeerraumes. ***Unvoreingenommene Betrachtung der dem modernen Versicherungswesen innewohnenden Prinzipien kann indes, sofern man diese Prinzipien nicht gewaltsam auf ein vorgewähltes Schema zurechtbiegen will, nicht die Tatsache bestreiten, daß aus beiden Kulturbereichen her untereinander verschiedene Leitlinien zu den heutigen Versicherungsorganisationen der abendländischen Welt führen.*** Es gilt, beiden Entwicklungsreihen nachzugehen und das von ihnen den Heutigen hinterlassene Ergebnis zu verdeutlichen.

I. Die germanisch-nordeuropäische Wurzel

1. *Die Brandgilden*

Sie setzen bei den bündischen Versicherungsverhältnissen des Mittelalters an und schaffen, weil das Haus ein dem Nordeuropäer besonders wichtiger Schutz gegen ein hartes Klima ist, insbesondere in der Feuerversicherung, eine typische Versicherungsform, die, so vorbildlich sie auch geworden ist, sich keineswegs mit den anderen Versicherungsorganisationen identifizieren läßt.

Aus den Universalgilden des bündischen Versicherungsverhältnisses, die, zuallererst für andere wirtschaftliche, politische oder religiöse Zwecke geschaffen, auch Unterstützungen in Notfällen gewährten, spalteten sich bald spezielle nur der Risikoübernahme dienende Organisationen ab, die damit typische Versicherer wurden, indem sie für die bei den Mitgliedern eintretenden Verluste Mittel ansammelten oder die Schäden auf die Mitglieder umlegten. Aus den Gilden wurden nur der Versicherungsleistung dienende *Spezialgilden:* „Die Gilde wird auf einzelne bestimmte Unterstützungszwecke oder auf einen einzigen Unterstützungszweck abgestellt: Brand- und Totengilden (Sterbekassen), ausschließliche Brandgilden, ausschließliche Totengilden. Von Dorf- und Kirchspielgemeinden, von städtischen Kaufmannsgilden zweigen sich besondere Spezialgilden für bestimmte Unglücksfälle, insbesondere für Brandschäden, ab, wobei aber der Zusammenhang in bezug auf Leitung und Aufsicht bestehen bleibt" *(v. Gierke).*

von Gierke führt an: Aus dem 10. bis 13. Jahrhundert eine angelsächsische Gilde für Ersatz von gestohlenem Vieh (10. Jhrh.), eine englische Gilde für Beerdigungszwecke (11. Jhrh.), eine englische Gilde für Brandschaden (11. Jhrh.), eine dänische Gilde zur Unterstützung bei Schiffbruch und Pilgerreisen und zum Loskauf bei Gefangennahme (13. Jhrh.), flandrische Brandgilden seit dem 12. Jahrhundert. Kuhgilden finden sich in Holstein und Mecklenburg. „Im 15. bis 17. Jahrhundert finden wir vor allem in Schleswig-Holstein Brandgilden sowie Brand- und Totengilden, die auch Diebstahl- und Windbruchversicherung betreiben und gleichzeitig als Schützengilden und gesellige Vereine auftraten. Bei den schleswig-holsteinischen Brandgilden zeigen sich auch deutlich Abspaltung und Zusammenhang in bezug auf Dorf- und Kirchspielgemeinden" (von Gierke). Hierher zählen auch die Brandunterstützungseinrichtungen schwedischer Gesetzgeber (Schonen 1210, Ostgotland 1300) und dänische Schutzgilden, deren Blütezeit das 13. und 14. Jahrhundert war *(Helmer).* Die isländischen Hrepps (1118—1262) sind nach von Gierke keine Gilden, sondern Gemeindeverbände gewesen, die die Brand- und Viehversicherung betätigten, eine Unterscheidung, die angesichts der noch fehlenden Trennung zwischen privatem und öffentlichem Recht hier ebenso wie bei den anderen Organisationen nicht überschätzt werden darf. *Schreiegg* hat darauf hingewiesen, daß es sich bei dem Ursprungsgebiet dieser Spezialgilden meist um Gegenden handelt, die von der in Frage stehenden Gefahr besonders in Mitleidenschaft gezogen wurden. Der Schritt von der Universalität zur Spezialität ist dabei nicht immer auf einmal und nicht immer radikal vollzogen worden, wie sich auch später noch Anklänge an gesellige und religiöse Verbindungen zeigen. Während sich solche Brandgilden bzw. Brand- und Totengilden im Herzogtum Schleswig bis zum Jahre 1446, im Herzogtum Holstein bis 1442 zurückverfolgen lassen, verbreiteten sich ähnliche Einrichtungen erst im Laufe des 17. Jahrhunderts in preußischen, hamburgischen, mecklenburgischen, oldenburgischen und hannoverschen Gebieten. In Preußen entstanden namentlich in den Landgemeinden der Weichselniederung derartige Vereinigungen (1617 Marienburger, 1623 Groß-Werdersche, Tiegenhofsche, 1637 Nehrungsche, 1640 verschiedene kleinere, 1642 Kohlingsche Brandordnung usw.) *(E. von Liebig).*

Das isländische Gesetzbuch von 1118, die Graugans, verpflichtet die Hreppsgenossen, dem durch einen Brand heimgesuchten Genossen drei Häuser (Gemächer) zu ersetzen: Stube, Feuerhaus und Vorratskammer, gegebenenfalls auch Bethaus oder Kirche. Beim Hausbrand wurde der Verlust an Kleidern und täglichen Nahrungsvorräten, nicht jedoch von Waren oder Schmuck ersetzt. Der Schaden wurde nur zur Hälfte vergütet; die Genossen waren nicht gehalten, demselben Manne dreimal Ersatz zu leisten *(Liebig).*

Die Unterstützungen der Gilden waren unterschiedlich geregelt. Anfänglich erfolgten die Unterstützungen ohne Rücksicht auf die Höhe des eingetretenen Brandschadens in Naturalien für den Wiederaufbau und die Neueinrichtung (Stroh, Holz, Steine, Fuhren, Schuttbeseitigung, Lieferung von Leinwand, Bettfedern, Getreide, Fleisch, Viehfutter). Gelegentlich finden sich auch geringe Geldunterstützungen. Leistungen und Ansprüche waren in der Regel danach abgestuft, ob ein Gildemitglied Voll-, Halb-, Drittel- oder Viertelhufner oder Knecht war. In den Städten ging man allmählich zu

Geldleistungen über, wobei sich die Beitragssätze der Mitglieder nach der Höhe ihrer Einzeichnungen abstuften. Es stand jedem frei, seine Gebäude und Mobilien in mehreren Gilden zu versichern. „Diese Verhältnisse riefen naturgemäß häufig Spekulationsbrände hervor und führten zu einer äußerst laxen Beobachtung der ohnehin nur spärlich in den Gilderegeln getroffenen feuerpolizeilichen Vorschriften" *(von Liebig)*. Wegen dieser Mißstände, der Schwere des „Gildegeldes" und der bei den Gildefeiern vorgekommenen Ausschweifungen löste König Christian VI. von Dänemark 1739 die Immobiliargilden in Schleswig-Holstein auf. Die dortigen Gilden wandelten sich in Mobiliargilden um. Umstritten ist, ob und inwieweit die schleswig-holsteinischen Brandgilden auf flandrische Vorbilder zurückgehen; während dies *Maaß* und *Schaefer* bejahen, bestreitet *Helmer* einen Zusammenhang.

Die Brandversicherung war also eine bäuerliche Errungenschaft, weil das einsam liegende Bauerngehöft der Marschen bereits damals ein versicherungsfähiges Risiko war. Wegen der engen und leichten Bauart der Städte konnten sich diese anfänglich nur auf die Brandvorbeugung beschränken, jedes Brandereignis trug die Gefahr einer unbeherrschbaren Katastrophe in sich. So sind erst im 16. Jahrhundert den geschlossenen Dorfsiedlungen einige Städte in der Bildung von Brandgilden gefolgt. Zum Unterschied von den ländlichen Brandgilden, die grundsätzlich alle Gemeindemitglieder umfaßten, beziehen sich die städtischen Gilden nur auf einen Kreis auserlesener, meist der vornehmsten Bürger; so nahm 1543 die Itzehoer Liebfrauengilde, eine katholische Brüderschaft der Vornehmsten der Stadt, die Brandversicherung ihrer Mitglieder auf. „Die nicht zu dieser Gilde gehörigen Bürger mußten sich deswegen weitere Brandgilden gründen, wenn sie ebenfalls des Segens der Brandversicherung teilhaftig werden wollten" *(Helmer)*.

2. *Die Hamburger Feuerkasse*

Die entscheidenden Fortschritte in der Richtung der modernen Versicherungsorganisation wurden in Hamburg erzielt, und *Helmer* dürfte recht haben mit der Behauptung, daß nicht das niederländische Vorbild der Seeassekuranz, sondern schon aus geographischen Gründen das Vorbild der schleswig-holsteinschen Brandgilden gewirkt hat. Hatten die Gilden nur örtliche Bedeutung, so gelang in Hamburg eine Schöpfung, die von weittragender Bedeutung werden sollte: Am 3. Dezember 1591 schlossen 100 Erben von brauberechtigten Hamburger Häusern den ersten *Feuerkontrakt*, dem in den nächsten Jahrzehnten zahlreiche andere folgten.

„Die 100 Genossen des ersten Hamburger Feuerkontraktes verpflichteten sich, jedem Abgebrannten aus ihrer Mitte im Falle eines durch Brand hervorgerufenen Vollschadens je 10 Rt., im Höchstfalle also zusammen 1000 Rt., für den Wiederaufbau zu zahlen. Ein Teilschaden sollte entsprechend niedriger vergütet werden. Die Entschädigung gebührte dem Abgebrannten nur dann, wenn er binnen Jahresfrist wiederaufbaute. Ein Austritt aus diesem Kontrakt war nicht gestattet, denn er war geschlossen zugunsten der Besitzer, ihrer Erben oder Nachfolger sowie der Realgläubiger." Auch bei den späteren Kontrakten handelte es sich um eine ähnliche Zahl (bis 110) von Mitgliedern. Da auf den Gildeversammlungen der holsteinischen Elbmarschen Hamburger Bier getrunken, die Gildestrafen vielfach in Tonnen Hamburger Bieres festgesetzt waren, dürfte der Zusammenhang zwischen der Schöpfung der Hamburger Brauhäuser und den schleswig-holsteinischen Brandgilden schon geschäftsmäßig gegeben gewesen sein *(Helmer)*.

Wie schon in den holsteinischen Städten waren die Feuerkontrakte in ihrer Begründung „freie Einungen", beschränkt auf eine bestimmte Auslese von Bürgern, nahmen jedoch sofort eine Bindung an den Grund und Boden an: die Mitgliedschaft haftete an den Gebäuden und ging auf Erben und Käufer über. Der numerus clausus der Mitglieder war schon versicherungstechnisch begründet durch die feste Höchstentschädigung und die Absicht, Wagnishäufungen zu vermeiden. Die Vergütung von Teilschäden führte zu wechselnden Umlagen. Der Wiederaufbauzwang ist durch die den städtischen Verhältnissen entsprechende Geldentschädigung bedingt, bei den Naturalleistungen der Brandgilden erübrigte er sich.

Bis 1676 entstanden 46 Feuerkontrakte. Um diese Zeit waren etwa 4600 Grundstücke in Hamburg (wohl der größte Teil der Stadt) gegen Brand versichert. Auch im Hamburger Landgebiet siedelten sich Feuerkontrakte und Brandgilden an *(Helmer)*.

Dennoch zeigten sich Mängel. Eine Reihe großer Brände (1606, 1626 und besonders am 23. 6. 1676) erwiesen die Unzulänglichkeiten des Löschwesens und offenbarten die beschränkte Leistungskraft der bisherigen Kontrakte. „Es gab Kontrakte, die durch diese Brände übermäßig in Mitleidenschaft genommen wurden, während andere ganz oder teilweise verschont blieben. Es gab also Bürger, die fast bis an die Grenze ihrer Leistungsfähigkeit bluten mußten, daneben wieder andere, die unbeteiligte Zuschauer waren. Es bedurfte bei dieser Lage gar keiner großen Rechenkünste, um auszurechnen, daß die erforderliche Beitragsbelastung in mäßigen Grenzen geblieben wäre, wenn alle Einwohner in einem einzigen Kontrakt zusammengeschlossen gewesen wären und nun gemeinsam ohne Ausnahme den Ersatz für diese Schäden aufzubringen gehabt hätten" *(Helmer)*. Ein großer Brand in London 1666 mag die Gedanken ebenfalls in diese Richtung gelenkt haben. So beschloß der Rat von Hamburg 1676, eine „Deputation zur General-Feuer-Cassa" einzusetzen, die eine die ganze Stadt umfassende „Feuerordnung" vorschlug.

Am 17. Dezember 1676 erfolgte durch öffentliches Mandat die ***Gründung der „General-Feuercasse"***, in der die alten Feuerkontrakte aufgingen und die ab Ende Februar 1677 ihren Betrieb aufnahm.

Die neue Kasse übernahm Vermögen und laufende Verbindlichkeiten der Kontrakte. Sie wurde als Zweig der öffentlichen Stadtverwaltung von 2 Ratsherren verwaltet, denen 2 Oberalten, 2 Kämmereibürger, 10 weitere Bürger und 1 Schreiber beigegeben waren. Die Teilnahme war freiwillig, Austritt jedoch nicht gestattet. Die Betriebsgrundsätze schildert *Helmer* wie folgt:

„Jedes Mitglied hatte 25 v. H. eines jeden Schadens selber zu tragen. Es wurde eine Höchstversicherungssumme von 15 000 M festgesetzt, bis zu der ein Schaden nach den Grundsätzen einer Art Erstwagnisversicherung ersetzt wurde. Die Schäden wurden im Verhältnis zu den Versicherungssummen umgelegt. Man strebte aber von Anfang an nach festen Beiträgen. Jährlich wurden regelmäßig $^1/_4$‰, später $^1/_2$‰ erhoben. Aus diesen Mitteln wurden auch die nicht unerheblichen Ausgaben der Kasse für das Löschwesen bestritten. Im Falle eines Vollschadens wurde die Versicherungssumme abzüglich des Eigenbehaltes ausgezahlt. Bei Teilschäden wurde der Schaden durch Schätzer ermittelt. Leute, die bei den Löscharbeiten verunglückten, wurden auf Kosten der Kasse geheilt oder erhielten bei dauernder Erwerbsunfähigkeit von ihr eine Rente. Ab 1728 wurde der Feuerkasse maßgebender Einfluß auf die Verwaltung des Löschwesens eingeräumt. Nach der Franzosenzeit zu Anfang des 19. Jahrhunderts wurde das Löschwesen ganz in die Hände der Feuerkassendeputation gelegt. Die Einrichtungen von 1676 bewährten sich sehr gut. Erst im Jahre 1753 wurde die erste wesentliche Erweiterung der General-Feuerkassen-Ordnung beschlossen."

1684 äscherte eine große Feuersbrunst in Hamburg etwa 300 Häuser ein und verursachte Schäden in Höhe von etwa $1^1/_2$ Millionen Mark, die eine Nachschußumlage von 5 v. H. erforderlich machten.

1753 wurde der Eigenbehalt abgebaut, 1817 der Verricherungszwang und 1833 die Neuwertversicherung für den Vollschadenfall eingeführt. Wurde nicht wiederaufgebaut, sollte nur $^3/_4$ der Entschädigungssumme ausgezahlt werden.

Das Jahr 1842 brachte einen Brand von 79stündiger Dauer, der 1100 Wohnhäuser und 102 Speicher einäscherte und 217 weitere Grundstücke beschädigte. Der Gesamtschaden an Gebäuden betrug rund $45^1/_2$ Millionen Mark Banco, an beweglichen Gütern rund 60 Millionen Mark Banco. Bei einer Versicherungssumme von 223 Millionen Mark stellte sich also der Gebäudeschaden allein auf $20^0/_0$ der Versicherungssumme. Um die Ersatzleistungen vollbringen zu können, wurde eine Staatsanleihe aufgenommen, deren Verzinsung und Tilgung zur Hälfte von den Versicherten der Feuerkasse, zur anderen Hälfte von allen übrigen Steuerzahlern der Stadt übernommen werden mußten. Die finanzielle Abwicklung hat noch 46 Jahre gedauert.

Das Vorbild der Hamburger Feuerkasse veranlaßte nach dem großen Brand von 1666 die Stadtgemeinde London 1680 vorübergehend zu einer kommunalen Brandversicherung. Nachhaltiger war der Einfluß anderwärts. 1677 folgte Harburg, 1681 Kopenhagen, dessen Brandcompagnie allerdings 1686 infolge eines größeren Brandes einging, 1685 Magdeburg.

3. *Die öffentlich-rechtlichen Brandversicherungsanstalten Deutschlands*

Projektemacher *(Stiell)* und Gelehrte *(Obrecht* und *Leibniz)* traten für die Schaffung ähnlicher Organisationen ein und fanden bei den Fürsten des Merkantilzeitalters Anklang, die auf diese Weise die Wirtschafts- und Steuerkraft ihrer Länder schützen wollten.

Steuerfreijahre und Holzlieferungen der Landes- und Grundherren, Kirchenkollekten, Brandbettel erwiesen sich immer unzulänglicher. Ein Versuch des Großen Kurfürsten, 1685 in Berlin, Cölln und Friedrichswerder eine der Hamburger ähnliche Brandkasse einzuführen, scheiterte an dem Mißtrauen der Bürger, die eine neue Belastung fürchteten. Ebenso scheiterten eine Reihe von Plänen Friedrichs I., so 1701, 1705.

Erfolg hatte erst Friedrich Wilhelm I. 1718 mit der für die folgenden Gründungen maßgeblichen *Berliner Societät*, die im Einvernehmen mit den Untertanen errichtet wurde. Vorbild waren die in einer Reihe von Städten bestehenden Feuerkassen.

Die Kasse beschränkte sich auf die Versicherung der Gebäude, die nach einer Schätzung in ein Kataster eingeschrieben wurden. Im Schadenfalle wurde auf je 100 Taler Versicherungssumme ein entsprechender Beitrag im Umlageverfahren erhoben. Gewöhnlicher Brandschaden wurde nach Schätzung zum Zeitwert vergütet, Schäden durch Niederreißen zwecks Brandeindämmung jedoch nach den Wiederaufbaukosten (Neuwert). Wenn dem Wiederaufbauzwang nicht genügt wurde, konnte die Sozietät den Wiederaufbau in die Hand nehmen. Ein Versicherungszwang bestand noch nicht. Die Untertanen hatten ein Mitverwaltungsrecht.

Die nächsten Jahrzehnte brachten zahlreiche Gründungen von Städtefeuersozietäten. Friedrich der Große sorgte für Feuersozietäten in Schlesien. Namentlich bei ländlichen Sozietäten findet sich auch die Fahrhabeversicherung. Die Entschädigung darf nur zum Wiederaufbau verwendet werden (Gläubigerschutz). Die Schäden werden entweder nach jedem Brande oder jährlich nach Maßgabe des Bedarfs entsprechend der Versicherungssumme umgelegt. Oft wird ein „Bestandskapital" zur Bevorschussung von Brandschäden angesammelt. In wenigen Fällen werden die Beiträge nach der Gefahr abgestuft. Auf dem Lande sind die Mitglieder vielfach auch zu Naturalleistungen (Hand- und Spanndienste, Lieferung von Dachstroh, Saat- und Brotkorn, Bestellung der Felder der Abgebrannten) verpflichtet. Die Gründung bedurfte der allerhöchsten Genehmigung, die Aufsicht lag in den Händen der Kriegs- und Domänenkammern. Kleinere Städte innerhalb der einzelnen Verwaltungsbezirke wurden zu gemeinschaftlichen Sozietäten zusammengefaßt. Trotzdem stellte die Zersplitterung in weit mehr als 100 kleine Brandkassen aus wirtschaftlichen, organisatorischen und versicherungstechnischen Gründen einen Mangel dar, gegen dessen Beseitigung vor allen Dingen Ritterschaft und Adel Widerstand leisteten. Erst 1785 gelang es, eine die ganze Provinz Westpreußen umfassende Sozietät zu schaffen.

Der Gedanke der auf dem Gegenseitigkeitsprinzip beruhenden landesherrlichen Anstalt fand im Ausland (Dänemark, Norwegen) und in anderen deutschen Ländern Nachahmung (Schleswig-Holstein, Oldenburg, Lübeck, Mecklenburg, in den thüringischen Staaten, Königreich Sachsen). In Bayern wurde 1754 als erste einer Reihe kleiner Gebäudesozietäten die Ansbacher Brand-Assekurations-Sozietät errichtet, 1799 die Altbayrische Anstalt für das ehemalige Kurfürstentum Bayern, Obere Pfalz und Neuburg; 1811 wurde aus ihr auf Betreiben König Max Josephs die das ganze Königreich umfassende Bayerische Brandversicherungsanstalt mit Versicherungsmonopol für Gebäude. Gebäudeversicherungsanstalten schufen weiter Baden, Württemberg und Hessen.

In Entfaltung der im 16. und 17. Jahrhundert vorbereiteten Keime ist das *18. Jahrhundert „das klassische Jahrhundert des Aufbaues der deutschen öffentlich-rechtlichen Brandversicherung" (Helmer)* geworden. Nahezu ganz Deutschland war des Schutzes der Immobiliarversicherung teilhaftig geworden *(v. Liebig)*. Es war nicht verwunderlich, daß die mit der Schaffung der öffentlich-rechtlichen Brandversicherungsanstalten erzielten Erfolge zu ähnlichen Maßnahmen gegen andere Risiken reizten, die freilich nicht immer glücklich verliefen.

1765 errichtete Friedrich der Große für die Viehversicherung die erste öffentliche Assekuranz für Schlesien und Glatz. 1770 wurde in Ansbach-Bayreuth eine öffentliche Hagelsozietät begründet, Versuche in Magdeburg (1774) und Württemberg (1777) schlugen fehl. Im 17. und 18. Jahrhundert entstehen auf staatliche Veranlassung eine große Anzahl von meist für bestimmte Stände und Berufe errichtete Kassen: Witwenkassen für Geistliche und Lehrer, Heirats- und Aussteuerkassen, Sterbekassen.

4. *Gegenseitigkeitsvereine*

Von den den Versicherungsaufgaben dienenden Spezialgilden, insbesondere den Brandgilden, deren juristische Struktur ebenso privatrechtlich wie öffentlich-rechtlich war, konnte eine doppelte Entwicklungslinie ausgehen, je nachdem wer die organisatorische Initiative entfaltete. Die eine, eben gezeichnete beruht auf dem Vorgehen öffentlicher Gebietskörperschaften (Stadt, Staat) und führt über die Hamburger Generalfeuerkasse zu den öffentlich-rechtlichen Versicherungsanstalten. Es entsprach der Wirtschaftspolitik des kontinental-europäischen, namentlich deutschen (preußischen) Merkantilismus, daß zunächst die Versicherungsanstalten sich bis Ende des 18. Jahrhunderts in breiter Front entfalteten. Andererseits wäre es ebenso nahe gelegen, daß die von einer bestimmten Gefahr bedrohten Wirtschaften nach dem Vorbild der in den Feuerkontrakten zusammengeschlossenen Hamburger Brauer auf dem Wege der Selbsthilfe private Organisationen zwecks gegenseitiger Versicherung schaffen. Tatsächlich trifft man derartige Gegenseitigkeitsvereine vereinzelt im 15. Jahrhundert, häufiger im 16. Jahrhundert. Es sind zumeist recht kleine Vereine, die sich der Feuerversicherung der Fahrhabe oder der Personenversicherung annehmen, die aber wegen ihrer primitiven Organisation massenhaft fallieren. Auch die ungünstigen Erfahrungen mit den Hamburger Feuerkontrakten werden abschreckend gewirkt haben. Gerne wird auch auf Widerstände kirchlicher und religiöser Seite hingewiesen. Den Hauptgrund wird man jedoch in den für einen rationellen Betrieb noch unzureichenden Kenntnissen über die versicherungstechnischen Grundlagen und in den Schwierigkeiten sehen müssen, einen dem übernommenen Risiko entsprechenden genügend großen Personenkreis erfassen zu können. Erst nachdem die Versicherungsanstalten die nötigen Erfahrungen gesammelt hatten, die man übernehmen konnte, und sich eine der staatlichen Initiative grundsätzlich abholde Wirtschaftsauffassung mit dem sog. Liberalismus durchgesetzt hatte, kam es im 19. Jahrhundert zu öfterer Bildung von Gegenseitigkeitsvereinen kleineren und größeren Umfanges.

Bereits im letzten Jahrzehnt des 18. Jahrhunderts werden in Braunschweig und Mecklenburg Hagelversicherungsgesellschaften gegründet. Bahnbrechend wirkten aber erst die Gründungen *Arnoldis:* 1821 Gothaer Feuerversicherungsbank a. G. und 1828 Gothaer Lebensversicherungsbank a. G. Die Idee dieser schöpferischen Persönlichkeit traf zusammen mit der Enttäuschung über die seitens einer englischen Gesellschaft gewährte unzulängliche Entschädigung für eine 1818 abgebrannte Tabakfabrik, an der ein naher Verwandter Arnoldis beteiligt war, und ließ in der Gothaer Geschäftswelt die Organisationsform des Gegenseitigkeitsvereins reifen. Ausgehend von dem Grundsatz: „Einer für alle, alle für einen" ließ Arnoldi die Versicherungsnehmer für alle Verpflichtungen der Bank haften, ihnen aber auch alle Überschüsse der Einnahmen über die Ausgaben zukommen.

5. *Ergebnis: Das Gegenseitigkeitsprinzip oder Assoziationsprinzip*

Im germanisch-nordeuropäischen Wirtschaftsraum ist die Entwicklung des modernen Versicherungsverhältnisses, die im 18. Jahrhundert ihre typische Vollendung gefunden hat, von den bündischen Versicherungsformen ausgegangen und hat in dem sogenannten *Gegenseitigkeitsprinzip* oder im *Assoziationsprinzip* ihre Vollendung gefunden. Die Erfahrung hat zwar noch einige andere Elemente eines beständigen Versicherungsbetriebes gelehrt, wie ausreichende Größe des Versicherungsbestandes, Vermeidung einseitiger Risikenhäufung und überdurchschnittlicher Risikogrößen, Kontrolle der Versicherungsnehmer, um eine unredliche Ausnützung der Versicherungsverträge zu verhüten, Grundsätze zur Beurteilung der übernommenen Risiken u. dgl. *Das charakteristische Merkmal dieser Entwicklungslinie, gleichgültig ob die Initiative von einer öffentlichen Körperschaft oder einer schöpferischen Einzelpersönlichkeit ausging, ist die Vereinigung der von derselben Gefahr bedrohten Wirtschaften zu gegenseitiger Deckung der bei einzelnen angefallenen Schäden, sei es, daß die zu leistenden Schadenszahlungen auf die beteiligten Wirtschaften umgelegt, sei es, daß die erforderlichen Mittel zwar vorher angesammelt, ihr Umfang aber nach der Höhe der bei den Mitgliedern eingetretenen Schäden reguliert werden.* Viele derselben Gefahr ausgesetzten Wirtschaften steuern zusammen, um die bei wenigen eingetretenen Verluste auszugleichen. Das Verhältnis des Kreises der von der Gefahr Betroffenen zu dem Kreis der von der Versicherungsorganisation überhaupt Erfaßten entscheidet über die aus dem Versicherungsverhältnis den Einzelnen treffende Belastung. In manchen Fällen mag dieses Verhältnis zu ungünstig gewesen sein, als daß sich die Beteiligten einen Vorteil versprochen hätten, dann scheiterte die Absicht der Versicherung vorübergehend oder auf die Dauer. In vielen Fällen, so insbesondere auf dem Gebiet der Feuerversicherung, erwies sich das Gegenseitigkeitsprinzip als eine tragbare und geschätzte Lösung des Problems der Sicherung gegen eine unabwendbare Gefahr.

Die so entstandenen Assoziationen (Versicherungsanstalten oder Gegenseitigkeitsvereine) bleiben in ihrer soziologischen Struktur ihrem Ursprung verhaftet. ***Sie sind Zusammenschlüsse allein zu dem Zweck des wechselseitigen Versicherungsschutzes ohne jede Gewinnabsicht für eine besondere Gruppe.*** Sie sind Organisationen zu gegenseitiger Hilfe, aber nicht um durch Angebot des Versicherungsschutzes Gewinne zu erzielen. Was so entstanden ist, sind im wirtschaftstheoretischen Sinne keine Unternehmungen, sondern Betriebsformen, die den Genossenschaften nahestehen. Alle Mitglieder sind Versicherte und sie sind in ihrer Gesamtheit zugleich der Versicherer, repräsentiert durch ein für die Gesamtheit handlungsfähiges Organ (Vorstand, leitende Beamte, Verwaltungsrat).

Den „genossenschaftlichen Einschlag" bei den Versicherungsanstalten betont z. B. *Julius von Gierke.* Der Versicherungsverein auf Gegenseitigkeit gleicht nach ihm einer Erwerbs- und Wirtschaftsgenossenschaft, unterscheidet sich aber von ihr durch die „Gefahrengemeinschaft", durch die Verquickung von Versicherungsverhältnis und Mitgliedschaft, er beruht auf genossenschaftlicher Selbsthilfe.

Der Zusammenhang dieser Organisationen mit der genossenschaftlichen Gliederung des germanischen Rechtes, eine, wenn auch nicht immer, lückenlose Kontinuität der Entwicklung von den bündischen Versicherungsformen zu dem gesellschaftlichen Versicherungsverhältnis dieser Prägung ist oft und vielfach mit Begeisterung hervorgehoben worden. So sagt z. B. ***Helmer***, niemals hätte das Erwerbsstreben einzelner bei den Völkerschaften, deren Wirtschaftsgesinnung unmittelbar an die heidnisch-germanische Vergangenheit anknüpft, eine solch gestaltende Kraft besessen, daß von dieser Seite her irgendein ausschlaggebender wirtschaftlicher oder rechtlicher Fortschritt kommen konnte. Versicherung um des Erwerbes willen sei etwas uns ursprünglich Fremdes, bodenständig sei bei uns allein die Versicherung auf Gegenseitigkeit. Falsch erscheint in dieser Argumentation zunächst einmal der Hinweis auf die heidnisch-germanische Vergangenheit, ist doch das mittelalterliche Genossenschaftswesen in seiner Blütezeit von christlichem Geiste geformt worden. Wenn sich im Süden Europas, im Mittelmeerraum, nicht eine ähnliche Entwicklung trotz der auch dort vorhandenen Ansätze vollzogen hat, so liegt der Grund vielleicht äußerlich in der geringeren Gefährdung des Lebens in einem günstigeren Klima, innerlich aber wohl in dem äußerst wichtigen Umstand, daß sich dort um einige Jahrhunderte früher als im Norden die kapitalistische Wirtschaftsgesinnung durchsetzte, die eine andere, ihr eigene Lösung der Risikenüberwindung gesucht und gefunden hat. So liegt der Grund für den auffallenden Unterschied zwischen der nordeuropäischen und mediterranen Entwicklung weniger in völkerpsychologischen oder rassischen Unterschieden, ist der Kapitalismus in seiner Vollendung doch eine nordeuropäisch-germanische Angelegenheit(!), als in der wirtschaftshistorischen Tatsache, daß das mittelalterliche Wirtschaftssystem im Süden nicht die Reife wie im Norden erhalten konnte und der Norden andererseits, als er die neue Wirtschaftsweise übernahm, vom Süden (über England und die Niederlande) bereits die fertige Form der Erwerbsversicherung überliefert bekam. Aus geographischen Vergleichen Schlüsse zu ziehen ist immer dann problematisch, wenn zwischen den verschiedenen Räumen auch Unterschiede der zeitlichen Entwicklungshöhe vorliegen.

II. Die romanisch-mediterrane Wurzel

1. *Das Seedarlehen*

Ohne auf das von ***Alfons Dopsch*** neuerdings aufgeworfene Kontinuitätsproblem einzugehen, ob und inwieweit auch in Mitteleuropa ein innigerer Zusammenhang zwischen Altertum und Mittelalter anzunehmen sei, begründet im mediterranen Raum schon die Identität dieses Raumes und das Fortbestehen eines seegängigen Handelsverkehres, das Weiterleben antiker Rechtsanschauungen und die vielfältigen Beziehungen zum byzantinischen Reich die Notwendigkeit, für die mittelalterlichen und neuzeitlichen Entwicklungslinien die Anknüpfungspunkte in Erscheinungen der Antike zu suchen. So haben wir hier von der Tatsache auszugehen, daß bereits im Altertum Inder, Babylonier, Phönizier, Griechen und Römer für die damals in diesen Meeren höchst gefährlichen Seetransporte eine typische Form der Risikobegrenzung für den einzelnen Beteiligten, eine Risikoteilung geschaffen haben: das Seedarlehen (foenus nauticum).

„Bei ihm gibt ein Kapitalist einem Seefahrtsunternehmer ein Darlehen mit der Vereinbarung, daß es mit Zinsen zurückgezahlt werden muß, wenn das Schiff glücklich im Bestimmungshafen angekommen war" *(Gierke)*. Ging das Schiff verloren, war weder das Kapital zurückzuzahlen noch Zins zu entrichten. Nebenbedingung war gewöhnlich die Verpfändung der für das aufgenommene Geld angeschafften Handelsware. *Johannes Hasebroek* hat als die für das gesamte Handelsleben des IV. vorchristlichen Jahrhunderts beherrschende Geschäftsform die Seedarlehensspekulation bezeichnet, die auf eine Trennung von Geldbesitzer und Händler zugeschnitten ist und das Vorhandensein solcher Geldgeber für den Handel zur Voraussetzung hat. „Die gesamte griechische Emporie-Gesetzgebung ist eine Gesetzgebung ausschließlich zum Schutze des Seedarlehensgeschäfts. Der Geldbesitzer steht noch außer jedem Konnex mit der Handelstätigkeit selbst". Die Gefahr der Seereise trägt also der Kapitalist (Geldgeber), der den Transport über See häufig durch einen Sklaven als Kontrolleur begleiten läßt. Dem hohen Risiko entspricht der hohe Zinssatz von 24—30 v. H. Bei partiellem Untergang mußte sich der Geldgeber eine Kürzung seines Darlehens gefallen lassen. An dem Seedarlehen für ein Schiff sind zum Zweck der Teilung des Risikos regelmäßig mehrere Darlehensgeber beteiligt. „Das Seedarlehen hat die ganze Antike beherrscht, bis Justinian es als wucherisch untersagte. Dieses Verbot hat keinen dauernden Erfolg, immerhin aber die Konsequenz gehabt, daß die Formen des Seekredits sich änderten" *(Max Weber)*.

Das Seedarlehen stellt, wie *von Gierke* mit Recht hervorhebt, noch keine Versicherung dar, denn das Entgelt (hohe Zinsen) wird nur bei günstigem Verlauf bezahlt, das Darlehen, was bei Identität der Versicherungssumme entsprechen würde, im voraus gegeben und schließlich bleibt es in der rein und planlos spekulativen Sphäre. Es ermöglichte einem kapitallosen Reeder, mit fremdem Geld über See Waren zu kaufen und gab andererseits den Kapitalgebern im Falle behaltener Ankunft die Chance eines außergewöhnlich hohen Gewinnes. Der Reeder lief das Risiko, sein Schiff und die Heuer (falls er nicht auch dafür ein Seedarlehen aufgenommen hatte) sowie seinen Gewinnanteil zu verlieren, die Seedarlehensgeber teilten sich in den Verlust der Schiffsladung. Die Urkunde über das Seedarlehensgeschäft enthielt die Klausel: ad risicum maris (auf Seegefahr), oder sana (tamen) eunte navi, salva navi (auf behaltene Ankunft).

Aus der zwischen Darlehensnehmer und Darlehensgeber bestehenden Beziehung entwickelten sich im Mittelalter, namentlich in Genua, handelsrechtliche Gesellschaftsformen, die in gleicher Weise der Risikoteilung dienten: die societas maris und die commenda. Die societas maris, zu der der reisende socius tractans ein Drittel des Kapitals, die (meist zwei) socii stantes, die in der Heimat blieben, zwei Drittel beisteuerten, wobei der Gewinn meist 1 : 1 geteilt wurde, ist nach *Byrnes* im 12. Jahrhundert in Genua entstanden in einer Zeit, „in der wenige Genueser Großfamilien den Handel mit Syrien in ihren Händen konzentriert hatten und ein starkes Risiko für das verhältnismäßig hohe in jenem Handel angelegte Kapital bestand, das es möglichst gleichmäßig zu verteilen galt. Als dann die Alleinherrschaft jener Familien im Syrienhandel 1165 zu Ende war, als breiter gelagertes Kapital zur Beteiligung an den einträglichen Geschäften mit Syrien drängte und das Risiko in ruhiger gewordenen Zeiten sich minderte, wurde die Vertragsform der societas maris, ohne ganz zu verschwinden, mehr und mehr durch die der (eigentlichen) commenda mit einseitiger Kapitalhergabe ersetzt, die eine stärkere Kapitalverteilung auf eine Fülle kleinerer Einzelunternehmungen ermöglichte" *(Alfred Doren)*.

Im alten Rom bildete sich in Analogie zum Seedarlehen das *foenus quasi nauticum*, das eine lange Landreise der Seereise gleichstellte. Auch für die Beteiligung an den Erfolgen eines Fischfanges, ja sogar einer Athletenvorstellung wurde diese Form verwendet.

Seedarlehensverträge wurden in großer Zahl ebenso in Genua und Venedig wie in Marseille und Barcelona abgeschlossen. Die Höhe des Zinsfußes ist nach *Doren* in Genua charakteristischerweise von der Länge der Reise abhängig und schwankt zwischen 10 und 50%. Das constitutum usus des pisanischen Seerechts nennt einen Zinsfuß von 35% *(Max Weber)*.

2. *Der Übergang zur Seeversicherung: Darlehens- und Kauffiktionen*

Obwohl das Seedarlehen „das unentbehrliche Mittel war, um für den Betrieb einer sehr notwendigen, sehr gewinnverheißenden, aber auch höchst gefahrvollen Unternehmungsart Kapital und Arbeit zusammenzubringen" *(R. Ehrenberg)*, wurde es wegen seines wucherischen Charakters unter Gregor IX. um 1230 unter Berufung auf das kanonische Zinsverbot verboten. Es verschwand bald aus dem Handelsverkehr und wurde zunächst durch die Commenda ersetzt, die in der Rechtsauffassung nicht als Darlehen, sondern als eine Art societas hingestellt wurde.

Der Übergang zur Commenda, die sich schon vor dem Verbot des Seedarlehens ausgebreitet hat, vollzog sich reibungslos, weil sie das wirtschaftlich günstigere System war: für das Seedarlehen mußte der Empfänger den hohen, im voraus bedungenen Zins auch bezahlen, wenn er an dem Geschäft wenig oder gar nichts verdient hatte; umgekehrt ging der Gläubiger häufig leer aus, wenn der Schuldner mittellos war; die Commenda hingegen bot bei nur beschränkter Haftung dem Kapitalgeber einen der Höhe nach unbegrenzten Gewinn *(Silberschmidt)*.

Da man nicht in allen Fällen die Commenda wählen konnte oder wollte, der Seehandel aber ohne das Seedarlehen nicht leben konnte, suchte man unter Billigung der Kirche, die es auf eine Kraftprobe nicht ankommen lassen wollte, nach einem den gleichen wirtschaftlichen Erfolg verheißenden Ausweg, der juristisch nicht unter den Begriff des verzinslichen Darlehens fiel. Man zerlegte den Seedarlehensvertrag äußerlich in zwei Teile, in ein unverzinsliches Darlehensgeschäft und in einen besonderen Vertrag, durch den dem Darleiher für die von ihm übernommene Gefahr eine Vergütung versprochen wurde. Hiergegen erhob die Kirche keine Bedenken. „Es konnte nicht ausbleiben, daß der Vertrag über die Gefahrübernahme und damit das Assekuranzmoment im Laufe der Zeit schärfer und klarer heraustrat als beim alten Seedarlehen" *(Blumhardt)*.

In kleinerem Umfang kam, sofern der Reeder genügend kapitalkräftig war, eine Umdrehung des Gläubiger-Schuldner-Verhältnisses vor, indem nicht der Kaufmann dem Reeder, sondern dieser jenem ein Darlehen gewährte; für Fracht und Rückzahlung des Darlehens hafteten die auf dem Schiff befindlichen Waren des Kaufmanns. War der Reeder, wie wohl zumeist, nicht kapitalkräftig genug, um neben den im Seetransport investierten Mitteln auch noch Darlehen zu gewähren, übernahmen die Darlehenshingabe dritte Personen. Im Falle der wohlbehaltenen Ankunft war das Darlehen zurückzubezahlen, sonst nicht. Dieser an dem Transport selbst unbeteiligte Dritte konnte anders als der Reeder das Darlehen in der Höhe des Kaufwertes der Waren geben, so daß der Kaufmann für einen Verlust voll gedeckt war. Ein derartiger von einem Dritten mit dem Ladungsinteressenten, gelegentlich auch mit dem Reeder, geschlossener Vertrag war ein ausgesprochener Risikovertrag, der sich vom heutigen Versicherungsvertrag nur dadurch unterschied, daß die „Versicherungssumme (= Darlehenssumme) bei Beginn der Fahrt vorgeschossen und nicht wie heute erst nach Eintritt des Schiffsverlustes bezahlt wurde. Derartige Verträge kamen auch für den Warentransport über Land vor. Diese Lösung kam allerdings dem Kaufmann teuer zu stehen, denn er mußte dem Darlehensgeber neben der Risikoprämie für ein Darlehen noch hohe Zinsen bezahlen, das er bei günstigem Verlauf der Reise gar nicht benötigte. Den gleichen Zweck konnte man billiger erreichen, wenn das Darlehen dem Kaufmann nicht zu Beginn der Reise im voraus gewährt würde, sondern erst, wenn der Verlust der Waren oder des Schiffes oder beider eingetreten war. Der Kaufmann oder der Reeder, sofern er auch einen solchen Vertrag mit einem Dritten geschlossen hatte, brauchten dann nur die Risikoprämie zu bezahlen. Dieser Weg, der über die Darlehensfiktion tatsächlich eingeschlagen wurde, bezeichnet so recht das von *Schreiegg* herausgearbeitete Prinzip der kleinen Schritte, nach dem an den überkommenen Institutionen so lange herumgemodelt wird, bis das dem Zweck entsprechende Mittel gefunden ist.

Der nächste Schritt war: ein an dem Schiffstransport selbst unmittelbar nicht beteiligter Dritter fingiert, von dem Kaufmann oder Reeder ein Darlehen bekommen zu haben, das er bei günstigem Verlauf der Reise nicht, im Falle des Schiffsunterganges jedoch „zurück"zubezahlen hat. Der Dritte war damit schon zu einem richtigen Versicherer geworden, der für sein bedingtes Zahlungsversprechen eine Risikogebühr, eine Prämie im voraus bezog. Mit dieser ***Darlehensfiktion*** ist praktisch, wenn auch noch verschleiert, die reine Versicherung entstanden, denn der Dritte „erscheint hier zum erstenmal als versprechender Teil" *(Schreiegg)* und bezieht dafür die zu einem selbständigen Entgelt gewordene Prämie. Solche Versicherungsverträge im Gewand der Darlehensfiktion liegen für die Jahre 1347—1350 mehrfach vor. Da in einem Dekret von 1369 die Zulässigkeit derartiger Versicherungsdarlehen in Frage gestellt wurde, vollzog sich (von Toskana abgesehen) ein Übergang von der Darlehensfiktion zur ***Kauffiktion:*** der Dritte fingierte mit dem Reeder oder Kaufmann einen Kauf abgeschlossen zu haben, wobei er den Kaufpreis nicht sofort, sondern erst im Falle des Schiffsverlustes zu bezahlen habe.

Für den Landtransport suchte man die Folgen des kanonischen Wucherverbotes schon im 13. Jahrhundert durch eine entsprechende Gestaltung des *Münzwechsels* zu umgehen (Florenz und Genua). Im Statut der Florentiner Calimala-Zunft (1301) übernimmt meist der Frachtführer gegen eine Prämie die Transportversicherung *(Doren)*.

3. *Durchbruch der reinen Versicherung*

Ließ man diese Darlehens- oder Kauffiktionen fallen, so blieb für den Dritten nur die vertragsmäßige Verpflichtung bestehen, im Falle des Verlustes von Schiff und Ware die vereinbarte Summe zu bezahlen, wofür er ein entsprechendes Entgelt erhalten hatte (Prämie). Damit war der reine Seeversicherungsvertrag entstanden, und man hat diese Institution auch zur Abdeckung anderer Risiken verwandt. Während *Bensa* und *Goldschmidt* glaubten, „echte“ Seeversicherungsverträge schon zu Anfang des 14. Jahrhunderts nachweisen zu können, halten *Schaube*, *Sombart* und *Kulischer* dafür, daß sie nicht vor der zweite Hälfte des 14. Jahrhunderts entstanden sein könnten.

Die früheren Forscher hatten sich nach *Schaube* von Ausdrücken wie securare, assecurare, die in italienischen Urkunden dieser Zeit vorkommen, irreführen lassen. „Es handelte sich hier in Wirklichkeit um die Sicherung der Reise selbst durch Wachtschiffe, durch Geleitbriefe u. a. Balducci Pepolotti, der bekannte Faktor des großen Bank- und Handelshauses Bardi in Florenz, der sein kaufmännisches Handbuch ca. 1340 verfaßt hat, gedenkt der Versicherung mit keiner Silbe, während Giovanni da Uzzano, der ein Jahrhundert später schrieb (1440) und dessen Handbuch sich ganz in den Spuren Pegolottis bewegt, es keineswegs unterläß, die Höhe der Versicherungsprämie an zahlreichen Stellen seines Werkes anzugeben. Die eigentlichen Versicherungsverträge kommen nicht vor Mitte des 14. Jahrhunderts vor, die frühere Zeit kennt nur Übergangsformen“ *(Kulischer)*.

Gegen Ende des 14. Jahrhunderts liegen eine große Anzahl von Seeversicherungsverträgen vor, die bei genuesischen Notaren geschlossen wurden. So hat 1393 ein einziger Notar in Genua innerhalb dreier Wochen nicht weniger als 80 Versicherungsverträge beurkundet.

Nach *Sombart* „ist die Seeversicherung in den Anfängen Gelegenheitsversicherung: Leute aller Stände, die überflüssiges Geld haben, wie sie es früher in grosse aventure angelegt hatten, übernehmen nun Versicherungen. Namentlich Kaufleute machten gern diese Geschäfte neben ihren eigentlichen Handelsgeschäften nebenher“. So schreibt z. B. Lucas Rem in seinem Tagebuch aus den Jahren 1494—1541: „Hab mit Seguriern etlich fil gelt gewonnen“.

Zunächst fehlte dem Versicherungsgeschäft noch der Massencharakter der vom Versicherer abgeschlossenen Verträge. Die Versicherung war noch spekulativ, ähnelte einem Glücksspiel, ein Umstand, der *Kulischer* veranlaßt, die Wurzel der Versicherung zum Teil in der Wette zu suchen, „indem der Versicherte mit dem Versicherer ursprünglich eine Wette darüber abschloß, ob das Schiff seine Reise günstig vollenden werde oder nicht; im ersten Fall zahlte der Versicherte die Prämie, im zweiten der Versicherer die (versicherte) Summe“. Doch sucht man diesen spekulativen Charakter bald zu mindern, denn seit dem Ende des 14. Jahrhunderts finden sich in den italienischen Städten Versicherungsverträge mit Aufteilung des Risikos auf mehrere (5—15) Versicherer *(Kulischer)*.

Man wird es wohl dem romantisch-abenteuerlichen Sinn des Frühkapitalismus *(Sombart)* zuzuschreiben haben, der sich der raschen Ausbeutung aller neu entdeckten Gewinnquellen im Bergbau, im Überseehandel und in Spekulationsgründungen (z. B. zur Hebung von gesunkenen Schiffen, Beteiligung an Seeräuberzügen) mit kindlicher Impulsivität zuwandte, daß die entgeltliche oder erwerbsmäßige Seeversicherung mit ihrem anfänglich starken Zug ins Spekulative sofort verbreitete Aufnahme fand und daß die Möglichkeit durch Übernahme auch anderer Risiken Einkommen zu erwerben zu einer Ausdehnung des Versicherungsprinzips, ja sogar zu einer Übersteigerung führte.

Das Versicherungsgeschäft sowohl zur See als auch zu Lande wurde „ein von den großen Bankfirmen ständig geübter, offenbar recht einträglicher Geschäftszweig" *(Doren)*. Neben der Gefahr der Vernichtung oder Beschädigung des Schiffskörpers, seiner Ladung und des Gewinnentganges wurde auch die Gefahr der Gefangennahme der Schiffsmannschaft und Reisenden durch Türken und Korsaren (Lösegeld!) sowie schlechthin die Reiseversicherung auf das Leben der Menschen zu Lande und zu Wasser, die Versicherung von Pilgern, die ins Heilige Land zogen, übernommen. Im Guidon de la Mer, dem Gewohnheitsrecht der Seeversicherungskaufleute Italiens, sind derartige Reisen nach Konstantinopel, Alexandrien, ins Mittelmeer oder in den Atlantischen Ozean erwähnt. Ja, es finden sich reine „Wettversicherungen", denen kein wirtschaftliches Interesse zugrunde liegt (auf fremde Waren oder Schiffe, auf das Leben des Kaisers, Papstes oder eines Bischofs). Auch findet sich schon die Weiterübertragung einer übernommenen Versicherung ganz oder teilweise an einen anderen Versicherer (Ansätze zur Rückversicherung).

Selbstverständlich interessierte sich auch der Staat für diese Gewinnquelle. In Florenz konnten Eltern durch regelmäßige Einzahlungen bei einer staatlichen Kasse (Monte delle doti) die Mitgift ihrer Töchter versichern. „Als sich die Signoria 1485 wegen der Rückzahlung der letzten Kriegsanleihen in Verlegenheit befand, bestimmte sie, daß statt einer Steuererhöhung nur $^1/_5$ der Versicherungssumme bei Heirat der Mädchen ausgezahlt und der Rest von der Behörde als Staatsanleihe zu einer Verzinsung von 7 % zurückbehalten werde — eine sehr unbeliebte Maßnahme, weil der Zinssatz als zu niedrig betrachtet wurde" *(Young)*. Gegen den Vorwurf, Lorenzo Medici, durch dessen Bank alle Staatszahlungen und die Veranlagung zur städtischen Vermögenssteuer (Kataster) liefen, habe, um den schwankenden Kredit seines Hauses, vor allem seiner Brügger Filiale, zu stützen, das geheiligte Kapital des Monte delle doti angegriffen *(Doren)*, sucht *Young* allerdings die Medici zu schützen; nach ihm sei dies eine Verleumdung, und die Anekdote, Savonorola habe Lorenzo auf dem Totenbett das Versprechen abgenommen, diese Gelder zurückzuerstatten, sei erst fünfzig Jahre später aufgekommen.

4. *Die Ausbreitung der Erwerbsversicherung*

Die in Italien ausgebildete Seeversicherung gelangte bald nach Spanien (Barcelona, Bourges, Sevilla). In den Statuten von Barcelona (1435) ist sie bereits gesetzlich geregelt (Anordnung eines Selbstbehaltes, sofortiger Prämienzahlung). Mit der Handelsordnung von Bilbao (1560) gelangte sie in ganz *Spanien* und seinen Kolonien zur Geltung. Von hier gelangt sie mit dem Aufschwung der holländischen Schiffahrt nach den *Niederlanden*.

„Doch liegt auch hier zunächst noch das Versicherungsgewerbe fast ausschließlich in den Händen von Genuesen, Florentinern, Venezianern, auch Spaniern und Portugiesen, wodurch auch italienisches Versicherungsrecht nach dem Norden vordringt. Erst im 17. Jahrhundert wird die Seeversicherung in den Niederlanden von den einheimischen Handelsleuten selber ausgeübt, und zwar wurde sie von Kaufleuten und Reedern neben ihren anderen Geschäften betrieben (um 1720 hatte Amsterdam etwa 100 Assekuranzmakler). Die Einrichtung wird im 17. Jahrhundert auch nach Frankreich und in die deutschen Seestädte, namentlich nach Hamburg, übertragen, während auf dem Rhein noch bis Anfang des 19. Jahrhunderts niemand an eine Versicherung dachte *(Kulischer)*. Auch löst sich das Versicherungsgewerbe allmählich aus der natürlichen Verbindung, in der es als Nebengewerbe bisher zum Warenhandel und Geldgeschäft stand: es treten berufsmäßige Assekuradeure auf (teils Außenseiter, teils Kaufleute, die sich anfangs gelegentlich mit Versicherungsabschlüssen befaßt hatten). Ende des 17. Jahrhunderts findet *Savary* das Vorhandensein berufsmäßiger Versicherer in den Seestädten für bemerkenswert *(Sombart)*.

Wie in den italienischen Städten beteiligten sich auch in den Niederlanden die Privatassekuradeure jeweils nur mit einem Teil an dem Risiko, so daß für die Übernahme eines größeren Wagnisses eine Reihe von Versicherern gefunden werden mußte. In Antwerpen wurde 1531 die Versicherung eines Schiffes auf 42 Personen aufgeteilt, 1542 zeichneten für zwei Schiffe 50 *(Kulischer)*. Um 1564 lebten in Antwerpen über 600 Menschen von Versicherungsgeschäften, und zwar sehr gut (nach *Heri Sée*). Die Geschäfte wurden durch Vermittlung von Maklern abgeschlossen, die öfters Betrügereien zugunsten der Versicherer oder der Versicherten begünstigten: dasselbe Schiff wurde zweimal, Schiff und Ladung über ihren Wert versichert, Unterschriften wurden gefälscht u. dgl. *(Kulischer, Sée)*. Die Prämien sollen zu dieser Zeit schon eine „größere Stabilität" erlangt haben *(Sée)*.

Mußten größere Summen untergebracht werden, behalf man sich „durch Verteilung auf mehrere Plätze, womöglich verschiedener Länder. So erfahren wir von einer Versicherung aus dem Jahre 1704 über eine Schiffsladung eines einzigen Befrachters im Werte von 91 698 Mk bco. für die Reise von Zante-Zeffalonia nach Hamburg, von der 25 650 Mk in Hamburg, 25 900 Mk in Amsterdam, 5 122 Mk in Genua, 4 105 Mk in Venedig geschlossen wurden, während der Rest im Betrage von 22 102 Mk unversichert blieb" *(Sombart)*.

Der ausschließlich von Einzelunternehmern betriebenen Versicherung hafteten eine Reihe von Mängeln an: beschränkte Zeichnungskraft sowohl der Höhe der Versicherungssumme nach als auch der Zahl der Versicherungen nach, Gefahr der Zahlungsunfähigkeit des Versicherers, betrügerische Manipulationen. Angeregt wohl durch die 1602 gegründete Allgemeine Niederländische vereinigte Ostindische Compagnie, tauchte deswegen schon 1629 dort der Gedanke einer Assekuranz-Gesellschaft auf, vorerst jedoch wie auch bei späteren Versuchen 1630, 1634 und 1639 ohne Erfolg. Der Übergang scheint sich hier ebenfalls mehr schrittweise als spontan vollzogen zu haben, und zwar aus Vereinigungen der Assekuradeure. In Frankreich wurde 1668 durch einen Arrêt du conseil eine Chambre des Assurances et grosses Avantures établie par le Roi aus 60 der reichsten „Marchands, Négociants, Banquiers et autres Bourgeois, accredités dans le commerce" geschaffen, die die Policen unter die Mitglieder verteilte, wobei sich der Versicherte seinen Schuldner selbst wählen konnte. Schon 1686 verwandelte sich diese Chambre in eine auf 30 Mitglieder beschränkte Aktiengesellschaft mit einem Grundkapital von 300 000 liv. (eingeteilt in 75 Aktien zu je 4000 liv.): Companie générale des assurances et grosses aventures de France.

Die Gründerjahre zu Beginn des 18. Jahrhunderts (South Sea-Bubbles) bringen auch in *England* eine Reihe von Projekten zur Gründung von Seeversicherungsaktiengesellschaften und zur Anwendung dieses Prinzips auf andere Risiken hervor. Den individuellen Versicherern machen zwei Gesellschaften Konkurrenz: die London Company und die Royal Exchange. 1706 wird die Company of London Insurers gegründet, die außer den Häusern auch die Waren gegen Feuerschäden versichert, 1714 The Union or Double Hand Fire Office. Sogar Heiratsversicherungen werden abgeschlossen *(Sée)*.

In *Hamburg* fand 1720 der Plan des Maklers Russe zur Errichtung einer Assekuranzkompagnie wegen des Widerstandes der Privatassekuradeure vorerst keine Verwirklichung. Erst die durch Zahlungseinstellungen auswärtiger Privatassekuradeure herbeigeführten großen Verluste ließen 1765 die erste Assecuranz-Compagnie auf Aktien entstehen. Diese Assecuranz-Compagnie für See-Risiko und Feuersgefahr bestand aus 500 Aktien zu je 1000 Rthlr. Bco., sie wurde auf zehn Jahre gegründet, von jeder Actie wird ein Einschuß von 20 % verlangt, für die übrigen 80 % eine Obligation oder Pfandverschreibung. Ihr folgten bald andere Compagnien *(Plaß)*. 1807 bestanden in Hamburg 38 Assekuranzgesellschaften.

Im gleichen Jahre 1765 errichtete Friedrich der Große in *Preußen* eine Assecuranzcammer mit einem Fonds von 1 Million Thaler, eingeteilt in 4000 Aktien, eingezahlt zu

25 %, während für die übrigen 75 % Sicherheiten gegeben werden mußten. Vor dem Ablauf ihrer dreißigjährigen Monopoldauer wurde sie jedoch 1791 durch Beschluß ihrer stimmberechtigten Interessenten aufgelöst.

In *Deutschland* wurden neue oder alte, auf 10 Jahre wiederverlängerte Gesellschaften hauptsächlich nur an Seeplätzen errichtet: 1838 die Niederrheinische Güterassecuranz-Gesellschaft verbunden mit einer Rückversicherungs-Compagnie in Wesel (1926 durch Konkurs erloschen), 1844 die heute noch bestehende Agrippina-See-Fluß- und Landtransport-Versicherungsgesellschaft in Cöln und die Allgemeine Versicherungs-Gesellschaft für See-, Fluß- und Landtransport in Düsseldorf. Im Binnenland beschränkte man sich mehr auf die Errichtung von Flußversicherungsgesellschaften *(Hochgräber)*. Der Grund lag hier wie auch in Frankreich und den Niederlanden in den hohen Prämiensätzen; man suchte insbesondere bei kurzen Strecken ohne die Versicherung auszukommen, indem man die Waren auf möglichst viele Schiffe verteilte (Risikoteilung) und nur bei Kumulierungen zur Versicherung griff.

Zusammenfassend sagt *Sombart* über die Bedeutung der Seeversicherung: „diese wichtige Verkehrseinrichtung entsteht im 15. und 16. Jahrhundert, zunächst und vor allem zum Schutze gegen die Kapergefahr. Sie erscheint während des 17. Jahrhunderts noch als eine Maßregel, deren man sich nur in Ausnahmefällen bedient, bürgert sich aber seit dem Ende des 17. Jahrhunderts langsam ein. Seit der Mitte des 18. Jahrhunderts wird sie eine ständige Einrichtung, die am Ende des Jahrhunderts von Einzelkaufleuten der Regel nach benutzt wird wie heute". Von Wichtigkeit wurde für die Seeversicherung die Entwicklung der Briefbeförderung und der Nachrichtenpublikation, die dem Assekuradeur von allen wichtigen Ereignissen (Abgang und Ankunft der Schiffe, Havarien usw.) rechtzeitig unterrichtete und ihn befähigte die Gefahr abzuschätzen. „Wenn Hamburg im 18. Jahrhundert der Mittelpunkt des festländischen Seeversicherungsgeschäftes wurde, so verdankt es das in erster Linie gewiß seinen Juden (mit ihren internationalen Verbindungen — der Verf.), daneben aber doch auch dem Umstande, daß es ein Knotenpunkt des Postverkehrs geworden war" *(Sombart)*.

Seit Beginn des 18. Jahrhunderts setzt in Deutschland die Gründung zahlreicher Versicherungs-Aktiengesellschaften ein: 1812 die Berlinische Feuerversicherungsanstalt, 1825 (seit 1834 auch in Bayern) die Aachener und Münchener Feuerversicherungsgesellschaft u. a. Weit mehr als die Hälfte von 50 deutschen Versicherungsgesellschaften ist nach *Manes* jedoch erst in den Jahren 1853—1857 entstanden.

5. *Das Ergebnis: die nach kaufmännischen Gesichtspunkten betriebene Erwerbsversicherung*

Die von *Otto Hagen* vertretene Ansicht, die Anfänge der Seeversicherung stellten die Anfänge des Versicherungswesens überhaupt dar und jahrhundertelang hat sich die Versicherung ausschließlich in und mit der Seeversicherung entwickelt und verbreitet („die Geschichte der Seeversicherung im Mittelalter ist also die Geschichte der Versicherung überhaupt"), läßt sich nur vertreten, wenn man das allein des Gewinnes halber betriebene Versicherungsgeschäft als die einzige Organisationsform eines Versicherungsverhältnisses ansieht. So einseitig einer objektiven historischen Betrachtung auch eine derartige monokausale Entwicklungsreihe erscheint, das eine muß man ihr zugestehen: ***aus von Anfang an in rein kaufmännischen Kalkulationen fußenden Geschäftsbeziehungen ist hier ein nur der Risikoübernahme dienendes, rein sachliches Versicherungsverhältnis geschaffen worden, das von dem Versicherer, einem Einzelnen oder einer Aktiengesellschaft, schlechthin einer Unternehmung, nur um des erhofften Gewinnes willen eingegangen wird.*** Diese mit und am kapitalistischen Geist gewachsene

Erwerbsversicherung kommt nicht aus der Gemeinschaftsidee der bündischen Versicherungsverhältnisse her; nicht die Notwendigkeit gemeinsamer Risikenüberwindung ist die primäre Leitidee, sondern die nüchterne Erwägung, ob die geschäftsmäßige Übernahme von Versicherungen einen gewinnbringenden Verlauf erwarten läßt. Versicherer und Versicherte sind grundsätzlich verschiedene Wirtschaften, verbunden allein durch die Beziehungen des Versicherungsmarktes, die, sofern nicht unlautere Motive vorliegen, in peinlicher Vertragserfüllung die Gewähr gegenseitigen Vertrauens sehen.

Nichts wäre jedoch falscher, als in dieser pointierenden Heraushebung des Prinzips der Erwerbsversicherung eine abwertige Beurteilung gegenüber dem Gegenseitigkeitsprinzip zu suchen. Zunächst darf doch nicht übersehen werden, daß die gesamte Hochentwicklung der Wirtschaft in der Neuzeit vom Erwerbsstreben getragen wurde. Niemand, auch kein noch so überzeugter Sozialist, vermag die Bereicherung zu bestreiten, die der Kapitalismus in the long run der Lebenshaltung aller gebracht hat. Bestimmt waren damit Opfer und Entartungserscheinungen zu beklagen, und es bleibt die Frage, ob das Erwerbsprinzip allein die ausschlaggebende Richtung für die Zukunft bestimmen soll. Aber so gut sich das Erwerbsprinzip in der Wirtschaft schlechthin rechtfertigen läßt (in gewissen Grenzen), ebensowenig darf es auf dem Spezialgebiet der Versicherung verdammt werden. Dazu kommt, daß auch die Erwerbsversicherer im Dienste ihrer Kunden und der Allgemeinheit sich oft zu Leistungen herbeiließen, die über das vereinbarte Ausmaß hinausgingen (entgegenkommende Schadenregulierung, außervertragliche Leistungen). Ein Einzelversicherer, mehr noch eine auf Dauerexistenz berechnete Aktiengesellschaft, muß in der Zufriedenheit ihrer Versicherten die Basis ihrer Gewinnmöglichkeit sehen und sich hüten, durch ein unloyales Verhalten das Vertrauen zu verscherzen. Entstammen auch Gegenseitigkeitsprinzip und Erwerbsprinzip verschiedenen Welten, am Ende haben sie zu Organisationen geführt, die einander sehr nahe kommen. Wenn man mit dem Brustton des Gerechtigkeitsapostels die höhere Ethik des Gegenseitigkeitsprinzips vertritt, dann darf man schließlich nicht die besondere Leistung der Erwerbsversicherer verschweigen, die mit unternehmerischem Wagemut mehr als der etwas schwerfälligere Gegenseitigkeitsverein oder die öffentliche Anstalt die gerade wegen des Überhandnehmens der kulturellen Lebensgefahren notwendig gewordenen modernen Versicherungszweige (im besonderen gegen die aus der Entwicklung der Technik erwachsenden Gefahren) geschaffen haben. Wie überall ist auch hier gegen Werturteile Vorsicht geboten.

III. Die geistesgeschichtliche Komponente

Die beiden Entwicklungslinien, die aus dem germanisch-nordeuropäischen Kulturkreis einerseits und dem romanisch-mediterranen andererseits das moderne gesellschaftliche Versicherungsverhältnis schrittweise geschaffen haben, wurden jedoch von den geistesgeschichtlichen Kräften ihrer Zeit geformt. Bisher wurden nur die äußeren Organisationsformen dargestellt, die sich aus diesen Entwicklungslinien ergeben haben: Gegenseitigkeitsverein bzw. öffentliche Versicherungsanstalt und unternehmerische Erwerbsversicherung. Als eine Kulturerrungenschaft des abendländischen Geistes ist jedoch das moderne Versicherungswesen auch von der Haltung der Menschen in und zu diesen Organisationen bestimmt worden, eine Haltung, die in einem langwierigen Säkularisierungsprozeß zu einem von rein innerweltlichen Erkenntnissen getragenen Verhalten geführt hat.

1. *Die Rechtfertigung der Versicherung überhaupt*

Die Entwicklung zur reinen Versicherung hat in der Epoche des Zerfalls des mittelalterlichen Weltbildes eingesetzt und im Zeitalter der Reformation und der anschließenden Aufklärung ihre Fortsetzung erfahren. Die mittelalterliche Gesellschaft war nach den Worten *R. H. Tawneys* ein spiritualer Organismus (spiritual organism), eingegliedert in eine transzendentale Heilsordnung, und nicht eine nur irdischen Zwecken dienstbare ökonomische Maschine; wirtschaftliche Aktivität, die nur ein untergeordnetes Element in einer umfassenderen und kunstvoll gegliederten Einheit war, sollte kontrolliert und in Zaum gehalten werden im Hinblick auf die moralisch-sittlichen Zwecke, für welche die Wirtschaft die materiellen Mittel lieferte. Dieser Auffassung einer von religiös-ethischen Postulaten geformten Wirtschaft steht die allein im Diesseits wurzelnde Auffassung der Aufklärung gegenüber, nach der die Wirtschaft einen absolut eigenständischen, nur von eigenen Gesetzen gestalteten Bereich des menschlichen Gesellschaftslebens darstellt. Da das Mittelalter nicht an einem Tage aus der Geschichte abgetreten ist, bleibt die Zwischenzeit von dem Ringen dieser beiden diametralen Auffassungen angefüllt, in das auch die Versicherungsidee in ihrer modernen Ausprägung unvermeidlich hineingezogen wurde. Um was es dabei geht, ist die Frage, ob denn überhaupt Versicherungsnahme und Versicherungsbetrieb erlaubt seien, ob sie im Rahmen einer übernatürlichen Heilsordnung überhaupt zu rechtfertigen sind.

Eine jede metaphysische Bezugnahme strikte abweisende positivistische Auffassung, wie sie das vergangene Jahrhundert überwiegend hegte, bringt dieser Frage nur ein historisches Interesse entgegen. Allein die von *Max Weber* und *Troeltsch* eingeleiteten, in unseren Tagen von *Müller-Armack*, *Tawney* u. a. fortgeführten Forschungen haben, wenn auch nicht immer voll anerkannt, die Bedeutung des religiösen „Hintergrundes" für die Entwicklung unseres modernen Wirtschaftslebens gegenüber einer rein materialistischen Anschauung hervorgehoben. Genau besehen sind nämlich auch die kirchenfeindlichen Geister von einer Reihe von „Ersatzreligionen" oder „Ersatzmetaphysiken" *(Müller-Armack)* beherrscht, die die Erwartungen und das danach geleitete Handeln bestimmen. Für die Zeit bis zur Aufklärung wurde einiges Material über das Verhältnis der Versicherung zu den religiösen Weltbildern bereits zutage gefördert. Da man kaum einem Wirtschaftsbereich wie dem Versicherungswesen bis in die Gegenwart mit so unterschiedlichen, teils hoch- teils geringschätzigen Werturteilen entgegengetreten ist, dürfte eine Untersuchung darüber, wieweit in dem „Jahrhundert ohne Gott" jene fanatisch geglaubten Ersatzreligionen die Menschen in ihrer Einstellung zum Versicherungswesen beeinflußt haben, interessante Ausblicke erwarten lassen. Es sei in diesem Zusammenhang nur auf die so verschiedenartige, von allen denkbaren politischen und wirtschaftlichen Idealen getragene Einstellung zur Sozialversicherung hingewiesen, die von der restlosen Ablehnung bis zu ihrer Überführung in eine allgemeine Staatsfürsorge reicht und die zwischen Freiheit und Zwang alle denkbaren Kombinationen durchläuft.

Tawney hat bestimmt recht, wenn er schreibt: der Versuch, wirtschaftliche Betätigung und soziale Organisationen durch ethische Kriterien zu beurteilen, erwecke ewige Probleme, und selbst aus dem Studium mißlungener, dahinzielender Versuche, könne man für die Gegenwart gewinnen. In der Tat scheinen heute diese Gedanken erneut Aktualität zu gewinnen. Die ganze Reihe regulierender Eingriffe, mit denen versucht wird, das freie Spiel des ökonomischen Selbstinteresses einzuengen und zu begrenzen, ist bewußt oder unbewußt von moralischen Standards getragen. Andererseits scheint das religiöse Denken sich nicht länger damit bescheiden zu wollen, das wirtschaftliche und gesellschaftliche Leben als eine ihm irrelevante Sache zu betrachten. So ist es z. B. eine ausgesprochen weltanschauliche, aus der Quadragesimo anno Pius XI. (1931) hergeleitete Forderung, die Sozialversicherung auf berufständische Versicherungsträger und Gefahrengemeinschaften unter Ablösung vom Staate zu überführen *(Oswald von Nell-Breuning S. J.)*.

Der Überblick über die Geschichte des modernen Versicherungswesens hat gezeigt, wie schon in ihren Ansätzen die beiden Entwicklungslinien von religiös-ethischen Geboten her geformt wurden, wie sich die Seeversicherung aus einem Ausweichen gegenüber dem kanonischen Recht, mit anderen Worten aus einem geschickten und von kirchlicher Seite aus oft recht materiellen Gründen geduldeten Anpassen an seine Vorschriften gestaltet hat, während hingegen in der „caritativen Grundhaltung der Gilden die religiöse Orientierung des mittelalterlichen Menschen ihren charakteristischen Ausdruck fand" *(Schreiegg)*.

Wenn *Schreiegg* allerdings hervorhebt: wir bedürften heute der Versicherung, weil wir das Gefahrenmoment auch ohne religiöse Beziehungen in seiner rein wirtschaftlichen Bedeutung betrachten können, indes der mittelalterliche Mensch in den Schicksalsschlägen das Walten Gottes sah, in das er nicht eingreifen dürfe, so läßt sich dies weder mit der Existenz bündischer Versicherungsformen noch mit den Lehren der Kirche vereinbaren. Im Anschluß an Antonius, Augustinus und Hieronymus erklärt *Thomas von Aquin* ausdrücklich, daß der Satz des Herrn: „Seid nicht bekümmert um das Morgen" nicht so zu verstehen ist, es solle nichts für die Zukunft gespart werden. Jedem Werk komme seine ihm gehörige Zeit zu, und man dürfe vor lauter Sorge um unsere irdische Zukunft nicht die Erfordernisse des Heute vergessen. Der Herr selber habe einen Beutel in seinem Besitz gehabt und die Apostel hätten sich mit dem für die Zukunft Notwendigen versehen. So sei es auch dem Christen gestattet, um die Zukunft besorgt zu sein. Die Kirche hat also auch im Mittelalter einer Risikenüberwindung durch Versicherung nichts in den Weg gelegt. Der gegenteiligen Ansicht liegt vielmehr das Bestreben zugrunde, für das angebliche Fehlen jeden Versicherungschutzes vor der Entstehung des modernen Versicherungsverhältnisses eine plausible Erklärung zu finden.

Für die ablehnende Haltung christlicher Kreise gegenüber der Versicherung seit der Reformation kann man sich demnach nicht auf die Lehre der katholischen Kirche berufen. Auch der Hinweis *Müller-Armacks*, man habe „in Krankheit, Seuchen, Not und Tod nicht blinden Zufall, sondern Prüfungen und Strafen" gesehen, in deren Walten man nicht eingreifen dürfe, trifft in dieser Allgemeinheit nicht zu. *Thomas* lehrt ausdrücklich, Gott habe die Natur geschaffen, und das Amt der Vorsehung ist es nicht, die Natur zu zerstören, sondern zu wahren. Da die Natur der Dinge es aber an sich hat, daß, was versagen kann, auch einmal versagt und weil Gott so mächtig ist, daß er auch im Belang des Üblen guttun kann, umgekehrt vieles Gute verschwinden würde, wenn Gott keinem Übel dazusein verstattete, ergibt sich nicht, daß schlechthin jedes Übel eine auf menschliche Schuld zurückführbare Strafe ist. Von dieser Lehre aus ist nicht einzusehen, warum ihr die Versicherung als ein verdächtiger Versuch erscheinen müsse, in Gottes Ratschluß einzugreifen. Wenn dennoch seit der Reformation dieser Gedanke aufkommt, so ist das auf die gewandelte Lehre von der Wirksamkeit der göttlichen Gnade zurückzuführen. In schroffem Gegensatz zu der katholischen Überzeugung: Gratia praesupponit naturam, gratia non destruit, sed perficit naturam weist nach *Luther* die durch die Erbsünde völlig verderbte Natur kein positives Verhältnis zum Heilswillen Gottes auf; demgemäß soll der Christ „in seinem inneren Leben frei sein vom Trachten nach eigenem Recht, alles um Christi willen dulden", wenn er auch in seinen äußeren Verhältnissen, z. B. als Staatsbeamter den Nächsten schützen, den

Übeltäter wehren und Gewalt mit Gewalt abwehren soll *(Wendland)*. Je mehr in dieser Antithese zwischen dem in demütiger Gesinnung gegenüber der Gnade Gottes verharrenden inneren Menschen und dem in den Lauf einer gottfernen, vom Teufel beherrschten Welt (Natur) verstrickten äußeren Menschen eine unüberbrückbare Kluft gesehen wurde und für das Verhalten des Christen allein die Bibel und das eigene Gewissen, auf keinen Fall aber die in der Struktur der irdischen Welt liegenden Gesetze (Naturrecht) als Richtschnur gelten, konnte das Bestreben, materiellen Verlusten und Nachteilen durch Versicherungsnahme auszuweichen, als dem wirklichen Heile des Menschen abträglich, ja gefährlich erscheinen. Hat die göttliche Vorsehung schließlich nach der Lehre *Calvins* von Ewigkeit her durch ein gerechtes und untadeliges, wenn auch unbegreifliches Urteil die einen zur ewigen Verdammnis bestimmt, die anderen aber durch völlig unverdiente Gnade zur ewigen Seligkeit erwählt, ohne Rücksicht auf menschliches Verdienst, um an ihnen die Majestät Gottes zu verherrlichen, und haben die Auserwählten nur diesem Zweck zu leben, ihr individuelles Leben zu disziplinieren und eine heilige Gesellschaft zu schaffen, ein „Königtum Christi", wo die Menschen gewiß sind, daß sie immer im Auge ihres großen Zuchtmeisters stehen, dann muß eine Vorsorge gegen die Wechselfälle des Lebens ebenso zwecklos erscheinen, ja gegen die göttliche Vorsehung gerichtet, um so mehr, als die religiöse Gemeinschaft für Jugenderziehung und Armenunterstützung zu sorgen hat. Von diesem Standpunkt aus konnte in dem puritanischen Neu-England gegen einen Kaufmann Robert Keane in Boston statuiert werden: Wo ein Mensch durch Seegefahr etc. einen Verlust erleidet, ist er durch die Vorsehung auf ihn selbst geworfen, und er darf ihn nicht lindern, indem er ihn auf andere wirft (nach *Tawney*).

Aus dem Munde evangelisch-orthodoxer Kreise lassen sich demnach eine Reihe von Äußerungen beibringen, die gegen das Versicherungswesen gerichtet waren, wie auch gegen die Einführung anderer Neuerungen (z. B. des Regenschirmes, weil Gott es über Gerechte und Ungerechte regnen lasse). „Noch im 18. Jahrhundert kann man in lutherischen Hauspostillen lesen, wie man sich bei Hagelschlag zu verhalten habe. Nicht ist dort zu lesen, daß es zweckmäßig sei, einer Hagelassekuranz beizutreten, sondern es stehen dort nur Betrachtungen, wie der einzelne bei solchem Schicksalschlag innere Einkehr zu halten habe und nachsinnen soll über die Prüfung, die über ihn geschickt wurde" *(Müller-Armack)*. So lehnte 1609 *Graf Anton Günther von Oldenburg*, ein eifriger Verfechter des Frühprotestantismus, den Vorschlag einer Landesbrandkasse ab. Obwohl Assheton's Proposal for a Company for the Benefit of the Widows of Clergymen and Others mit biblischen Zitaten beginnt, lehnten die Korporation der Geistlichkeit wie auch die Direktoren der Bank von England den Plan ab. Ja noch in den 40er Jahren des 19. Jahrhunderts eiferte ein Teil der süddeutschen orthodoxen evangelischen Geistlichkeit gegen die Errichtung von Privatfeuerversicherungsgesellschaften, weil man damit Gott eines Mittels beraube, die Menschen zu strafen. Selbst der so aufgeklärte Kameralist *Justi* polemisiert noch 1760 gegen die damals in England aufkommenden Lebensversicherungen. So kann *Müller-Armack* feststellen, daß weder die Gebiete des orthodoxen Luthertums noch die des Calvinismus an der Entwicklung der Versicherung im modernen Sinne beteiligt sind, seine gleichlautende Behauptung hinsichtlich der Gebiete des Katholizismus ist jedoch angesichts der Entwicklung der Seeversicherung in den ausschließlich katholischen Ländern des Mittelmeerraumes unverständlich.

Für die Entstehung des modernen Versicherungsverhältnisses waren demnach zwei geistesgeschichtliche Fakten von entscheidender Bedeutung. Einmal die sich schon seit dem Spätmittelalter anbahnende Herauslösung des Menschen aus den gemeinschaftlichen Bindungen, die besonders bei den wagemutigen fortschrittlich Gesinnten zu einer Vereinzelung führte, ein Vorgang, den man mit dem Namen *Individualismus* zu bezeichnen pflegt.

Auf sich selbst gestellt und allen Gefahren des Lebens ohne gemeinschaftliche Hilfe preisgegeben, suchte der Mensch die seinem rationalen Handeln entsprechende Sicherung in einem exakt formulierten, einklagbaren Vertragsverhältnis. In protestantischen Gegenden kommt als weitere Voraussetzung die *Ablösung vom Dogma* der Kirchen hinzu, die sich in großem Umfang in und mit der sogenannten *Aufklärung* vollzogen hat. So sieht *Müller-Armack* Versicherungen in den Gebieten entstehen, „in denen im Protestantismus durch Freikirchen und Aufklärung eine Lockerung vom dogmatischen Glauben einsetzt". Die Versicherung ist so einer Säkularisierung des Denkens gefolgt.

Nach einer Untersuchung *Rosins* waren von 23 Autoren der damaligen Zeit, die sich positiv mit der Lebensversicherung befaßten, nur einer Tory (orthodoxer Protestant), 3 vermutlich Whig oder Dissenter, die überwiegende Mehrzahl, nämlich 19, entweder Whig (6), Dissenter (9) und Aufklärer (4) (nach *Schreiegg*).

Das Versicherungsprinzip ist, wie *Müller-Armack* sagt, „Resultat einer dogmatischen Lockerung, nicht schon Konsequenz der protestantischen Entwicklung schlechthin. Wir finden daher seine früheste Anwendung in den Ländern, die zuerst von der Aufklärung erfaßt wurden, voran Holland und England, während die Verzögerung dieses Prozesses Deutschland z. B. an der Entwicklung der Lebensversicherung fast um 100 Jahre später teilnehmen ließ. Auch hier erfolgt die Aufnahme zuerst in den aufgeklärten protestantischen Gebieten, während das sonst so aktive Rheinland und der katholische Süden mit Österreich bis weit über 1800 hinaus gar nicht beteiligt sind." Für das Zurückbleiben der katholischen Gebiete kann allerdings keine ablehnende Haltung der Kirche verantwortlich gemacht werden; der Grund wird vielmehr in der viel konservativeren Einstellung zu suchen sein, die sich in der Erhaltung gemeinschaftlicher und bündischer Einrichtungen bis in unsere Tage zeigt.

Was die heutige Gesellschaft von der mittelalterlichen unterscheidet, ist letztlich, daß an Stelle der damals herrschenden „Personalbeziehungen", die jeden Menschen im Gefüge mit den anderen in eine umfassende, in der Spitze auf Gott auslaufende Ordnung gestellt hat, „die von der Wirtschaftsmechanik" zwischen grundsätzlich Einzelnen (Individuen) „bestimmten Sachbeziehungen" *(Lütge)* getreten sind. In diesem über Jahrhunderte sich ausdehnenden Prozeß, dessen desintegrierende, besonders in die Augen springende Wirkung vereinseitigend als Individualismus bezeichnet wird, weil man die Komplementärwirkung: die allein auf die Nützlichkeitserwägungen der Individuen abgestellte andersartige Integration in einer Fülle sachlich nüchterner Geschäftsbeziehungen als uns Heutigen selbstverständlich zu leicht übersieht, hat sich das Versicherungsverhältnis von seinen gemeinschaftlich-bündischen Formen zu den rein gesellschaftlichen gewandelt. Zu der im irdischen Bereich aus diesem Prozeß resultierenden Absolutierung des Individuums hat die religionsgeschichtliche Lage, insbesondere die der calvinistisch beeinflußten Sekten, speziell des Puritanertums, entscheidend beigetragen. *Calvin* hat das „Prinzip der Individuation" *(Gloede)* in der unendlichen Verschiedenartikgeit der Menschen als ein von der Vorsehung gewolltes Prinzip der Erhaltung der Naturordnung gelehrt. Da die erstrebte Identität zwischen staatlicher und religiöser Ordnung nur an wenigen Stellen, und da nur vorübergehend, erreicht wurde (in der Schweiz und in England unter *Cromwell*), bildeten sich calvinistische Sekten, die in Opposition gegenüber dem Staat aus ihrer dogmatischen Einstellung heraus zu den freiunternehmerischen Schichten wurden, die im Westen Europas und in der Neuen Welt überall zu beobachten sind. Es wäre bestimmt falsch, die Genealogie des freien Unternehmertums auch auf dem Gebiete des Versicherungswesens allein dem Calvinismus oder Puritanertum zuzuschreiben, aber es kann nicht übersehen werden, daß diese individualistische Haltung in den von diesen Lehren geprägten Schichten zuerst ihre radikalste Formung gefunden hat. So ist es auf ihre Sektenlage zurückzuführen, daß hinsichtlich der Organisation des modernen Versicherungsverhältnisses die calvinistisch orientierten Religionsgruppen eine Entwicklung unterstützt haben, die gegen die Intentionen ihres Meisters erfolgte.

Die, wenn auch nicht so ausschließlich, wie es *Müller-Armack* anzunehmen scheint, so wenigstens von religiösen Gedankengängen mitgeformten *Wirtschaftslandschaften*, die sich in Deutschland während des Merkantilzeitalters herausgebildet haben und die noch heute nachwirken, sind für die Entwicklung des deutschen Versicherungswesens nicht ohne Bedeutung gewesen. Der jeweilige Weg, der für die Lösung des modernen gesellschaftlichen Versicherungsverhältnisses gegangen wurde, ist von metaphysischen Kräften mitbestimmt worden.

In den katholischen Gebieten (in Österreich, Bayern, in den weltlichen katholischen Territorien und den geistlichen Staaten) zeigen sich „nur geringe Tendenzen zur Assimilierung der neuen Wirtschaftsformen". So bezeichnend es ist, daß die österreichischen Merkantilisten *(J. J. Becher, Hörnig, v. Schröder, Justi, Karl Franz v. Bruck u. a.)* ausnahmslos zugewanderte Protestanten sind, ebenso bezeichnend ist, daß sie sich mit ihren Ideen in keiner Weise durchsetzen konnten. Die Reformen Josefs II. scheiterten am Widerstand der Stände. „Zwischen den Ländern stärkster innerer Liberalisierung (Holland, England) und jener konservativen Zone Europas liegt ein Block lutherisch-zwinglianischer Gebiete, der von Finnland, Schweden-Norwegen, Dänemark über die entsprechenden deutschen Territorien bis in die Schweiz reicht... Während in den calvinistischen Ländern der Gegensatz von Kirche und Staat die freiunternehmerischen Schichten erzeugt und die Entwicklung zum Liberalismus drängt, findet hier eine stärkste staatskirchliche Machtkonzentration statt. Ihre wirtschaftliche Konsequenz ist eine staatlich bestimmte Wirtschaftserziehung, die gleich weit entfernt ist von westlicher Liberalisierung wie dem ständischen Konservativismus in Österreich oder Spanien". In Deutschland wiederholt sich der Bruch, den die Glaubensspaltung in Europa vollzieht, in seinem Innern. „Es hat Anteil an allen Formen... Österreich, Bayern, die geistlichen Territorien folgen der konservativen Linie des ständischen Staates, die lutherischen Gebiete prägen ihre staatliche Eigenart in stärkster Partikularisierung aus, während die calvinistischen Gebiete durch ihre geistige Beziehung zu Holland, England und Frankreich Vermittler der neuen Gedanken wurden" *(Müller-Armack)*. Es ist so ebenfalls ein religionsgeschichtlicher Aspekt, der es mit erklärt, warum sich die unternehmerische Erwerbsversicherung gerade im Westen (Rheinland) und im Nordwesten Deutschlands (Hamburg, Bremen) zuerst durchgesetzt hat. In den lutherischen Gebieten hingegen, speziell in Preußen, schafft der intensivierte Staatsgedanke staatliche Banken, Versicherungen, Domänen, Manufakturen usw.

Indem Preußen seit 1613 über dem lutherischen Lande eine calvinistische Oberschicht erhielt, die sich immer wieder verstärkte, die aber die vorhandene lutherische Grundschicht respektieren mußte, kam nicht, wie in Westeuropa der Calvinismus von unten im Kampf mit dem Staat empor und führte so nicht zu einer Liberalisierung des Lebens, sondern der von oben eingesetzte Calvinismus schafft hier die neue Idee des nach innen und außen festgefügten Staates. War auch „zu Beginn das lutherische Ständetum geschlossen in der Abwehr gegenüber dem Fürsten und seinen reformierten Ratgebern, die diese Disziplinierung aller staatlichen Kräfte in einer Hand empfahlen", so verlief sich dieser Widerstand zusehends, und die Bindung aller Schichten an den Staat bestimmt fortan die innere Wirtschaftspolitik. „Die natürliche Form, größere Aufgaben zu lösen, wird die Staatsunternehmung." Die Kehrseite war das Fehlen der selbständigen Initiative in der breiten Bevölkerung (nach *Müller-Armack)*. Die staatlich initiierte Versicherung, wie sie zuerst in der öffentlichen Anstalt in Preußen geschaffen wurde, findet hier ihre geistesgeschichtliche Wurzel.

Mögen auch die ideellen, im besonderen religiösen Kräfte in ihrer Bedeutung für die Entstehung und Ausgestaltung des modernen Versicherungsverhältnisses nicht überall mit der erforderlichen Klarheit analysiert sein, als Endeffekt wird man *die de-facto-Rechtfertigung der Versicherung* aus einem praktischen Bedürfnis heraus trotz der anfänglichen dogmatischen Bedenken feststellen müssen. Im Kampf mit den handfesten wirtschaftlichen Interessen vermögen religiöse Ideale, wie die Menschen nun einmal sind, wirtschaftlich zweckmäßige Institutionen zwar mitzuformen, sie zu hemmen oder zu einer Anpassung zu zwingen, aber nicht sie hintanzuhalten. Der Kampf des kanonischen Rechts gegen das Seedarlehen hat sich mit dem praktisch gleichen Ergebnis in dem Kampf der Reformationstheologie gegen die Idee der Versicherung wiederholt.

2. *Der rationale Versicherungsbetrieb*

In dem stetig sich ausbreitenden Individualismus lag die Voraussetzung für die Nachfrage nach der im modernen Versicherungsverhältnis gebotenen Risikoüberwälzung. Die Ablösung von entgegenstehenden Dogmen räumte auf seiten der Versicherten als auch bei den Versicherern weltanschaulich begründete Bedenken gegen diese Institution hinweg oder ließ solche gar nicht entstehen. Damit jedoch, wie es schließlich Tatsache wurde, das modern-gesellschaftliche Versicherungsverhältnis eine von den Versicherten und dem Versicherer planmäßig gesuchte Form der Risikohingabe bzw. Risikoübernahme wurde, mußte sich die *weitere Voraussetzung erfüllen, daß sich auf den Abschluß derartiger Versicherungsverträge ein nach rationalen Grundsätzen arbeitender Versicherungsbetrieb, ja sogar eine auf Gewinnerzielung gerichtete Versicherungsunternehmung gründen lasse.* Dieser Prozeß hat sich auf dem Hintergrund der großen geistigen Auseinandersetzung der Aufklärung vollzogen und ist in seiner Problematik heute noch nicht abgeschlossen.

Den ersten noch äußerst primitiven Versicherungsbetrieben haftet ein hohes Maß der Unsicherheit hinsichtlich der übernommenen Risiken an. Bei den frühen Erwerbsversicherern der Seeversicherung war es eigentlich die Spekulation auf das Glück einer unversehrten Ankunft des Schiffes, was den Abschluß von Versicherungsverträgen fast mit Spiel und Wette identisch erscheinen ließ und damit, wie Klagen aus den Niederlanden beweisen, viele unlautere und betrügerische Elemente anlockte. In den Anfangszeiten der Gegenseitigkeitsformen, der Brandgilden und Brandkassen, war naturgemäß dieses spekulative Motiv nicht zu befürchten, weil die gegenseitige Kontrolle der Versicherten, die ja in der Gesamtheit gleichzeitig der Versicherer waren, unredliche Machenschaften ausschloß. Aber infolge noch mangelhafter Beherrschung der übernommenen Gefahren ergaben sich für die Versicherten stark schwankende Beiträge, die die Sicherung der versicherten Wirtschaften gegen unabwendbare Verluste wieder erheblich verminderte, ja nicht selten im Falle der Uneinbringbarkeit der Beiträge überhaupt aufhob. Der Ausweg, die Entschädigungsleistung nach oben zu begrenzen, führte auch nicht zum Ziel, weil er im Grunde dem von der Versicherung erstrebten Zweck widersprach.

Instinkt und Erfahrung lehrten wohl bald einige Faustregeln, die trotz ihrer Unvollkommenheit die Anfänge der Versicherungstechnik darstellen. Die Erwerbsversicherer vermieden es, besonders gefährdet erscheinende Wagnisse zu übernehmen, zeichneten vielmehr nur auf gute Risiken und da nur verhältnismäßig kleine Beträge, versuchten dafür das Glück um so öfter in der Annahme, es werde sich bei seinem launischen Charakter schon wieder zuwenden, wenn es sich einmal abgewendet hatte. Bei den Gegenseitigkeitsformen suchte man hingegen den Zusammenschluß auf einen engen Kreis weder der Gefahr noch der Höhe nach allzu unterschiedlicher Wirtschaften zu beschränken, was mit eine Folge ihrer bündischen Abkunft war, aber auch die zum Risikoausgleich notwendige Verbreiterung des Geschäftsbetriebes oft in bedenklicher Weise verhinderte. Der Massencharakter der Versicherung hatte sich angedeutet, war aber noch nicht als rationales Organisationsprinzip erkannt worden.

Die Grundlage für einen rationalen Versicherungsbetrieb, also für die geschäftsmäßige Anbietung von Versicherungsverträgen, bietet die Erkenntnis, daß das, was im Einzelfall dem Laien als Zufall, dem religiösen Menschen als Strafe Gottes oder als Auswirkung einer ihm speziell zugedachten Vorsehung erscheint, doch einem geheimen Gesetze folgt, das es zu erkennen gilt. Sobald sich in den Erscheinungen des gesellschaftlichen und wirtschaftlichen Lebens, im besonderen in ihren subjektiv unvorhersehbaren Wechselfällen, irgendwelche Regelmäßigkeiten oder gar Konstanten nachweisen lassen, ist die Möglichkeit gegeben, darauf eine Berechnung und damit eine betriebsmäßige Kalkulation zu gründen, der die Unsicherheit subjektiver Spekulationen nicht mehr anhaftet. Diese Erkenntnis hat in der Hauptsache die Aufklärung zutage gefördert.

Angeregt durch die Entwicklung des naturwissenschaftlichen Denkens *(Newton, Halley* und die Royal Society) und die Fortschritte der Mathematik *(Descartes)* zeigte sich im 17., verstärkt im 18. Jahrhundert wieder ein dem früheren katholischen Denken nahekommendes Interesse an der Natur (Naturrecht), die unberührt von religiösen Dogmen wieder als interessantes Objekt erkannt wurde, und ein Eindringen rationalistischen Denkens in die Theologie. „Das Eindringen des Cartesianismus in die Theologie führte zum Versuch einer rationalen Rechtfertigung des Glaubens und zu den ersten Ansätzen, Sozialprobleme rechnerisch zu behandeln" *(Müller-Armack)*. So schuf *Kaspar Neumann* als Rationaltheologe in seinen Breslauer Sterbetafeln die Grundlage der modernen Bevölkerungsstatistik, und zwar in der Absicht, damit eine Bestätigung dafür zu finden, „daß Gottes Providenz alles aufs beste eingerichtet habe". Ein anderer Theologe, *Johann Peter Süßmilch*, läßt 1741 in Berlin sein Hauptwerk: „Die göttliche Ordnung in den Veränderungen des menschlichen Geschlechts, aus der Geburt, dem Tode und der Fortpflanzung desselben erwiesen" erscheinen und will nach seinen Worten, dem Wirken der göttlichen Vorsehung, welche die Welt regiert, „nachspüren". Es sind also nicht nur Freigeister, welche die moderne Wissenschaft angebahnt haben, sondern auch Theologen, die damit allerdings einer deistischen Naturauffassung schon sehr nahe kommen, bei denen sich die Ablösung von den ursprünglichen Dogmen schon bemerkbar macht.

Ähnliche Tendenzen zeigten sich teilweise schon früher in England. Dort gelang *John Graunt* (1620—1674) durch Verarbeitung von Sterblichkeitsregistern der erste Einblick in die Gesetzmäßigkeit des Lebens, und er nannte seine Untersuchungen Politische Arithmetik. Ihm folgen *Petty* und vor allem *Halley*, der auf Grund der Neumannschen Daten die erste Sterbetafel zusammenstellt. Als der Holländer *Christian Huygens* die Wahrscheinlichkeitsrechnung auf das menschliche Leben anwendet, waren alle Voraussetzungen für eine Berechnung des Sterberisikos geschaffen. Während in England die hochkirchlichen Kreise diesen Bestrebungen ferne stehen, diese vielmehr aufgeklärten Naturwissenschaftlern, Ärzten und den freikirchlichen Schichten überlassen, sind es in Frankreich neben Katholiken Hugenotten *(de Moivre)*, Reformierte

(Bernoulli). Nach *Müller-Armack* konnte sich im Calvinismus der Cartesianismus viel radikaler durchsetzen und so sei im wesentlichen auf seinem Boden die Ausbildung der naturwissenschaftlichen und theoretischen Methoden in den Sozialwissenschaften erfolgt. Die sogenannte Aufklärung ist, wie man sieht, ihr zumeist unbewußt, von religiösen Gedankengängen mehr oder weniger beeinflußt.

Theologen und andere Wissenschaftler wurden diesen Untersuchungen über die Gesetze im Leben und Sterben der Menschen vor allem durch den Zahlenaberglauben zugeführt, der im 16. und 17. Jahrhundert in breiten Schichten herrschte und zu den wunderbarsten Zahlenspielen Anlaß gab. Man teilte das Leben in 2 bis 7 Stufen ein und deutete aus den Sternen auf Leben und Tod. Gegen diese „feine, lustige Phantasei" wandte sich schon *Luther*.

Diese Untersuchungen sollten jedoch auch einem praktischen Zweck dienen. Mathematiker und Staatsmänner in Frankreich, Holland, England, Preußen beschäftigten sich mit dem Leibrentenproblem. Anläßlich der Aufnahme von Anleihen für den holländischen Staat befaßte sich *Jan de Witt* (1625—1672) mit der Frage, ob es besser sei, eine Staatsanleihe als Amortisationsanleihe oder als Leibrentenanleihe aufzunehmen, und wurde bei dieser Gelegenheit zum Erfinder der Rentenberechnung, wozu ihm Graunts Sterblichkeitszahlen und Huygens Wahrscheinlichkeitsrechnung die Grundlagen lieferten.

Die von der Wissenschaft aufgezeigten statistischen und wahrscheinlichkeitstheoretischen Untersuchungen wurden jedoch trotz dahinzielender Projekte Einzelner von der Praxis nicht sofort aufgegriffen, wie es sich an den Leibrenten- und Tontinengesellschaften zeigt, die gegen Ende des 17. Jahrhunderts überall wucherten, und die zumeist den Zusammenbruch der Gründungsära um 1720 nicht überstanden. In England war es neben der Assheton-Society eigentlich nur die 1706 gegründete Amicable Society for a Perpetual Assurance Office, eine Art Sterbefalltontinengesellschaft mit beschränkter Teilnehmerzahl, die unter Verlusten diesem Schicksal entging. Nach Beendigung des Südseeschwindels hören wir in England nichts mehr von der Gründung von Lebensversicherungsgesellschaften bis zum Jahre 1762 *(Braun)*. In diesem Jahre wurde die erste Lebensversicherung auf exakter wissenschaftlicher Grundlage gegründet: die *Society for Equitable Assurances on Lives*. Die Anregung dazu soll auf den Mathematiker *James Dodson* zurückgehen, der von der Amicable wegen seines Alters (45 Jahre) zurückgewiesen wurde. Er konstruierte auf Grund der Londoner Sterbetafeln eine Prämientabelle, zu der Leute jeglichen Alters zu entsprechenden Prämien versichert werden können. Da die Charter für eine Aktiengesellschaft nicht zu erhalten war, wurde die Gegenseitigkeitsform gewählt, bei der jeder Versicherte am Gewinn in gleicher Weise teilnehmen soll. Diese Gründung fand regen Zuspruch, die Zahl der Versicherten erhöhte sich von 913 im Jahre 1776 auf 2100 bis 1786, auf 4640 im Jahre 1792 und auf 5124 im Jahre 1799 *(Braun)*.

Der Erfolg veranlaßte Konkurrenzgründungen, so 1765 die London Annuity Society, 1766 die Landable Soc. of Annuitants, 1769 die Soc. for Annuities Encreasing to the Survivors, 1770/71 die Amicable Soc. of Ann. und viele andere. Auch die alten Unternehmungen mußten sich der Geschäftspraxis der Equitable anschließen.

In Deutschland und Holland blühten um diese Zeit noch unzählige Sterbe-, Witwen-, Waisen- und Heiratskassen, die von Laien gegründet waren, „deren gute Gesinnung größer war als ihr Verständnis für eine richtige technische Bestimmung der Beiträge" *(Braun)*. Lebensversicherungen konnten bis zum Anfang des 19. Jahrhunderts nur bei den Filialen der englischen Gesellschaften abgeschlossen werden (besonders in Hamburg). 1806—1814 existierte vorübergehend eine nach dem Vorbild der Amicable ins Leben gerufene Hamburger Lebensversicherungsbank mit einem Aktienkapital von 4 Millionen Mark. Als Geburtstag der deutschen Lebensversicherung gilt erst der 9. Juli 1827, der Gründungstag der Gothaer Lebensversicherungsbank, der dann 1831 die Lebensversicherungs-Gesellschaft zu Leipzig, 1833 die Allgemeine Rentenanstalt in Stuttgart, 1835 die Karlsruher Versorgungsanstalt und 1836 die Berlinische Lebensversicherungs-Gesellschaft folgten.

In den Mittelmeerländern war die Entwicklung zur Lebensversicherung durch das römische Recht abgeschnitten. Aus dem Seedarlehen und der Seeversicherung hätte ebenfalls eine Todesfallversicherung hervorgehen können, denn mit Schiff und Ladung versicherte man anfangs auch die Sklaven, die das Schiff beförderten, und der Reeder versicherte Kapitän und Mannschaft für die Dauer einer Reise, längstens auf drei Jahre, gegen Entgelt. Solche Reiseversicherungen, die vom 14. Jahrhundert an von den Seeassekuranzmaklern und -kammern betrieben wurden, waren jedoch reine „Wettversicherungen", da zutreffende Schätzungen zur Beurteilung der Wahrscheinlichkeit fehlten. Weil es nach dem dort geltenden römischen Recht nicht statthaft war, für das Leben eines freien Bürgers einen Geldwert festzusetzen, wurde die Entwicklung zur Kapitalversicherung verhindert, und es blieb bei den Wettversicherungen, ja im 16. Jahrhundert wurden Lebensversicherungen vielfach überhaupt verboten. In dem 1661 von *Cleirac* veröffentlichten, aber schon drei Jahrhunderte vorher entstandenen Gewohnheitsrecht der Seeversicherungskaufleute von Rouen, im Guidon de la mer, werden Lebensversicherungen als gegen die guten Sitten und Gebräuche verstoßend und zu Mißbräuchen und Betrügereien veranlassend grundsätzlich mißbilligt *(Braun)*.

Die Lebensversicherung, der dritte große Versicherungszweig, in dem sich das moderne gesellschaftliche Versicherungsverhältnis neben der Feuer- und der Seeversicherung verwirklichte, ist keine Fortsetzung der bündischen Totengilden und Sterbekassen, sondern eine in England im aufklärerischen Geist nach wissenschaftlich-rationalen Motiven entstandene Schöpfung, die zum erstenmal Risikoübernahme und Prämie in ein möglichst exakt berechenbares Verhältnis gebracht hat. Während die auf gleichartige Versicherungsobjekte abgestellten Gegenseitigkeitsorganisationen dieses Verhältnis auf dem Wege der Nachschußerhebung oder Überschußverteilung erst nachträglich, ex post einregulierten, waren hier in Statistik und Wahrscheinlichkeitsrechnung die Werkzeuge zu einem auf ex ante-Kalkulation gegründeten rationalen Versicherungsbetrieb ergriffen worden, der auch unterschiedliche Risiken versicherbar machte. Mit dem Erfolg wurde dieses Prinzip auch auf andere Gefahrenarten übertragen und später von Erwerbs- und Gegenseitigkeitsunternehmen in gleicher Weise angewendet.

IV. Das vollendete gesellschaftliche Versicherungsverhältnis

Damit war das moderne Versicherungswesen in seinen Grundlinien im 18. Jahrhundert geschaffen. Was die spätere Zeit hinzufügte, war Ausweitung und Verfeinerung der in den so gewonnenen Prinzipien festgelegten Regeln. Überblicken wir die durchlaufene Entwicklung, so ergibt sich:

Das moderne Versicherungsverhältnis hat keinen einheitlichen Ansatzpunkt. Ebenso unterschiedlich in den drei großen Versicherungszweigen, in denen es sich entwickelte: in der Feuer-, See- (Transport-) und Lebensversicherung, ebenso unterschiedlich ist der Geist, der die Entwicklung trieb und ebenso diametral stehen sich die beiden erreichten Organisationsformen der Erwerbs- und Gegenseitigkeitsversicherung gegenüber. Am Ende jedoch ergibt sich ein von beiderseitig nüchternen Zweckmäßigkeitserwägungen getragenes, rein rationales Vertragsverhältnis zwischen Versichertem und Versicherer, wie es der markt-

mäßig organisierten Wirtschaftsgesellschaft unserer Tage mit ihren ausschließlichen „Sachbeziehungen" entspricht. Die Entwicklung des gesellschaftlichen Versicherungsverhältnisses gleicht einem mit dem Beginn der Neuzeit einsetzenden Strom, zu dem die verschiedenen Kulturräume Europas ihre verschiedenen Wasser beigetragen haben, kulturelle, ethische, religiöse und rechtliche Motive bald fördernd, bald retardierend auf die dem Endziel einer zweckmäßigen Risikoübernahme zustrebenden Lösung der Disharmonien eingegriffen und so in seinem Unterlauf eine von einem einheitlichen Geist getragene Kulturerrungenschaft neuartiger Prägung, eben das moderne Versicherungsverhältnis geschaffen haben.

Amerika hat wie seine gesamte Kultur auch das Versicherungswesen von Europa übernommen, und zwar in dem fertigen Zustand, den es im 18. Jahrhundert erreicht hatte. Da die Kolonien auf den Seeverkehr angewiesen und dieser besonders riskant war, wurde die Seeversicherung zur ersten und praktisch einzigen Versicherungsform in den amerikanischen Kolonien. Seeversicherungsunternehmen entstanden seit 1724, und zwar durch Einzelversicherer oder broker, die im underwriting-System Leute zur Übernahme der Verlustgefahr in beschränkter Höhe zu gewinnen suchten. 1752 scheint die erste Feuerversicherungsgesellschaft, die Philadelphia Contributionship for the Insurance of Homes by Loss from Fire gegründet worden zu sein. Lebensversicherungen existierten damals überhaupt noch nicht *(Wright)*.

Schrifttum: Siehe § 4, ferner zum

Abschnitt I: a) *Georg Helmer* „Entstehung und Entwicklung der öffentlich-rechtlichen Brandversicherungsanstalten in Deutschland", Jena 1936; b) *E. von Liebig* „Das deutsche Feuerversicherungswesen", Berlin 1911; c) *Franz Maria Heibl* „Geschichte der Brandversicherung in Bayern", Würzburg 1938;

Abschnitt II: Werke der Wirtschaftsgeschichte und des Handelsrechts, besonders: a) *Alfons Dopsch* „Beiträge zur Sozial- und Wirtschaftsgeschichte", Wien 1938; b) *Max Weber* „Wirtschaftsgeschichte", München und Leipzig 1923; c) *Josef Kulischer* „Allgemeine Wirtschaftsgeschichte des Mittelalters und der Neuzeit", München und Berlin 1928; d) *Werner Sombart* „Der moderne Kapitalismus", München und Leipzig 1928; e) *Henri Sée* „Die Ursprünge des modernen Kapitalismus", Wien 1948; f) *Johannes Hasebroek* „Staat und Handel im alten Griechenland", Tübingen 1928; g) *Alfred Doren* „Italienische Wirtschaftsgeschichte", Jena 1934; h) *George Frederick Young* „Die Medici", Coburg 1946; i) *F. Plaß* „Geschichte der Assecuranz und der Hanseatischen Seeversicherungsbörsen Hamburg, Bremen, Lübeck", Hamburg 1902; k) *Otto Hagen* „Seeversicherungsrecht", Berlin 1938; l) *Gerhard Hochgräber* „Die Hauptkapitel des Transportversicherungsrechts", Berlin 1937;

Abschnitt III: a) *Max Weber* „Die protestantische Ethik und der Geist des Kapitalismus", Tübingen 1934; b) *R. H. Tawney* „Religion an the Rise of Capitalism" (Mentor Books); c) *Alfred Müller-Armack* „Genealogie der Wirtschaftsstile", Stuttgart 1944; d) *Otto von Zwiedineck-Südenhorst* „Weltanschauung und Wirtschaft", München 1942; e) *Otto Schilling* „Katholische Sozialethik", München 1929; f) *Wendland* „Handbuch der Sozialethik" 1916; g) *Robert Linhardt* „Die Sozialprinzipien des hl. Thomas von Aquin", Freiburg i. Br. 1932; h) *Thomas von Aquino* „Summe der Theologie", zusammengefaßt, eingeleitet und erläutert von *Joseph Bernhart* Leipzig 1934—38 (Kröners Taschenausgaben); i) *Günter Gloede* „Theologia naturalis bei Calvin", Stuttgart 1935; k) *Heinrich Braun* „Urkunden und Materialien zur Geschichte der Lebensversicherung und der Lebensversicherungstechnik", Berlin 1937; l) *Friedrich Lütge* „Der Kampf um die Neugestaltung der Sozial- und Wirtschaftsordnung" in Jhr. f. Nat.

u. Stat., Bd. 161, Stuttgart 1949; m) „Zur sozialen Frage", herausgegeben von *Oswald von Nell-Breuning S. J.* und Dr. *Hermann Sacher*, Freiburg 1949; n) *Alfred Müller-Armack* „Das Jahrhundert ohne Gott", Münster 1948; o) *Chester W. Wright* „Economic History of the United States", New York and London 1941; p) *Otto von Zwiedineck-Südenhorst* Art. „Volksversicherung" in „Die Religion in Geschichte und Gegenwart", Tübingen 1908. q) *W. Rohrbeck* „Die Vergesellschaftung im Versicherungswesen in ihrer wirtschaftlichen Bedeutung und ihrer sozialpsychologischen Wirkung", Assekuranz-Jahrbuch 1916.

§ 6. Das Wesen der Versicherung (Begriff)

Einheitlich in der auf Statistik und Wahrscheinlichkeitsrechnung gegründeten Betriebstechnik und in den aus den geschlossenen Versicherungsverträgen oder aus gesetzlichen Bestimmungen hervorgehenden beiderseitigen Rechten und Pflichten verwirklicht sich das moderne gesellschaftliche Versicherungsverhältnis in zwei verschiedenen Formen:

1. *Der bei einem Einzelnen eingetretene Schaden oder Verlust wird von einer freiwillig oder zwangsweise für diesen Zweck geschaffenen Vereinigung, der Gefahrengemeinschaft, getragen.* Der Schaden wird auf alle an der Gefahrengemeinschaft Beteiligten nach irgendeinem vorher bestimmten Schlüssel umgelegt. Versicherer ist in diesem Falle die Gefahrengemeinschaft selbst, der auch der Geschädigte angehört. Erwerbsabsicht fehlt. Bis heute hat sich diese Form im Gegenseitigkeitsverein, in den Sozialversicherungsträgern und in den öffentlich-rechtlichen Versicherungsanstalten bewahrt, und sie findet immer wieder neue Freunde (z. B. in den propagierten Versicherungsgemeinschaften bestimmter Berufsstände oder Wirtschaftsgruppen usw.). Ihrer historischen Herkunft nach steht bei diesen Institutionen das Motiv der sozialen Gemeinsamkeit und der gegenseitigen Hilfe im Vordergrund. *Alle Versicherten tragen gemeinsam als Versicherer das Risiko.*
2. *Ein am Gewinn interessierter, gewerbsmäßiger Versicherer verpflichtet sich gegen vorherige Prämienzahlung im Versicherungsfalle die vereinbarte Leistung zugunsten des geschädigten Versicherten zu vollbringen.* Es bleibt dem Versicherer überlassen, eine so große Zahl von Versicherten zu werben, daß er mit den vereinnahmten Prämien die anfallenden Schäden begleichen kann. Er muß aber die Versicherungsleistung im vereinbarten Umfang auch bewirken, wenn die eingehobenen Prämien nicht ausreichen. *Der Versicherer trägt allein das Risiko.* Hierfür erwartet er sich einen Gewinn. Diese Form findet sich heute bei den Versicherungsaktiengesellschaften und, soweit noch vorhanden, den Einzelversicherern (z. B. bei Lloyds in London).

Wie überall im Leben gibt es auch hier zwischen diesen beiden Formen Übergänge. Gegenseitigkeitsinstitute arbeiten mit festen Prämien oder beschränken die Nachschußpflicht, Aktiengesellschaften beteiligen die Versicherten am Gewinn und organisieren (praktisch zumeist bedeutungslose) Versichertenausschüsse. Ihrer typischen Struktur nach sind jedoch diese beiden Formen immer noch deutlich zu unterscheiden.

Der Streit um das Assoziationsprinzip

Dem Ideal einer weitestgehend einheitlichen Begriffsbildung zuliebe sucht man die zweite Form des Erwerbsversicherers unter die erste des Gegenseitigversicherers zu subsumieren, indem man das sog. *Assoziationsprinzip* als das Wesen der Versicherung ausmachend bezeichnet. Nach ihm trägt letztlich immer die zwangsweise oder freiwillig organisierte Vielheit der von einer Gefahr Bedrohten den anfallenden Schaden und bewirkt die Versicherungsleistung. Die Gefahrengemeinschaft trägt die in ihr angefallenen Schäden. Die Besonderheit der Erwerbsversicherung sei nur, daß, ähnlich wie der Staat bei den öffentlichen Anstalten oder in der Sozialversicherung, ein außenstehender Unternehmer die Gefahrengemeinschaft organisiert. Für diese Organisationsleistung bezieht er dann den Gewinn.

Aus der großen Reihe der Anhänger sei nur auf drei verwiesen. Nach *Alfred Manes* läßt sich die Versicherung als gegenseitige Deckung zufälligen schätzbaren Bedarfs zahlreicher gleichartig bedrohter Wirtschaften bezeichnen. *Paul Moldenhauer* erklärt: „Das Ursprüngliche ist die Beschränkung der Verteilung des Schadens auf die Mitglieder der Gefahrengemeinschaft, und noch heute beruht der Teil des Versicherungswesens, den wir das private zu nennen gewohnt sind, auf diesem Prinzip", dem auch zumeist die öffentlichen Versicherungsanstalten folgen. In der Sozialversicherung, wo außerhalb der Gefahrengemeinschaft stehend Staat, Gemeinden und Arbeitgeber an den Lasten der Versicherung teilnehmen müßten, sei allerdings dieser Gedanke verschwunden. Nach *Rohrbeck* bedeutet schon aus ihrer Natur heraus „Versicherung Gemeinschaftsgeist, Einstehen einer Gesamtheit für den einzelnen gegen Widrigkeiten des Schicksals, die diesen gefährden oder vernichten können, und außerdem Eintreten der vom Schicksal Begünstigten für die Notleidenden, wobei weitestgehende Rücksichtnahme auf die Lebenslage des Nebenmannes die Wirtschaftseinstellung jedes einzelnen mitbestimmt."

a) *Das Assoziationsprinzip trifft ohne Zweifel für die erste Form des Versicherers zu, der dem Gegenseitigkeitsprinzip folgt.* Diese Feststellung ist eigentlich eine Tautologie, weil das Gegenseitigkeitsprinzip und das Assoziationsprinzip identisch sind bzw. das Assoziationsprinzip als Organisationsform aus der Struktur der Gegenseitigkeitsinstitute abgeleitet ist.

Juristisch kommt dies in einer Reihe von Rechtsgrundsätzen zum Ausdruck, die für den Gegenseitigkeitsverein gelten:

1. Mitgliedschaft beginnt und endet mit dem Versicherungsverhältnis (VAG. § 20).
2. Mitgliederbeiträge und Vereinsleistungen an die Mitglieder dürfen bei gleichen Voraussetzungen nur nach gleichen Grundsätzen bemessen sein. Versicherungsgeschäfte gegen feste Entgelte, ohne daß die Versicherungsnehmer Mitglieder werden, darf der Verein nur betreiben, soweit es die Satzung ausdrücklich gestattet (VAG. § 21).
3. Der von den Gründern bereitgestellte Gründungsstock muß getilgt werden, sobald die Errichtungs- und Einrichtungskosten des ersten Geschäftsjahres gedeckt worden sind (VAG. § 22/4).
4. Sollen Nachschüsse ausgeschlossen werden, so ist in der Satzung zu bestimmen, ob die Versicherungsansprüche gekürzt werden dürfen (VAG. § 24/2).
5. Oberstes Organ ist die Versammlung von Mitgliedern oder von Vertretern der Mitglieder (VAG. § 29).
6. Bilanzüberschüsse, die nach Deckung der Rücklagen oder der Vergütungen verbleiben, werden an die Mitglieder verteilt (VAG. § 38).
7. Nur die oberste Vertretung der Mitglieder kann mit drei Viertel Mehrheit der abgegebenen Stimmen einen Versicherungszweig aufgeben oder einen neuen Versicherungszweig einführen (VAG. § 39/4).

b) ***Für die zweite Form, den Erwerbsversicherer, kommt dem Assoziationsprinzip nicht die gleiche Bedeutung zu.*** Im ersten Fall entsteht der Versicherer überhaupt nicht ohne den Zusammenschluß einer Vielheit von Wirtschaften zu einer Gefahrengemeinschaft. Im zweiten Fall ist hingegen der Versicherer eine unabhängige Wirtschaft, die die versprochene Leistung im Versicherungsfall vollbringen muß, gleichgültig, ob die vereinnahmten Prämien ausreichen oder nicht. Hier liegt es nur im Interesse des Versicherers, eine möglichst große Anzahl von Versicherten zu gewinnen, damit durch die Prämien die Schäden gedeckt werden können und ihm ein Überschuß (Gewinn) verbleibt.

Die Idee der gemeinsamen Gefahrtragung ist insofern eingeschränkt, als

1. der Versicherer die versprochene Leistung ohne Kürzung auch vollbringen muß, wenn die Prämieneinnahmen nicht ausreichen, er also aus eigenen Mitteln darauf bezahlen muß;
2. der Versicherer Überschüsse des einen Geschäftszweiges dazu verwenden kann, Verluste in anderen Zweigen zu decken; man kann in diesem Fall doch nicht mehr sagen, daß die von der *gleichen* Gefahr Bedrohten die für die Ersatzleistungen notwendigen Mittel aufbringen;
3. die Versicherten, abgesehen von den nur dekorativen Versichertenausschüssen, keinen Einfluß auf die Geschäftsgebarung des Versicherers (Einzelversicherer oder A. G.) haben.

Der Gedanke, daß jeder von der Gefahr Bedrohte seinen Beitrag zur gemeinsamen Gefahrtragung leistet, ist für den Gegenseitigkeitsverein ein Seinskennzeichen, für den Erwerbsversicherer indes nur eine Geschäftsmaxime, eine regulative Idee, der er aus Selbstinteresse nachstreben soll, damit die Gesamtheit der vereinnahmten Beiträge die Auszahlungen überdeckt.

Juristisch ist weder der Begriff der Versicherung auf das Assoziationsprinzip abgestellt, noch die Versicherungsleistung von diesem Prinzip abhängig gemacht. Kein Gesetz enthält eine Begriffsbestimmung der Versicherung. Das VVG. zählt unter den Voraussetzungen der Leistungspflicht des Versicherers das Bestehen einer Gemeinschaft gleichartig bedrohter Wirtschaften nicht auf (§ 1). *Prölss*, der die Gefahrengemeinschaft dem Massenprinzip gleichsetzt, muß zugeben, daß „die Rechtsprechung aus dem Gedanken der Gefahrengemeinschaft bisher nur selten Folgerungen gezogen" hat. Wenn § 1 des Versicherungsaufsichtsgesetzes von Privatunternehmungen spricht, „die den Betrieb von Versicherungsgeschäften zum Gegenstand haben (Versicherungsunternehmungen)", so hatte der Gesetzgeber die Absicht, diese der Aufsicht zu unterstellen, aber er wollte keineswegs zum Ausdruck bringen, daß nur die in einem Betrieb planmäßig abgeschlossenen Versicherungsgeschäfte als Versicherungen anzusehen seien. Mangelnde Genehmigung zum Geschäftsbetrieb läßt die Versicherungsverträge privatrechtlich unberührt (*Prölss*). Schließlich muß beachtet werden, daß es nach deutschem Recht einige Versicherungszweige gibt (Kursverlust-, Transport-, Rückversicherung), die nicht aufsichtspflichtig sind; hier kann also das Aufsichtsamt nicht einmal den massenhaften Abschluß gleichartiger Verträge vorschreiben. In der Seeversicherung ist z. B. auch ein vereinzelter Versicherungsvertrag anerkannt; wenn *Julius von Gierke* dem hinzufügt, man wird jedoch verlangen müssen, daß bei ihm das Entgelt unter Verwertung fremder planmäßiger Grundlagen bestimmt sein muß, so ist damit die Voraussetzung des Assoziationsprinzips in keiner Weise erfüllt. Nach von *Prölss* angeführten Entscheidungen folgt aus der Unterstellung eines Unternehmens unter die Aufsicht noch nicht, daß die von ihm abgeschlossenen Verträge Versicherungsverträge sind; umgekehrt können Versicherungsverträge vorliegen, die dem VVG. unterstehen, wenn das Unternehmen vom Aufsichtsamt nicht als Versicherungsunternehmen angesehen wird. Den Vorschriften des Versicherungsaufsichtsamtes kann also keinerlei für das Wesen der Versicherung konstitutive Bedeutung beigelegt werden. Im ausländischen Recht bestehen zum Teil andersartige, zum Teil überhaupt keine Aufsichtsbestimmungen, so daß die Versicherer nach Belieben dort auch rein spekulative Verträge abschließen können. Bei Lloyds in London können erfahrungsgemäß die sonderbarsten Versicherungen abgeschlossen werden, für die überhaupt kein Ausgleich in massenhaft gleichartigen Verträgen gegeben ist.

Weder wirtschaftlich noch juristisch ist das Assoziationsprinzip ein allgemein gültiges Kennzeichen der Versicherung. Es ist nicht zulässig, nach dem Grundsatz: pars pro toto eine Teilerscheinung auf den gesamten Beziehungskomplex anzuwenden.

Das Assoziationsprinzip als Kennzeichen der Versicherung schlechthin kommt den universalistisch eingestellten Theoretikern entgegen und findet deshalb vielfach Anhänger. Es ist jedoch bezeichnend, daß ein Vertreter dieser Richtung, *Walter Heinrich*, ausführt: Der Wesenszug der Versicherung sei „die Gefahren- oder Risikengemeinschaft. Dies ist eine Gruppe von auf Grund gewisser Gleichartigkeiten zusammengefaßten Wirtschaften oder Wirtschaftern, in deren Verbündung geradezu das Wesen der Versicherung besteht. In den modernen rationalisierten Ausgestaltungen des Versicherungswesens setzt sich allerdings der Zug zur großen Zahl in dem Ausmaße durch, daß diese Verbündung durchaus abstrakt und rational ist ..." Von einem Bewußtsein, einer Gemeinschaft anzugehören, kann, wie hier zugegeben wird, bei den Versicherten eines großen Versicherungsunternehmens nur noch gesprochen werden, wenn dem Begriff Gemeinschaft jeder genauere Sinn genommen wird. Mit demselben Recht kann man dann auch definieren: Bäckerei ist die Verteilung des Einmalaufwandes Backofen auf die gesamte Brotgemeinschaft. Schließlich ist die gesamte Volks- oder Weltwirtschaft eine Leistungsgemeinschaft aller an ihr Beteiligten, und es ist nicht ersichtlich, worin sich diese von der Versicherungsgemeinschaft unterscheidet.

Verschiedene Definitionen

Um das Wesen der Versicherung zu kennzeichnen, wurden eine Reihe sog. „Theorien" aufgestellt, die in Wahrheit nichts anderes als Definitionsversuche sind. Der hierüber entfachte Streit ist im deutschen Schrifttum rege, während ihm in der ausländischen Literatur weniger Bedeutung beigemessen wird. Es handelt sich dabei nicht immer um das rein akademische Interesse einer wissenschaftlich einwandfreien Begriffsbildung, sondern mitunter auch um die praktisch belangvolle Frage, ob in Grenzfällen die eine oder andere Einrichtung unseres Wirtschaftslebens noch als Versicherung anzusprechen ist oder nicht.

Je nach Zugehörigkeit zu der betreffenden Wissenschaft lassen sich rechtswissenschaftliche, mathematische, technische und wirtschaftliche Definitionen in bunter Mannigfaltigkeit unterscheiden. Jeder Autor hat, oft mit mehr oder minder großer Einseitigkeit, seinen eigenen Begriff.

Horst Wagenführ gibt die folgende Zusammenstellung der zur Beurteilung der wirtschaftlich wichtigsten Funktion der Versicherung vertretenen „Theorien":

A. Außer-(über-)wirtschaftliche Theorien, die das Wesen der Versicherung in über das Gebiet des Rein-Wirtschaftlichen hinausreichenden Erscheinungen suchen:

1. *Glückspieltheorie.* „Das Versicherungsgeschäft gleicht einer Lotterie, mit dem Zeitpunkt und den Gewinsten nach unbestimmten Ziehungen ... Der Versicherte

sowie die Versicherungsunternehmung sind ohne weiteres als Spieler und Spielhälter zu betrachten, und zwar als permanente Spieler und Spielhälter, da selbst kein Lotto zur Abwicklung so lange Zeiträume in Anspruch nimmt als eben das Versicherungslotto" *(Emanuel Herrmann)*. Diese noch vor Erscheinen des deutschen Versicherungsvertragsgesetzes und des entsprechenden österreichischen Gesetzes aufgestellte Definition stützt sich neben der Anwendung der aus dem Glückspiel entwickelten Wahrscheinlichkeitsrechnung im besonderen darauf, daß der Versicherte wie ein Spieler das Risiko laufe, „im Falle eines Schadens trotz vorhergegangener Prämieneinzahlungen keine Entschädigung zu erhalten" (z. B. wegen Unterlassung der rechtzeitigen Prämienzahlung, Verletzung der Anzeigepflichten, Formmängel des Vertrages usw.). Diese Theorie gibt den aleatorischen Charakter der frühen Seeversicherungsverträge und der die eigenen wirtschaftlichen Belange nicht berührenden und wegen ihrer Verleitung zu Mord und Brandstiftung später verbotenen Wettversicherungen wieder, übersieht aber im heutigen Versicherungsverhältnis den wesentlichen Unterschied: der Spieler sucht das Risiko, dem er nicht unterworfen war, bevor er spielte oder wettete, die Versicherung hingegen sucht das ohne sie in den wirtschaftlichen Transaktionen liegende Risiko zu eliminieren *(Mowbray)*.

2. *Universale Sicherungstheorie.* Mehr dem Wortstamm als der wirtschaftlichen Aufgabe der Versicherung zugewandt, definiert *Stephinger* (ähnlich vor ihm *Karup*): „Versicherungen sind einzeln oder genossenschaftlich gemachte Aufwendungen technischer, organisatorischer, wirtschaftlicher oder irgendwelcher anderer Art zu dem Zweck, ein beabsichtigtes Streben von Störungen durch wahrscheinliche oder gewisse äußere Faktoren unabhängig zu machen, indem man einen außerordentlichen Sicherungsbedarf irgendwelcher Art durch zeitliche, örtliche, sachliche oder genossenschaftliche Verteilung in regelmäßige, leichter tragbare Leistungen verwandelt". Konsequent werden Sperrketten, Türschlösser, Unfallschutzvorrichtungen, Feuerwehr, Polizei, Termingeschäfte u. dgl. zur Versicherung gerechnet. Diese ins grenzenlose verschwimmende Theorie gibt in Wahrheit keine Definition der Versicherung. Die Kosten der nichtversicherungsmäßigen Sicherungsmaßnahmen lassen sich exakt berechnen und bringen keine Unsicherheit in die Wirtschaft. Versicherung schließt doch die vermeidbaren Risiken aus und beschränkt sich auf die Fälle, wo die anderen technischen, organisatorischen usw. Maßnahmen (die Risikovorbeuge) nicht genügen.

B. *Wirtschaftliche Theorien*, die das Wesen der Versicherung aus wirtschaftlichen Kategorien abzuleiten bestrebt sind. Sie zerfallen in

I. *subjektive Theorien*, die den von der versicherungsnachfragenden Wirtschaft erstrebten Zweck zugrunde legen:

3. *Bedarfstheorie.* Von ihren vielen Vertretern *(Lazarus, Elster, Gobbi, Weddigen, Stucken* u. a.) seien angeführt: *Manes*, dessen Definition bereits genannt wurde, und *Riebesell* „Versicherung ist eine Gemeinschaft zum Ausgleich zufälligen schätzbaren Bedarfs mit dem geringsten Aufwand an Mitteln, die von der Gemeinschaft nach Maßgabe der getragenen Gefahr aufgebracht werden". Subjektiv gesehen muß die Versicherung zweifellos einem Bedarf entgegenkommen, sonst würde sie nicht nachgefragt werden. Erläuterungsbedürftig bleibt die Art des Bedarfs, der in der Nachfrage nach Versicherung auftritt.

4. *Versicherung als Einkommenssicherung.* Vertreter: *Philippovich* „Versicherung ist Sicherung des Einkommens des einzelnen mit Hilfe des Einkommens einer genossenschaftlich organisierten Gesamtheit" und *Hülsse* „Versicherung ist die Sicherung eines Einkommens zur Deckung eines ungewissen Bedarfs". Versicherung bezweckt oft die Sicherstellung eines Einkommens (Krankenversicherung, Tagegeldversicherung, Gewinnversicherung, Arbeitslosenversicherung, Rentenversicherung), in anderen ebenso wichtigen Fällen geht sie auf die Bereitstellung eines Kapitals (Einkommenstocks) aus

wie in fast allen Sachversicherungszweigen und in der Lebensversicherung (Kapitalversicherung). Das letzte kann höchstens als indirekte Einkommenssicherung angesprochen werden, wobei allerdings noch die Art der Kapitalverwendung in Betracht gezogen werden müßte.

5. *Vermögensgestaltungstheorie.* Aufgestellt von *Schmidt-Rimpler* und vertreten von *Ziegler:* „Ein Vertrag, durch dessen Abschluß in einem planmäßigen Großbetrieb der Versicherer gegen Entgelt ein Vermögensgestaltungsziel sichert, welches durch die Ungewißheit eines gestaltungserheblichen Zufalls durch den Vermögensgestalter selbst nicht mit Sicherheit erreicht werden kann". Angenommen kann diese Definition nur werden, wenn man in weitester Auslegung des Begriffs Vermögen darunter nicht nur die sachliche und finanzielle, sondern die persönlich-menschliche Ausstattung einer Wirtschaft (Arbeitskraft, Gesundheit, moralische Qualitäten usw.) versteht. Wichtig bleibt aber, daß der vom Versicherungsfall betroffenen Wirtschaft an Stelle der fehlenden Mittel *neue* zugeführt werden sollen.

II. *objektive Theorien,* die von dem objektiven Vorgang der Versicherung ausgehen:

6. *Leistungstheorie. Brämer:* „Im wirtschaftlichen Sinne ist Versicherung die Übernahme einer Pflicht des Versicherungsgebers zur Zahlung von Geld im Höchstbetrage des Risikos beim Eintreffen gewisser, vom Willen des Beteiligten unabhängiger Ereignisse, an den Versicherungsnehmer oder dessen Schützling (Versicherten, Begünstigten) gegen Entgelt". Unzulässig ist die Betonung der Geldleistung, denn es gibt auch Naturalentschädigungen (Glasversicherung, Krankenversicherung). Hierher ist auch *Julius von Gierke* zu rechnen: „Der Versicherer ist auf entgeltlicher, planmäßiger Grundlage dem Versicherten gegenüber zu einer Vermögensleistung verpflichtet, falls diesen ein ungewisses, der Vorsorge bedürftiges Ereignis trifft". Unklar ist der Begriff der Vermögensleistung. Ist die Erstattung des kleinsten Schadens, etwa einer Arztrechnung, ebenso darunter zu verstehen wie die Auszahlung einer Lebensversicherungssumme oder einer umfangreichen Brandentschädigung?

7. *Tauschtheorie.* Wenn man die Versicherung als das „Tauschgeschäft" ansieht, „bei dem permanente Sicherstellung durch die Erlangung eines Eventualnutzens nachgefragt wird", dann gehört, wie der Vertreter dieser Theorie *Liefmann* zugab, der Börsenterminverkauf, der entgeltliche Erwerb von Pfändern u. dgl. auch zur Versicherung. Diese Definition zeigt nicht das eigentliche Wesen der Versicherung und betont übermäßig deren Marktcharakter.

8. *Schadenausgleichstheorie.* Sie berührt sich eng mit dem behandelten Assoziationsprinzip, wenn *Schäffle* z. B. erklärt: „Alle Real- und Personalversicherung hat ... die solidarische Haftung der Versicherten zur Ausgleichung des Schadens zur tiefsten Grundlage". In der Erwerbsversicherung haften jedoch dem Geschädigten nicht die anderen Versicherten, sondern der Versicherer. Auch ist nicht jede Schadensausgleichung, etwa infolge einer Bürgschaftsübernahme, Versicherung.

9. *Risikotheorie.* Der Hauptvertreter ist *Adolph Wagner:* „Versicherung im wirtschaftlichen Sinne ist diejenige wirtschaftliche Einrichtung, welche die nachteiligen Folgen einzelner, für den Betreffenden zufälliger, daher auch im einzelnen Falle ihres Eintretens unvorhergesehener Ereignisse für das Vermögen einer Person dadurch beseitigt oder wenigstens vermindert, daß sie dieselben auf eine Reihe von Fällen verteilt, in denen die gleiche Gefahr droht, aber nicht wirklich eintritt". Andere Vertreter sind: *Moldenhauer, J.Conrad, G.v.Mayr, Bleicher, Leuckfeld* und *Krosta:* „Versicherung ist die Vereinigung von Risiken zwecks Ausgleich gegen Entgelt". Neuerdings hat sich *Horst Wagenführ* angeschlossen: „Versicherung ist die von einer privaten oder öffentlichen Einrichtung gegen Entgelt besorgte Verteilung der wirtschaftlich bedeutungsvoll anerkannten Verlustgefahr (des Risikos) einer wirtschaftlichen Leistung oder Leistungsfähigkeit auf eine Mehrheit von Wirtschaftsträgern (Versicherungsnehmern), deren Mehrzahl nur durch

zufällig eintretende Schadengefahren (Risiken) bedroht ist, und deren Minderzahl tatsächlich Schaden leidet". Die Risikotheorie hat den zentralen Begriff im Wesen der Versicherung erfaßt und sie bietet mit ihm das Verbindungsglied zu der Wirtschaftstheorie überhaupt.

In den angeführten Begriffsbestimmungen kehrt, wie ersichtlich, vielfach das Assoziationsprinzip wieder, und manchmal scheint es mehr um Namen als um sachliche Unterschiede zu gehen. Da das Versicherungswesen nahezu alle Vorgänge des Wirtschaftslebens direkt oder indirekt begleitet, ist die außerordentliche Vielfalt der Definitionen nicht verwunderlich. Je nach dem Standpunkt zeigt es sich unter einem etwas anderen Aspekt.

Begriff der Versicherung

Eine vollständige Definition der Versicherung muß einmal die Funktion zum Ausdruck bringen, die die Versicherung im Rahmen der Einzelwirtschaft vollbringt und die damit den Grund abgibt, warum Versicherungen von den Einzelwirtschaften als in deren Selbstinteresse liegend im freien Wirtschaftsverkehr nachgefragt, also nicht nur zufolge gesetzlicher Anordnung eingegangen werden. Sie muß aber zum zweiten auch die Art berücksichtigen, wie und aus welchenMotiven sie im heutigenWirtschaftsleben dargeboten wird. Hierbei darf sie die beiden Formen, die der geschichtliche Überblick als gleichberechtigt nebeneinanderstehend ergeben hat: die gegenseitig (mutual) und erwerbsmäßig betriebene Versicherung nicht außer acht lassen. Die in vielen bisherigen Definitionen beliebte Beschränkung auf *eine* Unternehmungsform verleitet leicht zu voreingenommener Einseitigkeit, bedeutet eine mit der Wirklichkeit nicht übereinstimmende Hintansetzung, ja abfällige Bewertung der weniger beliebten anderen Form, verbunden vielfach mit einer den Widerspruch herausfordernden Idealisierung der bevorzugten Unternehmungsform.

Jede Definition ist ein Beschreibung des ihr unterworfenen Gegenstandes, durch die er von anderen Gegenständen abgegrenzt und damit einer exakten Erkennbarkeit zugeführt wird. Die den Subjektsgegenstand eines Systems von Urteilen (= Wissenschaft) kennzeichnenden Merkmale können, sofern es sich um einen Idealgegenstand handelt, a priori ohne Bezugnahme auf die in dieser Welt vorhandenen Realitäten gesetzt werden. So gelangt man zu Idealwissenschaften, deren Wahrheit allein durch die Schlüssigkeit der in ihnen enthaltenen logischen Beweise und Folgerungen verbürgt ist. Bei den Realwissenschaften hingegen werden die den Subjektsgegenstand auszeichnenden Merkmale a posteriori im Wege der „pointierend hervorhebenden Abstraktion" *(Eucken)* durch Schau in die Wirklichkeit gewonnen, und den Urteilen dieser Wissenschaften muß neben ihrem logischen Wahrheitsgehalt auch Gültigkeit, d. h. Übereinstimmung mit den Fakten zukommen. Versicherungswissenschaft ist weder angewandte Sozialethik noch angewandte Wahrscheinlichkeitsrechnung, sondern der Inbegriff einer Reihe von Erkenntnissen über einen der sozialen Wirklichkeit angehörenden Gegenstand, in dem die beiden erwähnten Disziplinen von Bedeutung sein können. Realwissenschaftlich kann der Begriff der Versicherung deswegen nur durch „Zusammenschau" der in der Wirklichkeit an dem damit gemeinten Gegenstand (Faktum) vorgefundenen Wesensmerkmale gewonnen werden.

Wie jedeErscheinung des sozialen Wirtschaftsverkehrs muß die Versicherung von der Seite des Versicherten, also des sie Nachfragenden, ebenso wie von der Seite des Versicherers, des sie Anbietenden, her gekennzeichnet werden. Im besonderen ist jedes Phänomen der Marktwirtschaft — und die Versicherung zählt, soweit sie als Zwangsversicherung nicht verwaltungswirtschaftlichen Charakter hat, zu den Fakten der Verkehrswirtschaft — doppelwurzlig aus Angebot und Nachfrage zu verstehen.

A. Von seiten des Versicherten her ist Versicherung Sicherung der Wirtschaftsführung gegen die in unabwendbaren Gefahren liegenden Risiken. Im einzelnen heißt dies:

1. *Die Versicherung garantiert die Ausführbarkeit eines Wirtschaftsplanes, indem sie*

a) *eine ungünstige Änderung der Plandaten im Zuge ihrer Verwirklichung auszugleichen sucht. Sie gleicht aus:*

(a) *fehlenden Mittelzugang* (Einkommensausfälle): Arbeitslosenversicherung, Rentenversicherung, Gewinnentgang in der Betriebsunterbrechungsversicherung, Tagegeldversicherung in der Kranken- und Unfallversicherung.

(b) *nicht erwartete Ausgaben:* Kosten für Krankenbehandlung, Heilungs- und Sanatoriumskosten, Beerdigungskosten, Haftpflichtansprüche, Prozeßkosten, durch Schadenfälle hervorgerufene Aufwendungen (Aufräumungs- und Feuerlöschkosten, Kosten der Ersatzbeschaffung) usw.

(c) *Vermögensminderungen* (Verluste an Sach- und Geldkapital): Untergang oder Beschädigung der Vermögensgegenstände in allen Sachversicherungszweigen (Feuer-, Einbruchdiebstahl-, Leitungswasser-, Glas-, Kraftfahrzeug-, Transportversicherungen usw.), Verlust an Betriebskapitalien und Geldvermögen durch Unterschlagungen, Treubruch, Einbrüche u. dgl.

b) *die Erfüllung eines langjährigen Sparplanes* trotz Unsicherheit über die Dauer des individuellen Lebens garantiert: Kapitalversicherung in der Lebens- und Unfallversicherung, Aussteuer-, Ausbildungs-, Hypothekentilgungs-, Bauspar-, Erbschaftssteuerversicherung.

Der Sparer weiß niemals, ob im Zeitpunkt seines Todes oder seines Eintritts in den Ruhestand die für die Versorgung der Angehörigen, die Fortführung des Betriebes (Erbschaftsauszahlungen, Erbschaftssteuern, Hypothekentilgung) oder im Zeitpunkt der Verheiratung der Töchter, der Ausbildung der Söhne die dafür erforderlichen Mittel tatsächlich angesammelt sind. Vorzeitige Auslöschung der Verdienstkraft des Sparers durch Tod oder Unfall kann die Aufsparung der für diesen Zeitpunkt als notwendig erachteten Mittel unterbrechen. In diesem Fall leistet gegen ein zusätzliches Opfer, denn bei gleicher Dauer führt das Versicherungssparen wegen der vorzeitigen Auszahlungsfälle zu einem geringeren Betrag als das individuelle Sparen, die Versicherung die veranschlagte Summe.

2. *Die Sicherung der Einzelwirtschaft erfolgt durch Zuschuß der zur plangemäßen Weiterführung der versicherten Wirtschaft notwendigen Mittel aus der Wirtschaft des Versicherers.* Der Zuschuß kann erfolgen:

a) *natural* (Naturalentschädigung) durch Sachleistungen, Gestellung ärztlicher Hilfe, Übernahme der Krankenhauskosten, Durchführung der Reparaturen, Rechtsschutz in der Haftpflichtversicherung, Übernahme der Beerdigung u. dgl.

b) *in Geld* (Geldentschädigung), indem die für den Eintritt des Versicherungsfalles vereinbarte Geldsumme oder der den eingetretenen Schaden deckende Geldbetrag geleistet wird.

Geldentschädigung findet sich heute überwiegend in der Sach- und Lebensversicherung, Naturalentschädigung in der Glas- und Krankenversicherung, in den Begräbniskassen und hinsichtlich des Rechtsschutzes in der Haftpflichtversicherung.

Die *Geldentschädigung* kann gewährt werden:

a) *unbedingt*. Auf diese Weise wird der *finanzielle* Status der versicherten Wirtschaft gewahrt; dem Versicherten ist keine Verpflichtung über die Verwendung der erhaltenen Entschädigung auferlegt.

b) *bedingt* unter Vorschreibung einer bestimmten Verwendung der Entschädigung bzw. deren Zurückstellung, bis die vertragsgemäße Verwendung der Gelder gesichert ist (Wiederaufbau-, Wiederherstellungspflicht, Vorlage der Krankenrechnungen usw.). Hier wird der *sachliche* Status der versicherten Wirtschaft gewahrt.

3. *Die Sicherung der Wirtschaftsführung erfolgt nur gegen die in unabwendbaren Gefahren liegenden Risiken*. Die Versicherung springt nur ein, wenn Risikomeidung und Risikovorbeuge, soweit sie im Wirtschaftsleben zumutbar und üblich sind, versagen.

Nicht versichert werden

a) *durch Vorsatz herbeigeführte Schäden* wie Brandstiftung, mutwillige Beschädigung durch den Versicherten selbst oder durch seine nächsten Familienangehörigen, Tötung von Kindern durch die Eltern (um in den Besitz der Lebensversicherungssumme zu kommen). In der Lebensversicherung ist das Selbstmordrisiko erst nach Ablauf einer Karenzzeit eingeschlossen.

b) *durch vermeidbare Unvorsichtigkeit, fahrlässige Außerachtlassung von Sicherheitsvorkehrungen verursachte Schäden*. Die Versicherungsgesellschaften beschränken sich meist auf den Ausschluß von Schäden durch grobe Fahrlässigkeit, in der Haftpflichtversicherung sind sogar nur vorsätzlich herbeigeführte Schäden ausgeschlossen.

c) *Schäden, die im normalen Wirtschafts- und Betriebsleben mit im Einzelfall vorausberechenbarer Sicherheit auftreten:* regelmäßige Abnutzungen, Schwund, Entwertungen durch Lagerung (Ernte, Modewaren, Geschmacksänderungen, Bedarfswechsel) und durch Alter (Vieh, Gebäude, Maschinen). Im allgemeinen gilt in der Sachversicherung der Zeitwert als Grundlage der Entschädigungsberechnung, Neuwertversicherung muß, abgesehen von der Gebäude-Leitungswasserschädenversicherung, eigens beantragt werden.

B. Von seiten des Versicherers her wird die vereinbarte Versicherungsleistung vollbracht, indem entweder

1. *die erforderlichen Mittel ganz oder teilweise durch die gegen die gleichartige Gefahr zusammengeschlossenen Wirtschaften, d. h. gemeinsam aufgebracht werden (Gegenseitigkeitsprinzip). Das Risiko des Versicherungsbetriebes geht zu Lasten der Versicherten selbst*. Oder

2. *die notwendigen Mittel durch einen außerhalb des Kreises der Bedrohten stehenden Versicherer (Erwerbsversicherer) auf dessen alleiniges Risiko durch nach Wahrscheinlichkeitsgrundsätzen eingehobene feste Prämien angesammelt werden. Das Risiko des Versicherungsbetriebes geht zu Lasten des Versicherers*. Er muß diesem durch ein von ihm gestelltes

Kapital (Aktien- und Reservekapital) und durch sorgfältige Betriebsführung gerecht werden. Dem entspricht auf der Gegenseite sein Gewinnanteil aus dem Versicherungsgeschäft.

Versicherbar sind nur Risiken, die sich einem Wahrscheinlichkeitskalkul fügen. Nur wo diese Voraussetzung erfüllt ist, liegt ein die Erfüllung der übernommenen Garantieverpflichtungen auf die Dauer gewährleistender rationeller Versicherungsbetrieb vor. Ob sich die Risiken als wahrscheinlich im Sinne der Wahrscheinlichkeitstheorie im voraus berechnen lassen, ist Tatfrage; sie kann nur durch Erfahrung, niemals a priori endgültig beantwortet werden. Der Versicherungsbetrieb ist kein Spekulationsgeschäft, sondern fußt auf möglichst exakter Risikoberechnung.

Dort, wo diese Voraussetzung nicht erfüllt ist, weil (a) die Risiken zu wenig sind, um das Wahrscheinlichkeitskalkul anwenden zu können (Verlust eines Fingers durch einen Violinvirtuosen, Stimme einer Sängerin, Geburt von Vierlingen usw.) oder (b) Risikohäufigkeit und Risikoumfang sich jeder Vorausschätzung entziehen (Kriegsschäden, Erdbeben) oder (c) der Versicherungsfall sich überhaupt nicht ausreichend beweisen läßt (Diebstahl), kann nicht von „echter" Versicherung gesprochen werden. Derartige spekulative Risiken werden allgemein als unversicherbar angesehen.

Dem scheint die Praxis von Lloyd's in London entgegenzustehen, wo erfahrungsgemäß auch vereinzelte Risiken untergebracht werden können. Aber es ist strittig, ob es sich hier schon um reine Spekulationen handelt oder ob man in der Masse solcher ungleichartiger Einzelrisiken noch einen gewissen, wenn auch nicht wahrscheinlichkeitstheoretischer Exaktheit vollauf genügenden Ausgleich annehmen darf *(Mowbray)*. Wenn in der Transportversicherung das Kriegsrisiko eingeschlossen wird, so handelt es sich dabei um ein vom Versicherer kurzfristig aufkündbares Überraschungsrisiko, das er mit angesammelten Reserven noch tragen kann. Für Kriegsversicherungsgemeinschaften und das politische Risiko einschließende Kreditversicherungen haftet zumeist letzten Endes der Staat, der sich zur Abwicklung der anfallenden Schäden nur des eingearbeiteten Apparates der Versicherungsgesellschaften bedient. In der Lebensversicherung konnte das Kriegssterberisiko gegen einen Prämienzuschlag eingeschlossen werden. Die Grenze zwischen versicherbaren und unversicherbaren Risiken ist also nicht immer scharf gezogen, aber es spricht für die Gewissenhaftigkeit eines Versicherers, sich gegen derartig ungewisse Geschäfte reserviert zu verhalten.

Die beiden Formen des Gegenseitigkeits- und des Erwerbsversicherers haben sich in der Geschäftshandhabung vielfach einander angeglichen. Dort wo der Gegenseitigkeitsverein nach Möglichkeit mit festen Prämien arbeiten, also auf Nachschüsse und Entschädigungskürzungen verzichten will, muß er ebenfalls nach Wahrscheinlichkeitsgrundsätzen arbeiten. Beide müssen danach streben, das Prämienaufkommen auf einer Höhe zu halten, die die Deckung der angefallenen Schäden und Verwaltungskosten erlaubt. Deswegen müssen auch die nachträgliche Einregulierung der Prämien auf die vorgekommenen Ersatzleistungen über Nachschüsse und Rückvergütungen beim Gegenseitigkeitsverein und die auf die Statistik der Versicherungsaufwendungen gründende Wahrscheinlichkeitskalkulation des Erwerbsversicherers, gleichen Versicherungsbestand vorausgesetzt, langfristig zum gleichen Ergebnis kommen. Aber dennoch darf der Unterschied nicht übersehen werden: der Gegenseitigkeitsverein kann die Einregulierung unmittelbar in derselben Wirtschaftsperiode vornehmen, der Erwerbsversicherer braucht dazu längere Zeit, um über Vertragsaufkündigungen und Prämienerhöhungen dasselbe zu erreichen, während er den sich aus Wagnisverbesserungen folgenden Prämiensenkungen schon aus Konkurrenzgründen im Wege freiwilliger Ermäßigungen rascher folgen muß.

Zusammenfassend kann man definieren:

Versicherung ist Sicherung der Wirtschaftsführung gegen die aus unabwendbaren Gefahren fließenden Risiken, vollbracht durch Verteilung der Versicherungsleistung auf einen von der gleichen Gefahr bedrohten Kreis von Wirtschaften oder durch einen nach Wahrscheinlichkeitskalkulen wagenden Versicherer.

Nimmt man unter den Begriff Vermögen entgegen der nationalökonomischen Gepflogenheit auch die Einkommensgestaltung auf, dann deckt sich diese Definition der Versicherung im wesentlichen mit der Auffassung *Rohrbecks*, wenn er sagt: „*Versicherung ist planmäßige Sicherheitsvorsorge, die auf Vermögensgewinnung oder Vermögenserhalt von aus zeitlich unerwarteten Gefahren plötzlich eintretenden Verlusten einzelner Wirtschaften gerichtet ist und dieses Ziel durch Verteilung auf viele Schultern vermittels einer rechnerischen Grundlage erreicht, die auf einem von vornherein vertraglich oder gesetzlich genau geregelten Geldausgleich aufgebaut ist*". In dieser Definition ist auf die rationale Struktur des modernen gesellschaftlichen Versicherungsverhältnisses ebenso deutlich wie auf die hinter dem Wahrscheinlichkeitskalkul steckende Verteilung der Versicherungsleistungen auf eine Vielheit von Wirtschaften hingewiesen. Als ihr Vorzug kann auch die Andeutung des versicherungstechnischen Äquivalenzprinzips (siehe § 12.) angesehen werden, das die Grundlage der Prämienkalkulation bildet.

Das moderne rationale Versicherungswesen mit seinen Wahrscheinlichkeitskalkulen ist aus demselben auf die Nutzbarmachung naturwissenschaftlicher Erkenntnisse für materielle Zwecke gerichteten Denken erwachsen, das unsere westliche Zivilisation kennzeichnet. „Gedanken, Kräfte, Können richten sich auf die Nutzbarmachung der Naturwissenschaften zu materiellen Zwecken, indem ausgeklügelte Maschinen gebaut werden — nicht nur Kraftwagen, Armbanduhren und Bomben, sondern auch ausgetüftelte Triebwerke der Gesellschaftsordnung wie parlamentarische Einrichtungen, staatliche Versicherungswesen und militärische Mobilmachungspläne" *(Arnold J. Toynbee).*

Schrifttum: Außer den bereits angeführten Werken zur Frage der Begriffsbildung noch a) *Erich Becher* „Einführung in die Philosophie", München und Leipzig 1926; b) *Alexander Pfänder* „Logik", Halle a. d. S. 1929; und zur Frage des Assoziationsprinzips; c) *Walter Heinrich* „Wirtschaftspolitik", Wien 1948; d) *Walter Rohrbeck* „Wesen, Gehalt und Reform der deutschen Privatversicherung", Berlin und München 1948.

§ 7. Die Bedeutung der Versicherung in der modernen Volkswirtschaft

Versicherung ein Dienstleistungsgewerbe eigener Art

Um die Bedeutung der Versicherung für die heutige Volkswirtschaft zu erfassen, muß man sowohl deren Funktion für die Einzelwirtschaft und für die Volkswirtschaft als auch ihre direkten und indirekten Wirkungen untersuchen. Es ist die Frage nach der unmittelbaren und mittelbaren Einwirkung der Versicherung auf die Rentabilität der geschützten Einzelwirtschaften sowie auf die Produktivität der Gesamtwirtschaft zu stellen. Da das Versicherungsgewerbe selbst keine Sachgüter hervorzubringen vermag, ist das

Augenmerk besonders auf die indirekten Wirkungen zu richten, auf jene Folgen, die eintreten würden, wenn das Versicherungsgewerbe ausfallen würde. Das Versicherungsgewerbe ist ein Dienstleistungsgewerbe und dient ebenso der Produktion wie der Konsumtion, dem interlokalen wie interpersonalen Güteraustausch (Handel und Verkehr), dem Zahlungs- und Kreditverkehr ebenso wie der Erhaltung einmal errungener und der Schaffung neuer Vermögensbestände. In allen Einrichtungen und Vorgängen des Wirtschaftslebens, denen irgendeine Unsicherheit anhaftet, sind Versicherungen in der einen oder anderen Form zu finden, und man kann ohne Übertreibung feststellen: *In jedem Wirtschaftsakt sind zumeist mehrere Versicherungen gegenwärtig, wenn sie auch nicht immer offen zutage liegen.* Intensiver als das Kreditwesen durchdringt das Versicherungswesen die Volkswirtschaft in allen ihren Bereichen.

Nach der gewerblichen Betriebszählung von 1933 gliederte sich die Gewerbegruppe XXVII Geld-, Bank- und Versicherungswesen wie folgt:

	Zahl der gewerblichen Niederlassungen	Zahl der beschäftigten Personen
1. Geld- und Bankwesen	**23 580**	**181 205**
a) Notenbanken	488	14 173
b) Kreditbanken	4 804	78 823
c) Sparkassen	4 729	37 584
d) Zwecksparkassen	546	2 965
e) Kreditgenossenschaften	8 056	25 048
f) Pfandbriefbanken	353	10 538
g—h) sonstige Gewerbearten	4 604	12 074
2. Versicherungswesen	**22 226**	**128 734**
a) Privatversicherung	995	38 586
b) Öffentlich-rechtliche Versicherung	146	7 899
c) Soziales Versicherungswesen	2 940	32 195
d) Versicherungsvermittlung	18 145	50 054
3. Gewerbliche Verwaltungsbetriebe	**1 658**	**84 032**
a) Kartell-, Syndikats- u. Konzernverwaltung	96	1 275
b) Verwaltungsbetriebe aller Gewerbegruppen	1 562	82 757

Quelle: Stat. Jhrb. f. d. D. R., Berlin 1935.

Von den insgesamt 3 541 809 gewerblichen Niederlassungen mit 14 574 587 beschäftigten Personen 1933 in Deutschland trafen demnach nur 0,63% der gewerblichen Niederlassungen und 0,88% der Beschäftigten auf das Versicherungsgewerbe, wobei noch den größten Teil davon die Betriebe der Versicherungsvermittlung, also nicht einmal die eigentlichen Versicherer ausmachten. Wenn auch diese Zahlen heute überholt sind, so zeigen sie doch deutlich die geringe Zahl der Versicherer und der von ihnen Beschäftigten gegenüber der Gesamtzahl wie gegenüber dem Geld- und Bankwesen. Als ausgesprochenes Massengeschäft ist das Versicherungsgewerbe viel stärker konzentriert als das Kreditwesen und tritt deswegen nach außen weniger häufig in Erscheinung.

Deutlicher tritt die Bedeutung der Versicherungswirtschaft in den Prämieneinnahmen und Versicherungsleistungen hervor. Es betrugen 1933 in 1000,— RM:

	Prämien-einnahmen	Versicherungs-leistungen
A. Individualversicherung		
1. *Privatunternehmungen*		
a) direktes deutsches Geschäft der deutschen Unternehmungen	1 579 968	828 688
b) direktes ausländisches Geschäft der deutschen Unternehmungen	42 797	25 029
c) direktes deutsches Geschäft der ausländischen Unternehmungen.........	91 771	38 993
Summe 1	1 714 536	892 710
Summe 1 ohne direktes ausländisches Geschäft der deutschen Unternehmungen (= a + c)	1 671 739	867 681
2. *Öffentlich-rechtliche Anstalten*		
a) Lebensversicherung	74 575	16 130
b) Unfall- und Haftpflichtversicherung ..	13 480	15 685
c) Feuerversicherung	165 737	73 859
Individualversicherung insgesamt (= Summe A)	1 925 531	973 355
B. Sozialversicherung		
a) Krankenversicherung	1 129 100	1 039 900
b) Unfallversicherung	305 000	259 900
c) Invalidenversicherung	678 700	1 121 400
dazu aus Reichsmitteln	396 200	—
d) Angestelltenversicherung	287 800	263 300
e) Knappschaftliche Pensionsversicherung .	94 200	186 500
dazu aus Reichsmitteln	95 000	—
f) Arbeitslosenversicherung	981 047	—
Abgabe zur Arbeitslosenhilfe	514 278	—
Ausgaben für:		
Arbeitslosenunterstützung	—	277 282
Krisenunterstützung	—	822 883
Kurzarbeiterunterstützung	—	27 391
Grundförderung	—	99 513
Sozialversicherung insgesamt (= Summe B)	4 481 325	4 098 069
Individual- und Sozialversicherung zusammen (= Summe A und B)	6 406 856	5 071 424

Quelle: Stat. Jhrb. f. d. D. R., Berlin 1935.

Im Vergleich mit einem für 1933 errechneten Volkseinkommen von 46 489 Millionen RM machen die Beitrags- und beitragsähnlichen Einnahmen 13,8 % aus. Die Leistungen des deutschen Volkes für seinen Versicherungs- und versicherungsähnlichen (Arbeitslosenversicherung) Aufwand sind in Wahrheit noch höher, denn die Zins- und sonstigen Einnahmen, die in der Lebens- und sozialen Rentenversicherung eine beachtliche Höhe erreichten, sind nicht mitgerechnet. Die gesamten Versicherungsleistungen erreichten fast die im Reichshaushaltsplan für 1933/34 veranschlagten Steuer- und Zolleinnahmen mit 5 154 000 000 RM. Wenn man die in ihren einzelnen Zweigen so unterschiedliche Industrie nicht als eine Einheit nimmt, hat kein andrer Gewerbezweig ein derartiges Wertvolumen. Das oft behauptete abnehmende Vertrauen in die eigene Kraft und das zunehmende Sicherungsbedürfnis in allen Schichten des Volkes geben Grund zu der Vermutung, daß das Versicherungsgewerbe noch weiter an Dimension zunehmen wird, wenn nicht politische Ereignisse diese Tendenz vorläufig unterbrechen.

Die Tabelle zeigt ferner, daß die Sozialversicherung nach den Beitragseinnahmen mehr als den doppelten Umfang der Individualversicherung, nach den Versicherungsleistungen mehr als den 4fachen Umfang der Individualversicherung erreichte. *Das Schwergewicht der deutschen Versicherungswirtschaft liegt heute eindeutig bei der Sozialversicherung.* Die große Masse des Volkes wird von ihr erfaßt und es wird, abgesehen von den Beamten, kaum jemand geben, der nicht wenigstens als Arbeitgeber mit ihr in Berührung kommt.

Angesichts dieser Bedeutung des Versicherungswesens verblaßt der Streit, ob das Versicherungsgewerbe mehr zur Produktion oder zur Konsumtion zu rechnen sei. Das Versicherungsgewerbe verbraucht wie jede andere Wirtschaft Mittel zu seiner Führung (Verwaltungsaufwand), aber es gibt den größten Teil der vereinnahmten Beiträge an die von Schäden betroffenen Wirtschaften weiter und unterstützt damit deren produktive Tätigkeit. Selbst dort, wo durch die Versicherung Mittel für den Konsum bereitgestellt werden (Renten- und Arbeitslosenversicherung), darf die Aufrechterhaltung eines dem Konsum dienenden Kaufkraftfonds für die Gestaltung der Produktion nicht übersehen werden. Produktion und Konsumtion bedingen sich im Allzusammenhang der Volkswirtschaft gegenseitig und die Versicherung dient direkt und indirekt der einen wie der anderen und damit der Volkswirtschaft überhaupt.

Sowohl das aufgezeigte Wertvolumen als auch die wirtschaftliche Funktion der Versicherung, einen Schutz gegen die unabwendbaren Gefahren zu bieten, konstituiert das Versicherungswesen als einen arteigenen Bereich der Volkswirtschaft neben und innerhalb von Konsumtion, Produktion, Handel, Verkehr, Kreditwesen und Vergesellschaftung. Es hat seine besonderen, in anderen Wirtschaftsbereichen nicht zu findenden Probleme, so daß es auch aus diesem Grunde, nicht nur seiner eminenten Bedeutung nach, als ein Zweig der Wirtschaftswissenschaften sui generis in der Öffentlichkeit und in der Wissenspflege mehr Aufmerksamkeit finden sollte. Die Zeit, in der die Versicherungslehre eine nur den Eingeweihten interessierende Geheimwissenschaft sein konnte, ist endgültig vorbei. Weil die Massen überall direkt oder indirekt den entscheidenden politischen Einfluß gewonnen haben, besteht die Gefahr, daß infolge der verbreiteten Unkenntnis über die Probleme der Versicherung unerfüllbare Forderungen an diese gestellt und damit ihre Funktionsfähigkeit untergraben wird. Einer derartigen Entwicklung vorzubeugen, dazu hat die Wissenschaft ihren Teil beizutragen, wenn die bessere Einsicht auch heute mehr denn je ohnmächtig ist.

I. Einzelwirtschaftliche Bedeutung der Versicherung

Die einzelwirtschaftliche Bedeutung der Versicherung ergibt sich daraus, daß sie einerseits den Einzelwirtschaften (= Versicherten) einen Nutzen bietet, sonst würde sie ohne Zwang nicht nachgefragt werden, andererseits aber auch einen Kostenaufwand (= Preis) erfordert. Das Prinzip der Wirtschaftlichkeit verlangt eine gegenseitige Abwägung von Nutzen und Aufwand, die Prüfung der Frage, ob nicht durch eine andere Verwendung der knappen Mittel als durch Versicherungsnahme ein höherer Nutzen zu erzielen wäre.

A. Nutzen der Versicherungsnahme ist

1. ***Übernahme genau umschriebener Risiken*** von der Wirtschaft des Versicherten auf die Wirtschaft des Versicherers. Der Versicherte wird von der lähmenden Sorge befreit, seine Existenz in jedem Augenblick durch die versicherte Gefahr bedroht zu sehen, solange er noch nicht genügende Rücklagen ansammeln konnte.

   Durch Versicherungsnahme läßt sich die Instabilität des wirtschaftlichen Seins wenigstens in gewissen Richtungen ausschalten. Der Versicherte kann ungestört von der Existenzsorge seine ganze Aufmerksamkeit und Tatkraft anderen Aufgaben zuwenden. Versicherungsnahme ist deswegen gerade für junge Wirtschaften besonders wichtig, die noch nicht über die erforderlichen freien Mittel zum Ausgleich etwa eintretender Schäden verfügen.

2. ***Die Kosten der Versicherung sind geringer als eine die betreffende Gefahr ausgleichende Rücklage.*** Will der Wirtschafter auf Versicherung verzichten, indem er von Anfang an die für einen Verlustausgleich notwendigen Mittel zurückstellt, so muß er dies in voller Höhe seiner gefährdeten Werte möglichst rasch tun und darf diese Rücklage nicht in seinem Betriebe mitarbeiten lassen, weil er sie ja in jedem Augenblick, wo ein Schaden eintreten kann, verfügbar haben muß.

   Praktisch müßte also das gesamte fixe und umlaufende Kapital wenigstens für den höchstgefährdeten bzw. umfangreichsten Teilkomplex der Wirtschaft noch einmal bereitstehen, um im Schadenfall sofort eingesetzt werden zu können. Da dieses Kapital nur zu dem niedrigen Geldmarktzinssatz jederzeit greifbar angelegt werden könnte, würde seine niedrige Verzinsung die Durchschnittsrendite des Gesamtkapitals drücken. Kostenaufwand für jährliche Rückstellungen und niedrige Verwertbarkeit der rückgestellten Beträge belasten den laufenden Betrieb mehr, als wenn die betreffende Wirtschaft alljährlich nur den sie in der Masse treffenden Durchschnittsaufwand an Schäden zuzüglich der übrigen Versicherungskosten (= Versicherungsprämie) zahlt. Da bei versicherbaren Risiken die Schadenswahrscheinlichkeit stets kleiner als 1 ist, das versicherte Schadenereignis im Einzelfalle also keineswegs mit Sicherheit eintritt, ist die Versicherungsprämie pro Jahr erheblich niedriger als der an Stelle der Versicherung notwendige Rückstellungsbetrag bzw. ein überhaupt ins Gewicht fallender Teil von ihm. Dies trifft selbst dann zu, wenn man beachtet, daß die einmal angesammelte Rücklage für jede Gefahr schlechthin zur Verfügung steht, hingegen die Versicherungsprämie für jede Gefahr eigens berechnet wird.

   Hier ist allerdings eine Einschränkung zu machen. Wenn eine ausnahmsweis große Wirtschaft eine hinreichend große Zahl einander nicht beeinflussender, nicht zu sehr voneinander abweichender Untereinheiten umfaßt, kann der Aufwand für die Versicherung aller Einheiten, also der gesamten Wirtschaft, den

Wert einer Untereinheit erreichen oder übersteigen; praktisch wäre damit alljährlich eine Ausgabe erforderlich, die dem Verluste einer Untereinheit finanziell gleich- oder nahekäme. Je mehr sich die Kosten der Versicherung der Gesamtwirtschaft dem Werte eines solchen selbständigen Teilwagnisses nähern, desto unrentabler wird die Versicherung. So kann z. B. eine große Reederei mit verhältnismäßig vielen kleinen Schiffen, die in die verschiedensten Weltgegenden fahren, unter Umständen auf Versicherungsnahme verzichten; für ihre aus der Reihe herausragenden wenigen Spitzenschiffe großen Ausmaßes wird sie aber Versicherung nehmen. Ebenso kann ein großer Konzern oder Trust mit vielen getrennt voneinander liegenden Werken von einer Versicherung absehen. In diesen Fällen liegt fast ein eigener Gegenseitigkeitsverein vor, der diese sog. „*Selbstversicherung*“, besser *Eigendeckung*, rechtfertigt. Wer jedoch, wo diese Voraussetzungen nicht gegeben sind, eine Rechnung aufmacht, um die Summe der in vielen zurückliegenden Jahren bezahlten Prämien den zufälligerweise bei ihm gar nicht oder nur in geringem Umfange angefallenen Versicherungsleistungen gegenüberzustellen, und daraus die Unrentabilität der Versicherung beweisen wollte, würde übersehen, daß er dieses Ergebnis nur seinem Glücke verdankt, denn ein einziger Schaden beachtlicher Höhe, der jederzeit möglich gewesen wäre, hätte die Beweiskraft dieser Rechnung widerlegt.

3. ***Der Versicherte kann leichter und zu günstigeren Bedingungen Kredit bekommen und Teilhaber finden***, weil die finanzielle Verlustgefahr durch die Versicherung ausgeglichen wird. Die Erhöhung des Nettozinses um die von dem einzelnen Kreditgeber verlangte Risikoprämie ermäßigt sich bezüglich der versicherten Gefahr auf die Versicherungsprämie. Wo die mit einem Betrieb verbundenen Gefahren durch Versicherungsschutz abgedeckt sind, findet sich Kapital eher zur Teilnahme bereit.

Wenn man bedenkt, in wie hohem Maße die gesamte Wirtschaftstätigkeit von Krediten abhängt, wird man diesen Nutzen der Versicherung nicht unterschätzen. Häufig sind Kredite nur zu erhalten, wenn die geforderten Versicherungen abgeschlossen sind. Die Gründung der öffentlichen Versicherungsanstalten ist vielfach auch zur Förderung des Realkredits erfolgt. Noch heute verlangen die Banken und anderen Kreditinstitute Hypothekensicherungsscheine, Sicherungsscheine bei Sicherungsübereignung versicherter Einrichtungsgegenstände oder Waren, Sicherungsbestätigungen, sog. Gelbe Versicherungsscheine usw., in denen der Versicherte seinen Versicherungsanspruch gegen den Versicherer an den Gläubiger zur Sicherstellung der Kreditrückzahlung im Schadenfall abtritt und sich erschwerenden Bedingungen hinsichtlich der Aufhebung der Versicherung unterwirft. Der Versicherer verpflichtet sich seinerseits dem Gläubiger gegenüber, diesen von jeder Unterbrechung des Versicherungsschutzes (z. B. wegen unterlassener Prämienzahlung) und von jeder angefallenen Entschädigungsleistung zu verständigen bzw. diese nicht ohne Zustimmung des Gläubigers an den Versicherten auszuzahlen. Zum Schutze des Hypothekengläubigers sind im VVG. §§ 99—107 c besondere Vorschriften getroffen. Abzahlungsgeschäfte fordern zumeist eine Versicherung der in Anzahlung gegebenen Gegenstände (Autos).

Zur Sicherung des Kreditverkehrs wurden eine Reihe spezieller Versicherungszweige entwickelt: Einbruchdiebstahl-, Beraubungs-, Kreditversicherung, Kautionsversicherung usw.

4. ***Die Existenz von Personengesellschaften oder anderen Betrieben kann bei unerwartetem Ausscheiden eines Teilhabers durch Tod davon abhängen, daß die Hinterbliebenen mit Hilfe der Entschädigungsleistung einer Lebens- oder Unfallversicherung ausbezahlt werden können***, ohne dadurch die

Kapitalbasis des Unternehmens angreifen zu müssen. Auch die Bezahlung hoher Erbschaftssteuern kann den Erben durch eine Versicherung abgenommen oder erleichtert werden.

Diesem Zwecke dient vor allem die sog. ***Teilhaberversicherung:*** eine Lebens- oder Unfallversicherung des Betriebes zu seinen Gunsten auf die Person des Teilhabers. Hohe Erbschaftssteuern können, falls keine Barmittel vorhanden sind, zu unzeitgemäßem Abstoßen von Vermögensgegenständen oder zu unangenehmen Sicherheitsleistungen zugunsten des Fiskus zwingen (RAO. § 106).

5. ***Der Abschluß von Versicherungen für fremde Rechnung kann sich einzelwirtschaftlich vorteilhaft auswirken***, sei es, um damit den Kunden eine Gefälligkeit zu erweisen, eine zugkräftige Werbung damit zu verbinden oder sich eine ständige Belegschaft zu sichern. Zweckmäßigkeit und Berechtigung derartiger Versicherungsabschlüsse für fremde Rechnung sind lebhaft umstritten, und sie verlieren ihre Besonderheit, wenn sie allgemein eingeführt würden; solange das jedoch nicht der Fall ist, können sie dem Betrieb oder Verband, der sie tätigt, einen Vorsprung im Wettbewerb verschaffen.

Im einzelnen ist dabei zu denken an:

a) Versicherung der Rohstoffe zugunsten der Lieferanten, der nicht abgeholten Fertigwaren zugunsten der Kunden; Versicherung der von den Kunden in Arbeit gegebenen Gegenstände (Wäscherei, Färberei, Druckerei, Autoreparatur usw.); Versicherung der eingelagerten Güter durch den Spediteur oder Lagerhalter; Versicherung der zum Transport übernommenen Gegenstände; Antennenhaftpflichtversicherung seitens der Rundfunkgesellschaften; Versicherung der beförderten Personen durch Verkehrsbetriebe u. dgl.

b) ***Abonnentenversicherung:*** Verbindung des Zeitschriftenbezugs mit einer in der Regel kurzfristigen Todesfallversicherung oder Unfallversicherung. Die Zeitschriftenverleger schließen derartige Versicherungen zugunsten des Abonnenten und meist noch einer weiteren Person ab. Die Prämie ist im Abonnement enthalten und wird vom Verleger bezahlt.

Ursprünglich haben die Verleger diese Versicherung ihrer Bezieher auf eigene Rechnung betrieben, indem sie hohe Versicherungssummen für selten eintretende Versicherungsfälle versprachen („wilde" nichtbeaufsichtigte Abonnentenversicherung). Ein 1902 ergangenes Reichsgerichtsurteil, das die Abonnentenversicherung im Falle der „Gratisleistung" als nicht aufsichtspflichtig erklärte, hatte erhebliche Mißstände zur Folge. In der Novelle zum Aufsichtsgesetz vom 30. 3. 1931 wurde diese Versicherung der Aufsicht unterstellt, die Unfall-Tagegeldversicherung verboten. Die Reichspressekammer verbot 1934 die Abonnentenversicherung für Tageszeitungen, gab sie jedoch für Zeitschriften frei.

Als Vorteile der Abonnentenversicherung werden angeführt: Propaganda für Versicherungen, Billigkeit, geringe Verwaltungskosten (Verlag und Versicherer werben gleichzeitig), einfacher Abschluß, wöchentliche Prämienzahlung zusammen mit dem Bezugsgeld in kleinen jedem erschwinglichen Beträgen. An Nachteilen werden genannt: Verzicht auf den Abschluß weiterer Versicherungen; Haftung durch Wartezeiten, Staffelung der Versicherungsleistungen und durch Ausschlußbestimmungen sehr eingeengt; Abonnentenversicherung sei wegen der geringen pressemäßigen Leistung der Zeitschriften häufig teurer als eine gewöhnliche Versicherung; Kündigungsmöglichkeit der Versicherung durch den Verleger ist oft für die Abonnenten nachteilig.

c) Versicherung der Gefolgschaftsmitglieder eines Betriebes durch den Arbeitgeber für ihre in den Betrieb eingebrachten Gebrauchsgegenstände, Fahrräder, Motorräder, Kraftfahrzeuge.

Der Hauptfall ist die *Gruppen- oder Kollektivversicherung*, die seit 1910 in Amerika eingeführt, dort einen großen Aufschwung genommen hat. Die Verwaltungskosten sollen nur 1% ausmachen; in der Krise der Jahre 1929 bis 1933 soll der Umfang der Gruppenversicherung nur um 10% gefallen sein, während die übrige Lebens- und Unfallversicherung bedeutend stärkere Einbußen erlitten hat. Die Kollektivversicherung der Arbeitnehmer durch das Unternehmen hat sich später auch in Deutschland eingebürgert und wurde von Vereinen, Verbänden und Organisationen zugunsten ihrer Mitglieder übernommen. Da die Mitglieder eines Betriebes oder Verbandes auf Grund *eines* Vertrages versichert werden (Sterbegeld-, Pensions- und Unfallversicherung), kann für den Abschluß und die Beitragseinziehung eine bereits bestehende Organisation nutzbar gemacht werden; deswegen kann die Gruppenversicherung mit niedrigeren Aufschlägen für Abschluß- und Verwaltungskosten arbeiten.

Als Vorzüge der Gruppenversicherung werden außer der Propagierung des Versicherungsgedankens und der Verringerung der Nebenkosten noch genannt: sie entspreche vielfach einem sozialen Bedürfnis und sie mache Neugründungen von Sterbe- und Umlagekassen, die wegen des geringen wirtschaftlichen Rückhaltes und wegen des fehlenden Risikenausgleichs oft von zweifelhaftem Werte seien, überflüssig. Überwiegend sind jedoch die Schattenseiten: Gefahr der Begünstigung einer Gruppe von Versicherten durch besondere Zugeständnisse (Provisionsabgabe); Mammutverträge, die letzten Endes zum Monopol einer Gesellschaft führen, anderen Versicherungsgesellschaften wird das Betätigungsgebiet eingeengt; Gruppenverträge haben oft Zwangscharakter, indem die Mitglieder gegen ihren Willen versichert werden; Zusammenballung gleichartiger ungünstiger Risiken; Initiative geht erfahrungsgemäß meist von den älteren Mitgliedern aus, deren Einzelbeiträge teurer wären, während sie bei der Gruppenversicherung auf Kosten der jüngeren Mitglieder zu Durchschnittsprämien versichert werden; Gefahr steigender Durchschnittsprämien in geschlossenen Gruppen; Existenzbedrohung des Versicherungsaußendienstes.

Nach einer Anordnung des Reichsaufsichtsamts von 1934 sind Gruppenversicherungen unter einschränkenden Bedingungen nur erlaubt

a) in der Lebensversicherung als Gruppenverträge von Arbeitgebern zur Versorgung ihrer Arbeitnehmer und deren Angehörigen (Firmengruppenverträge) und als Verträge mit Vereinen, Verbänden und sonstigen Organisationen, sofern nicht die Versicherungsnahme deren alleiniger und überwiegender Zweck ist;

b) in der Unfall-, Haftpflicht- und Kraftfahrzeugversicherung zur Deckung einer vorübergehenden Gefahr (Sportveranstaltung, Ausstellung), mit dem einzelnen Arbeitgeber zugunsten seiner Arbeiter und Angestellten gegen Unfälle oder Haftpflicht aus dem Betriebe, mit dem einzelnen Verein zugunsten seiner Mitglieder gegen die aus der Vereinszugehörigkeit oder aus einer Betätigung für den Verein erwachsenden Unfall- oder Haftpflichtgefahr, mit Einzelpersonen, Firmen, Behörden, öffentlich-rechtlichen Körperschaften zugunsten einer Mehrheit von Personen gegen Unfall- oder Haftpflichtgefahren aus der Benutzung einer vom Versicherungsnehmer getroffenen Einrichtung oder Betätigung;

c) in der Sachversicherung zur Deckung einer vorübergehenden Gefahr (Sportveranstaltung, Ausstellung);

d) in der Krankenversicherung mit Personengruppen zur Deckung eines vorübergehenden Risikos (Versicherung von Sportschülern, Gästen eines Erholungsheimes u. dgl.).

B. Die Kosten des Versicherungsschutzes setzen sich zusammen aus:

1. dem je nach Versicherungszweig und -art sehr unterschiedlichen ***Prämienaufwand.***

Die zu leistenden Prämien steigen von Bruchteilen eines Promilles über Prozentsätze der Versicherungssummen, Umsätze u. dgl. zu sehr erheblichen Beträgen (in der Kranken-, Sozial- und Lebensversicherung) an. Selbst die an und für sich gering erscheinenden Promillesätze der Sachversicherungen (Feuer, Einbruchdiebstahl) können, namentlich wenn die Prämien an ungünstigen Terminen fällig werden, zu schweren Belastungen der Versicherungsnehmer führen. Eine aus dem Zeitwert der versicherten Betriebsgegenstände mit 1‰ berechnete Feuerversicherungsprämie macht im Falle einer 5%igen Verwertung des Betriebskapitals immerhin 2% des daraus erzielten Jahreseinkommens aus; sind mehrere Versicherungen notwendig, addieren sich auch bei niedrigen Sätzen die Versicherungsprämien zu beachtlichen Summen. Großbetriebe haben z. B. nur für ihre Feuerversicherung im Jahr Beträge bis zu 100 000,— DM, in Einzelfällen noch darüber, zu bezahlen.

Die Sozialversicherung belastet zur Zeit jeden Arbeitnehmer mit 10% seines Einkommens und den Arbeitgeber nochmals mit demselben Betrag (Krankenversicherung 6, Arbeitslosenversicherung 4 und Invalidenversicherung 10% des Arbeitsentgelts; davon Arbeitgeber und Arbeitnehmer je die Hälfte). Der Schutz der Sozialversicherung kommt also teuer zu stehen; *Karl Friedrich Maier* glaubt hier sogar die Wahrnehmung zu machen, daß der Arme wieder einmal „teurer kauft als der Reiche". Nach seiner Meinung ist jeder zu bedauern, „der z. B. in eine Krankenversicherung zwangsweise Beiträge zahlt, um dann im Krankheitsfall vom Arzt oberflächlich behandelt zu werden, weil dieser Arzt natürlich von der Versicherung schlecht honoriert wird. Jeder ist zu bedauern, der, obwohl wirklich krank, von der Versicherung, die einen unpassenden Verwaltungsluxus treibt, mit Argwohn betrachtet wird, weil das ganze System von gewissen Charakteren ausgenutzt wird, ja diese Charaktere geradezu hervorbringt". Dieser mit übertriebener Schärfe gegen die monopolistischen Großorganisationen gerichtete Angriff ruft die Frage nach der Preiswürdigkeit des Versicherungsschutzes, hier der Sozialversicherung, hervor, die nicht mit Worten hinweggeredet, sondern sachlich in der Richtung geprüft werden sollte, eine bessere Behandlung der wirklich Kranken durch anständig honorierte Ärzte zu ermöglichen.

2. *den Kosten für die innerbetriebliche Bearbeitung der Versicherungsverträge und Versicherungsaufgaben.*

Im Haushalt fallen derartige Kosten kaum an, jedoch in den Betrieben, die eigene Versicherungsabteilungen unterhalten, Versicherungsberater, Sachverständige (Taxatoren) heranziehen und sich mit der einschlägigen Fachliteratur (Versicherungszeitschriften, Kommentare) ausstatten müssen. Diese Kosten werden allerdings manchmal durch offene oder versteckte Provisionen auf den Versicherer ganz oder teilweise abgewälzt. Die Sozialversicherungsbeiträge werden in der Regel von den Lohnbüros errechnet und abgeführt, bedeuten aber doch einen zusätzlichen Arbeitsaufwand.

3. *den Kosten für die vom Versicherer verlangten Sicherungsmaßnahmen.*

Bei diesem vielfach übersehenen Posten ist zu denken an den fortlaufenden Aufwand für die regelmäßigen Revisionen der elektrischen Anlagen, der Dampfkessel, der Feuerlöschanlagen, der Blitzableiter, für die dauernde Bewachung des Versicherungsgrundstücks usw., ferner an den einmaligen Aufwand für den Einbau von Sprinkleranlagen, die Aufstellung von Kohlensäurelöschanlagen, Gasfangschutzapparaten, die Anbringung von Sicherheitsschlössern, Gittern, feuersicheren Türen, Brandmauern u. dgl. Für die Beachtung solcher Schutzmaßnahmen werden teilweise Prämienrabatte gewährt, so daß sich die Versicherungskosten ermäßigen. Auch kommen diese Maßnahmen dem Gesamtbetriebe zugute (dauernde Betriebsbereitschaft, keine Störungen des Betriebsganges). Selbst die besten und modernsten Sicherungsmaßnahmen können nur die Dringlichkeit des Versicherungsschutzes herabsetzen, diesen jedoch nicht grundsätzlich überflüssig machen, denn selbst explosionssichere Gasbehälter sind schon explodiert und die sichersten Tresoranlagen wurden erbrochen. Für den solche Sicherungsmaßnahmen planenden Betrieb stellt sich die Frage nach dem Verhältnis des jährlichen Aufwandes für die Unterhaltung und Amortisation dieser Anlage zu der durch sie erzielbaren Prämienersparnis; diese Entscheidung fällt indes kaum in der Richtung der allgemein wünschenswerten erhöhten Sicherheit, wenn die erzielbare Einsparung über den Gewinn wegbesteuert wird.

Grenzen des Versicherungsbedarfs

Dieser Kostenaufwand für Versicherungsschutz, der im Falle der Zwangsversicherung jeder Überlegung über seine Zweckmäßigkeit enthoben ist, zwingt zu der Entscheidung, wieweit für eine bestimmte Wirtschaft die Versicherungsnahme angebracht erscheint. Sich schlechthin gegen jede nur denkbare Gefahr zu versichern, würde einen das Einkommen aufzehrenden oder die Rentabilität des Betriebes bedrohenden Prämienaufwand bedeuten. Infolgedessen entsteht für den Versicherungsnehmer eine Grenze seines Versicherungsbedarfs. Sie liegt dort, wo

a) der Versicherungsaufwand sich der zugesagten Versicherungsleistung zu weit nähert, die Versicherung sich nicht viel billiger stellt als der zu erwartende Verlust. Um den Versicherungsbedarf anzufachen, muß einer relativ niedrigen Prämie die Aussicht auf eine erhebliche Entschädigungsleistung gegenüberstehen.

b) die Gefahr so selten ist, daß ihre Drohung ohne Versicherungsnahme dagegen gewagt werden kann (Meteorfall). Welche Gefahren vernachlässigt werden können, hängt von den individuellen Verhältnissen der betreffenden Wirtschaft ab. Die Brandgefahr in einer städtischen Wohnung und in einem Sägewerk, die Unfallgefahr eines Pensionisten auf dem Lande und eines Dachdeckers, die Haftpflichtgefahr eines Büroangestellten und die eines Bauunternehmers, die Einbruchdiebstahlgefahr eines Lebensmittel- oder Textilwarengeschäfts und eines Juwelier- oder Pelzgeschäfts sind ganz verschieden zu werten. Es haben deswegen, wie *Moldenhauer* mit Recht hervorhebt, „nur die Versicherungszweige eine Aussicht auf günstige Entwicklung, die einen starken Reiz zur Versicherungsnahme auf den Versicherten ausüben. Dazu gehört, daß es sich um Ereignisse handelt, die fortgesetzt wiederkehren, so daß der großen Masse die Möglichkeit eines Schadens ununterbrochen vor Augen steht".

„Die geringe Entwicklung der Sturmschadenversicherung ist (nach ihm) darauf zurückzuführen, daß sich außerordentlich selten in Deutschland schwere Stürme ereignen. Sie wurde auf dringendes Verlangen der Industrie geschaffen, als 1898 ein Orkan in der Nähe von Köln sehr große Verwüstungen auch an Fabrikeinrichtungen hervorgerufen hatte. In dem Maße aber wie die Erinnerung an jenen Sturm verblaßte, hörte auch der Reiz zur Versicherung auf. Dieser Versicherungszweig hat bei weitem nicht das gehalten, was man sich von ihm versprach."

c) wo der Schaden so gering ist, daß er innerhalb der Wirtschaft selbst ohne Gefährdung getragen werden kann.

Viele der neu aufgekommenen Versicherungszweige haben allein aus diesem Grunde keine Aussicht, eine größere Bedeutung zu erlangen: Automaten-, Rundfunkgeräte-, Musikinstrumenten-, Fotoapparate-, Jagd- und Sportgewehr-, Kleinmaschinen-, Fernsprech-, Kühlgüter-, Prozeßkosten-, Röntgenröhren-, Skibruch-, Paddelboot-, Grabstein-, Milchkannenversicherung usf. Alle noch so tiefgründigen Argumente über die Notwendigkeit eines Versicherungsschutzes helfen über die nüchternen Erwägungen der die Prämien bezahlen sollenden Versicherungskandidaten nicht hinweg.

Das Prinzip der Wirtschaftlichkeit verlangt von jedem Wirtschafter aus dem von den Versicherern gebotenen Bukett an Versicherungen nur jene für sich auszuwählen, deren Kosten in einem vernünftigen Verhältnis zu dem durch Versicherungsnahme tatsächlich erzielbaren Nutzen stehen. Hier wie anderswo gilt es den für die einzelne Wirtschaft optimalen Sicherungsgrad durch Versicherungsnahme zu finden, nicht den Zustand maximaler Sicherheit, der nur zu oft mit dem wirtschaftlichen oder physischen Tod verbunden wäre. Trotz der Versicherung bleibt das Leben in mannigfacher Hinsicht ein nicht vermeidbares Wagnis.

II. Volkswirtschaftliche Bedeutung der Versicherung

Einzelwirtschaftlich bewirkt die Versicherung die Elimination der aus der Existenzunsicherheit drohenden Verluste. *Volkswirtschaftlich bleibt indes der Verlustausfall als solcher bestehen;* das abgebrannte Haus, das untergegangene Schiff, das verendete Vieh, der verunglückte Ernährer sind für die Volkswirtschaft ein Ausfall, auch wenn den betroffenen Wirtschaften ein Geldausgleich geboten wird. Drastisch zeigt sich dies, wenn vernichtete ausländische Rohstoffe oder Maschinen durch einen von der Versicherung nicht deckbaren zusätzlichen Devisenaufwand wiederbeschafft werden müssen.

Auf den ersten Blick scheint diese Behauptung durch den Hinweis widerlegbar zu sein, daß im Falle einer Versicherung durch ausländische Versicherer diese die nötige Kaufkraft für die Ersatzbeschaffung u. U. in Devisenform der Volkswirtschaft zur Verfügung stellen. Bei näherem Zusehen zeigt sich aber, daß die Verhältnisse komplizierter liegen. Der im Inland arbeitende ausländische Versicherer wird sich nicht nur mit der Übernahme der besonders hohen Wagnisse begnügen, er wird sich bemühen, seine Prämieneinnahme aus dem inländischen Geschäft mit den inländischen Zahlungsanforderungen zumindest im Gleichgewicht zu halten, er wird die Gewinne aus dem inländischen Geschäft bei Gelegenheit abziehen, so daß sich im Endeffekt auch aus der Betätigung ausländischer Versicherer ein Devisenaufwand einstellt.

Vermag die Versicherung den Ausfall menschlicher oder sachlicher Güter nicht zu beheben — er kann nur durch eine vermehrte Produktion wettgemacht werden —, so hat sie doch eine Reihe volkswirtschaftlich günstiger Wirkungen, so

1. *eine mittelbar schadendämpfende, schadenmindernde Wirkung*, indem sie
   a) durch ihre Einschränkungsbestimmungen, Sicherheitsvorschriften und die von ihr verlangten regelmäßigen Revisionen sowie Untersuchungen den Ausbruch von Schäden verhindert, durch rechtzeitige Reparaturen zur Substanzerhaltung beiträgt.

So werden die Betriebe durch die Besichtigungsbeamten der Versicherer auf drohende Gefahren aufmerksam gemacht und zur Beseitigung der Gefahrenquellen angehalten. Bekannt ist die erhebliche Abnahme der Unfallgefahren durch die Aufklärungs- und Besichtigungstätigkeit der Berufsgenossenschaften. Der Gesundheitsdienst der Lebensversicherungsgesellschaften sucht das gesundheitliche Wohlergehen der Versicherten und ihre Lebensaussichten zu fördern. Die mit der sozialen Rentenversicherung verbundene Heilfürsorge schwächt die Krankheiten ab, beseitigt sie rechtzeitig oder schiebt ihren Eintritt hinaus. Wenn auch der Versicherer noch keine Handhabe hat, den Heilungsdienst obligatorisch zu erklären, so kann doch seine Wirkung dort, wo er freiwillig angewendet wird, nicht geleugnet werden. Sofern die Versicherer für derartige schadenmindernde Maßnahmen seitens des Versicherten Vorteile (Prämiennachlässe) gewähren, fördern sie indirekt die Sicherungsmaßnahmen.

Indem die Versicherer bei der Regulierung der Schäden nach den Ursachen forschen, vermehren sie das für die künftige Schadensbekämpfung verfügbare Wissen, helfen sie den Versicherungsbetrüger entlarven und unterstützen die polizeilichen Maßnahmen. Wie wichtig in einem speziellen Fall diese Tätigkeit ist, kann daraus ersehen werden, daß nach einer Zusammenstellung der Bayerischen Brandversicherungskammer („Bayern in Zahlen", Heft 11, 1950) in 3,31% der Schadenfälle und 8,61% der Entschädigungssumme (Zeit vom 21. 6. 1948 bis 30. 9. 1949) die Brandursache nicht ermittelt werden konnte; 6,4% der Schadenfälle mit 13,47% der Entschädigungen beruhten auf vorsätzlicher Brandstiftung. Dies sind zweifellos Mindestzahlen, denn in einer Reihe nicht erkennbarer Fälle mag es den Betrügern gelungen sein, eine andere Brandursache vorzuspiegeln.

Umgekehrt kann nicht übersehen werden, daß in einigen Fällen die Versicherung, so paradox es klingt, schadenvermehrend wirkt. Die Geschädigten neigen, sobald sie sich einem zahlungskräftigen Versicherer gegenübersehen, zu einer Aufbauschung der Schäden (Haftpflicht- und Unfallversicherung). Die mit der Einführung der Sozialversicherung seinerzeit befürchtete „Rentenhysterie" ist zwar nicht eingetreten, doch verleitet die Rentenversicherung in manchen Fällen zu einer vorzeitigen Invalidisierung. Die für den Versicherten kostenlose Krankenbehandlung führt zu oft unnötiger Inanspruchnahme des Arztes, der sich durch die Verschreibung irgendwelcher „Pillen" dem Versicherten erkenntlich zeigt. Die quartalsweise Honorierung der Ärzte durch die Krankenkassen verleitet zu einer Verlängerung der Krankheit in das nächste Quartal hinein, zu einem laufenden „Abonnement" des Arztes. Die Aussicht auf eine Arbeitslosenversicherung stachelt willensschwache Elemente gerade nicht an, sich selbst um die Erhaltung oder Wiedergewinnung eines Arbeitsplatzes zu bemühen. Erscheinungen dieser Art werden von den Betroffenen zumeist mit verständlicher Entrüstung bestritten oder bagatellisiert, die tägliche Erfahrung führt sie jedoch einem unbefangenen Beobachter immer wieder vor Augen. Gerade weil sich der Umfang dieser negativen Auswirkung der Versicherung nicht bestimmen läßt, muß das Bestreben sein, durch entsprechende Gestaltung des Versicherungsschutzes derartige Erscheinungen so weit als möglich einzuengen, damit die Absicht der Versicherung nicht zuletzt in ihr Gegenteil verkehrt wird.

b) Versicherung hält ab, den anderen aus Neid, Mißgunst oder aus Gehässigkeit vorsätzlich zu schädigen. Weiß der Schadenstiften-Wollende, daß er den anderen durch eine Beschädigung von dessen Eigentum gar nicht treffen kann, weil er versichert ist, sieht er u. U. von seiner Missetat ab.

Um Brandstiftungen seitens feindseliger Personen, entlassener Dienstboten oder Arbeitnehmer zu verhüten, haben die Versicherungsgesellschaften früher vielfach die Anbringung eines Versicherungsschildes an dem versicherten Wagnis verlangt. Die Feuerversicherer müssen immer wieder aus derartigen Motiven herrührende Brandstiftungen auch bei größeren industriellen und gewerblichen Anlagen, nicht nur auf dem Lande, feststellen. Die Kenntnis von der Versicherung hält von derartigen Untaten nicht immer ab, weiß der Schadenstiftende doch um die anderen Nachteile, die mit einer Zerstörung der Betriebsanlage verbunden sind (Unmöglichkeit rechtzeitig zu liefern, Unterbrechung des Betriebes usw.).

c) Weil die Versicherung in einem Schadenfalle die Mittel zur sofortigen Behebung des Schadens bereitstellt, verhütet sie eine Vergrößerung des Schadens.

Die sofort einsetzende Kranken- und Unfallhilfe ist auch sozialpolitisch wichtig, um eine Verschlimmerung des Unheils zu verhüten. Die Lebensversicherungssumme setzt u. U. eine Familie instand, von der sonst notwendig werdenden Verschleuderung ihrer Vermögenswerte abzusehen. In der Schadensversicherung treffen den Versicherer auch die Aufwendungen zur Abwendung oder Minderung des Schadens, selbst wenn sie erfolglos bleiben sollten (VVG. §§ 62/63). Hierbei kann es sich um die Errichtung eines Notdaches, die Abdeckung der den Witterungsunbilden ausgesetzten Gegenstände, die Wiederherbeischaffung der gestohlenen Wertsachen, den Ersatz der zur Schadenbekämpfung aufgeopferten Sachen handeln. In der Feuerversicherung sind alle Kosten der Rettungsmaßnahmen ersatzpflichtig mit Ausnahme der Kosten der im öffentlichen Interesse bestehenden Feuerwehren und anderer zur Löschhilfe Verpflichteter. Für den Fall der sog. Löschhilfeschäden ist zwischen den meisten privaten und öffentlichen Feuerversicherern die Ersatzpflicht für alle Schäden vereinbart worden, die an der Kleidung der löschenden Personen entstehen, gleichgültig ob sie durch wirklichen Brandschaden, durch bloßen Sengschaden oder durch Zerreißen, Beschmutzen usw. entstanden sind; die Ersatzpflicht trifft zuerst den Versicherer, der die Versicherung der die Löschhilfe leistenden Personen in Deckung hat, in zweiter Linie den Versicherer des vom Brande betroffenen Anwesens. Der Heilungsaufwand für körperliche Schäden wird jedoch innerhalb der Schadensversicherung nicht ersetzt, hierfür müssen besondere Versicherungen (eventuell eine Einzel- oder Kollektivunfallversicherung) abgeschlossen werden.

2. ***Die Versicherung senkt das von der betreffenden Einzelwirtschaft zu tragende Risiko*** und wirkt damit auf den Bruttozins ermäßigend, auch für an sich riskantere Wirtschaftszweige.

Für die Investitionsneigung der Unternehmer ist der subjektive Kalkulationszinsfuß bestimmend, der um die Risikoprämie über dem Leihzins des Kapitalmarktes liegt. Da eine Änderung des langfristigen Zinsfußes, speziell dessen Ermäßigung, nur bei Investitionen mit geringem Risiko einen nennenswerten Einfluß auf die Investitionsentschlüsse der Unternehmung ausübt *(Schneider)*, ist die Übernahme eines Teiles des in der Unternehmung steckenden Risikos auf den Versicherer geeignet, die Investitionslust anzuregen. Die Aufnahme einer bestimmten Produktion oder die Durchführung eines bestimmten Transportes (wichtig für den Absatzradius eines Unternehmens) wird oft von der Ermöglichung eines entsprechenden Versicherungsschutzes abhängig gemacht.

Neben dem Umsatz- und Spekulationsmotiv für die Geldhaltung hat *Keynes* das Vorsichtsmotiv angeführt, den Wunsch, Kaufkraft in bar zu halten, „um für Zufälligkeiten, welche eine plötzliche Ausgabe erforderlich machen, und für unvorhergesehene günstige Gelegenheiten von vorteilhaften Käufen vorzusorgen". Indem durch Abschluß geeigneter Versicherungen ein Teil dieses Vorsichtsmotivs reduziert werden kann, steht für Anlagezwecke eine größere Kaufkraftmenge zur Verfügung, was auf den Marktzins nicht ohne Einfluß bleibt.

3. *Die Versicherung sammelt mit ihren Reserven Kapitalien an, die wieder der Volkswirtschaft für produktive Zwecke zur Verfügung gestellt werden können.* Insbesondere trifft das für die Deckungskapitalien der Lebens- und Rentenversicherungen, weniger auf die übrigen Versicherungszweige zu. Die Richtung, in der diese Kapitalanlage erfolgt, wird allerdings entscheidend von den Anlagevorschriften der Aufsichtsämter bestimmt.

Um eine Größenvorstellung zu geben, wird auf die folgende Gliederung der Anstaltskredite verwiesen, die in Übereinstimmung mit den früher für die Bedeutung der Versicherungswirtschaft angeführten Zahlen auf das Jahr 1933 abgestellt ist. Von dem Gesamtbetrag der Anstaltskredite im ehemaligen Deutschen Reich entfielen auf (in Millionen RM):

Notenbanken		4 042,0
Anlage der Postscheckgelder		526,5
Banken		15 971,6
Sparkassen		12 606,8
Genossenschaften		4 394,1
Boden- und Kommunalkreditinstitute		14 098,4
Versicherungen		
a) Private Versicherungen	3813,2	
b) Öffentliche Versicherungen	387,9	
c) Sozialversicherungen	3472,6	= 7 673,7
zusammen		59 313,1

Aus der Versicherungswirtschaft stammten also fast 13% der gesamten Anstaltskredite, mehr als die Genossenschaften beisteuerten. Die Bedeutung der Versicherungswirtschaft wird besser ersichtlich, wenn man sich nur auf die Anstaltskredite auf dem Markt für langfristige Kredite und Wertpapiere beschränkt, wo die Versicherungsunternehmen in erster Linie auftreten. Nach dem Stand vom 31. 12. 1934 beliefen sich diese (in Mill. RM):

	Langfristige Kredite	Wertpapiere
Notenbanken	—	363,9
Banken	91,2	2146,4
Sparkassen und Kommunalbanken	7 846,8	2727,3
Genossenschaften	175,9	191,1
Arbeitnehmerbanken	14,4	106,2
Boden- und Kommunalkreditinstitute	16 350,9	—
Versicherungen		
a) Private Lebensversicherung	2 441,6	753,4
b) Öffentliche Lebensversicherung	374,9	75,8
c) Reichsversicherung für Angestellte	1 458.0	838,8
d) Invalidenversicherung	537,0	511,3
zusammen	29 291,0	7712,3

(Quelle: Stat. Jhrb. f. d. D. R. 1935, S. 366/367. Abweichungen der Summen gegenüber den Einzelzahlen durch Auf- bzw. Abrundung.)

Mit zusammen 4811,5 Mill. RM machten die langfristigen Kredite der Versicherungsunternehmungen über 16% aller langfristigen Kredite oder fast 30% der von den Boden- und Kommunalkreditinstituten bzw. 60% der von den Sparkassen und Kommunalbanken gewährten langfristigen Kredite aus. Aus dem insgesamt bei Anstalten liegenden Wertpapierbestand von 7712,3 Mill. RM hielten die Versicherungsunternehmen fast 30% = 2179,3 Mill. RM. Diese Zahlen sind nicht vollständig, weil bei den privaten Lebensversicherungen nur die größeren Unternehmungen einbezogen wurden, deren Kapitalanlagen zweimonatig ermittelt wurden. Auch fehlen die freilich weit geringeren Kapitalanlagen der übrigen Versicherungsunternehmen. Trotz der Fehler umreißen die Zahlen einigermaßen die relative Bedeutung der Versicherungswirtschaft auf dem Kapitalmarkt und ermöglichen zu beurteilen, welche Rolle eine geordnete Versicherungswirtschaft wieder einmal in diesem Kapitalmarktbereich spielen kann.

In den Jahren 1931—1936 wurde der Zuwachs an langfristigen Anlagen für die deutschen Lebensversicherungsunternehmungen im damaligen Reichsgebiet auf jährlich etwa 400 Mill. RM geschätzt, während die Schadensversicherung es im Durchschnitt nur auf einen Betrag von etwa 100 Mill. RM jährlich für ihre gesamten Anlagen brachte. In der Zeit nach dem Zweiten Weltkrieg sind bei der herrschenden Kapitalknappheit beachtliche Mittel seitens der Versicherungsunternehmungen für die Finanzierung des Wiederaufbaues (Industrie und Wohnungsbau) bereitgestellt worden. Da die Reserven der Gesellschaften heute zum überwiegenden Teil in zur Zeit noch illiquiden Ausgleichsforderungen gegen die Länder bestehen, mußten die neu eingehenden Prämiengelder zur Bezahlung der laufend anfallenden Versicherungsleistungen verstärkt herangezogen werden, so daß für die eigentliche Anlage weniger verfügbar war.

Diese oft gerühmte Funktion der Kapitalbildung durch Versicherungen gilt keineswegs schlechthin. Sie ist einmal in den verschiedenen Versicherungszweigen sehr unterschiedlich, wie weit sie effektiv wird, hängt noch von einigen anderen Voraussetzungen, insbesondere der Zweckmäßigkeit der Anlagevorschriften ab, und sie tritt dann nicht ein, wenn der Versicherungsschutz gegen Hingabe eines bereits gebildeten Kapitalbetrages erworben wird, wie bei Lebens- oder Rentenversicherungen gegen Einmalprämie. Wo diese Kapitalbildung anzunehmen ist, hängt sie von der Form der Prämieneinhebung nicht ab, denn bei einem ordnungsgemäßen Versicherungsbetrieb müssen die erforderlichen Reserven angesammelt werden, gleichgültig ob feste Prämien oder jährliche Umlagen erhoben werden. Wenn den Berechnungen der (sozialen) Rentenversicherungen das System des tatsächlichen Jahresaufwands zugrunde gelegt wird (siehe § 10), wie es gegenwärtig notgedrungen geschehen muß, entfällt ebenfalls die Kapitalbildung.

Die Kapitalbildungsfunktion der Versicherung beruht volkswirtschaftlich gesehen darin, daß die Reserven der Versicherungsunternehmungen fortwährend durch kleine, aus dem Konsumfonds abgezweigte Prämienbeträge aufgebaut werden, und zwar entweder durch eine freiwillige Konsumeinschränkung der Versicherungsnehmer in der Privatversicherung oder durch eine autoritär verfügte Konsumeinschränkung der Versicherten, eventuell auch der sonst zu Beiträgen Verpflichteten (Arbeitgeber), in der sozialen Zwangsversicherung. Bei den privaten Lebensversicherungsverträgen verpflichtet sich der Versicherungsnehmer, unter Umständen auf einige Jahrzehnte hinaus regelmäßig einen Bruchteil seines Einkommens über die Prämienzahlung zu sparen; diese als Vertragssparen bezeichnete „Selbstbindung ist ein Mittelding zwischen freiwilligem und sogenanntem Zwangssparen“ *(Schmalenbach)*. Die soziale Zwangsversicherung ist hingegen als eine reine Zwangsspareinrichtung anzusehen. Derartige Kapitalansammlungen aus Zwangsbeiträgen wirken „wie die aus Steuern akkumulierten Beträge. Dadurch, daß sie dem Verkehr zwangsweise entzogen werden, vermindern sie zu einem Teil die private Kapitalbildung, zum größeren Teil den Konsum“ *(Schmalenbach)*.

Eine eingehende Analyse der durch die Versicherung bewirkten Kapitalbildung darf sich jedoch nicht mit der Anführung noch so imponierender Zahlen begnügen. Ob im Endergebnis das Versicherungswesen zu einer vermehrten Ersparnis führt, ist keineswegs ausgemacht, denn man wird den Einwand *Schmalenbachs* nicht als belanglos abtun dürfen, wenn er sagt: die private wie die soziale Versicherung haben positive Sparwirkungen. „Hält man dagegen den negativen Einfluß des Versicherungswesens, daß es wichtige, das Sparen begünstigende Vorsorgebedürfnisse dem Versicherten abnimmt, so ist nicht exakt zu entscheiden, ob das Versicherungswesen im ganzen der Kapitalbildung günstig oder ungünstig ist. Ich bin geneigt zu glauben, daß die Umwandlung freier Spartätigkeit in sogenannte Zwangssparung der Sparerziehung auf die Dauer abträglich ist; aber es handelt sich dabei nur um eine nicht beweisbare Meinung." Die weithin, nicht nur in Arbeitnehmerkreisen, sondern auch in den Reihen der Unternehmer, zu beobachtende Tendenz, nicht der eigenen Vorsorge zu vertrauen, weil sich dies angesichts der erlebten politischen Vorgänge als unmöglich erwiesen hat, sondern in den Tag hinein zu leben in der Erwartung, der Staat oder irgendeine kollektive Einrichtung werde im Notfall schon einspringen müssen, hebt Schmalenbachs Einwand doch etwas über den Charakter einer subjektiven Meinung hinaus.

4. ***Die Versicherung fördert die Produktivität der volkswirtschaftlichen Arbeit, indem sie* a) *risikoreiche, aber notwendige Produktionen tragbar macht und* b) *durch Ermöglichung rascher Schadensbeseitigung die gestörte Verhältnismäßigkeit der aufeinander eingespielten Produktions-, Handels-, Verkehrs- und Finanzeinrichtungen wiederherstellt.***

Wenn man unter Produktivität mit *Spann* und *Heller* die Annäherung des gesamten Volkswirtschaftskörpers an die optimale Verhältnismäßigkeit aller Mittel und Leistungen versteht, ist die Versicherung in der Lage, diesem Streben zu dienen. Die Versicherung wirkt in der Richtung einer Produktivitätssteigerung, weil sie das der Komplementarität aller Wirtschaftszweige, Betriebsarten und -größen entgegenstehende Hemmnis einzelner zu riskanter Wirtschaftsbereiche und das daraus resultierende Streben, diese zu meiden, in gewissem Umfange mindert. *Horst Wagenführs* Meinung, die Versicherung sei volkswirtschaftlich produktiv nur im Sinne einer Produktivität der Erhaltung, übersieht die indirekt auf die Mehrung des Sozialprodukts gerichtete Wirkung der Versicherung, indem sie die Kapitalbeschaffung auch für an sich riskantere Produktionszweige erleichtert und gegen einen zusätzlichen, aber kalkulierbaren Kostenbetrag (Prämie) die Scheu vor manchem Wagnis mindert. „Die Unsicherheiten, die sich schlechthin als Kostenelement in die Ertragsrechnung des Wirtschaftsplanes eindrängen" *(v. Zwiedineck)* können, was bestimmte Gefahren anlangt, innerhalb der Versicherung ziemlich genau ermittelt und in die Rechnung eingestellt werden. In einer auf die Überdeckung der Kosten durch die erzielbaren Preise ausgerichteten Marktwirtschaft ist diese positiv fördernde Auswirkung des Versicherungsschutzes nicht nur theoretisch denkbar, sondern auch praktisch als effektiv anzusehen. Wer würde sein Kapital in ein Sägewerk, einen Lackierbetrieb, eine Wollreißerei wagen, wer würde sich einen großen Schiffstransport auszuführen getrauen und welchen Preis würde er dafür fordern, wenn es keine Versicherungen gäbe? Trotz der Einbeziehung der durch die Versicherungsarbeit anfallenden Verwaltungskosten in die Prämie dürfte in nicht wenigen Fällen diese niedriger sein als der ohne Versicherungsmöglichkeit geforderte individuelle, von subjektiven Einschätzungen der Gefahr bestimmte Risikozuschlag. Diese kostensenkende Wirkung der Versicherung wirkt sich ebenfalls produktivitätsfördernd aus.

Weddigen schreibt der Versicherung mit Recht eine „produktivitätssteigernde, krisenvermindernde Ausgleichs- oder stabilisierende Wirkung" zu. Sie „vermeidet die Lahmlegung jener komplementären Produktivmittel, die ohne dieses Eintreten der

Versicherung als überschüssig zur Unfruchtbarkeit verurteilt worden wären" und „sie verhindert ... durch ihre verteilt aufgebrachten Ersatzleistungen jene plötzlichen Einbrüche in das volkswirtschaftliche Leistungsniveau der Produktivkräfte, die durch die Versicherungsfälle verursacht werden dürften, wenn sie ihre überproportional ertragsmindernde Wirkung konzentriert ausüben könnten".

5. *Die Versicherung entlastet ferner den Staat, der ohne sie vielfach für die eingetretenen Schäden, die notwendigen Unterstützungen aufkommen müßte.*

Wer der privaten Selbsthilfe den Vorzug vor der Staatshilfe gibt, wird diese die Staatstätigkeit eindämmende Wirkung der Versicherung nicht gering veranschlagen. Die private Versicherung steht als „marktkonforme" Form der Risikoabwälzung innerhalb der Marktwirtschaft und wahrt auf diese Weise die individuelle Freiheit gegenüber einem allmächtigen Staatsapparat. Wenn nach *Karl Friedrich Maier* die Zentralverwaltungswirtschaft ihre Versprechen von Freiheit, Sicherheit und hohem Leistungsfaktor nicht erfüllen kann, ja Freiheit die erste Bedingung für ökonomische Sicherheit ist und deshalb keine Wirtschaftsordnung für ungeeigneter in der Richtung einer Verwirklichung der Forderung nach sozialer Sicherheit gehalten wird als die Zentralverwaltungswirtschaft, braucht diese soziologisch und wirtschafts-ethische Auswirkung der Versicherung keines Beweises mehr.

Diese Argumentation wird von Neoliberalisten zu einer Argumentation gegen die zwangsweise Sozialversicherung ausgeweitet. Nach *Röpke* ist die „Verkrankenkassung" eines ganzen Volkes keine Lösung, sondern nur eine besondere Seite der allgemeinen verhängnisvollen Vermassung und Proletarisierung, „d. h. ein Teil jenes Stromes, der seine trübe Flut in das Meer des Kollektivismus ergießt". Aber mit einer romantischen Spiegelung der heutigen Probleme in den „einfachen und menschlich warmen Verhältnissen des flachen Landes" vor hundert Jahren, wo sich nur der Gutsbesitzer den Hausarzt „im Sinne des weltlich-leiblichen Beichtvaters" leisten konnte, ein „Luxus, der die segensreiche Wirkung hatte, den ärztlichen Ahnen des Verfassers (Röpkes) den anderen Luxus des Armenarztes zu gestatten" und der Geheilte seine Arztkosten durch „Holzzerkleinern im Herbst oder durch sonstige Handdienste in der Garten- und Landwirtschaft" abverdienen konnte, wird man unserer Zeit mit ihren ins Gigantische gewachsenen Aufgaben gegenüber der Existenzgefährdung des individuellen, sozialen und wirtschaftlichen Seins nicht mehr gerecht. Die unbedingte Freiheit jedes einzelnen zum Postulat erheben, heißt ihre Problematik verschleiern. Einer massenhaften Existenzunsicherheit kann nur durch die Massen erfassende Kollektivmaßnahmen begegnet werden, und zwar durch Zwang, wo die einzelnen nicht einsichtig genug sind, rechtzeitig Vorsorge zu treffen, oder ihre ökonomische Basis zu schmal ist, um ohne Ausgleich durch besser Situierte den Versicherungsschutz zu bezahlen. Das Problem der Sozialpolitik und darin einbegriffen der Sozialversicherung ist nicht die Freiheit an sich, sondern den Grad der Freiheit des einzelnen zu bestimmen, der mit der Erfüllung der sozialen Aufgaben noch verträglich ist. Mit noch so viel Belegen, die an Hand jüngerer voll arbeitskräftiger Menschen die größere Billigkeit einer freiwilligen Versicherungsnahme bei einer privaten Lebens-, Unfall- oder Krankenversicherung gegenüber den Sozialversicherungskosten dartun, wird die Tatsache der Überalterung unseres Volkes, der durch zwei verlustreiche Kriege bewirkten Dezimierung gerade der jüngeren männlichen Kräfte und der die Versicherungskosten steigernden Gefahrenanfälligkeit der älter gewordenen Versicherungsbestände nicht aus der Welt geschafft. Wenn selbst dem Liberalismus verschworene Länder wie die Schweiz, von dem mit reichen Hilfsmitteln gesegneten Amerika zu schweigen, zu einer zwangsweisen Sozialversicherung schreiten mußten, dürfte es sich sachlich nur schwer widerlegen lassen, daß den Massenproblemen nicht anders Herr zu werden ist. Schließlich gibt die Sozialgeschichte aller Völker und Zeiten immer wieder Beispiele, daß die Selbstbindung des einzelnen durch freiwillig eingegangene Verträge nicht minder die Gefahr des Freiheitsverlustes einschließt als eine Zwangsversicherung, man denke an die Schuldknechtschaft der Antike, die Entstehung der Erbuntertänigkeit im Mittelalter, den Sklaven- und Menschenhandel der Neuzeit, die Fremdenlegionen, die Ausbeutung der wirtschaftlich Schwachen und manches andere.

Die volkswirtschaftliche Bedeutung der Versicherung läßt sich nicht mit apodiktischer Allgemeingültigkeit umschreiben. Unbestreibar haften ihr auch Nachteile an. Diese gegenüber den möglichen Vorteilen nicht überhandnehmen zu lassen, ist Aufgabe der in ihr handelnden Menschen und einer sachgemäßen Versicherungspolitik.

Schrifttum: a) ***Lippert*** „Gruppenversicherung" in Deutsche Versicherungswirtschaft; b) ***Paul Cuntz*** „Abonnenten-Versicherung" ebenda; c) ***Karl Friedrich Maier*** „Das Verlangen nach sozialer Sicherheit" in „Ordo Jahrbuch für die Ordnung von Wirtschaft und Gesellschaft" 1950; d) ***Eugen Schmalenbach*** „Kapital, Kredit und Zins", Köln und Opladen 1949; e) ***Walter Weddigen*** „Die Produktivität der Versicherung" in Z. f. d. g. Verw. W. Bd. 31; f) ***Wilhelm Röpke*** „Die Gesellschaftskrisis der Gegenwart", Erlenbach-Zürich 1948; g) ***Fritz Voigt*** „Der volkswirtschaftliche Sparprozeß", Berlin 1950.

Zweites Kapitel

Ökonomik des Versicherungsbetriebes

§ 8. Überblick: Versicherungsformen und Versicherungsgeschäfte

Die Ökonomik des Versicherungsbetriebes als Wissenschaft behandelt die rationalen Grundsätze für die Dauergestaltung eines Versicherungsbetriebes, gleichgültig wie seine Unternehmungsform beschaffen ist. Wie jeder Betrieb hat auch der Versicherungsbetrieb einem „kontinuierlichen Zweckhandeln bestimmter Art" *(Max Weber)*, eben hier der laufenden Darbietung und Gewährleistung von Versicherungsschutz in der Form des modernen gesellschaftlichen Versicherungsverhältnisses, zu dienen. Der Versicherungsbetrieb umfaßt damit einerseits alle Maßnahmen und Veranstaltungen, die getroffen werden müssen, um technisch die Versicherungsleistung dauernd vollziehen zu können; er steht aber, sofern er reiner, auf keine Zuwendungen von außen angewiesener Betrieb sein will, auch unter dem ökonomischen Problem, die technisch denkbaren Maßnahmen so zu wählen, daß der Betrieb seine Dauerexistenz selbst gewährleistet. *Der Versicherungsbetrieb beinhaltet also eine ökonomisch orientierte Technik, die sich auf rationale Erwägungen gründet.* Die ökonomische Orientierung des technischen Vollzugs der Versicherungsleistung ist je nach dem außertechnischen Zweck, dem der Betrieb dienen soll, mehrdeutig. Sie ist:

a) *versicherungstechnische Ökonomik* im speziellen, sofern alle Maßnahmen so getroffen und aufeinander abgestimmt werden, daß der Betrieb als ganzer weder Gewinne noch Verlust erzielt *(Ökonomik des rein-versicherungstechnisch-Erforderlichen).*

b) *erwerbswirtschaftliche Ökonomik*, sofern darüber hinaus für die Wahl der erwähnten Maßnahmen noch die Erwartung eines (u. U. des höchstmöglichen) Gewinnes entscheidend ist *(Ökonomik der Versicherungsunternehmung).*

c) *gewährswirtschaftliche Ökonomik*, sofern die von einem Gewährsträger (Staat) zu ersetzenden Verluste eines versicherungstechnisch an sich unökonomischen Betriebes unter den gegebenen Bedingungen so klein wie möglich gehalten werden sollen *(Ökonomik der politisch notwendigen Versicherung).* Auch der aus wirtschafts- oder sozialpolitischen Gründen bewußt als solcher geführte Verlustbetrieb steht, was nicht übersehen werden darf, unter dem Rationalprinzip, daß die einer anderen Verwendung entzogenen, damit geopferten Zuschüsse im Verhältnis zu dem durch die Versicherung erstrebten übergeordneten Zweck ökonomisch verwendet werden.

Die erwerbswirtschaftlich und gewährswirtschaftliche Versicherungsökonomik beinhalten demnach eine positive oder negative Diskrepanz gegenüber der versicherungstechnischen Ökonomik, die aus überbetrieblichen Gründen erstrebt bzw. hingenommen wird. In beiden Fällen gesellen sich zu den rein versicherungstechnisch gegebenen Daten des Betriebes noch diese ergänzende (Gewinnerzielung) oder ihnen widerstreitende Daten (Aufrechterhaltung der Versicherung unter den Selbstkosten) hinzu. Diese außerhalb der eigentlichen Betriebszwecke liegenden Zwecke (zusätzliche Daten) sollen für die Ökonomik des Versicherungsbetriebes vorerst außer Betracht bleiben. ***Dieses Kapitel beschäftigt sich nur mit der versicherungstechnischen Ökonomik.***

Wenn somit der versicherungstechnischen Ökonomik eine grundlegende Bedeutung zukommt, insofern als sie innerhalb der erwerbswirtschaftlichen und gewährswirtschaftlichen Ökonomik das Maß aufstellt, nach dem sich Überschuß oder Zuschuß bestimmen, so ist sie diesen gegenüber doch nicht indifferent. Da jeder Betrieb eine organische Ganzheit ist, in der alle, die korrespondierenden und widerstreitenden Kräfte in einem ausgewogenen Verhältnis zueinander stehen, mit anderen Worten alle für den Betrieb maßgebenden Daten miteinander in Übereinstimmung gebracht werden müssen, folgt, daß die von den angeführten überbetrieblichen Daten ausgehenden Gestaltungskräfte auch die rein versicherungstechnisch gesetzten Daten und ihre Auswirkung berühren. Die Gewinnerwartung läßt das versicherungstechnisch Ökonomische bereits dort als untragbar erscheinen, wo der mögliche Gewinn zu gering oder zu ungewiß ist, und politische Gesichtspunkte erzwingen eine Versicherungstechnik noch dort, wo diese für sich genommen eine gegenteilige, zumindest andersartige Maßnahme getroffen hätte. Erwerbswirtschaftliche und gewährswirtschaftliche Ökonomik des Versicherungswesens sind also inhaltlich bedeutungsvolle Variationen der versicherungstechnischen Ökonomik, selbst wo sich jene auf diese berufen.

Die Ökonomik des Versicherungsbetriebes bedingt die Kosten, zu denen die Versicherungsleistung erstellt werden kann, und umgekehrt gibt der Preis, zu dem eine Versicherung auf Nachfrage rechnen kann, die obere Grenze für den anteiligen Kostenaufwand innerhalb des Betriebes an, es sei denn, es handle sich um einen Zuschußbetrieb, für den die gewährswirtschaftliche Ökonomik gilt. Die versicherungstechnische Ökonomik verlangt nicht anders wie in jedem anderen Betrieb eine auf Gleichgewicht zwischen Einnahmen (Prämien oder Beiträge samt sonstigen Einnahmen) und Ausgaben (Versicherungsleistungen, Verwaltungs- und sonstiger Aufwand) abzielende Kalkulation der Kosten der einzelnen Versicherung. Die in einem Versicherungsbetrieb anfallenden Kosten sind ihrer Art nach zu einem Teil analog denen eines vergleichbaren anderen Betriebes, eines Bürobetriebes wie ihn etwa die Banken, Sparkassen, Treuhandgesellschaften, Beratungsbüros u. dgl. haben. Ihrer Höhe nach sind diese Kosten freilich durch den für die Vollbringung der Versicherungsleistung notwendigen Arbeitsumfang bestimmt, enthalten aber keine besonderen versicherungsökonomischen Probleme. Die Ökonomik eines Versicherungsbetriebes schlechthin ist damit umfassender als die versicherungstechnische Ökonomik im besonderen, die nur die mit der Versicherungsleistung anfallenden eigenartigen Kosten nach Struktur und Umfang untersucht.

So sind z. B. Aufwendungen für die Büroräume (Gebäude, Mieten, Heizung, Beleuchtung, Reinigung), für die Büroarbeiten (Maschinen, Büromöbel, Schreibzeug, Papier, Porti), für die Werbung (Inserate, Reklame), für untergeordnete Hilfskräfte (Ausgeher, Hausmeister, Kraftfahrer), für Fachkräfte, die nichtversicherungstechnische Arbeiten ausführen (Drucker, Schreibmaschinenmechaniker, eigene Rechtsanwälte und Wirtschaftsprüfer, Ärzte u. dgl.) innerhalb der versicherungstechnischen Ökonomik ohne Interesse. Es bleibt eine Frage der allgemeinen Ökonomik des Versicherungsbetriebes zu entscheiden, in welcher Höhe derartige Aufwendungen gerechtfertigt sind, wieweit es vorteilhafter ist, solche Arbeiten an andere Betriebe zu vergeben oder selbst auszuführen.

Die spezifische Ökonomik des Versicherungsbetriebes ist wesentlich bedingt durch die Form, in der die Versicherungsleistung dargeboten wird, und durch die Art des Versicherungsgeschäfts. Hierüber ist ein erster Überblick notwendig.

Überblick über die Versicherungsformen

Die Versicherungsformen lassen sich unterscheiden:

I. *soziologisch nach der Struktur des in ihnen verwirklichten Versicherungsverhältnisses.* Wir finden die bereits im 1. Kapitel ausführlich behandelten Versicherungsformen des

1. gemeinschaftlichen,
2. bündischen,
3. gesellschaftlichen

Versicherungsverhältnisses. Gemeinschaftliche und bündische Versicherungsformen haben heute nur noch eine untergeordnete Bedeutung, sie zu untersuchen, ist Aufgabe der Versicherungsgeschichte. Unsere Darstellung beschränkt sich auf die heute geltenden gesellschaftlichen Versicherungsformen.

II. *juristisch nach der positiv-rechtlichen Gestaltung des Versicherungsverhältnisses.* Unter Zugrundelegung des deutschen Rechtes sind zu trennen:

1. *Sozialversicherung*, geregelt in den folgenden Gesetzen:

   a) *Reichsversicherungsordnung*, 1911 geschaffen als Kodifikation der bis dahin geltenden Einzelgesetze (Fassung vom 15. 12. 24, 9. 1. 26 und 17. 5. 34 mit späteren Änderungen). Sie enthält
   (1) die *soziale Krankenversicherung*,
   (2) die *soziale Unfallversicherung*,
   (3) die *soziale Invalidenversicherung* (Invaliditäts- und Altersversicherung).

   b) *Angestelltenversicherungsgesetz*, erlassen 1911, letzte Fassung vom 26. 5. 24 mit nachfolgenden starken Änderungen.

   c) *Reichsknappschaftsgesetz*, erste reichsrechtliche Regelung 1923, jetzige Fassung vom 1. 7. 26 mit wenig Änderungen. Es regelt die Kranken-, Invaliden- und die Angestelltenversicherung (Pensionsversicherung) der Arbeitnehmer in knappschaftlichen Betrieben etwas abweichend von der Reichsversicherungsordnung.

   d) *Gesetz über Arbeitsvermittlung und Arbeitslosenversicherung* vom 16.7.27, es fügte zu den alten (klassischen) Zweigen der Sozialversicherung (Kranken-, Unfall- und Altersversicherung) als 4. Zweig die Arbeitslosenversicherung hinzu. Wegen sachlicher und technischer Mängel ist das Gesetz fortlaufend geändert worden.

e) *Gesetz über die Altersversorgung für das Handwerk* vom 21. 12. 38; es bezog die bis dahin nicht versicherungspflichtigen selbständigen Handwerker und Handwerkerinnen in die Angestelltenversicherung ein; sie können sich jedoch unter gewissen Voraussetzungen durch den Abschluß einer Lebensversicherung bei einer privaten oder öffentlichen Lebensversicherungsunternehmung befreien.

f) *Sozialversicherungsanpassungsgesetz* vom 17. 6. 49, in der Bundesrepublik als „erste und vorläufige Maßnahme zur Anpassung der Leistungen der Sozialversicherung an das veränderte Preis- und Lohngefüge und zu ihrer finanziellen Sicherstellung" ergangen.

Für die Unfallversicherung folgte das Gesetz über Verbesserung der gesetzlichen Unfallversicherung vom 10. 8. 49. Am 30. 7. 49 erging das Knappschaftsversicherungsanpassungsgesetz.

Nach Art. 7 Nr. 9 der Weimarer Verfassung war das Reich für die Gesetzgebung über die Versicherung der Arbeiter und Angestellten zuständig. Das Grundgesetz für die Bundesrepublik Deutschland vom 23. 5. 49 zählt die Sozialversicherung einschließlich der Arbeitslosenversicherung zur konkurrierenden Gesetzgebung (Art. 74 Nr. 12). Mit dem Erlaß weiterer Sozialversicherungsgesetze ist zu rechnen.

Die Unterschiede zwischen der Sozialversicherung und der nachfolgend angeführten Individualversicherung sind im § 23 dieses Buches behandelt.

Eine exakte Definition der Sozialversicherung kann außerhalb der legalen Vorschriften nicht gegeben werden. Was Sozialversicherung ist und wie weit sie reicht, ist nur den entsprechenden Gesetzen und Verordnungen zu entnehmen. Sozialversicherung ist weder auf den Kreis der Arbeiter und der Angestellten, also der Unselbständigen, beschränkt, weil ihr auch selbständige Handwerksmeister angehören, noch ist sie die Versicherung der wirtschaftlich Schwächsten, weil diese vielfach von der Versicherung gar nicht erfaßt werden.

Von der öffentlichen Fürsorge unterscheidet sich die Sozialversicherung durch den Rechtsanspruch auf die Versicherungsleistung, der dem Versicherten zusteht und den er in allen Zweigen mit Ausnahme der Unfallversicherung wenigstens zu einem entscheidenden Teil durch eigene Beiträge untermauert. Von der alle Staatsbürger erfassenden Staatsbürgerversorgung trennt die Sozialversicherung die Beschränkung auf einen bestimmten Personenkreis mit eigenen Beitragsleistungen. In dem Streben einer fortschreitenden Ausdehnung der Sozialversicherung kann man eine Annäherung an das System der Staatsbürgerversorgung erkennen.

2. *Individualversicherung*, geregelt in

a) *Gesetz über den Versicherungsvertrag* vom 30. 5. 1908 mit geringfügigen Änderungen durch nachfolgende Gesetze und Verordnungen. Es betrifft das gesamte Versicherungsvertragsrecht mit Ausnahme der Seeversicherung, der Rückversicherung, der Sozialversicherung und der Zwangsversicherungsverhältnisse bei einer nach Landesrecht errichteten öffentlichen Versicherungsanstalt.

Das Gesetz (VVG. § 1) unterscheidet (nicht mehr in allem zutreffend):

(1) die *Schadensversicherung*, bei der der Versicherer verpflichtet ist, dem Versicherungsnehmer den durch den Eintritt des Versicherungsfalles verursachten Vermögenschaden nach Maßgabe des Vertrages zu ersetzen. Hierzu werden gerechnet:

Feuerversicherung,
Hagelversicherung,

Tierversicherung,
Transportversicherung,
Haftpflichtversicherung.

(2) die ***Personenversicherung***, bei der der Versicherer verpflichtet ist, nach dem Eintritt des Versicherungsfalls den vereinbarten Betrag an Kapital oder Rente zu zahlen oder die sonst vereinbarte Leistung zu bewirken. Hierzu zählen

Lebensversicherung und
Unfallversicherung.

Die erst nach Erlaß des Versicherungsvertragsgesetzes zu größerer Bedeutung gekommene und daher in ihm nicht behandelte ***private Krankenversicherung*** wird zwar nach allgemeiner Auffassung der Personenversicherung zugezählt, sie ist jedoch in bezug auf Krankheit und Wochenhilfe Schadensversicherung und steht nur hinsichtlich des Sterbegeldes der in der Personenversicherung zugrunde gelegten Summenversicherung nahe. ***v. Gierke*** nennt sie eine Personenschadensversicherung.

b) ***Handelsgesetzbuch von 1897*** für die Seeversicherung, praktisch jedoch durch die unter f) aufgeführten Allgemeinen Deutschen Seeversicherungs-Bedingungen ersetzt.

c) ***einigen anderen Gesetzen*** wie BGB (Lebensversicherung § 330ff., Nießbrauch § 1045ff., Hypothek § 1127ff.), VO. über Orderlagerscheine vom 6. 12. 31, Anleihestockgesetz vom 4. 12. 34, Gesetz über Güterverkehr mit Kraftfahrzeugen vom 26. 6. 35, Gesetz über die Personenbeförderung zu Lande, Luftverkehrsgesetz von 1936, Jagdgesetz von 1934, Gesetz über die Schiffsbanken von 1933 u. a. Hier sind zumeist nur spezielle Fragen geregelt.

d) ***Gesetz über die Beaufsichtigung der privaten Versicherungsunternehmungen und Bausparkassen***, erstmals 1901 ergangen, jetzt gültig in der Fassung vom 6. 6. 31 mit einigen späteren Änderungen, insbesondere die VO über die Beaufsichtigung der inländischen privaten Rückversicherungsunternehmungen vom 2. 12. 31.

e) ***zahlreichen Landesgesetzen*** für die öffentlichen Versicherungsanstalten (Preußen: Gesetz über die Feuersozietäten vom 24. 7. 10; Bayern: Gesetz über das öffentliche Versicherungswesen vom 7. 12. 33 u. a.), ferner Gesetze für gemeinnützige Abgaben (Feuerlöschbeiträge) und die Versicherung notleidender Risiken in der Feuerversicherung.

f) ***Allgemeinen Versicherungs-Bedingungen***, „vom Versicherer außerhalb von Gesetzen und Satzungen aufgestellte Bestimmungen, welche typische Bestandteile seiner künftigen Versicherungsverträge bilden sollen" ***(v. Gierke)***, bei Gegenseitigkeitsunternehmungen die Satzungen. Sie sind Inhalt jedes Versicherungsvertrages. Ihre Aufstellung erfolgt neuerdings zumeist unter Mitwirkung der Versicherungsnehmer und sonstiger Interessenten. Sie müssen in aufsichtspflichtigen Zweigen von der Aufsichtsbehörde genehmigt werden.

Zu nennen sind: ***Allgemeine Deutsche Seeversicherungs-Bedingungen*** von 1919 (unter Beteiligung des Versichertenschutzverbandes, der Handelskammern, der Verbände von Überseekaufleuten, Transportunternehmern und Versicherungsmaklern), ***Allgemeine Feuerversicherungs-Bedingungen*** von 1930 (auf Veranlassung des Reichsaufsichtsamtes unter Beteiligung der verschiedenen Interessenverbände), ähnliche Versicherungs-Bedingungen für die übrigen Versicherungszweige. „Eine unbedingte Schranke für den Inhalt der Allgemeinen Versicherungsbedingungen bilden die zwingenden Normen der allgemeinen Rechtsordnung sowie die absolut und relativ zwingenden Vorschriften der Versicherungsvertragsgesetze" *(v. Gierke)*.

Allgemeine Versicherungsbedingungen wurden zuerst von den privaten Erwerbsversicherern aufgestellt, später auch von Gegenseitigkeitsvereinen und öffentlichen Wettbewerbsanstalten. Immer stärker hat sich eine Vereinheitlichung durchgesetzt.

Zu den auf eine Mehrzahl von Verträgen zugeschnittenen Allgemeinen Versicherungsbedingungen treten u. U. ***Besondere Versicherungsbedingungen***, die im Einzelfall besonders vereinbart werden, und ***Sonderklauseln***, typische Sonderbestimmungen, die je nach Lage des Einzelfalles vereinbart werden.

Der Begriff Individualversicherung ist wörtlich genommen eine contradictio in adjecto, ebenso wie Sozialversicherung ein Pleonasmus ist, denn jede Versicherung ist nur als ein gesellschaftlicher Vorgang denkbar. Dessenungeachtet haben diese Begriffe, wenn sie sich auch nicht scharf definieren lassen, im praktischen Leben Bedeutung erlangt und verlangen ihre Anerkennung.

In Einzelfällen zeigen sich Übergänge zwischen der Sozialversicherung und der Individualversicherung. Die Zurechnung zu der einen oder anderen Versicherungsform ist letzten Endes konventionell begründet.

III. *Organisatorisch nach der Struktur des Versicherungsträgers sind zu unterscheiden:*

1. *Öffentlich-rechtliche Versicherung*, gewährt durch öffentliche Versicherungsanstalten mit oder ohne Zwangs- oder Bannrechte (Sozietäten, Versicherungskammern, Anstalten). Sofern die öffentlichen Anstalten mit Privatversicherern konkurrieren, spricht man von Wettbewerbsanstalten. Ausschaltung des Wettbewerbs ist also nicht ohne weiteres identisch mit öffentlich-rechtlicher Versicherung.
2. *von Selbstverwaltungskörperschaften gewährte Versicherung*, vor allem in der Sozialversicherung: Krankenkassen, Berufsgenossenschaften, Landesversicherungsanstalten, die frühere Reichsversicherungsanstalt, die Knappschaftskassen und die Ersatzkassen der sozialen Krankenversicherung *(Träger der Reichsversicherung)*. Den höheren Organen (Landesversicherungsanstalten) sind vielfach auch Aufsichtsbefugnisse übertragen.
3. *von Privatversicherern gewährter Versicherungsschutz: Privatversicherung.* Privatversicherer ist jeder Versicherer, der nicht als öffentlicher Versicherer oder als Träger der Reichsversicherung zu betrachten ist. Privatversicherer sind:
   a) *Erwerbsversicherer* (Einzelversicherer, Aktiengesellschaften), die das Versicherungsgeschäft unternehmerisch zwecks Gewinnerzielung betreiben;
   b) *Gegenseitigkeitsvereine* (Große und Kleinere Versicherungsvereine auf Gegenseitigkeit — VVaG.), private, rechtsfähige Vereine, die ihren Mitgliedern und den durch sie betreuten Dritten unmittelbar Versicherungsschutz gewähren *(v. Gierke)*.

Für die Lebensversicherung, Unfall-, Haftpflicht-, Feuer- und Hagelversicherung sind in Deutschland nur Aktiengesellschaften und Gegenseitigkeitsvereine zugelassen (VAG. § 7). Da es sich hier um besonders hohe Werte des Volksvermögens handelt, wünscht der Gesetzgeber möglichst tragfähige Organisationen *(von Gierke)*. Die in diesen Zweigen üblichen langfristigen Verträge könnten u. U. auch durch das persönliche Schicksal eines Einzelversicherers (Tod, Krankheit) beeinträchtigt werden.

Privatversicherung und Individualversicherung sind also nicht identisch. Die im Gegensatz zur Sozialversicherung stehende Individualversicherung kann bei einer öffentlichen Anstalt oder einem Privatversicherer genommen werden, nur im letzten Fall ist sie Privatversicherung.

IV. *Nach dem wirtschaftlichen Zweck der Versicherungsnahme* ergeben sich die Versicherungsformen (nach *Gürtler*):

1. *Ertragsversicherungen*, die unmittelbar Erträge oder Einkommen sichern (Arbeitslosenversicherung, Tagegeldversicherung in der Kranken- und Unfallversicherung, Hagelversicherung, Rentenversicherungen, Versicherung entgehenden Gewinnes usw.).

2. *Vermögensversicherungen*, der unmittelbaren Sicherung des die Wirtschaften tragenden Vermögens (Geld- und Sachvermögens) dienend: Feuer-, Tier-, Glas-, Unfall-, Sturmschaden-, Hochwasser- und Kapitalversicherungen (Lebensversicherungen).

3. *Aufwandsversicherungen*, die ungewisse außerordentliche Aufwendungen decken, die mittelbar Einkommen oder Vermögen bedrohen: Haftpflicht-, Krankheitskostenversicherungen, Deckung fortlaufender Geschäftsunkosten nach Verlust oder Beschädigung der Betriebsstätte in der Betriebsunterbrechungsversicherung.

Die eingeführten Versicherungszweige stellen oft aus Zweckmäßigkeitsgründen geschaffene Kombinationen der vorstehenden Versicherungsformen dar. Die Feuerversicherung z. B. ist Vermögensversicherung (für Hausrat, Einrichtung, Vorräte), Ertragsversicherung (für entgehenden Gewinn), Aufwandsversicherung (für Feuerlösch- und Aufräumungskosten), die Krankenversicherung Ertragsversicherung (für Tagegeld) und Aufwandsversicherung (für Heilkosten), die Leitungswasserschädenversicherung Vermögensversicherung (für Gebäude, Einrichtung, Vorräte) und Aufwandsversicherung (für Haftpflichten), die Lebensversicherung je nach ihrer Ausgestaltung Vermögensversicherung (Kapitalversicherung), Aufwandsversicherung (Bestattungskosten) und Ertragsversicherung (Rentenversicherung).

V. Wenngleich auch die bislang angeführten Unterscheidungen der Versicherungsformen für die Ökonomik des Versicherungsbetriebes von Bedeutung sind, so fällt naturgemäß der *Einteilung der Versicherungsformen nach der Höhe der zugesagten Versicherungsleistung* das Schwergewicht zu. Die in den einzelnen Versicherungsverträgen bzw. Versicherungsverhältnissen anfallenden Versicherungsleistungen summieren sich zu dem Gesamtaufwand des Versicherers, mit dem die vereinnahmten Prämien korrespondieren müssen. *Gürtler* spricht im Hinblick auf diese Einteilung von „*Versicherungsgeschäften*“, was ihrer universalen Bedeutung nicht ganz gerecht wird. Zu unterscheiden sind:

A. *Elementare Formen*

1. *Summenversicherung.* Die bei Eintritt des Versicherungsfalles zu leistende Entschädigung ist im voraus in bestimmter Höhe und unabhängig von einem nachzuweisenden Schaden festgelegt. Summenversicherungen finden sich in der Lebensversicherung, aber auch in anderen Versicherungszweigen (Kranken- und Unfallversicherung).

Innerhalb der Summenversicherungen ist der Versicherungsfall durch das sog. Versicherungsereignis, dessen Eintritt der Versicherte nachzuweisen hat, erschöpfend gegeben. Wenn der Tod, die Erkrankung oder der Unfall des Versicherten feststeht, ist die Entschädigung ohne Rücksicht auf den tatsächlich vorliegenden Verlust in der vereinbarten Höhe (Lebensversicherungssumme, Krankengeld, Tagegeld) zu bezahlen. Die Abwicklung des Versicherungsfalles vereinfacht sich dadurch erheblich.

Weil die Versicherungsleistung in keiner Relation zu dem faktischen Schaden steht, dieser sich mitunter auch gar nicht bewerten läßt, kann die Versicherungsleistung bei der Summenversicherung unter Umständen die wirtschaftliche Situation der betreffenden Wirtschaft oder ihres Nachfolgers unerwartet verbessern. Um der Gefahr einer daraus resultierenden unredlichen Ausnützung der Versicherung vorzubeugen, suchen die Versicherer die versicherten Summen nach oben auf die tatsächliche Leistungsfähigkeit der betreffenden Wirtschaft zu begrenzen, was auch zur Vermeidung eines unnatürlichen Abganges von Versicherungsverträgen (Storni) geboten ist.

2. *Interessenversicherung.* Die Versicherungsleistung ist von der Höhe des eingetretenen Schadens abhängig; ein kleiner Schaden bedingt eine kleine, ein großer eine höhere Entschädigung (Schadenversicherung). Der Versicherungsfall ist durch den Eintritt des Versicherungsereignisses (Brand, Einbruchdiebstahl, Bruch des Wasserleitungsrohres, Hagelschlag, Sturm, Verenden des Viehes usw.) *und* den Nachweis eines dadurch bedingten wirtschaftlichen Schadens gekennzeichnet. Die Entschädigung steht nach Vorliegen des Versicherungsereignisses in einer vereinbarten Relation zu dem daraus resultierenden Schaden (Kausalzusammenhang). Die Abwicklung des Versicherungsfalles kompliziert sich u. U. erheblich, weil neben die Untersuchung des Versicherungsereignisses noch die von den individuellen Verhältnissen abhängige Abschätzung des eingetretenen Schadens tritt.

Da die Gesichtspunkte, unter denen das versicherte Interesse und der aus seiner Beeinträchtigung hervorgehende Schaden zu bewerten sind, verständlicherweise bei den Parteien auseinandergehen, machen sich Bewertungsrichtlinien notwendig. So ist zu vereinbaren, ob der Neuwert oder der Zeitwert der versicherten Gegenstände, ihr Nutzungs- oder Wiederherstellungswert, ihr Einkaufs- oder Verkaufspreis, ihr objektiver Liebhaberwert (Affektionswert) zugrunde zu legen ist. Ferner ist wichtig, auf welchen Zeitpunkt und auf welchen Ort die Werte zu beziehen sind (letzte zustande gekommene Marktpreise des nächstliegenden Marktes einschließlich der bis zur Aufstellung am Versicherungsort anfallenden Nebenleistungen wie Zölle, Transport-, Montagekosten u. dgl., abzüglich der etwa ersparten Auslagen). Für die Schadenregulierungsarbeiten werden deswegen vielfach erfahrene Sachverständige herangezogen; für die außergerichtliche Beilegung von Bewertungsdifferenzen zwischen den Parteien sind schiedsgerichtsartige Verfahren vorgesehen.

Die reine Interessenversicherung, bei der die Entschädigung in jedem Falle gleich dem Schaden ist, kommt praktisch nicht vor. Sie würde zwar dem Versicherten unter allen Umständen eine volle Deckung gewähren, wäre also zweifellos von seinem Standpunkt aus die ideale Versicherungsform; für den Versicherer hingegen erweist sie sich als ungünstig und zu spekulativ, weil er nicht weiß, mit welcher höchsten Entschädigungspflicht er zu rechnen hat. Unter bestimmten Voraussetzungen und innerhalb gewisser Grenzen decken sich jedoch die praktisch vorkommenden Formen der Interessenversicherung mit diesem Ideal.

a) *Erstrisikoversicherung* (Versicherung auf Erstes Risiko oder Erste Gefahr, au premier risque). Die Versicherungsleistung ist wie bei der reinen Interessenversicherung gleich dem eingetretenen Schaden, aber nach oben durch eine bestimmte Summe begrenzt. Alle Schäden bis zur Höhe dieser Summe werden voll entschädigt; für größere Schäden wird nur die genannte Summe vergütet; der sie übersteigende Schadensbetrag geht zu Lasten des Versicherten (begrenzte Interessenversicherung).

Die Erstrisikoversicherung bietet dem Versicherer eine eindeutige Begrenzung seiner Leistungspflicht nach oben, läßt aber den Versicherten für den die Versicherungssumme übersteigenden Schadensbetrag im Stich. Der wirtschaftliche Wert der Erstrisikoversicherung hängt demnach entscheidend davon ab, ob die Versicherungssumme entsprechend dem möglichen Schaden ausreichend gewählt wird. Unrichtig ist es anzunehmen, die Form der Erstrisikoversicherung ermögliche eine Verbilligung des Versicherungschutzes; im Vergleich zu den Prämiensätzen der anderen Versicherungsformen ergeben sich höhere Sätze, weil diese, sofern eine Versicherungssumme im eigentlichen Sinne vereinbart werden kann, auf die nur dem vermutlichen Schaden entsprechende Versicherungssumme abgestellt sind.

Die Erstrisikoversicherung wird mit Vorliebe bei Aufwandsversicherungen angewendet, wo sich ein Wert des versicherten Interesses überhaupt nicht festlegen läßt (Haftpflichtversicherung). In der Krankenversicherung findet sich eine zeitliche Begrenzung der Versicherungsleistung und die Festlegung jährlicher Gesamthöchstbeträge bzw. jährlicher Höchstbeträge für bestimmte Einzelleistungen oder Bezugnahme auf Sätze der ärztlichen Gebührenordnung, alles Maßnahmen, die die Leistungspflicht des Versicherers nach oben begrenzen. In der Feuerversicherung werden die Kosten für die Aufräumung der Schadenstätte und die Feuerlöschkosten auf Erste Gefahr versichert.

b) *Vollwertversicherung*. Die Versicherungssumme hat dem Ersatzwert der versicherten Sachen oder der versicherten Sachgesamtheit (Hausrat, technische und kaufmännische Betriebseinrichtung, Inhalt des Kassenschrankes usw.) zu entsprechen, und sie stellt gleichzeitig die maximale Entschädigungspflicht des Versicherers dar. Drei Fälle kommen vor:

1. Versicherungssumme = Versicherungs-(Ersatz-)wert: *Vollversicherung*. Wenn sonst keine Einschränkungen gegeben sind, ist die Entschädigung gleich dem eingetretenen Schaden.
2. Versicherungssumme ist höher als der Ersatzwert: *Überversicherung*. Auch hier ist die Entschädigung gleich dem Schaden, aber der Versicherungsnehmer hat für den über den Ersatzwert hinausgehenden Teil der Versicherungssumme die Prämie umsonst bezahlt.
3. Versicherungssumme ist kleiner als der Ersatzwert: *Unterversicherung*. Die Entschädigung bleibt hinter dem Schaden im selben Verhältnis zurück wie die Versicherungssumme hinter dem Ersatzwert.

Der Berechnung der Entschädigung wird die Formel zugrunde gelegt:

$$\text{Entschädigung} : \text{Schaden} = \text{Versicherungssumme} : \text{Ersatzwert}$$

$$\text{oder Entschädigung} = \text{Schaden} \cdot \frac{\text{Versicherungssumme}}{\text{Ersatzwert}}$$

Der Versicherungsnehmer spart zwar an Prämie, muß dafür aber eine hinter dem Schaden zurückbleibende Entschädigung hinnehmen, auch wenn der Schaden kleiner als die Versicherungssumme ist. Im Falle der Unterversicherung kann man deshalb von einer Interessenversicherung mit Selbstbeteiligung des Versicherten am Schaden sprechen.

Vollwertversicherungen finden sich in den meisten Sachversicherungszweigen. Wichtig ist es, die Versicherungssummen dauernd in Übereinstimmung mit den Ersatzwerten zu halten, also Zu- und Abgänge sowie Preis- und Kostenschwankungen zu beachten. Da bei industriellen Betrieben die Vorratswerte dauernden Schwankungen unterworfen sind, hat man ein *Stichtagsverfahren* geschaffen: für die Grundsumme ist die Prämie im voraus zu bezahlen, versichert gelten indes die Vorräte bis zu einem Vielfachen (Zwei- oder Dreifachen) der Grundsumme, der sog. Höchstversicherungssumme; in regelmäßigen Abständen ist an bestimmten Stichtagen der vorhandene Vorratswert zu melden und die Prämie für den Unterschied zwischen Stichtagssumme und Grundsumme kurzfristig nachzuzahlen; Unterversicherung wird angenommen, wenn die letztmals vor dem Schadenfalle gemeldete Stichtagssumme niedriger als der wirkliche Versicherungswert an diesem Stichtag gewesen ist. Diese Prämienberechnung nach dem Stichtagsbestand ermöglicht eine weitgehende Anpassung an die Vorratsschwankungen.

Wenn bei großen Versicherungen nur sehr kleine Schäden vorkommen, wird die praktische Bedeutung der Unterversicherungsregel eingeschränkt, weil im Vergleich mit der vom Versicherer zu leistenden Entschädigung die Nachprüfung der Versicherungswerte einen zu großen Kostenaufwand erfordern würde. Deswegen verzichten bei industriellen Großversicherungen die Gesellschaften neuerdings auf die Berechnung einer Unterversicherung, wenn der Schaden 1% der Versicherungssumme, höchstens jedoch 200 000,— DM nicht übersteigt (Feuerversicherung).

c) ***Bruchteilversicherung***. Die Versicherungssumme stellt die maximale Entschädigung dar, gibt aber nur einen genau vereinbarten Bruchteil des Wertes der versicherten Gegenstände wieder; der Wert der versicherten Gegenstände muß angezeigt werden (angezeigter Wert). Ist der angezeigte Wert gleich oder größer als der Versicherungswert, erfolgt Vollentschädigung bis zur Höhe der Bruchteilversicherungssumme; bei Voll- oder Überversicherung läuft die Bruchteilversicherung also auf eine Erstrisikoversicherung hinaus. Ist hingegen der angezeigte Wert kleiner als der Wert des versicherten Interesses, liegt also Unterversicherung vor, dann wird die Entschädigung gegenüber dem tatsächlichen Schaden in dem gleichen Verhältnis gekürzt, wie der angezeigte Wert hinter dem Versicherungswert zurückbleibt. Die Entschädigung wird nach der Formel berechnet:

$$\text{Entschädigung} = \text{Schaden} \cdot \frac{\text{angezeigter Wert}}{\text{Versicherungswert}}$$

Als Versicherungssumme wird regelmäßig ein Teil (Prozentsatz oder Bruchteil wie $^1/_2$, $^1/_3$, $^1/_4$ usw.) des Wertes der versicherten Gegenstände genommen. Wenn ein Warenlager einen angezeigten Wert von 1 000 000.— DM hat und mit 25% Bruchteil versichert wird, so ist die Versicherungssumme 250 000.— DM. Liegt keine Unterversicherung vor, so werden alle Schäden bis zur Höhe von 250 000.— DM ersetzt. Unterversicherung würde z. B. vorliegen, wenn das Warenlager mit einem gezeigten Wert von 1 000 000.— DM am Schadenstag tatsächlich einen höheren Wert aufweisen würde. In diesem Falle erfolgt die Berechnung der Entschädigung nach der oben genannten Formel. Wurde für das Warenlager ein Wert von 1 000 000.— DM angezeigt und eine Bruchteilversicherungssumme von 250 000.— DM (= 25% Bruchteil) beantragt und hat das Warenlager am Schadentag einen tatsächlichen Wert von 1 500 000.— DM, so werden alle Schäden bis zu 375 000.— DM entsprechend der Formel entschädigt; denn

$$375\,000.\text{—} \cdot \frac{1\,000\,000.\text{—}}{1\,500\,000.\text{—}} = 250\,000.\text{— DM}$$

Ein Schaden von z. B. 200 000.— DM wäre mit 133 333.— DM, ein Schaden von 300 000.— DM mit 200 000.— DM zu vergüten. Alle Schäden über 375 000.— DM werden mit der festen Summe von 250 000.— DM reguliert; sie wirkt sich dann als Erstrisikoversicherung aus.

Die Form der Bruchteilversicherung wird vor allem dort gewählt, wo ein vollständiger Verlust der versicherten Gegenstände ausgeschlossen erscheint. Einbrecher können z. B. nur soviel mitnehmen, wie sie vielleicht unter Zuhilfenahme eines Kraftfahrzeuges wegzuschaffen in der Lage sind. Bei einem Bruch des Wasserleitungsrohres wird normalerweise nie die gesamte Betriebseinrichtung mit allen Vorräten, sondern nur der unter der Bruchstelle oder am Boden befindliche Teil beschädigt. Ein Sturmschaden bedroht nur selten das gesamte Anwesen. Bruchteilversicherungen finden sich deswegen insbesondere in der Einbruchsdiebstahl-, Leitungswasserschäden- und Sturmschädenversicherung. Die Versicherer gestehen die Bruchteilversicherung zumeist nur von gewissen Mindestversicherungssummen ab zu, weil die Möglichkeit einer vollen Inanspruchnahme der Bruchteilversicherungssumme im Falle eines Schadens um so größer ist, ein je geringerer Bruchteil des Gesamtwertes versichert wird.

Theoretisch ist die Bruchteilversicherung interessant, weil sie, wie Gürtler zutreffend hervorhebt, die „allgemeinste Form der Interessenversicherung" ist. Bei Voll- oder Überversicherung wirkt sie sich als Erstrisikoversicherung aus. Fällt der angezeigte Wert mit der Versicherungssumme zusammen, hat man die Vollwertversicherung (eine „Bruchteil"versicherung mit 100% „Bruchteil"). Erstrisikoversicherung und Vollwertversicherung können sonach als Spezialfälle der Bruchteilversicherung aufgefaßt werden. Das wird auch die Prämienformel zeigen.

d) *Interessenversicherungen mit Franchisen.* Mitunter hat der Versicherte Schäden unter einer gewissen Mindesthöhe selbst zu tragen. Man spricht dann von Franchisen (Freizeichnungen) und unterscheidet:

1. *Abzugsfranchisen*, wenn Schäden unter der vereinbarten Mindesthöhe überhaupt nicht und höhere Schäden nur unter Abzug eines entsprechenden Teiles des Schadens vergütet werden.

Beispiel: Bei einer Vollwertversicherung in Höhe von 100 000.— DM mit 5 000.— DM Abzugsfranchise hat der Versicherte Schäden unter 5 000.— DM selbst zu tragen, bei jedem höheren Schaden wird ein Betrag mit 5 000.— DM abgezogen. Ein Schaden in Höhe von 5 001.— DM wird also mit 1.— DM beglichen.

2. *Integralfranchisen*, wenn über der Franchise liegende Schäden voll entschädigt werden.

Ist in dem eben genannten Beispiel statt der Abzugsfranchise eine Integralfranchise mit 5000.— DM vereinbart, so entfällt in gleicher Weise jede Entschädigung für Schäden unter 5000.—DM, höhere Schäden werden voll, ein Schaden von 5001.— DM also mit 5001.— DM bezahlt.

Franchisen werden vereinbart, um die Regulierung kleiner, manchmal strittiger Schäden von vornherein auszuschließen und um den Versicherten zur Schadenmeidung anzuhalten (Transport- und Krankenversicherung). Dort wo die kleinsten Schäden die häufigsten sind, bringen Franchisen eine beachtliche Verbilligung der Schadenregulierungskosten. Da kleine Schäden die Existenz der betreffenden Wirtschaft kaum beeinträchtigen, kann schon aus Kostenersparnis auf deren Versicherung verzichtet werden. Dem Vorschlag, in der sozialen Krankenversicherung Franchisen geringer Höhe einzuführen, um dadurch deren Inanspruchnahme in unnötigen Fällen einzuschränken, steht allerdings die (umstrittene) Befürchtung gegenüber, daß durch eine nicht rechtzeitige ärztliche Hilfe Leiden verschlimmert und daher im Endergebnis die Entschädigungskosten erhöht werden.

Schadenexzedentenversicherungen (Versicherungen auf Zweites Risiko) wie sie in der Rückversicherung vorkommen, sind Interessenversicherungen mit sehr hohen Abzugsfranchisen. Einzel- oder Gesamtschäden bis zu bestimmter Höhe hat der Erstversicherer allein zu tragen, darüber hinausgehende Beträge (Exzedenten) übernimmt der Rückversicherer.

Franchisen werden in absoluten Beträgen oder in Prozenten der Versicherungssumme bzw. des Versicherungswertes festgelegt. Sie unterscheiden sich dadurch von der mitunter vereinbarten Selbstbeteiligung des Versicherten am Schaden (Selbstversicherung), nach der der Versicherte einen bestimmten Prozentsatz des Schadens, gleichgültig wie hoch er ist, zu tragen hat.

Taxen, taxierte Policen. Um unerquicklichen Streitigkeiten über den Wert des versicherten Interesses (der versicherten Gegenstände) und die bei Vollwert- und Bruchteilversicherungen der Entschädigungsberechnung zugrunde zu legende Relation zwischen Versicherungssumme und Versicherungswert zu begegnen, dadurch gleichzeitig die Schadensregulierung zu erleichtern, kann u. U. von den Parteien eine Vereinbarung über den Versicherungswert getroffen werden, wozu sachverständige Wertschätzungen herangezogen werden. Derartige Taxen (taxierte Policen) gelten auch als Wert des versicherten Interesses zur Zeit des Eintritts des Versicherungsfalles, sofern nicht eine erhebliche Abweichung vorliegt (VVG. § 57). Zur Vermeidung betrügerischer Überversicherungen waren solche Taxen früher gesetzlich vorgeschrieben. Rechtlich bedeutsam ist, ob die Parteien mit der Taxe nur eine unverbindliche Schätzung (Taxe im weiteren Sinn) oder eine verpflichtende Wertfestsetzung (Taxen im engeren Sinn, vereinbarte Taxen) wollen.

Abgesehen von der Transportversicherung, insbesondere der Seeversicherung, kommen jedoch Taxen verhältnismäßig wenig vor. In der Feuerversicherung kann für den Ersatzwert eines Gebäudes eine Taxe vereinbart werden, für bewegliche Gegenstände gilt wegen der Gefahr des Mißbrauchs zu unredlichen Zwecken der Taxbetrag nur als Versicherungswert zur Zeit des Vertragsschlusses, der auf die Verhältnisse im Augenblick des Schadenfalles hin zu korrigieren ist (sog. Vortaxen, VVG. § 87); bei der Versicherung entgehenden Gewinnes ist Taxierung unzulässig (VVG. § 89). In der privaten Unfallversicherung werden feste Invaliditätsgrade (sog. Gliedertaxen) angewendet.

B. *Kombinierte Formen.*

Die Praxis ist bestrebt, den Versicherungsschutz nach Möglichkeit auf die Bedürfnisse des Versicherungsnehmers abzustellen. Deswegen wird in den Versicherungsverträgen häufig eine Kombination der vorgenannten Versicherungsformen vorgenommen. Sie lassen sich in die elementaren Versicherungsformen auflösen.

Es finden sich z. B.: verschiedene Versicherungssummen für verschiedene Schadenarten (Unfallversicherung: unterschiedliche Versicherungssummen für Tod und Invalidität; Haftpflichtversicherung: verschiedene Summen für Sachschäden, Personenschäden und Vermögensschäden), Kombination von Summen- und Interesseversicherungen (Unfallversicherung: Kurkostenversicherung = Interesse-(Erstrisiko-)versicherung, Unfalltodversicherung: Summenversicherung).

§ 9. Die ökonomischen Faktoren des Versicherungsbetriebes

Betriebswirtschaftliche Aufgabe des Versicherers ist es, Einnahmen und Ausgaben seines Betriebes in einem tragbaren Verhältnis zueinander zu halten. Die versicherungstechnische Ökonomik erstrebt deren Gleichheit, die erwerbswirtschaftliche darüber hinaus einen Überschuß der Eingänge (Gewinn), während die gewährswirtschaftliche Ökonomik vor der Aufgabe steht, entweder im Falle fester Zuschüsse ihre Beiträge so zu bestimmen, daß beide zusammen der Summe der Versicherungsleistungen entsprechen, oder im Falle veränderlicher Zuschüsse (Ausfalldeckung) deren Höhe so gering wie unter den gegebenen Verhältnissen möglich zu halten. Weil diese Zuschüsse als ein Kollektivbeitrag eines Dritten angesehen werden können, ergeben sich für diesen Spezialfall der versicherungswirtschaftlichen Ökonomik bei Einrechnung der Zuschüsse ebenfalls die Bedingungen der rein versicherungstechnischen Ökonomik, die somit als grundlegende Regel angesehen werden kann.

Einnahmen und Ausgaben

Die Angleichung der Einnahmen und Ausgaben ist im allgemeinen eine gegenseitige. Mag auch in bestimmten Fällen mit vollem Recht den Ausgaben, also dem Umfang der Versicherungsleistungen, die die Höhe der Beiträge bestimmende Rolle zugeschrieben werden, so lassen sich ebenso Beispiele anführen, in denen der Umfang der Versicherungsleistungen, der Ausgaben, nach den Einnahmen variiert wird: fließen die Einnahmen im Verhältnis zu den Leistungen reichlich, so findet eine Ausdehnung des Versicherungsschutzes, sei es durch kulantere Schadensbehandlung, sei es durch die Zugestehung weiterer Einschlüsse statt. So wurden, um nur ein Beispiel zu erwähnen, in den günstigen Jahren vor Ausbruch des Zweiten Weltkriegs bei der Feuerversicherung Schäden durch Anprall oder Absturz von Luftfahrzeugen oder Luftfahrzeugteilen, einerlei ob es sich um Brand-, Explosions- oder Trümmerschäden handelt, „beitragsfrei" eingeschlossen. Die Geschichte der einzelnen Versicherungszweige zeigt eine ganze Reihe solcher zuerst vereinzelt, dann allgemein zugestandener Erweiterungen des Versicherungsschutzes bei gleichgehaltenen Beiträgen auf. Abgesehen davon weist auch das Bestreben der keinem Annahmezwang unterliegenden Versicherer, eine Häufung ungünstiger Risiken in ihrem Bestande zu vermeiden, auf die Tendenz hin, die sich aus zu erwartenden Schäden ergebenden Verpflichtungen im Rahmen der Einnahmen zu halten. Der Einfluß des Versicherers auf die Höhe der Schäden darf nicht übersehen werden.

Der Begriff des Schadens hat einen mehrdeutigen Sinn. Das Versicherungsvertragsgesetz stellt der Personenversicherung die Schadenversicherung gegenüber, meint also unter Schaden nur die Beeinträchtigung an Sachgegenständen oder Vermögenswerten. Die Unterscheidung von Summenversicherung und Interessenversicherung war darauf abgestellt, daß die Entschädigungsleistung bei der ersten im Versicherungsfalle ohne Rücksicht auf die tatsächlich eingetretene Beeinträchtigung der betreffenden Wirtschaft summenmäßig festgelegt ist, während sich bei der Interessenversicherung die Entschädigung nach dem tatsächlich durch das Versicherungsereignis beim Versicherten bewirkten Schaden richtet. Schaden ist hier die durch das Versicherungsereignis hervorgerufene Minderung der wirtschaftlichen Potenz einer versicherten Wirtschaft, von der die Entschädigung (Versicherungsleistung) mehr oder weniger abweichen kann. In der betriebswirtschaftlichen Ökonomik der Versicherung hingegen versteht man, vom Standpunkt des Versicherers aus, unter Schaden die ihn treffende Versicherungsleistung. Genau besehen müßte man hier von dem Umfang der Versicherungsleistungen sprechen und diese unterteilen in die Leistung von Versicherungssummen (Summenversicherung) und in die Leistung von Entschädigungen, die nach den bei den versicherten Wirtschaften eingetretenen Schäden berechnet werden (Interessenversicherung). Die vom Versicherer in seinen Kalkulationen zu berücksichtigenden Schäden decken sich demnach nicht mit den in den versicherten Wirtschaften eingetretenen Schäden. *Als Schaden im technischen Sinne erscheint dem Versicherer die von ihm zu leistende Entschädigung, gleichgültig ob es sich dabei um eine feste Versicherungssumme oder um eine je nach den Verhältnissen schwankende Entschädigungssumme handelt.* Es läuft, von anderen Umständen abgesehen, für den Versicherer auf dasselbe hinaus, ob er für ein abgebranntes Haus oder ein untergegangenes Schiff eine sich erst aus der Schadensregulierung ergebende Entschädigungssumme zu bezahlen hat oder beim nachgewiesenen Tod des Versicherten dem Berechtigten nur die Lebensversicherungssumme zu überweisen hat. Die Besonderheit der Summenversicherung, insbesondere der Lebensversicherung, liegt unter dem Blickfeld der Versicherungsökonomik darin, daß bei ihr nur Totalschäden vorkommen, während sich in der Interessenversicherung neben den Totalschäden zumeist noch häufiger Teilschäden einstellen.

Wie jeder in den geldwirtschaftlichen Zusammenhang unserer Gesellschaftswirtschaft verflochtene Betrieb steht der Versicherer vor der Aufgabe, seine Einnahmen und Ausgaben in einem Gleichgewicht zu halten, das gegebenenfalls auch noch einen Einnahmeüberschuß (Gewinn) ergibt. Diese geldwirtschaftliche Äquivalenz zwischen Einnahmen und Ausgaben, wobei der erwartete Gewinn ebenfalls als Ausgabe (an die Aktionäre z. B.)

behandelt wird, ist keine ewige Kategorie, sondern ein historisches Faktum unserer Zeit; unter den früheren Formen des gemeinschaftlichen oder bündischen Versicherungsverhältnisses herrschte eine naturalwirtschaftliche Entschädigungsweise vor, deren Umfang letztlich durch die reale Leistungsfähigkeit des Versicherers (Beihilfe zum Wiederaufbau durch Materiallieferungen, Mitarbeit, Beisteuerung zum Unterhalt u. dgl.) begrenzt war. Unter dieser Voraussetzung hätte das betriebswirtschaftliche Problem, wenn es gestellt worden wäre, gelautet: die Gesamtheit der an die Genossen fällig werdenden Leistungen aus dem Versicherungsverhältnis in Übereinstimmung mit dem realen Leistungsvermögen der Gesamtheit aller Genossen zu halten. Man wurde dieser Problematik mehr unbewußt gerecht, indem dem Entschädigungsanspruch die rechtliche Erzwingbarkeit versagt blieb und sich der Versicherungsschutz auf einen engen Kreis einander auch räumlich nahestehender Wirtschaften beschränkte; verbürgte auch das letzte den tatsächlichen Vollzug der zugesagten Hilfe, so hätte darüber hinaus eine rationale Gestaltung derartiger naturalwirtschaftlicher Versicherungen die Einbeziehung produktionswirtschaftlicher Aspekte, eben die Möglichkeit der Erstellung der für den Schadensausgleich nötigen naturalen Güter erfordert. Wenn sich heute der Versicherer auf den rein finanziellen Ausgleich seiner Einnahmen und Ausgaben, also auf eine rein monetäre Betriebsführung beschränken kann, so ist die Voraussetzung dafür die Entwicklung der Marktwirtschaft gewesen, in der sich jedes mit Kaufkraft ausgestattete Begehren erfüllen läßt, weil deren gesellschaftlicher Produktionsapparat bestimmungsgemäß nach Umfang und Art auf die Wünsche der kaufkräftigen Abnehmer eingestellt ist. Der Versicherer kann den an ihn gestellten Ansprüchen genügen, indem er die geschädigte Wirtschaft mit den entsprechenden Geldbeträgen ausstattet, wie er auch umgekehrt von seinen Versicherten nur geldliche Leistungen (Beiträge, Prämien) fordert.

Wenn heutzutage von Naturalleistungen des Versicherers gesprochen wird, z. B. in der Krankenversicherung (Lieferung von ärztlicher Hilfe und Arzneien) oder in der Glasversicherung (Einsetzen der zerstörten Scheibe), so handelt es sich hierbei doch um keine naturalwirtschaftliche Versicherungsform, denn die Gesamtheit der Versicherten erstellt diese Ersatzgüter nicht selbst, der Versicherer organisiert nicht ihre Produktion, entnimmt sie vielmehr auf Grund der ihm zur Verfügung stehenden Kaufkraft dem Sozialprodukt zugunsten des Versicherten; dem Versicherer obliegt es auch hier für den geldwirtschaftlichen Ausgleich seiner Einnahmen und Ausgaben zu sorgen.

Die Abkehr von einer liberalistischen zu einer mehr sozialistischen Wirtschaftsordnung, wie sie sich mit unterschiedlicher Intensität überall beobachten läßt, zeigt jedoch mit einem unverkennbaren Wiedererstarken gemeinschaftlicher Versicherungsformen gegenüber sogenannten nationalen Notständen, für die die Volkswirtschaft einzutreten hat, auch eine gewisse Tendenz zu naturalwirtschaftlicher Erfüllung dieser Versicherungsleistungen wie Recht auf den Arbeitsplatz (Vollbeschäftigung), Lastenausgleich gegenüber den vom Krieg übermäßig Geschädigten, Versehrtenhilfe usw. Unvermeidbar entstehen damit auch produktionswirtschaftliche Aufgaben des gemeinschaftlichen Versicherers Staat oder Volk. Noch nicht läßt sich übersehen, wie sich mit dem Wandel unserer Wirtschaftsordnung auch das Versicherungsverhältnis ändert, und es wäre, wie schon hervorgehoben, voreilig anzunehmen, es hätte in der im vorigen Kapitel geschilderten gesellschaftlichen Form seine letzte und endgültige Prägung erfahren.

Die Zusammensetzung von Einnahmen und Ausgaben

Einnahmen und Ausgaben des Versicherers setzen sich unter den heutigen Verhältnissen aus einer Reihe von Posten zusammen, die teils komplexer Natur sind und daher der Auflösung in ihre Bestandteile bzw. in die sie bestimmenden Faktoren bedürfen. Diese Bestandteile oder Faktoren sind die für die Betriebsgestaltung maßgebenden Daten, die im Rahmen der versicherungswirtschaftlichen Ökonomik als gegebene Größen hinzunehmen, also wohl in anderen wissenschaftlich relevanten Zusammenhängen, jedoch nicht aus versicherungswirtschaftlichen Gründen zu erklären sind. Dennoch kann ein mittelbares Interesse über Struktur und Verlauf dieser Daten für den Versicherer bestehen, insofern eine Beeinflussung ihrer Größe den betriebswirtschaftlichen Erfolg zu steigern vermag. So ist der bei den versicherten Einzelwirtschaften auf Grund der Erfahrung eintretende Schaden ein für den Versicherer unmittelbar wichtiges Datum, auf das er seine Kalkulationen gründen muß; mittelbar interessieren ihn aber auch die für Häufigkeit und Umfang der eingetretenen Schäden maßgebenden Umstände, die ursächlichen Beziehungen der Schäden, um daraus Schlüsse auf eine mögliche Verminderung der Schäden zu ziehen oder Maßnahmen für eine verbesserte Zusammensetzung des Versicherungsbestandes abzuleiten. Auf der anderen Seite ist für den Versicherer die Anzahl der von ihm unterhaltenen Versicherungsverhältnisse (Versicherungsverträge) sowie ihre Struktur ein unmittelbar maßgebendes Datum, das er nur im Falle des Versicherungszwanges nicht zu beeinflussen vermag. Sofern jedoch der Abschluß von Versicherungsverträgen, sei es überhaupt, sei es nur bei einem bestimmten Versicherer in das Belieben der für die Versicherung in Betracht kommenden Wirtschaften gestellt ist, werden die für die Versicherungsnachfrage entscheidenden Umstände für den Versicherer interessant, weil ihre Kenntnis die Voraussetzung einer erfolgreichen Vergrößerung des Versicherungsbestandes (Werbung) bietet. ***Die für die Ökonomik eines Versicherungsbetriebes maßgebenden Faktoren sind demnach in die in die Betriebskalkulation einzusetzenden unmittelbaren Daten und in die diese Daten wieder bestimmenden, mittelbaren Faktoren zu teilen.***

Die unmittelbaren Faktoren sind für kurzfristige Planungen des Versicherers, also für Überlegungen, die sich auf eine oder wenige Wirtschaftsperioden beziehen, als solche unabänderbar hinzunehmende Größen, wenn er auch unter den Fakten eine Auswahl treffen kann, die seine Betriebsrechnung verbessert. Die in einem bestimmten kurzen Zeitraum geltende Schadenshäufigkeit oder der durchschnittliche Schadensumfang, die Stornoneigung, der herrschende Zinsfuß usw. liegen kurzfristig außerhalb des Einflußbereiches des Versicherers; er vermag nur entweder positiv durch Auswahl (Selektion) entsprechender Wagnisse, der Kapitalanlagemöglichkeiten, der Versicherungskandidaten u. dgl. aus der großen Masse derartiger Fakten sich die günstigeren auszuwählen oder negativ durch Abstoßung weniger günstiger zu beurteilender Wagnisse, zahlungsschwacher Versicherungsnehmer oder Umlagerung der angelegten Kapitalien einen individuell günstigeren Geschäftsverlauf zu erzielen, der ihm eine Art Differentialrente zwischen den in die Betriebskalkulation ex ante eingesetzten allgemeinen Daten und den sich ex post aus der Betriebsrechnung nach Ablauf der betreffenden Wirtschaftsperiode ergebenden faktischen (individuellen) Größen gewährt. Langfristig hingegen sind die unmittelbaren Daten durch bewußte oder unbewußte Änderung der sie bestimmenden mittelbaren Faktoren veränderbar. Maßnahmen zur Schadenverhütung können Häufigkeit und Umfang der Schadenfälle senken, eine entsprechende Kapitalmarktpolitik kann die Zinshöhe beeinflussen, eine die Konjunkturschwankungen regulierende oder mildernde Wirtschaftspolitik vermag die Zahlungskraft der Versicherungsnehmer zu stabilisieren und damit die Stornoabsichten zu dämpfen usw. Eine derartige Beeinflussung der mittelbaren Faktoren ist freilich nicht allein in die Wirksamkeit der Versicherer gestellt, sie setzt Mitwirkung der Versicherten voraus und ist letzten Endes eine Aufgabe der gesamten Wirtschaftsgesellschaft, der Volkswirtschaft. Die Diskrepanz zwischen den kurzfristig starren unmittelbar relevanten Faktoren und den sie bestimmenden langfristig veränderlichen mittelbar wirksamen Faktoren bekommt bei langjährigen Versicherungsverträgen, wie sie in der Lebensversicherung üblich sind, eine besondere Bedeutung, spielt aber auch in den anderen Versicherungszweigen eine Rolle.

Die unmittelbar für die Betriebsrechnung des Versicherers maßgebenden Faktoren sind:

a) *auf der Einnahmenseite*

1. die *Prämieneinnahme*, bedingt durch Größe des Versicherungsbestandes und Höhe der Beitragssätze,
2. die *Zinseinnahmen* aus Anlage der angesammelten Gelder (Kapitalanlagen), gestundeten Prämien (Ratenzahlungen),
3. *sonstige Einnahmen* ordentlicher Art (Mieten, Vergütungen wie Ausfertigungsgebühren, Provisionen für Vermittlung von Versicherungen an andere Gesellschaften oder für die Abgabe von Rückversicherungen u. dgl.) oder außerordentlicher Art (Gewinne aus der Veräußerung von Kapitalanlagen: Gebäuden, Wertpapieren usw.)

b) *auf der Ausgabenseite*

1. die *Schadensaufwendungen* (Summe der Versicherungsleistungen), bedingt durch Häufigkeit des Eintritts des Versicherungsfalles und dem jeweiligen Umfang der damit fällig gewordenen Versicherungs-(Entschädigungs-)leistung.
2. die *Verwaltungskosten* wie Anwerbekosten, laufende Verwaltungskosten, Bürokosten, Provisionszahlungen, Kosten des Vollzugs der Versicherungsleistung (Schadenregulierung), Kosten der Pflege der Kapitalanlagen (Überwachung, Zinseinzug) u. dgl.
3. *sonstige Ausgaben* teils ordentlicher Art, wie sie bei jedem anderen Betrieb anfallen (Steuern), teils außerordentlicher Art, wie insbesondere Verluste aus Kapitalanlagen.

Es sind also eine ganze Reihe, sehr verschiedenartiger Größen sowohl hinsichtlich der Einnahmen als auch der Ausgaben, die der Versicherer in seinen Planungen zu berücksichtigen und, soweit es in seiner Macht steht, aufeinander abzustimmen hat. Von dem Geschick, mit dem er ex ante in seinen Planungen die im Verlauf der betreffenden Wirtschaftsperiode auftretenden faktischen Daten trifft, hängt der Erfolg seiner Betriebsführung ab. Es ist naiv anzunehmen, die Ökonomik des Versicherungsbetriebes sei ein mechanisch vollziehbares Rechenwerk, das jeder über eine angelernte

Routine hinausgehenden menschlichen Qualität des Versicherers entraten könne. Nur wenige der aufgeführten Posten lassen sich mit völliger Exaktheit übersehen, viele nur mit kleineren oder größeren Fehlergrenzen schätzen, einige stehen in gegenseitiger Abhängigkeit derart, daß die Vergrößerung des einen Postens die Vergrößerung anderer Posten nach sich zieht (Prämieneinnahme und Größe des Versicherungsbestandes und demnach Umfang der Schadensleistungen, Provisionsausgaben) oder die Posten sich gegensätzlich entwickeln (Steigerung der Prämiensätze bedingt u. U. Abnahme des Versicherungsbestandes, Ausdehnung des Versicherungsbestandes, also Steigerung der Prämieneinnahmen läßt in gewissen Grenzen eine Senkung der fixen Verwaltungskosten pro Versicherungsvertrag zu). In all diesen sich gegenseitig verschränkenden, zumeist nur schätzbaren und vielfach betriebsfremden Einflüssen unterliegenden Posten das ökonomische Gleichgewicht zwischen Einnahmen und Ausgaben zu finden, setzt nicht nur ein an Erfahrung geschultes Wissen, sondern auch die Fähigkeit zutreffenden Beurteilungsvermögens bei den verantwortlichen Leitern voraus, d. h. eine Unternehmerqualität, von deren Seltenheit oder Häufigkeit auch im Versicherungswesen wie sonst in der Wirtschaft Erfolg oder Mißerfolg zugunsten des einzelnen und der Gesamtheit abhängen.

§ 10. Die Schadenaufwendungen (Summe der Versicherungsleistungen)

Wenn auch den Schadenaufwendungen, wie bereits erwähnt, nicht die unbedingte Priorität gegenüber den Prämienzahlungen zugeschrieben werden kann, so fällt ihnen doch wegen der Funktion der Versicherung ein so großes Gewicht zu, daß es entsprechend der Gepflogenheit gerechtfertigt ist, bei den folgenden Überlegungen von ihnen auszugehen; ihre teilweise Abhängigkeit von den Prämieneinnahmen soll jedoch nicht aus dem Auge verloren werden. ***Das ökonomische Problem des Versicherers liegt darin, im voraus, entweder bei jährlich veränderlichen Prämien zu Beginn des betreffenden Wirtschaftsjahres oder bei mehrjährigen Versicherungsabschlüssen zu konstanten Prämien über den Verlauf der ganzen Vertragsdauer hin, die Höhe der zu erwartenden Aufwendungen aus dem Versicherungsverhältnis innerhalb tragbarer Fehlergrenzen zu bestimmen.*** Der Versicherer kennt zwar den Umfang der von ihm übernommenen Garantieversprechen, der Verpflichtungen aus den eingegangenen Versicherungsverhältnissen, aber welche finanziellen Verpflichtungen ihm daraus tatsächlich erwachsen werden, muß er schätzen. In der Krankenversicherung wird nahezu jede Versicherung von einem Schaden betroffen, in anderen Zweigen ist dies weniger oder selten der Fall. Die zu leistenden Entschädigungen können im einzelnen umfangreich oder gering sein. Wenige große Schäden oder entsprechend viele kleine Schäden können zu der gleichen finanziellen Belastung des Versicherers führen. Der zu erwartende Schadensaufwand hängt demnach einmal davon ab, wie oft das Ereignis, bei dessen Eintritt eine Leistung versprochen wird (Versicherungsereignis), eintritt — ***Schadenshäufigkeit*** — und welche Versicherungsleistung das einzelne Versicherungsereignis beansprucht — ***Schadensumfang*** —.

I. Die Schadenhäufigkeit

Es gilt zunächst eine Angabe darüber zu erlangen, in wieviel Fällen in einem gegebenen Versicherungsbestand mit dem Eintritt des die Entschädigungspflicht des Versicherers auslösenden Versicherungsereignisses zu rechnen ist. Die Größe der finanziellen Verpflichtung, die dem Versicherer aus dem Schadenfall erwächst, steht vorläufig nicht zur Debatte; es handelt sich zunächst allein um die Frage, in welcher Häufigkeit Schadenfälle zu erwarten sind. Diese Häufigkeit wird in den verschiedenen Versicherungszweigen und innerhalb dieser wieder in den verschiedenen Gruppen gleichartiger oder ähnlicher Wagnisse verschieden sein. Unterstellt man einen einheitlichen Versicherungszweig oder eine Gruppe homogener Risiken, so wird die Schadenhäufigkeit rechnerisch durch den Quotienten

$$\frac{\text{Zahl der zu erwartenden Schadenfälle}}{\text{Gesamtzahl aller zu dieser Gruppe gezählten Risiken}}$$

ausgedrückt. Dieser Quotient liegt zwischen 0 und 1, zwischen der Unmöglichkeit des Versicherungsereignisses und seiner Gewißheit; er kann berechenbar oder unberechenbar sein.

a) *Unmöglichkeit des Versicherungsereignisses* (Schadenhäufigkeit 0). Das bedingungsgemäß vorausgesetzte Ereignis kann überhaupt nicht eintreten. Versicherungsnahme hat seitens des Versicherungsnehmers überhaupt keinen Sinn, der Versicherer läuft kein Risiko. Unmögliche Ereignisse zu versichern ist sinnwidrig. Wenn trotzdem ein derartiger Vertrag gegeben sein sollte, hat der Versicherer, sei es von Anfang an, sei es vom Zeitpunkt des Wegfalles des versicherten Interesses, keinen Anspruch auf die Prämie.

Hier lassen sich folgende Fälle unterscheiden:

1. Das versicherte Interesse besteht von Anfang an nicht oder kommt nicht zur Entstehung (VVG. § 68/I) — *anfänglicher Interessemangel.* Beispiel: Jemand beabsichtigt ein Auto zu kaufen und schließt vorsorglich eine Haftpflichtversicherung dafür ab, der Kauf kommt aber nicht zustande. In diesem Falle kann der Versicherer zum Ausgleich der ihm erwachsenen Unkosten eine angemessene Geschäftsgebühr, jedoch keine Prämie verlangen.
2. Das versicherte Interesse fällt nachträglich weg (VVG. § 68/II) — *nachträglicher Interessemangel.* Beispiel: das versicherte Auto wird zur Verschrottung verkauft; der gegen bestimmte Berufsgefahren Versicherte gibt diesen Beruf auf oder stirbt. Dem Versicherer gebührt die Prämie nur bis zu dem Zeitpunkt, in welchem er von dem Wegfall des Interesses Kenntnis erlangt. Wenn jedoch das versicherte Interesse infolge eines Versicherungsfalles wegfällt, hat der Versicherer Anspruch auf die Prämie für die laufende Versicherungsperiode (VVG. § 68/IV), weil er ja auch die angefallene Entschädigung zu leisten hatte. Tritt der Wegfall des versicherten Interesses durch ein Kriegsereignis ein, so gebührt dem Versicherer nur die der Dauer der Gefahrtragung entsprechende Prämie (VVG. § 68/III).
3. Beginnt der Versicherungsschutz in einem vor der Schließung des Vertrages liegenden Zeitpunkt *(Rückwärtsversicherung)* und weiß der Versicherer, daß die Möglichkeit des Eintritts des Versicherungsfalles schon ausgeschlossen ist, so hat er keinen Anspruch auf die Prämie (VVG. § 2/II).

b) *Gewißheit des Versicherungsereignisses* (Schadenhäufigkeit 1). Das bedingungsgemäß vorausgesetzte Ereignis wird bestimmt eintreten oder ist bereits eingetreten. Beispiele: das Haus brennt bereits, das Schiff ist schon untergegangen, der Haftpflichtfall liegt bereits vor. Möglich ist:

1. im Falle der ***Rückwärtsversicherung*** weiß der Versicherungsnehmer, daß der Versicherungsfall schon eingetreten ist. Der Versicherer ist von der Verpflichtung zur Leistung frei (VVG. § 2/II).
2. im Falle der ***Vorwärtsversicherung*** (Versicherungsschutz beginnt erst mit dem Zeitpunkt des Abschlusses des Versicherungsvertrages) kann das Versicherungsereignis

(a) ***mit Notwendigkeit eintreten.*** Versicherungsnahme erübrigt sich, denn die Prämie müßte in jedem Einzelfall gleich dem Schaden sein; jede Wirtschaft würde praktisch den Schaden selbst tragen; Versicherung wäre sogar unrationell, weil sie darüber hinaus zusätzliche Kosten für Verwaltung, Schadenregulierung usw. erfordert. Schäden, die mit dem „normalen Ablauf des wirtschaftlichen oder technischen Vorganges" als unvermeidliche Begleiterscheinung in Kauf genommen werden müssen ***(Hagen)***, haben den Charakter laufender Unkosten der betreffenden Wirtschaft, die in deren Kalkulationen zu berücksichtigen sind. Hierher gehören z. B. die Betriebsschäden in der Feuerversicherung: „Schäden, die an den versicherten Sachen dadurch entstehen, daß sie einem Nutzfeuer oder der Wärme zur Bearbeitung oder zu sonstigen Zwecken (z. B. zum Räuchern, Rösten, Kochen, Braten, Trocknen, Plätten) ausgesetzt werden".

Der Tod eines jeden Menschen tritt zwar unabwendbar einmal ein, dessenungeachtet ist die Lebensversicherung möglich, weil der Zeitpunkt des Todes im Einzelfall unbekannt ist und, vom Freitod abgesehen, nicht willkürlich bestimmt werden kann. Die Existenzbedrohung einer Wirtschaft ist nicht durch den Tod an sich gegeben, sondern durch das unerwartet frühe Ableben eines ihrer Mitglieder. Der Lebensversicherte, der das Ende der Vertragsdauer erlebt, hat in der Regel unter Einschluß der Zinsen an Prämien mehr geleistet, als die ausbezahlte Versicherungssumme beträgt; hätte er gewußt, ein hohes Alter zu erreichen, hätte er ohne Lebensversicherung den gleichen Zweck durch Rücklagen in seiner Wirtschaft billiger erfüllen können.

(b) Der Versicherungsnehmer führt das Versicherungsereignis absichtlich herbei ***(Versicherungsbetrug)***. Strafbar nach StGB. § 265. In der Regel braucht der Versicherer nicht zu leisten. In der Lebensversicherung ist jedoch der bewußte Freitod nach einer gewissen Wartezeit (zumeist 5 Jahre) eingeschlossen, eine günstigere Regelung als VVG. § 169 vorsieht. In der Viehlebensversicherung ist Nottötung unter gewissen Voraussetzungen zulässig (VVG. § 126).

(c) Nahezu an Gewißheit grenzt u. U. ***fahrlässige Herbeiführung des Versicherungsfalles.*** Abgesehen von der Haftpflicht-, Lebens-, Unfall- und Krankenversicherung, wo nur die vorsätzliche Herbeiführung des Versicherungsfalls Leistungsfreiheit des Versicherers bewirkt, entfällt die Versicherungsleistung meist nur bei grobfahrlässiger Herbeiführung des Versicherungsfalls. In der Binnentransport- und Seeversicherung genügt schon einfache Fahrlässigkeit (VVG. § 130 und ADS. § 33/I). Erkrankungen oder Unfälle, die der Versicherte bei der Ausführung von Verbrechen oder Vergehen, durch Krieg und aktive Teilnahme als Unruhestifter bei bürgerlichen Unruhen erleidet, sind vom Versicherungsschutz ausgenommen, ebenso Krankheiten durch mißbräuchlichen Genuß von Rauschgiften. Sofern der Verdacht vorsätzlicher Handlungsweise nicht besteht, leisten die Versicherer oft eine nach dem Schuldgrad abgestufte Billigkeits-, Kulanz- oder Liberalitätsentschädigung.

Je mehr sich der Eintritt des Versicherungsfalles der Gewißheit, bei vielen solchen Wagnissen also die Schadenhäufigkeit der Größe 1 nähert, desto weniger läßt sich die

Versicherung wirtschaftlich und moralisch rechtfertigen, denn über die Prämien würde dies eine zusätzliche Belastung der anderen Versicherungsnehmer bedeuten. Wegen der Leistungsfreiheit des Versicherers vgl. VVG. §§ 2/II, 61, 125, 130, 152, 169, 170, 181 und die jeweiligen Allgemeinen Versicherungsbedingungen.

c) *Unberechenbarkeit des Versicherungsereignisses* (Schadenhäufigkeit unbestimmt). Sofern der Eintritt des Schadenfalles weder unmöglich noch gewiß ist, seine Häufigkeit also in dem Bereich zwischen 0 und 1 liegt, kann der Versicherer, von anderen Voraussetzungen abgesehen, nur dann seine Verpflichtungen abschätzen, wenn sich die Schadenhäufigkeit annähernd schätzen läßt. Wo für die Schadenhäufigkeit kein Wert innerhalb tragbarer Fehlergrenzen angesetzt werden kann, ist Versicherung im exakten Sinne unmöglich. Derartige unechte Versicherungsverträge sind seitens des Versicherers reine Spekulation, beinhalten für ihn die Gefahr der Insolvenz und geben daher dem Versicherten auch nicht die erstrebte Sicherheit.

Spekulativ waren die Anfänge des gesellschaftlichen Versicherungsverhältnisses, solange statistische Daten noch nicht vorlagen, und sind es heute noch manche Versicherungsarten, bei denen zuverlässige Statistiken nicht zu erhalten sind. Wenn trotzdem Versicherer auf derartige Risiken eingehen (Aufruhrversicherung, Einschluß der Kriegsgefahr in der Transportversicherung), so treffen sie gewisse Vorkehrungen (kleine Deckungssummen, weite Streuung der Wagnisse, hohe Rückdeckung) und übernehmen die Gefahr nur auf kurze Sicht, behalten sich vorzeitige Kündigung vor, um sich bei ungünstiger Gestaltung der Verhältnisse rasch von den Verträgen lösen zu können. Der Versicherungsnehmer wird durch solche kurzfristigen Verträge wenigstens vor Überraschungen gesichert und gewinnt eine kurze Frist, sich ohne Bedrohung seiner Wirtschaftsführung auf die eingetretene Gefahrenlage einzustellen, seine Transporte umzudirigieren oder seine vom „Volkszorn" gefährdeten Geschäfte zu räumen. In solchen prekären Verträgen sind indes die beiderseitigen Interessen nur schwer zu vereinen. Die Versicherer wollen sich zu ihnen nur in politisch ruhigen Staaten oder Zeiten herbeilassen, wenn verständlicherweise die Versicherungsnehmer wenig Interesse bekunden, und die Versicherer ziehen sich von den Verträgen zurück, sobald sie für die Versicherungsnehmer wichtig werden.

Die Erfahrungen nach dem Ersten Weltkrieg haben berechtigte Zweifel darüber aufkommen lassen, ob die Häufigkeit der Arbeitslosenfälle überhaupt für eine Versicherung gegen Arbeitslosigkeit infolge der Unübersehbarkeit der Konjunkturschwankungen und Strukturänderungen, der verschieden langen Dauer der Aufschwungs- und Niedergangsperioden vorauszuschätzen ist. In Deutschland ist die Arbeitslosenversicherung als Versicherung gescheitert, wenn auch die Form zu wahren versucht wurde, und es ist fraglich, ob sie grundsätzlich längerdauernden Krisen standhalten kann.

Spekulative Risiken sind im Grunde unversicherbar, es mangelt die Voraussetzung einen rationalen Versicherungsbetrieb aufzubauen. Hierin kann eine Unzulänglichkeit des modernen Versicherungswesens gesehen werden, denn in nicht wenigen Fällen kommt den in Rede stehenden Gefahren eine große Bedeutung zu (Katastrophen). Praktisch müssen dann andere Institutionen in die Bresche springen, namentlich wenn ein dringendes Bedürfnis besteht, mit derartigen Risiken verbundene Geschäfte doch zu tätigen. Meist nimmt dann die gesamte Volkswirtschaft über den Staat die Opfer auf sich. Dabei bedient sich mitunter der Staat der technischen Organisation der Versicherer (Exportkreditversicherung, Kriegsversicherungsgemeinschaften).

Unberechenbar wird die Häufigkeit eines Ereignisses auch schon, wenn sich sein Eintritt nicht durch objektive Tatsachen beweisen läßt. Von wenigen Ausnahmen abgesehen, werden deswegen Versicherungen gegen einfachen Diebstahl abgelehnt; das Fehlen eines Gegenstandes wird nicht immer sofort bemerkt, es kann außer auf einen

Diebstahl auf Verlust, Verlegen, Vergessen des Aufbewahrungsortes, Ausleihen und manch andere Umstände zurückzuführen sein.

d) *Berechenbarkeit des Versicherungsereignisses* (Schadenhäufigkeit bestimmt). Aus dem vorher Gesagten ergibt sich schon, daß ein rationaler Versicherungsbetrieb die Berechenbarkeit der Schadenhäufigkeit erfordert. *Versicherung ist nur möglich, wo die Schadenhäufigkeit ohne zu große Abweichungen nach unten oder oben mit einem Zahlenwert angegeben werden kann.* Alle Berechnungen — und jede Kalkulation ist eine Berechnung — setzen zahlenmäßig faßbare Werte voraus.

Nicht berechenbar ist, ob eine bestimmte Wirtschaft von einem Schadenereignis betroffen wird, denn dies käme einer Gewißheit über den Eintritt oder Nichteintritt des Versicherungsfalles gleich. Die Berechenbarkeit muß aber in der Masse der versicherten Wirtschaften, dem Kollektiv, auf Grund einer statistischen Durchschnittsgesetzmäßigkeit gegeben sein. Sind in der Masse gleichartiger Verträge solche Gesetzmäßigkeiten nicht erkennbar, bleiben die Ereignishäufigkeiten unbekannt oder fügen sie sich keiner solchen Gesetzmäßigkeit, so bietet sich keine Möglichkeit für einen rationalen Versicherungsbetrieb.

Die Schadenhäufigkeiten müssen als in der Masse geltende Wahrscheinlichkeitsgrößen aus statistischen Unterlagen erkennbar sein. Damit wird die Wahrscheinlichkeitsrechnung zu einem wesentlichen Bestandteil der Versicherungsökonomik, und man versteht, daß diese in engster Verbindung mit jener entstanden ist. Weiter ist damit gesagt, daß sich ein rationaler Versicherungsbetrieb nur auf eine Masse (Kollektiv) gleichartig gefährdeter Wirtschaften als Versicherte gründen läßt. Wo ein zu geringer Bedarf nach Versicherungsschutz besteht, also zu wenig Verträge laufen, um auf sie überhaupt Wahrscheinlichkeitszahlen anwenden zu können, erweist sich ein eigener Versicherungsbetrieb als unmöglich, er kann höchstens zu Lasten anderer Versicherungsbetriebe oder als nicht zu riskanter Teil eines größeren Betriebes mitgeschleppt werden.

Dieser letzte Weg wird oft gewählt, wenn eine bereits bestehende Gesellschaft einen neuen Versicherungszweig einführt oder eine Versicherungsgesellschaft neu gegründet wird. Mitunter werden solche Geschäftserweiterungen von Rückversicherungsgesellschaften veranlaßt, die die Häufigkeitsschwankungen in dem zu kleinen Erstversicherer in ihrem bedeutend größeren Bestand ausgleichen, und es kommt vor, daß der angebliche Erstversicherer in Wirklichkeit nur ein Vermittler für einen anderen Versicherer ist. Es gibt auch in der Öffentlichkeit meist unbekannte Abmachungen zwischen befreundeten Gesellschaften oder innerhalb von Konzernen, wonach seltenere Wagnisse bei einer Gesellschaft konzentriert werden, um dort den Ausgleich zu schaffen. Praktisch wird dasselbe auch mit den sog. Pools erstrebt.

In der *Lebensversicherung* (Summenversicherung) kann die Schadenhäufigkeit als sog. Sterbewahrscheinlichkeit aus der Sterbetafel abgelesen werden. In der Anlage I ist die aus den Jahrgängen von 1876—1905 von 47 Lebensversicherungsgesellschaften Deutschlands zusammengestellte „*Einfach abgestufte Sterbetafel des Vereins Deutscher Lebensversicherungsgesellschaften*" abgedruckt, die unter dem Namen „Vereinssterbetafel" heute noch von einer Reihe von Gesellschaften benutzt wird. Sie zeigt, wie nach den Sterblichkeitsverhältnissen des angegebenen Zeitraumes eine Ausgangsgesamtheit von 1 000 000 Zwanzigjährigen sich durch die Todesfälle Jahr um Jahr verringert, bis am Schluß nur noch 16 Hundertjährige übrigbleiben (Spalte L_x). In der Spalte T_x ist angegeben, wie viele jährlich durch Tod abgehen. Von 1 000 000 Zwanzigjährigen sterben nach dieser Tafel im Alter von 20 Jahren 3270, so daß 996 730 in das 21. Lebensjahr eintreten; von diesen sterben im 21. Lebensjahr 3259 und treten somit 993 471 in das 22. Lebensjahr über usf. Das Verhältnis aus der Zahl der Gestorbenen eines Jahrganges zu der Gesamtzahl der Gleichaltrigen bezeichnet man als Sterbewahrscheinlichkeit. So ist die Wahrscheinlichkeit der 20jährigen im Alter von 20 Jahren zu sterben 3270/1 000 000 = 3,27‰ (von 1000 dieses Alters sterben 3,27), der 21jährigen im Alter von 21 Jahren zu sterben 3259/996 730 = 3,27‰ usf. Diese Sterbewahrscheinlichkeiten sind in der Spalte q_x für jedes Alter ausgerechnet. Wie zu erwarten, steigen die Sterbewahrscheinlichkeiten mit zunehmendem Alter stetig an. Solche Sterbetafeln sind mehrfach, für Männer und Frauen getrennt, für der Gegenwart näher liegende Zeiträume, für Bestände der Todesfallversicherten und der Rentenversicherten, für verschiedene Berufsgruppen u. dgl. berechnet worden. Das Statistische (Reichs- bzw.) Bundesamt berechnet im Zusammenhang mit Volkszählungen ebenfalls Sterbetafeln der Gesamtbevölkerung.

Die aus den Beobachtungszahlen ermittelten Sterbewahrscheinlichkeiten verlaufen in der Regel nicht glatt, sondern sprunghaft. Da es als gewiß angenommen wird, „daß die Sterblichkeit als Funktion des Alters sich stetig und nicht sprunghaft entwickelt" *(Zwinggi)*, glättet man die Reihe der aufeinanderfolgenden Alterssterbewahrscheinlichkeiten nach der in ihr auftretenden Tendenz. Diese nach graphischen, analytischen oder mechanischen Ausgleichsverfahren vorgenommene Glättung ist für die Versicherungspraxis wichtig, um einen glatten Verlauf der Lebensversicherungsprämien zu erhalten. Sich von einem Altersjahr zum anderen sprunghaft ändernde Sterbewahrscheinlichkeiten würden sich sprunghaft ändernde Prämien ergeben. Zwischen den sich widersprechenden Forderungen, glatter Verlauf der Reihe einerseits und möglichst getreue Wiedergabe der wirklichen Verhältnisse andererseits, ist keines der Ausgleichsverfahren gänzlich frei von Willkürlichkeit, um so weniger, wenn ein möglich einfach zu handhabendes Verfahren gewünscht wird.

II. Der Schadenumfang (Größe der Versicherungsleistung)

Um das aus einem Versicherungsbetrieb zu erwartende Gesamt an Versicherungsleistungen zu bestimmen, muß man außer der Häufigkeit des Eintritts des Versicherungsereignisses auch den Umfang der finanziellen Verpflichtung kennen, den die Versicherungsereignisse für den Versicherer nach sich ziehen. Den Versicherungsfall als gegeben angenommen, kann die sich an ihn knüpfende Versicherungsleistung sein:

a) ***fix***, wenn die Versicherungsleistung ihrer Höhe nach im voraus fest bestimmt ist (Summenversicherung). Die im Versicherungsbestand auftretende Anzahl der Versicherungsfälle multipliziert mit der fixen Entschädigungsleistung ergibt die Gesamtheit der vom Versicherer zu erbringenden Versicherungsleistungen.

Die fixen Entschädigungen können, wie vielfach in der Sozialversicherung, einheitlich für alle Fälle oder in bestimmter vorher vereinbarter Weise abgestuft sein, sei es in beliebiger Höhe vereinbart (Lebensversicherung), sei es gestaffelt nach Dauer der Zugehörigkeit, Alter oder dgl. (Sterbegeld in der Krankenversicherung).

b) ***variabel***, wenn die Entschädigungsleistung erst im Versicherungsfall nach der tatsächlich eingetretenen Beeinträchtigung der Wirtschaft des Versicherten berechnet wird (Schadenversicherung). Sie kann ein die gesamte Versicherungssumme oder die vereinbarte höchste Ersatzpflicht erschöpfender ***Totalschaden*** oder ein darunter liegender ***Teilschaden*** sein. In manchen Versicherungszweigen (Betriebsunterbrechungs-, Kranken-, Arbeitslosenversicherung) ist der Schadenumfang nicht nur von der wirtschaftlich nachteiligen Auswirkung eines „momentan" eingetretenen Ereignisses (Abbrennen der Fabrik, Erkrankung, Entlassung) abhängig, sondern von der Zeitspanne, über die sich die nichtbehebbaren Nachwirkungen erstrecken *(Schadendauer)*. Die Höhe der Entschädigung bestimmt sich, wie lange die Unterbrechung des Betriebes, die Krankheit, die Stellungslosigkeit währt. Der Schadenumfang kann proportional, über- oder unterproportional zur Schadendauer wachsen.

Zu hohen fixen Schadenumfängen kann der Versicherer vorbeugen, indem er unerwünscht hohe Versicherungssummen bei Antragsstellung ablehnt, ein Vorgehen, das auch der Bestandsqualität förderlich sein kann; Versicherungsnehmer, die mit ihre wirtschaftlichen Verhältnisse weit übersteigenden Summen versichert sind, geraten leicht in die Versuchung, den Versicherungsfall absichtlich herbeizuführen oder seiner Abwendung nicht die erforderliche Aufmerksamkeit zu schenken. Bei Summenversicherungen können nach Eintritt des Versicherungsereignisses weder der Versicherte noch der Versicherer die Höhe der Entschädigungsleistung beeinflussen, sie ist eine unabänderliche Größe. Um die Gesamtheit seiner Schadenaufwendungen zu bestimmen, braucht der Versicherer demnach nur die Häufigkeit der Versicherungsfälle in seinem Bestande zu beobachten. Dies bedeutet selbst bei konstanter Schadenhäufigkeit und gleichgroßem Versicherungsbestand noch keine Unveränderlichkeit der Schadenaufwendungen, wenn der Bestand Versicherungen mit unterschiedlichen Summen umschließt. Schwankungen können sich daraus ergeben, daß zufällig mehr Versicherungen mit hohen als mit niedrigen Summen betroffen werden oder umgekehrt. Diesen Schwankungen kann der Versicherer entgegenwirken, indem er durch besondere Maßnahmen (Rückversicherung) eine zu weite Streuung der Versicherungssummen vermeidet.

Anders steht es bei den Schadenversicherungen mit ihren über verschieden hohe Teilschäden bis zu Totalschäden ansteigenden Schadenumfängen. Die schädigende Auswirkung des Versicherungsereignisses ist von dessen Wucht (Intensität und Ausbreitung des Brandes, Wucht des Zusammenpralls der Transportmittel, Größe des Schiffes, Anteil des Ausgestellten am Familieneinkommen usw.) und von dem spezifischen Wert der ergriffenen Gegenstände (hochwertige oder geringwertige Güter) abhängig, aber auch von dem Verhalten des Versicherten oder seiner Vertreter bei Eintritt des Schadenereignisses. Die Schadendauer hängt von der Zeit ab, die bis zur Wiederherstellung des vorher gegebenen Zustandes (Wiederaufbau des Werkes, Gesundung, Auffinden einer neuen Arbeitsstelle) verstreicht. Auf diese Zeitdauer ist die persönliche Energie des Versicherten ebenso von Einfluß wie die allgemeine wirtschaftliche und gegebenenfalls sogar politische Lage. Die außerordentliche Variabilität der Schadenumfänge suchen die Versicherer durch eine Reihe von Maßnahmen wenigstens nach obenhin zu begrenzen:

1. *Verpflichtung des Versicherten zur Schadenminderung*, wie Rettungs- und Bergungspflicht, Verbot eine Haftung anzuerkennen, Pflicht zur Inanspruchnahme ärztlicher Hilfe u. dgl.

VVG. § 62 verpflichtet den Versicherungsnehmer, bei dem Eintritt des Versicherungsfalls nach Möglichkeit für die Abwendung und Minderung des Schadens zu sorgen und dabei die Weisungen des Versicherers zu befolgen; wenn es die Umstände gestatten, hat er dessen Weisungen einzuholen. Die Rettungspflicht beschränkt sich selbstredend auf das, was dem Versicherungsnehmer billigerweise zugemutet werden kann. Schuldhafte (vorsätzliche und fahrlässige) Verletzung der Rettungspflicht zieht u. U. die Verwirkung der Versicherungsleistung nach sich oder macht den Versicherungsnehmer für den entstandenen Mehrschaden dem Versicherer gegenüber schadenersatzpflichtig. Vgl. ferner VVG. § 122, 144, 183. Wurde der Schadenfall von einem Dritten herbeigeführt, muß der Versicherte etwaige Ersatzansprüche gegenüber dem schuldigen Dritten an den Versicherer abtreten (VVG. § 67).

2. ***Begrenzung der Ersatzpflicht durch die Versicherungssumme oder (bei Überversicherung) auf die Höhe des eingetretenen Schadens.*** Der Versicherer haftet nur bis zur Höhe der Versicherungssumme (VVG. § 50) und hat nicht mehr als den Betrag des Schadens zu ersetzen (VVG. § 55). Abgesehen von der Erstrisikoversicherung ist eine Unterversicherung anzurechnen (VVG. § 56).

Darüber hinaus hat der Versicherer nur noch zu leisten: Verzinsung der Entschädigungsleistung (VVG. § 11, 94, 124) und Ersatz der vom Versicherer angewiesenen Rettungsaufwendungen (VVG. § 63). Vom Versicherungsnehmer vorgenommene (spontane) Aufwendungen sind hingegen nur im Rahmen der Versicherungssumme zu ersetzen (VVG. § 63).

3. ***Begrenzung der Schadendauer***, für die der Versicherer haftet. So in der Betriebsunterbrechungs-, Mietverlust-, Arbeitslosen-, Unfall- und Krankenversicherung.

Wenn, wie in der privaten Krankenversicherung, die Dauer der Ersatzleistungen mitunter zeitlich nicht begrenzt ist, hat sich der Versicherer ein Kündigungsrecht vorbehalten, was ihn praktisch in die Lage setzt, seine Entschädigungsleistung zu beschränken.

4. ***Festsetzung einer Obergrenze der Entschädigung*** sowohl dort, wo es eine Versicherungssumme nicht gibt (Haftpflichtversicherung und Krankenversicherung) als auch innerhalb vereinbarter Versicherungssummen.

In der Haftpflichtversicherung sind diese Höchstentschädigungssummen unterschiedlich für Personen-, Sach- und Vermögensschäden festgelegt. Durch Zahlung der ganzen „Versicherungs"summen kann sich der Versicherer von weiteren Verpflichtungen befreien (Abandon des Versicherers). In der Krankenversicherung finden sich mehrfach ineinandergreifende Leistungsbeschränkungen (jährliche Gesamthöchstbeträge, jährliche Höchstbeträge für Einzelleistungen, Selbstbeteiligungen, Beziehungen auf die ärztliche Gebührenordnung). Bei Außenversicherungen größeren Ausmaßes wird zumeist die Ersatzpflicht für den Einzelschadenfall der Höhe nach begrenzt.

5. ***Selbstbeteiligung des Versicherten an jedem Schaden*** („Selbstversicherung"). Sie wirkt zwar nicht als eine absolute Grenze, aber weil der Versicherte einen Teil des eingetretenen Schadens tragen muß, interessiert sie ihn an dessen Beschränkung. Die Versicherungsbedingungen

verbieten, diese vereinbarte Selbstversicherung durch eine andere Versicherung abzudecken.

Die vom Versicherer zu leistende Entschädigung (= Umfang des Einzelschadens) wird einmal durch den Umfang der vorgekommenen physischen Zerstörung und durch die der Berechnung des Schadens zugrunde zu legenden Werte bestimmt. Je nachdem welcher Ersatzwert vereinbart ist (Neuwert oder Zeitwert, Nutzungs-, Wiederherstellungs-, Wiederbeschaffungs-, Einkaufs-, Verkaufs-, Affektionswert), welche Preise und zusätzliche Kosten gerechnet werden, welche Abzüge sich der Versicherte gefallen lassen muß (ersparte Aufwendungen), wird die Entschädigungsleistung eine verschiedene Höhe aufweisen. Nicht ohne Einfluß ist es, ob der Versicherer bei der Schadenregulierung großzügig oder kleinlich verfährt, Kulanzentschädigungen zugesteht oder nicht. In der Haftpflichtversicherung hängt die Höhe der Entschädigungsleistung wesentlich von dem Verhandlungsgeschick des Regulierungsbeamten ab, aber auch davon, wieweit der Versicherer die vielfach bedrängte Lage des Geschädigten zur Erwirkung von Zugeständnissen ausnutzt. Umstritten ist, wieweit sich bei prozessualer Festsetzung der Entschädigung die Gerichte von einem Ressentiment gegen die Versicherer beeinflussen lassen („Die reiche Gesellschaft einerseits, der arme Geschädigte andererseits").

Die oben angeführte Bestimmung des VVG. § 55, wonach der Versicherer nicht mehr als den eingetretenen Schaden zu ersetzen hat, wird in der Literatur als das sog. „*Bereicherungsverbot*" bezeichnet. Umstritten war lange Zeit, ob die nach dem Vorgehen einiger öffentlicher Anstalten auch von den Privatgesellschaften eingeführte Neuwertversicherung (Feuerversicherung und Leitungswasserschädenversicherung) gegen die unabdingbare Bestimmung des VVG. § 55 verstößt. Jetzt wird dies zumeist verneint (z. B. von *von Gierke* und *Prölß*).

Betriebswirtschaftlich gesehen muß jedoch gerade bei den zum Neuwert versicherbaren Gegenständen (Gebäude, technische und kaufmännische Betriebseinrichtungen) eine jährliche Abschreibung mindestens auf den Zeitwert vorgenommen werden. Bei ordnungsmäßiger Betriebsführung müßte also eine bloße Zeitwertentschädigung zuzüglich der zurückgelegten Abschreibungsbeträge den Neuwert ergeben. Das anfängliche Widerstreben des Aufsichtsamtes entbehrte also nicht ganz der Berechtigung, wenn sich auch die Befürchtungen der Versicherer wegen einer Erhöhung des subjektiven Risikos als unbegründet erwiesen. Anderseits läßt sich nicht übersehen, daß ein Betrieb schwer getroffen werden kann, wenn die als Betriebskapital im Betriebe mitarbeitenden Abschreibungsbeträge im Falle eines Schadens plötzlich herausgezogen werden müssen.

Für den Versicherer kommt es darauf an, daß der Schadenumfang nicht nur im Einzelfall, sondern auch in der Gesamtheit seines Versicherungsbestandes berechenbar ist. Wäre nur die Schadenhäufigkeit bekannt, hätte man jedoch keinen Anhalt über den mit einem Schadenfall verbundenen durchschnittlichen Schadenumfang, so könnte der voraussichtliche Gesamtschaden des Versicherers nicht bestimmt werden. Eine trotzdem aufgezogene Versicherung bliebe spekulativ, wie sie es auch in den Anfängen des gesellschaftlichen Versicherungsverhältnisses war, als noch keine ausreichenden Schadensstatistiken vorlagen. Aus den von den Versicherern aufgestellten Statistiken über die Zahl der Schadenfälle und den Umfang der Schadenzahlungen kann entnommen werden:

a) der ***durchschnittliche Schaden*** je Versicherungsfall. Der durchschnittliche Schadensumfang je Wirtschaftsperiode ist dann

$$\frac{\text{Gesamtsumme aller Schäden}}{\text{Zahl der Schäden}}$$

Der durchschnittliche Schadenumfang ist ein absoluter Betrag, der die im Durchschnitt auf einen Schaden entfallende Entschädigungssumme angibt.

Der Vergleich des in einem Geschäftsjahr aufgetretenen durchschnittlichen Schadenumfanges mit den entsprechenden Daten der Vorjahre ermöglicht mit Hilfe der mathematischen Statistik zu beurteilen, ob die Schwankungen im Bereiche der Zufallsschwankungen liegen und mit welcher künftigen Entwicklung zu rechnen ist. Dazu ist es freilich auch nötig, die Auswirkung eventuell neu auftretender Umstände (technische und gesellschaftliche Entwicklung) auf den durchschnittlichen Schadenumfang vorauszuschätzen.

b) Eine verfeinerte Methode ist die Aufstellung von ***Schadentafeln*** (genauer ***Schadenumfangtafeln***). Sie können in verschiedener Weise angelegt werden.

1. Wo es keine Versicherungssummen gibt, kann man den durchschnittlichen Schaden je Versicherten (aufgegliedert nach verschiedenen Gruppen) berechnen. Auf diese Weise werden Änderungen in der Zusammensetzung des Versicherungsbestandes berücksichtigt.

Ein Beispiel bietet die private Krankenversicherung, in der man die Kopfschäden nach verschiedenen Altersgruppen der Versicherten in Tafeln zusammenstellt. Kopfschaden ist die durchschnittliche Schadensausgabe auf den Kopf des Versicherten eines bestimmten Alters innerhalb eines Jahres (bzw. Monats). Diese Kopfschäden können für Frauen und Männer getrennt berechnet werden. Da sich die Kopfschäden aus verschiedenen Leistungen des Versicherers (Arzthonorare, Arzneikosten, Operationskosten, Krankenhauspflegekosten usw.) zusammensetzen, lassen sich für jede dieser Leistungsarten Teilkopfschäden berechnen, was hier erforderlich ist, weil die einzelnen Tarife die genannten Leistungsarten in verschiedenem Umfange einschließen. Anlage IIa zeigt eine solche auf das Krankheitskostenrisiko berechnete Tafel der monatlichen Kopfschäden, Anlage IIb eine abgekürzte Tafel für Teilkopfschäden. Die Summe der Teilkopfschäden muß mit dem Kopfschaden übereinstimmen.

Die beiden Tafeln zeigen eine Altersabhängigkeit, die bei den Einzelleistungen durchaus unterschiedlich ist. Die Kosten für die Frau (hier ohne Geburtshilfe) sind höher als beim Mann. Während die Operationskosten bei den Männern fast völlig unabhängig vom Alter sind, wirkt bei den Frauen das gebärfähige Alter offenbar stark auf die Schadenhöhe ein (*Tosberg*). Der durchschnittliche Schadenumfang je Versicherung ist demnach verschieden, je nachdem welche Leistungsarten versichert sind und wie sich der Versicherungsbestand nach Geschlecht und Alter der Versicherten zusammensetzt. Überwiegen die Frauen und die hohen Altersklassen, ergibt sich ein höherer Schadenumfang. Dieser Umstand hat zu einer gegenüber der Vorkriegszeit erheblich gesteigerten Beanspruchung der Krankenversicherung geführt, weil der Ausgleich durch junge Männer heute nicht mehr im früheren Ausmaße wirksam ist.

2. Wo eine Versicherungssumme gegeben ist, können die angefallenen Schäden zu ihr ins Verhältnis gesetzt werden. *Sergowskij* zufolge bezeichnet man als ***Schadengrad*** einer bestimmten Versicherung das Verhältnis des bei ihr aufgetretenen Schadens zu ihrer Versicherungssumme, also

$$\text{Schadengrad jeder Versicherung} = \frac{\text{Schaden}}{\text{Versicherungssumme}}$$

Bei einem Totalschaden (Schaden = Versicherungssumme) ist der Schadengrad 1, bei einem Teilschaden (Schadensumme < Versicherungssumme) ist der Schadengrad < 1, bei einer Versicherung, die ohne Schaden verlaufen ist, ist er 0. Die Schadengrade schwanken demnach zwischen 0 und 1. Schadengrade über 1 können, was sehr selten ist, auftreten, wenn bei einem Totalschaden die ganze Versicherungssumme und darüberhinaus noch Zinsen und Rettungsaufwendungen bezahlt werden müssen. Wären die Versicherungssummen alle gleich hoch, so würden gleiche Schadengrade einen gleichen Schadenumfang bedeuten; bei verschieden hohen Versicherungssummen bedeutet der gleiche Schadengrad, daß der Schadenumfang den gleichen (prozentualen) Teil der Versicherungssumme beansprucht hat. Teilt man nun den Bereich des Schadengrades von 0 bis 1 in eine bestimmte Anzahl (etwa 100) Gruppen ein, so erhält man eine Schadentafel, die angibt, wie sich eine Gesamtheit von Schäden auf Gruppen von Schäden relativ gleicher Höhe verteilt. Man bekommt so ein Bild, wie oft unter den Schäden Totalschäden, wie oft Teilschäden auftreten und wie sich diese verteilen. Solche Schadentafeln können für einen Versicherungszweig, ferner innerhalb dieses für Gruppen relativ gleichartiger Wagnisse (in der Feuerversicherung z. B. für sog. einfaches Geschäft — Hausrat —, Landwirtschaft, Industrie und in dieser wieder für einzelne Betriebsgruppen) aufgestellt werden.

Zur Veranschaulichung folgen die von *Riebesell* für die Feuerversicherung mitgeteilte und die von *Gürtler* konstruierte Schadentafel mit je 10 Intervallen. Beide Tafeln hängen nicht zusammen, sie sollen nur die beiden Möglichkeiten erläutern.

Schadengrad	Schäden von bis zu % der Versicherungssumme	*Riebesell* % der Schadenfälle in der Feuerversicherung	*Gürtler* Anzahl der Schäden als Beispiel
bis 0,1	0— 10	81,6	49 742
0,1—0,2	10— 20	3,1	8 619
0,2—0,3	20— 30	1,7	4 735
0,3—0,4	30— 40	1,5	3 801
0,4—0,5	40— 50	1,5	3 822
0,5—0,6	50— 60	1,5	4 268
0,6—0,7	60— 70	1,7	4 947
0,7—0,8	70— 80	1,7	5 763
0,8—0,9	80— 90	2,0	6 670
0,9—1,0	90—100	3,7	7 633
		100,0	100 000

In beiden Tafeln fällt die sehr große Zahl kleiner Schäden auf, eine für die meisten Versicherungszweige charakteristische Erscheinung, die für die Prämienbestimmung von Bedeutung ist. Von dem mittleren Schadengrad ab zeigt sich wieder ein Ansteigen bis zu den Totalschäden. Selbstverständlich ist diese Verteilung der Schäden in den einzelnen Versicherungszweigen verschieden. Die statistischen Untersuchungen über die Schadentafeln liegen für die verschiedenen Versicherungszweige noch nicht vollständig vor, zum Teil sind sie noch sehr unvollkommen.

Je größer die Zahl der Intervalle bei der Aufstellung der Schadentafeln gewählt wird, desto genauer läßt sich der durchschnittliche Schaden ermitteln *(Gürtler)*. Es kann jede beliebige Anzahl von Intervallen genommen werden. Wenn sich die vorstehende Tafel auf 10 Intervalle beschränkt, so geschah es wegen der den theoretischen Gedankengang nicht beeinflussenden Kürze und weil in der Praxis weitgehend aufgegliederte Tafeln noch nicht vorliegen. Die in § 12 folgende Ermittlung der Netto- oder Risikoprämien fußt auf der vorstehenden, von *Gürtler* konstruierten Tafel mit 10 Intervallen.

Schadenumfang bei Rentenversicherungen

Bei allen Versicherungen außer der Rentenversicherung läßt sich der jährliche Schadenaufwand pro Versicherung oder pro Schadenfall aus den jährlich anfallenden Schäden verhältnismäßig einfach bestimmen. Anders ist es jedoch, wenn der Eintritt des Versicherungsfalles eine Rentenleistung des Versicherers nach sich zieht. Dies ist der Fall, wenn eine Lebensversicherung derart genommen wird, daß von der Erreichung eines bestimmten Alters ab eine lebenslängliche, gleichbleibende oder ansteigende Rente an den Versicherten gezahlt werden soll, oder bei einer Pensions- oder Invalidenversicherung, bei der neben der Altersrente des Mannes eine Witwenrente der Frau, eine Waisenrente für die Kinder und vor Erreichung des Pensionsalters unter Umständen noch eine Invalidenrente, sei es an den Versicherten, sei es an dessen Hinterbliebene zu leisten ist. Für die Bestimmung des Schadenumfanges müssen hier mehrere Tafeln verwendet werden.

Für die private Rentenversicherung kommt eine die Sterblichkeit der Rentner wiedergebende Tafel, und zwar unterschiedlich nach dem Geschlecht, in Betracht. Aus ihr ist zu ersehen, wie lange im Durchschnitt eine fällig gewordene Rente zu bezahlen ist. Erfahrungsgemäß ist die Lebenserwartung der Frauen größer als die der Männer; allgemein zeigen die Rentner eine Mindersterblichkeit gegenüber den Tafeln der Todesfallversicherung, weil Rentenversicherungen meist von sich besonders lebenskräftig fühlenden Personen in bereits vorgeschrittenem Alter eingegangen werden. Ähnlich wie bei der lebenslänglichen Todesfallversicherung muß der Versicherer hier unter Umständen mit einer sich über Jahrzehnte erstreckenden Laufzeit des Vertrages rechnen und deshalb vorsichtig kalkulieren.

Die Pensionsversicherung benötigt an Tafeln:

a) eine Aktiventafel, die angibt, wieviele von erwerbstätigen Personen gleichen Alters (Aktive) in diesem Alter sterben und invalid (erwerbsunfähig) werden,
b) eine Invalidensterbetafel, die angibt, wieviele von Invaliden eines bestimmten Alters in diesem Alter sterben, womit die Rente für sie erlischt,
c) eine Frauensterbetafel zur Berechnung der Witwenrenten, genauer eine Ausscheideordnung für Witwen, die auch die Fälle berücksichtigt, in denen eine Witwe durch Wiederverheiratung den Anspruch auf die Witwenrente verliert,
d) eine Kindersterbetafel zur Berechnung der Waisenrenten,
e) u. U. eine Tafel der Heiratshäufigkeit der Männer und der Frauen sowie eine Tafel der Kinderhäufigkeit der Ehen nach den Altern der Männer.

Zimmermann und *Bentzien* haben nach Unterlagen aus den Jahren 1868/84 bzw. 1868/89 die nachfolgend auszugsweise wiedergegebene Aktiven- und Invalidentafel zusammengestellt (nach *Friedrich Böhm* „Versicherungsmathematik"):

Alter	Aktiventafel (Nicht-Zugpersonal)					Invalidentafel (Gesamtpersonal)	
	Zahl der Aktiven	aktive Sterbefälle	Invalidisierungen	Wahrscheinlichkeit aktiv zu sterben	Wahrscheinlichkeit invalid zu werden	Zahl der lebenden Invaliden	Wahrscheinlichkeit im nächsten Jahr zu sterben
x	L_x^a	T_x^a	J_x	q_x^{aa}	i_x	L_x^i	q_x^i
20	100 000	907	21	0,00907	0,00021	102 832	0,1044
21	99 072	858	26	866	26	92 004	1005
22	98 188	813	32	828	33	82 702	966
23	97 343	771	39	792	40	74 680	927
24	96 533	736	45	762	47	67 742	888
30	92 091	629	88	683	96	41 354	667
31	91 374	627	103	686	113	38 596	652
32	90 644	637	119	703	131	36 081	642
33	89 888	645	140	717	156	33 763	633
34	89 103	640	167	741	187	31 625	624
50	69 188	1055	951	1524	1375	12 784	490
51	67 182	1075	1081	1600	1609	12 158	484
52	65 026	1099	1195	1690	1838	11 570	483
53	62 732	1119	1302	1784	2075	11 011	474
54	60 311	1111	1431	1842	2373	10 489	471
55	57 769	1107	1552	1916	2687	9 995	470
56	55 110	1105	1686	2005	3059	9 525	470
57	52 319	1089	1835	2082	3507	9 077	472
58	49 395	1086	2006	2199	4061	8 649	479
59	46 303	1083	2174	2339	4695	8 235	486

Die Wahrscheinlichkeit im Stande der Erwerbsfähigkeit zu sterben nimmt nach dieser Tafel bis zum Alter 31 ab, um von da an laufend zu steigen. Die Wahrscheinlichkeit der Invalidisierung setzt mit einer erheblich unter der Sterbewahrscheinlichkeit liegenden Größe ein, überholt diese jedoch im Alter 51. Die Sterbewahrscheinlichkeit der Invaliden ist ein Vielfaches höher als die der Aktiven, ein Zeichen ihrer geschwächten Widerstandskraft; ihren Tiefpunkt erreicht die Invalidensterblichkeit erst im 55. Lebensjahr. Andere Berufe zeigen natürlich einen anderen Verlauf der Wahrscheinlichkeiten: Angestellte haben eine erheblich geringere Invalidität als Arbeiter; auch können die Vorstände der Kassen durch eine mehr oder weniger strenge Prüfung der Rentenanträge die Invaliditätshäufigkeit beeinflussen. Bei Firmenpensionskassen besteht die Gefahr, daß die Firmen ältere noch arbeitsfähige Angestellte in Zeiten ungünstiger Wirtschaftslage vorzeitig pensionieren. Frauen zeigen gegenüber Männern eine erhöhte Invaliditätswahrscheinlichkeit.

Die Versicherungsmathematik gibt die Regeln an, wie sich aus den verschiedenen miteinander zu kombinierenden Tafeln die Häufigkeit des Eintritts einer Verpflichtung zur Leistung der Alters-, Invaliden-, Witwen- oder Waisenrente errechnen läßt. Die Höhe der Rente ergibt sich aus den Versicherungsbedingungen; ihre durchschnittliche Laufzeit kann wieder aus den Tafeln ersehen werden. Daraus ist ein Plan zu errechnen, wie der Versicherer aus den in einem bestimmten Jahr eingetretenen Rentenfällen künftig Jahr für Jahr mit Rentenleistungen belastet wird. Die Summe dieser sich oft über viele Jahre erstreckenden Rentenzahlungen ist eigentlich der Schadenumfang. Da der Versicherer jedoch für seine Kalkulation den jährlichen Schadenumfang braucht, muß er diesen bestimmen. Dazu gibt es verschiedene Wege:

1. *System des tatsächlichen Jahresaufwands.* Es werden die nach dem vorerwähnten Plan zu leistenden Renten als Schadenaufwand für das betreffende Jahr eingesetzt.

   Bei einer neu eingeführten Rentenversicherung steigen Jahr für Jahr die Rentenaufwendungen, weil zu den alten Rentenempfängern jährlich neue hinzutreten, ohne daß die alten ausgestorben sind. Dies setzt sich fort, bis ein Beharrungszustand eintritt, in dem die ursprünglich Versicherten ausgestorben sind und durch den jährlichen Neueintritt der Versichertenbestand auf gleicher Höhe in unveränderter Alterszusammensetzung gehalten wird. Von da ab wird der stationäre Rentnerbestand alljährlich die gleiche Rentensumme beanspruchen. Zeigen sich Schwankungen im Rentnerbestand, sei es in der Anzahl, sei es in dem Altersaufbau, wird sich dieser Beharrungszustand nur bei einer bestimmten Art des Neuzuganges einstellen.

   Dieses Verfahren führt also zu einem unter Umständen von Jahr zu Jahr stark schwankenden Jahresaufwand und wälzt, weil erst künftig für früher bewilligte Renten gesorgt wird, die in der Gegenwart entstandenen Lasten auf die Zukunft ab. Dies erleichtert die Einführung der Versicherung, gibt jedoch keine ausreichende Gewähr für die dauernde Erfüllung der aufgelaufenen Rentenverpflichtungen.

2. *Das Kapitaldeckungsverfahren* (System der Verbindlichkeits- oder Anspruchsdeckung). Tritt jemand in den Rentenbezug ein, wird mit Hilfe der Tafeln ein Kapitalwert berechnet, der einschließlich der Zinsen ausreicht, alle periodisch wiederkehrenden Renten bis zu ihrem Erlöschen zu bezahlen. In dem Deckungskapital oder Kapitalwert der Renten wickelt demnach der Versicherer die ganze Folge der Renten in dem Jahr rechnerisch ab, in dem die Rentenansprüche entstehen. Die Gegenwart trägt die volle Last der Rentenansprüche.

   In einem stationären Versichertenbestand mit unveränderter Alterszusammensetzung bleibt die Jahr für Jahr bei dem Kapitaldeckungsverfahren aufzubringende Summe von Anfang an die gleiche. Diese setzt zwar höher ein als bei dem System des tatsächlichen Jahresaufwands, bleibt im Beharrungszustand aber hinter diesem zurück, weil die laufenden Renten schließlich einen größeren Betrag erfordern als die Ablösung der neu entstehenden.

   Das Kapitaldeckungsverfahren gibt volle Sicherheit für die Erfüllung der einmal eingetretenen Rentenverpflichtungen, jedoch ist in ihm keine Vorsorge getroffen für die Ansprüche jener, deren Versicherungsfall noch nicht eingetreten ist. Das Kapitaldeckungsverfahren empfiehlt sich, wo mit einem starken Wechsel der Versicherungsnehmer zu rechnen ist, weil, sofern die Prämien nach dem Umlageverfahren erhoben werden, verhältnismäßig kurz bestehende Betriebe zu den vollen Kosten der Rentenzahlungen herangezogen werden. Deswegen und wegen des hohen, stark schwankenden Risikos ist es z. B. für die Unfallversicherung der Tiefbau-Berufsgenossenschaft vorgeschrieben (RVO. § 731, Abs. 2).

3. *Das Anwartschaftsdeckungsverfahren.* Ist der Schadenumfang bei dem System des tatsächlichen Jahresaufwands der aus dem Rentenplan für ein bestimmtes Jahr hervorgehende Gesamtaufwand (unter der Voraussetzung richtiger Berechnung), beim Kapitaldeckungsverfahren die Summe der kapitalisierten, in dem betreffenden Jahr entstandenen Rentenansprüche bis zu ihrem Erlöschen, beachtet man also in beiden Fällen nur den Zeitraum, währenddessen die Renten voraussichtlich zu zahlen sind, so legt man beim Anwartschaftsdeckungsverfahren die gesamte Laufzeit des Versicherungsverhältnisses zugrunde, bezieht demnach

auch die Zeit vor dem Entstehen der Rentenansprüche ein. Unter Einrechnung der Verzinsung wird der aus dem Rentenplan ersichtliche Gesamtaufwand an Renten auf die Jahre verteilt, für die mit einer Beitragszahlung zu rechnen ist. Nach dieser Methode fällt bereits vom ersten Jahr des Versicherungsverhältnisses an ein bestimmter Jahresaufwand an, der eine Rücklage (Deckungskapital) für die erst später fällig werdenden Renten darstellt. Dieses Verfahren ermöglicht eine ziemlich gleichmäßige Verteilung des Gesamtaufwands auf alle Jahre des Versicherungsverhältnisses. Es kommt in zwei Varianten vor:

a) *Anwartschaftsdeckungsverfahren für eine Generation.* Man betrachtet die gleichzeitig, d. h. innerhalb eines Jahres in die Versicherung Eintretenden als eine Gruppe (Generation) und führt für diese Gruppe wie auch für alle später eintretenden Gruppen die oben erwähnte Berechnung durch. Es sind alle Rentenansprüche und alle Anwartschaften der einer Gruppe angehörenden Personen gedeckt. Bei Einführung dieses Anwartschaftsdeckungsverfahrens ist normalerweise eine Generation vorhanden, die einen anderen Altersaufbau hat wie der künftige alljährliche Neuzugang. Es errechnet sich somit ein verschiedener Jahresaufwand (Deckungskapital) für die alte Generation und den alljährlichen Neuzugang. Weist der Neuzugang alljährlich die gleiche prozentuale Alterszusammensetzung auf, so ergibt sich immer der gleiche Jahresaufwand pro Kopf.

b) *Allgemeines Anwartschaftsdeckungsverfahren.* Ohne sie in Gruppen nach ihrem Beitrittsjahr zu teilen, wird die Rechnung für alle Versicherten in ihrer Gesamtheit durchgeführt. Hierzu sind Annahmen über die künftige Entwicklung des Versichertenbestandes, seine voraussichtliche Alterszusammensetzung, erforderlich. Wird dieses gegenüber a) etwas rohere Verfahren längere Zeit unverändert beibehalten, dann kann sich im Falle einer verschlechterten Alterszusammensetzung der Gesamtheit ein Fehlbetrag einstellen, weil nicht mehr alle Ansprüche und Renten voll gedeckt sind.

Das Anwartschaftsdeckungsverfahren ist besonders geeignet für Versicherungen mit langfristigen Leistungen und war in der Form b) bis zur Inflation für die soziale Invaliden- und Angestelltenversicherung, bis 1926 für die knappschaftliche Pensionsversicherung vorgesehen. Seine Anwendung war seinerzeit erleichtert, weil in der Invaliden- und Angestelltenversicherung anfangs nur Beiträge einflossen, die kapitalisiert werden konnten, während die ersten Renten erst später nach Ablauf der vorgesehenen Wartefristen fällig wurden. Beim Wiederaufbau nach der Inflation und ebenso nach der Währungsreform 1948 mußten hingegen sofort die Zahlungen für die laufenden Renten in neuer Währung fortgesetzt werden, obwohl ein Deckungskapital hierfür nicht mehr vorhanden war. Der Not gehorchend hat man sich vorläufig mit dem System des tatsächlichen Jahresaufwands weitergeholfen, ohne damit die endgültige Sanierung der sozialen Rentenversicherungen zu erreichen.

Je nachdem welches Verfahren für die Berechnung des Jahresaufwands einer Rentenversicherung angewendet wird, erhält man verschiedene Größen und einen verschiedenen Verlauf dieser Größen in der Zeit. Der den Kalkulationen zugrunde zu legende Jahresaufwand ist also auch von den angewandten Berechnungsmethoden abhängig. Besondere Probleme entstehen bei einem Wechsel der Berechnungsmethoden, worauf hier nicht eingegangen wird.

Schrifttum: Außer den bereits genannten Werken a) *Adolf Tosberg* „Rechnungsgrundlagen und Schadentafeln der Krankheitskostenversicherung“, Berlin 1940; b) *Christian Gasser* „Die versicherungstechnischen Grundprobleme der Pensionskassen“ in Verwaltungs-Praxis, Solothurn 1950; c) *Otto von Zwiedineck-Südenhorst* „Morbiditätsstatistik in der Krankenkassenverwaltung“ in Z. f. d. g. V.-W., Bd. 29, Berlin 1929.

§ 11. Die Schadenwahrscheinlichkeiten

Exogene und endogene Schadenstatistiken

Um die Schadenaufwendungen in einem Bestande gleichartiger Versicherungen zu bestimmen, genügt bei Summenversicherungen die Kenntnis der voraussichtlich eintretenden Schadenfälle (Schadenhäufigkeit). Bei den übrigen Versicherungen (Interessenversicherungen) muß man dazu noch Angaben über den Schadenumfang besitzen. Die dafür erforderlichen Unterlagen liefert eine Schadenstatistik, die auf Grund der einschlägigen faktischen Daten für einen bestimmten Zeitraum aufgestellt wird. Dabei kann es sich um eine versicherungsendogene bzw. betriebsendogene Schadenstatistik handeln, wenn die Schadenereignisse eines Versicherungszweiges oder eines bestimmten Betriebes verwertet werden. Versicherungsexogene oder betriebsexogene Statistiken liegen vor, wenn die Unterlagen außerhalb der Versicherung oder der Betriebe aufgenommen wurden; zur versicherungsexogenen Statistik gehören z. B. die in den statistischen Ämtern gewonnenen Sterbetafeln, polizeiliche Unfallzählungen, Zusammenstellung von Versicherungsfällen aus Zeitungsnachrichten u. dgl.; versicherungsendogene Statistiken können betriebsexogen sein, wenn sie von einem anderen Betrieb mitverwertet werden. Die Schadenstatistik hat eine dreifache Aufgabe:

1. dient sie der *Nachprüfung der vorhergegangenen Kalkulationen.* Ein Vergleich der im voraus angenommenen Daten mit den tatsächlich eingetretenen beweist, ob und inwieweit die Schätzungen richtig waren und gibt Hinweise auf Fehlerquellen. Aus den so gewonnenen Erfahrungen liefert die Schadenstatistik
2. *Anhaltspunkte für die künftige Gestaltung des Versicherungsgeschäfts;* sie ist damit eine wesentliche Grundlage für die künftige Betriebspolitik. Dieser Aufgabe wird sie nur dann voll gerecht, wenn sie
3. zu einer *Aufdeckung der für Schadenhäufigkeiten und Schadenumfänge bestehenden Abhängigkeiten* führt. Sie braucht dabei nicht unbedingt bis zu den letzten Ursachen vorzustoßen, es genügt, wenn sie vom Versicherer beachtbare Beziehungen nachweist, wie z. B. die Abhängigkeit der Sterbehäufigkeiten vom Alter, der Brand- und Einbruchdiebstahlschäden von der Konjunktur, der Kraftfahrzeugschäden von der Verkehrsdichte u. dgl.

Eine verläßliche Schätzung seiner Schadenaufwendungen wird der Versicherer nur erreichen, wenn ihm möglichst aktuelle Statistiken zur Verfügung stehen und wenn er die richtigen Schlüsse daraus zieht. Alle statistischen Zahlen beinhalten gewisse Fehler, keine bietet die unbedingte Gewähr ihrer Unveränderlichkeit in der Zukunft, jede Entwicklungsrichtung kann sich ändern. Je langfristiger die Versicherungsverhältnisse eingegangen werden, desto vorsichtiger müssen die Statistiken gewählt und die aus ihnen zu ziehenden Schlußfolgerungen überlegt werden.

Versicherungsexogene Statistiken brauchen nicht unbedingt für den Versicherer zuverlässige Zahlen zu liefern, selbst wenn sie sich auf ein umfassenderes Material stützen. Die Sterbetafeln der statistischen Ämter stimmen mit den eigenen Tafeln der

Lebensversicherungsgesellschaften nicht überein. Selbst versicherungsendogene Statistiken können nur mit Vorbehalt innerhalb der Betriebe verwendet werden: die private Krankenversicherung zeigt einen ungünstigeren Schadenverlauf als die soziale Krankenversicherung. Auch hat jeder Versicherer Besonderheiten seines Versicherungsbestandes zu berücksichtigen.

Jede Statistik liefert Daten, die praktisch immer der Vergangenheit angehören. Um seine möglichen Versicherungsleistungen vorausschauend bestimmen zu können, muß der Versicherer aus den ermittelten Zahlen der Schadenhäufigkeit und des Schadenumfanges Wahrscheinlichkeitszahlen ableiten, auf die er das rationale Rechenwerk seines Betriebes stützen kann. Die mögliche Schadenhäufigkeit und den möglichen Schadenumfang für die kommende Versicherungsperiode bzw. bei mehrjährigen Verträgen mit fester Prämie für die ganze Laufzeit der Verträge muß er quantitativ fassen können. Diese „quantitative Fassung des Begriffs der Möglichkeit" ist die *Wahrscheinlichkeit (Carl Friedrich von Weizsäcker)*.

Vergangene Versicherungsleistungen sind Fakten, die statistisch erfaßt werden können. Die Statistik vergangener Versicherungsleistungen gibt Gliederungs- und Verhältniszahlen für faktische Versicherungsfälle, aber keine Wahrscheinlichkeitszahlen künftig möglicher Versicherungsfälle. Selbstredend fußen alle Wahrscheinlichkeitszahlen auf statistisch ermittelten Gliederungs- und Verhältniszahlen, aber sie enthalten die auf die Vergangenheit bezogenen faktischen Werte nur als Anhaltspunkte für künftig mögliche Fälle. *Wahrscheinlichkeitszahlen sind grundsätzlich immer über die die Gegenwart einschließende Vergangenheit in die noch ungewisse, nach Möglichkeiten zu erkennende Zukunft hinaus extrapolierte Zahlen.* Sie enthalten damit zu den in der Erhebung und Aufbereitung faktischer statistischer Daten liegenden Fehlern noch zusätzliche, im Extrapolationsverfahren verborgene Fehlermöglichkeiten.

Der Begriff: Wahrscheinlichkeit

Nach ersten, sich auf das Würfelspiel beziehenden Wahrscheinlichkeitsbetrachtungen bei *Cardano* und *Galilei* haben *Pascal* und *Fermat* um die Mitte des 17. Jahrhunderts die Wahrscheinlichkeitsrechnung begründet. Sie gingen von der mathematischen Behandlung von Glücksspielen, des Würfel- und Kartenspieles, des Ziehens von Kugeln verschiedener Farbe aus einer Urne u. dgl. aus. Ausgebaut wurde die Wahrscheinlichkeitstheorie in der Folge von *Huygens, Leibniz, Jakob Bernoulli, de Moivre, Stirling, Bayes, Laplace* und *Poisson*. In neuerer Zeit schlossen sich Arbeiten von *J. Bertrand* (1889), *H. Poincaré* (1896), *E. Czuber* (1908) an. In den letzten 50 Jahren ist die Wahrscheinlichkeit zu einem nahezu alle Wissenschaften interessierenden Begriff geworden. Betrachtungen über ihn finden sich bei Philosophen *(J. v. Kries, Fechner, C. Stumpf, Marbe)*, Physikern *(Boltzmann, Planck* u. a.), bei Nationalökonomen *(Keynes, Peter)* und naturgemäß bei Statistikern *(Richard von Mises, Wagemann, Oskar N. Anderson* usw.). Wie nicht anders zu erwarten, ist die Folge eine Vielheit von Definitionen.

Zu unterscheiden sind:

I. *Der subjektive oder logische Wahrscheinlichkeitsbegriff*, wie er sich bei *Keynes* und *Peter* findet. Nach dem ersten betrifft die Wahrscheinlichkeit nicht die Ereignisse (events) selbst, sondern unsere Urteile (propositions) darüber, sie ist das Maß der Stärke unserer Erwartung eines zukünftigen Ereignisses. *Peter* sagt: „Wahrscheinlichkeit wird nicht als Eigenschaft von Dingen ausgesagt, sondern das Urteil, das eine bestimmte Eigenschaft von Dingen aussagt, wird nur mit gewisser Wahrscheinlichkeit behauptet; wir wissen, es ist nur in U_m von U_n Fällen richtig".

Die subjektiv mangelhafte Kenntnis der Wirklichkeit gibt danach dem Urteil nur einen Wahrscheinlichkeitscharakter, die logische Beweiskraft des Urteils wird in der Schwebe gehalten Der Urteilsgehalt trifft nur für eine bestimmte, beschränkte Anzahl von Fällen zu. Als ***Boltzmann*** aus der Unkenntnis der Bewegungen der einzelnen Gasmoleküle seine kinetische Theorie zur Bestimmung des Gasdrucks entwickelte, glaubte er noch, die Bewegungen jedes einzelnen Gasmoleküls grundsätzlich erkennen zu können. Die moderne Atomtheorie hingegen leugnet für ihren Bereich prinzipiell vollständige Erkenntnis und glaubt zufolge der ***Heisenberg***schen Unbestimmtheitsrelation Ort und Bewegungszustand der Elementarteilchen nur als wahrscheinlich festlegen zu können.

Zweifellos gibt es Urteile, die nicht mit voller Gewißheit ihres Inhalts ausgesprochen werden können. Geht auch das Streben der Wissenschaft auf die Erlangung assertorischer (S ist tatsächlich P) und apodiktischer Urteile (S ist notwendigerweise P), so muß sie sich doch öfters mit problematischen Urteilen (S ist vielleicht P) begnügen. Das problematische Urteil ist ein Urteil, dessen „Behauptungsschlag" ***(Pfänder)*** in der Schwebe gehalten bleibt. Von ihm unterscheidet sich indes das Wahrscheinlichkeitsurteil, dessen Wahrscheinlichkeitsaussage den vollen Wahrheitsgehalt beansprucht. Dieses enthält keine Aussage über einen individuellen Subjektsgegenstand, sondern über eine Mehrheit gleichartiger Subjektsgegenstände (Kollektiv). Bei einem Kollektivurteil mit Wahrscheinlichkeitscharakter kann nur über das Kollektiv in seiner Gesamtheit ein Urteil gefällt werden: in der Gesamtheit tritt das ausgesagte Merkmal in bestimmter Menge auf. Das Wahrscheinlichkeitsurteil über einen Kollektivgegenstand besagt nicht, das Urteil sei nur in einer beschränkten Anzahl von Fällen wahr, es behauptet vielmehr als wahr, daß in der Gesamtheit aller Fälle (Kollektiv) ein bestimmtes Merkmal oder Ereignis mit einer bestimmten Häufigkeit auftritt. Das auf das Kollektiv gleichartiger Subjektsgegenstände bezogene Wahrscheinlichkeitsurteil ist nicht problematischer, sondern assertorischer, wenn nicht apodiktischer Modalität; für den Einzelfall sagt es überhaupt nichts aus. Allein der in der Wirklichkeit, unabhängig vom urteilenden Menschen vorzufindende Tatbestand gewisser Regelmäßigkeiten in Kollektiven ermöglicht es, über diese Beziehungen zu urteilen. Die Wahrscheinlichkeit selbst ist also nicht subjektiv, abhängig von der jeweiligen Einsicht oder Erkenntniskraft; sie bringt vielmehr eine überhaupt nur in Kollektiven gegebene Ordnung, eine objektiv gegebene Häufigkeit gewisser Merkmale oder Ereignisse assertorisch zum Ausdruck. Das Wahrscheinlichkeitsurteil als Kollektivurteil ist objektiver Natur, mit anderen Worten: der Wahrscheinlichkeitsbegriff muß objektiv formuliert werden.

Wahrscheinliche Kollektivurteile werden dort gefällt, wo entsprechende Urteile über die zugehörigen solitären Gegenstände nicht möglich sind. Über die Einzelgegenstände selbst mag unser Wissen vielfach unzureichend sein, dennoch beruht das dem Kriterium der Wahrheit unterliegende Wahrscheinlichkeitsurteil über den Kollektivgegenstand nicht auf mangelnder Erkenntnismöglichkeit desselben, sondern im Gegenteil auf der Möglichkeit, gewisse Häufigkeitsbeziehungen in dem Kollektiv zu erkennen. „Ein Wahrscheinlichkeitsurteil ist ein allgemeingültiges Naturgesetz für eine bestimmte Art von Kollektiverscheinungen und wird durch das statistische Verhalten derselben in jeder Weise bestätigt. Es ist das statistische Gegenstück zu den ausnahmslosen Gesetzen für Einzelfälle. Wahrscheinlichkeitsgesetze haben, im Gegensatz zu subjektiven Wahrscheinlichkeiten, mit unzureichendem Wissen überhaupt nichts zu tun. Auch ein Laplacescher Weltgeist, der jeden Einzelerfolg und damit auch den Kollektiverfolg im voraus wüßte, könnte, wenn es ihm nur auf den Kollektiverfolg ankäme, sich zu seiner Bequemlichkeit der Wahrscheinlichkeitsgesetze bedienen" ***(Sauer)***. Eben weil Wahrscheinlichkeitsurteile über Einzelfälle nichts auszusagen vorgeben, hat man wohl mit Recht Bedenken geäußert, aus den nur in Massen oder Serien gleichartiger Fälle erkannten Wahrscheinlichkeitsgesetzen Schlüsse auf eine Akausalität im Einzelgeschehen zu ziehen. Gerade der Versicherer muß in den in seine Wahrscheinlichkeitsaussagen aufgehenden

Einzelfällen immer wieder deren eindeutig kausale Bedingtheit feststellen, bei jedem Schadenfall wird nach Todesursache, Brandursache usw. gefragt; man betreibt sogar eine Schadenursachenstatistik, womit die Wirksamkeit des Kausalgeschehens im Einzelfall anerkannt wird. Trotz ausreichender Erfahrungen über die kausale Bedingtheit der Schadenfälle kann der Versicherer keine Annahme darüber machen, ob und wieweit die einzelne Versicherung von einem Schaden betroffen wird; wiederholt zeigt sich ihm, daß dort, wo er subjektiv einen Schaden erwarten zu müssen glaubt, kein Versicherungsfall eintritt, während gerade die weniger gefährlich beurteilten Verträge zu Überraschungen führen.

II. *Der objektive oder ontische Wahrscheinlichkeitsbegriff* ist grundsätzlich auf die in einer Vielheit (Masse) von Fällen herrschenden Verhältnisse abgestellt. Er ist objektiv, weil er sich nicht auf ein Erkenntnisunvermögen beruft, und er ist ontisch, weil er die Seinsstruktur der Kollektive als eine objektiv erfaßbare Tatsache zugrunde legt. Er hat verschiedene Ausdeutungen gefunden:

a) *der mathematische, aprioristische Wahrscheinlichkeitsbegriff*, der der zunehmenden Kritik zum Opfer gefallen ist. Nach *Laplace* ist Wahrscheinlichkeit der Quotient aus der Anzahl der dem Ereignis günstigen Fälle durch die Gesamtzahl aller gleichmöglichen Fälle. Liegen in einer Urne gemischt 50 rote und 50 schwarze Kugeln, so ist die Wahrscheinlichkeit mit einem blinden Griff eine rote Kugel (günstiges Ereignis) herauszugreifen, $^{50}/_{100} = ^{1}/_{2}$, weil dieses Ereignis nur 50mal unter allen gleichmöglichen Fällen (nämlich 100) eintreten kann.

Auf die Wirklichkeit angewendet, setzt diese von Mathematikern aufgestellte Definition voraus, daß alle gleichmöglichen Fälle und die Anzahl der günstigen Fälle im voraus (a priori) bekannt sind. Diese für die Formulierung des mathematischen Wahrscheinlichkeitsbegriffes nötige Voraussetzung läßt sich zwar bei Glücksspielen festlegen, aber wo uns die Wirklichkeit gewissermaßen außerhalb dieser für die Experimente a priori festzusetzenden Voraussetzungen entgegentritt, wir also weder die Gesamtzahl aller gleichmöglichen noch die Anzahl der günstigen Fälle kennen, ist diese Definition nicht anwendbar. Die Realwissenschaften und auch die Versicherung benötigen einen Wahrscheinlichkeitsbegriff, der ohne aprioristische Vorkenntnisse über die in Kollektiven herrschenden Verhältnisse eine empirische Feststellung ermöglicht. Die Gesamtzahl aller gleichmäßigen Fälle kennt der Versicherer, dies ist eben die Gesamtheit seines Versicherungsbestandes; Kenntnis der dem Schadenereignis günstigen Fälle würde bedeuten: der Versicherer müßte wissen, wo der Schaden (Tod, Brand, Einbruchdiebstahl usw.) eintritt, was erstens nicht der Fall ist und zweitens dem Begriff der Versicherung widerspricht.

b) *der empiristische Wahrscheinlichkeitsbegriff* geht von den objektiv in Massenerscheinungen oder Wiederholungsvorgängen *(v. Mises)* statistisch feststellbaren Verhältnismäßigkeiten aus und verzichtet auf eine a priori vorausgesetzte Einsicht in die Ordnung des Kollektivs. *Zur Feststellung einer Wahrscheinlichkeitsgröße gelangen wir, wenn durch fortschreitende, d. h. sich wiederholende Beobachtung in wohlbestimmten, genau umgrenzten Kollektiven das Verhältnis eines bestimmten Merkmals oder Ereignisses zu der Gesamtheit aller bis dahin beobachteten Fälle einer in immer geringerem Maße schwankenden Größe, einem sog. Grenzwert zustrebt.*

Die *infinite Theorie* wurde von ***Richard von Mises*** ausgebaut. Unter einem Kollektiv versteht er eine unendliche Folge von Beobachtungen, deren jede mit der Feststellung eines Merkmals endet. Die relative Häufigkeit, mit der ein Merkmal auftritt, besitzt einen Grenzwert, und dieser Grenzwert ändert sich nicht, wenn durch Stellenauswahl eine Teilfolge herausgehoben wird. „Den gegen Stellenauswahl unempfindlichen Grenzwert der relativen Häufigkeit, mit der ein bestimmtes Merkmal auftritt, nennen wir die Wahrscheinlichkeit für das Auftreten dieses Merkmals innerhalb des betrachteten Kollektivs". Ähnlich nennt ***Riebesell*** eine unendliche Ereignisfolge eine Wahrscheinlichkeitsfolge, wenn der Grenzwert

$$\lim_{n \to \infty} \frac{n_1}{n} = w$$

existiert, wobei w die Wahrscheinlichkeit für das Auftreten des Merkmals $_1$ in der gegebenen Ereignisfolge, n_1 die Anzahl der Ereignisse mit dem Merkmal $_1$ und n die Gesamtzahl der Ereignisse darstellt.

Hier wird ein unendliches Kollektiv vorausgesetzt. Auf den Einwand von ***Feigl*** und ***Reichenbach***, der empirischen Nachprüfung seien stets nur endliche statistische Reihen zugänglich, gab von ***Mises*** zu, man bediene sich aus praktischen Gründen der infiniten Theorie, obwohl das Versuchsmaterial endlichen Abschnitten entnommen sei; der erste Ansatz, den eine Versicherungsgesellschaft bei ihren Rechnungen macht, setze schon eine unendliche Masse voraus. ***Anderson*** weist demgegenüber mit Recht darauf hin, „daß man in der statistischen Praxis sehr häufig mit Gesamtheiten zu tun bekommt, die eine recht begrenzte Zahl von Einheiten umfassen und daher nicht einmal annäherungsweise als unendlich angesehen werden können".

Der Versicherungsbestand eines Versicherers ist zu jedem Zeitpunkt eine genau feststellbare endliche Größe, erfüllt also nicht die Voraussetzung der infiniten Theorie. Unterstellt man, um diesen Einwand zu umgehen, ein unendliches Fortwachsen dieses Kollektivs in die Zukunft, was mit der juristisch unendlichen Lebensdauer der Gesellschaftsform des Versicherers begründet erscheinen mag, dann streben die Wahrscheinlichkeiten keinem Grenzwert mehr zu, weil sich innerhalb des Versicherungsbestandes die die Schadenhäufigkeiten bedingenden Verhältnisse im Laufe der Zeit ändern. Daß mit dem zeitlich unbegrenzten Fortwachsen des Bestandes die Häufigkeitsschwankungen gegenüber dem Grenzwert immer geringer werden, setzt Konstanz in der Zusammensetzung des Versicherungsbestandes und unverändert gleichmäßige Wirksamkeit der die Schäden verursachenden Faktoren voraus; gerade dies ist aber bei dem dynamischen Charakter unseres Wirtschafts- und Gesellschaftslebens (Änderungen der Technik, der Lebensweise, der moralischen Qualitäten usw.) nicht anzunehmen. Erfahrungsgemäß muß der Versicherer mit Änderungen seiner Wahrscheinlichkeitsgrößen rechnen.

Die *finite Theorie* verzichtet auf die Vorstellung eines unendlichen Kollektivs. Nach ***Hempel*** sind die Wahrscheinlichkeitsaussagen „als empirische Sätze jedenfalls so zu formulieren, daß sie sich auf endliche Beobachtungsreihen beziehen und somit finit kontrollierbar sind. Die statistischen Kontrollfolgen einer Wahrscheinlichkeitsaussage besagen, daß die relative Häufigkeit des in Rede stehenden Ereignisses jeweils in ein gewisses Intervall um den angesetzten Wahrscheinlichkeitswert p fällt, dessen Breite mit wachsender Länge der statistischen Reihe abnimmt". Ist p die Wahrscheinlichkeit des Beobachtungsergebnisses Q, n_Q die Anzahl der Q-Fälle bei n Beobachtungen, f (x) eine monoton abnehmende Funktion von x, deren Werte zwischen 0 und 1 liegen und die sich mit wachsendem n asymptotisch dem Wert 0 nähert, dann ist

$$\left| p - \frac{n_Q}{n} \right| < f(x)$$

Diese Theorie ist insofern nicht rein empiristisch, als der „angesetzte Wahrscheinlichkeitswert p" eine a priori angenommene Größe ist, oder sie ist nicht finit, wenn das p aus einer unendlichen Ereignisfolge abgeleitet werden soll. Nimmt der Versicherer das p aus einer gegenüber seinem Bestand größeren Masse, nämlich aus den zusammengezählten Bestandsmassen aller Versicherer (Verbandsstatistiken), so kann er das Häufigkeitsverhältnis seines Bestandes n_Q / n an jenem p messen und daraus auf bei ihm gleichlaufende oder andersartige Verhältnisse schließen. Damit hat man indes noch keine befriedigende Definition der Wahrscheinlichkeitsgröße p, wie sie hinsichtlich seiner Schadenswahrscheinlichkeiten vom Versicherer angewendet werden soll.

c) ***der statistische Begriff der Wahrscheinlichkeit*** begnügt sich mit der Voraussetzung statistischer Kollektive endlichen und damit übersehbaren Umfangs. Solche sind nach ***Anderson*** gut durchmischte, d. h. homogene Gesamtheiten. „Das Vorhandensein eines derartigen Kollektivs oder die Möglichkeit, sich ein solches zu konstruieren, ist eine quaestio facti, die durch keine Transformation von noch so komplizierten mathematischen Formeln herbeigeführt werden kann". Wahrscheinlichkeiten gibt es nur in statistischen Kollektiven, in denen sich das Prinzip der großen Zahlen verwirklicht. „Bei statistischen Kollektiven genügend großen Umfangs kommen Abweichungen der relativen Häufigkeiten von den ihnen entsprechenden statistischen Wahrscheinlichkeiten nur sehr selten vor" ***(Anderson). Wahrscheinlichkeit ist danach der in hinreichendem Maße beständige Häufigkeitswert eines Merkmals oder Ereignisses, dessen Schwankungsbreite mit zunehmender Massengröße abnimmt.***

Diese Definition formuliert die statistische Erfahrung, daß es in gewissen, wohl gemerkt nicht allen, Massenphänomenen relativ beständige Häufigkeiten in dem Auftreten einzelner Ereignisse oder Merkmale gibt; in ihr fehlt jede Bezugnahme auf ein a priori zu erkennendes Wesensmerkmal oder auf ein unerschöpfliches statistisches Universum, von dem das ausgezählte statistische Kollektiv nur ein Ausschnitt ist. Diese Definition entbehrt auch des metaphysischen Hintergrundes, von dem sich die anderen Begriffsbestimmungen nicht freimachen können; was sie behauptet, ist nur ein jederzeit in der Wirklichkeit nachprüfbarer Tatbestand. Ob und wo er vorliegt, kann nur die Erfahrung, aber niemals eine noch so geistreiche Spekulation lehren. Wahrscheinlichkeiten können danach nur in genügend großen Serien gleichartiger Fälle auftreten, sie fällen nur ein Urteil über Kollektive und sind für den Einzelfall ex definitione irrelevant. Der Einzelfall kann von den in Kollektiven herrschenden Wahrscheinlichkeitsverhältnissen abweichen, in gewissen Fällen, wo es nämlich die gebrochenen Werte der Wahrscheinlichkeitszahlen in den realen Singularitäten gar nicht geben kann, muß er es sogar (der Einzelmensch überlebt entweder ein bestimmtes Altersjahr oder er stirbt ihn ihm, aber er stirbt nicht in ihm mit einer Wahrscheinlichkeit von 0,4%).

Da die Häufigkeitswerte mit zunehmender Massengröße in immer geringer werdendem Ausmaße um die entsprechenden Wahrscheinlichkeitszahlen schwanken, hängt es umgekehrt von der für die Lösung irgendeines Problems zulässigen Schwankungsbreite der Abweichungen ab, von welcher Mindestmasse ab man ein Kollektiv beginnen lassen will. Bei entsprechender Vorsorge sind viele praktischen Aufgaben trotz verhältnismäßig weiter Fehlergrenzen der ihnen zugrunde gelegten Daten befriedigend erfüllbar. Man kann also gegebenenfalls auch mit verhältnismäßig kleinen Massen arbeiten. Wie sich Wahrscheinlichkeitswerte aus Häufigkeiten berechnen lassen, welcher Zusammenhang zwischen der Massengröße und dem möglichen Fehler besteht, welche Kriterien für die Gegenüberstellung von Häufigkeitsverteilungen mit entsprechenden Wahrscheinlichkeitsverteilungen anzuwenden sind, d. h. die Beantwortung der Frage, ob eine von der Wahrscheinlichkeit abweichende Häufigkeit noch mit jener in Übereinstimmung steht oder ob die andersartige Häufigkeitszahl auf eine durch Änderung der zugrunde liegenden Verhältnisse zurückzuführende Änderung der Wahrscheinlichkeitszahl hinweist, lehrt die mathematische Statistik.

Die Schadenwahrscheinlichkeiten der Versicherung

Was der Versicherer als Schadenwahrscheinlichkeiten seinen Kalkulationen zugrunde legt, sind also die in den Versicherungsbeständen (Kollektiven) statistisch ermittelten, objektiven Häufigkeiten der Schadenfälle und Schadenumfänge. Je größer die Bestände sind, desto enger werden nach dem Prinzip der großen Zahlen die Grenzen, in denen die Häufigkeit der Schadenfälle schwanken und sich die Verteilung der Schäden auf die verschiedenen Schadengrade verschieben kann, *sofern innerhalb der Versicherungsbestände hinsichtlich der für Schadenausbruch und Schadenausbreitung maßgebenden Faktoren keine strukturellen Änderungen eintreten.* Die Einschränkung ist von fundamentaler Wichtigkeit aus zwei Gründen: einmal beruhen die verwendeten Wahrscheinlichkeitszahlen auf Statistiken der Vergangenheit, also auf historischen Fakten, und es ist nur anzunehmen, daß sich ihre Werte in die Zukunft extrapolieren lassen, wenn hinsichtlich der entscheidenden Umstände in den kommenden Wirtschaftsperioden annähernd dieselben Verhältnisse herrschen wie in den vergangenen; sobald sich Anzeichen einstellen oder Vermutungen darüber nicht zu widerlegen sind, daß sich die Wirksamkeit der Schadenhäufigkeit und Schadenumfänge bedingenden Faktoren in einer für den Versicherer ungünstigen Richtung ändert, muß der mit festen Prämien arbeitende Versicherer in seinen in die Zukunft gehenden Kalkulationen an den historisch überkommenen Wahrscheinlichkeiten Korrekturen anbringen, bzw. einen Sicherheitszuschlag einrechnen, damit die errechneten Schadenaufwendungen mit den am Ende der Wirtschaftsperiode feststellbaren faktischen Aufwendungen annähernd übereinstimmen; täuscht er sich, so können Verluste die unvermeidliche Folge sein. (Der Gegenseitigkeitsversicherer hat, wie später zu zeigen, eine dem Erwerbsversicherer nicht gegebene Möglichkeit, derartige Fehlkalkulationen auf seine Mitglieder abzuwälzen.) *Trotz des objektiven Charakters der Schadenwahrscheinlichkeiten spielen unter Umständen subjektive Erwartungen des Versicherers über die vermutliche Entwicklung der Wahrscheinlichkeitsgrößen eine sehr bedeutende Rolle.*

Zuzeiten können sehr erhebliche Änderungen der Schadenwahrscheinlichkeiten eintreten. So haben z. B. die unsicheren politischen und wirtschaftlichen Verhältnisse der Nachkriegszeit eine erhebliche Zunahme der Schadenfälle in der Einbruchdiebstahlversicherung gebracht, eine besondere Steigerung ist in einigen vorher wenig gefährdeten Gebieten (München) zu verzeichnen. Die Verwendung immer großräumigerer Flugzeuge bewirkt eine fortschreitende Vergrößerung des Schadenumfanges in der Luftfahrtversicherung (Unfall-, Haftpflicht- und Transportversicherung). Auch brauchen sich die Änderungen nicht immer gleichmäßig auf den Versicherungsbestand zu erstrecken. Die vom Statistischen Amt des Vereinigten Wirtschaftsgebietes 1946/47 aufgestellte Behelfssterbetafel hat im Vergleich mit der letzten Vorkriegssterbetafel 1932/34 keine in allen Altersklassen gleichgerichtete Niveauverschiebung der Sterblichkeit gezeigt; einige Altersklassen wiesen eine geringere Sterblichkeit, andere eine bedeutend höhere (bis zu 50% Zunahme) Sterblichkeit auf. Nur durch eine dauernde

Überprüfung der Schadenstatistiken kann der Versicherer einen Anhalt für die größenmäßigen Änderungen der Schadenwahrscheinlichkeiten gewinnen, mit denen er zu rechnen hat.

Seine Kalkulationen erschütternden Änderungen der Schadenwahrscheinlichkeiten sucht der Versicherer vorzubeugen durch eine Reihe von Maßnahmen, die teils im Versicherungsvertragsgesetz, teils in den Allgemeinen Versicherungsbedingungen ihre rechtsverbindliche Grundlage haben:

a) *Versichert wird jeweils nur eine bestimmte Gefahr oder höchstens eine exakt umschriebene Gruppe von Gefahren*, weil nur hinsichtlich derselben, nach Ausbruch und Ausbreitung gleichartig bedingten Gefahren einigermaßen eine Verläßlichkeit auf die ermittelten Wahrscheinlichkeitszahlen angenommen werden darf. Diesem Grundsatz entspricht die Vielfalt der verschiedenen Versicherungszweige, aber auch das Widerstreben der Versicherer, eine schlechthin alle Gefahren einschließende Einheitsversicherung einzugehen. Auch innerhalb der Sozialversicherung wird dem in der Ostzone verwirklichten Vorschlag, alle bisher getrennten Versicherungszweige zu einer einheitlichen Versicherung zusammenzufassen, das Bedenken entgegengestellt, daß sich damit eine ungünstige Entwicklung eines Versicherungszweiges notwendig auf andere an sich gesunde Versicherungszweige auswirken und somit die gesamte Versicherung in den Verlustbereich ziehen könne.

Juristisch hat man diesen Grundsatz als die *Spezialität des Versicherungsschutzes* bezeichnet, weil nur bestimmt bezeichnete Gefahren versichert sind. Dieser Grundsatz gelte für alle Versicherungszweige außer der Seeversicherung und Binnentransportversicherung, wo der Grundsatz der *Universalität des Versicherungsschutzes* herrsche; hier seien grundsätzlich, d. h. soweit nicht ausdrücklich ausgeschlossen, alle Gefahren, gleichviel welcher Art, die aus einem bestimmten Unternehmen (einem Transport, einer Seereise) erwachsen können *(Kisch)* versichert. Es kann aber nicht übersehen werden, daß dadurch der Versicherungsschutz räumlich und zeitlich auf die mit einem bestimmten Unternehmen verbundenen Gefahren beschränkt ist. *Hochgräber* hat ferner hervorgehoben, daß der Grundsatz der Universalität in den Allgemeinen Deutschen Seeversicherungsbedingungen keine Stütze finde: tatsächlich sei die Seeversicherung auf Grund der ADS. keine Versicherung gegen alle Gefahren der Seeschiffahrt, wenn auch gegen die meisten; den Parteien stünde es frei, den Versicherungsschutz auf einzelne Gefahren, ja auf eine einzige, zu beschränken. Für Schäden durch Verzögerung der Reise haftet der Versicherer nicht, für Gewinnentgang nur, wenn dies vereinbart ist, die Haftpflichtschäden, für die der Versicherer eintreten muß, sind in den ADS. auf das sorgfältigste angegeben. *Hagen*, der den Grundsatz der Universalität als „im innersten Wesen des Verhältnisses" begründet verficht, muß zugeben, daß von der Befugnis, vertragliche Beschränkungen des Grundsatzes zu vereinbaren, „in beträchtlichem Umfang Gebrauch gemacht" wird. In Ansehung der Beweislast kommt dieser Unterscheidung jedoch eine Bedeutung zu. Im allgemeinen hat der Versicherungsnehmer, „wenn er Entschädigung fordert, den Schaden zu beweisen, aber nicht nur dieses, sondern auch, daß der eingetretene Schade unter die vertragsmäßig übernommene Deckungspflicht des Versicherers fällt, d. h. im allgemeinen, daß ein nach dem Versicherungsvertrage entschädigungspflichtiger Unfall die Ursache des Schadens gewesen ist. Bei der Seeversicherung ist nach dem Grundsatz der universalen Deckung der Seegefahr dieser Beweispflicht genügt, wenn dargetan wird, daß der Schade im Bereich der versicherten Reise eingetreten ist. Ein bestimmtes Schadenereignis, eine individualisierte Schadenursache braucht nicht dargetan zu werden" *(Hagen)*.

b) *Der Versicherungsnehmer hat bei Schließung des Vertrages alle ihm bekannten gefahrerheblichen Umstände anzuzeigen*. Ein Umstand, nach welchem der Versicherer ausdrücklich und schriftlich gefragt hat, gilt im Zweifel als erheblich (VVG. § 16).

Verletzung dieser Anzeigepflicht gibt dem Versicherer unter Umständen ein Rücktrittsrecht (VVG. § 17—21) oder ermöglicht ihm Anfechtung wegen arglistiger Täuschung über Gefahrumstände (VVG. § 22).

Die Pflicht, den Versicherer über alle erheblichen Umstände aufzuklären, wird dem Versicherungsnehmer zugeschoben, weil dieser darüber meist naturgemäß besser unterrichtet ist als der Versicherer. In der Lebens-, Unfall- und Krankenversicherung ist es praktisch der Versicherungsnehmer allein, der über vorher durchgemachte Krankheiten oder erlittene Unfälle Bescheid weiß. Namentlich bei größeren Verträgen wird in diesen Versicherungszweigen auch ein ärztliches Gesundheitsattest eingefordert. In den übrigen Zweigen veranlaßt der Versicherer unter Umständen eine sachverständige Besichtigung des Wagnisses durch einen Beamten, die ihm eine ausreichende Kenntnis der Verhältnisse ermöglichen soll. In der privaten Krankenversicherung sollen Wartezeiten verhüten, daß sich bereits krank Fühlende noch rasch vor Ausbruch der Krankheit versichern.

c) *Gefahrerhöhungen nach Abschluß des Vertrages sind gleichfalls anzuzeigen*, gleichgültig, ob sie vom Versicherungsnehmer selbst vorgenommen oder gestattet wurden oder durch einen Dritten (z. B. Nachbarn) veranlaßt sind (VVG. §§ 23 bis 29a). Verletzung dieser Anzeigepflicht gibt dem Versicherer ein Kündigungsrecht und befreit ihn unter Umständen von der Leistungspflicht. In der Lebens-, Unfall- und Krankenversicherung gilt die aus dem natürlichen Älterwerden hervorgehende Gefahrerhöhung nicht als anzeigepflichtig, mit diesem Vorgang kann der Versicherer von Anfang an rechnen. Ausnahmen von dieser Anzeigepflicht kennen die See- und Binnentransportversicherung (VVG. § 142/143), weil hier der Versicherte meist selbst nicht unterrichtet ist.

Da die Gefahrenlage durch die Person des Versicherungsnehmers mitbestimmt wird (subjektives Risiko), gewährt im Falle der Veräußerung der versicherten Sache VVG. § 70 dem Versicherer ein innerhalb eines Monats geltend zu machendes Kündigungsrecht. Das gleiche Recht besitzt der Erwerber, falls er die vom Vorbesitzer abgeschlossene Versicherung nicht fortsetzen will.

Durch den Übergang zu einem anderen Beruf oder einer anderen Beschäftigung kann sich eine Erhöhung der Unfallgefahr einstellen. Derartige Änderungen sind in der privaten Unfallversicherung ohne Einfluß auf den Fortbestand der Versicherung, sofern der Versicherer für die neue Berufstätigkeit überhaupt Versicherungsschutz gewährt; der Versicherer kann jedoch die Prämie der neuen Gefahrenlage entsprechend erhöhen. Berufswechsel ist unverzüglich anzuzeigen. Wird die vorgeschriebene Anzeige länger als einen Monat unterlassen und tritt ein Unfall ein, so wird die Versicherungsleistung im Verhältnis des neuerdings erforderlichen zu dem bisherigen Beitrag ermäßigt. Auf diese Weise kann sich der Versicherer ebenfalls gegen ihm unbekannt gebliebene Gefahrerhöhungen schützen.

Von einer Gefahrstandspflicht des Versicherten zu sprechen *(Hochgräber, Prölß)*, ist ungenau. Der Versicherte darf zwar die Gefahr nicht erhöhen, es ist ihm aber nicht untersagt, unter Umständen zwingen ihn besondere Vereinbarungen sogar dazu, die Gefahr zu mindern.

Gewinnung der Schadenwahrscheinlichkeiten

Da nach dem Prinzip der großen Zahlen die statistisch ermittelten Wahrscheinlichkeitswerte für um so zuverlässiger gehalten werden, aus je größeren Massen (Kollektiven) sie stammen, die Versicherer aber in vielen Fällen die Prämie nicht nur nach den großen Durchschnittszahlen bestimmen, sondern den individuell unterschiedlichen Wagnisverhältnissen gerecht werden sollen, stehen sie vor einem Dilemma, dessen Lösung eine verschiedenartige Beurteilung der Wahrscheinlichkeitszahlen notwendig macht. Wo für gleichartig gehaltene Wagnisse hinreichend große Massen vorliegen, können aus den in der letzten Wirtschaftsperiode angefallenen Schäden den gegenwärtigen Verhältnissen vermutlich sehr nahe kommende ***aktuelle oder faktische Wahrscheinlichkeiten*** gewonnen werden. Zu diesem Zweck kann man die statistische Beobachtung auf zur Zeit vorliegende weitere Fälle, die zu dem statistischen Kollektiv zu rechnen sind, ausdehnen, indem man von der Betriebsstatistik zur Verbandsstatistik übergeht oder diese auf eine größere Anzahl von berichtenden Betrieben ausdehnt. Insofern in den Ergebnissen eines Betriebs nur ein Ausschnitt aus dem Gesamtschadenkollektiv der Volkswirtschaft zu sehen ist, kann man diesen Weg dem Übergang von der Stichprobenerhebung zur Totalerfassung vergleichen. Wo hingegen der Versicherer, gezwungen durch eine scharfe Konkurrenz, auf die individuellen Besonderheiten der einzelnen Wagnisse Rücksichten zu nehmen: z. B. die Unfallgefahr sehr kleiner Berufsschichten oder die Feuergefahr von zahlenmäßig sehr gering vertretenen Betrieben abzuschätzen, im letzten Fall unter Umständen noch die Wirksamkeit aller möglichen Sicherheitsvorkehrungen (Löscheinrichtungen) zu berücksichtigen hat, bietet selbst eine umfassende Verbandsstatistik nicht mehr in allen Fällen die ausreichende Masse. Hier wird oft der Ausweg gewählt, daß zu den aktuellen Ergebnissen der eben abgelaufenen Periode die Ergebnisse der vorangegangenen Perioden hinzugerechnet werden. Man wirft also die Schadenstatistiken verschiedener Jahre zusammen, um dadurch bis zu einem gewissen Grad auch für die weniger häufigen individuellen Verhältnisse eine nicht zu geringe Beobachtungsmasse zu bekommen. Auf diese Weise erhält man ***temporäre Wahrscheinlichkeitszahlen***, die im Gegensatz zu den faktischen oder aktuellen Wahrscheinlichkeitswerten keinen Durchschnitt aus den gegenwärtigen Verhältnissen, sondern einen Durchschnitt mehrerer aufeinanderfolgender Perioden darstellen. Eine solche temporär gemessene Wahrscheinlichkeit kann, wenn sich die Struktur des Kollektivs im Laufe der Zeit ändert, von der faktischen Wahrscheinlichkeit des Ausgangskollektivs abweichen, und sie braucht auch nicht mit der faktischen Wahrscheinlichkeit des Kollektivs im gegenwärtigen Endzeitpunkt übereinzustimmen. Die temporäre Wahrscheinlichkeit stellt somit eine Übergangsgröße zwischen aufeinanderfolgenden faktischen Wahrscheinlichkeiten vor.

Wenn sich in zwei aufeinanderfolgenden Perioden die faktischen Wahrscheinlichkeiten von 0,4 auf 0,5 erhöhen, wird die temporäre Wahrscheinlichkeit (in beiden Perioden annähernd gleich große Massen angenommen) bei 0,45 liegen. Dasselbe Ergebnis stellt sich ein, wenn umgekehrt die faktische Wahrscheinlichkeit von 0,5 auf 0,4 sinkt. Wird in beiden Fällen die Prämie auf Grund dieser temporären Wahrscheinlichkeiten errechnet, so ist sie im ersten Fall zu niedrig, im zweiten zu hoch. Überall dort, wo sich die Versicherer auf die Erfahrungen einer längeren Zeitperiode beziehen, arbeiten sie mit derartigen temporären Wahrscheinlichkeiten. Die von den Versicherern gegebene Begründung der Antwort auf die Frage, warum bestimmte Wagnisse so ausnehmend hoch tarifiert sind, ist zumeist der Hinweis auf in der Vergangenheit angefallene außerordentlich hohe Schäden, die noch in die Gegenwart hineinwirken. Es vergeht meist eine längere Zeit, bis die Prämien den neuen faktischen Wahrscheinlichkeiten angepaßt werden.

Wollte man z. B. für Deutschland die Auswirkung des Sprinklerschutzes hinsichtlich des Brandschadenumfanges statistisch exakt belegen, so müßte man in den sonstigen Verhältnissen gleichartige Wagnisse (nach Lage, Bauart, Betriebsart, Nachbarschaft usw.) mit Sprinklerung und ohne solche in nicht zu kleiner Menge vergleichen. Nun besitzen überhaupt nur wenige große Betriebe diese kostspielige Schutzeinrichtung, und die Zahl bestimmter Betriebe (etwa der gesprinklerten Mühlen) ist sehr gering; diese sind noch dazu nicht völlig gleichartig. Will man hier nicht mit dem berühmten Fingerspitzengefühl arbeiten, so bietet, abgesehen von internationalen Vergleichen, die jedoch wiederum problematisch sind, nur eine in längeren Zeiträumen temporär ermittelte wahrscheinliche Auswirkung dieser Schutzmaßnahme einigermaßen einen Anhalt.

Unter Umständen dauert die Beschaffung aktueller faktischer Wahrscheinlichkeitsgrößen längere Zeit. Gelingt dies nicht rechtzeitig, so bleibt dem Versicherer oft nichts anderes übrig, als von den vorhandenen faktischen Werten auszugehen und diese durch laufende Beobachtung der statistischen Daten temporär fortzuschreiben.

Schrifttum: a) *Carl Friedrich von Weizsäcker* „Die Geschichte der Natur“, Stuttgart 1948; b) *Richard von Mises* „Wahrscheinlichkeit Statistik und Wahrheit“, Wien 1936; c) *Oskar N. Anderson* „Einführung in die mathematische Statistik“, Wien 1935; d) *Oskar Anderson* „Zum Problem der Wahrscheinlichkeit a posteriori in der Statistik“ in „Schweizerische Zeitschrift für Volkswirtschaft und Statistik“, 83. Jhrg., Heft 6, 1947; e) *Gerhard Mackenroth* „Methodenlehre der Statistik“, Göttingen 1949; f) *L. von Baranow* „Grundbegriffe moderner statistischer Methodik“, Stuttgart 1950; g) *Werner Mahr* „Zum Begriff der Schadenwahrscheinlichkeit“ in der „Zeitschrift für die gesamte Versicherungswissenschaft“, Berlin 1937; h) *Werner Mahr* „Ein Beitrag zum Gesetze der großen Zahlen“ in „Jahrbücher für Nationalökonomie und Statistik“, Jhrg. 1939; i) *Heinrich Sauer* „Der Begriff des Wahrscheinlichkeitsgesetzes“ in „Das Problem der Gesetzlichkeit“, I. Bd., Hamburg 1949.

§ 12. Die Netto- oder Risikoprämien

Das versicherungstechnische Äquivalenzprinzip

Es wurde bereits darauf hingewiesen, daß der Versicherer in seinen betriebswirtschaftlichen Kalkulationen eine Reihe von Posten auf der Einnahmen- und auf der Ausgabenseite zu berücksichtigen hat. Von diesen sind zwei, die Schadenaufwendungen und die Prämieneinnahmen, für den Versicherungsbetrieb charakteristisch, denn sie kommen in gleicher Weise in anderen Wirtschaftszweigen nicht vor. Sie sind darüber hinaus für die versicherungstechnische Ökonomik von grundlegender Bedeutung, weil gerade zwischen diesen beiden Posten eine besondere Beziehung besteht. Diese Beziehung erstreckt sich zwar nicht auf die Prämieneinnahme in ihrer Gesamtheit, aber auf einen wesentlichen Teil derselben, nämlich die sogenannte *Netto- oder Risikoprämie.* Man bezeichnet sie auch als die rechnungsmäßige oder mathematische Prämie. ***Darunter ist der den Schadenaufwendungen gleichkommende Teil der Prämieneinnahmen zu verstehen.*** Ist sich der Versicherer auf Grund der Schadenwahrscheinlichkeiten (Häufigkeit und Umfänge der zu erwartenden Schäden) über die an ihn herantretenden Forderungen klar geworden, hat er also seine Schadenaufwendungen „geplant“, so verlangt die Ökonomik des rein versicherungstechnisch Erforderlichen eine gleich große Prämieneinnahme zu planen. Diese Gleichheit von Schadenaufwendungen und Nettoprämien stellt das *versicherungstechnische Äquivalenzprinzip* dar. Mag es, wie bereits erwähnt, im Falle der Sozialversicherung nicht immer erfüllt sein, so stellt es doch auch der gewährswirtschaftlichen Ökonomik die Aufgabe, nach Möglichkeit nach ihm zu streben, um den Zuschußbedarf zu senken. Rechtfertigt man die Zuschüsse als ein von der Volkswirtschaft zugunsten der betreffenden Versicherung aus überindividuellen politischen oder gesamtwirtschaftlichen Gründen (Sozialpolitik) zu bringendes Opfer, so fordert sowohl das Rationalprinzip der Wirtschaftlichkeit wie auch das meist fiskalische Interesse der die Aufrechterhaltung der Versicherung garantierenden Körperschaften, diesen Zweck mit dem geringstmöglichen Aufwand (Zuschüssen) zu erreichen. Selbst wo zufolge der erwähnten Argumente bewußt auf die volle Erfüllung des Äquivalenzprinzips verzichtet wird, steht es entweder für die Gesamtheit oder zumindest für einzelne besser gestellte Gruppen der Versicherten im Hintergrunde der Überlegungen. Dem versicherungstechnischen Äquivalenzprinzip kommt deswegen eine universelle Bedeutung zu, wenn es auch nicht mit dem Versicherungsprinzip schlechthin identifiziert werden darf. Wer dies tut, muß folgerichtig weite Bereiche der Sozialversicherung und auch die Verlustsparten der Individualversicherung aus der Versicherungswirtschaft ausschließen. Der Grundsatz, daß die Gesamtheit der vom Versicherer eingehobenen Nettoprämien die Gesamtheit der Entschädigungsleistungen decken soll, ist ebenso volkswirtschaftlich wie betriebswirtschaftlich wichtig.

a) *Volkswirtschaftliche Bedeutung des Äquivalenzprinzips.* Ein Versicherungswesen kann nur dann seine wirtschaftliche Funktion verläßlich erfüllen, wenn die für die Schadenzahlungen erforderlichen Mittel zur Verfügung stehen. Werden die Prämien zu niedrig festgesetzt, dann muß die Differenz in anderer Weise, etwa durch Kredite, Steuergelder, Reservenauflösung, gedeckt werden. Dies ist allenfalls vorübergehend möglich und macht früher oder später eine Sanierung notwendig. Ein derartiger Zustand, länger aufrechterhalten, bedeutet, daß die gegenwärtig Versicherten auf Kosten der künftigen den Versicherungsschutz zu billig bekommen. Nimmt man hinzu, daß die die Entschädigungsleistungen beanspruchenden Wirtschaften gerade infolge des bei ihnen eingetretenen Versicherungsfalles gegenüber vorher meist in einer wirtschaftlich bedrängteren Lage sind, die Prämien aber vor dem Schadenanfall in der noch nicht gestörten wirtschaftlichen Leistungsfähigkeit bezahlt werden, die Versicherungsprämie in vielen Fällen also eine in günstigerer wirtschaftlicher Lage vollbrachte Vorleistung auf die Zeit der Bedrängnis ist, so ergibt sich daraus die Forderung, diese Vorleistung in einem dem später notwendig werdenden Aufwand entsprechenden Verhältnis zu leisten. Sofern die Prämie aus der Verbrauchsquote des Einkommens bezahlt wird, ist der dadurch bewirkte Konsumverzicht in der Höhe des für den ungestörten Fortgang des Wirtschaftszusammenhanges notwendigen Ausmaßes wirtschaftlich angebracht.

Es sind also nicht nur privatwirtschaftliche Gründe, wenn in der Individualversicherung die Regel befolgt wird, daß die Prämien vor dem Schadenfall entrichtet sein müssen. VVG. § 35 verpflichtet den Versicherungsnehmer entweder die ganze Prämie oder bei mehrjährigen Verträgen mit laufenden Prämien die erste Prämie sofort nach Abschluß des Vertrages zu bezahlen. Die meisten Versicherungsbedingungen legen den

Beginn der Haftung des Versicherers erst mit der Einlösung des Versicherungsscheines fest. Für die rechtzeitige Zahlung der Folgeprämien geben die §§ 39 und 40 VVG. dem Versicherer energische Maßnahmen an die Hand, die ein Ruhen des Versicherungsschutzes oder die Aufkündigung des Vertragsverhältnisses bewirken können.

Die Sachschadenversicherung deckt volkswirtschaftlich gesehen unvorhersehbare Ersatzinvestitionen. Würde man die Ersatzbeschaffungen durch Kredite, Steuern u. dgl. finanzieren, so würde man für diesen Zweck Mittel aufwenden, die eigentlich für andere Zwecke, etwa Erweiterungsinvestitionen, vorgesehen waren. Ebenso wie für die normalen Ersatzbeschaffungen ist es auch für die anormalen wirtschaftlich rationell, rechtzeitig die erforderlichen Beträge anzusammeln. Sofern entgehende Gewinne versichert werden, läuft die in der Betriebsrechnung einen Kostenfaktor darstellende Prämienzahlung in der Gesamtheit der Versicherten auf eine Gewinnschmälerung hinaus, um dafür den Fortgang des bisherigen Gewinnes auch bei Eintritt des Versicherungsfalles sicherzustellen. Das Äquivalenzprinzip trägt somit zu seinem Teil dazu bei, die wahre Kostenstruktur innerhalb der Volkswirtschaft zu offenbaren.

Setzt man gegenüber dem Äquivalenzprinzip die Prämien zu hoch fest, so werden den Versicherungsnehmern Mittel entzogen, die sie anderweitig hätten vielleicht besser verwenden können. Die Wirtschaftsführung der Versicherten würde dadurch beeinträchtigt. Abgesehen von der aus überhöhten Prämien resultierenden Versicherungsunlust könnte der Gedanke einer zwangsläufigen Kapitalbildung auf dem Umweg über zu hohe Prämien leicht zu Kapitalfehlleitung und damit Kapitalvernichtung führen. Da Versicherungsprämien schließlich Kostenbestandteile der Wirtschaften sind, würde eine Prämienüberforderung letzten Endes kostenverteuernd und damit auf den Wettbewerb hemmend wirken.

b) ***Betriebswirtschaftlich ist das Äquivalenzprinzip nicht weniger wichtig.*** Nur bei einem versicherungswirtschaftlichen Gleichgewicht hat der Versicherungsbetrieb Bestand und Dauer. Zu niedrige Prämien würden seine Existenz gefährden und ihn in finanzielle Abhängigkeit von den ihn alimentierenden Körperschaften bringen. Politisierung und Verstaatlichung wären die unausbleibliche Folge. Hat man sich einmal dafür entschieden, einen Versicherungsbetrieb im Verlustbereich zu halten, so fehlt grundsätzlich jeder Anhaltspunkt für eine Prämienkalkulation, Wünsche auf weitere Prämiensenkung fänden erst bei einer „unentgeltlichen" Versicherung ihr Ende. Das gesellschaftliche Versicherungsverhältnis hätte sich damit aufgehoben, denn die zugesagten Entschädigungsleistungen würden in Formen des gemeinschaftlichen Verhältnisses vom Staat, der Gemeinde oder anderen Körperschaften getragen werden.

Setzt der Betrieb die Prämien zu hoch fest, erlangt er hohe Gewinne, die, falls kein Versicherungsmonopol besteht, die Konkurrenz anlocken und die Versicherungsnehmer verärgern. Da jeder Versicherungsbestand praktisch eine Mischung guter, weniger guter und schlechter Wagnisse ist, würden vermutlich zuerst die besseren Wagnisse abwandern, weil bei ihnen die Überteuerung am größten ist, es würde sich eine negative Selektion vollziehen, die den Gewinn allmählich aufzehrt. Der betreffende Betrieb verliert seine Konkurrenzfähigkeit. Weiter darf nicht außer acht gelassen werden, daß überteuerte Prämien ein schlagkräftiges Argument für Verstaatlichung abgeben. An zu hohen Gewinnen stößt sich heute das volkswirtschaftliche Gewissen.

In seiner allgemeinen Fassung enthält das Äquivalenzprinzip den Grundsatz der Gleichheit zwischen Schadenaufwendungen und Einnahmen an Nettoprämien. Sieht man einmal von der in der Entwicklung feststellbaren gegenseitigen Abhängigkeit beider Größen ab, so ist das Äquivalenzprinzip die unerläßliche Voraussetzung für die Bestimmung der Versicherungsprämien überhaupt. Seine objektive, nicht von Gerechtigkeitsvorstellungen getragene Begründung ist die unentbehrliche Grundlage der Versicherungsökonomik. Es als ein in der Wirtschaft zu verwirklichendes Prinzip der Gleichheit von Leistung und Gegenleistung hinzustellen, käme einer wirtschaftsethischen Betrachtungsweise nahe, die, um für die Tatsachenforschung relevant zu sein, zuvor dartun müßte, daß die unterstellten ethischen Postulate in der Wirklichkeit allerorts befolgt werden; da zumeist auch entgegengesetzte ethische Maximen vertreten worden sind und die Wirtschaftswissenschaft zwischen den letzten Endes von Weltanschauungen beeinflußten Ethiken keine Wahl treffen kann, muß eine exakte Wissenschaft auch hier sich hüten, irgendwelchen Werturteilen allgemeine Gültigkeit zuzuschreiben und sie als Ausgang einer Begründungskette hinzunehmen. ***In dem in unserer Volkswirtschaft gegebenen Beziehungszusammenhang der Wirtschaften kann wie gezeigt das Äquivalenzprinzip als eine dem Charakter unserer Wirtschaftsordnung entsprechende und sich tatsächlich durchsetzende Maxime begründet werden.***

Die Versicherungsmathematik kennt wegen der in der Lebens- und Krankenversicherung vorhandenen Abhängigkeit der Schadenwahrscheinlichkeiten vom Lebensalter der Versicherten eine spezielle Fassung des Äquivalenzprinzips, die namentlich für die Bestimmung der Prämienreserven wichtig ist. Danach muß in jedem Zeitpunkt des Versicherungsunternehmens zwischen den Einzahlungen und Auszahlungen Gleichgewicht herrschen. Bei mehrjährigen Versicherungsverhältnissen sind dabei bereits geleistete Zahlungen auf den betrachteten Zeitpunkt aufzuzinsen, zukünftige Zahlungen dagegen auf diesen Moment zu diskontieren *(Böhm)*.

Die Grundformel

Unter Zugrundelegung des Äquivalenzprinzips: Schadenaufwendungen = Gesamtnettoprämieneinnahme, kann die Grundprämienformel gefunden werden. Nimmt man N gleichartige Wagnisse an, die in gleicher Art versichert sind und von denen jedes eine Prämie P bezahlt, so ist die Gesamtprämieneinnahme des Versicherers: $N \cdot P$. Fallen T Schäden in der Wirtschaftsperiode beim Versicherer an, die er durchschnittlich mit D (Mark) entschädigen muß, so ist die Summe seiner Schadenzahlungen: $T \cdot D$. Nach dem erwähnten Äquivalenzprinzip gilt dann die Gleichung:

$$N \cdot P = T \cdot D.$$

Daraus ergibt sich:

$$P = \frac{T \cdot D}{N} \text{ oder } \frac{T}{N} \cdot D$$

Der Bruch $\frac{T}{N}$ gibt das Verhältnis der von Schäden betroffenen Wagnisse T zu der Gesamtzahl aller versicherten Wagnisse N an und bedeutet in der

Planung die erwartete Schadenhäufigkeit. Bezeichnet man die Schadenhäufigkeit mit h so ist:

$$\boxed{P = h \cdot D}$$

Die Prämie, die für die Versicherung eines jeden der gleichartigen Wagnisse zu erheben ist, hängt also von der wahrscheinlichen Schadenhäufigkeit h und der durchschnittlichen Schadenhöhe D ab.

Hat man wie in der Feuerversicherung damit zu rechnen, daß das Schadenereignis (Brand, Blitzschlag, Explosion) nicht nur in dem räumlichen Umkreis des Wagnisses, im Versicherungsort selbst auftreten kann, sondern muß man auch mit der Möglichkeit rechnen, daß ein außerhalb des Versicherungsortes ausbrechendes Schadenereignis, also vom Nachbaranwesen her, auf das versicherte Wagnis übergreifen, dieses anstecken kann, so ist die wahrscheinliche Schadenhäufigkeit in die Häufigkeit des direkten Schadenausbruchs h und in die Häufigkeit der Schadenansteckung, des indirekten Schadenausbruchs h' zu zerlegen und es gilt die Formel:

$$P = (h + h') \cdot D.$$

Die Schadenhäufigkeit setzt sich zusammen aus der Häufigkeit des Schadenausbruchs innerhalb des Wagnisses selbst und aus der Ansteckungshäufigkeit. Das Schadenereignis kann in diesem Fall aus zwei von einander unabhängigen Arten, entweder durch irgendeinen Vorgang im versicherten Wagnis selbst oder durch Übertragung vom Nachbaranwesen zustandekommen. Nach dem Additionstheorem der Wahrscheinlichkeitslehre ist in diesem Fall die Wahrscheinlichkeit des Eintritts des Schadenereignisses überhaupt gleich der Summe der verschiedenen Wahrscheinlichkeiten für den Eintritt der beiden unabhängigen Ereignisse (Wahrscheinlichkeit des „Entweder—Oder").

Die Häufigkeit des direkten oder indirekten Schadenausbruchs h bzw. h' muß aus Schadenstatistiken entnommen werden. Zur Vereinfachung wird im folgenden nur die Möglichkeit eines direkten Schadenausbruchs angenommen, mit der Möglichkeit einer Schadenansteckung demnach nicht gerechnet. In den nachstehenden Beispielen wird h einheitlich mit 0,002 angesetzt, also unterstellt, daß die in der Schadentafel aufgegliederten 10 000 Schäden aus 5 000 000 Versicherungen hervorgegangen sind.

Vielfach, z. B. auch von *Gürtler*, werden noch Zinsen berücksichtigt. Während die Prämien zu Beginn des Versicherungsjahres bezahlt werden, fallen die Schäden im Laufe des Versicherungsjahres allmählich an. Unter der Annahme, daß die Schäden durchschnittlich in der Mitte des Jahres bezahlt werden, genießt der Versicherer von den Prämieneinnahmen noch den Zins eines halben Jahres. Ist i der Zins für die Kapitaleinheit während der Zeiteinheit (1 Jahr), wobei $i = \frac{p}{100}$, wenn p der Zinssatz in Prozenten des Kapitals, so wächst die Prämieneinnahme $N \cdot P$ bis zur Mitte des Jahres auf

$$N \cdot P + N \cdot P \frac{i}{2} = N \cdot P \left(1 + \frac{i}{2}\right)$$

an. Aus der Gleichung

$$N \cdot P \left(1 + \frac{i}{2}\right) = T \cdot D$$

berechnet sich

$$P = \frac{T \cdot D}{N\left(1 + \frac{i}{2}\right)} = h \cdot D \cdot \frac{1}{\left(1 + \frac{i}{2}\right)} = h \cdot v \cdot D.$$

v ist der Diskontierungsfaktor für ein halbes Jahr. Grundsätzlich ist gegen die Berücksichtigung des Zinsgewinnes nichts einzuwenden. Der Einwand, daß die Prämiensätze keineswegs immer pünktlich zu Beginn des Versicherungsjahres bezahlt, namentlich in Depressionszeiten die Prämiengelder nur schleppend eingehen, kann mit dem Hinweis abgetan werden: es sei in diesem Falle ein unter dem Marktsatz liegender Zinssatz anzuwenden. Wenn dennoch in den folgenden Ableitungen der Diskontierungsfaktor v weggelassen wird, so geschieht es wegen der verhältnismäßigen Geringfügigkeit des Zinsgewinnes. Die Praxis beachtet bei der Prämienkalkulation auch den Zinsgewinn nicht, weil infolge der Schwankungsbreite der Wahrscheinlichkeitsgrößen (Schadenhäufigkeit und Durchschnittsschaden) die Prämie keineswegs so exakt bestimmt werden kann, daß der Zinsgewinn ins Gewicht fiele. Nur dort, wo, wie in der Lebensversicherung, Prämiengelder oder Teile von ihnen jahre- sogar jahrzehntelang auf Zins liegen, darf die Verzinsung nicht vernachlässigt werden.

Nettoprämien verschiedener Versicherungsformen

Die oben abgeleitete Prämienformel: $P = h \cdot D$ ist insofern unvollständig, als der Durchschnittsschaden D von der Höhe der zugesagten Ersatzleistung abhängig ist. Es gilt also noch die Prämienformel auf die durch die unterschiedliche Ersatzleistung charakterisierten „Versicherungsgeschäfte" abzustellen und darzulegen, wie sich diese speziellen Formeln voneinander unterscheiden.

I. *Prämienformel der Summenversicherung*

Die Summenversicherung ist bekanntlich dadurch ausgezeichnet, daß im Versicherungsfalle, unabhängig von dem tatsächlich eingetretenen Schaden, immer die Versicherungssumme zu bezahlen ist. Der Durchschnittsschaden ist also gleich der Versicherungssumme V. Gegenüber der allgemeinen Prämienformel ist demnach nur an Stelle des Durchschnittsschadens D die Versicherungssumme V zu setzen:

$$\boxed{P = h \cdot V}$$

Diese Formel liegt den Kalkulationen in der Lebensversicherung zugrunde. Für die einjährige Todesfallversicherung (Risikoversicherung) eines 35jährigen in Höhe von 1000,— DM bestimmt sich die Nettoprämie unter Anwendung der in Anlage I abgedruckten Sterbetafel:

$$946\,984 \cdot P_{35} = 4896 \cdot 1000$$

oder

$$P_{35} = \frac{4896 \cdot 1000}{946\,984} = \frac{4986}{946\,984} \cdot 1000 = 5{,}17.$$

Der Bruch $\frac{4896}{946\,984}$ ist aber nichts anderes, als die Sterbewahrscheinlichkeit (= Schadenhäufigkeit) der 35jährigen; man erhält das gleiche Resultat, wenn man nach der obigen Formel rechnet:

$$P_{35} = 0{,}00517 \cdot 1000 = 5{,}17.$$

Alle 946 984 in das 35. Lebensjahr Eintretenden haben die Entschädigungsleistung für die 4896 in diesem Lebensalter Sterbenden aufzubringen. Bezeichnet man nach der Gepflogenheit der Lebensversicherungsmathematiker die Zahl der den Beginn eines bestimmten Alters x Erlebenden mit L_x (in unserem Fall die 946 984, die das Alter x = 35 erleben), die Zahl der im Alter x (= 35) Sterbenden mit T_x (also die 4896 im Alter von 35 Jahren Sterbenden) und mit q_x (= 0,00517) die Sterbewahrscheinlichkeit der xjährigen, so ist nach obigem die Formel der Todesfallversicherung für ein Jahr (Risikoversicherung):

$$L_x \cdot P_x = T_x \cdot V \text{ oder } P_x = \frac{T_x}{L_x} \cdot V \text{ oder } P_x = q_x \cdot V.$$

Da die Sterbetafel mit zunehmendem Alter steigende Werte der Sterbewahrscheinlichkeit ergibt, müssen die Nettoprämien mit dem Alter der Versicherten zunehmen.

II. *Prämienformeln der Interessenversicherungen*

Anders als bei der Summenversicherung ist bei der Interessenversicherung mit einer variablen Entschädigungsleistung zu rechnen. Die durchschnittliche Entschädigung D hängt hier einmal von der Höhe des tatsächlich eingetretenen Schadens und von der zugesagten Entschädigungsweise (Vollwert-, Erstrisiko-, Bruchteilversicherung, vereinbarte Franchisen) ab. Über die im Schadenfalle anzuwendenden Entschädigungsweisen ist der Versicherer aus dem vertraglich oder gesetzlich niedergelegten Inhalt der Versicherungsverhältnisse im Bilde. Was ihm fehlt, ist die Angabe über die Höhe der eintretenden Schäden, um daraus die durchschnittliche Entschädigung D bestimmen zu können. Diesem Zweck dienen die Schadentafeln.

Für die folgenden Ableitungen wird die auf Seite 121 abgedruckte, von *Gürtler* konstruierte Schadentafel mit 10 Intervallen angewendet. Da es hier jedoch nicht auf die praktische Zuverlässigkeit der Zahlenwerte ankommt, wird, um nicht mit zu großen Zahlen rechnen zu müssen, jede Zahl durch 10 dividiert, also nur mit einer Verteilung von 10 000 Schäden auf die einzelnen Schadengrade gerechnet. Die grundsätzlichen Zusammenhänge werden durch diese Vereinfachung nicht berührt.

Nimmt man einheitlich den höchstmöglichen Schaden mit 1000,— DM an, so bedeutet ein Schadengrad bis 0,1 Schäden bis zur Höhe von 100,— DM, ein Schadengrad 0,1—0,2 Schäden zwischen 101,— DM und 200,— DM usf. Die Schadentafel besagt, wie sich die Gesamtzahl der Schäden auf die einzelnen Schadengrade verteilt, sie sagt aber unmittelbar nichts darüber, wie hoch die Schäden tatsächlich sind. Zum Schadengrad 0,1—0,2 werden ja alle Schäden in Höhe von 101,— bis 200,— DM gerechnet. Man muß also noch eine Annahme darüber machen, wie hoch der durchschnittliche Schaden innerhalb einer jeden Schadengradgruppe ist. Man wird dabei nicht erheblich fehlgehen, wenn man voraussetzt, daß im Durchschnitt jede Gruppe einen in ihrer Mitte liegenden Schaden aufweist. Der Durchschnittsschaden der Schadengradgruppe bis 0,1 wird also mit 50,— DM, der der Schadengradgruppe 0,1—0,2 mit 150,— DM usw. angenommen, der der Gruppe 0,9—1,0 folgerichtig mit 950,— DM.

Aus der Schadentafel kann man dann die bei 10 000 Schäden aufgetretene Schadensumme berechnen, nämlich:

Schadengrad	Schadenhöhe DM	angenommener durchschnittlicher Schaden DM	Zahl der Schäden	Schadensumme DM
bis 0,1	0— 100	50	4 974	248 700,—
0,1—0,2	101— 200	150	862	129 300,—
0,2—0,3	201— 300	250	474	118 500,—
0,3—0,4	301— 400	350	380	133 000,—
0,4—0,5	401— 500	450	382	171 900,—
		Übertrag:	7 072	801 400,—

Schadengrad	Schadenhöhe DM	angenommener durchschnittlicher Schaden DM	Zahl der Schäden	Schadensumme DM
		Übertrag:	7 072	801 400,—
0,5—0,6	501— 600	550	427	234 850,—
0,6—0,7	601— 700	650	495	321 750,—
0,7—0,8	701— 800	750	576	532 000,—
0,8—0,9	801— 900	850	667	566 950,—
0,9—1,0	901—1000	950	763	724 850,—
			10 000	3 181 800,—

1. *Vollwertversicherung*

Die Vollwertversicherung vergütet die anfallenden 10 000 Schäden in Höhe von insgesamt 3 181 800,— DM. Die durchschnittliche Entschädigung (bei der Vollwertversicherung gleich durchschnittlichem Schaden, wenn keine Unterversicherung vorliegt) beläuft sich also auf 318,20 DM oder 31,8 % des höchstmöglichen Schadens von 1000,— DM. Würde der höchstmögliche Schaden gleich 1 sein, so wäre die durchschnittliche Entschädigung 0,318. Da aber der höchstmögliche Schaden mit 1000,— DM angenommen wurde, ist die durchschnittliche Entschädigung 0,318 · 1000,— = 318,20 DM. Bezeichnet man die durchschnittliche Entschädigung bei Zugrundelegung des Höchstschadens 1 mit s und den nach den versicherten Summen angenommenen Höchstschaden (in unserem Fall den Höchstschaden von 1000,— DM) mit S, so ist die durchschnittliche Entschädigung D

$$D = s \cdot S.$$

Daraus ergibt sich die Prämienformel mit $P = h \cdot s \cdot S$ oder, weil bei der Vollwertversicherung der höchstmögliche Schaden S gleich der Versicherungssumme V ist:

$$\boxed{P = h \cdot s \cdot V}$$

Unter Annahme einer erwarteten Schadenhäufigkeit von 0,002 errechnet sich aus der obigen Schadentafel die Prämie der Vollwertversicherung mit

$$P = 0{,}002 \cdot 0{,}318 \cdot 1000 = 0{,}636 \text{ DM}$$

oder auf die Versicherungssumme von 1000,— DM bezogen mit 0,636 ‰. Wenn jede der zugrunde gelegten 5 000 000 Vollwertversicherungen zu je 1000,— DM Versicherungssumme eine Prämie von rund 0,64 DM bezahlt, ergibt sich eine Gesamtprämieneinnahme von 3 200 000,— DM, womit, wie ersichtlich, die anfallenden Entschädigungen geleistet werden können.

Die Prämie der Vollwertversicherung kann in Prozent- oder Promillesätzen der Versicherungssumme ausgedrückt werden. Im Falle der Überversicherung führt dies zu einer Benachteiligung des Versicherten, weil er die Prämie aus der zu hohen Versicherungssumme bezahlt, obwohl im Schadenfall nur der tatsächliche Wert ersetzt wird. Bei einer Unterversicherung bezieht der Versicherer die Prämie nur aus der zu gering beantragten Versicherungssumme, dafür darf er die Entschädigung im selben Verhältnis kürzen, wie die Versicherungssumme hinter dem Versicherungswert (Ersatzwert) zurückbleibt.

2. *Erstrisikoversicherung*

Schäden bis zur Höhe der Erstrisikosumme werden voll, darüber liegende Schäden nur mit der Erstrisikosumme ersetzt. Denkt man sich die vorhin verwendete Schadentafel mit einem höchstmöglichen Schaden von 1000,— DM auf Erstrisikoversicherungen in Höhe von je 500,— DM angewendet, so berechnen sich die vom Versicherer zu leistenden Entschädigungen wie folgt:

Schadengrad	Schadenhöhe DM	Zahl der Schäden	Schaden-summe DM	Ent-schädigung DM
bis 0,1	0— 100	4 974	248 700,—	248 700,—
0,1—0,2	101— 200	862	129 300,—	129 300,—
0,2—0,3	201— 300	474	118 500,—	118 500,—
0,3—0,4	301— 400	380	133 000,—	133 000,—
0,4—0,5	401— 500	382	171 900,—	171 900,—
0,5—0,6	501— 600	427	234 850,—	213 500,—
0,6—0,7	601— 700	495	321 750,—	247 500,—
0,7—0,8	701— 800	576	532 000,—	288 000,—
0,8—0,9	801— 900	667	566 950,—	333 500,—
0,9—1,0	901—1000	763	724 850,—	381 500,—
		10 000	3 181 800,—	2 265 400,—

Bis zur Schadenhöhe von 500,— DM stimmt die Entschädigung mit der Schadensumme, d. h. auch mit der Entschädigung der Vollwertversicherung überein. Bei den über der Erstrisikosumme liegenden Schadenhöhen bleibt die Entschädigung hinter der Schadensumme zurück, weil jeder Schaden nur noch mit der festen Erstrisikosumme (hier 500,— DM) entschädigt wird. Für die 427 Schäden des Schadengrades 0,5—0,6 sind statt 234 850,— DM nur aufzuwenden: 427 · 500,— DM = 213 500,—DM, für die 495 Schäden des Schadengrades 0,6—0,7 statt 321 750,— DM nur 495 · 500,— DM = 247 500,— DM usw. Insgesamt hat der Versicherer in diesem Beispiel nur eine Gesamtentschädigung in Höhe von 2 265 400,— DM zu leisten, während er bei der Vollwertversicherung 3 181 800,— DM aufzubringen hatte.

Die Erstrisikoversicherungssumme E (in diesem Falle 500,— DM) verhält sich zum höchstmöglichen Schaden S (hier 1000,— DM) wie e : 1, wenn der höchstmögliche Schaden mit 1 gesetzt wird; folglich

$$e = \frac{E}{S}$$

d. h. im Beispiel $e = \frac{500}{1000} = 0{,}5$; sie entspricht dem Schadengrad 0,5.

Schäden bis zum Schadengrad e (= 0,5) werden voll entschädigt; Schäden mit höheren Schadengraden als e werden nur mit der fixen Erstrisikoversicherungssumme E (= 500,— DM) entschädigt. ***Zur Bestimmung der Durchschnittsentschädigung D für alle 10 000 Schäden muß man aus der Schadentafel entnehmen***

a) ***wieviele der 10 000 Schäden voll zu entschädigen sind und welche durchschnittliche Entschädigung*** (Durchschnitt auf 10 000 Schäden bezogen) ***für sie zu leisten ist.*** Nach der Schadentafel sind das für eine Erstrisikoversicherung mit e = 0,5 7072 Schäden von insgesamt 10 000 Schäden. Das Verhältnis 7072/10 000, also der Anteil der voll zu entschädigenden Schäden an der Gesamtzahl der Schäden, wird als die Teilschadenhäufigkeit bis zum Schadengrad e, abgekürzt mit b_e bezeichnet. Die unter der Gesamtzahl der Schäden mit der Teilschadenhäufigkeit b_e vertretenen Schäden bis zum Schadengrad e werden voll entschädigt wie bei einer Vollwertversicherung. $e = 0{,}5$ gesetzt, sind hierfür nach der Schadentafel 801 400,— DM erforderlich, oder im Durchschnitt der 10 000 Schäden für diesen Zweck 80,14 DM pro Schadenfall. Dies ist gleich 8,014% des höchstmöglichen Schadens von 1000,— DM oder 0,08014 des höchstmöglichen Schadens 1. Bezeichnet man den für die Vollentschädigung erforderlichen Anteil am höchstmöglichen Schaden 1 mit s_e (bis zum Schadengrad e gehend), so ist der für die Vollentschädigungen aufzubrigende Betrag $s_e \cdot S$, wenn der höchstmögliche Schaden wieder mit S gesetzt wird. In unserem Beispiel ist $s_{0,5} = 0{,}08014$ und $S = 1000{,}—$ DM; für die Vollentschädigungen müssen also aufgebracht werden $s_{0,5} \cdot S = 0{,}08014 \cdot 1000 = 80{,}14$ DM.

b) ***wieviele der 10 000 Schäden nur mit der Erstrisikosumme von 500,— DM zu entschädigen sind und welcher Betrag hierfür aufzuwenden ist.*** In dem Beispiel sind das 10 000 — 7072 = 2928 Schäden mit einem Schadengrad $e > 0{,}5$. Ihre Teilschadenhäufigkeit an der Gesamtzahl der Schäden ist $2928 / 10\,000 = 0{,}2928$ oder gleich $1 — 0{,}7072 = (1 — b_e)$. Jeder dieser $10\,000 \cdot 0{,}2928$ Schäden ist mit 0,5 zu entschädigen, wenn der höchstmögliche Schaden 1 ist oder mit $10\,000 \cdot 0{,}2928 \cdot 500$, wenn der höchstmögliche Schaden 1000,— DM ist. Das letzte ausgerechnet, ergibt 1464 000,— DM, welcher Betrag für die mit der festen Erstrisikosumme von 500,— DM abzufindenden Schäden erforderlich ist. Im Durchschnitt ist also für diesen Zweck für jeden der 10 000 Schäden 146,40 DM aufzuwenden. Dies ist gleich $(1 — b_e) \cdot e \cdot S$.

Die für jeden der 10 000 Schäden zu leistende durchschnittliche Entschädigung setzt sich also zusammen aus 80,14 DM für die Vollentschädigungen und 146,40 DM für die mit der Erstrisikosumme von 500,— DM abgegoltenen Entschädigungen; die Gesamtdurchschnittsentschädigung beträgt also 226,54 DM oder allgemein

$$D = s_e \cdot S + (1 — b_e) \cdot e \cdot S = [s_e + (1 — b_e) \cdot e] \cdot S$$

Diese Gesamtdurchschnittsentschädigung in die allgemeine Prämienformel $P = h \cdot D$ eingesetzt, ergibt die Prämienformel der Erstrisikoversicherung mit $e = \frac{E}{S}$ $\boxed{P = h \cdot [s_e + (1 — b_e) \cdot e] \cdot S}$

Die wahrscheinliche Schadenhäufigkeit wiederum mit 0,002 angenommen, errechnet sich bei der vorausgesetzten Schadentafel die Prämie für eine Erstrisikoversicherung mit einer Versicherungssumme von DM 500.— ($e = 0{,}5$) wie folgt:

$$P = 0{,}002 \cdot [0{,}08014 + (1—0{,}7072) \cdot 0{,}5] \cdot 1000 = 0{,}45308.$$

Diese Erstrisikoversicherung kostet also eine Nettoprämie von 0,46 DM. Probe: Gesamteinnahme des Versicherers bei 5 000 000 solcher Versicherungen $5\,000\,000 \cdot 0{,}46 = 2\,300\,000{,}—$ DM. Wegen der Aufrundung des Prämienbetrages ist die Gesamteinnahme etwas größer als die Entschädigungssumme von 2 265 400,— DM. Vergleicht man den absoluten Prämienbetrag der Erstrisikoversicherung = 0,46 DM mit dem absoluten Prämienbetrag der Vollwertversicherung = 0,64 DM, so stellt sich die Erstrisikoversicherung billiger als die Vollwertversicherung; dafür muß allerdings der Versicherte die über 500,— DM hinausgehenden Schadenbeträge selbst tragen.

Anders als bei der Vollwertversicherung ist die Nettoprämie der Erstrisikoversicherung nicht proportional der Versicherungssumme, und sie kann deswegen auch nicht in Prozent- oder Promillesätzen der Erstrisikoversicherungssumme ausgedrückt werden. Dort, wo wie in der Haftpflicht- und Krankenversicherung die Erstrisikoversicherung die Regel ist, finden sich in den Tarifen absolute Prämienbeträge, keine Promillesätze. Wenn damit in Widerspruch stehend die Feuerversicherung für die Erstrisikoversicherung von Aufräumungs- und Feuerlöschkosten, die Einbruchdiebstahlversicherung für die Erstrisikoversicherung des Inhaltes von Tresoren und Panzerschränken, die Beraubungsversicherung als Erstrisikoversicherung Promillesätze kennen, so ist das wohl auf rein praktische Gründe zurückzuführen: in der Feuerversicherung spielt die Versicherung der Aufräumungs- und Feuerlöschkosten keine große Rolle, um ein Abweichen von der sonst üblichen Tarifierungsweise mit Promillesätzen zu rechtfertigen; in der Einbruchdiebstahlversicherung begnügt man sich mit Zuschlägen gegenüber den Prämien der Vollwertversicherung, um nicht zweierlei Tarife aufstellen zu müssen; in der Beraubungsversicherung wird praktisch die Erstrisikoversicherungssumme dem höchstmöglichen Schaden gleichkommen, weil man die Mehrbeträge zur Bank abdisponieren und eventuell den Kassenboten mehrmals schicken kann.

Die Prämie der Erstrisikoversicherung hängt also ab:

1. wie bei jeder Versicherung von der Schadenhäufigkeit h; je höher diese ist, desto höher ist die Prämie;
2. von dem durchschnittlichen Umfang der Schäden bis zur Teilschadenhäufigkeit e, dem $s_e \cdot S$; je häufiger und umfangreicher die Teilschäden unterhalb des Schadengrades e sind, desto höher stellt sich die Prämie. Je häufiger die Teilschäden bis zum Schadengrad e sind, desto weniger häufig sind die Schäden über dem Schadengrad e, desto kleiner wird $(1 - b_e) \cdot e \cdot S$, desto weniger fällt die Fixierung der Höchstentschädigung auf E ins Gewicht;
3. von der Größe des höchstmöglichen Schadens S;
4. von der Höhe der Erstrisikoversicherungssumme E im Verhältnis zum höchstmöglichen Schaden S, weil dieses Verhältnis den anzunehmenden Schadengrad e bestimmt; je kleiner bei unverändertem S die Erstrisikosumme E ist, desto geringer ist der Schadengrad e, desto billiger ist die Prämie und umgekehrt. Mit steigender Erstrisikoversicherungssumme E steigt der Schadengrad e und nimmt die Prämie zu, aber die Zunahme der Prämie geht nicht proportional der Versicherungssumme E.

Verlauf einer Erstrisikoversicherung

e	s_e	b_e	$1-b_e$	$(1-b_e)e$	$s_e+(1-b_e)e$	$[s_e+(1-b_e)e]S$	P
0,1	0,02487	0,4974	0,5026	0,05026	0,07513	75,13	0,15
0,2	0,03780	0,5836	0,4164	0,08328	0,12108	121,08	0,24
0,3	0,04965	0,6310	0,3690	0,11070	0,16035	160,35	0,32
0,4	0,06295	0,6690	0,3310	0,13240	0,19535	195,35	0,39
0,5	0,08014	0,7072	0,2928	0,14640	0,22654	226,54	0,45
0,6	0,103625	0,7499	0,2501	0,15006	0,253685	253,68	0,51
0,7	0,13580	0,7994	0,2006	0,14042	0,27622	276,22	0,55
0,8	0,18900	0,8570	0,1430	0,11440	0,30340	303,40	0,61
0,9	0,245695	0,9237	0,0763	0,06867	0,314365	314,36	0,63
1,0	0,31818	1,0000	0,0000	0,00000	0,31818	318,18	0,64

Die vorstehende Tabelle zeigt bei Annahme unserer Schadentafel und der Schadenhäufigkeit h = 0,002 den Verlauf der Erstrisikoprämie, wenn der Schadengrad e von 0,1 bis 1 zunimmt, die Erstrisikoversicherungssumme also von 10% auf 100% des höchstmöglichen Schadens ansteigt. Im letzten Fall, wenn e = 1, also die Erstrisikoversicherungssumme gleich dem höchstmöglichen Schaden S wird, nimmt $(1 - b_e)$ die Größe 0 an und die Prämienformel reduziert sich auf $P = h \cdot s \cdot S$ bzw. $h \cdot s \cdot V$, was mit der Prämienformel der Vollwertversicherung übereinstimmt. Eine „Erstrisikoversicherung", deren Versicherungssumme gleich dem höchstmöglichen Schaden ist, hat alle anfallenden Schäden ungekürzt zu entschädigen, sie ist dasselbe wie eine Vollwertversicherung, weshalb sie auch deren Prämienformel annimmt. Die Tabelle zeigt weiter: Die Prämie der Erstrisikoversicherung nimmt unterproportional zur Versicherungssumme, d. h. unterproportional zum Schadengrad e, zu und ab. Eine Herabsetzung der Erstrisikoversicherungssumme bringt eine geringere Abnahme der Prämie, d. h. im Verhältnis zur Erstrisikoversicherungssumme eine Erhöhung der Prämie. Die Prämie wird absolut billiger, aber relativ zur Erstrisikoversicherungssumme teurer. Diesem Vorteil absoluter Prämienersparnis, der mitunter aus Versichertenkreisen geltend gemacht wird, steht indes der Nachteil gegenüber, daß der Versicherte bei größeren Teilschäden und bei einem Totalschaden einen unter Umständen erheblichen Teil des Risikos selbst zu tragen hat.

Wo man, was theoretisch nicht zulässig ist, aus praktischen Erwägungen die Erstrisikoprämie auf die Erstrisikoversicherungssumme bezieht, kommt man gegenüber der Vollwertversicherungsprämie zu höheren Promille- oder Prozentsätzen. Auf die Erstrisikosumme von 500,— DM bezogen, macht die oben errechnete Prämie von 0,45308 DM einen Satz von 0,91‰ aus, während sich für die Vollwertversicherung ein Prämiensatz von 0,64‰ ergab.

3. *Bruchteilversicherung*

Bruchteilversicherungssumme (T) ist ein bestimmter Bruchteil des angezeigten Wertes (A) der versicherten Gegenstände. Die Bruchteilversicherungssumme T ist die maximale Entschädigung. Das Verhältnis

$$t = \frac{T}{A}$$

gibt den versicherten Bruchteil an. Schäden bis zu dem diesem Bruchteil entsprechenden Schadengrad werden in voller Höhe vergütet, Schäden eines höheren Schadengrades nur mit der festen Bruchteilversicherungssumme $T = t \cdot A$. Nimmt man den angezeigten Wert mit 1000,— DM entsprechend dem Wert der versicherten Gegenstände an und unterstellt man eine Bruchteilversicherungssumme von 500,— DM, so ist t = 0,5 (gleichbedeutend dem Schadengrad 0,5). Das bedeutet, daß bei der hier zugrunde gelegten Schadentafel mit denselben Entschädigungen wie im vorangegangenen Beispiel der Erstrisikoversicherung zu rechnen ist. Folglich muß sich auch dieselbe Prämie ergeben.

Analog der Erstrisikoversicherung setzt sich auch bei der Bruchteilversicherung die auf die Gesamtzahl aller Schäden (10 000) bezogene durchschnittliche Entschädigung zusammen aus

a) dem im Durchschnitt für die Vollentschädigungen bis zum Schadengrad t erforderlichen Betrag von $s_t \cdot S$ und

b) der durchschnittlichen Entschädigung für die mit der festen Bruchteilsumme T abgefundenen Schäden mit einem Schadengrad über t, also wenn b_t die Teilschadenhäufigkeit bis zum Schadengrad t ist, $(1 - b_t) \cdot t \cdot S$.

Die durchschnittliche Entschädigung einer Bruchteilversicherung ist dann:

$$D = s_t \cdot S + (1 - b_t) \cdot t \cdot S = [s_t + (1 - b_t) \cdot t] \cdot S.$$

Da der höchstmögliche Schaden S gleich dem angezeigten Wert A ist, wenn keine Unterversicherung vorliegt, kann man auch schreiben:

$$D = [s_t + (1 - b_t) \cdot t] \cdot A.$$

Dies in die allgemeine Prämienformel $P = h \cdot D$ eingesetzt, ergibt die Prämienformel der Bruchteilversicherung mit $t = \frac{T}{A}$

$$\boxed{P = h \cdot [s_t + (1 - b_t) \cdot t] \cdot A}$$

In unserem Beispiel beträgt die Prämie der Bruchteilversicherung mit einer Bruchteilversicherungssumme von 500,— DM aus einem angezeigten Wert von 1000,— DM $P = 0{,}002 \cdot [0{,}08014 + (1 - 0{,}7072) \cdot 0{,}5] \cdot 1000 = 0{,}45308$ DM wie bei der Erstrisikoversicherung. Die Prämie der Bruchteilversicherung läßt sich also auch in Prozent- oder Promillesätzen des angezeigten Wertes ausdrücken oder, weil der angezeigte Wert A mit der Versicherungssumme V der Vollwertversicherung übereinstimmt, können der Bruchteilversicherung die Prämiensätze der Vollwertversicherung unter Abzug eines sogenannten Bruchteilrabattes zugrunde gelegt werden. Ebenso ist es möglich, die Bruchteilprämie in Prozenten oder Promillen der Bruchteilversicherungssumme zu berechnen.

Variiert man den Bruchteil, läßt also t von 0 bis 1 wandern, so ergibt sich der gleiche Verlauf der Prämie wie bei der Erstrisikoversicherung. Die Prämie nimmt im Vergleich mit dem Bruchteil unterproportional ab. Dort, wo wie in der Einbruchdiebstahlversicherung gerade die kleinen Teilschäden besonders häufig sind, sich die Verteilung der Schäden auf die unteren Schadengrade hin verschiebt, ergeben sich deswegen verhältnismäßig geringe Ermäßigungen gegenüber der Prämie der Vollwertversicherung. In der Einbruchdiebstahlversicherung werden z. B. nur die folgenden Rabatte auf die Prämie der Vollwertversicherung gewährt:

bei Versicherung	eines	Bruchteils	von	25%	des	Gesamtwertes:	10%,
„	„	„	„	20%	„	„	: 12%,
„	„	„	„	15%	„	„	: 15%,
„	„	„	„	10%	„	„	: 17%,
„	„	„	„	5%	„	„	: 20%.

Die Bruchteilversicherung bringt also in einem derartigen Fall keine erhebliche Prämieneinsparung für den Versicherungsnehmer.

Eine Bruchteilversicherung mit 100% Bruchteil ist gleich der Vollwertversicherung. Dann ist $t = 1$, und die Bruchteilprämie fällt mit der Prämie der Vollwertversicherung zusammen: $P = h \cdot s \cdot S$ bzw. $h \cdot s \cdot V$.

Es überrascht zunächst, daß die Prämienformel der Bruchteilversicherung mit der Prämienformel der Erstrisikoversicherung übereinstimmt. Da der Versicherer bei der Bruchteilversicherung unter Umständen eine Unterversicherung geltend machen kann, ein Einwand, der ihm bei der Erstrisikoversicherung grundsätzlich versagt ist, sollte man erwarten, daß sich bei der Bruchteilversicherung eine etwas niedrigere Nettoprämie ergibt. Dieser Widerspruch löst sich, wenn man überlegt, daß die Schadentafeln nicht die tatsächlich in der Volkswirtschaft angefallenen Schäden, sondern die von den Versicherern geleisteten Entschädigungen angeben. In den Schadentafeln sind demnach vorliegende Unterversicherungen berücksichtigt. Für eine Erstrisikoversicherung müßte man eine Schadentafel anwenden, in der Unterversicherungen, auch versteckt, nicht vorkommen; diese würde eine geringe Verschiebung der Teilschadenhäufigkeiten nach oben anzeigen. Unter dieser Voraussetzung wird dann die gleiche Prämienformel für die Erstrisikoversicherung etwas höhere Prämien liefern.

4. *Versicherung mit Integralfranchisen*

Von Integralfranchisen ist bekanntlich die Rede, wenn unter dem Franchisenbetrag liegende Schäden überhaupt nicht, hingegen die darüber liegenden Schäden voll vergütet werden. Die Franchisen (auch die noch zu behandelnden Abzugsfranchisen) schalten also vor allem die zahlreichen kleinen und kleinsten Schäden aus und müssen demnach eine Verbilligung der Nettoprämien bringen. Franchisen können zu jeder der anderen Versicherungsformen vereinbart werden. Im folgenden wollen wir uns jedoch auf Integralfranchisen bei Vollwert- und Erstrisikoversicherungen beschränken.

Nimmt man wieder die eingangs angeführte Schadentafel vor und legt, um die Übereinstimmung mit dem Beispiel der Erstrisiko- und Bruchteilversicherung zu wahren, eine Integralversicherung von 500,— DM zugrunde, so hat der Versicherer mit folgenden Entschädigungsleistungen bei einer Vollwertversicherung zu rechnen:

Schadengrad	Schadenhöhe DM	Zahl der Schäden	Schadensumme DM	Entschädigung DM
bis 0,1	0— 100	4 974	248 700,—	—
0,1—0,2	101— 200	862	129 300,—	—
0,2—0,3	201— 300	474	118 500,—	—
0,3—0,4	301— 400	380	133 000,—	—
0,4—0,5	401— 500	382	171 900,—	—
0,5—0,6	501— 600	427	234 850,—	234 850,—
0,6—0,7	601— 700	495	321 750,—	321 750,—
0,7—0,8	701— 800	576	532 000,—	532 000,—
0,8—0,9	801— 900	667	566 950,—	566 950,—
0,9—1,0	901—1000	763	724 850,—	724 850,—
		10 000	3 181 800,—	2 380 400,—

Bei Schäden über dem Franchisenbetrag deckt sich die Entschädigungsleistung mit der Vollwertversicherung; das gleiche gilt, falls eine Erstrisikoversicherung genommen ist. Bei der Ableitung der Prämienformel ist deswegen von der Prämie der Vollwert- bzw. Erstrisikoversicherung auszugehen und von ihr die durch die vereinbarte Integralfranchise eingesparte Entschädigungsleistung abzuziehen.

Bezeichnet man die Integralfranchise mit F (= 500,— DM), so fallen die Schäden bis zum Schadengrad

$$f = \frac{F}{S}$$

aus (in unserem Fall f = 0,5). Zur Abdeckung dieser Schäden sind an Prämien erforderlich:

bei Vollwertversicherung $h \cdot s_f \cdot S$ bzw. $h \cdot s_f \cdot V$
bei Erstrisikoversicherung $h \cdot s_f \cdot S$

Diese ersparten Prämien werden von der Prämie der Vollwert- bzw. Erstrisikoversicherung abgezogen.

Die ***Prämie einer Vollwertversicherung mit einer Integralfranchise in Höhe von F*** ist dann, wobei $f = \frac{F}{V}$,

$$P = h \cdot s \cdot V - h \cdot s_f \cdot V \text{ oder}$$

$$\boxed{P = h \cdot V \cdot (s - s_f)}$$

Die ***Prämie der Erstrisikoversicherung mit der Erstrisikoversicherungssumme E und einer Integralfranchise in Höhe von F*** ist, wobei $e = \frac{E}{S}$ und $f = \frac{F}{S}$,

$$P = h \cdot [s_e + (1 - b_e) \cdot e] \cdot S - h \cdot s_f \cdot S \text{ oder}$$

$$\boxed{P = h \cdot S \cdot [s_e + (1 - b_e) \cdot e - s_f]}$$

Zahlenbeispiele:

a) Vollwertversicherung mit einer Versicherungssumme von 1000,— DM und einer Integralfranchise von 500,— DM; Prämie $P = 0{,}002 \cdot 1000 \cdot (0{,}318 - 0{,}080) = 0{,}48$ DM.

b) Erstrisikoversicherung mit einer Erstrisikoversicherungssumme von 500,— DM bei einem höchstmöglichen Schaden von 1000,— DM und einer Integralfranchise von 200,— DM; Prämie $P = 0{,}002 \cdot 1000 \cdot [0{,}080 + (1 - 0{,}707)\, 0{,}5 - 0{,}038] = 0{,}37$ DM.

Denkt man sich eine Erstrisikoversicherung mit einer Versicherungssumme von 500,— DM und einer Integralfranchise in Höhe von 500,— DM, dann entfallen gemäß der vereinbarten Franchise alle Schäden bis zur Höhe von 500,— DM, und die darüber liegenden Schäden werden entsprechend der Erstrisikoversicherung mit der festen Summe von 500,— DM entschädigt. Wenn der Betrag der Integralfranchise der Erstrisikoversicherungssumme gleichkommt, wird die Erstrisikoversicherung zu einer Summenversicherung. Das ergibt sich auch aus der Erstrisikoprämienformel, wenn man $s_e = s_f$ setzt, denn dann bleibt: $P = h \cdot S \cdot (1 - b_e) \cdot e$, wobei $e \cdot S$ gleich der Erstrisikoversicherungssumme E und $(1 - b_e)$ gleich der Teilschadenhäufigkeit der Schäden über E ist. Dieser Fall nach der obigen Formel durchgerechnet ergibt: $P = 0{,}002 \cdot 1000\, [0{,}080 + (1 - 0{,}707) \cdot 0{,}5 - 0{,}080] = 0{,}30$ DM. Als Summenversicherung gerechnet ergibt die Prämie: $0{,}002 \cdot 0{,}293 \cdot 500 = 0{,}30$ DM den gleichen Betrag. Der Versicherer hat nur die in der Schadentafel auf Seite 144 angegebenen Entschädigungen der Schadengrade 0,5 — 1,0 mit insgesamt 1 464 000,— DM zu leisten. An Prämie gehen ein: 5 000 000 · 0,30 = 1 500 000,— DM, was wegen der Aufrundung die Entschädigungssumme etwas überschreitet.

Die obige Formel für die Erstrisikoversicherung mit Integralfranchise darf nur bis zu der Grenze angewendet werden, wo s_e, gleich s_f wird.

Wollte man, was theoretisch zulässig ist, eine Erstrisikoversicherung mit einer über die Erstrisikosumme hinausgehenden Integralfranchise konstruieren, so muß der Subtrahend in der Klammer, der wahrscheinliche durchschnittliche Schadensumfang s_f der Schäden unterhalb des Franchisenbetrages, unter Berücksichtigung der Tatsache, daß für einen Teil der Schäden nur die feste Erstrisikosumme mit E vergütet wird, anders berechnet werden.

Die nachstehende Tabelle zeigt den Verlauf der Prämien einer Vollwertversicherung in Höhe von 1000,— DM und einer Erstrisikoversicherung in Höhe von 500,— DM, wenn die Integralfranchise von 100,— DM auf 1000,— DM bzw. 500,— DM ansteigt.

Je höher die Integralfranchise ist, desto mehr nimmt die Prämie ab. Eine Versicherung mit f = 1, bei der die Integralfranchise der Vollwertversicherungssumme gleichkommt, kostet nichts; in diesem Falle wäre ja auch keine Entschädigung zu zahlen. Mit der Verringerung der Integralfranchise erhöht sich die Prämie; die Prämiensteigerung ist um so geringer, je niedriger die Franchisen sind. Die in der Tabelle enthaltenen hohen Franchisenbeträge kommen in der Praxis kaum vor; in der Seetransportversicherung gehen die Franchisen fast nie über 10% hinaus, zumeist liegen sie bei 3 oder 5%.

Verlauf einer Vollwert- bzw. Erstrisikoversicherung (e = 0,5) mit Integralfranchise

f	Vollwertversicherung					Erstrisikoversicherung		
	h · V bzw. h · S	s	s_f	$s - s_f$	P	$s_{0,5}$ + (1—b 0,5) 0,5 wie in der Tabelle auf Seite 146	Ausdruck der Vorspalte — s_f	P
0,1	2	0,318	0,025	0,293	0,59	0,226	0,199	0,40
0,2	2	0,318	0,038	0,280	0,56	0,226	0,188	0,37
0,3	2	0,318	0,050	0,268	0,53	0,226	0,176	0,35
0,4	2	0,318	0,063	0,255	0,51	0,226	0,163	0,33
0,5	2	0,318	0,080	0,238	0,47	0,226	0,146	0,30
0,6	2	0,318	0,104	0,214	0,43	0,226	—	—
0,7	2	0,318	0,136	0,182	0,36	0,226	—	—
0,8	2	0,318	0,189	0,129	0,26	0,226	—	—
0,9	2	0,318	0,246	0,072	0,14	0,226	—	—
1,0	2	0,318	0,318	—	—	0,226	—	—

Bei der Vereinbarung einer prozentualen Franchise hängt deren absolute Höhe davon ab, auf welche Versicherungssumme sie im Schadenfalle bezogen wird. Es bedeutet einen erheblichen Unterschied, ob, wie z. B. in der Seeversicherung die prozentuale Franchise aus dem Gesamtwerte der transportierten Waren oder aus einzelnen Partien (Serien) derselben berechnet wird. Werden etwa von 100 Sack einer Ware im Werte von 10 000,— DM, die mit einer Integralfranchise von 3% versichert sind, 2 Sack zu je 100,— DM vernichtet, so ist ohne Serienvereinbarung (Besondere Taxierung) eine Entschädigung nicht zu leisten, weil die Franchise 300,— DM ausmacht. Ist, hingegen diese Ware in 4 durch Zeichen oder Nummern kenntlich gemachten Serien zu je 2500,— DM versichert, so beträgt die Integralfranchise bei jeder Serie 75,—DM, und der Versicherte erhält den vollen Schaden ersetzt. Je kleiner die Serie ist, desto geringer ist der absolute Betrag der Franchise, desto höher ist die vom Versicherer zu leistende Entschädigung und desto mehr muß sich die Prämie den Sätzen ohne Franchisenvereinbarung nähern. Bei großen Serien ergeben sich geringere Nettoprämien als bei kleinen Serien. Man kann aber auch bei kleinen Serien höhere prozentuale Franchisen verlangen als bei großen Serien, wenn der gleiche Prämiensatz zugrunde gelegt wird.

5. *Versicherungen mit Abzugsfranchisen*

Hier werden Schäden bis zur Höhe der vereinbarten Franchise überhaupt nicht entschädigt, bei höheren Schäden bleibt die Entschädigung hinter dem eingetretenen Schaden um die Franchise zurück; Entschädigung ist, Vollversicherung vorausgesetzt, gleich Schaden — Franchise (folglich Abzugsfranchise genannt). Auch hier soll die Auswirkung einer derartigen Abzugsfranchise nur auf die Prämie der Vollwert- und Erstrisikoversicherung behandelt werden; für andere Versicherungsformen ist die Ableitung entsprechend abzuwandeln.

Gegenüber der bei der Integralfranchise vorgenommenen Berechnung der Gesamtentschädigung ist im Falle der Vereinbarung einer Abzugsfranchise in Höhe von z. B. 500,— DM zu beachten, daß bei der Entschädigungsberechnung an jedem Schaden über 500,— DM die Franchise mit 500,— DM gekürzt wird. Wenn in dem Bereich des Schadengrades 0,5—0,6 der Schaden im Mittel mit 550,— DM angenommen wird, so beanspruchen die 427 Schadenfälle nur eine Entschädigung von 427 · 50,— DM = 21 350,— DM. Die Abzugsfranchise wirkt sich also auch auf die höheren Schadengrade aus. Insgesamt ist die Entschädigungsleistung des Versicherers unter den hier angenommenen Voraussetzungen zu veranschlagen:

Schadengrad	Schadenhöhe DM	Zahl der Schäden	Schadensumme DM	Entschädigung DM
bis 0,1	0— 100	4 974	248 700,—	—
0,1—0,2	101— 200	862	129 300,—	—
0,2—0,3	201— 300	474	118 500,—	—
0,3—0,4	301— 400	380	133 000,—	—
0,4—0,5	401— 500	382	171 900,—	—
0,5—0,6	501— 600	427	234 850,—	21 350,—
0,6—0,7	601— 700	495	321 750,—	74 250,—
0,7—0,8	701— 800	576	532 000,—	144 000,—
0,8—0,9	801— 900	667	566 950,—	233 450,—
0,9—1,0	901—1000	763	724 850,—	443 350,—
		10 000	3 181 800,—	916 400,—

Die Abzugsfranchise F entspricht wieder dem Schadengrad

$$f = \frac{F}{S}$$

wobei S wie üblich der höchstmögliche Schaden ist. Im Vergleich mit den Versicherungsformen ohne Abzugsfranchise fallen also an Schäden aus:

a) alle Schäden bis zum Schadengrad f, also $s_f \cdot S$ bzw. $s_f \cdot V$ und

b) bei den Schäden höherer Schadengrade mit der Teilschadenhäufigkeit $(1 - b_f)$ bei jedem Schadenfall der Betrag der Abzugsfranchise $f \cdot V$ bzw. $f \cdot S$, also insgesamt: $(1 - b_f) \cdot f \cdot V$ bzw. $(1 - b_f) \cdot f \cdot S$.

Keine Entschädigung ist dann zu leisten für Schäden in Höhe von

$$s_f \cdot S + (1 - b_f) \cdot f \cdot S = [s_f + (1 - b_f) \cdot f] \cdot S$$

bzw.

$$s_f \cdot V + (1 - b_f) \cdot f \cdot V = [s_f + (1 - b_f) \cdot f] \cdot V$$

Die auf diese nicht zu ersetzenden Schadenbeträge entfallenden Prämien:

$$h \cdot [s_f + (1 - b_f) \cdot f] \cdot S$$

oder

$$h \cdot [s_f + (1 - b_f) \cdot f] \cdot V$$

sind von der Prämie der Versicherungsformen ohne Abzugsfranchise abzuziehen. Daraus folgt:

Prämie der Vollwertversicherung mit Abzugsfranchise in Höhe F

$$P = h \cdot s \cdot V - h \cdot [s_f + (1 - b_f) \cdot f] \cdot V \text{ oder}$$

$$\boxed{P = h \cdot V \cdot [s - s_f - (1 - b_f) \cdot f]}$$

Prämie der Erstrisikoversicherung mit Abzugsfranchise in Höhe F

$$P = h \cdot [s_e + (1 - b_e) \cdot e] \cdot S - h \cdot [s_f + (1 - b_f) \cdot f] \cdot S \text{ oder}$$

$$\boxed{P = h \cdot S \cdot [s_e + (1 - b_e) \cdot e - s_f - (1 - b_f) \cdot f]}$$

Zahlenbeispiel:

a) Vollwertversicherung in Höhe von 1000,— DM mit Abzugsfranchise in Höhe von 500,— DM: $P = 0{,}002 \cdot 1000 \cdot [0{,}318 - 0{,}080 - (1 - 0{,}707) \cdot 0{,}5] = 0{,}18$ DM;

b) Erstrisikoversicherung in Höhe von 500,— DM (höchstmöglicher Schaden 1000,— DM) mit Abzugsfranchise von 200,— DM: $P = 0{,}002 \cdot 1000 \cdot [0{,}080 + (1 - 0{,}707) \cdot 0{,}5 - 0{,}038 - (1 - 0{,}584) \cdot 0{,}2] = 0{,}21$ DM.

Prämienverlauf einer Vollwertversicherung mit Abzugsfranchise

f	h · V	s — s_f wie in Tabelle Seite 151	b_f	(1 — b_f)	(1 — b_f)f	s — s_f — (1 — b_f)f	P
0,1	2	0,293	0,497	0,503	0,050	0,243	0,49
0,2	2	0,280	0,584	0,416	0,083	0,197	0,39
0,3	2	0,268	0,631	0,369	0,111	0,157	0,31
0,4	2	0,255	0,669	0,331	0,132	0,123	0,25
0,5	2	0,238	0,707	0,293	0,146	0,092	0,18
0,6	2	0,214	0,750	0,250	0,150	0,064	0,13
0,7	2	0,182	0,799	0,201	0,140	0,042	0,08
0,8	2	0,129	0,857	0,143	0,114	0,015	0,03
0,9	2	0,072	0,924	0,076	0,069	0,003	0,01
1,0	2	—	1,000	—	—	—	—

Die Prämien sind geringer als bei der Vollwertversicherung mit Integralfranchise, weil im Gegensatz zu dieser bei jedem Schaden die Franchise gekürzt wird. Mit Zunahme des Franchisenbetrages nimmt jedoch hier die Nettoprämie rascher, nämlich überproportional ab. Umgekehrt steigt bei Ermäßigung der Abzugsfranchise die Prämie stärker als bei entsprechender Herabsetzung der Integralfranchise.

Den Prämienverlauf einer Erstrisikoversicherung in Höhe von 500,— DM bei einem höchstmöglichen Schaden von 1000,— DM, also bei e = 0,5, bei ansteigender Abzugsfranchise zeigt die folgende Tabelle:

f	h · S	$s_{0,5} + (1 - b_{0,5}) \cdot 0{,}5 - s_f$ wie in Tabelle Seite 151	(1 — b_f) · f wie in obiger Tabelle	$s_{0,5} + (1 - b_{0,5}) \cdot 0{,}5 - s_f - (1 - b_f) \cdot f$	P
0,1	2	0,199	0,050	0,149	0,30
0,2	2	0,188	0,083	0,105	0,21
0,3	2	0,176	0,111	0,065	0,13
0,4	2	0,163	0,132	0,031	0,06
0,5	2	0,146	0,146	—	—

Wenn die Abzugsfranchise die Höhe der Erstrisikoversicherungssumme erreicht, würde die Prämie 0, denn dann ist $s_e + (1 - b_e)\,e = s_f + (1 - b_f)\,f$, der Ausdruck in der eckigen Klammer der Prämienformel = 0 und somit die Prämie ebenfalls 0. Die Grenze für die Anwendbarkeit dieser Formel liegt also noch früher als bei der Integralfranchise. Darf bei dieser die Prämie nicht unter die Prämie einer Summenversicherung mit der Versicherungssumme E fallen, so liegt bei der Abzugsfranchise die unterste Prämiengrenze dort, wo die Prämie die über der Abzugsfranchise liegenden Entschädigungen gerade noch deckt. Diese Einschränkung des Geltungsbereiches der auf Franchisen abgestellten Prämienformeln ist indes mehr theoretischer als praktischer Bedeutung, weil, wie schon erwähnt, so hohe Franchisen nicht vereinbart werden.

Abhängigkeit der Prämie von der Schadentafel

Gleiche Versicherungssumme vorausgesetzt, ist die Prämie der Summenversicherung allein von der Schadenhäufigkeit h abhängig. Die Prämienformeln der Interessenversicherungen zeigen dazu eine Abhängigkeit der Prämie von der durchschnittlichen Entschädigung D, die ihrerseits von der Gestalt der Schadentafel und von der vereinbarten Entschädigung abhängt. Die letztgenannte Abhängigkeit kommt in den verschiedenen Formeln zum Ausdruck. Die Abhängigkeit der Prämie der Interessenversicherung von der Gestalt der Schadentafel soll an den beiden nachstehenden Schadentafeln veranschaulicht werden, die willkürlich konstruiert sind. Die beiden Tafeln verlaufen konträr: Die Tafel I zeigt sehr viele Teilschäden, nur wenige Totalschäden, die Tafel II wenige Teilschäden, dafür sehr viele Totalschäden.

Schadengrad	angenommene Schadenhöhe DM	Tafel I		Tafel II	
		Zahl	Schadensumme DM	Zahl	Schadensumme DM
bis 0,1	50,—	5 000	250 000,—	50	2 500,—
0,1—0,2	150,—	2 000	300 000,—	50	7 500,—
0,2—0,3	250,—	1 000	250 000,—	200	50 000,—
0,3—0,4	350,—	500	175 000,—	300	105 000,—
0,4—0,5	450,—	500	225 000,—	400	180 000,—
0,5—0,6	550,—	400	220 000,—	500	275 000,—
0,6—0,7	650,—	300	195 000,—	500	325 000,—
0,7—0,8	750,—	200	150 000,—	1 000	750 000,—
0,8—0,9	850,—	50	42 500,—	2 000	1 700 000,—
0,9—1,0	950,—	50	47 500,—	5 000	4 750 000,—
		10 000	1 855 000,—	10 000	8 145 000,—

Die Nettoprämie der Vollwertversicherung beträgt bei Tafel I 0,37 DM, bei Tafel II 1,63 DM. Der Prämienverlauf der übrigen Versicherungsformen ist in der folgenden Tabelle zusammengestellt:

e bzw. f	Brucht.- bzw. Erstrisikovers.		Vollwertversicherung				Erstrisikoversich. e = 0,5			
			Integral-franchise		Abzugs-franchise		Integral-franchise		Abzugs-franchise	
Tafel	I	II	I	II	I	II	I	II	I	II
0,1	0,15	0,20	0,32	1,63	0,31	1,43	0,29	0,97	0,28	0,77
0,2	0,23	0,40	0,26	1,63	0,25	1,23	0,23	0,97	0,20	0,57
0,3	0,28	0,59	0,21	1,62	0,20	1,03	0,18	0,96	0,17	0,37
0,4	0,31	0,78	0,18	1,60	0,16	0,84	0,14	0,94	0,13	0,18
0,5	0,34	0,97	0,13	1,56	0,12	0,70	0,10	0,90	—	—
0,6	0,36	1,14	0,09	1,50	0,01	0,36	—	—	—	—
0,7	0,36	1,31	0,05	1,44	0,01	0,28	—	—	—	—
0,8	0,36	1,46	0,02	1,29	—	0,17	—	—	—	—
0,9	0,37	1,56	0,01	0,95	—	0,05	—	—	—	—
1,0	0,37	1,63	—	—	—	—	—	—	—	—

In den letzten 4 Spalten ist, wie oben, eine Erstrisikoversicherung von DM 500,—, d. h. e = 0,5, zugrunde gelegt. In der Spalte 2 und 3 (Bruchteil- bzw. Erstrisikoversicherung) variiert die Prämie mit der Änderung e von 0,1 bis 1,0, in den übrigen Spalten mit der Änderung f von 0,1 bis 1,0 bzw. 0,5 oder 0,4. Die Tafel II ergibt durchweg höhere Prämien als die Tafel I. Man ersieht:

Je mehr sich die Verteilung der Schadenfälle nach den hohen Schadengraden verschiebt, desto höher ist die Prämie. Viele Totalschäden bedingen hohe, viele Teilschäden niedrige Prämien. ***Eine Änderung der Schadentafel wirkt sich bei den einzelnen Versicherungsformen und innerhalb dieser je nach der Höhe der vereinbarten Erstrisikosummen und Franchisenbeträge sehr unterschiedlich aus.*** Es gibt keine gleichmäßige Zu- oder Abnahme des Prämienniveaus für alle Versicherungsformen. Sie könnte nur in dem unwahrscheinlichen Fall angenommen werden, daß sich allein die Schadenhäufigkeit (h) ändert, die Verteilung der Schadenfälle auf die einzelnen Schadengrade, die Schadentafel davon aber nicht berührt wird.

Ceteris paribus, d. h. bei gleichbleibenden Versicherungssummen und konstanter Schadenhäufigkeit, bedeuten Preisänderungen eine Änderung der Schadentafel. Preissenkungen bedingen geringere, Preiserhöhungen zunehmende Entschädigungsbeträge. Bedenkt man, daß die bei Vertragsschluß festgelegten Versicherungssummen nicht immer laufend den zwischenzeitlich eingetretenen Preisänderungen angepaßt werden, so sieht man, daß Stabilität der Versicherungsprämien auch Stabilität des Geldwertes voraussetzt. Eine Regelmäßigkeit ableiten zu wollen, dergestalt, daß Deflationsperioden eine Senkung, Inflationsperioden eine Steigerung der Versicherungsprämien erwarten lassen, wäre jedoch voreilig, weil sich unter Umständen die Schadenhäufigkeit entgegengesetzt ändert: in der Feuerversicherung verleitet die allgemeine Kaufunlust in Depressionszeiten zu Brandstiftung oder mangelndem Interesse des Versicherten, einen einmal eingetretenen Brand einzuschränken, Lieferschwierigkeiten bei Ersatzbeschaffungen in Inflationszeiten haben die entgegengesetzte Wirkung. Dort wo Unterversicherung geltend gemacht werden kann, vermögen die Versicherer bei Preissteigerungen die Prämieneinnahmen direkt durch Erhöhung der Versicherungssummen oder indirekt durch Anrechnung einer Unterversicherung im Schadenfalle einigermaßen anzupassen. Wo jedoch diese Möglichkeit nicht gegeben ist, also bei Bruchteilversicherungen und in besonderem Maße bei Erstrisikoversicherungen wirken sich Preissteigerungen auf den Versicherer äußerst nachteilig aus. Namentlich die Haftpflicht- und die Krankenversicherung sind sehr empfindlich auf Geldwertsenkungen, sind doch bei ihnen die Schadensummen nach den Kosten der Entschädigungsleistungen bei Antragsaufnahme kalkuliert, im Zeitpunkt des Schadenfalles ergeben sich jedoch bedeutend höhere Schadenzahlungen, weil innerhalb der vereinbarten Ersatzgrenzen eine Kürzung nicht zulässig ist. Hieraus erklärt sich die gegenwärtig prekäre Lage dieser Versicherungszweige, die ihre aus der Vorkriegszeit stammenden Prämiensätze nicht beibehalten können.

Die Schadentafel des Rückversicherers wird mit der des Erstversicherers nur bei reinen Quotenrückversicherungsverträgen übereinstimmen. Bei allen anderen Verträgen wird der Rückversicherer eine ungünstigere Schadentafel annehmen müssen, weil die kleinen Schäden meist vom Erstversicherer allein getragen, der Rückversicherer namentlich bei Exzedentenverträgen bei hohen Entschädigungsleistungen in hohem Maße herangezogen wird. Die für den Rückversicherer notwendige Nettoprämie stimmt deshalb mit der Nettoprämie des Erstversicherers nur ausnahmsweise überein.

Zusammenstellung der Prämienformeln

Zur besseren Übersicht sind in der folgenden Tabelle die für die verschiedenen Versicherungsformen abgeleiteten Prämienformeln zusammengestellt. Um die zahlenmäßige Auswirkung der verschiedenen Formeln vergleichen zu können, sind in der Spalte 3 die in den angeführten Beispielen errechneten Prämienbeträge angeführt. Bei den Formen 4a und 5a sind Franchisen mit DM 500,— zugrunde gelegt in der Absicht, dadurch den Vergleich mit der Erstrisiko- bzw. Bruchteilversicherung in Höhe von je DM 500,— zu ermöglichen. Bei den Erstrisikoversicherungen 4b und 5 b sind jeweils Franchisen in Höhe von DM 200,— berücksichtigt. Den Berechnungen liegt, worauf nochmals hingewiesen wird, die gleiche Schadenhäufigkeit $h = 0{,}002$ und die gleiche Schadentafel zugrunde.

Formeln der Netto- oder Risikoprämien

Bedeutung der Zeichen:

h = Schadenhäufigkeit

s = durchschnittliche Entschädigung bei einem höchstmöglichen Schaden in Höhe von 1

s_e = durchschnittliche Entschädigung bis zum Schadengrad e bei einem höchstmöglichen Schaden in Höhe von 1

s_t = durchschnittliche Entschädigung bis zum Schadengrad t bei einem höchstmöglichen Schaden in Höhe von 1

s_f = durchschnittliche Entschädigung bis zum Schadengrad f bei einem höchstmöglichen Schaden in Höhe von 1

$e = \frac{E}{S}$ = Anteil der Erstrisikoversicherungssumme E am höchstmöglichen Schaden S

$f = \frac{F}{S}$ = Anteil der Franchisensumme F am höchstmöglichen Schaden S

$t = \frac{T}{A}$ = Anteil der Bruchteilversicherungssumme T am angezeigten Wert A = versicherte Bruchteilquote

b_e bzw. b_f = Teilschadenhäufigkeit der Schäden bis zum Schadengrad e bzw. f an der Gesamtzahl der Schäden

V = Versicherungssumme

A = angezeigter Wert (Bruchteilversicherung)

S = höchstmöglicher Schaden

Versicherungsform	Prämienformel	Prämie in DM
I. Summenversicherung......	$h \cdot V$	2,—
II. Interessenversicherung:		
1. Vollwertversicherung ..	$h \cdot V \cdot s$	0,64
2. Erstrisikoversicherung..	$h \cdot S \cdot [s_e + (1 - b_e)\, e]$	0,46
3. Bruchteilversicherung ..	$h \cdot A \cdot [s_t + (1 - b_t)\, t]$	0,46
4. Versicherungen mit Integralfranchisen:		
a) Vollwertversicherung	$h \cdot V \cdot (s - s_f)$	0,48
b) Erstrisikoversicherung	$h \cdot S\, [s_e + (1 - b_e)\, e - s_f]$	0,37
5. Versicherungen mit Abzugsfranchisen:		
a) Vollwertversicherung	$h \cdot V\, [s - s_f - (1 - b_f)\, f]$	0,18
b) Erstrisikoversicherung	$h \cdot S\, [s_e + (1 - b_e)\, e - s_f - (1 - b_f)\, f]$	0,21

Die Prämienbeträge weichen sehr stark voneinander ab entsprechend der in unterschiedlicher Höhe zugesagten Entschädigung. Da die Schadentafeln in den einzelnen Versicherungszweigen jeweils eine andere Verteilung zeigen und die Schadenhäufigkeit jeweils verschieden ist, ergeben sich weiterhin zwischen den Prämien der einzelnen Versicherungszweige beachtliche Unterschiede. Das in der Praxis mitunter geübte Vorgehen, sich bei der Einführung eines neuen Zweiges an die Sätze eines verwandten Zweiges anzulehnen, ist nur mit Vorbehalten zu vertreten.

Wenn für die Kalkulation der Prämien zwar versicherungsendogene, aber betriebsexogene Tafeln (Sterbetafeln oder Schadentafeln), etwa Verbandstafeln, verwendet werden, unterstellt man damit stillschweigend, daß in dem Versicherungsbestand des betreffenden Betriebes genau dieselben Verhältnisse anzunehmen sind wie in dem Kollektiv, aus dem die verwendete Tafel abgeleitet wurde, eine Voraussetzung, die nicht unbedingt und bei einem großen Versicherungsbestand eher als bei einem kleinen zutrifft.

Es wird namentlich bei der Berechnung der Lebensversicherungsprämien angenommen, daß das der Aufstellung der Tafel seinerzeit zugrunde gelegte Kollektiv ein Vielfaches des die gleiche Zusammensetzung zeigenden Versicherungsbestandes ist und demnach die Prämien ebensogut aus dem einen wie dem andern ermittelt werden können. Eine Sicherheit für den Fall, daß diese Voraussetzung nicht so ohne weiteres erfüllt ist, bieten die später zu besprechenden Zuschläge und der Umstand, daß die augenblickliche faktische Sterblichkeit erheblich hinter der der Sterbetafel zugrunde liegenden Sterblichkeit einer früheren Zeit zurückbleibt.

Schrifttum: Für die Ableitung der Prämienformeln wurden die von *Max Gürtler* „Die Kalkulation der Versicherungsbetriebe“ angegebenen Methoden verwendet, die Zeichen jedoch der besseren Verständlichkeit wegen geändert. Die von *Riebesell* „Einführung in die Sachversicherungsmathematik" vorgeschlagenen Verfahren setzen eingehende Kenntnis der Mathematik und der mathematischen Statistik voraus, die hier nicht angenommen werden konnte.

§ 13. Verlauf der Nettoprämien in der Zeit

Zeitabhängigkeit der Prämien

Die nach dem Äquivalenzprinzip auf Grund einer Sterbetafel oder einer Schadentafel für eine Wirtschaftsperiode (ein Jahr) errechnete Prämie stellt die sog. natürliche Prämie dar. Sie entspricht gewissermaßen der Natur des Wagnisses, das der Versicherer ein Jahr lang zu tragen hat. Die Gesamtheit der vom Versicherer eingehobenen natürlichen Prämien deckt die Summe der in dem betreffenden Jahr anfallenden Entschädigungen (Versicherungsleistungen), selbstverständlich unter der Voraussetzung der Richtigkeit und Zuverlässigkeit der zugrunde gelegten Wahrscheinlichkeiten. Diese natürlichen Prämien sind keine unveränderlichen „Naturkonstanten", weil die Wahrscheinlichkeitszahlen, auf denen sie beruhen, nicht konstant sind, sondern im Verlauf der Zeit Änderungen unterliegen. Gleichgültig, ob die Wahrscheinlichkeitszahlen im Verlauf mehrerer Jahre unregelmäßig um einen mittleren Wert schwanken oder ob sie die Tendenz zeigen, laufend zuzunehmen oder zu sinken, ihre Abnahme wird es ceteris paribus dem Versicherer ermöglichen, die natürlichen Prämien zu senken, ihre Zunahme wird ihn früher oder später zwingen, Prämienerhöhungen vorzunehmen. Das erste ist leichter als das zweite, weil sich verständlicherweise die Versicherten sträuben, für die Versicherung einen höheren Kostenbetrag aufzuwenden. Stehen die Versicherer untereinander in einem scharfen Konkurrenzkampf, setzt sich eine Ermäßigung der natürlichen Prämien zugunsten der Versicherten rascher und nachhaltiger durch als eine Erhöhung, der allenthalben Widerstände begegnen. Wenn ein Absinken der natürlichen Prämien zu erwarten steht, ist es für den Versicherer vorteilhaft, möglichst langjährige Verträge einzugehen, in denen er sich Prämien bestimmter Höhe sichert; droht umgekehrt eine Zunahme der natürlichen Prämien, sträuben sich die Versicherer langjährige Verträge entgegenzunehmen, sie bestehen auf kurzen Laufzeiten, um Prämienaufbesserungen leichter durchsetzen zu können.

Jede natürliche Nettoprämie kann ohne Sicherheitszuschläge nur unter der Voraussetzung berechnet werden, daß sich die für die Struktur des Wagnisses maßgebenden, in ihren Einzelheiten vielfach unbekannten Umstände, deren Auswirkung sich in den Wahrscheinlichkeitszahlen verdichtet, nicht ändern. Die Grenze, bis zu der hier die echte Versicherung reicht und jenseits der die Spekulation beginnt, läßt sich nicht immer exakt angeben; manches als berechenbar angenommene Wagnis hat sich zum Leidwesen des Versicherers nachträglich als spekulativ entpuppt. Sofern sich die Zunahme der Wahrscheinlichkeitszahlen in stetigen Bahnen bewegt, kann sich der Versicherer in seinen Kalkulationen darauf einstellen, ja er vermag auch die zwischen den aktuellen und temporären Wahrscheinlichkeiten klaffende Lücke einigermaßen zu schließen. Wenn aber die Wahrscheinlichkeitszahlen plötzlich, sei es vorübergehend, sei es für längere Dauer oder für immer, emporschnellen, so erlebt der Versicherer mit seinen rebus sic stantibus kalkulierten Prämien eine höchst unangenehme Überraschung. Solche Entwicklungsbrüche sind in der Versicherungsgeschichte wiederholt eingetreten.

Als ein einmaliges Ereignis, das in der Feuerversicherung nur eine Unterbrechung der Entwicklungslinie bewirkt hat, sei auf den eingangs erwähnten Hamburger Brand von 1842 oder auf die Katastrophe von San Franzisko 1906 verwiesen. Plötzlich auftretende Verschiebungen der Wahrscheinlichkeitszahlen nach oben, die dann auch auf der erreichten Höhe verharren oder nur langsam absinken, brachte für die Einbruchdiebstahlversicherung der deutsche Zusammenbruch 1945; die unüberlegte Auflösung der staatlichen Sicherheitsorgane durch die Besatzungsmächte, die Freilassung einer Reihe krimineller Elemente, die fortwährende Einschleusung angeblich politisch Verfolgter aus dem Osten, nicht zuletzt die moralische Unterhöhlung des deutschen Volkes zwangen die Einbruchdiebstahl- und Beraubungsversicherung, ihre nach den Vorkriegsverhältnissen veranschlagten Prämiensätze rigoros zu ändern. Eine ähnliche Situation zeigte sich unmittelbar nach der Währungsreform bei der Krankenversicherung, als viele zurückgestellten Behandlungen auf einmal nachgeholt wurden und die verbesserte Ernährungsweise sich in einer Zunahme der Magen- und Überfütterungskrankheiten auswirkte. Die ungünstigen Folgen einer Geldwertänderung auf die Wahrscheinlichkeitszahlen wurden bereits erwähnt. Auch der umgekehrte Fall einer plötzlichen Senkung der Wahrscheinlichkeitszahlen kommt vor, man denke nur an die Stillegung des gesamten nichtkriegswichtigen Kraftfahrzeugverkehrs während eines Krieges, woraus eine Abnahme der Unfall-, Haftpflicht- und Kaskoschäden resultiert.

Es kann also nur mit sehr erheblicher Einschränkung zwischen konstanten und variablen natürlichen Prämien unterschieden werden (*Gürtler*). Konstanz der natürlichen Prämien im strengen Sinne ist eine wohl kaum anzutreffende Ausnahme. Auf lange Zeiträume bezogen sind alle Zahlenwerte des Gesellschafts- und Wirtschaftslebens variabel und führen damit zu veränderlichen natürlichen Prämien. Selbst die Änderungen der Sterblichkeit sind sehr groß. Nach *Andrae* betragen z. B. die Sterbewahrscheinlichkeiten für Männer in der Tafel 1932/34

in den Altern	20	30	40	50	60	70	80
verglichen mit 1910/11 nur	61	64	59	61	70	79	85 %
verglichen mit 1871/81 nur	38	35	35	44	57	67	78 %

Es zeigte sich nicht nur eine starke Senkung der Sterblichkeit in der Gesamtheit, sondern die Senkung war für die Altersklassen sehr unterschiedlich. Die Ursachen für diesen Rückgang der Volkssterblichkeit sind sehr vielfältig (Fortschritte der Medizin, neue Heilverfahren und Heilmittel, öffentliche Gesundheitsfürsorge, verbesserte Säuglingspflege, wirtschaftliche Sicherstellung der Krankheitsfürsorge durch die Krankenversicherung). Mit Recht weist *Andrae* darauf hin, daß den verbessernden Ursachen manche verschlechternde Umstände, wie z. B. die zunehmende Unrast des Lebens, entgegenwirken. Die fortschreitende technische Entwicklung, die Instabilität der politischen und gesellschaftlichen Verhältnisse, ja sogar die veränderliche Einstellung der Versicherten (Rentenpsychose, Neigung zu Versicherungsbetrug, Aufbauschung der Schäden) erweisen sich zum Teil als die Wahrscheinlichkeitszahlen steigernde, zum Teil als sie herabdrückenden Kräfte, deren Resultante eine Veränderung nach oben oder unten bewirken kann. Mag auch in vielen Versicherungszweigen mit konstanten Prämien gerechnet werden, die vielfach eingeführte Gewinnbeteiligung der Versicherten, Rabattsysteme, Nachschuß- und Rückgewährpflicht im Gegenseitigkeitsverein machen aus ihnen veränderliche Prämien.

Altersabhängige und altersunabhängige Nettoprämien

Jede Schadenwahrscheinlichkeit, jede Häufigkeits- oder Umfangszahl, jede Sterbe- oder Schadentafel ist ein historisches Faktum und damit wandelbar. Nichts berechtigt den Versicherer, eine Konstanz dieser Daten eo ipso vorauszusetzen; Erfahrung und Überlegung mögen ihn veranlassen, für eine gewisse Zeit verhältnismäßig geringe Änderungen zu erwarten und darauf seine Kalkulation unter Einschaltung gewisser Sicherheitsmaßnahmen zu stützen. Aber zumindest in langen Zeiträumen ist eine Änderung in den Rechnungsgrundlagen nur natürlich, was die auf verschiedene Zeitpunkte bezogenen Statistiken beweisen. Als exakte Grundlage kann der Versicherer nur die in einem möglichst aktuellen Zeitpunkt oder Zeitraum erhobene Statistik, ausgewertet in Häufigkeitszahlen oder Schadentafeln, verwenden. Auf Grund dieser Unterlagen lassen sich in gewissen Fällen aus dem Zeitablauf zwangsläufig bedingte Änderungen voraussehen. *Je nachdem, ob der Versicherer auf Grund derselben statistischen Unterlagen derartige zwangsläufige Änderungen zeitlicher Art annimmt oder nicht, sind die daraus berechneten Prämien als altersabhängig oder altersunabhängig zu bezeichnen.* Es ist letztlich nur eine Fiktion anzunehmen, daß in dem einen Fall der Zeitablauf vernachlässigt werden dürfe, in dem anderen aber nicht.

Die in den Anlagen I und II abgedruckten Sterbe- und Krankheitstafeln zeigen für die verschiedenen Altersstufen unterschiedliche Werte, und der Versicherer entnimmt aus ihnen, daß seine zu leistende Gesamtentschädigung einmal von der Zusammensetzung seines Versicherungsbestandes aus den verschiedenen Altersklassen abhängt und zweitens, von einem Ausgleich durch jüngeren Neuzugang abgesehen, in Zukunft sein mit jedem Jahr älter werdender Bestand höhere Ersatzleistungen fordert. Er kann die Nettoprämie nur für eine bestimmte Altersklasse auf ein Jahr bestimmen, und er wird für jedes weitere Jahr, das seine Versicherten älter werden, eine andere, entsprechend der gestiegenen Wahrscheinlichkeit höhere Prämie vorsehen. Aber alle diese Berechnungen, die für das laufende Jahr und die für die kommenden Jahre, fußen auf *derselben* Tafel. In die Tafel ist von der Anlage her schon eine Altersabhängigkeit und damit Zeitabhängigkeit aufgenommen. Die daraus abgeleiteten Nettoprämien sind als altersabhängig aufzufassen.

In den übrigen Versicherungszweigen wird meist, nicht immer, von einer derartigen Altersabhängigkeit abgesehen. Die gezeigte Schadentafel für die Feuerversicherung offenbart keine Unterschiede nach Alter der Versicherungsnehmer, der versicherten Gegenstände, obwohl erfahrungsgemäß diese Umstände keineswegs belanglos sind. Aber es wird hier von einer Unterteilung nach dem Alter abgesehen, vor allem deswegen, weil sich dazu nötige eingehende Erhebungen praktisch nicht durchführen lassen. In einzelnen Fällen finden sich jedoch auch hier vom Alter abhängige Prämien: in der Viehversicherung, sogar in der Waldbrandversicherung und indirekt in der Neuwertversicherung, wo die Prämie aus dem Neuwert erhoben, aber eine mit dem Entwertungsgrad und damit mit dem Alter der versicherten Gegenstände abnehmende Entschädigung gewährt wird. Da Einbrecher, von Kunstwerken abgesehen, erfahrungsgemäß neue Gegenstände vor alten bevorzugen, dürfte in der Einbruchdiebstahlversicherung der seltene Fall zu vermuten sein, daß die Schadenwahrscheinlichkeiten mit dem Alter der versicherten Sachen abnehmen. Es erscheint freilich fraglich, ob der Unterschied so groß ist, daß er die mit einer unterschiedlichen Prämiierung verbundenen Mehrkosten rechtfertigt.

Die Aufstellung altersabhängiger natürlicher Prämien setzt schließlich eine gewisse Vervollkommnung der statistischen Erhebungen voraus. In der Lebensversicherung hat man ursprünglich und in der Krankenversicherung noch vor kurzer Zeit mit ziemlich rohen Durchschnitten gearbeitet. Mit der Verfeinerung der Statistiken ist in anderen Zweigen ein Übergang von altersunabhängigen zu altersabhängigen Prämien nicht ausgeschlossen.

Ist die Zeitinvarianz natürlicher Prämien, wo sie unterstellt wird, nach oben hin nur eine betriebstechnisch bedingte Fiktion, so findet sie nach unten vielfach ihre Grenze in der Tatsache, daß die Statistiken oft nur Jahresergebnisse mitteilen. Selbst im Bereich der zeitunabhängigen natürlichen Prämien zeigen kleinere Zeiträume erhebliche Unterschiede der Wahrscheinlichkeiten nach Wochentagen, Monaten oder Jahreszeiten. Auch vermögen sich Singularitäten im Witterungsverlauf, im Fall von Festen oder politischen Ereignissen und ähnliche Umstände in den entsprechenden kurzen Zeitspannen stärker auszuwirken als im Jahresablauf. Es gibt Versicherungszweige mit starken Saisonschwankungen der Wahrscheinlichkeitszahlen.

In der Feuerversicherung bringen die Kälteperiode im Winter und die Hitzeperiode vermehrte und umfangreichere Schäden. In der Unfallversicherung erweisen sich die Monate Juli, August und Dezember besonders unfallreich, während März und April die niedrigsten Unfallziffern haben. Unter den Wochentagen sind der Montag und der Samstag die Hauptunfalltage. Bei Regen-, Hagel- und Sturmversicherungen ist die Saisonabhängigkeit offensichtlich und doch ergeben sich hier Unterschiede: „bei Frühschäden kommt sehr viel auf die dem Hagelschlag folgende Witterung bis zur Reife an; feuchtwarmes Wetter wirkt ausheilend, trockenes Wetter verstärkt noch eher den Schaden" *(Rohrbeck)*. Leitungswasserschäden kommen gehäuft im Winter vor. Flußtransporte sind in der kalten Jahreszeit gefährdeter.

Diesen saisonalen Ungleichmäßigkeiten werden die Versicherer gerecht, indem sie entweder nur Jahresversicherungen abschließen (Krankenversicherung, Tierlebensversicherung, Hagelversicherung) oder für unterjährige Versicherungen erhöhte Prämien fordern. So werden vielfach für Versicherungen bis zu 10 Tagen 7,5%, bis zu einem Monat 15%, bis zu 2 Monaten 20%, bis zu 3 Monaten 30% und so fort, ab 10 Monaten 100% der Jahresprämie gerechnet. Eine derartige Staffel ist nur ein roher Ausgleich für die jahreszeitlichen Schwankungen; in einigen Versicherungszweigen finden sich noch höhere Sätze.

In der Hagelversicherung finden sich die größten Schwankungen. Bei einer größeren deutschen Hagelversicherungsgesellschaft sind im Durchschnitt der Jahre 1910 bis 1935 rund 45% der Entschädigungsbeträge im Monat Juli angefallen, während auf die Monate Juni, Mai und August 32, 14 und 7% entfielen. „Die Zahl der jährlich abzumachenden Schäden bewegte sich, wenn wir die niedrigste Ziffer gleich 100% setzen, zehnmal zwischen 100 und 154%, zehnmal zwischen 168 und 241% und fünfmal zwischen 248 und 344%, schwankte also sehr stark. Während in dem hagelärmsten Jahr des fünfundzwanzigjährigen Zeitraumes durchschnittlich nur für jeden dreiundzwanzigsten Versicherungsschein ein Schaden zu bearbeiten war, machten andere Jahre für jede siebente, sechste und fünfte Police die Anlegung einer Schadenakte erforderlich" *(Hermann Wagner)*. Hier schwanken also die Häufigkeits- und Umfangszahlen selbst von Jahr zu Jahr erheblich. Jahreswerte lassen sich nur als Durchschnitte mehrerer Jahre erfassen, und die Versicherer suchen die Verträge mit fester Prämie nur mit längerer Laufzeit (6 Jahre) abzuschließen, um einen Ausgleich zwischen den verschiedenen Jahresergebnissen zu finden. Durch auf die Hagelvergangenheit des einzelnen Risikos abgestellten Schadenfreiheitsrabatt sucht man weiter den für die Feldmark festgesetzten Prämiensatz dem besonderen Gefährdungsgrad anzupassen *(Wagner)*. Ausschlüsse der weniger empfindlichen Fruchtteile (Stroh) bedingen Zuschläge. Integral- oder Abzugsfranchisen bringen Nachlässe. Durch weite Streuung der Wagnisse über ein ausgedehntes Geschäftsgebiet, durch die Festsetzung von Höchstversicherungssummen (Flurmaxima) in den einzelnen Gemeinden, u. U. durch internationale Rückdekkung und Rücklagen zum Ausgleich des schwankenden Jahresbedarfs suchen die Versicherer die Entstehung von „Klumpenversicherungen" zu vermeiden und eine gewisse Begrenzung ihrer Leistungspflichten zu erreichen.

Altersabhängige natürliche Prämien

Wo die Prämie als *altersunabhängig* unterstellt wird, kann, solange die zugrunde liegenden Wahrscheinlichkeiten beibehalten bleiben, alljährlich dieselbe Prämie erhoben werden. Der sich aus dem Älterwerden der versicherten Personen oder Sachen ergebende Einfluß auf die Rechnungsgrundlagen und damit auf die Prämie wird vernachlässigt. Dies ist solange unbedenklich, als sich durch Ausscheiden älterer versicherter Personen oder Gegenstände und durch Eintreten jüngerer die durchschnittliche Alterszusammensetzung des Bestandes nicht ändert. Diese Voraussetzung ist jedoch nicht immer erfüllt: größere Sorglosigkeit jüngerer Personen, Unmöglichkeit Erneuerungen oder Ersatzbeschaffungen rechtzeitig vorzunehmen, vorzeitiges Ausscheiden besserer Wagnisse machen sich in den zugrunde liegenden Durchschnittswerten nachteilig bemerkbar, und die Versicherer versuchen dann auch in diesem Fall Prämienaufbesserungen durchzusetzen.

Bei der Betriebsunterbrechungsversicherung z. B. hängt die die Entschädigungsleistung wesentlich beeinflussende Dauer der Unterbrechung eines Betriebes nach einem Brande davon ab, bis zu welchem Zeitpunkt sich die vernichteten Anlagen wiedererstellen, die verbrannten Vorräte an Rohstoffen und Fertigfabrikaten wieder beschaffen lassen. Während der Dauer dieser Unterbrechung des Betriebes sind die fortlaufenden Unkosten und der entgehende Gewinn zu vergüten. Wenn aus konjunkturellen oder sonstigen Gründen (Krieg, Einfuhrhemmnisse) die die Rohstoffe oder Ersatzanlagen liefernden Industrien keine Aufträge annehmen können oder längere Lieferfristen bedingen müssen, schiebt sich der Zeitpunkt, den Betrieb wieder uneingeschränkt aufnehmen zu können, hinaus, verlängert sich die Schadendauer, vergrößert sich mit ihr der Schadenumfang. Für die Mietverlustversicherung, die für die in den beschädigten Gebäuden oder Räumen entgehende Miete bis zu ihrer Wiedervermietung aufkam, waren grundsätzlich die gleichen Verhältnisse gegeben, doch ist sie infolge der Wohnungsnot seit dem Ersten Weltkrieg bedeutungslos geworden. Während des letzten Krieges und danach verschlechterten sich mit dem Durchschnittsalter unseres Kraftfahrzeugbestandes auch die Wagnisverhältnisse. Derartige Umstände wirken sich selbstverständlich in der Richtung einer Erhöhung der Nettoprämien aus.

Verwendet man hingegen, wie vor allem in der Lebens- und neuerlich auch in der Krankenversicherung, Sterbe- bzw. Schadentafeln, die für die einzelnen Alter unterschiedliche, meist zunehmende Wahrscheinlichkeiten, angeben, so errechnen sich für Versicherte verschiedenen Alters verschiedene, d. h. in den meisten Fällen mit dem Alter zunehmende Nettoprämien. In diesem Falle spricht man von *altersabhängigen Prämien.* Sie sind auf Grund derselben Tafel errechnet und gelten, solange diese Tafel beibehalten wird. Wenn man, gleichviel aus welchem Grund, zu einer neueren Tafel mit anderen Wahrscheinlichkeiten übergeht, ergeben sich selbstverständlich andere Nettoprämien für die betreffenden Alter.

In der Lebensversicherung müssen entsprechend der zunehmenden Sterbewahrscheinlichkeit, in der Krankenversicherung entsprechend den steigenden Kopfschäden mit dem Alter des Versicherten zunehmende Nettoprämien veranschlagt werden. Wenn es jedoch, wie es zumeist der Fall ist, die Versicherten vorziehen, eine jährlich gleichbleibende Prämie zu bezahlen, muß ein Durchschnittsbetrag für die ganze Laufzeit des Versicherungsverhältnisses gefunden werden, der naturgemäß in den ersten Jahren über der für die betreffende Altersstufe erforderlichen Risikoprämie und in den letzten Jahren unter ihr liegt. *Das Problem ist: die in den aufeinander folgenden Jahrgängen oder Altersstufen veränderlichen, meist zunehmenden natürlichen Prämien in eine für die gesamte Dauer des mehrjährigen Versicherungsverhältnisses gleichbleibende jährliche Nettoprämie umzuwandeln.*

Da in derartigen langfristigen Versicherungsverhältnissen bei zunehmenden natürlichen Prämien wie gesagt in den Anfangsjahren vom Versicherer eine über die in diesen Jahren zu leistenden Entschädigungen hinausgehende Prämie erhoben und diese „Mehrprämie" für das Prämiendefizit der Endjahre aufgehoben wird, darf die Verzinsung der Prämiengelder nicht mehr vernachlässigt werden. Ja der angewendete Zinsfuß erweist sich in der Lebensversicherung als eine bedeutungsvolle Rechnungsgrundlage.

Gleichbleibende Prämien in der Lebensversicherung

Unterstellen wir zunächst eine *reine Todesfallversicherung*, in der die vereinbarte Versicherungssumme an den Berechtigten (Hinterbliebenen) nur ausbezahlt wird, falls der Versicherte innerhalb der Vertragsdauer stirbt, aber nicht, wenn er das Vertragsende überlebt. Zur vereinfachten Berechnung wird angenommen, daß die Prämien jeweils zu Beginn des Versicherungsjahres bezahlt, die Auszahlung der Versicherungssumme an die Hinterbliebenen der während des Jahres Verstorbenen jedoch erst am Ende des Jahres erfolgt. Wir verwenden die in Anlage I abgedruckte Sterbetafel und berechnen zunächst die aufeinander folgenden natürlichen altersabhängigen Nettoprämien eines 30jährigen, der auf 10 Jahre eine Todesfallversicherung (Risikoversicherung) in Höhe von 1000,— DM abschließt, unter Zugrundelegung eines Zinssatzes von 3%. Als 30jährig gilt, wer zu Beginn der Versicherung mindestens 29 Jahre 6 Monate, aber weniger als 30 Jahre 6 Monate alt ist. Die Sterbetafel besagt, daß von 966 931 Lebenden im Alter von 30 Jahren in diesem Alter 3568 sterben. Die Prämie P_{30}, die wir ermitteln wollen, wird zu Beginn des Jahres von 966 931 Versicherten bezahlt. Die Gesamtprämieneinnahme $P_{30} \cdot 966\,931$ steht nach der gemachten Annahme bis zum Ende des Jahres auf Zins und wächst dabei auf den Betrag $P_{30} \cdot 966\,931 \cdot 1{,}03$ an, wobei 1,03 (= r) der Aufzinsungsfaktor ist, der angibt, auf welchen Betrag eine Summe von 1,— DM bei 3% Jahreszins im Laufe eines Jahres anwächst. Am Ende des 1. Jahres ist für die 3568 im Alter von 30 Jahren Gestorbenen eine Gesamtentschädigung von 3568 · 1000,— DM = 3 568 000,— DM zu bezahlen. Nach dem Äquivalenzprinzip berechnet sich die natürliche Nettoprämie aus der Gleichung:

$$P_{30} \cdot 966\,931 \cdot 1{,}03 = 3568 \cdot 1000 \quad \text{zu } P_{30} = 3.58 \text{ DM}.$$

Zu Beginn des 2. Jahres wird die Prämie von den jetzt 31jährig Gewordenen bezahlt, deren Zahl infolge der durch Tod im Vorjahr Ausgeschiedenen auf 963 363 herabgesunken ist. Im Alter von 31 Jahren sterben nach der Tafel 3728. Die Nettoprämie der 31jährigen berechnet sich analog:

$$P_{31} \cdot 963\,363 \cdot 1{,}03 = 3728 \cdot 1000 \quad \text{zu } P_{31} = 3.75 \text{ DM}.$$

In der gleichen Weise werden die P_{32} bis P_{39}, die natürlichen Nettoprämien der 32- bis 39jährigen berechnet.

Bezeichnet man mit L_x die Zahl der Lebenden eines bestimmten Alters x, mit T_x die Zahl der im Alter x Sterbenden, mit V die Versicherungssumme und mit r den Aufzinsungsfaktor, so lautet die Prämiengleichung:

$$P_x \cdot L_x \cdot r = T_x \cdot V,$$

woraus sich ergibt:

$$P_x = \frac{T_x \cdot V.}{L_x \cdot r}$$

Durchgerechnet stellen sich die natürlichen Nettoprämien auf:

x	L_x	T_x	$T_x \cdot V$	$L_x \cdot r$	$P_x = \frac{T_x \cdot V}{L_x \cdot r}$
30	966 931	3568	3 568 000	995 939	3,58
31	963 363	3728	3 728 000	992 264	3,75
32	959 635	3935	3 935 000	988 424	3,98
33	955 700	4196	4 196 000	984 371	4,26
34	951 504	4520	4 520 000	980 049	4,60
35	946 984	4896	4 896 000	975 394	5,02
36	942 088	5295	5 295 000	970 351	5,46
37	936 793	5714	5 714 000	964 897	5,92
38	931 079	6126	6 126 000	959 011	6,39
39	924 953	6549	6 549 000	952 702	6,87

Das Äquivalenzprinzip verlangt, daß sich in der 10jährigen Laufzeit Einnahmen und Ausgaben ausgleichen. Nun lassen sich jedoch die in der obigen Aufstellung der natürlichen Nettoprämien enthaltenen Werte nicht einfach addieren, weil es sich um Werte handelt, die zu verschiedenen Zeitpunkten fällig werden: die Prämienbeträge wie oben angenommen zu Beginn, die Auszahlung der Versicherungssummen jeweils zu Ende der aufeinander folgenden Jahre. Um ein Gleichgewicht zwischen Einnahmen und Ausgaben herstellen zu können, müssen demnach die Werte auf den gleichen Zeitpunkt bezogen werden.

Als Zeitpunkt, auf den alle Einnahmen und Ausgaben einheitlich bezogen werden, kann in Betracht kommen:

a) das Ende der gesamten Periode, über die abzurechnen ist, hier der Ablaufszeitpunkt der unterstellten 10jährigen Versicherungsverträge *(retrospektive Methode)*. Alle Zahlungen (Einnahmen und Ausgaben) werden auf den Endpunkt aufgezinst;

b) der Anfangszeitpunkt der gesamten Periode *(prospektive Methode)*. Alle Zahlungen werden abgezinst auf den Beginn der Periode;

c) irgendein beliebiger Zeitpunkt wobei sämtliche vor diesem Zeitpunkt liegenden Zahlungen auf diesen Zeitpunkt aufzuzinsen und nach ihm liegende Zahlungen auf diesen Zeitpunkt abzuzinsen sind. Diese Methode ist eine Kombination der Methoden a und b und stellt die allgemeine Fassung des Äquivalenzprinzips dar, wie es von den Versicherungsmathematikern angewendet wird: *In jedem Zeitpunkt des Versicherungsbetriebes muß zwischen den Einzahlungen und Auszahlungen Gleichgewicht herrschen, wobei bereits geleistete Zahlungen auf den Bezugszeitpunkt aufzuzinsen, später fällige (künftige) Zahlungen auf diesen Moment abzuzinsen sind.*

Die gleichen Rechnungsgrundlagen vorausgesetzt, müssen alle drei Methoden zu der gleichen Prämie führen. Da die Prämien im voraus berechnet werden sollen, empfiehlt sich die prospektive Methode. Wir haben also die aufeinander folgenden Gleichungen, aus denen wir die P_{30}, P_{31} usw. bis P_{39} berechneten, auf den Beginn des Rechnungszeitraumes zu beziehen.

Schreiben wir die Gleichung: $P_{30} \cdot 966\,931 \cdot 1{,}03 = 3568 \cdot 1000$ in der Form: $P_{30} \cdot 966\,931 = \frac{3568 \cdot 1000}{1{,}03}$, so heißt das bereits: die linke Seite stellt den sog. Barwert der Einnahmen des 1. Jahres an seinem Beginn dar, während die rechte Seite den auf den Beginn des 1. Jahres abgezinsten (diskontierten) Barwert der am Schluß des 1. Jahres fälligen Ausgaben wiedergibt.

Die umgeformte Gleichung des 2. Jahres lautet: $P_{31} \cdot 963\,363 = \frac{3728 \cdot 1000}{1{,}03}$. Auf den Beginn des 1. Jahres bezogen, sind beide Seiten mit dem Faktor $\frac{1}{1{,}03}$ abzuzinsen und die Gleichung lautet: $\frac{P_{31} \cdot 963\,363}{1{,}03} = \frac{3728 \cdot 1000}{(1{,}03)^2}$. Entsprechend lautet die Gleichung des 3. Jahres: $\frac{P_{32} \cdot 959\,635}{(1{,}03)^2} = \frac{3935 \cdot 1000}{(1{,}03)^3}$.

Nochmals umgeformt können die Gleichungen geschrieben werden:

$$1.\ \text{Versicherungsjahr}\ P_{30} \cdot 966\,931 = 1000 \cdot \frac{3568}{1{,}03}$$

$$2.\ \text{Versicherungsjahr}\ P_{31} \cdot \frac{963\,363}{1{,}03} = 1000 \cdot \frac{3728}{(1{,}03)^2}$$

$$3.\ \text{Versicherungsjahr}\ P_{32} \cdot \frac{959\,635}{(1{,}03)^2} = 1000 \cdot \frac{3935}{(1{,}03)^3}$$

und so fort bis

$$10.\ \text{Versicherungsjahr}\ P_{39} \cdot \frac{924\,953}{(1{,}03)^9} = 1000 \cdot \frac{6549}{(1{,}03)^{10}}.$$

Es hat sich als praktisch erwiesen, die beiden Seiten der Gleichungen nochmals mit $\frac{1}{(1{,}03)^{30}}$ zu multiplizieren, so daß man erhält:

$$1.\ \text{Versicherungsjahr}\ P_{30} \cdot \frac{966\,931}{(1{,}03)^{30}} = 1000 \cdot \frac{3568}{(1{,}03)^{31}}$$

$$2.\ \text{Versicherungsjahr}\ P_{31} \cdot \frac{963\,363}{(1{,}03)^{31}} = 1000 \cdot \frac{3728}{(1{,}03)^{32}}$$

$$3.\ \text{Versicherungsjahr}\ P_{32} \cdot \frac{959\,635}{(1{,}03)^{32}} = 1000 \cdot \frac{3935}{(1{,}03)^{33}}$$

und so fort bis

$$10.\ \text{Versicherungsjahr}\ P_{39} \cdot \frac{924\,953}{(1{,}03)^{39}} = 1000 \cdot \frac{6549}{(1{,}03)^{40}}.$$

Wir haben mit anderen Worten die Zahl der Lebenden eines jeden Alters und die Zahl der Gestorbenen eines jeden Alters auf das Geburtsjahr der betreffenden Altersstufe abgezinst. Dabei ist zu beachten, daß die Gestorbenen jeweils um 1 Jahr mehr abzuzinsen sind als die Lebenden. Diese Zahlen sind in der Sterbetafel unter D_x bzw. C_x ausgerechnet. Man versteht demnach unter

D_x = die um die Zahl der Altersjahre diskontierte Anzahl der Lebenden des Alters x,

$$\text{also}\ D_x = L_x \cdot \left(\frac{1}{r}\right)^x = L_x \cdot v^x.$$

C_x = die um ein Jahr mehr als die Zahl der Altersjahre diskontierte Anzahl der Toten

$$\text{des Alters x, also}\ C_x = T_x \cdot \left(\frac{1}{r}\right)^{x+1} = T_x \cdot v^{x+1}.$$

Die Werte von D_x und C_x sind in der Sterbetafel — Anlage I — bereits ausgerechnet.

Mit diesen auf den Beginn des Geburtsjahres diskontierten Zahlen lauten dann die Prämiengleichungen:

1. Jahr	$P \cdot 398\,363$	$=$	$1000 \cdot 1\,427{,}15$
2. Jahr	$P \cdot 385\,333$	$=$	$1000 \cdot 1\,447{,}72$
3. Jahr	$P \cdot 372\,662$	$=$	$1000 \cdot 1\,483{,}60$
4. Jahr	$P \cdot 360\,324$	$=$	$1000 \cdot 1\,535{,}92$
5. Jahr	$P \cdot 348\,293$	$=$	$1000 \cdot 1\,606{,}33$
6. Jahr	$P \cdot 336\,542$	$=$	$1000 \cdot 1\,689{,}28$
7. Jahr	$P \cdot 325\,051$	$=$	$1000 \cdot 1\,773{,}73$
8. Jahr	$P \cdot 313\,810$	$=$	$1000 \cdot 1\,858{,}34$
9. Jahr	$P \cdot 302\,811$	$=$	$1000 \cdot 1\,934{,}31$
10. Jahr	$P \cdot 292\,057$	$=$	$1000 \cdot 2\,007{,}64$
Summe	$P \cdot 3\,435\,246$	$=$	$1000 \cdot 16\,764{,}02.$

Die von einem 30jährigen, der eine temporäre Todesfall- oder Risikoversicherung in Höhe von 1000,— DM auf 10 Jahre abschließt, zu zahlende gleichmäßige Nettoprämie ist

$$|_{10}P_{30} = \frac{1000 \cdot 16\,764{,}02}{3\,435\,246} = 4{,}88 \text{ DM}.$$

Die allgemeine Formel der temporären Todesfallversicherung (Risikoversicherung) für einen xjährigen, der auf n Jahre die Versicherung in Höhe von V eingeht, lautet demnach:

$$|_{n}P_{x} = V \cdot \frac{\sum\limits_{x}^{x+(n-1)} C_x}{\sum\limits_{x}^{x+(n-1)} D_x}.$$

Um die Berechnung der Nettoprämie noch weiter zu vereinfachen, hat man in den Tafeln unter N_x die diskontierten Zahlen der Lebenden vom Alter x bis zum höchsten Alter 100 addiert, ebenso unter M_x die diskontierten Zahlen der Sterbenden im Alter x bis zum höchsten Alter 100. Ist

N_x = Summe der diskontierten Zahlen der Lebenden bis zum Alter 100,
M_x = Summe der diskontierten Zahlen der Sterbenden bis zum Alter 100, so ist z. B.

$$\begin{array}{l} N_{30} = D_{30} + D_{31} + D_{32} + \ldots\ldots + D_{40} + D_{41} + D_{42} + \ldots\ldots + D_{100} \\ N_{40} = \qquad\qquad\qquad\qquad\quad D_{40} + D_{41} + D_{42} + \ldots\ldots + D_{100} \\ \hline N_{30} - N_{40} = D_{30} + D_{31} + D_{32} + \ldots\ldots + D_{39} \end{array}$$

und

$$\begin{array}{l} M_{30} = T_{30} + T_{31} + T_{32} + \ldots\ldots + T_{40} + T_{41} + T_{42} + \ldots\ldots + T_{100} \\ M_{40} = \qquad\qquad\qquad\qquad\quad T_{40} + T_{41} + T_{42} + \ldots\ldots + T_{100} \\ \hline M_{30} - M_{40} = T_{30} + T_{31} + T_{32} + \ldots\ldots + T_{39} \end{array}$$

Man kann demnach schreiben:

$$\begin{aligned} |_{10}P_{30} &= \frac{1000 \cdot (M_{30} - M_{40})}{(N_{30} - N_{40})} \\ &= 1000 \cdot \frac{149\,655{,}70 - 132\,891{,}68}{8\,538\,940 - 5\,103\,694} \\ &= 1000 \cdot \frac{16\,764{,}02}{3\,435\,246} = 4{,}88 \text{ DM (wie oben).} \end{aligned}$$

Die endgültige *Prämienformel der temporären Todesfallversicherung (n jährigen Risikoversicherung)* lautet dann:

$$_{|n}P_x = \frac{M_x - M_{x+n}}{N_x - N_{x+n}} \cdot V$$

Die *jährlich zahlbare Nettoprämie einer lebenslänglichen Todesfallversicherung*, die bis zum Ende der Sterbetafel, bis zum Alter 100 reicht, gewinnt man aus der vorangehenden Formel durch die Überlegung, daß am Ende der Sterbetafel weder Lebende noch Tode vorhanden sind, die Größen M_{x+n} und N_{x+n} also 0 werden. Die Prämie dieser Versicherung ist dann

$$_{|\omega-x}P_x = \frac{M_x}{N_x} \cdot V$$

wobei ω das Endalter der Sterbetafel, in unserem Fall das Alter 100 bedeutet.

Zur Probe kann man für die 10jährige Risikoversicherung 30jähriger in Höhe von 1000,— DM, die eine gleichbleibende Jahresprämie von 4,88 DM kostet, die auf das Ende des 10. Jahres aufgezinsten Einnahmen und Ausgaben einander gegenüberstellen. Dies geschieht in der folgenden Tabelle:

	Einnahmen				Ausgaben		
ν	Lebende $L_{x+\nu}$	Jährliche Prämien-einnahme $L_{x+\nu} \cdot 4{,}88$	Auf-zinsungs-faktor $(r)^{10-\nu}$	auf das Ende des 10. Jahres aufgezinste Einnahmen	Jährliche Ausgabe $T_{x+\nu}$	Auf-zinsungs-faktor $(r)^{10-(\nu+1)}$	auf das Ende des 10. Jahres aufgezinste Ausgaben
0	966 931	4 718 623,—	$(1{,}03)^{10}$ = 1,34392	6 341 452,—	3568	$(1{,}03)^9$ = 1,30477	4 655 419,—
1	963 363	4 701 211,—	$(1{,}03)^9$ = 1,30477	6 133 999,—	3728	$(1{,}03)^8$ = 1,26677	4 722 519,—
2	959 635	4 683 019,—	$(1{,}03)^8$ = 1,26677	5 932 308,—	3935	$(1{,}03)^7$ = 1,22987	4 839 538,—
3	955 700	4 663 816,—	$(1{,}03)^7$ = 1,22987	5 735 887,—	4196	$(1{,}03)^6$ = 1,19405	5 010 234,—
4	951 504	4 643 340,—	$(1{,}03)^6$ = 1,19405	5 544 380,—	4520	$(1{,}03)^5$ = 1,15927	5 239 900,—
5	946 984	4 621 282,—	$(1{,}03)^5$ = 1,15927	5 357 314,—	4896	$(1{,}03)^4$ = 1,12551	5 510 497,—
6	942 088	4 597 389,—	$(1{,}03)^4$ = 1,12551	5 174 407,—	5295	$(1{,}03)^3$ = 1,09273	5 786 005,—
7	936 793	4 571 550,—	$(1{,}03)^3$ = 1,09273	4 995 470,—	5714	$(1{,}03)^2$ = 1,0609	6 061 983,—
8	931 079	4 543 665,—	$(1{,}03)^2$ = 1,0609	4 820 374,—	6126	$(1{,}03)^1$	6 309 780,—
9	924 953	4 513 771,—	$(1{,}03)^1$	4 649 184,—	6549	—	6 549 000,—
		Gesamteinnahme:		54 684 775,—	Gesamtausgabe:		54 684 875,—

Die Differenz zwischen der Einnahmen- und der Ausgabenseite erklärt sich aus Ab- und Aufrundungen; auch ist die Prämie etwas zu gering angesetzt, sie beträgt genau 4,8800056 DM.

Das System der Kommutationszahlen D_x, M_x, N_x, dessen Einführung auf *Tetens* (1785) zurückgeht, erleichtert die Rechenarbeit erheblich, weil sich diese auf die Ermittlung zweier Differenzen und des Quotienten aus ihnen reduziert. „Diese uns heute fast belanglos scheinende Einführung der diskontierten Zahlen der Lebenden und ihrer Summen ermöglicht erst die rationelle Berechnung der Versicherungswerte" *(Zwinggi)*.

Die häufigere Form der Lebensversicherung ist die sog. gemischte Form: die *Todes- und Erlebensfallversicherung*, bei der wie bei der reinen Todesfallversicherung die Versicherungssumme zur Auszahlung kommt, wenn der Versicherte während der Vertragsdauer stirbt, darüber hinaus aber an den Versicherten die Versicherungssumme bezahlt wird, wenn er das Vertragsende erlebt. Die Einnahmenseite der Prämiengleichung dieser Versicherungsform ist wie oben:

$$P_{x,\overline{n}|} \cdot (N_x - N_{x+n}).$$

Auf der Ausgabenseite der Gleichung tritt zu den Ausgaben für das Todesfallrisiko, welches das gleiche wie bei der reinen Todesfallversicherung ist, noch die Zahlung der Versicherungssumme an alle, die das Vertragsende erleben. Die Ausgabenseite lautet demnach:

$$(M_x - M_{x+n}) \cdot V + D_{x+n} \cdot V = V \cdot (M_x - M_{x+n} + D_{x+n}).$$

Aus der vollen Prämiengleichung:

$$P_{x,\overline{n}|} (N_x - N_{x+n}) = V \cdot (M_x - M_{x+n} + D_{x+n})$$

folgt die Prämienformel der im Alter von x Jahren auf n Jahre auf eine Versicherungssumme V abgeschlossenen Todes- und Erlebensfallversicherung:

$$\boxed{P_{x,\overline{n}|} = \frac{M_x - M_{x+n} + D_{x+n}}{N_x - N_{x+n}} \cdot V}$$

Schließt der erwähnte 30jährige auf 10 Jahre eine derartige Versicherung ab, dann beträgt die gleichbleibende Jahresprämie:

$$P_{30,\overline{10}|} = \frac{149\,655{,}70 - 132\,891{,}68 + 281\,543}{8\,538\,940 - 5\,103\,694} \cdot 1000 = \frac{298\,307{,}02}{3\,435\,246} \cdot 1000$$
$$= 86{,}84 \text{ DM}.$$

Die Prämie der gemischten Versicherung ist bedeutend höher als die der bloßen Todesfallversicherung; dafür haben auch die Überlebenden Anspruch auf die Auszahlung der Versicherungssumme bei Vertragsende.

Wir begnügen uns mit diesen zwei bzw. drei Formeln für die Lebensversicherung, die als Beispiel der Berechnung einer gleichbleibenden Nettoprämie dienen. Die Versicherungsmathematik kennt noch weitere Formeln, die auf die jeweiligen Modalitäten des Versicherungsvertrages (Art und Zeitpunkt der Prämienzahlung, sofortige oder spätere Auszahlung, Versicherung verbundener Leben, Versicherung mit Prämienrückgewähr) abgestellt sind. Zum Verständnis der Problematik der Lebensversicherung im besonderen und der altersabhängigen Prämien im besonderen sind diese Grundformeln unerläßlich.

Einfluß der Vertragsdauer und des technischen Zinsfußes

Entsprechend der mit dem Alter zunehmenden Sterbewahrscheinlichkeit steigen die Nettoprämien mit dem Alter des Versicherungskandidaten: in je höherem Alter jemand eine Todesfall- oder Todes- und Erlebensfallversicherung abschließt, desto höher ist selbstverständlich die Prämie. Um ersichtlich zu machen, wie sich die Nettoprämie mit der Länge der Vertragsdauer und dem der Kalkulation zugrunde liegenden, sog. technischen Zinsfuß ändert, sind in der nachstehenden Aufstellung die Nettoprämien ausgerechnet, die ein 30jähriger für eine Todesfall- bzw. gemischte Versicherung in Höhe von 1000,— DM zu entrichten hat, wenn er den Vertrag auf 1, 2, 3 bis 10 Jahre eingeht und ein Zinsfuß von 3% bzw. 4% zugrunde liegt. Beiden Prämien liegt dieselbe Sterbetafel zugrunde; die Werte D_x, N_x und M_x unterscheiden sich jedoch, da sie das eine Mal mit 3%, das andere Mal mit 4% berechnet wurden. Das zur Berechnung der nachstehenden Tabelle notwendige Stück der mit 4% gerechneten Tafel findet sich am Schluß des Anhanges I.

Nettoprämien eines 30jährigen für 1000,— DM Versicherungssumme

Versicherungsdauer	Risikoversicherung		Todes- u. Erlebensfallvers.	
	3%	4%	3%	4%
1 Jahr	3,58	3,55	970,88	961,54
2 Jahre	3,67	3,63	479,19	472,23
3 „	3,77	3,73	315,37	309,30
4 „	3,89	3,85	233,53	227,90
5 „	4,02	3,98	184,48	179,15
6 „	4,17	4,13	151,82	146,71
7 „	4,34	4,29	128,54	123,60
8 „	4,51	4,45	112,55	106,33
9 „	4,69	4,63	97,61	92,94
10 „	4,88	4,80	86,84	82,30

Setzen wir also gleiches Eintrittsalter voraus, so steigen bei der Risikoversicherung die Prämien mit der Länge der Vertragsdauer an, weil der Versicherte von Jahr zu Jahr in ein höheres Alter mit größerer Sterbewahrscheinlichkeit hineinwächst. Bei der gemischten oder Todes- und Erlebensfallversicherung hingegen sinken die Prämien je länger der Vertrag läuft; je kürzer die Vertragsdauer vereinbart ist, in einer desto kleineren Anzahl von Jahren muß die Erlebensfallauszahlung aufgebracht werden. Je höher der angewendete Zinsfuß ist, desto niedriger sind durchwegs die Prämien, und umgekehrt. Im Verhältnis zur Prämie wirkt sich die Zinsfußänderung um so stärker aus, je langfristiger der Vertrag ist, denn ein immer größer werdender Teil der Versicherungsleistung wird durch die Verzinsung aufgebracht. Wie ein Vergleich der 3%igen Prämien mit den 4%igen zeigt, ist der Unterschied in den meisten Fällen nicht so groß, daß eine Änderung des Rechnungszinsfußes eine wesentliche Änderung in der Bereitschaft, eine Versicherung einzugehen (Versicherungslust), ausüben dürfte. Die Bedeutung des Zinsfußes wird in dieser Hinsicht vielfach überschätzt. In den Bruttoprämien, die neben den Nettoprämien noch die später zu behandelnden Zuschläge enthalten, wirkt sich der Unterschied noch weniger aus.

Deckungskapital, Deckungsrücklage, Prämienreserve

Wenn die mit zunehmendem Alter ansteigenden natürlichen Prämien Jahr für Jahr eingehoben werden, der Versicherte also eine veränderliche (steigende) Jahresprämie zu bezahlen bereit ist, besteht im Versicherungsbetrieb in jedem Jahr die vom Äquivalenzprinzip geforderte Gleichheit zwischen Gesamtprämieneinnahmen und Summe der Versicherungsleistungen — unter der selbstverständlichen Voraussetzung, daß die Prämien richtig berechnet sind. Werden hingegen in mehrjährigen Verträgen an Stelle derartiger mit dem Alter des Versicherten veränderlichen Prämien durchgehend gleichbleibende Prämien erhoben, so ist die Gleichheit zwischen Einnahmen und Ausgaben beim Versicherer nicht mehr in jedem einzelnen Jahr gewährleistet. Sind wie hier in der Lebensversicherung ansteigende natürliche Prämien in gleichbleibende Jahresprämien umgewandelt worden, wobei das Gleichgewicht zwischen Einnahmen und Ausgaben nur noch in der gesamten Abrechnungsperiode (Versicherungsdauer) gewahrt bleibt, dann ist es unvermeidlich, daß in einer Reihe von Jahren die gleichbleibenden Jahresprämien über der natürlichen Prämie, in anderen Jahren umgekehrt, die gleichbleibende Prämie unter den natürlichen Prämien der betreffenden Jahre liegen. Das besagt: in gewissen Jahren nimmt der Versicherer mehr ein, als dem von ihm getragenen Wagnis entspricht, um mit dieser Mehreinnahme das in den anderen Jahren gegebene Defizit auszugleichen.

Für unseren 30jährigen Versicherungskandidaten, der auf 10 Jahre eine Lebensversicherung einzugehen beabsichtigt, verhalten sich die natürlichen und gleichbleibenden Nettoprämien wie folgt:

	Risikoversicherung		Todes- u. Erlebensfallvers.	
	natürl. Pr.	gleichbl. Pr.	natürl. Pr.	gleichbl. Pr.
im 1. Vers.-Jahr	3,58	4,88	3,58	86,84
„ 2. „ „	3,75	4,88	3,75	86,84
„ 3. „ „	3,98	4,88	3,98	86,84
„ 4. „ „	4,26	4,88	4,26	86,84
„ 5. „ „	4,60	4,88	4,60	86,84
„ 6. „ „	5,02	4,88	5,02	86,84
„ 7. „ „	5,46	4,88	5,46	86,84
„ 8. „ „	5,92	4,88	5,92	86,84
„ 9. „ „	6,39	4,88	6,39	86,84
„ 10. „ „	6,87	4,88	970,87	86,84

Im 1. bis 9. Versicherungsjahr müssen die natürlichen Prämien beider Versicherungsarten übereinstimmen, weil der Versicherer nur die für die jeweils gleiche Zahl von Toten fällige Versicherungssumme von 1000,— DM aufzubringen hat. Im 10. Jahr gehen jedoch die natürlichen Prämien weit auseinander. In der Risikoversicherung ist die Gesamtausgabe im 10. Jahr 6 549 000,— DM = Zahl der Sterbenden im Alter 39 (6549) mal Versicherungssumme (1000,— DM). Am Ende des 10. Jahres wird hingegen bei der Todes- und Erlebensfallversicherung fällig: die Versicherungssumme von je 1000,— DM an die Hinterbliebenen der 6549 im Alter von 39 Jahren Sterbenden *und* die gleiche Versicherungssumme an die das 40. Lebensjahr erreichenden 918 404 Versicherten; also insgesamt $6549 \cdot 1000 + 918\,404 \cdot 1000 = 924\,953 \cdot 1000$. Aus der Prämiengleichung für das 10. Jahr:

$$924\,953 \cdot P \cdot 1{,}03 = 924\,953 \cdot 1000$$

bestimmt sich die natürliche Prämie für das 10. Jahr zu 970,87 DM. In diesem letzten Jahr erhält der Versicherer von jedem Versicherten eine Prämie von 970,87 DM zu Anfang des Jahres und dazu bis Jahresende noch den Zins von $3\,^0/_0 = 29{,}13$ DM, zusammen 1000,— DM, welche Summe er auch an jeden in das letzte Versicherungsjahr Eintretenden (Sterbende + Überlebende) zu leisten hat.

Die Aufstellung macht ohne weiteres ersichtlich, warum die Umformung veränderlicher (steigender) natürlicher Prämien in gleichbleibende unumgänglich ist. Während bei der reinen Todesfallversicherung der Anstieg verhältnismäßig stetig ist und mit der zunehmenden Sterbewahrscheinlichkeit erst in den höheren Altersjahren höhere Prämien auftreten, springt bei der gemischten Versicherung im letzten Versicherungsjahr die natürliche Prämie auf den um den Rechnungszinsfuß diskontierten Betrag der Versicherungssumme. Die wirtschaftlichen Verhältnisse werden es den meisten Versicherten nicht gestatten, einen solchen Sprung mitzumachen.

In der Risikoversicherung nimmt der Versicherer mit den gleichbleibenden Prämien in den ersten Jahren der Vertragsdauer, in der gemischten Versicherung in allen Jahren bis auf das letzte mehr ein, als das von ihm getragene Wagnis erfordert. Mit dieser Mehreinnahme deckt er das gegenüber den natürlichen Prämien bei der Todesfallversicherung in den späteren Jahren, bei der gemischten Versicherung im letzten Jahr entstehende Defizit.

Mit diesen an Stelle ansteigender natürlicher Prämien eingehobenen gleichbleibenden Jahresprämien nimmt der Versicherer in einer Reihe von Jahren mehr ein, als er zur Abdeckung der in diesen Jahren anfallenden Versicherungsleistungen braucht. Dieser von den jährlichen Versicherungsleistungen nicht absorbierte Teil der gleichbleibenden Jahresprämie ist buchungstechnisch ein von den Versicherungsnehmern angespartes Guthaben, um damit das Prämiendefizit der Endjahre auszugleichen. Würden in der jährlichen Rechnungslegung des Versicherers diese von ihm noch nicht „verdienten", die natürliche Prämie übersteigenden Anteile an den gleichbleibenden Prämien nicht ausgeschieden werden, so wäre damit die Jahresrechnung verfälscht und, was das schlimmste wäre, die unbedingte Erfüllung der später fällig werdenden Versicherungsleistungen in Frage gestellt. Diese von den Versicherten in der gleichbleibenden Prämie über das Wagnis des laufenden Jahres hinaus gezahlten Prämienanteile stellen das sog. ***Deckungskapital***, die ***Deckungsrücklage*** oder die ***Prämienreserve*** dar. Diesen Teil der Prämiengelder genau zu bestimmen ist unbedingt erforderlich, einmal um überhaupt eine den Tatsachen entsprechende Jahresrechnung des Versicherers aufstellen zu können und zum zweiten, weil der Versicherte bei vorzeitiger Lösung des Vertrages einen Anspruch auf ihn geltend machen kann.

Gleichbleibende Prämien werden im Laufe der Jahre früher oder später von den ansteigenden natürlichen Prämien überholt. Es tritt mit anderen Worten einmal der Moment ein, wo die gleichbleibende Prämie nicht mehr ausreicht zur Vollbringung der laufenden Versicherungsleistungen. Soll der Versicherer weiter existenzfähig sein, so muß bis zu diesem Zeitpunkt eine Reserve gebildet sein, die dem von den künftigen Prämieneinnahmen nicht gedeckten Betrag der Schadenzahlungen (Versicherungsleistungen) entspricht. Die spezielle Fassung des Äquivalenzprinzips verlangt, daß in jedem Zeitpunkt des Versicherungsunternehmens (= Versicherungsbetriebes) zwischen den auf diesen Zeitpunkt bezogenen Einnahmen und Ausgaben Gleichgewicht herrscht, wobei bereits geleistete Zahlungen auf diesen Zeitpunkt aufzuzinsen, zukünftige Zahlungen dagegen auf diesen Zeitpunkt zu diskontieren sind. In bezug auf jeden gewählten Zeitpunkt muß also die angesammelte Prämienrücklage der Differenz zwischen künftigen Versicherungsleistungen und der künftigen Prämieneinnahme entsprechen. Wie üblich mit den auf das Geburtsjahr zurückdiskontierten Barwerten gerechnet, muß die Deckungsrücklage am Ende eines bestimmten Jahres m sein:

Deckungsrücklage ${}_{m}R$ = ***Barwert der künftigen Ausgaben — Barwert der künftigen Einnahmen.***

Bestimmen wir nach dieser Regel in der Risikoversicherung unseres 30jährigen die Prämienreserve am Ende des 7. Versicherungsjahres ${}_{7}R$! Den Schluß des 7. Versicherungsjahres überleben $L_{30+7} = L_{37} = 936\,793$. Beträgt das Deckungskapital einer jeden Versicherung am Ende des 7. Versicherungsjahres ${}_7R$, dann ist seine Größe für alle Versicherungen:

$$ {}_7R \cdot 936\,793 = {}_7R \cdot L_{37} $$

Auf den Schluß des 7. (= Anfang des 8.) Versicherungsjahres bezogen, stehen künftig die im 8., 9. und 10. Versicherungsjahr zu vollbringenden Versicherungsleistungen an, nämlich

im 8. Versicherungsjahr (Alter 37) $\frac{5714 \cdot 1000}{1{,}03} = \frac{T_{37}}{1{,}03} \cdot 1000$

im 9. Versicherungsjahr (Alter 38) $\frac{6126 \cdot 1000}{(1{,}03)^2} = \frac{T_{38}}{(1{,}03)^2} \cdot 1000$

im 10. Versicherungsjahr (Alter 39) $\frac{6549 \cdot 1000}{(1{,}03)^3} = \frac{T_{39}}{(1{,}03)^3} \cdot 1000$

Ingesamt werden noch fällig:

$$ \frac{T_{37}}{1{,}03} \cdot 1000 + \frac{T_{38}}{(1{,}03)^2} \cdot 1000 + \frac{T_{39}}{(1{,}03)^3} \cdot 1000 = \left[\frac{T_{37}}{1{,}03} + \frac{T_{38}}{(1{,}03)^2} + \frac{T_{39}}{(1{,}03)^3}\right] \cdot 1000 $$

An Prämieneinnahmen hat der Versicherer noch zu erwarten:

im 8. Versicherungsjahr (Alter 37) $936\,793 \cdot 4{,}88 = L_{37} \cdot {}_{|10}P_{30}$

im 9. Versicherungsjahr (Alter 38) $\frac{931\,079 \cdot 4{,}88}{1{,}03} = \frac{L_{38}}{1{,}03} \cdot {}_{|10}P_{30}$

im 10. Versicherungsjahr (Alter 39) $\frac{924\,953 \cdot 4{,}88}{(1{,}03)^2} = \frac{L_{39}}{(1{,}03)^2} \cdot {}_{|10}P_{30}$

Ausstehende Prämieneinnahmen zusammen:

$$ L_{37}\, {}_{|10}P_{30} + \frac{L_{38}}{1{,}03} \cdot {}_{|10}P_{30} + \frac{L_{39}}{(1{,}03)^2} \cdot {}_{|10}P_{30} = {}_{|10}P_{30} \cdot \left[L_{37} + \frac{L_{38}}{1{,}03} + \frac{L_{39}}{(1{,}03)^2} \right] $$

Die Deckungsrücklage ist demnach

$$ {}_7R \cdot L_{37} = \left[\frac{T_{37}}{1{,}03} + \frac{T_{38}}{(1{,}03)^2} + \frac{T_{39}}{(1{,}03)^3} \right] \cdot 1000 - {}_{|10}P_{30} \cdot \left[L_{37} + \frac{L_{38}}{1{,}03} + \frac{L_{39}}{(1{,}03)^2} \right] $$

Beide Seiten mit $\frac{1}{(1{,}03)^{37}}$ multipliziert, ergibt

$$ {}_7R \cdot \frac{L_{37}}{(1{,}03)^{37}} = \left[\frac{T_{37}}{(1{,}03)^{38}} + \frac{T_{38}}{(1{,}03)^{39}} + \frac{T_{39}}{(1{,}03)^{40}} \right] \cdot 1000 $$

$$ - {}_{|10}P_{30} \cdot \left[\frac{L_{37}}{(1{,}03)^{37}} + \frac{L_{38}}{(1{,}03)^{38}} + \frac{L_{39}}{(1{,}03)^{39}} \right] $$

oder

$$ {}_7R \cdot D_{37} = [C_{37} + C_{38} + C_{39}] \cdot 1000 - {}_{|10}P_{30} \cdot [D_{37} + D_{38} + D_{39}] $$

Da $[C_{37} + C_{38} + C_{39}] = (M_{37} - M_{40})$ und $[D_{37} + D_{38} + D_{39}] = (N_{37} - N_{40})$ ist, lautet die Gleichung:

$$ {}_7R \cdot D_{37} = (M_{37} - M_{40}) \cdot 1000 - {}_{|10}P_{30} \cdot (N_{37} - N_{40}) $$

bzw. $$ {}_7R = \frac{(M_{37} - M_{40}) \cdot 1000 - {}_{|10}P_{30} \cdot (N_{37} - N_{40})}{D_{37}} $$

in Zahlen: $$ {}_7R = \frac{(138\,691{,}97 - 132\,891{,}68) \cdot 1000 - 4{,}88 \cdot (6\,012\,372 - 5\,103\,694)}{313\,810} $$

$$ = \frac{5\,800{,}29 \cdot 1000 - 4{,}88 \cdot 908\,678}{313\,810} = 4{,}35 \text{ DM} $$

Bedeutet x das Eintrittsalter, n die Versicherungsdauer, m das Jahr, auf dessen Schluß die Deckungsrücklage berechnet werden soll, dann lautet allgemein die Formel, mit der *für eine Risikoversicherung die Deckungsrücklage zum Schluß des mten Jahres* berechnet wird:

$$_{m}R = \frac{V \cdot (M_{x+m} - M_{x+n}) - {}_{|n}P_{x} \cdot (N_{x+m} - N_{x+n})}{D_{x+m}}$$

Im Falle einer ***Todes- und Erlebensfallversicherung*** ist zu beachten, daß am Ende des letzten Versicherungsjahres unter die Ausgaben noch die Leistung an die das Vertragsende Überlebenden, also $V \cdot D_{x+n}$ einzureihen und die Formel zur Berechnung des Deckungskapitals auf den Schluß des mten Jahres zu erweitern ist auf

$$_{m}R = \frac{(V \cdot (M_{x+m} - M_{x+n}) + V \cdot D_{x+n} - P_{x,\overline{n|}} \cdot (N_{x+m} - N_{x+n})}{D_{x+m}}$$

Auf das Beispiel angewendet:

$$_{7}R = \frac{1000 \cdot (138\,691{,}97 - 132\,891{,}68) + 1000 \cdot 281\,543 - 86{,}84 \cdot (6\,012\,372 - 5\,103\,964)}{313\,810}$$

$$= \frac{1000 \cdot 5800{,}29 + 1000 \cdot 281\,543 - 86{,}84 \cdot 908\,678}{313\,810} = 664{,}20 \text{ DM}$$

Deckungskapital und Rechnungszinsfuß

In der folgenden Tabelle ist das Deckungskapital auf den Schluß eines jeden Jahres nach den vorgenannten Formeln ausgerechnet, das sich aus der auf 10 Jahre abgeschlossenen Versicherung unseres 30 jährigen in Höhe von 1000,— DM ergibt. Das eine Mal ist ein Rechnungszinsfuß von 3%, das andere Mal von 4% zugrunde gelegt.

Erinnern wir uns daran, daß die gleichbleibende Prämie für die Risikoversicherung des 30jährigen bei einem Rechnungszinsfuß von 3% mit 4,88 DM errechnet wurde. Von dieser Prämie werden im ersten Jahr für das Sterbewagnis aufgebraucht 3,58 DM (gleich der natürlichen Prämie). Der Versicherer nimmt also 1,30 DM mehr ein. Bis zum Schluß des ersten Jahres wächst dieser Betrag mit dem Zins von 3% auf 1,34 DM an, was die Tabelle als Deckungskapital für den Schluß des ersten Jahres ausweist.

Bei der gemischten Versicherung ergibt sich aus der Tabelle auf das Ende des 9. Jahres ein Deckungskapital von 884,03 DM (Rechnungszinsfuß 3%). Dieser Betrag steht dem Versicherer am Ende des 9. gleich Anfang des 10. Jahres zur Verfügung. Außerdem nimmt er zu Beginn dieses 10. Jahres eine Jahresprämie mit 86,84 DM ein (siehe das Beispiel Seite 168). Der Versicherer hat zu Beginn des 10. Jahres insgesamt in der Kasse: 884,03 DM + 86,84 DM = 970,87 DM. Bis zum Schluß des 10. Jahres vereinnahmt er aus diesem Betrag noch einen Zins von 3% = 29,13 DM. Zusammen steht ihm also eine Summe von genau 1000,— DM zur Verfügung, die er zur Auszahlung an jeden das Vertragsende Überlebenden benötigt. Die Rechnung geht also, wie es im Begriff der Nettoprämien liegt, ohne Rest auf.

Das Deckungskapital aus der Risikoversicherung auf 10 Jahre wächst auf einen Spitzenbetrag etwa um die Mitte der Versicherungsdauer an, um dann bis zum Vertragsende auf Null abzunehmen. Die in den Anfangsjahren angesparten Beträge werden in den Endjahren, in denen die gleichbleibende Jahresprämie immer mehr hinter der natürlichen Prämie zurückbleibt, aufgebraucht.

Deckungskapital auf das Ende des . . ten Jahres	Risikoversicherung		Todes- u. Erlebensfallvers.	
	3%	4%	3%	4%
1. Jahres	1,34	1,34	86,05	82,01
2. „	2,55	2,53	174,88	167,66
3. „	3,56	3,54	266,56	256,91
4. „	4,33	4,30	361,20	349,93
5. „	4,75	4,73	458,91	446,89
6. „	4,72	4,77	559,85	548,02
7. „	4,35	4,36	664,20	653,59
8. „	3,43	3,44	772,19	763,88
9. „	1,99	2,00	884,03	879,23
10. „	—	—	1000,—	1000,—

Das Deckungskapital der Versicherung auf den Todes- und Erlebensfall hingegen wächst stetig an und erreicht am Schluß die Höhe der Versicherungssumme. *Während die reine Todesfallversicherung als sogenannte Risikoversicherung das angesammelte Kapital wieder aufbraucht, wird in der Todes- und Erlebensfallversicherung Kapital in Höhe der Versicherungssumme angespart.* Hinsichtlich der Bedeutung der Lebensversicherung für die Kapitalbildung sind also diese beiden Fälle wohl zu unterscheiden.

Was den Einfluß des Rechnungszinsfußes auf die Höhe des Deckungskapitals anlangt, so ist wie oben bei den Nettoprämien der Unterschied in der Todesfallversicherung geringer als bei der gemischten Versicherung. In der Todesfallversicherung tritt bei höherem Zinssatz der Kulminationspunkt des Deckungskapitals etwas später ein, als es bei niedrigem Zinsfuß der Fall ist. Verstärkt zeigt sich in der Todes- und Erlebensfallversicherung, daß der niedrigere technische Zinsfuß ein höheres Deckungskapital erforderlich macht.

Das Deckungskapital hat die Differenz zwischen dem Risikoaufwand für künftige Versicherungsleistungen und den künftig zu erwartenden Prämieneinnahmen auszugleichen. *Je niedriger der technische Zinsfuß angesetzt wird, desto weniger fließt von den Zinseinnahmen dem Deckungskapital zu, um so mehr muß reine Prämie zurückgestellt werden, desto höher müssen die Nettoprämien sein.* Die Veranschlagung eines höheren Zinssatzes hat zur Folge, daß ein größerer Teil des Risikoaufwandes durch Zinserlöse eingebracht wird, die Herabsetzung des Zinssatzes bewirkt, daß der Versicherte einen größeren Teil des Risikoaufwandes in der Form erhöhter Prämien tragen muß.

Eine Änderung des technischen Zinsfußes hat für den Versicherungsbetrieb weitreichende Folgen. Setzt man den technischen Zinsfuß herab, so sind die bisher angesammelten Deckungskapitalien gegenüber den höheren, nach dem niedrigeren Zinsfuß berechneten Reserven zu gering. Die künftige Erfüllung der Versicherungsleistungen ist nicht mehr gewährleistet, wenn diese Differenz nicht durch einen aperiodischen Risikoaufwand beglichen wird. Dieser einmalige, bei der Umstellung anfallende Aufwand kann zu Lasten der Reserven oder des laufenden Gewinnes genommen oder er kann auf eine Reihe von Jahren verteilt werden. Umgekehrt macht eine Erhöhung des Zinsfußes einen Teil des in den bisherigen Deckungskapitalien steckenden Risikoaufwandes für künftige Fälle frei, läßt mit anderen Worten einen einmaligen Risikogewinn entstehen. Ein derartiger einmalig auftretender Gewinn ist jedoch keineswegs erfreulich, weil er bei einer eventuell später notwendig werdenden Herabsetzung des Zinsfußes durch einen gleichgroßen Verlust abgelöst würde. Die Stabilität des Versicherungsbetriebes verlangt es, einen technischen Zinsfuß zu wählen, der weitere Herabsetzungen aller Voraussicht nach nicht notwendig machen wird, und es kann sich für einen Versicherer höchst verhängnisvoll auswirken, wenn er, um mit billigeren Prämien konkurrieren zu können, einen unverhältnismäßig hohen technischen Zinssatz seinen Kalkulationen zugrunde legen würde. Gerade bei langfristigen Verträgen, wie sie sich bei der Lebensversicherung oft über Jahrzehnte erstrecken, muß der Rechnungszinsfuß so vorsichtig gewählt werden, daß er auch bei ungünstigen Verhältnissen von den Kapitalerträgen der Versicherungsgesellschaft nicht unterschritten wird. Ein Zinsausfall kann durch höhere Prämien nur bei Neuabschlüssen, nicht aber in dem bereits laufenden Bestand ausgeglichen werden. Unter Umständen arbeiten die Versicherer je nach der Versicherungsart und der Struktur des Geschäfts (Inlands- oder Auslandsgeschäft) mit verschiedenen technischen Zinsfüßen.

Der technische Zinsfuß wird vom Versicherer einseitig, allerdings meist unter Zustimmung der Aufsichtsämter, festgesetzt, und er steht mit dem marktmäßigen nur in einem losen Zusammenhang, insofern er diesen auf keinen Fall überschreiten soll. Er kann und muß vom Versicherer auf einem verhältnismäßig geringen Niveau stabil gehalten werden, weil er nicht wie bei den Banken der Aufgabe dient, Spar- oder andere Kapitalien anzulocken.

Positives und negatives Deckungskapital

Die Kalkulation der Lebensversicherungsprämien zeigt, wie bei mehrjährigen Verträgen mit dem Alter der Versicherten ansteigende natürliche Prämien in gleichbleibende Jahresprämien umgeformt werden. Die jährliche Einnahme gleichbleibender Prämie deckt sich in diesem Falle nicht mehr mit den an den Versicherer im gleichen Jahr gestellten Anforderungen an Versicherungsleistungen. In den gleichbleibenden Prämien kassiert der Versicherer Prämienteile mit, die für die Deckung eines erst in späteren Jahren auftretenden Risikos bestimmt sind und für diesen Zweck zurückgestellt werden müssen. ***Dieses positive Deckungskapital stellt bis zum Zeitpunkt seiner bestimmungsgemäßen Verwendung eine Schuld des Versicherers an die Versicherten dar. Es tritt demnach in der Bilanz des Versicherers als ein Passivum auf.*** Ordnungsgemäße Berechnung und Aufbewahrung der Prämienreserve ist die unerläßliche Voraussetzung für die Erfüllbarkeit der mit dem zunehmenden Alter der Versicherten ansteigenden Schadenleistungen. Die Berechnung der Prämienreserve erfolgt nicht für jede einzelne Versicherung. Praktisch werden die Versicherungsnehmer nach Altersgruppen und Versicherungsart geordnet und für jede Gruppe eine ***Gesamtreserve (Totalreserve)*** berechnet und zurückgestellt. Jeder Gruppenangehörige hat an ihr seinen Anteil ***(Einzelreserve)***, der nur bei besonderem Anlaß ausgerechnet wird.

Dieser besondere Charakter der Deckungsrücklage hat auch seinen gesetzlichen Niederschlag gefunden:

a) Als eine vorzeitig bewirkte Leistung des Versicherten begründet es ein gewisses Verfügungsrecht des Versicherten bzw. Versicherungsnehmers über das Deckungskapital aus seiner Versicherung. Im Falle vorzeitiger Aufhebung des Vertrages, sei es durch Rücktritt, Kündigung oder Anfechtung, kann der Versicherungsnehmer die Herausgabe der auf ihn entfallenden Einzelreserve verlangen (VVG. §§ 173, 175), sofern die Prämie für einen Zeitraum von mindestens drei Jahren bezahlt ist. Unter der gleichen Voraussetzung kann der Versicherungsnehmer die Umwandlung seiner Lebensversicherung in eine sogenannte prämienfreie Versicherung verlangen, wobei die Prämienreserve als eine einmalige Prämie angesehen und nach ihr die neue Versicherungssumme berechnet wird (in diesem Falle wird also die Versicherungssumme aus der zur Verfügung stehenden Einmalprämie = Deckungsreserve abgeleitet). Bei Herausgabe der Prämienreserve ist der Versicherer zu einem angemessenen Abzug berechtigt (VVG. § 176/IV), woraus sich der Rückkaufswert der Versicherung (so gesehen vom Standpunkt des Versicherers aus) ergibt. Der Grund für diesen Abzug, wie auch für die vorerwähnte dreijährige Karenzzeit ist darin zu sehen, daß dem Versicherer damit die Möglichkeit gegeben werden soll, die bei Abschluß des Vertrages aufgewendeten Kosten hereinzubringen, die durch Berechnung und Auszahlung der Prämienreserve zusätzlich entstehenden Kosten zu decken und einer möglichen Verschlechterung seines Bestandes vorzubeugen. Die deutschen Allgemeinen Versicherungsbedingungen geben dem Versicherungsnehmer außerdem die Möglichkeit, bei einer rückkaufsfähigen Lebensversicherung ein verzinsliches Darlehen bis zur Höhe des Rückkaufswertes vom Versicherer zu verlangen. Bei Fälligkeit der Versicherung wird dann das Policedarlehen von der Versicherungssumme abgezogen. Ein Rechtsanspruch auf ein Darlehen wird allerdings nicht eingeräumt. Im Falle wirtschaftlicher Notlage kann sich der Versicherte auf diese Weise vorzeitig wenigstens einen Teil der erst später fällig werdenden Versicherungssumme beschaffen.

b) Der Geschäftsplan einer Lebensversicherungsunternehmung mit den Grundsätzen für die Berechnung der Prämien und Deckungsrücklagen ist dem Aufsichtsamt zur Genehmigung vorzulegen (VAG. § 11). Über Berechnung, Verbuchung und Anlage des Deckungsstocks sind eingehende Vorschriften getroffen und Treuhänder (mit Stellvertreter) zu bestellen (VAG. §§ 65—77). „Der Deckungsstock ist als ein besonderes Zweckvermögen zu verwalten. Entnahmen aus ihm kommen vornehmlich bei der Erledigung von Versicherungsverhältnissen (Eintritt des Versicherungsfalls, Rückkauf) in Betracht. Eine Zwangsvollstreckung in den Deckungsstock ist nur für Versicherungsansprüche zulässig und nur insoweit eine ordnungsgemäße Zuführung für sie tatsächlich stattgefunden hat. Gegenüber anderen Gläubigern ist der Deckungsstock voll befriedet und unangreifbar. Bei einem Konkurs der Unternehmung erlöschen die Versicherungsverhältnisse, und es kann die rechnungsmäßige Deckungsrücklage herausverlangt werden. In dieser Hinsicht haben die Versicherungsnehmer die Stellung von Absonderungsberechtigten mit gleichem Rang. Für ihren Ausfall können sie als Konkursgläubiger auftreten. Das Konkursgericht hat für die Wahrung der Rechte der Versicherungsnehmer einen Pfleger zu bestellen. Doch kann auch jeder Versicherungsnehmer seine Rechte selbst wahrnehmen" *(Julius von Gierke)*.

Die hier an Hand der Lebensversicherung dargestellten Grundsätze für die Berechnung der Prämien und die Anlage eines Deckungsstocks für zukünftige Versicherungsansprüche haben prinzipiell für alle Versicherungszweige Geltung, wo altersabhängige Prämien zur Anwendung kommen und wo sich insbesondere eine Verschiebung im Versicherungsbestand zugunsten älterer, ungünstiger einzuschätzender Wagnisse einstellen kann. Leider wird dieser Forderung noch immer nicht genügt. „Daß z. B. in der privaten Krankenversicherung, die heute praktisch meist auf Grund lebenslänglicher Versicherungen betrieben wird, infolge der mit dem Alter steigenden Schadenhäufigkeit und Schadenhöhe die Bildung eines Deckungskapitals eine technische Notwendigkeit darstellt, wird wohl kaum noch einer eingehenden Begründung bedürfen" *(Gürtler)*. Im gleichen Sinne hat sich *Adolf Tosberg* ausgesprochen.

Das Schicksal der Lebensversicherung hängt am Schicksal der Deckungsrücklage. Während bei den Versicherungen mit altersunabhängigen Prämien, d. h. bei fast allen anderen Versicherungszweigen, eine Entwertung oder Vernichtung der angesammelten Reserven den Versicherer bei plötzlich anfallenden hohen Schäden vor ernste, im Grunde aber doch vorübergehende Probleme stellt, sofern nur die laufenden Prämien ordnungsgemäß eingehen, ist dem Lebensversicherer die Möglichkeit, seinen zukünftigen Verpflichtungen nachzukommen, um so mehr genommen, je länger die Verträge vor der

Währungsentwertung bereits liefen. Bei temporären Todesfall- oder Risikoversicherungen tritt die Differenz zwischen natürlichen Prämien und den gleichbleibenden Prämien mit der Länge der Laufzeit des Vertrages immer krasser in Erscheinung, bei gemischten Versicherungen ist sie besonders im letzten Jahr unverhältnismäßig hoch. Die zur Ausfüllung dieser Differenz notwendigen Mittel können aus den laufenden Prämieneinnahmen, auch wenn diese in neuer Währung bezahlt werden müssen, nicht oder höchstens vorübergehend entnommen werden. Früher oder später kommt der Zeitpunkt, in dem die laufend eingehenden Mittel nicht mehr ausreichen, um die eintretenden Versicherungsansprüche in voller Höhe zu befriedigen. Jede Lebensversicherung erfordert, wenn sie solide sein soll, eine langfristige Planung und einen von diesem Plan nicht zu weit nach unten abweichenden Verlauf der wirtschaftlichen Verhältnisse; eine einmalige Verschiebung aller Relationen, wie sie im Gefolge einer Währungsreform auftritt, erschüttert das auf der Integrität der Deckungsreserven beruhende Fundament der Versicherung.

Die Bedeutung der Erhaltung der Deckungsreserven zur Erfüllung der Versicherungsleistungen bei Anwendung gleichlaufender Prämien kann nicht ernst genug genommen werden. In der sozialen Alters-, Invaliden- und Unfallversicherung sind die nach dem Kapital- oder Anwartschaftsdeckungsverfahren berechneten und angesammelten Deckungsreserven schon durch die erste Inflation vernichtet worden. Man hat sich mit den laufenden Beiträgen weiter geholfen. Aber die zunehmende Überalterung unseres Volkes bedeutet eine relative Schwächung der jüngeren, Beiträge zahlenden Jahrgänge zugunsten der älteren, die Leistungen der Versicherung in Anspruch nehmenden Generationen. So unpopulär eine Reform unserer Sozialversicherung ist, weil sie entweder bedeutend erhöhte Beiträge oder eine empfindliche Leistungskürzung verlangt, ihr dauernd auszuweichen, wird unmöglich sein.

Da sich in der privaten Lebensversicherung die Lösung nicht verschleppen läßt, mußten bei den Währungsreformen andere Wege versucht werden. Die Möglichkeit, durch eine einmalige Abgabe der Versicherten oder durch laufend höhere Prämien den Ausfall des Deckungskapitals auszugleichen, verbietet sich praktisch, weil die Versicherten nach der Währungsreform kaum in der Lage sind, erhöhte zusätzliche Zahlungen zu leisten und erhöhte Prämien die Versicherungslust bedenklich herabmindern würden. Die beiden anderen Wege sind:

a) Man kann die Versicherungssumme den abgewerteten Deckungsrücklagen anpassen. Diesen Weg hat man bei Beendigung der ersten Inflation nach 1923 in Deutschland gewählt. Das höchstens bis zu 15% des Goldmarkbetrages aufgewertete Vermögen wurde einem Treuhänder überwiesen, der es nach Abzug der Verwaltungskosten zugunsten der Versicherten nach einem von der Aufsichtsbehörde genehmigten Teilungsplan zu verwenden hatte. Die Lebensversicherung hat das Schicksal der Deckungsrücklage geteilt. Es ergaben sich extrem kleine Aufwertungsbeträge, deren Berechnung und Verwaltung eine außerordentlich hohe Arbeitsbelastung mit sich brachte und die deshalb von den Versicherungsgesellschaften bald abgelöst wurden. Praktisch waren damit die bestehenden Verträge untergegangen.

b) Bei der Währungsumstellung 1948 hat man zwar auch die Versicherungssummen mit mehr oder weniger weitgehenden Kürzungen umgestellt, soweit sie nicht reine Risikoversicherungen betrafen, bei denen der Nennwert beibehalten wurde, aber man hat das fehlende Deckungskapital durch Ausgleichsforderungen der Versicherungsgesellschaften gegen die Länder aufgefüllt. Nach dem Verhältnis der Laufzeit des Vertrages vor und nach dem 20. 6. 1948 hat man die Versicherungssumme in einen alten, prämienfreien Teil zerlegt, der auf 10% abgewertet wurde, und in einen neuen prämienpflichtigen Teil, der in voller Höhe aufrechterhalten wurde. Die Summe beider Posten ergab den Nennbetrag der umgestellten Versicherungssumme in DM; für den Todesfall wurde eine etwas erhöhte Summe vorgesehen. Die Länder wurden dafür verantwortlich gemacht, daß ähnlich wie bei den Banken alle Versicherungsgesellschaften bei Abschluß der Neuordnung Aktiven in Höhe von mindestens 105% ihrer Verbindlichkeiten (mit Ausnahme des Eigenkapitals) in Form der mit 3½% verzinslichen Ausgleichsforderungen erhalten. Bei dieser Regelung blieben also die laufenden Verträge grundsätzlich bestehen. Diejenigen, die den größten Teil ihrer Prämienzahlungen erfüllt hatten, also gerade die Verträge, die dem Ablauf am nächsten waren, verloren durch diese Umwertung am meisten, während die Summen der jungen Verträge, die erst kurze Zeit liefen, am wenigsten gekürzt wurden. Wenn man die in vielen Fällen sicher berechtigte Annahme macht, daß das Ende der Laufzeit langfristiger Lebensversicherungsverträge nahe dem Ende der wirtschaftlichen Aktivität der Versicherungsnehmer gewählt wird, dann stellte auch diese Lösung die alten Leute, die für den Lebensabend auf die Versicherungssumme gehofft hatten, praktisch vor nicht viel mehr als das Nichts. Ob und inwieweit im Falle eines vielleicht einmal stockenden Neuzuganges die Versicherungsgesellschaften aus den Ausgleichsforderungen die zur Auszahlung der Versicherungssummen nötigen Mittel frei machen können, wieweit insbesondere die öffentlichen Haushalte die Ausgleichsforderungen werden einmal einlösen können, erscheint für unsere heute absehbare Zukunft nicht unproblematisch. Da die gegenwärtig und noch für die nächste Zeit den Hauptteil der Wertpapieranlagen ausmachenden Ausgleichsforderungen nur mit 3½% verzinst werden, war eine Umrechnung der Tarife erforderlich, soweit sie auf einem höheren Rechnungszinsfuß beruhten. Eine weitere indirekte Verteuerung der Prämien wird sich aus der Kürzung oder dem Wegfall der Versichertendividenden ergeben, weil den Versicherungsgesellschaften die höher rentierlichen anderen Anlagen (Wertpapiere, Hypotheken) weitgehend fehlen. Das sowohl für den Versicherungsbetrieb als auch für die Volkswirtschaft Positive an dieser Lösung ist der aus der Aufrechterhaltung der Verträge folgende Zwang, weiterhin die Prämienzahlungen aus dem Einkommen abzuzweigen und über die sich neu bildenden Deckungskapitalien dem volkswirtschaftlichen Sparfonds zuzuführen.

Unsere Überlegungen hatten bislang den einen Fall im Auge, daß mit dem Alter der versicherten Personen oder Gegenstände die natürlichen Prämien zunehmen und an Stelle dieser veränderlichen Prämien eine jährlich gleichbleibende Prämie erhoben werden soll. Mehr theoretisches als praktisches Interesse hat in diesem Zusammenhang der entgegengesetzte Fall der Umwandlung von mit dem Alter sinkenden natürlichen Prämien in einen ebenfalls gleichbleibenden Satz. Bei langfristigen Verträgen nimmt unter dieser Voraussetzung der Versicherer in den Anfangsjahren weniger als die zur Schadensdeckung erforderliche natürliche Prämie ein, um dann diesen Verlust gegen Vertragsende durch die über der natürlichen Prämie liegende Mehrprämie auszugleichen. Lag in unseren früheren Ausführungen eine Vorleistung der Versicherten vor, die zu einem eine Schuld des Versicherers an die Versicherten darstellenden positiven Deckungskapital führte, so ergibt sich jetzt die umgekehrte Situation einer Vorleistung des Versicherers zu Lasten der Versicherten, die diese in späteren Jahren abdecken müssen und die der Versicherer als ein Aktivum, eine Forderung in seine Bilanz einzustellen hat. Ein so auf der Aktivseite auftretendes ***negatives Deckungskapital*** ist jedoch immer eine problematische Größe, weil die Versicherten nach Überstehen der höheren Gefahr die die augenblickliche Gefahr übersteigende gleichbleibende Prämie nur widerstrebend zahlen und versuchen, sich durch Aufhebung der Verträge von dieser Verpflichtung zu lösen. Bei allen Verträgen, die aus verschiedenen Gründen (Besitzwechsel, Aufgabe des Geschäfts, Untergang der versicherten Sache, Zahlungsunfähigkeit usw.) zwangsläufig zur Aufhebung kommen, kann der Versicherer seinen Anspruch nicht mehr realisieren. Man sucht deshalb das Entstehen negativer Dekkungskapitalien zu vermeiden und gewährt lieber auf die anfängliche Prämie im Laufe der Zeit Rabatte.

Der Begriff negatives Deckungskapital erklärt sich daraus, weil in diesem Fall der Barwert der künftigen Prämieneinnahmen rechnungsmäßig größer ist als der Barwert der künftigen Schadensaufwendungen, wodurch die oben für die Berechnung des Deckungskapitals angegebene Gleichung eine negative Größe liefert. In der Praxis entstehen negative Deckungskapitalien jedoch aus anderen Gründen, die später zu behandeln sind. Das bei der Kalkulation der Nettoprämien nur theoretisch auftauchende Problem gewinnt im Zusammenhang mit der Berechnung der Bruttoprämien eine schwerwiegende Bedeutung.

Die Nettoprämien für Rentenversicherungen

Zu unterscheiden sind:

a) ab sofort beginnende und aufgeschobene, erst nach einer gewissen Zeit beginnende Renten;

b) Leibrenten, die während einer vereinbarten Zeitspanne ausbezahlt werden, sofern der Versicherte noch lebt *(temporäre Leibrenten)*, und Leibrenten, die bis zum Tode des Empfängers zu bezahlen sind *(lebenslängliche Leibrenten)*;

c) vorschüssig, zu Beginn des Jahres, und nachschüssig, zu Ende des Jahres, zahlbare Renten;

d) gleichbleibende und veränderliche Renten; letzte treten auf, wenn sich die Rente während der Laufzeit z. B. infolge des Todes eines Angehörigen oder des Ausscheidens der erwachsenen Kinder ändert.

Der Einfachheit halber werden in den nachfolgenden Ableitungen nur sofort beginnende oder aufgeschobene Leibrenten gleichbleibender Höhe, die vorschüssig zahlbar sind, angenommen. Die Formeln der hier übergangenen Varianten können in jedem Lehrbuch der Versicherungsmathematik nachgesehen werden.

Unter Verwendung der in Anlage I abgedruckten Sterbetafel unterstellen wir in den Beispielen einen Dreißigjährigen, der die Rentenversicherung eingeht. Da nach den Erfahrungen Rentenversicherte eine geringere Sterblichkeit aufweisen als Todes- bzw. Erlebensfallversicherte, verwendet die Praxis, worüber hier hinweggesehen wird, für die Rentenversicherten eigene Sterbetafeln mit geringeren Sterbewahrscheinlichkeitszahlen bzw. höheren Lebenserwartungen. Auch wird wegen der sich oft über viele Jahrzehnte erstreckenden Laufzeit der Renten ein niedrigerer Zinsfuß als bei Todes- und Erlebensfallversicherungen zugrunde gelegt. Auch von dieser Besonderheit wird, weil sie den Gedankengang nicht berührt, abgesehen.

I. Formeln der Einmalprämie

Beispiel: Der 30jährige kauft sich durch Bezahlung einer einmaligen, zu Beginn der Rentenlaufzeit zahlbaren Prämie in eine Rentenversicherung ein.

1. Die Rente soll m (= 5) Jahre jeweils zu Beginn des Jahres (vorschüssig) zahlbar sein *(temporäre Leibrente)*. Gerechnet wird wieder mit den Kommutationszahlen.

Will der 30jährige eine Jahresrente von 1,— DM 5 Jahre lang beziehen, dann ist die Ausgabe des Versicherers:

$$D_{30} \cdot 1 + D_{31} \cdot 1 + D_{32} \cdot 1 + \ldots\ldots + D_{34} \cdot 1 = (N_{30} - N_{35}) \cdot 1$$
$$= (8\,538\,940 - 6\,673\,965) \cdot 1 = 1\,864\,975,\text{— DM};$$

die Einnahme des Versicherers, wenn die Prämie für eine Rente in Höhe von 1,— DM mit a bezeichnet wird:

$$a \cdot D_{30} = 398\,363.$$

Die Äquivalenzgleichung lautet:

$$a \cdot D_{30} = (N_{30} - N_{35}) \cdot 1$$

oder für eine Rente in Höhe von R DM, wenn m (= 5) die Rentenbezugszeit ist:

$$\boxed{R \cdot a_{x:\overline{m|}} = \frac{N_x - N_{x+m}}{D_x} \cdot R}$$

Zahlenbeispiel für den angegebenen Fall (Rente R = 1000,— DM:

$$1000 \cdot \frac{1\,864\,975}{398\,363} = 1000 \cdot 4{,}6815 = 4681{,}50 \text{ DM}.$$

2. Die Rente soll lebenslänglich vorschüssig zahlbar sein *(lebenslängliche Leibrente)*. Ist ω das Endalter der Tafel, dann wird $m = \omega - x$ und $x + m = x + \omega - x = \omega \cdot N_\omega$ ist jedoch, da am Ende der Tafel keine Lebenden mehr vorhanden sind, 0. Folglich reduziert sich die vorige Formel auf:

$$\boxed{R \cdot a_{x:\overline{\omega - x|}} = R \cdot a_x = \frac{N_x}{D_x} \cdot R}$$

In Zahlen: $$1000 \cdot \frac{8\,538\,940}{398\,363} = 1000 \cdot 21{,}435 = 21\,435,\text{— DM}.$$

II. Formeln aufgeschobener Renten

Beispiel: Der 30jährige zahlt n (= 5) Jahre Prämien; nach Ablauf des letzten Prämienjahres soll die vorschüssig zu zahlende Rente zu laufen beginnen.

1. Die nach n (= 5) Jahren beginnende Rente soll m (= 5) Jahre laufen *(aufgeschobene temporäre Leibrente)*.

Ausgabe des Versicherers, wenn die Rente = 1,— DM ist:

$$D_{35} \cdot 1 + D_{36} \cdot 1 + \ldots\ldots + D_{39} \cdot 1 = (N_{35} - N_{40}) \cdot 1 = (6\,673\,965 - 5\,103\,694) \cdot 1$$
$$= 1\,570\,271,\text{— DM};$$

Einnahme des Versicherers, wenn die jährlich zahlbare Prämie für eine Rente in Höhe von 1,— DM a ist:

$$D_{30} \cdot a + D_{31} \cdot a + \ldots\ldots + D_{34} \cdot a = (N_{30} - N_{39}) \cdot a = (8\,538\,940 - 6\,673\,965)$$
$$= 1\,864\,975,\text{— DM}.$$

Äquivalenzgleichung für eine Rente in Höhe von R:

$$R \cdot (N_{30} - N_{35}) \cdot a = (N_{35} - N_{40}) \cdot R$$

oder allgemein

$$\boxed{R \cdot {}_{|n}a_{x:\overline{m|}} = \frac{N_{x+n} - N_{x+n+m}}{N_x - N_{x+n}} \cdot R}$$

In Zahlen für eine Jahresrente von 1000,— DM:

$$1000 \cdot \frac{1\,570\,271}{1\,864\,975} = 1000 \cdot 0{,}842 = 842,\text{— DM}.$$

2. Die nach n (= 5) Jahren beginnende Rente soll lebenslänglich laufen *(aufgeschobene lebenslängliche Leibrente)*. Ist ω wieder das Endalter der Tafel, dann läuft die Rente $\omega - (x + n)$ Jahre; m ist demnach $\omega - (x + n)$. Das $x + n + m$ in der vorigen Formel wird dann zu $x + n + \omega - x - n = \omega$. Nun ist aber $N_\omega = 0$. Die Prämienformel reduziert sich auf

$$\boxed{R \cdot {}_{|n}a_{x:\overline{\omega-x}|} = \frac{N_{x+n}}{N_x - N_{x+n}} \cdot R}$$

In Zahlen für eine Rente von 1000,— DM:

$$1000 \cdot \frac{6\,673\,965}{8\,538\,940 - 6\,673\,965} = 1000 \cdot 3{,}5786 = 3578{,}60 \text{ DM.}$$

Für diese aufgeschobenen Renten bezahlt also der Versicherte eine Nettoprämie von insgesamt 5 · 842,— DM bzw. 5 · 3578,60 DM = 4210,— bzw. 17 893,— DM, während er für die sofort zu laufen beginnenden Renten hätte 4680,— bzw. 21 440,— DM bezahlen müssen. Die aufgeschobenen Renten verlangen eine billigere Prämie, weil ja der Rentenbezug erst nach Ablauf der Wartezeit eintritt.

Die vorstehenden Formeln aufgeschobener Rentenversicherungen sind auf die Lebensversicherung abgestellt, in der die Ausscheidung der Versicherten allein durch den Tod erfolgt. Die Formeln gelten sinngemäß auch für die sozialen Rentenversicherungen; sie komplizieren sich nur, weil

a) die Abnahme der Prämienzahler außer durch die Todesfälle auch durch den Eintritt vorzeitiger Invalidität herbeigeführt wird,

b) die Renten auch an die vorzeitig invalid gewordenen Versicherten und in gekürztem Umfange an die Hinterbliebenen der Versicherten (bis zum Tode bzw. bis zur Wiederverheiratung der Witwe bzw. bis zu einem bestimmten Alter der Kinder) auszuzahlen sind, also ferner die Frauen- und Kindersterblichkeit sowie die Kinderhäufigkeit der Versicherten berücksichtigt werden muß,

c) außer den Renten noch andere Leistungen versprochen sind (Sterbegeld, Krankenversicherung, Heilfürsorge).

Der Rechnung sind außer der Sterbetafel der Versicherten noch andere Tafeln zugrunde zu legen (siehe Seite 122).

Prämien und Deckungskapitalien in der Krankenversicherung

Ähnlich wie für die Lebensversicherung erfolgt die Berechnung der Krankenversicherungsprämien. Der vorhandene Bestand an Versicherten erfährt durch den Tod einen fortlaufenden Abgang, den man an Hand einer möglichst aktuellen Sterbetafel bestimmen muß, um zu erfahren, wie sich — ohne Neuzugang — die Zahl der Prämienzahler und Leistungsbeanspruchenden laufend vermindert. Zur Berechnung der anfallenden Leistungen benützt man in der Praxis Kopfschadenwerte, wie sie in der Anlage IIa genannt sind.

Die tatsächlichen Kopfschadenwerte sind aber für jeden Krankenversicherer verschieden, da ihre Größe von den bei jedem Versicherer andersartigen Kombinationen der verschiedenen Leistungsarten (Einschlüsse, Ausschlüsse) und der bedingungsgemäßen Fälligkeiten der Leistungen abhängt. Es muß demnach jedes Unternehmen zuerst prüfen, wie sich die in seinen Versicherungsverträgen versprochene Kombination von Teilkopfschäden für die einzelnen Leistungsarten zu der in der Tafel angewendeten Kombination von Teilkopfschäden verhält. Der Kopfschaden fällt ganz verschieden aus, je nachdem welche Leistungsarten in den Versicherungsschutz einbezogen sind. Eine Tafel der Teilkopfschäden, aus denen sich der Kopfschaden zusammensetzen kann, findet sich in der Anlage IIb.

Bezeichnet man die durchschnittliche Schadensausgabe, die auf den Kopf eines Versicherten im Alter von x Jahren innerhalb eines Jahres anfällt, den Kopfschaden des xjährigen, mit s_x und nimmt man an, daß die Schadensausgabe in der Mitte des Jahres fällig wird, während die Prämienzahlung zu Beginn des Jahres erfolgt, so kann man die Zahl derer, die Krankenversicherungsansprüche erheben, als das Mittel zwischen der Zahl der zu Beginn des Jahres Lebenden und der zu Ende des Jahres noch Lebenden annehmen. Für eine *einjährige Versicherung der xjährigen* hat also der Versicherer mit einer Ausgabe in Höhe von

$$s_x \cdot \frac{L_x + L_{x+1}}{2} = \frac{s_x}{2} \cdot [L_x + L_{x+1}]$$

zu rechnen. Auf den Beginn des Jahres abgezinst, ergibt dies, wenn $v = \frac{1}{1+i} = \frac{1}{r}$ der Abzinsungsfaktor für 1 Jahr ist:

$$\frac{s_x}{2} \cdot [L_x + L_{x+1}] \cdot v^{1/2}$$

Diskontiert man wie oben bei der Lebensversicherung nochmals, und zwar ebenfalls auf den Beginn des Geburtsjahres zurück, so bekommt man den Wert der Gesamtausgabe mit

$$\frac{s_x}{2} \cdot [L_x + L_{x+1}] \cdot v^{1/2} \cdot v^x = \frac{s_x}{2}[L_x \cdot v^x \cdot v^{1/2} + L_{x+1} \cdot v^x \cdot v^{1/2}]$$

$$= \frac{s_x}{2}\left[L_x \cdot \frac{1}{r^x} \cdot v^{1/2} + L_{x+1} \cdot \frac{1}{r^x} \cdot v^{1/2}\right] = \frac{s_x}{2}\left[L_x \cdot \frac{1}{r^x} \cdot v^{1/2} + L_{x+1} \cdot \frac{1}{r^{x+1}} \cdot r \cdot v^{1/2}\right]$$

$$= \frac{s_x}{2}\left[\frac{L_x}{r_x} \cdot v^{1/2} + \frac{L_{x+1}}{r^{x+1}} \cdot r \cdot v^{1/2}\right] = \frac{s_x}{2}\left[D_x \cdot v^{1/2} + D_{x+1} \cdot \frac{1}{v} \cdot v^{1/2}\right]$$

$$= \frac{s_x}{2} \cdot [D_x \cdot v^{1/2} + D_{x+1} \cdot v^{-1/2}] = O_x$$

Nach dem Äquivalenzprinzip errechnet sich die Prämie für die einjährige Krankenversicherung des xjährigen:

$$P_x \cdot D_x = \frac{s_x}{2}[D_x \cdot v^{1/2} + D_{x+1} \cdot v^{-1/2}] = O_x$$

$$P_x = \frac{O_x}{D_x}$$

Hat man die 0_x, die diskontierten Kopfschadenwerte, in einer Tafel zusammengestellt, so kann mit der vorstehenden Formel die Prämie leicht berechnet werden.

Wir die *Krankenversicherung des xjährigen auf n Jahre* abgeschlossen, so ist

a) der auf den Beginn des Geburtsjahres diskontierte Gesamtwert der Ausgaben des Versicherers

$$\sum_{x}^{x+n} O_x$$

oder, wenn U_x die tabellierte Summe aller O_x vom Alter x bis zum höchsten Alter (in der Krankenversicherung meist 84 Jahre) ist

$$U_x - U_{x+n},$$

b) der auf den Beginn des Geburtsjahres diskontierte Gesamtwert aller Einnahmen, nämlich

$$P \cdot D_x + P \cdot D_{x+1} + \ldots\ldots + P \cdot D_{x+n-1} = P \cdot (N_x - N_{x+n})$$

Die Prämie berechnet sich aus der Äquivalenzgleichung:

$$P \cdot (N_x - N_{x+n}) = U_x - U_{x+n}$$

$$\boxed{P_{x,\overline{n}|} = \frac{U_x - U_{x+n}}{N_x - N_{x+n}}}$$

Will man die Prämie eines *lebenslänglich versicherten xjährigen* berechnen, bleiben im Zähler und im Nenner die Subtrahenden U_{x+n} bzw. N_{x+n} weg, und es ergibt sich

$$\boxed{P_x = \frac{U_x}{N_x}}$$

Das *Deckungskapital* berechnet sich wie bei der Lebensversicherung auf den Schluß des mten Jahres:

a) bei der njährigen Versicherung

$$\boxed{{}_mR_{x:\overline{n}|} = \frac{U_{x+m} - U_{x+n} - P_x \cdot (N_{x+m} - N_{x+n})}{D_{x+m}}}$$

b) bei der lebenslänglichen Versicherung

$$\boxed{{}_mR_{x:\overline{\omega - x}|} = \frac{U_{x+m} - P \cdot N_{x+m}}{D_{x+m}}}$$

ω ist wieder das Endalter der Tafel.

In der Praxis der Krankenversicherung wird die Frage, ob für die vorzeitige Aufgabe der Krankenversicherung ein Rückkaufswert gezahlt werden soll, verneint, weil eine Rückkaufsberechtigung zu einer unangenehmen Gegenauslese (siehe Seite 267) führen kann und die Berechnung der verhältnismäßig kleinen Beträge bei dem großen Abgang unangebracht hohe Verwaltungskosten verursachen würde *(Tosberg)*.

Zusammenstellung der Formeln altersabhängiger Nettoprämien

In der folgenden Tabelle sind wiederum die in diesem Paragraphen entwickelten Formeln zusammengestellt. Die Übersicht läßt die gleichmäßige Struktur der Formeln hervortreten. Die Lebensversicherungsprämien sind Variationen der allgemeinen Prämienformel für Summenversicherung: $P = h \cdot V$ (siehe Seite 141). *Die Schadenhäufigkeit wird einheitlich bei allen Formeln durch einen Bruch ausgedrückt, in dessen Zähler die Anzahl der in den aufeinander folgenden Jahren die Versicherungsleistung in Anspruch Nehmenden und in dessen Nenner die Anzahl der in den aufeinander folgenden Jahren Versicherten (= Prämienzahler) steht, beide Male ausgedrückt in den Kommutationszahlen* D_x, M_x, N_x. Man beachte nur, ob die Versicherungsleistung von den Hinterbliebenen der Gestorbenen (gewissermaßen von den Toten) wie bei den Kapitalversicherungen oder von den Überlebenden wie bei den Rentenversicherungen beansprucht wird. Bei der Einmalprämienformel ist in den Nenner sinngemäß nur die Zahl der zu Beginn der Versicherung vorhandenen Versicherten, abdiskontiert auf das Geburtsjahr, d. h. D_x zu setzen.

Formeln altersabhängiger Nettoprämien

Bedeutung der Zeichen:

V = Versicherungssumme fällig zu Ende des Jahres.

R = jährlich vorschüssig zahlbarer Leibrentenbetrag (gleichbleibend).

D_x = Zahl der Lebenden des Alters x, diskontiert auf den Beginn des Geburtsjahres $= L_x \cdot v^x$

N_x = Summe der D_x von x bis 100; also $\sum_x^{100} L_x \cdot v^x$

M_x = Summe der auf den Beginn des Geburtsjahres diskontierten Zahlen der Sterbenden von x bis 100; also $\sum_x^{100} T_x \cdot v^{x+1}$

U_x = Summe der auf den Beginn des Geburtsjahres diskontierten Kopfschadenwerte vom Alter x bis zum höchsten Alter.

	Versicherung auf n Jahre	Versicherung bzw. Rente lebenslänglich
A. Lebensversicherung		
I. Kapitalversicherung:		
1. Todesfallversich. ..	$\frac{M_x - M_{x+n}}{N_x - N_{x+n}} \cdot V$	$\frac{M_x}{N_x} \cdot V$
2. gemischte Versich..	$\frac{M_x - M_{x+n} + D_{x+n}}{N_x - N_{x+n}} \cdot V$	—
II. Rentenversicherung:	Rente m Jahre vorschüssig zahlbar	Rente lebenslänglich vorschüssig zahlbar
1. Einmalprämie	$\frac{N_x - N_{x+m}}{D_x} \cdot R$	$\frac{N_x}{D_x} \cdot R$
2. n jährige Prämienzahlung, anschließend Rente zahlbar	$\frac{N_{x+n} - N_{x+n+m}}{N_x - N_{x+n}} \cdot R$	$\frac{N_{x+n}}{N_x - N_{x+n}} \cdot R$
B. Krankenversicherung	$\frac{U_x - U_{x+n}}{N_x - N_{x+n}}$	$\frac{U_x}{N_x}$

Die Prämienformel der Krankenversicherung weist im Grunde dieselbe Struktur auf. In den Zähler ist hier die Summe der diskontierten Kopfschadenwerte zu setzen, die den bei der Krankenversicherung zum Unterschied von der Lebens-(= Summen-) versicherung variablen Schadenumfang mit enthält. Deswegen entfällt die Versicherungssumme V bzw. eine Angabe des durchschnittlichen Schadenumfanges. Auf den besonderen Charakter der Krankenversicherung als einer Personenschadenversicherung wurde bereits auf Seite 98 hingewiesen.

Schrifttum: Verwiesen wird auf die Werke der Versicherungsmathematik von *Böhm*, *Zwinggi*, ferner a) *Albert Andrae* „Neue Sterblichkeitstafeln für Todesfallversicherungen", Berlin 1941; b) *Adolf Tosberg* „Rechnungsgrundlagen und Schadentafeln der Krankheitskostenversicherung", Berlin 1940; c) *Walter Rohrbeck* Art. „Hagelversicherung" im Versicherungslexikon; d) *Hermann Wagner* „Hagelversicherung" in Deutsche Versicherungswirtschaft, Bd. V; e) *Hans Deck* „Gewinn- und Verlustquellen der Lebensversicherung", Zürich 1938; f) *Karl Hebel* „Währungsreform und Lebensversicherung" in „Wille, Wege und Wandlungen im Versicherungswesen", Heft 6, Hamburg 1948; g) *Oskar Michels* „Die Tarifgestaltung in der Lebensversicherung", Leipzig und Berlin 1936 (hier findet sich die in der Anlage I abgedruckte Sterbetafel zu einem Zinsfuß von 4%).

§ 14. Generelle und spezielle Prämien. Gefahrenklassifikation

Generelle Prämien

Die bisher entwickelten Grundsätze der Prämienbestimmung können auf den Versicherungsbestand in seiner Gesamtheit oder auf einzelne Gruppen in ihm angewandt werden. Ermittelt man aus den vorliegenden Statistiken Schadenhäufigkeit und Schadenumfang global für die Gesamtheit aller Versicherten oder sieht man in der darauf gegründeten Prämienkalkulation von den unterschiedlichen Schadenswerten innerhalb verschiedener Gruppen des Bestandes ab, so erhält man *generelle Prämien.* Diese nehmen auf die individuelle Besonderheit des versicherten Objektes und die persönlichen Eigenschaften des Versicherten keine Rücksicht. Sofern, wie es zumeist der Fall ist, Schadenhäufigkeit und Schadenumfang von einer Mehrheit von Umständen abhängen, gelten derartige generelle Prämien nur für den gesamten Versicherungsbestand in seiner gegebenen Zusammensetzung und können auf einen anderen Bestand mit anderer Zusammensetzung nicht übertragen werden. Für den gegebenen Bestand gelten sie weiter nur solange, als sich die Häufigkeit und Wirksamkeit der die Schadenfälle beeinflussenden Faktoren innerhalb des Versicherungsbestandes nicht ändert. Wie ersichtlich, beruhen sie auf einem ziemlich rohen Verfahren, und es ist verständlich, daß sie in den Anfangszeiten des Versicherungswesens, als man noch keine oder höchst ungenügende Einsichten in die die Versicherungsfälle auslösenden und bestimmenden Umstände hatte, eine größere Rolle spielten, aber mit der fortschreitenden Verfeinerung der Schadenstatistik und der Versicherungstechnik einem verbesserten Verfahren weichen mußten.

Das Hauptanwendungsgebiet genereller Prämien ist heute noch die Sozialversicherung mit Ausnahme der sozialen Unfallversicherung. Hier wird von dem unter die Sozialversicherung fallenden Bevölkerungsteil der Beitrag ohne Rücksicht auf die individuellen Umstände und Bedürfnisse in einheitlichen Prozentsätzen des Einkommens erhoben, wobei die Unternehmer einen ebenfalls einheitlichen Teil mitzutragen haben.

So sind in der sozialen Krankenversicherung die Beiträge in Hundertsteln des Grundlohnes zu bemessen. Abgesehen von einigen Abstufungsmöglichkeiten gilt für alle Beitragspflichtigen der gleiche Hundertsatz, der nur nach oben hin gewissen Beschränkungen unterworfen ist (RVO. §§ 380ff.). Bis zu dem in den Westzonen erlassenen Sozialversicherungsanpassungsgesetz 17. 6. 1949 hatten von den Beiträgen die Versicherungspflichtigen zwei Drittel, die Arbeitgeber ein Drittel zu bezahlen (RVO. § 381), seitdem beide die Hälfte. In der knappschaftlichen Krankenversicherung haben Versicherte und Unternehmer zur Zeit je 2,5% des Gehalts oder Lohnes zu leisten (SozVersAnpGes. § 12). In der sozialen Invalidenversicherung sind die Versicherten nach der Höhe des wöchentlichen Arbeitsverdienstes in Beitragsklassen eingeteilt, für die ein Wochenbeitrag gesetzlich vorgeschrieben ist (RVO. § 1377ff.); Arbeitgeber und Arbeitnehmer entrichten davon je die Hälfte. Nach dem SozVersAnpGes. sind für die Angestelltenversicherung wieder Beitragsklassen vorgesehen; der Beitrag, von dem Arbeitgeber und Arbeitnehmer je die Hälfte zu tragen haben, wurde mit 10% des Entgelts festgesetzt. In der knappschaftlichen Rentenversicherung beläuft sich der Beitrag auf 20% des Entgelts, wovon Arbeiter und Angestellte 7%, die Unternehmer 13% zu tragen haben (SozVersAnpGes. § 17). Für die Arbeitslosenversicherung setzte das SozVersAnpGes. den Beitrag mit 4% des Arbeitsentgeltes fest, zu dem Arbeitgeber und Arbeitnehmer anteilig je zur Hälfte herangezogen werden.

Für die Beibehaltung genereller Prämien in der Sozialversicherung lassen sich eine Reihe von Gründen anführen. Historisch hatte man bei Einführung der Sozialversicherung in den achtziger Jahren keine nach den Schadenumständen abgestufte Tafeln. Später behielt man das Verfahren bei, weil man die mit einer Prämienabstufung verbundene Mehrarbeit zugunsten der Versicherten sparen wollte. Ja man bezeichnet das System der generellen Prämien als sozial wünschenswert, weil durch den gleichmäßig nur nach dem Einkommen abgestuften Beitrag die gefährdeteren Volksteile besser, die weniger gefährdeten schlechter wegkommen. Besonders gefährdete und damit sozial schwache Volksteile werden vor unverhältnismäßig hohen, ihre wirtschaftliche Leistungsfähigkeit überschreitenden Beiträgen bewahrt, eine Ansicht, die besonders *Adolph Wagner* vertreten hat. Die Idee, daß die Volkswirtschaft in Wirklichkeit eine große Gefahrengemeinschaft bilde, für deren Opfer jeder nach seinen Kräften aufzukommen hat, rechtfertigt die nur nach dem Einkommen abgestuften generellen Prämien. Eine objektive, von Werturteilen nicht geleitete Würdigung dieser Argumente hätte zunächst die Voruntersuchung zu liefern, ob wirklich in allen Fällen die Gruppen mit größerer Schadenhäufigkeit und höherem Schadenumfang die sozial schwächeren sind, und es darf nicht übersehen werden, daß durch die schematische Abstufung der Beiträge nach der Lohnhöhe die arbeitsintensiven Betriebe mehr als die kapitalintensiven belastet werden. Ein Anreiz, durch Übergang zu kapitalintensiverer Betriebsweise an Lohnkosten und damit an Soziallasten zu sparen, mag unter bestimmten Voraussetzungen als volkswirtschaftlich und sozial richtig zu vertreten sein; ihm jedoch allgemeine Gültigkeit zuzuschreiben, geht zu weit, steht er doch z. B. der Vollbeschäftigungspolitik in einer kapitalarmen Volkswirtschaft entgegen. Übersieht man nicht, daß durch diese Überwälzung der Soziallasten gerade die Betriebe, die in Krisenzeiten mit Opfern ihren Arbeiterstamm durchhalten vor denen benachteiligt werden, die rücksichtlos zu Entlassungen schreiten, dann wird man auch in der Sozialversicherung das „soziale Gerechtigkeitspostulat" genereller Prämien zumindest sehr problematisch finden. Nach der langen Erfahrung liegen heute genauere Schadentafeln vor oder wären zu beschaffen. Für die Erhebung genereller Prämien spricht heute nur die Einfachheit und geringere Kostspieligkeit und vielleicht der Umstand, daß eine andere Erhebungsmethode die Schwierigkeiten der Betriebskalkulation noch mehr erhöhen könnte.

Generelle Prämien lassen sich auf die Dauer nur aufrechterhalten, wo der Versicherer gezwungen ist, jede ihm angebotene Versicherung zu übernehmen und es den Versicherungsnehmern nicht gestattet ist, sich den passenden Versicherer auszusuchen. Ist die erste Voraussetzung nicht gegeben, kann der Versicherer schwere Wagnisse ablehnen und diese dadurch zwingen, einen Spezialversicherer zu suchen oder zu bilden, der ihre Gefahren gegen eine entsprechend höhere Prämie übernimmt; besteht keine Versicherungspflicht, können die günstigeren Schichten der Versicherung fernbleiben oder ebenfalls die Gründung spezieller Versicherer mit dementsprechend niedrigeren Prämiensätzen veranlassen. Diese Voraussetzungen sind in der Sozialversicherung erfüllt.

Der Personenkreis, der unter die Versicherungspflicht fällt, ist in den Gesetzen und Verordnungen genau festgelegt. Die Beiträge sind öffentlich-rechtliche Zwangsbeiträge, die unmittelbar auf Grund der Gesetze erhoben und im Verwaltungszwangsverfahren eingezogen werden können. Über die Rechtmäßigkeit entscheiden die Versicherungsbehörden, nicht die ordentlichen Gerichte. Nur in wenigen Ausnahmefällen kann sich der Versicherungspflichtige den Versicherungsträger wählen, der umgekehrt jedes unter die Versicherungspflicht fallende Wagnis unbesehen übernehmen muß.

Das gespannte Verhältnis der Ersatzkassen zu den Sozialversicherungsträgern beweist, wie die Möglichkeit generelle Prämien aufrechtzuerhalten, sofort bedroht ist, wo Versicherungsnehmer mit günstigerer Gefahrenlage eine Chance haben, sich einen anderen Versicherer, sei es mit billigeren Prämien, sei es mit größeren Leistungen auszusuchen. Diese Versicherungsvereine auf Gegenseitigkeit, die vor Inkrafttreten des Gesetzes betr. die Aufhebung des Hilfskassengesetzes vom 20. 12. 1911 eingeschriebene Hilfskassen waren und später als Ersatzkassen zugelassen wurden, konnten ihre privatrechtlich Versicherten von dem Zwang zur Teilnahme an der sozialen Kranken- und Angestelltenversicherung befreien. Diese Ersatzkassen sind meist auf bestimmte Berufsgruppen (kaufmännische Angestellte, Behördenangestellte, Zimmerleute usw.) ausgerichtet und wurden auf Betreiben der Sozialversicherungsträger in ihrer Bewegungsfreiheit zunehmend eingeengt.

Spezielle Prämien

Wo für den Versicherten in der Wahl seines Versicherers und für diesen in der Annahme der Versicherungsanträge Freiheit besteht, stufen sich zwangsläufig die Prämien nach der Gefahr einzelner Gruppen ab. Es entstehen die den besonderen Verhältnissen einzelner Teile des Versicherungsbestandes angepaßten *speziellen Prämien*. Der Versicherungsbestand wird nach gewissen, für die Schadenhäufigkeit oder den Schadenumfang als wesentlich erkannten Merkmalen aufgespalten und für die so gebildeten Teilbestände die Prämienkalkulation getrennt durchgeführt. Die Wagnisse werden nach Gefahrenklassen eingeteilt *(Gefahrenklassifikation)*, und für diese Klassen werden unterschiedliche Prämiensätze errechnet.

Wollte unter der Marktform der Konkurrenz ein Versicherer mit generellen Prämien arbeiten, so würden die günstigeren Wagnisse zuerst ausscheiden, sich einem anderen Versicherer mit niedrigeren Prämien zuwenden oder einen eigenen Versicherungsverein bilden. Da dem erwähnten Versicherer die ungünstigeren Wagnisse verbleiben, würde sich bei ihm die natürliche Prämie erhöhen, was wieder die weniger schlechten Wagnisse zum Ausscheiden mit nachfolgender Erhöhung der Prämie für die verbliebenen Wagnisse zur Folge hätte. Dies würde sich fortsetzen, bis dem Versicherer nur die allerungünstigsten Risiken verbleiben. Auch das Bestreben der Versicherer, ihrem Bestand eine möglichst gute Zusammensetzung zu geben, veranlaßt sie, durch Prämienzugeständnisse miteinander um die günstigeren Wagnisse zu konkurrieren — während die schlechteren ihnen für die Annahme der Versicherung Zugeständnisse machen müssen.

Derartige spezielle Prämien beherrschen die gesamte Individualversicherung und finden sich auch in der sozialen Unfallversicherung. Die Betriebe werden nach ihrer technisch-gewerblichen Verwandtschaft zu Berufsgenossenschaften zusammengefaßt, die ihre von den angeschlossenen Unternehmern allein zu entrichtenden speziellen Prämien bestimmen und sich aus eigenem Interesse eine sachgemäße intensive Unfallverhütung angelegen sein lassen. Wenn auch innerhalb der einzelnen Berufsgenossenschaft die angefallenen Schäden nach der ausgezahlten Lohnsumme umgelegt werden, so ist damit doch für die Gesamtheit der Betriebe eine unterschiedliche Klassifizierung nach der speziellen Unfallgefährlichkeit geschaffen.

Diese nach der Versicherungsgefahr abgestuften Prämien werden oft als individuelle Prämien im Gegensatz zu den Durchschnittsprämien (= generellen Prämien) bezeichnet. Diese Bezeichnung ist nicht glücklich, weil es individuelle Prämien im strengen Sinne in der Versicherung gar nicht geben kann. Jedes Wagnis ist nur als Glied einer Gruppe annähernd gleichartiger Wagnisse versicherbar. Sämtliche in einem konkreten Wagnis vorliegenden individuellen Umstände können bei der Prämiierung gar nicht berücksichtigt werden. Wahrscheinlichkeiten lassen sich nur innerhalb von Kollektiven, seien sie auch verhältnismäßig klein, niemals für einen individuellen Betrieb oder eine bestimmte Person allein ermitteln.

Gegenüber einer für alle Lebensversicherten gleichartigen, also altersunabhängigen Prämie (generellen Prämie) waren die im vorhergehenden Paragraphen nach dem Eintrittsalter der Versicherten abgestuften Prämien schon spezielle Prämien. Verwendete man verschiedene Sterbetafeln für Männer und Frauen, für einzelne Berufsschichten, würde man die Tafeln auch noch nach der Laufzeit der einzelnen Verträge abstufen, so käme man zu noch spezielleren Prämien. Durch Herausnahme besonders günstiger Wagnisse aus den allgemeinen Versicherungsbeständen und Ablehnung aller weniger günstigen Risiken können z. B. berufsständisch organisierte Versicherer vorteilhafte spezielle Prämien bieten, denen nicht in gleicher Weise spezialisierte Versicherer nicht zu folgen vermögen. Dieser Erfolg mag in einer Reihe von Fällen eintreten, wo die Voraussetzungen dafür gegeben sind (besonders niedere Schadenwahrscheinlichkeiten, moralisch über dem Durchschnitt stehende Versicherte u. dgl.), aus ihm einen allgemein gültigen Grundsatz zu machen, wäre indes falsch, weil, wie die Erfahrung lehrt, in vielen anderen Fällen mit der weitgehenden Spezialisierung, d. h. Entmischung der Versicherungsbestände, eine Anhäufung einseitig gefährdeter Wagnisse verbunden sein kann. Ein Berufsverband der Dachdecker oder der Rennfahrer wird mit außerordentlich hohen Unfallschäden, ein Berufsverband der Fernlastfahrer mit überdurchschnittlich hohen Haftpflichtschäden rechnen müssen. Hingegen mag eine reine Beamten-Feuer-, Lebens-, Kranken- oder Unfallversicherung ihrem Kreis von Versicherungsnehmern außerordentlich niedrige Sätze zu bieten. Dieser Vorzug kann nur unter der Voraussetzung einer strengen Exklusivität gegenüber allen anderen Versicherungsaspiranten aufrechterhalten werden; würde man diesen Grundsatz aufgeben, so droht die Gefahr einer Verschlechterung des Versicherungsbestandes mit der Folge einer Prämienerhöhung, bis schließlich die Sätze der allgemeinen Versicherer erreicht sind, womit dann der spezielle Versicherer seine Vorzugsstellung verliert.

Das System der Gefahrenklassifikation und der daraus abgeleiteten speziellen Prämien hat seine Befürworter und seine Gegner. Es ist bezeichnend für die Relativität aller Gerechtigkeitserwägungen, daß man unter Berufung auf derartige Werturteile nicht nur die speziellen Prämien ablehnt und die generellen befürwortet, sondern genau umgekehrt ebenso die Abstufung der Prämien nach der Gefahr ohne Rücksicht auf soziale Momente als den „Grundsatz der versicherungstechnischen Gerechtigkeit" *(Gürtler)* vertritt. Soweit derartige Überlegungen auf letztlich weltanschaulich fundierten ethischen Postulaten beruhen, sind sie außerhalb der Ethik kein wissenschaftliches Diskussionsobjekt. Es ist auch ohne solche pathetische Erklärungen eine der marktwirtschaftlich orientierten Verkehrswirtschaft konforme Begründung der Gefahrenklassifikation möglich, die, solange diese Wirtschaftsordnung gilt, objektiven Charakter hat. Es entspricht dem Rationalprinzip der Wirtschaft, daß die von subjektiven Nutzerwägungen geleiteten Wirtschafter als Versicherungsnehmer sich den Versicherer aussuchen, der ihre Versicherung ceteris paribus zu den billigsten Sätzen zu übernehmen bereit ist, und als Versicherer die weniger gefährdet erscheinenden Wagnisse vor den anderen bevorzugen, der Übernahme des ungünstigeren Wagnisses nur unter Zubilligung einer erhöhten Risikoprämie seitens des Versicherungsnehmers nähertreten.

Selbst *Adolph Wagner*, ein Gegner des Klassifikationsprinzips, hat diesen prinzipiellen Grund als Konsequenz der ganzen wirtschaftlichen und rechtlichen Auffassung des „ökonomischen Individualismus" — wir würden heute sagen: der bei uns eingeführten Wirtschaftsordnung — anerkannt: „der Risikograd eines Sachguts, eines Produktionsbetriebs, eines menschlichen Lebens ist ein inhärentes Moment der wirtschaftlichen Individualität dort, der persönlichen hier. Die wirtschaftlichen Konsequenzen davon müssen für das Sachgut in seinem Werte überhaupt hervortreten und demgemäß vom Eigentümer getragen werden. Letzteres geschieht besonders auch in der nach dem Risikograd abgestuften Versicherungsprämie. Diese Abstufung ist nach dieser Ansicht also die notwendige Folge des Privateigentumsprinzips. Und wiederum Ähnliches gilt für die Lebensversicherung: Lebensalter, Gesundheitszustand, Verheiratet- oder Ledigsein, Beruf usw. sind inhärente Eigenschaften des Individuums, deren günstige oder ungünstige ökonomische Konsequenzen es folgerichtig allein zu tragen hat".

Der Verzicht auf eine dem speziellen Risiko entsprechende Abstufung der Prämien birgt bei Versicherungsfreiheit die Gefahr einer ungünstigen Gegenauslese der Versicherten in sich, die zwangsläufig die Kalkulationgrundlagen zerstören muß. Da jede Versicherung Unkosten verursacht, besteht begreiflicherweise mehr Neigung, diese bei gefährdeten Wagnissen eher aufzuwenden als bei harmlosen. Die erfolgshungrigen Vertreter der Versicherungsgesellschaften werden bei den ersten schneller auf Gehör stoßen als bei den zweiten. Der Bestand verschiebt sich so unwiderstehlich zugunsten der schlechteren Wagnisse.

Auffallend zeigte sich dies bei der privaten Krankenversicherung, wo bei dem freien Wettbewerb der Unternehmungen die Versicherten unter der Einwirkung der Versicherungsvertreter stets dorthin abwandern, wo sie den billigsten Versicherungsschutz erhalten. „Demzufolge drängen Versicherte und Versicherungsinteressenten, die z. B. als Ledige mit Geburtshilfeleistungen nicht rechnen, zu denjenigen Unternehmungen, die ihre Prämie gemäß dem Grundsatz der dem Risiko entsprechenden Individualprämie kalkuliert haben, weil sie bei diesen am billigsten fortkommen. Aus dem gleichen Grunde wählen Versicherte und Versicherungsinteressenten, die mit Geburten rechnen, Unternehmen, die eine Prämienverlagerung zugunsten der gebärfähigen Frauen vornehmen" *(Tosberg)*. Wenn in sog. Familientarifen eine einheitliche Familienprämie ohne Rücksicht auf die Kinderzahl festgesetzt wird, zeigt sich, „daß bei solchen Tarifen stets wesentlich mehr Kinder versichert sind als bei Tarifen mit Einzelprämien" *(Tosberg)*. Im Laufe der Jahre vermehrt sich so zwangsläufig der Anteil der durch die einheitliche Prämie begünstigten Versicherungen innerhalb des Bestandes und vermindert sich die Quote der prämienmäßig benachteiligten Versicherungen. „Diese Entwicklung gefährdet nicht nur die Existenz des Unternehmens, sondern — und das ist viel wichtiger — die Rechte und Anwartschaften der Versichertengesamtheit, Rechte und Anwartschaften, die unter Umständen unwiederbringlich verlorengehen" *(Tosberg)*.

Unabhängig von unserer Wirtschaftsordnung und wohl auch für eine sozialistische annehmbar ist die wirtschaftspädagogische Begründung des Klassifikationsprinzips: „durch eine entsprechende Abstufung der Prämien begünstigt man alle technischen Verbesserungen eines Sachguts, durch welche die betreffende Gefahr (z. B. die Feuergefährlichkeit, Seegefährlichkeit) vermindert, straft man die Fälle, bei welchen sie erhöht wird (z. B. beim Hausbau, Schiffbau). Ähnliches gilt doch in gewissen Grenzen selbst auf dem Gebiete der Lebensversicherung" *(Adolph Wagner)*. Überall, wo man die vorzeitige Auslöschung eines Menschenlebens, die Vernichtung oder Beschädigung der Sachgüter und Vermögenswerte als einen Verlust anerkennt, wird man dessen Vermeidung als privatwirtschaftlichen und volkswirtschaftlichen Vorteil zugeben und in irgendeiner Weise honorieren müssen.

Die Schiffsklassifikation, zuerst von den Versicherern, später von eigenen Klassifikationsinstituten ausgeübt und regelmäßig kontrolliert, hat die Seetüchtigkeit der See- und Flußschiffe erheblich gesteigert. Je günstiger das Schiff klassifiziert war, desto niedriger die Prämien. Bereits 1823 traten in London Versicherer, Kaufleute und Reeder zusammen, um ein gründliches Klassifikationssystem einzuführen; daraus entstand 1834 Lloyd's Register of British and Foreign Shipping. 1828 gründete Charles Bal in Paris das Bureau Veritas zu dem gleichen Zweck. Beide Institute gewannen großen Einfluß in allen Schiffbau treibenden Ländern. Um sich von diesem Einfluß zu befreien, wurde in Deutschland 1867 der Germanische Lloyd gegründet, der, 1889 in eine Aktiengesellschaft mit einem aus Reedern, Schiffsbauern, Versicherern und Kaufleuten zusammengesetzten Aufsichtsrat umgewandelt, die Schiffsbautechnik nachhaltig beeinflußt hat. Ähnliche Klassifikationsgesellschaften wurden auch in anderen Ländern gegründet, wenn sie auch nicht die Bedeutung der eben genannten erreichen konnten *(Brüders)*. Daß die Schiffsklassifikation als eine gemeinsam von allen Beteiligten zu lösende Aufgabe empfunden wurde, belegt die über das Versicherungsökonomische hinausreichende Bedeutung des Klassifikationsprinzips.

Ohne die „erzieherische" Wirkung einer unterschiedlichen Prämiierung zu leugnen, kann man in vielen Fällen in der Prämieneinsparung seitens des Versicherungsnehmers auch ein Äquivalent sehen für die mitunter kostspieligen Vorkehrungen, die er zur Gefahrenverminderung getroffen hat. Hier ist vor allem an den Einbau selbsttätiger Feuerlöschbrausen (Sprinkler) zu denken. Es handelt sich dabei um ein mit einem erheblichen Einmalkostenaufwand an den Decken der zu schützenden Räume angebrachtes, durch eine verzweigte Wasserleitung gespeistes System von Wasserauslaßvorrichtungen, die infolge Erwärmung durch ein entstehendes Feuer automatisch geöffnet werden, das Wasser in einem kräftigen Sprühregen austreten lassen und eine Alarmanlage auslösen. Anders als bei den in den Bühnenräumen von Theatern angewandten Regenvorrichtungen, öffnen sich bei Sprinkleranlagen „zuerst nur die der Hitze des aufkommenden Brandes zunächst ausgesetzten Brausen, und es ist statistisch nachgewiesen, daß die überwiegende Zahl der durch Sprinkleranlagen gelöschten Brände mit nur wenigen Brausen zu unterdrücken gewesen ist" *(Henne)*. Sprinkleranlagen wurden in der Mitte des vorigen Jahrhunderts in Amerika erfunden und in den Vereinigten Staaten eingeführt, dann in England nebst seinen Kolonien und seit der Jahrhundertwende auch in Deutschland, hauptsächlich in der Mühlen- und Textilindustrie. „Nach der in den Vereinigten Staaten von Amerika geführten Statistik, der die deutschen Erfahrungen im wesentlichen entsprechen, sind bei 28 814 Bränden, die sich im Laufe von 26 Jahren in mit Sprinkleranlagen versehenen Betrieben der verschiedensten Art ereignet haben, nur 4,3% Fälle unbefriedigender Wirkung vorgekommen" *(Henne)*. Die kapitalisierte Prämienermäßigung, die in Deutschland in der Feuerversicherung je nach der Betriebsart bis zu 60% der Normalprämie betragen kann, ist bei Großbetrieben ein respektabler Gegenposten zu den Einbaukosten. — Die durch Leckwerden der Sprinkleranlage auftretende zusätzliche Gefährdung kann in USA. durch eine besondere Versicherung abgedeckt werden. — Ein Rabatt von 5% ist in Deutschland für selbsttätige elektrische Feuermelder eingeführt, für Anlagen, deren wärmeempfindliche Apparate ein Läutwerk auslösen und automatisch die Feuerwehr herbeirufen.

Ähnliche Nachlässe finden sich in anderen Versicherungszweigen: Bewachungsrabatte, Nachlässe für automatische Polizeirufanlagen, für in den oberen Stockwerken liegende Geschäfte, für Unterbringung der Wertgegenstände in Geldschränken und Tresorräumen in der Einbruchdiebstahlversicherung; in der Fahrradversicherung für ein Sicherheitsschloß am Rad.

Liegen die Gefahrenverhältnisse ungünstiger, als dem der Prämienkalkulation zugrunde liegenden Durchschnitt entspricht, so werden Zuschläge zu den Prämien erhoben, in der Feuerversicherung z. B. bei hochgeschossigen Gebäuden, bei anderer als elektrischer Beleuchtung, bei fehlender Bewachung, mangelhafter Aufsicht, Mehrherrigkeit (mehrere nicht unter einer Leitung stehende Betriebe auf einem Grundstück), isolierter Lage, unübersichtlicher Bauart, unpraktischer Betriebsanordnung, veralteten Betriebseinrichtungen, Abweichungen von den bau- und gewerbepolizeilichen Vorschriften, mangelhaften Löscheinrichtungen; in der Betriebsunterbrechungsversicherung bei Beeinträchtigung eines Betriebes durch Unterbrechung eines anderen (Wechselwirkungsschäden); in der Leitungswasserschädenversicherung bei besonders wasserempfindlichen Waren, bei Lägern, die durch Wasserleitungsanlagen besonders gefährdet sind oder sich in Räumen unter Straßenhöhe befinden; bei der Sturmschadenversicherung für Wagnisse in besonders sturmgefährdeten Gegenden; in der Seeversicherung für über 5 Jahre alte Schiffe, für schwer auszubessernde Spezialausrüstungen, für Reisen in ungünstigen Jahreszeiten oder gefährdete Meere usw.

Gegen das Klassifikationssystem werden zum Teil behebbare, zum Teil grundsätzliche Einwände erhoben. In schärfster Form hat sie wohl der Staatssozialist ***Adolph Wagner*** ausgesprochen:

a) mehr oder weniger willkürliche Klassenbildung, weil es an genügenden zuverlässigen statistischen Grundlagen fehlt.

Es muß zugegeben werden, daß die Tarife vielfach noch auf oberflächlichen Mutmaßungen beruhen. Aber leider läßt es sich bei den derzeit verfügbaren Unterlagen nicht immer umgehen, daß die Prämien nach dem sog. Fingerspitzengefühl festgesetzt werden und dann einer sachlichen Kritik nicht standhalten können. Ja es gibt Prämienberechnungsmethoden, die ihre Existenz wohl nur dem Umstand verdanken, daß man im Augenblick ihrer Einführung nichts Besseres wußte. In der Betriebsunterbrechungsversicherung nimmt man z. B. das arithmetische Mittel aus den Feuerversicherungsdurchschnittssätzen für Einrichtungen und Vorräte und multipliziert den so erhaltenen Wert mit einem nach der Länge der vereinbarten Haftzeit veränderlichen Faktor. Abgesehen von der willkürlichen Wahl des arithmetischen Mittels stuft sich damit, gleiche Haftzeiten vorausgesetzt, die Betriebsunterbrechungsprämie nach den Gefahrenklassen der Feuerversicherung ab, obwohl kein Anlaß für die Annahme besteht, daß zwischen der Feuergefährlichkeit eines Betriebes und der Häufigkeit sowie Dauer (Umfang) einer Betriebsunterbrechung ein proportionaler Zusammenhang herrscht. Zugute gehalten werden muß den Versicherern bei dieser Kritik, daß für die erst in den letzten Jahren vermehrt abgeschlossenen BU.-Versicherungen bislang ein ausreichendes statistisches Material fehlte.

Aber auch wo diese Entschuldigung nicht gilt, finden sich unerklärbare Widersprüche. So weist *Gürtler* z. B. darauf hin, daß sich bei der Schweizerischen Unfallversicherungsanstalt in Luzern, der Trägerin der sozialen Unfallversicherung in der Schweiz, der Minimalsatz zum Maximalsatz wie etwa 1 : 200 verhält, während sich nach dem Tarif der privaten Unfallversicherungsgesellschaften in Deutschland das Verhältnis auf 1 : 4,5 stellt, was wohl die Annahme bestätigt, daß der deutsche Tarif außerordentlich roh sein muß. Laut Statistik der genannten Schweizer Anstalt beträgt in der Betriebsunfallversicherung die Bedarfsprämie für Zigarettenfabrikation 13‰, für Zigarrenfabrikation 2,9‰; in Deutschland werden beide in dieselbe Klasse eingestuft. Dasselbe ist bei Schuhfabriken und Dachpappenfabriken der Fall, obwohl die Schweizer Statistik für die ersten 7,9‰, für die letzten 56,9‰ ergibt. Dachdecker, die in der Schweiz eine Unfallprämie von 61‰, Kaminfeger, die 26,8‰ erfordern, werden in Deutschland einheitlich zur höchsten Klasse gerechnet. Allein aus der Problematik internationaler Vergleiche dürften sich solch krasse Unterschiede nicht erklären lassen. Sachkenner wie *Gürtler* und *Riebesell* betonen immer wieder, daß die Tarife fast aller Branchen in Deutschland zumindest in unzureichender, wenn nicht sogar fehlerhafter Weise abgestuft sind. „Man wird erst einmal auf Grund sorgfältiger Untersuchungen, bei denen die einzelnen Merkmale isoliert betrachtet werden, festzustellen haben, welche unter ihnen überhaupt einen nennenswerten Einfluß auf die Prämien auszuüben vermögen. Manche Merkmale, deren Einfluß man dabei überschätzt hat, werden dann für die Prämienberechnung vielleicht ganz ausscheiden können. Die übrigen wesentlichen Merkmale aber wird man hinsichtlich ihrer gegenseitigen Abhängigkeit einer gründlichen Untersuchung unterziehen müssen.“ Dieses an sich berechtigte Programm *Gürtlers* erfordert zu seiner Verwirklichung Zeit, bis die nötigen statistischen Unterlagen in einwandfreier und wirklich vergleichbarer Form vorliegen. Eine restlos befriedigende Lösung wird wohl nicht gelingen, denn die gegenseitige Abhängigkeit oder Nichtabhängigkeit der als wesentlich vermuteten Merkmale wird sich in unserer rasch veränderlichen Zeit mit ihren andauernden politischen, demographischen, konjunkturellen und strukturellen Verschiebungen nicht immer eindeutig feststellen lassen. Alle Statistiken beziehen sich auf eine vielfach unter anderen Voraussetzungen abgelaufene Vergangenheit und die Zukunft mag andere Zusammenhänge als wahrscheinlich oder feststehend offenbaren. Ohne einen Rest Fingerspitzengefühl und Witterungsvermögen wird ein Versicherer niemals arbeiten können. Das soll und darf indes keine Entschuldigung für an sich mögliche Verbesserungen und Verfeinerungen der bestehenden Tarife sein.

b) Die in den speziellen Prämien zum Ausdruck kommende unterschiedliche Gefahrenlage ist nicht ausschließlich ein Verdienst des Versicherten; folglich stehe ihm auch der Vorteil daraus nicht allein zu.

„Im großen Maße ist der Risikograd eines Sachguts wie eines Lebens ein durch Gesamtverhältnisse einmal gegebener und von der freien Bestimmung des Versicherten öfters ganz, immer mehr oder weniger unabhängiger, z. B. die Beschaffenheit der Häuser (plattes Land!) eine historisch gegebene, historisch gebundene, die mittlere Lebensdauer nach ihrer Abhängigkeit von Beruf, sozialer Stellung u. dgl. m. kaum weniger. Daraus folgt nun nicht, ... daß das Klassifikationssystem nicht eine gewisse Berechtigung, in bestimmten Grenzen in der Tat eine wohltätige wirtschaftspädagogische Wirkung habe. Aber wohl folgt daraus, was hier bewiesen werden sollte, daß es, nämlich in seiner vollen Konsequenz, nicht das unbedingt richtige, das schlechthin selbstverständliche sei“ *(Adolph Wagner)*.

Es lassen sich in den Tarifen der Versicherungsgesellschaften eine Reihe von Abstufungen anführen, auf die diese Kritik Wagners zutrifft, in der Feuerversicherung: Einräumung der Löschrabatte in Städten mit Berufsfeuerwehr, Zuschläge in brandgefährdeten Bezirken, Abhängigkeit der Blitzgefahr vom Untergrund; in der Einbruchdiebstahlversicherung die einen Unterschied bis zum Dreifachen ausmachende geographische Zoneneinteilung; geographische Verschiedenheiten in der Hagel- und Sturmschadenversicherung usw. Dennoch schlägt der Einwand nicht durch. Mitunter stehen diesen Vorteilen auch erhöhte Kosten gegenüber (höhere Steuern und Kommunalabgaben in Städten). Außerdem handelt es sich hier um Standortsvor- oder -nachteile, wie sie auch außerhalb des Versicherungswesens geltend gemacht werden. So wenig man vom Standpunkt einer privatwirtschaftlich orientierten Marktwirtschaft aus unverdiente Kostenvor- oder -nachteile in dem Konkurrenzpreissystem berücksichtigt, ebensowenig darf man die Geltendmachung der für die Gefahrenlage maßgebenden günstigen oder ungünstigen Umstände verfemen. Wirtschaftspolitik zu treiben ist nicht Aufgabe des Versicherers in einer am individuellen Nutzenstreben orientierten Wirtschaftsordnung. Anders steht es in einer staatswirtschaftlichen oder sozialistischen Wirtschaftsordnung; aber da ist es der Zentralwirtschafter Staat, der die Entscheidung zugunsten der einen oder anderen Wirtschafter von seinen Zwecken aus fällt.

c) Unsoziale Auswirkung des Klassifikationssystems und der speziellen Prämien, wie sie durch das entgegengesetzte System der generellen Prämien nicht zu befürchten sei.

Eine Annäherung an das System der generellen Prämien erscheint *Adolph Wagner* mehrfach richtig: „so zum Zweck einer gewissen Ausgleichung der Prämien, um Versicherte mit Objekten höheren Risikogrades etwas günstiger zu behandeln (wie im deutschen öffentlichen Feuerversicherungswesen); so auch zu dem noch wichtigeren Zwecke, um eine der mißlichsten praktischen Konsequenzen des Klassifikationssystems, wenigstens bei dem privaten Versicherungswesen, zu vermeiden: daß nämlich die „schlechteren Risikos" ausgeschieden, nur die „besseren" zur Versicherung übernommen, daher jene — sich selbst überlassen werden, d. h. praktisch häufig ohne Versicherung bleiben. Die hier gegen das Klassifikationssystem gemachten Einwände berechtigen daher auch dazu, eine Organisation des Versicherungswesens, welche auf einseitige Berücksichtigung jenes Systems zu leicht hindrängt, das private, vollends das Versicherungswesen als spekulative Erwerbsunternehmung als in dieser Hinsicht bedenklich zu bezeichnen: es begünstigt die „Großen", es nimmt die Interessen der „Kleinen" nicht genügend wahr."

Ohne die vielfach unsachlichen Argumente zu wiederholen, mit denen man diese Ausführungen Wagners bekämpfen wollte — alle Werturteile dafür oder dagegen sind schließlich subjektiv vom jeweiligen Standpunkt des Betrachters aus zu rechtfertigen —, mögen folgende nüchterne Tatsachen festgehalten werden: es ist nicht ausgemacht, daß das gefährdetere Wagnis unter allen Umständen das sozial oder volkswirtschaftlich erwünschtere ist, im Gegenteil, höheres Risiko bedeutet vielfach auch größere Gefährdung der Arbeiter (Spritzlackierereien, Verwendung explosibler Stoffe). Gerade Sozialpolitiker sollten den in höheren Versicherungsprämien liegenden Ansporn, die Stabilität der Verkehrsmittel (Seeschiffe) zu erhöhen, weniger feuer- und explosionsgefährliche Stoffe (Reinigungs- und Schmiermittel) zu verwenden, in Kraftfahrzeugreparaturwerkstätten offene Feuerquellen zu vermeiden usw. begrüßen. Ist die Benachteiligung des größeren, moderneren Betriebes zugunsten des rückständigen in einer auf den weltweiten Austausch ihrer Erzeugnisse angewiesenen Volkswirtschaft wirklich wirtschaftspolitisch unter allen Umständen falsch? Wo in den Schatten der Entwicklung geratene Betriebe, gleichgültig aus welchen Gründen, gehalten werden sollen, dürfen die dafür entstehenden „politischen" Kosten nicht auf den Versicherer, damit indirekt auf die übrigen Versicherten abgewälzt werden.

Die Ablehnung unerwünschter Wagnisse findet sich auch bei den öffentlichen Versicherungsanstalten. Nach ihrer Satzung kann z. B. die Bayerische Landesversicherungsanstalt die Versicherung von Gebäuden ablehnen oder unter besonderen Bedingungen zulassen, die der Gewinnung, Herstellung, Bearbeitung, Verarbeitung oder Lagerung von leicht brennbaren Flüssigkeiten, Zellhorn und ähnlichen brand- oder zerknallfähigen Stoffen dienen (Art. 20/II des Gesetzes über das öffentliche Versicherungswesen vom 7. 12. 33). Ist es unsozial, wenn ein des Versicherungsbetrugs hinreichend Verdächtiger (notorischer Brandstifter) keine Gelegenheit findet, seine unredlichen Machenschaften fortzusetzen?

Um die Befürchtung zu beheben, daß ungünstige Wagnisse keinen Versicherungsschutz finden, in *Versicherungsnotstand* geraten, haben die Versicherer teils in freiwilliger gegenseitiger Vereinbarung, teils auf Anregung der Regierungen Vorkehrungen getroffen. Zu nennen sind:

a) *Versicherungsgemeinschaften*. Zuerst in Bayern (1886), nachfolgend in den anderen Bundesstaaten, 1902 bzw. 1911 in Preußen (mit Wirkungsbereich für ganz Deutschland) schlossen sich die privaten Versicherungsgesellschaften für die Feuerversicherung zu Versicherungsgemeinschaften zusammen, die die im freien Verkehr nicht unterzubringenden notleidenden Risiken gemeinsam übernehmen. Unter Führung einer oder zweier Gesellschaften sind alle in dem betreffenden Lande tätigen Versicherungsgesellschaften nach einem alle drei Jahre nach der Prämieneinnahme festzulegenden Schlüssel beteiligt. Die führende Gesellschaft vertritt dem Versicherungsnehmer gegenüber die Gesamtheit der Gesellschaften. Zur Verlustdeckung bei den Versicherungsgemeinschaften mußten die Versicherer jahrelang erhebliche Opfer bringen. Neuerdings geht die Bedeutung der Versicherungsgemeinschaften stark zurück, weil jetzt Risiken, die früher gemieden wurden, zunehmend im freien Verkehr unterkommen. Die öffentlichen Anstalten haben ihre Ausschlußbestimmungen gegenüber früher stark gemildert.

b) Zur Versicherung der nichtnormalen (minderwertigen) Leben wurden im Ausland (Holland, Schweden, Dänemark, Norwegen, Finnland, Österreich, Ungarn) und in Deutschland (1916) von den Lebensversicherungsgesellschaften Vertragsgesellschaften gegründet, denen die Risiken mit Übersterblichkeit zugeführt werden. 1916 gründete die Münchener Rückversicherungs-A. G. für den gleichen Zweck eine besondere Abteilung. Die dadurch bewirkte Konzentrierung ungünstiger Wagnisse mit erheblichen individuellen Verschiedenheiten ermöglichte besondere Sterblichkeitstafeln für minderwertige Leben aufzustellen. Die Zahl der von diesen Instituten definitiv Abgewiesenen ging laufend zurück.

c) Zwecks Aufteilung der sich aus der Luftfahrt ergebenden Risiken haben sich schon vor dem letzten Krieg, nach ihm neuerdings 1950 etwa 30 Gesellschaften zu dem Deutschen Luftpool zusammengeschlossen, der das Gesamtrisiko auf die einzelnen Mitgliedsgesellschaften nach dem Hundertsatz ihrer Beteiligung umlegt.

Es lassen sich unbestreitbar Fälle nennen, in denen das Klassifikationssystem zu Härten führt. Daraus jedoch eine unbedingte Überlegenheit des Systems der generellen Prämien abzuleiten, ist ebenso einseitig. Ist es sozial, daß auf Kosten vieler kleiner normaler Betriebe irgendein gefährlicher Großbetrieb die gleiche Prämie zahlt, daß die schweren Fernlastzüge ebenso behandelt werden wie der kleine Geschäftsmann mit seinem Lieferwagen oder der Sonntagsfahrer, der reiche Dachdeckermeister in der Unfallversicherung ebenso wie der Beamte in seinem Büro, der Sägewerks- oder Mühlenbesitzer in der Feuerversicherung ebenso wie der kleine Bauer? Mit der Verneinung dieser Fragen soll nicht die Berechtigung der generellen Prämien in der Sozialversicherung bestritten werden, wo aus sozialen und bevölkerungspolitischen Gründen gerade durch die generellen Prämien die kopfstarken Familien vor den Kleinfamilien und Alleinstehenden begünstigt werden. Im Gegenteil! Es sollte nur gezeigt werden, wie eine unterschiedslose Schematisierung der Argumente zu einer in der Diskussion von Versicherungsfragen leider vielfach anzutreffenden Phraseologie führt, die an der Wirklichkeit vorbeisieht. Wo sozialpolitische Gründe den Ausschlag für das System der generellen Prämien in der

Versicherung geben, übersehe man nicht die Grenzen der Sozialpolitik gegenüber der Wirtschaftspolitik überhaupt, um nicht Gefahr zu laufen, das Gegenteil dessen zu bewirken, was man erreichen will!

Auf die von *Adolph Wagner* mit herangezogene Frage der Organisation des Versicherungswesens nach öffentlichen Anstalten und privaten Gesellschaften wird in anderem Zusammenhang später zurückzukommen sein.

Objektiv wird man sagen können, daß die generellen Prämien dort den Vorzug verdienen, wo die Unterschiedlichkeiten zwischen den Wagnissen verhältnismäßig gering sind, überindividuelle soziale oder wirtschaftliche Gründe dafür sprechen und die daraus resultierende Mehrbelastung der günstigeren Wagnisse sich in vertretbaren Grenzen hält; spezielle Prämien dort, wo diese Voraussetzungen nicht erfüllt sind, ein Ansporn zur Gefahrenminderung gegeben und die auf Privatinitiative beruhende Marktwirtschaft aufrechterhalten werden soll. Mit der Wirtschaftsordnung verschieben sich die Grenzen beider Bereiche, und man verkenne nicht, daß sich generelle Prämien ebenso unsozial handhaben lassen wie spezielle sozial. Men, not measures!

Grenzen der Klassifikation

Die Gefahrenklassifikation ist getragen von dem Gedanken, durch Zurückdämmung des verlustbringenden Geschäftes und Ausdehnung des gewinnreichen die Konkurrenzfähigkeit des Versicherers zu erhöhen, Schwankungen der durchschnittlichen Nettoprämie, die sich infolge einer Änderung der Zusammensetzung des Bestandes aus günstigen, weniger günstigen und ungünstigen Risiken ergeben, rechtzeitig mitmachen zu können. Zweckmäßig und rationell ist es daher, in der Klassifikation der Wagnisse und in der Abstufung der Prämien nach der Gefahr möglichst weit zu gehen *(Gürtler)*. Die Verwirklichung dieses Grundsatzes findet bereits lange, bevor seine Befolgung in der Anwendung auf das einzelne jedes in seiner Art höchst individuelle Wagnis die Versicherungsidee negieren würde, einen Grenzbereich, dessen Spannweite zu überschreiten unrationell und existenzgefährdend würde. ***Die Grenzen der Klassifikation nach unten ergeben sich aus folgenden Überlegungen:***

1. ***Je kleiner innerhalb des aufgespaltenen Bestandes die einzelne Gruppe wird, desto größer werden nach dem Prinzip der großen Zahlen die Schwankungsbreiten der Wahrscheinlichkeitszahlen.***

Hat man aus einer Gruppe (Klasse) von n Versicherungen mit einer Versicherungssumme von je V die Nettoprämie p (in Promille- oder Prozentsätzen) ermittelt, dann sind in dieser Gruppe Schäden im Gesamtwert von $n \cdot p \cdot V$ zu erwarten. Die mittlere quadratische Abweichung von dieser Schadensumme beträgt nach der bekannten Regel der mathematischen Statistik

$$V \cdot \sigma = V \sqrt{n \cdot p \cdot q}$$

wobei $q = (1 - p)$. *Das Verhältnis dieser mittleren Abweichung der Schadensumme zu dem zu erwartenden Gesamtschaden heißt Schwankungsmaß k.* Demnach ist

$$k = \frac{V \sqrt{n \cdot p \cdot q}}{V \cdot n \cdot p} = \sqrt{\frac{q}{n \cdot p}}$$

Das Schwankungsmaß k nimmt mit der Abnahme von n und p zu und umgekehrt mit der Zunahme von n und p ab. Je größer die Zahl der beobachteten

Versicherungen und je höher die Nettoprämie ist, desto zuverlässiger ist die ermittelte Nettoprämie p. Da V · n · p die Gesamtnettoprämie der Gruppe darstellt, kann man unter dem Schwankungsmaß k auch das Verhältnis der mittleren Schadensschwankung zur Gesamtnettoprämie verstehen. Die Relativzahl k nimmt mit steigender Zahl der Versicherungen und mit steigender Nettoprämie ab; absolut nimmt jedoch der Betrag der Schadensschwankung k · V · n · p mit steigendem n und steigendem p zu.

In der nachstehenden Tabelle ist nach einem Beispiel *Riebesells* das Schwankungsmaß k für verschiedene Gruppengrößen (Serien) n berechnet, wobei das eine Mal die Nettoprämie p mit $1\text{‰} = 0{,}001$, das andere Mal mit $1\% = 0{,}01$ angenommen wurde. q ist dann 0,999 bzw. 0,99.

n	k	
	p = 0,001	p = 0,01
1	31,6	9,95
10	10	3,15
100	3,16	1
1000	1	0,32
10000	0,316	0,1

Wenn man nur den einfachen Betrag der Standardabweichung σ einsetzt, kann je nach dem Nettoprämiensatz die Schadensschwankung das 32- oder 10fache des zu erwartenden Schadens ausmachen, falls man eine ganz spezielle „Gruppe" von nur einer Versicherung untersucht, ohne daß daraus schon auf eine Änderung der Grundschadenwahrscheinlichkeit p geschlossen werden müßte. In einer Gruppe von 100 Versicherungen macht die Schwankung nur noch das 3, 2- bzw. 1fache aus. Beachtet man, daß innerhalb der Standardabweichung σ nur 68,3% aller Abweichungen fallen, man jedoch um nahezu alle möglichen Abweichungen einzubeziehen, das 3fache (bei *Riebesell* das 4fache) der Standardabweichung nehmen muß, dann sind die vorstehenden k-Werte noch mit 3 bzw. 4 zu multiplizieren. Man sieht, zu kleine Gruppen bieten offensichtlich keine Handhabe zur Ermittlung zuverlässiger Prämiensätze.

Wirft man, um der Gefahr zu kleiner Gruppen zu entgehen, aktuelle Daten mit solchen vergangener Perioden zusammen, so haben die ermittelten Werte die weitere Unsicherheit temporärer Wahrscheinlichkeiten an sich. Namentlich bei wachsenden Wahrscheinlichkeiten — solche kommen dank des technischen Fortschritts und anderer Unstände innerhalb der Untergruppen häufig vor —, kann gegenüber zuviel historischem Material das aktuelle, auf das es dem Versicherer doch gerade ankommt, ein zu geringes Gewicht erhalten und die gefundenen Wahrscheinlichkeitswerte bleiben hinter den wirklichen Größen zu stark zurück. So unerläßlich es ist, auf Beobachtungsmengen verschiedener Wirtschaftsperioden zurückzugreifen, um den Einfluß gewisser seltener auftretender Umstände auf die Schadenwahrscheinlichkeiten abschätzen zu können, so vorsichtig muß geprüft werden, für wieviel Perioden zurück man berechtigt ist, annähernd gleiche Verhältnisse annehmen zu dürfen.

2. Eine zweite Grenze wird der Klassifikation gezogen durch die mit ihrer fortschreitenden Verfeinerung ansteigenden Kosten. *Wenn bei einem bestimmten Stand der Klassifikation eine weitere Aufspaltung nicht mehr die Erzielung eines größeren Gewinnes oder die Ausschaltung eines größeren Verlustes erwarten läßt, als die für eine weitere Spezialisierung aufzuwendenden Mehrkosten ausmachen, ist es wirtschaftlicher auf eine*

noch weitergehende Klassifizierung und Ausgestaltung des Prämientarifs zu verzichten.

Wenn, um ein Beispiel *Gürtlers* zu wiederholen, die natürliche Jahresprämie irgendeiner Versicherung für Männer 49,— DM und für Frauen 51,— DM beträgt, die Gesellschaft aber eine einheitliche Prämie von 50,— DM erhebt, so erleidet diese Gesellschaft an den Versicherungen der Frauen einen Verlust von 1,— DM pro Versicherung und macht an den Versicherungen der Männer einen Gewinn von 1,—DM pro Stück. Sind Männer und Frauen annähernd gleich stark im Bestand vertreten und ist mit einer wesentlichen Verschiebung nicht zu rechnen, so ist es für den Versicherer vorteilhafter, auf eine Umtarifierung zu verzichten, wenn die daraus entstehenden Mehrkosten auf die Einzelversicherung umgelegt, mehr als 1,— DM ausmachen. Würde man trotzdem die Spezialisierung des Tarifs fortsetzen, so würde man an den Frauenversicherungen einen noch größeren Verlust als bisher erleiden und bei den Männerversicherungen den Gewinn zum Verschwinden bringen. In gewissem Sinne stellt jede Prämie im Hinblick auf die individuellen Verhältnisse kleiner und kleinster Gruppen eine Art genereller Prämien dar, und es wiederholt sich hier die oben gemachte Feststellung, daß es zweckmäßiger ist, zu geringe Unterschiedlichkeiten zu vernachlässigen.

Man kann freilich nicht genau berechnen, wie groß die Unterschiede in den speziellen Prämien sein müssen, damit eine genauere Kalkulation sicher rentabel wird. „In den meisten Branchen sind die Unterschiede aber so groß, daß die Rentabilität einer Kalkulation nicht in Frage steht. So hat es sich z. B. gezeigt, daß in der Krankenversicherung die Bedarfsprämie für Frauen etwa doppelt so groß ist wie die Bedarfsprämie für Männer, während viele Krankenversicherungsgesellschaften für Männer und Frauen genau oder annähernd dieselben Prämen einfordern. Der Unterschied in den Bedarfsprämien stellt sich auf etwa 100⁰/₀, während die Kosten der Kalkulation nur etwa 0,33⁰/₀ der Prämien betragen dürften. Die Prämienunterschiede stehen also in keinem Verhältnis zu den Kosten der Rechnung. Sie sind nicht nur viermal, sondern 300mal größer“ *(Gürtler)*.

3. Zumeist noch ehe diese statistischen und wirtschaftlichen Grenzen der Klassifikation und der damit verbundenen Tarifaufspaltung erreicht werden, stellt sich ein praktisches Hindernis weiterer Vervollkommnung ein. Das Versicherungsgeschäft mit seinen massenhaften Abschlüssen einzelner Verträge benötigt für die praktische Handhabung einen übersichtlichen, nicht zu komplizierten und vor allem leicht verständlichen eindeutigen Tarif. Wo diese in der Auffassungsgabe der am Versicherungsgeschäft durchschnittlich beteiligten Menschen liegende Grenze überschritten wird, erweist sich ein Verzicht auf weitere Spezialisierung als vorteilhaft.

Je komplizierter ein Tarif ist, je unübersichtlicher er gebaut ist, je weniger er dem Vorstellungsvermögen des einzelnen nicht immer fachlich orientierten Vertreters und auch Beamten (!) entspricht, desto mehr erweckt er Zweifel. Je mehr Gliederungsmerkmale er aufweist, desto leichter fällt es, das umworbene Wagnis in eine mit den Zahlungswünschen des Antragstellers übereinstimmende Position hineinzujonglieren und damit den Sinn der Tarifierung auszuhöhlen; es bestimmt nicht mehr die Klasse die Prämie, sondern die Prämie die Klasse. Je enger die einzelnen Tarifgruppen definiert sind, um so schwieriger und problematischer wird es, sie auf das wirkliche Leben mit seinen stets gleitenden Übergängen und vielfältigen Zwischenformen anzuwenden. Wieviele Menschen haben mehrere Berufe, Haupt- und Nebenberuf, Nebenbeschäftigungen und Liebhabereien, üben den einen Beruf häufig, den anderen selten aus, beurteilen diese Möglichke ten von ihrem Standpunkt aus verständlicherweise anders als der Versicherer! Wie stark schwanken je nach der Konjunktur Haupt- und Nebenbetrieb im Verhältnis zueinander, wie ändert sich oft unter der Hand das Produktionsprogramm, die verarbeiteten Rohstoffe und der Lagerumfang! So bestimmt die Verkehrsdichte für die Häufigkeit und Schwere der Unfälle und Kraftfahrzeugzusammenstöße eine Rolle spielt, so unmöglich erscheint es, derartige Wagnisse danach zu unterscheiden, ob sie sich in der Stadt oder auf dem Lande bewegen. Schließlich muß man auf ein zu intensives Eindringen in intime Verhältnisse der Versicherten (ihre Einkommenshöhe, ihre Lebensführung, ihre gesundheitlichen Verhältnisse, ihre Absichten und Pläne) verzichten. Es ist verständlich, daß die Versicherten für sich die Vorteile einer bestimmten Tarifgruppe in Anspruch nehmen, aber bedeutend weniger geneigt sind, die Voraussetzungen dieser Gruppe als bindend anzuerkennen. Der Versicherer, der zu genau arbeitet, die Voraussetzungen des Versicherungsschutzes allzu scharf umreißt, dem Versicherten mit dem Hinweis auf alle möglichen Vorschriften Schwierigkeiten macht, wird als zu kleinlich abgelehnt, obgleich er sich vielleicht in der Behandlung der Schadenfälle als der großzügigere erweist.

Versicherungsverträge werden vielfach von versicherungsunkundigen Provisionsvertretern angebahnt. Diese sind oft ältere Leute, die sich einen Neben- oder Zusatzverdienst suchen. Ist der Tarif für diese unverständlich, so werden die Anträge falsch eingereicht und es entstehen beachtliche Kosten, bis diese Anträge richtig gestellt sind, wenn sie nicht in der Zwischenzeit zurückgezogen werden. Bei einem zu sehr ins einzelne gehenden Tarif wird sich die Prämie zumeist nie ohne eingehende fachmännische Untersuchung oder Besichtigung bestimmen lassen, was ebenfalls Kosten verursacht. Es kommt schon bei den bestehenden, in mannigfacher Hinsicht unvollkommenen Tarifen vor, daß derartige zusätzlich auftretende Kosten eine ganze Jahresprämie aufzehren. Eine weitere, noch dazu ungeschickte Detaillierung vermag u. U. als unbeabsichtigte Nebenwirkung eine ernste Kostensteigerung zu bringen.

Zu eng umgrenzte Tarifpositionen zwingen bei Änderung der persönlichen, wirtschaftlichen, betrieblichen und technischen Verhältnisse immer wieder zu kostspieligen Umtarifierungen, was die Versicherungsnehmer verärgert, wenn ihnen Ermäßigungen nicht rechtzeitig eingeräumt werden oder Erhöhungen der Prämie verlangt werden. Nimmt man die innerbetrieblichen Unkosten hinzu, die mit Umtarifierungen verbunden sind (Änderung der Register, Karteikarten, Prämienrechnungen, Rückversicherungsabrechnungen usw.), so versteht man die Notwendigkeit einer gewissen Elastizität der Tarife, was naturnotwendig ihrer wissenschaftlichen Genauigkeit Abbruch tut.

Jeder Tarif ist ein Kompromiß widerstreitender Gesichtspunkte, und er kann wie dieses gut oder schlecht sein. Ein guter Tarif ist ein Kunstwerk, das der Spezialisierung so weit als notwendig folgt, diese aber durch die statistischen, wirtschaftlichen und an der praktischen Erfahrung gewonnenen Erkenntnisse beschränkt. In den trotz der vielfachen Verbandsabmachungen keineswegs gleichartigen Tarifen zeigt sich die Individualität des einzelnen Versicherers, seine persönliche Fähigkeit, die einander entgegenlaufenden Tendenzen der Klassifikation zu dem seinem Betriebszweck förderlichen Ausgleich zu bringen.

Das Tarifsystem

Die in den vorangehenden Paragraphen entwickelten Grundformen ergeben die Prämie in absoluten (DM-)Beträgen für gleichartige Versicherungen. Wo mit Änderungen der Versicherungssumme, der Ersatzleistungen, des

Wagnischarakters zu rechnen ist, müssen diese absoluten Beträge mit einer als charakteristisch angenommenen Größe in Beziehung gebracht werden. Diese auf eine bestimmte Einheit dieser Größe bezogenen (relativen) Prämien können dann mit einer Änderung der Bezugsgröße variiert werden, um die für die jeweilige Versicherung anwendbare Prämie zu erhalten. Als solche Bezugsgrößen bieten sich an:

1. *die Einheit der Versicherungssumme*, etwa die Prämie pro 1000,— DM der Versicherungssumme, meist ausgedrückt in Promillesätzen, oder wie häufig in der Transportversicherung die Prämie pro 100,— DM der Versicherungssumme, was dann Prämiensätze in Prozenten der Versicherungssumme ergibt.

   Die Bezugnahme auf die Versicherungssumme ist in den meisten Sachversicherungszweigen gebräuchlich: Feuer-, Betriebsunterbrechungs-, Einbruchdiebstahl-, Leitungswasserschäden-, Sturmschaden-, Maschinenbruch-, Transportversicherung, findet sich aber auch in der Lebensversicherung. Voraussetzung der Anwendbarkeit dieser Methode ist das Vorliegen einer Versicherungssumme.

   Der Begriff der Versicherungssumme ist dabei jedoch nicht einheitlich in allen Versicherungszweigen definiert. Meist wird zwar, von Unter- oder Überversicherungen abgesehen, als Versicherungssumme die höchstmögliche theoretische Ersatzwertsumme angesehen. In einigen Zweigen finden sich Abweichungen. In der Maschinenbruchversicherung wird als Versicherungssumme für die Prämienberechnung der Neuanschaffungswert (Neuwert) der Betriebseinrichtungen zugrunde gelegt, obwohl die Entschädigung nur zum Zeitwert der Maschinen erfolgt. In der Betriebsunterbrechungsversicherung gibt es die zwei Möglichkeiten, als Versicherungssumme entweder die auf die vereinbarten Haftzeiten entfallenden Beträge an fortlaufenden Geschäftsunkosten und entgehendem Gewinn (sog. Haftzeitsummen) zu wählen oder die entsprechenden Jahresbeträge (sog. Jahresersatzwertsummen); die letzten sind, wenn die Haftzeit weniger als ein Jahr beträgt, ein Mehrfaches der Haftzeitsummen.

   In der Einheitsversicherung dient normalerweise der kaufmännische Umsatz (Gesamtwert der ausgehenden fakturierten und der frei verkauften Waren) als Bezugsgröße, bei Textilveredlungs-Versicherungen das Veredlungsentgelt, für Einheitsversicherungen von Wäschereien, Färbereien und chemischen Reinigungsanstalten das monatliche Gesamtwäschegeld, Reinigungs-, Färberei- oder Ausrüstungsentgelt unter Vereinbarung von gewissen Mindestprämien.

2. *die Anzahl der menschlichen Risikoträger*. Dieses pro-Kopf-Prämien liefernde Verfahren wird besonders dort verwendet, wo es keine Versicherungssummen gibt. Die Prämie kann gerechnet werden:

   a) *pro Kopf des Versicherungsnehmers, bzw. des Versicherten*. So in der Versicherung der persönlichen Haftpflicht, in der Krankenversicherung, in der privaten Unfallversicherung.

   b) *nach der Anzahl der in dem Wagnis vorhandenen Risikoträger*, wie in der Haftpflichtversicherung der industriellen und gewerblichen Betriebe (nach der Zahl der Angestellten und Arbeiter) oder in der Kassenbotenberaubungsversicherung nach der Zahl der Kassenboten.

3. *das Versicherungsobjekt*, gewissermaßen der sachlich-technische Risikokomplex.

   In der Glasversicherung ist die Prämie auf die Größe der versicherten Scheibe, in der Kraftfahrzeugversicherung auf das versicherte Kraftfahrzeug, in der landwirtschaftlichen Haftpflichtversicherung auf die Betriebsfläche bezogen.

4. ***Art und Höhe der Entschädigungsleistung***, sofern diese im voraus fest vereinbart ist.

Die Rentenversicherung bezieht die Prämie auf die Höhe der vereinbarten Jahres- oder Monatsrente, die Unfallversicherung auf die Einheit (1000,— DM oder 100,— DM) der im Falle des Todes oder der Invalidität zu leistenden Kapital- bzw. Rentenzahlung bzw. die Höhe des Tagegeldes, die private Krankenversicherung verwendet als Bezugsgröße ebenfalls das versicherte Tagegeld, das versicherte Vielfache der Adgogebühren, den Umfang verschiedener Leistungen (Röntgentiefen- oder Radiumbestrahlungen usw.). Wo die Schadendauer eine Rolle spielt, kann die Prämie auch nach der Haftzeit abgestuft werden (Betriebsunterbrechungs-, Kranken-, Unfallversicherung).

Wie schon der Überblick zeigt, ist in den einzelnen Versicherungszweigen nicht immer dieselbe Bezugsgröße durchgehalten. Es sind letzten Endes praktische Erfahrungen gewesen, die für einen Wechsel der Bezugsgrößen innerhalb des Tarifs eines bestimmten Versicherungszweiges sprechen. ***Die ideale Bezugsgröße müßte eine exakt definierbare Größe sein, zu der das Risiko in einem bestimmten Verhältnis steht***, wobei sich das Risiko proportional, unter- oder überproportional zur Bezugsgröße ändern könnte. Da auf den Versicherungsfall meist eine ziemlich komplizierte, in ihren Einzelheiten mitunter wenig oder gar nicht bekannte Ursachenmatrix einwirkt, ist es verständlich, daß sich die ideale Bezugsgröße praktisch nur in grober Annäherung finden läßt.

Teilt man die Wagnisse in eine Reihe von Klassen ein und ist bekannt (oder wird vermutet), daß Schadenhäufigkeit und Schadenumfang mit einer Reihe von Merkmalen in Verbindung stehen, so würde die Kombinatorik die nötigen Merkmalklassen bald zu astronomischen Zahlen anwachsen lassen, womit die Handlichkeit und die Übersichtlichkeit des Tarifs zerstört, der rasche Abschluß der Versicherungsverträge in Frage gestellt wäre. Infolgedessen konstruiert man einen Tarif meist als sog. Grundtarif um normale Wagnisse, zu dem für besondere Umstände Zuschläge oder Abschläge vorgesehen sind. Aus den Prämien des Grundtarifs, der mehr oder weniger kompliziert sein kann, ergeben sich dann mit Hilfe eines Systems von Zuschlägen und Rabatten die speziellen Prämien.

So unterscheiden z. B. die seit 1949 in der deutschen Feuerversicherung eingeführten Richtlinien für die Prämienbestimmung von Industrie-Feuer-Versicherungen einige für alle Betriebsarten unabhängig von der Bauart geltende „Unabhängige Prämiensätze" für voll abgetrennte Kessel- und Maschinenhäuser, freistehende Schornsteine und Kühltürme, Kohlenläger im Freien, Lokomotiven, Waggons, Fabriken im Bau, Bargeld und Wertpapiere, Modelle, den Inhalt heizbarer Trockenräume, von Tauch- und Spritzlakkierereien, von Benzin-Extraktions- und Wiedergewinnungsanlagen, für selbständige Außenversicherungen, für Aufräumungs-, Abbruchs- und Feuerlöschkosten. Daneben stehen eine Vielzahl von von der Bauart der Betriebsgebäude und den Betriebsvorgängen, den verwendeten Roh- und Hilfsstoffen, der Maschinenausrüstung abhängigen Grundprämiensätzen, die sich auf Gebäude unter harter Dachung mit feuerbeständigen Außenwänden beziehen. Für bessere Bauweise (feuerbeständiges Dach, feuerbeständige Innenwände, Decken und Treppen) ist ein Abschlag, für schlechtere Bauweise (geringere Außenwände, Fachwerk- und Holzbauten, weiche Dachung) sind Zuschläge festgesetzt. Weitere Zuschläge sind: Geschoßzuschlag für hochgeschossige Bauten, Beleuchtungszuschlag für andere als elektrische Beleuchtung, Heizzuschlag bei anderer als Dampf-Warmwasser- oder Warmluftheizung, Zuschläge für Trocknereien, Tauch- und Spritzlackierereien, Benzin-Extraktion und -Wiedergewinnung, Zelluloidverwendung, bei fehlender Bewachung, bei übergewöhnlicher Explosionsgefahr, für abhängige Außenversicherungen, für sonstige ungünstige Umstände. Rabatte sind vorgesehen für Lager unter der Erde, besonders gute Löschverhältnisse (anerkannte Berufsfeuerwehr, Feuermeldeanlagen, Werksfeuerwehr, Sprinklerschutz), bei vorübergehender Betriebsstilllegung und für sonstige das Risiko wesentlich vermindernde Unstände. Die Prämientabellen enthalten weit über 1000 Grundprämiensätze, aus denen im Wege einer besonderen Tarifierung, dann die sogenannte Betriebsprämie ermittelt wird.

Die private Unfallversicherung kennt einen allgemeinen Tarif, der 8 Gefahrenklassen umfaßt. Ein Berufsverzeichnis gibt an, in welche Klasse die einzelnen Berufe fallen, meist unterteilt nach: kaufmännischer oder technischer Leiter, aufsichtsführender oder mitarbeitender Meister und Arbeiter. Daneben bestehen Sondertarife für Beamte und Angestellte der öffentlichen Verwaltungen, der Kirchengemeinden, Berufsgenossenschaften, Handwerks-, Industrie- und Handelskammern, Innungen, für Mitglieder von Vereinen, Feuerwehren und freiwilligen Sanitätskolonnen, für Hochschulen, Fachschulen, Haushaltsschulen. Für die Mitversicherung der Heilkosten wird ein in allen Gefahrenklassen gleicher absoluter Zuschlag erhoben, ebenso für die Ausdehnung der Versicherung auf Unfälle beim Motorradfahren oder Mitfahren auf dem zweiten Sattelsitz oder im Beiwagen eines Motorrades.

Systematisch ausgebaute Tarife sind meist das Werk von Verbänden der Versicherer, und sie lassen sich nur aufrechterhalten, wo ihnen eine gewisse Verbindlichkeit in einem größeren Kreise der Versicherer zugesprochen werden kann, zumindest muß der Tarif, um wenigstens etwas wirksam zu sein, als Orientierungsrichtlinie angesehen werden. Wo keine Verbände bestehen oder ungehemmte Konkurrenz herrscht, wie z. B. in der Transportversicherung, insbesondere wo sich der Wettbewerb ausländischer Versicherer geltend macht (Seeversicherung), gibt es wohl interne Richtlinien der einzelnen Gesellschaften, aber keine systematisch ausgebauten Tarife.

Die zu den Grundprämien tretenden Zuschläge, und ebenso unter entsprechender Änderung des Vorzeichens die Rabatte, zerfallen in

1. ***absolute Zuschläge***, die von der Höhe der Grundprämie unabhängig sind. Absolute Zuschläge oder Abschläge sind nur zulässig, wenn die Zuschläge oder Abschläge die Prämien für den Einschluß oder Ausschluß gewisser Schadenursachen darstellen oder wenn das betreffende Wagnis eine zusätzliche Schadensursache aufweist, deren Schadenhäufigkeit von allen Merkmalen unabhängig ist, nach denen der Grundtarif abgestuft ist ***(Gürtler)***.

   Absolute Zuschläge können in festen DM-Beträgen, aber auch in Promillesätzen angegeben werden. Die ersten finden sich z. B. in der privaten Krankenversicherung für den Einschluß weiterer Leistungen, die zweiten u. a. in der Feuerversicherung für den Einschluß einer außergewöhnlichen Explosionsgefahr oder für die Ausdehnung des Versicherungsbereichs (abhängige Außenversicherung).

Beispiel (nach Gürtler):	Grundprämie		2,00 ‰
	erster Zuschlag	— 0,30‰	
	zweiter Zuschlag	+ 3,00‰	
	dritter Zuschlag	+ 0,15‰ =	2,85‰
	Spezielle Prämie		4,85‰

   Treffen mehrere absolute Zuschläge zusammen, können sie einfach addiert werden.

2. ***prozentuale (relative) Zuschläge***, die auf die Grundprämie bezogen und meist als Prozentsätze von dieser ausgedrückt sind. Prozentuale Zuschläge sind nur zulässig, wenn das Merkmal, für das sie erhoben

werden, nicht gleichzeitig Schadenhäufigkeit und Schadenumfang beeinflußt (nichtgemeinsame Merkmale). Gemeinsame Merkmale, die Schadenhäufigkeit und Schadenhöhe beeinflussen, müssen im Grundtarif berücksichtigt werden *(Gürtler)*.

Mehrere prozentuale Zuschläge können, was zu einer verschiedenen Endprämie führt, berechnet werden:

a) *additiv*, wenn die Summe der Zuschläge auf die Grundprämie bezogen wird oder

b) *multiplikativ*, wenn die Zuschläge nacheinander berechnet und je auf die vorangehende Prämie bezogen werden.

Beispiel (nach Gürtler)

	prozentuale Zuschläge			
	additiv		multiplikativ	
Grundprämie		2,00 ‰		2,00 ‰
erster Zuschlag	— 20 %		— 20 % =	0,40 ‰
				1,60 ‰
zweiter Zuschlag	+ 200 %		+ 200 % =	3,20 ‰
				4,80 ‰
dritter Zuschlag	+ 10 %		+ 10 % =	0,48 ‰
	+ 190 % =	3,80 ‰		
Endprämie (spezielle Prämie)		5,80 ‰		5,28 ‰

Als prozentuale Zuschläge werden z. B. in der Feuerversicherung erhoben (ob mit Berechtigung ist strittig): Geschoß-, Beleuchtungs-, Heiz-, Trocknereizuschlag, ferner die Zuschläge für abweichende Bauart; als prozentuale Abschläge: Keller-, Lösch- und Stillegungsrabatte.

Die Abgrenzung der Merkmale, die in den Grundtarif aufgenommen werden müssen, von denen, die in Zuschlägen berücksichtigt werden können, welche Zuschläge angewendet werden dürfen und welche Berechnungsmethode vorzuschreiben ist, erfolgt bislang nach ziemlich rohen Gesichtspunkten; die Ergebnisse halten nicht nur keiner Kritik stand, sondern führen mitunter zu geradezu paradoxen Prämien. Auch sind die Merkmale nicht immer voneinander unabhängig, wie es vorausgesetzt wird. Der Einfluß einer Mehrheit von Merkmalen auf Schadenhäufigkeit und Schadenumfang ist vielfach äußerst kompliziert, nicht immer gleich der Summe der Einflüsse der einzelnen Merkmale, so daß sich gerade hier Richtigkeit und Handlichkeit eines Tarifsystems oft gegenseitig ausschließen.

Durchschnittsprämien

Zwischen den die unterschiedliche Gefahrenlage der verschiedenen Wagnisse grundsätzlich negierenden generellen Prämien und den nach der Gefahr abgestuften speziellen Prämien steht die weite Gruppe der Durchschnittsprämien, die als typische Übergangsform sich bald mehr dem Charakter der generellen Prämie, bald mehr dem Charakter der speziellen Prämie nähern. An der Grenze, wenn aus allen speziellen Prämien eines Versicherungszweigs ein nach dem Anteil der einzelnen Wagnisse am Versicherungsbestand gewogener Durchschnitt gebildet wird, erhält man die generelle Prämie dieses Versicherungszweigs; auf der anderen Seite ist auch jede spezielle Prämie insofern noch eine Durchschnittsprämie, weil selbst in einem hochspezialisierten Tarif nicht schlechthin alle und schon gar nicht die individuellen Wagnisunterschiede berücksichtigt werden können. *Von Durchschnittsprämien ist dann zu sprechen, wenn an Stelle der vorliegenden speziellen Prämien für gewisse Teile des Versicherungsbestandes aus irgendeinem Grunde einheitliche Prämien gerechnet werden.*

Der Grund, warum solche Durchschnittsprämien verwendet werden, kann in verschiedenen Anlässen gegeben sein. Einmal kann eine bestimmte Gruppe von Versicherungsnehmern wünschen, daß sie ungeachtet ihrer unterschiedlichen Gefährdung alle die gleiche Prämie zahlen *(Gruppenversicherung)*. Es kann z. B. ein Verein oder eine Organisation seine Mitglieder kollektiv gegen eine Gefahr versichern (Sterbegeld, Haftpflicht, Unfall) oder ein Betrieb für seine Arbeitnehmer eine Altersversorgung sicherstellen wollen. Die Prämie kann dann insgesamt von dem betreffenden Verein eingehoben werden, der sie mit den Vereinsbeiträgen auf die einzelnen Mitglieder aufteilt, oder es kann die so ermittelte Einzelprämie vom Versicherer von jedem Vereinsmitglied einverlangt werden. Der Unternehmer kann die für seine Belegschaft insgesamt zu zahlende Prämie zum Teil aus eigenen Mitteln aufbringen, zum Teil nach irgendeinem Schlüssel (z. B. nach der Entlohnung) auf die Arbeitnehmer umlegen. Gruppenversicherungen wurden wegen ihrer geringeren Verwaltungskosten um 1910 in Amerika eingeführt als Ersatz für die dort fehlende Sozialversicherung. In Deutschland entwickelte sie sich nach der Inflation als Vereinsversicherung, später als Gefolgschaftsversicherung und als Versicherung der Mitglieder von Sterbekassen; die Hochflut brachte der Organisationstaumel zu Beginn des Dritten Reiches. Die Versicherer haben um derartige Gruppenversicherungen einen die Prämie bis zum äußersten drückenden Wettbewerb geführt, weil sie damit auf Grund eines einzigen Versicherungsvertrages gleich eine große Anzahl von Wagnissen auf einmal erhielten (alle Vereinsmitglieder oder Betriebsangehörigen).

Durchschnittsprämien können sich weiter notwendig machen, wenn ein als einheitlich aufgefaßter Komplex, etwa ein Fabrikbetrieb oder ein Landgut, sich aus verschieden gefährdeten Unterkomplexen zusammensetzt, der betreffende Versicherungsnehmer jedoch nicht die einzelnen Unterkomplexe, jeden für sich, sondern um gegen nachteilige Auswirkungen von Wertverschiebungen gesichert zu sein, die sich aus dem Betriebsablauf zwangsläufig ergeben, den Gesamtbetrieb als eine einheitliche Größe zu einer einheitlichen Prämie versichern will. Bei den kleinen Betrieben des Handwerks oder der Landwirtschaft ist es auch zumeist viel zu umständlich, Verschiebungen der Versicherungswerte von der einen Gefahrenzone in die andere, etwa bei einer Schreinerei von der Werkstatt nach dem Lager, in einem Bauernhof von der Scheune nach dem Stall und umgekehrt, laufend zu verfolgen und danach die Prämie zu variieren. In diesem erwünschten Kleingeschäft kann der Versicherer nur dann Abschlüsse erzielen, wenn er eine dem Durchschnitt der Gefahrenlage angepaßte einheitliche Prämie anbietet.

Von Durchschnittsprämien im angeführten Sinne kann man nicht sagen, sie seien nicht nach der Gefahr abgestuft, im Gegenteil: ein Verein mit überwiegend alten Mitgliedern oder ein Landwirt mit relativ kleinem Viehbestand werden höhere Durchschnittsprämien bezahlen müssen als ein Verein von jungen Leuten oder ein in der Hauptsache Viehzucht treibender Bauer. Je mehr in den Durchschnittsprämien die Gefahrenunterschiede Berücksichtigung finden, desto mehr nähern sie sich den speziellen Prämien, je weniger dies der Fall ist, desto näher stehen sie den generellen Prämien.

Die Durchschnittsprämien beinhalten ihre besondere Problematik. Auf einen Komplex unterschiedlicher Gefahrenbereiche bezogen, erweisen sie sich in dem Augenblick nach der positiven oder negativen Seite hin als falsch, in dem sich das zugrunde liegende Verhältnis der einzelnen Gefahrenbereiche zueinander verschiebt. Sie beruhen auf der im Grunde wirklichkeitsfremden Fiktion, daß sich die Verhältnisse in dem mit einer einheitlichen Durchschnittsprämie bedachtenKomplex nicht ändern, und sie haben den Nachteil einer gewissen Starrheit, insofern Verbesserungen in der durchschnittlichen Gefahrenlage dem Versicherten nur zögernd zugute kommen, im umgekehrten Fall einer Erhöhung der Durchschnittsgefahr dem Versicherer keine Handhabe lassen, während der Vertragsdauer eine Prämienaufbesserung durchzusetzen.

Unterstellen wir in einem Beispiel drei Bauernhöfe mit der gleichen, aber verschieden zusammengesetzten Versicherungssumme oder nehmen wir an, daß derselbe Hof während der Vertragsdauer seine das Wertverhältnis der versicherten Gegenstände in der angegebenen Art verschiebende Betriebsweise ändert (im Beispiel II sich mehr auf Getreideproduktion, im Beispiel III sich mehr auf Viehzucht verlegt), dann erhalten wir zu den gleichen speziellen Prämien die folgenden Durchschnittsprämien:

Art der versicherten Gegenstände	spezielle Prämie in ‰	I		II		III	
		Wert DM	Prämie DM	Wert DM	Prämie DM	Wert DM	Prämie DM
Hausrat ..	1,0	10 000,—	10,—	10 000,—	10,—	10 000,—	10,—
Vieh	0,5	30 000,—	15,—	10 000,—	5,—	50 000,—	25,—
Ernte	3,0	40 000,—	120,—	60 000,—	180,—	30 000,—	90,—
Inventar .	2,0	20 000,—	40,—	20 000,—	40,—	10 000,—	20,—
		100 000,—	185,—	100 000,—	235,—	100 000,—	145,—
Durchschnittsprämie		1,85 ‰		2,35 ‰		1,45 ‰	

Allein aus der Verschiebung der versicherten Werte ergeben sich erhebliche Unterschiede der Durchschnittsprämien: wäre der Versicherungsvertrag nach dem Beispiel I abgeschlossen worden und würde der Landwirt zur Betriebsweise II übergehen, würde der Versicherer eine um 0,5‰ zu geringe Durchschnittsprämie beziehen, würde aber der Bauer zur Betriebsweise III übergehen, würde er eine um 0,4‰ zu hohe Prämie bezahlen. Da jeder Landwirtschaftsbetrieb seine individuelle Kapitalzusammensetzung aufweist, hätte jeder seine eigene Durchschnittsprämie. Kompliziert wird die Lage in der Landwirtschaft noch durch den Umstand, daß im Herbst nach der Ernte die wegen ihrer Feuergefährlichkeit und ihrer Unterbringung in meist hölzernen Scheunen hochgefährdeten Erntevorräte einen relativ großen Anteil am Betriebsvermögen ausmachen, aber laufend mit Verkauf und Verbrauch bis zur nächsten Ernte auf nahezu 0 abnehmen. Eine genau berechnete Durchschnittsprämie müßte sich also auch bei der gleichen Betriebsweise während des Jahres laufend ändern. Da eine derartige Abrechnung jedoch praktisch unmöglich ist, verpflichten die Bedingungen den Landwirt, die Gesamtheit seiner alljährlichen Erntefrüchte einschließlich der älteren Bestände und des Zukaufs mit dem vollen Wert für das ganze Erntejahr zu versichern. Die landwirtschaftliche Prämie ist also auch eine Durchschnittsprämie hinsichtlich der im Laufe des Jahres wechselnden Erntebestände (wie der Viehbestände) und sie ruht damit ebenfalls auf der Annahme, daß sich der Abbau der Erntevorräte in durchschnittlicher Gleichmäßigkeit vollzieht.

Grundsätzlich ähnliche Verhältnisse zeigen sich in gewerblichen Betrieben: bei Saisonbetrieben oder Betrieben mit stark wechselnden Lagervorräten, in Betrieben mit sehr unterschiedlich gefährdeten Betriebsteilen (Holzbearbeitungsbetrieben,

Mühlen, Kraftfahrzeugreparaturwerkstätten, Spritzlackierereien usw.). Nicht zu vergessen, daß sich die Wertbelastung von Gebäuden verschiedener Bauweise (massive Bauten, Holzbauten) innerhalb eines Betriebes unter Umständen dauernd verschiebt. Bedenkt man, daß eine Volkswirtschaft ja nur bei einem dauernden Wechsel der Vermögensbestände zwischen den Betrieben funktioniert, dann kommt man nicht um das Zugeständnis herum, daß in gewisser Hinsicht auch die speziellen Prämien Durchschnittsprämien sind, die die in der Masse typischen, „normalen" Änderungen in den augenblicklichen Betriebsverhältnissen ausgleichen. Aus diesem Grunde beeinflussen Strukturwandlungen die speziellen Prämien auch dann, wenn sich die zugrunde liegenden Teilwahrscheinlichkeiten nicht ändern.

Wenn bei altersabhängigen Prämien, in der Lebensversicherung etwa, in einer Gruppe nicht dem gleichen Jahrgang angehörender Versicherter die speziell errechneten Prämien summiert und dann als eine einheitliche Durchschnittsprämie auf die Versicherten dieser Gruppe gleichmäßig aufgeteilt werden, wie es bei Vereins- oder Firmengruppenversicherungen geschieht, ist es unvermeidlich, daß die jüngeren Jahrgänge in der Gruppendurchschnittsprämie eine über ihrer speziellen Prämie liegende Prämie bezahlen, während die älteren Jahrgänge umgekehrt zu Lasten der jüngeren bevorzugt sind. Durch entsprechende Satzungsbestimmungen muß verhindert werden, daß die jüngeren diesen für sie zu teuren Versicherungsschutz aufgeben, weil sonst die Gruppendurchschnittsprämie steigen würde. Die Initiative zum Abschluß von Gruppenlebensversicherungen (Sterbegeld) geht deshalb gerne von den älteren Generationen aus, deren Einzelverträge teurer wären und die sich auf Kosten der jüngeren Mitglieder zu billigeren Durchschnittsprämien versichern wollen. Hat man einmal für eine solche Gruppe eine Durchschnittsprämie berechnet, so bleibt diese nur dann konstant, wenn sich das Mischungsverhältnis der verschiedenen Jahrgänge im Laufe der Zeit nicht ändert. Es muß sich um eine ***stationäre Gesamtheit*** mit konstantem Neuzugang handeln. Kommt aber eine ***offene Gesamtheit*** mit schwankendem Neuzugang in Frage, so kann wegen der Schwankungen in der Zusammensetzung des Versicherungsbestandes die Prämie nur für jede Generation exakt berechnet werden, und wenn diese so ermittelten Prämien auf die Mitglieder gleichmäßig umgelegt werden, ergeben sich schwankende Durchschnittsprämien. Bei einer ***geschlossenen Gesamtheit*** ohne Möglichkeit des Eintritts und des freiwilligen Austritts bleibt die Durchschnittsprämie nur dann konstant, wenn sie von Anfang an mit der entsprechenden Deckungsrücklage berechnet war. Diese besondere Problematik der Gruppenversicherungen mit ihren Gefahren hat 1934 das Reichsaufsichtsamt veranlaßt, sie einschränkenden Bestimmungen zu unterwerfen.

Schrifttum: außer den bereits genannten Werken von ***Adolph Wagner***, ***Gürtler***, ***Tosberg*** und ***Riebesell*** noch a) ***Heinrich Henne***, „Einführung in die Beurteilung der Gefahren bei der Feuerversicherung", Berlin 1929; b) ***Gerhard Hochgräber*** „Seeversicherung" in Deutsche Versicherungswirtschaft; c) ***Brüders*** Art. „Schiffsklassifikation" im Versicherungslexikon; d) ***Wertheimer*** Art. „Notleidende Risiken" im Versicherungslexikon.

§ 15. Die Brutto- oder Bedarfsprämien
Das Unkostenproblem

Die Nettoprämien sind die nach dem Äquivalenzprinzip zur alleinigen Abdeckung der voraussichtlich anfallenden Versicherungsleistungen erforderlichen Prämien. Mit ihnen könnte der Versicherer nur unter den beiden wirklichkeitsfremden Voraussetzungen arbeiten, daß 1. die zugrunde liegenden Wahrscheinlichkeitsgrößen exakt sind, Abweichungen von ihnen nicht auftreten und 2. der gesamte Geschäftsbetrieb eines Versicherers, die Aufnahme und Verwaltung der Versicherungen, die Schadensregulierung keine zusätzlichen Kosten verursacht. So, wie die Verhältnisse liegen, muß der Versicherer zu den Nettoprämien noch eine Reihe von Zuschlägen rechnen, um zu den *Brutto- oder Bedarfsprämien* zu gelangen, mit denen er praktisch zu arbeiten in der Lage ist. Da diese Bruttoprämien, nicht also die Nettoprämien, in den üblichen Tarifen als die vom Versicherer für die Übernahme der Versicherungen geforderten Sätze erscheinen, heißen sie nicht ganz zutreffend auch *Tarifprämien*. Demnach gilt:

Bruttoprämie (Bedarfsprämie)
= Nettoprämie + Sicherheitszuschlag + Unkostenzuschlag

Als wir gegen Ende des vorigen Paragraphen von den Tarifsystemen sprachen und ihre Struktur erläuterten, haben wir dem Gang der Darstellung der Versicherungsökonomik insofern vorausgegriffen, als in den Tarifen, wie gesagt, nicht die Nettoprämien, sondern die Bruttoprämien erscheinen. Dieser Vorgriff geschah, weil die Nettoprämien es sind, die die Struktur eines Tarifs bestimmen, über die Richtigkeit oder Fehlerhaftigkeit seiner Konstruktion entscheiden und die Problematik der Durchschnittsprämien aufwerfen. Die dort erwähnten absoluten und relativen (additiven oder multiplikativen) Zuschläge sind gleichfalls zur Anpassung der Nettoprämien an die tatsächliche Gefahrenlage notwendige Nettozuschläge und müssen in ihrem Bruttobetrag ebenso um einen Sicherheits- und Unkostenzuschlag erhöht werden.

I. *Die Schwankungsrückstellung*

Die der Kalkulation der Nettoprämien zugrunde gelegten Wahrscheinlichkeitswerte hinsichtlich der Schadenhäufigkeit und des Schadenumfanges sind aus statistischen Unterlagen gewonnen, die grundsätzlich immer einer Vergangenheit angehören, und es besteht nur eine, mitunter nicht begründete Mutmaßung, daß sie annähernd auch für die Zukunft gelten werden. Ein gewissenhafter Versicherer muß also damit rechnen, daß sie schwanken werden, selbst wenn die sie bestimmende Ursachenmatrix gleich bleibt, und daß sie sich ändern, möglicherweise erhöhen werden, wenn sich die Ursachenmatrix ändert, im besonderen verschlechtert. Aktuelle Wahrscheinlichkeiten sind nur mit einer gewissen Schwankungsbreite meßbar und temporäre Wahrscheinlichkeiten zeigen die Tendenz einer ständigen Verschiebung. Welche Änderungen tatsächlich eintreten werden, läßt sich niemals mit Sicherheit voraussagen. Nur jahrelange, in jedem Versicherungszweig andersartige Erfahrungen geben einen gewissen Anhalt, den der Versicherer nach der Struktur seines Versicherungsbestandes speziell zu verwerten hat. Dabei dürfen aus noch so gut begründeten Erwartungen keineswegs für alle Versicherungszweige einheitliche Folgerungen gezogen werden.

Innerhalb der Lebensversicherung wirkte sich der bekannte Rückgang der Sterblichkeit (siehe Seite 159) prämienverbilligend aus, was den Versicherten über eine Gewinnbeteiligung vielfach zugute kam. Der tendenzielle Fall der Sterbewahrscheinlichkeit hat hier vorübergehende Schwankungen (Erhöhungen) der Wahrscheinlichkeitszahlen praktisch ausgeglichen. Es darf jedoch nicht, wie mitunter angenommen wird, als ausgemacht gelten, daß in den kommenden Jahren und Jahrzehnten ein gleich starker Rückgang der Sterblichkeit zu erwarten steht. Dann wird das Schwankungsproblem auch für die Lebensversicherung an Gewicht gewinnen. In der Rentenversicherung wirkte sich hingegen der Sterblichkeitsrückgang, der einer Erhöhung der Lebenserwartung gleichkam, prämiensteigernd aus, so daß Versicherer bei langfristigen Verträgen unter Umständen erhebliche Verluste erlitten.

Die Schwankungen oder Änderungen der Wahrscheinlichkeitswerte sind in den einzelnen Versicherungszweigen bei weitem noch nicht restlos erforscht; der Grund liegt zum Teil in den nicht immer einwandfreien statistischen Unterlagen. Außergewöhnlich starke Schwankungen weist, wie auf Seite 161 dargelegt, die Hagelversicherung auf, nicht weniger starke Änderungen zeigen sich in der Sturmschaden- und Regenversicherung. Die Aufruhrversicherung läßt sich nur mit Vorbehalt erwähnen, weil ihr Versicherungscharakter sehr in Frage steht. Etwas genauere Untersuchungen liegen für die Feuerversicherung vor. Seit der Mitte des vorigen Jahrhunderts zeigt sich bei der sog. Schadenquote (Schadensumme : Versicherungssumme) „ein abwärtsgerichteter Trend und ein mehr oder weniger ausgeprägter absoluter und relativer Rückgang der jährlichen Schwankungsausschläge" in allen Ländern *(Brückner)*. Da Feuerbekämpfung und Brandverhütung in den Städten größere Fortschritte machten als auf dem Lande, ist die strukturelle Abwärtsbewegung der Schadenquoten dort stärker als hier gewesen. Aus statistischen Angaben der kantonalen Anstalten St. Gallen, Thurgau und Bern folgert *Brückner*, daß diese tendenzielle Entwicklung der Schadenquote die Resultante dreier, keineswegs einheitlich verlaufener Größen ist: einem Rückgang des Schadengrades (Schadensumme : Versicherungssumme der vom Brand betroffenen Risiken) und des Ansteckungskoeffizienten — infolge verbesserter Brandbekämpfung —, sicherer Bauweise, Aufstellung von Handfeuerlöschern und Anbringung von Hydranten steht nach einem allmählichen Sinken in den Jahren zwischen 1890 und 1920 ein in der Zeit nach dem Ersten Weltkrieg verstärktes Ansteigen der Brandausbruchswahrscheinlichkeit gegenüber. „Die Intensivierung der industriellen Produktion durch vermehrte Verwendung von Sachkapital hat zu beträchtlichen Zusammenballungen von Gefahrenmomenten geführt, welche die Wahrscheinlichkeit für den Ausbruch eines Brandes erheblich gesteigert haben. Dazu kommen noch eine Reihe von neuen Industrien, die sich erst in der Nachkriegszeit entwickelt haben, so die Kunstseidenindustrie und gewisse chemische Produktionen. Diese Industrien bergen infolge ihres spezifischen technischen Fertigungsprozesses besonders viele Gefahrenherde für das Entstehen eines Feuers" *(Brückner)*. Neben dieser aus unterschiedlichen Ursachenreihen resultierenden säkularen Bewegung zeigte die Feuerversicherung zwar in ihrer Intensität allmählich abnehmende, aber immer noch beachtliche kurzfristige Schwankungen der Schadenquoten. *Lorenz* glaubt mit Hilfe der monatlichen Schadensummen deutscher Gesellschaften und der durchschnittlichen Niederschlagshöhe aus fünf Orten „eine fast gesetzmäßig zu nennende Abhängigkeit der jährlichen Schadensummen von der jährlichen Niederschlagshöhe" nachweisen zu können. *Brückner* gibt zu, „daß Zusammenhänge zwischen Witterung und Höhe der Brandschäden derart bestehen, daß unter der Annahme einer Konstanz aller sonst noch auf den Schadenverlauf einwirkenden Faktoren warme Sommer und kalte Winter ein Ansteigen der Schadenkurve verursachen und niederschlagreiche Jahre einen Rückgang im Brandschadenverlauf bedingen". Komplizierter erweist sich der Zusammenhang zwischen Konjukturablauf und Brandschäden. Leugnern eines derartigen Zusammenhanges stehen Befürworter gegenüber, die aller Voraussicht nach an Bedeutung zunehmen werden. Die Untersuchungen *Brückners* haben die praktische Erfahrung bestätigt, daß in der landwirtschaftlichen Feuerversicherung die objektiv verursachten Brände ebenso dem Konjunkturablauf folgen wie die durch subjektives Verhalten verursachten Schäden; „hält die Depression mehrere Jahre an, so treten zu der möglichen, subjektiv bedingten Vernachlässigung der Verhütungs- und Vorbeugungsmaßnahmen noch objektive Schäden am versicherten Objekt, wodurch die Entstehung eines Feuers begünstigt wird. Schadhafte Öfen und Kamine, schadhafte elektrische Anlagen und Blitzableiter, zu deren Ausbesserung dem Versicherungsnehmer in Jahren ungünstiger Konjunktur die Barmittel fehlen, stellen in landwirtschaftlichen Betrieben wie auch in Wohngebäuden zusätzliche Gefahrenherde für den Ausbruch eines Feuers dar, das dann zwar nicht vorsätzlich gelegt, wohl aber möglicherweise geduldet werden kann". Bei der Versicherung industrieller Risiken hingegen kommt dem subjektiven Einfluß auf den Verlauf der Brandschäden weniger Bedeutung zu. Die Industrieschäden zeigen

Schwankungen mehr parallel als gegenläufig zu den Konjunkturbewegungen. Soweit es sich um Brandschäden an industriellen Gebäuden und Maschinen handelt, ist das Gefahrenmoment für den Ausbruch eines Brandes in Zeiten der Vollbeschäftigung größer als während des Stilliegens eines Betriebes. „Die volle Ausnutzung der Produktionskapazität eines Industriebetriebes erfordert den Einsatz älterer Maschinen und Motoren, durch die infolge ihrer vielleicht den Brandverhütungsvorschriften nicht völlig entsprechenden Beschaffenheit eher ein Schadenfeuer verursacht werden kann als durch den einwandfreien Maschinenpark, der während der Depressionsjahre in Betrieb zu sein pflegt. Dazu treten noch die stärkere Beschäftigung von Arbeitern, die den an sie gestellten Anforderungen vielleicht nicht immer voll gewachsen sind, und die Ermüdungserscheinungen der Beschäftigten, die außer ihrer üblichen Arbeitszeit noch Überstunden ableisten" *(Brückner)*. Der Schadenverlauf in der Versicherung von Industrie- und Handelslagern zeigt gegenüber dem eben geschilderten Schadenverlauf einen ein- oder mehrjährigen „lag", weil diese zu Beginn der Krise besonders groß sind und sich erst im Laufe der Depression allmählich leeren. Die kurzfristigen Schwankungen verlaufen nach diesen Untersuchungen also in der Feuerversicherung industrieller Gebäude und Maschinen anders als in der Lagerversicherung. Die Hausratversicherung als die dritte große Sparte der Feuerversicherung zeigt wieder mehr eine dem Konjunkturablauf gegenläufige Bewegung der Schadenquoten, ähnlich der Landwirtschaftsversicherung.

Die tendenzielle Änderung und die kurzfristigen Schwankungen der Schadenwahrscheinlichkeiten in der Feuerversicherung wurden etwas ausführlicher, wenn auch noch keineswegs vollständig wiedergegeben, um zu zeigen, wie kompliziert die Beantwortung dieser Frage innerhalb eines Versicherungszweiges ist und wie verschieden die Antwort je nach der Struktur des betreffenden Versicherungsbestandes ausfallen muß. Eine Versicherungsgesellschaft mit überwiegend landwirtschaftlichem Geschäft wird andere Schwankungen, — anders der Art, dem Zeitverlauf und dem Umfange nach —, verzeichnen als eine Gesellschaft mit überwiegend industriellem Geschäft. Wie ersichtlich, können bei dem jetzigen Stand unseres Wissens allgemeingültige Urteile weder für die Versicherungswirtschaft schlechthin, noch für einzelne Versicherungszweige aufgestellt werden. Dies zu betonen ist besonderer Anlaß im Hinblick auf die so beliebten, sich in Schlagworten ergehenden „Konjunkturtheorien" im Versicherungswesen.

Die Aufgabe, die Größe einer Schwankungsrückstellung zu bestimmen, ist einfacher in den Versicherungszweigen, — praktisch in der Lebensversicherung, — in denen die Entschädigungsleistung festliegt und nur die Schadenhäufigkeit sich ändern kann. Wesentlich komplizierter wird das Problem in den anderen Versicherungszweigen vor allem deshalb, weil die Häufigkeit der Teilschäden neben der Schadenhäufigkeit als solcher schwanken, also die Schadentafel selbst Verschiebungen unterliegen kann. Auch die Form des jeweiligen Versicherungsgeschäftes, ob Vollwert-, Erstrisiko- oder Bruchteilversicherung, mit oder ohne Franchisen, und selbstverständlich die Größe des Versicherungsbestandes sind von Bedeutung.

Aus einer Schadentafel kann man die Größe der nur von Zufallsereignissen, d. h. bei unveränderter Verteilung der Teilschäden und unveränderten Grundwahrscheinlichkeiten, bestimmten Schwankung der Schadenszahlungen ableiten. Man berechnet dazu die mittlere quadratische Abweichung der Schäden, und zwar, weil der Versicherer nach wohlbegründeter Gepflogenheit immer von der ungünstigsten Gestaltung der Verhältnisse ausgeht, nach oben. Sind n Versicherungen in Höhe von je V vorhanden, die eine Nettoprämie von p bezahlen, so ist der zu erwartende Gesamtschaden: $n \cdot p \cdot V$, der mittlere Schaden für jede Versicherung: $p \cdot V$. Die Schadentafel zeigt indes, daß auf die einzelnen Versicherungen ganz unterschiedliche Schäden entfallen, nämlich $s_1 \cdot V, s_2 \cdot V, s_3 \cdot V, \ldots s_n \cdot V$, wenn s den jeweiligen auf einen Höchstschaden 1 bezogenen Teilschaden angibt (s = Schadengrad). Bei allen schadenfrei verlaufenen Versicherungen, also in der Mehrzahl der Fälle, ist s = 0. Die Abweichungen vom mittleren Schaden sind dann bei den einzelnen Versicherungen:

$$s_1 \cdot V - p \cdot V \text{ oder } V \cdot (s_1 - p) \qquad s_3 \cdot V - p \cdot V \text{ oder } V \cdot (s_3 - p)$$
$$s_2 \cdot V - p \cdot V \quad ,, \quad V \cdot (s_2 - p) \qquad s_n \cdot V - p \cdot V \quad ,, \quad V \cdot (s_n - p)$$

Die Summe der Quadrate aller Abweichungen ist:

$$V^2 \cdot (s_1 - p)^2 + V^2 \cdot (s_2 - p)^2 + V^2 \cdot (s_3 - p)^2 + \ldots\ldots + V^2 \cdot (s_n - p)^2 = V^2 \cdot \sum (s_i - p)^2 \qquad i = 1, 2, 3, \ldots n.$$

Durch Auflösung des Klammerausdrucks erhält man:

$$V^2 \cdot (\sum s_i^2 - \sum 2 \cdot s_i \cdot p + \sum p^2) = V^2 \cdot (\sum s_i^2 - 2p \sum s_i + \sum p^2).$$

Die Summe aller Teilschäden ist notwendigerweise gleich dem zu erwartenden Gesamtschaden, also

$$V \cdot \sum s_i = n \cdot p \cdot V \text{ oder } \sum s_i = n \cdot p.$$

Ferner ist, da insgesamt n Versicherungen vorliegen,

$$\sum p^2 = n \cdot p^2.$$

Die Summe der Quadrate aller Abweichungen vereinfacht sich demnach zu

$$V^2 \cdot (\sum s_i^2 - 2 \cdot n \cdot p^2 + n \cdot p^2) = V^2 \cdot (\sum s_i^2 - n \cdot p^2).$$

Auf eine Versicherung bezogen ist die mittlere quadratische Abweichung:

$$\sigma = \sqrt{\frac{V^2 \cdot (\sum s_i^2 - n \cdot p^2)}{n}} = V \cdot \sqrt{\frac{\sum s_i^2}{n} - p^2}.$$

Für alle n Versicherungen beträgt die mittlere quadratische Abweichung von der Gesamtschadensausgabe $n \cdot p \cdot V$ nicht $n \cdot \sigma$, sondern nur $\sqrt{n} \cdot \sigma$ oder

$$R = V \cdot \sqrt{n \cdot \left(\frac{\sum s_i^2}{n} - p^2\right)}$$

Da in vielen Sachversicherungszweigen p eine sehr kleine Größe ist, kann p^2 vernachlässigt werden. Wir erhalten dann für die mittlere Abweichung vom Gesamtschaden den Näherungswert

$$R \sim V \cdot \sqrt{n \cdot \frac{\sum s_i^2}{n}} = V \cdot \sqrt{\sum s_i^2}$$

Diese Formel der mittleren Schadensabweichung gilt nur für eine sog. Normalkurve. In den meisten Sachversicherungszweigen liegen aber sog. Pearsonsche Kurven mit weit nach rechts ausladenden Zweigen vor. Es muß demnach für jeden Versicherungszweig je nach der Struktur der Schadentafel untersucht werden, ein Wievielfaches der mittleren quadratischen Abweichung zu nehmen ist, um theoretisch die gleiche Sicherheit zu bieten wie die bekannte 3σ-Abweichung. Nach *Curt Lange* ist das für die Feuerversicherung z. B. der 11fache Betrag. Erfahrungen bei der Hamburger Feuerkasse haben zwischen dem empirisch ermittelten Wert der Schwankung und dem theoretischen einen Divergenzkoeffizienten von etwa 2,5 ergeben. In der Feuerversicherung muß die Schwankungsreserve folglich betragen:

$$R \sim 27 \cdot V \cdot \sqrt{\sum s_i^2}$$

Um die versprochenen Versicherungsleistungen auch im Falle einer ungünstigen Schadensschwankung erfüllen zu können, muß dieser Betrag auf die Gesamtzahl der Versicherungsverträge verteilt werden. Diese Reserve reicht für ein Verlustjahr aus; da jedoch nicht jedes Jahr ein Verlustjahr ist, kann pro Jahr als durchschnittlicher

Sicherheitszuschlag ein geringerer Betrag eingehoben werden. Umgekehrt ist der Versicherer nie davor gefeit, daß, ehe er es bemerkt, sich die Grundwahrscheinlichkeiten zu seinen Ungunsten ändern (temporäre Wahrscheinlichkeiten). Mit welchem Sicherheitszuschlag kalkuliert werden muß, läßt sich deswegen nie mit einer Formel genau bestimmen; seine Höhe ist selbst innerhalb desselben Versicherungszweiges bei den einzelnen Gesellschaften verschieden, und die Verbandstarife suchen mit unzureichenden Sicherheitszuschlägen motivierte Prämienschleudereien der Versicherer untereinander zu verhindern.

Um den Sicherheitszuschlag (mit den erwähnten Einschränkungen) zu den im Abschnitt II des § 12 errechneten Nettoprämien zu bestimmen, greifen wir auf Schadentafel Seite 142 zurück. Aus ihr berechnen wir die $\sum s_i^2$ wie folgt:

Schadengrad s	Zahl der Schäden m	s^2	$s^2 \cdot m$
0,05	4 974	0,0025	12,435
0,15	862	0,0225	19,395
0,25	474	0,0625	29,625
0,35	380	0,1225	46,550
0,45	382	0,2025	77,355
0,55	427	0,3025	129,167
0,65	495	0,4225	209,138
0,75	576	0,5625	324,000
0,85	667	0,7225	481,907
0,95	763	0,9025	688,608
	10 000		$\sum_{i=1}^{i=n} s_i^2 = 2\,018{,}180$

Unterstellen wir wie immer die Versicherungssumme mit 1000,— DM und wenden die obige Formel für die Feuerversicherung an, so errechnet sich die Schwankungsreserve mit:

$$R \sim 27 \cdot 1000 \cdot \sqrt{2018} = 27\,000 \cdot 44{,}92 = 1\,212\,800{,}\text{— DM}.$$

Bei 5 000 000 Versicherungen käme also zu der auf Seite 143 errechneten Nettoprämie von 0,64 DM noch ein Sicherheitszuschlag von 0,24 DM hinzu (Vollwertversicherung).

Die Größe der Schwankungsreserve und damit die Höhe des Sicherheitszuschlages hängt, wie die Formeln besagen, auch von der Höhe der Versicherungssumme V ab. Deutlich tritt dies in Erscheinung bei der Berechnung des Sicherheitszuschlages für Erstrisikoversicherungen mit Versicherungssummen von 100,— DM, 500,— DM und 900,— DM (höchstmöglicher Schaden wie auf Seite 146 mit 1000,— DM angenommen). Die Schadenquadrate sind in der Tabelle auf der folgenden Seite errechnet. Nach derselben Formel wie oben ergeben sich dann folgende Sicherheitszuschläge:

s	Sicherheitszuschlag	Nettoprämie	Sicherheitszuschlag in % der Nettoprämie
0,1	0,004	0,15	2,7%
0,5	0,08	0,45	17,7%
0,9	0,21	0,63	33,3%
1,0	0,24	0,64	37,5%

Schadenquadrate von Erstrisikoversicherungen:

s	m	s^2	$s^2 \cdot m$
Erstrisikosumme 100,— DM (s = 0,1)			
0,05	4 974	0,0025	12,435
0,10	5 026	0,01	50,260
	10 000		62,695
Erstrisikosumme 500,— DM (s = 0,5)			
0,05	4 974	0,0025	12,435
0,15	862	0,0225	19,395
0,25	474	0,0625	29,625
0,35	380	0,1225	46,550
0,45	382	0,2025	77,355
0,50	2 928	0,2500	732,000
	10 000		917,360

s	m	s^2	$s^2 \cdot m$
Erstrisikosumme 900,— DM (s = 0,9)			
0,05	4 974	0,0025	12,435
0,15	862	0,0225	19,395
0,25	474	0,0625	29,625
0,35	380	0,1225	46,550
0,45	382	0,2025	77,355
0,55	427	0,3025	129,167
0,65	495	0,4225	209,138
0,75	576	0,5625	324,000
0,85	667	0,7225	481,907
0,90	763	0,8100	618,030
	10 000		1947,602

Je höher die Versicherungssummen sind, desto mehr fallen die Abweichungen der hohen Schäden ins Gewicht, desto größer muß der Sicherheitszuschlag werden. Bei Erstrisikoversicherungen ist der Sicherheitszuschlag besonders vorsichtig anzusetzen, weil dem Versicherer zwar die Erstrisikoversicherungssumme, nicht aber der Versicherungswert bekannt ist und er deswegen den Schadengrad, bis zu dem er zu haften hat, nie genau festlegen kann.

Welchen Einfluß die Gestalt der Schadentafel auf den Sicherheitszuschlag ausübt, wird ersichtlich, sobald man zwei extreme Schadentafeln wie die Tafeln I und II auf Seite 154 zugrunde legt. Die Schadenquadrate dieser stilisierten Tafeln sind:

s	m	s^2	$s^2 \cdot m$	s	m	s^2	$s^2 \cdot m$
Tafel I				Tafel II			
0,05	5 000	0,0025	12,500	0,05	50	0,0025	0,125
0,15	2 000	0,0225	45,000	0,15	50	0,0225	1,125
0,25	1 000	0,0625	62,500	0,25	200	0,0625	12,500
0,35	500	0,1225	61,250	0,35	300	0,1225	36,750
0,45	500	0,2025	101,250	0,45	400	0,2025	81,000
0,55	400	0,3025	121,000	0,55	500	0,3025	151,250
0,65	300	0,4225	126,750	0,65	500	0,4225	211,250
0,75	200	0,5625	112,500	0,75	1 000	0,5625	562,500
0,85	50	0,7225	36,125	0,85	2 000	0,7225	1445,000
0,95	50	0,9025	45,125	0,95	5 000	0,9025	4512,500
			724,000				7014,000

Unter Anwendung der obigen Formel für die Feuerversicherung ergeben sich die in nachstehender Tabelle genannten Zuschläge für die Vollwertversicherung:

Tafel	Sicherheitszuschlag	Nettoprämie	Sicherheitszuschlag in % der Nettoprämie
I	0,15	0,37	40,6 %
II	0,45	1,63	27,6 %

Der absolut höhere Sicherheitszuschlag in der Tafel II mit überwiegenden Totalschäden macht relativ einen geringeren Bruchteil der Nettoprämie aus.

Das als Verhältnis der mittleren Schadensschwankung zum Gesamtschaden (bzw. zur Gesamtnettoprämieneinnahme) definierte ***Schwankungsmaß k*** kann nach obigen Darlegungen auch geschrieben werden:

$$k = \frac{V \cdot \sqrt{\sum s_i^2}}{n \cdot p \cdot V} = \frac{\sqrt{\sum s_i^2}}{n \cdot p} \qquad i = 1,2,3, \ldots n$$

Das Schwankungsmaß k bietet ein Kriterium zur Beurteilung eines Versicherungsbestandes und zur Entscheidung der Frage, ob eine Versicherung überhaupt möglich ist. „Je kleiner k ist, desto geringer ist die Abweichung im Verhältnis zur Gesamtprämie, desto sicherer ist die Versicherungsgemeinschaft fundiert. Solange k nicht unter 1/2 liegt, kann von einer eigentlichen Versicherung keine Rede sein" ***(Riebesell)***. Diesem Kriterium darf indes keine unbedingte Gültigkeit zugesprochen werden. Wenn in den Nenner die Gesamtprämieneinnahme einschließlich eines sehr hohen Sicherheitszuschlages, unter Umständen unter Einbeziehung sehr hoher Verwaltungsunkosten, aufgenommen ist, der Nenner also die Gesamtbruttoprämie bildet, dann verliert der Zähler an Bedeutung und man erhält einen günstigen Wert für k. Zu unbeschränkt hohen Prämien ist schließlich alles „versicherbar". In den Jahren 1930 bis 1933 wurden in Besorgnis vor dem bevorstehenden Umsturz in Deutschland auf einmal, zum Leidwesen der Versicherer, sehr viele Aufruhrversicherungen abgeschlossen, die nach 1933 nicht mehr fortgesetzt wurden. Da sich der „gerechte Volkszorn" nicht in der befürchteten Zerstörung von Sachwerten austobte, sind die Aufruhrversicherungen damals in der Hauptsache schadenfrei verlaufen. Große Schadenschwankungen konnten auf keinen Fall festgestellt werden. Zu einer anderen Zeit können jedoch gegenteilige Verhältnisse eintreten. Ähnlich steht es mit der Arbeitslosenversicherung: sie war 1927 in Anlehnung an die Beschäftigungsschwankungen der Zeit vor dem Ersten Weltkrieg mit einer Durchschnittzahl von 750 000 Arbeitslosen geplant worden und mußte in der großen Wirtschaftskrise mit jahrelanger Arbeitslosigkeit von über 7 000 000 Erwerbstätigen versagen. Selbst ein für die Zeit vor dem Ersten Weltkrieg berechnetes günstiges Schwankungsmaß hätte für die nachfolgenden Jahre keine Gewähr für die Möglichkeit einer Erwerbslosenversicherung geboten.

II. *Die Unkostenzuschläge*

Unkosten eines Versicherungsbetriebes sind alle Aufwendungen zur Führung des Betriebes und zur Abwicklung der Versicherungsverträge, die Schadenszahlungen (Versicherungsleistungen) ausgenommen. Diese Verwaltungskosten müssen auf die Dauer ebenfalls durch die Prämieneinnahmen gedeckt werden, sofern es sich nicht um einen Zuschußbetrieb handelt. Während die Kalkulation der Nettoprämien und der Sicherheitszuschläge ein Spezifikum des Versicherungsbetriebes ist, unterscheidet er sich hinsichtlich der Unkosten grundsätzlich nicht von einem anderen Bürobetrieb ähnlicher Art, wenn auch aus der Technik des Versicherungsbetriebes sich ergebende Unterschiede in der Bedeutung einzelner Kostenarten nicht übersehen werden dürfen. Lassen sich gegen die Nettoprämien keine, bei den Sicherheitszuschlägen höchstens gegen ihre Höhe Einwendungen erheben, so begegnen die Unkosten der schärfsten Kritik. An ihnen entzündet sich zumeist die Debatte einer Verstaatlichung oder Sozialisierung des Versicherungswesens. Da die Unkosten die über den Schadenanfall in der Volkswirtschaft hinausgehenden Aufwendungen des Versicherungsbetriebes bedeuten, ist ihr Verhältnis zu den Gesamtschadenzahlungen ein Maßstab für die Rationalität des Versicherungswesens überhaupt. Allerdings darf man bei der Beurteilung der Unkostenhöhe nicht von Globalzahlen ausgehen, sondern muß die Unkosten in ihre verschiedenartigen Bestandteile zerlegen.

Aus einer Statistik für die größeren privaten deutschen Versicherungsgesellschaften im Jahre 1931 hat *Gürtler* die durchschnittlichen Verwaltungskosten zusammengestellt:

a) *Sachversicherung*

Prozentsatz der Verwaltungskosten eigener Rechnung an den verdienten Prämien eigener Rechnung

Hagelversicherung	13,7 %
Kreditversicherung	25,0 %
Transportversicherung	30,4 %
Viehversicherung	36,0 %
Fahrzeugversicherung	41,3 %
Leitungswasserschädenversicherung	44,8 %
Glasversicherung	45,1 %
Feuerversicherung	49,1 %
Einbruchdiebstahlversicherung	49,7 %

b) *Personenversicherung*

Prozentsatz der Verwaltungskosten der Gesamtrechnung an den vereinnahmten Prämien plus Gebühren der Gesamtrechnung

Krankenversicherung	21,5 %
Lebensversicherung	22,4 %
Unfall-Haftpflichtversicherung	33,4 %

Aus dieser Aufstellung darf nicht geschlossen werden, daß die Unkosten in der Personenversicherung von geringerer Bedeutung seien als in der Sachversicherung. Der auffallende Unterschied erkärt sich vor allem daraus, daß in der Personenversicherung im Durchschnitt höhere Prämien als in der Sachversicherung bezahlt werden.

Wie sich in der Feuerversicherung die Unkosten aufgliedern, zeigt eine von *Braeß* gegebene Aufstellung, die sich auf die von den 12 größten deutschen Feuerversicherungsgesellschaften im Jahre 1933 verdiente Prämie von insgesamt 81 765 000,— RM bezieht:

Vergütungen an Vertreter	17 461 000,—	RM	= 21,3 %
Sonstige Verwaltungskosten	17 815 000,—	„	= 21,8 %
Steuern (ausschließlich Versicherungssteuer)	3 438 000,—	„	= 4,2 %
Feuerlöschabgaben	2 690 000,—	„	= 3,3 %
Sonstiges (Abschreibungen, Gewinn usw.)	9 000 000,—	„	= 11,1 %
	50 404 000,—	RM	= 61,7 %
Schäden	31 361 000,—	„	= 38,3 %
Gesamt	81 765 000,—	RM	= 100,0 %

Diese Aufstellung ist zwar mit der Zahl für die Feuerversicherung in der vorangegangenen nicht vergleichbar: sie bezieht sich einmal nicht auf die gleiche Erhebungsmasse, zum zweiten auf ein anderes Jahr. Da in der Feuerversicherung die Schadenaufwendungen keineswegs konstant sind, müssen in Jahren relativ günstigen Schadenverlaufs die Unkosten einen größeren Bruchteil der Gesamtprämieneinnahme ausmachen als in Jahren hoher Schäden. Was die Aufstellung jedoch besagt, ist, daß in der Feuerversicherung etwa ein Drittel der Unkosten auf Vergütungen an die Vertreter und annähernd ein gleicher Betrag auf die eigentlichen Verwaltungskosten entfallen. Rechnet man noch den Posten „Sonstiges“ hinzu, so machen die im Entscheidungsbereich des einzelnen Versicherers stehenden Unkosten nur etwa die Hälfte der Gesamtunkosten oder ein Drittel des Gesamtprämienaufkommens aus. Damit soll das Unkostenproblem nicht bagatellisiert, sondern vor der Auffassung gewarnt werden, aus einer Unkostensenkung durch Rationalisierung des Bürobetriebes könnte eine erhebliche Prämienverbilligung erwartet werden. Auf die Bedeutung der einzelnen Posten wird später eingegangen.

Beide Aufstellungen belegen, daß die Zuschläge zur Nettoprämie für die gesamten mit dem Versicherungsbetrieb verbundenen Unkosten einen erheblichen Teil der Bruttoprämien ausmachen, der Unkostenzuschlag, wie *Gürtler* mit Recht hervorhebt, neben der Nettoprämie einen gleichwichtigen Bestandteil der Bruttoprämie bildet und demnach auch die Unkostenzuschläge so exakt wie möglich kalkuliert werden müssen. Die Berechnung der Unkostenzuschläge erscheint verhältnismäßig einfacher als die Kalkulation der Nettoprämien, was sich auch kostenmäßig auswirkt, nicht zuletzt deshalb, weil die Klassifikation nur von untergeordneter Bedeutung ist.

Gliederung der Kosten

Nach *Gürtler* lassen sich die Unkosten eines Versicherungsbetriebes nach ünf Gesichtspunkten gliedern:

I. ***nach Kostenarten***, wie sie sich automatisch aus den Zahlen der Buchhaltung ergeben: Steuern und Abgaben, Zentralunkosten, Agenturkosten und Provisionen. Diese Kostenarten können wieder in Untergruppen ausgewiesen werden.

II. ***nach direkten und Gemeinkosten***. Die Unterscheidung ist willkürlich, weil direkte Kosten jene sind, die man den einzelnen Versicherungen nach dem Stande der Rechnungstechnik zuteilen kann oder zuteilen will. Gemeinkosten hingegen lassen sich nur auf Grund einer besonderen Berechnung auf die Einzelversicherungen aufteilen.

III. ***nach fixen und variablen Kosten***. Fix sind die vom Grade der Beschäftigung unabhängigen, variabel die abhängigen Kosten. Die letzten können proportional, über- oder unterproportional mit dem Beschäftigungsgrad wachsen. Wie bereits ***Marshall*** dargelegt hat, gibt es auf die Dauer nur variable Kosten, insofern sich auch augenblicklich nicht reduzierbare Kosten (z. B. Zentralverwaltung) in längeren Zeiträumen dem Geschäftsumfang anpassen lassen. Alle fixen Kosten sind nur vorübergehend fix.

Im allgemeinen sind die fixen Kosten für einen Versicherungsbetrieb nicht von so großer Bedeutung wie bei einem kapitalintensiven Industriebetrieb. Ein erheblicher Teil der Unkosten wie etwa die Provisionen verändern sich mit dem Geschäftsumfang, die in der Hauptsache fixen Verwaltungskosten machen je nach Versicherungszweig nur 10 bis 30 $^0/_0$ der Gesamtprämien aus. Da die Verwaltungskosten meist nicht ebenso rasch abgebaut werden können, wie der Versicherungsbestand sinkt, ist eine Versicherungsgesellschaft mit überwiegend kurzfristigen Verträgen (Transportversicherung) in bezug auf die fixen Verwaltungskosten empfindlicher als eine Gesellschaft mit vorwiegend langfristigen Verträgen (Lebensversicherung). Gesellschaften, die mit Bezirksdirektionen und Verwaltungsgeneralagenturen arbeiten, haben höhere fixe Kosten als Gesellschaften mit Provisionsagenturen. Entscheidend ist schließlich auch, wie die anfallenden Arbeiten zwischen der Zentrale und den Bezirksdirektionen einerseits, den Provisionsagenturen andererseits verteilt sind, wofür wieder die fachliche Qualität des Vertretermaterials maßgebend ist.

IV. *nach Tätigkeiten* und zwar:

1. *Organisationskosten (Aufbaukosten)*, vor allem bei jüngeren Gesellschaften in der ersten Zeit nach der Gründung, aber auch bei weiterem Ausbau des Geschäftes anfallend.

2. *Abschlußkosten (Werbekosten)* wie

   a) *Abschluß-(Erwerbs-)Provisionen*, ein mit der beantragten Versicherungsdauer zu einem erheblichen Bruchteil der ersten Jahresprämie ansteigender Betrag, hoch bei Gesellschaften mit starkem Neuzugang. Dem Vertreter sollen sie eine Vergütung für seine oft nicht berechenbaren Bemühungen und Auslagen um den Abschluß neuer Versicherungen sein und sie sollen ihn anreizen, der Gesellschaft möglichst viel Geschäfte zuzuführen. Erwerbsprovisionen werden zumeist nur für das erwünschte Geschäft bezahlt (Hausrat, kleine Landwirtschaft, Kleingewerbe usw.), nicht jedoch für die weniger oder gar nicht gewünschten Versicherungen. Die Erwerbsprovisionen sind also ein Mittel, die Arbeit des Vertreternetzes auf die Gewinnung günstiger Wagnisse hinzulenken.

   b) *sonstige Abschlußkosten*, wie Auslagen für Besuch der Versicherungskandidaten durch Spezialbeamte für Beratung, Besichtigung der Wagnisse, Aufnahme schwieriger Anträge u. dgl.

3. *Inkasso-(Einzugs-)Kosten:* Kosten für den jährlich wiederkehrenden Einzug der Prämienrechnungen, Herstellung und Verbuchung derselben. Dem mit dem Einzug der Prämienrechnungen beauftragten Vertreter (zumeist der, der den Abschluß brachte) wird eine Inkasso- (Einzugs-) Provision vergütet, jedoch nicht für das erste Jahr, in dem er die Abschlußprovision erhält.

4. *Allgemeine Verwaltungskosten*, praktisch der Aufwand für den gesamten Innendienst (soweit nicht bei den übrigen Gruppen verrechnet), für die Zentralverwaltung, für Steuern und Abgaben, aber auch für den nicht zu Werbezwecken eingesetzten Außendienst (Kundendienst, laufende Überprüfung der Wagnisse, Neuordnung der Verträge). Die Verwaltungskosten sind im wesentlichen durch den notwendigen Arbeitsaufwand und die Gehälter bestimmt, nehmen mit der Ausdehnung des Geschäftes zu, gehen aber wegen der erhöhten Stornobekämpfung nicht in gleichem Maße wie das Geschäft zurück.

5. *Vermögensverwaltungskosten:* Aufwand für Verwaltung, Anlage, Zinseinzug der beim Versicherer liegenden Vermögensmassen (Reserven, Deckungskapitalien), für den Unterhalt der Geschäftsgebäude usw.

6. *Stornokosten*, die dem Versicherer durch vorzeitige Auflösung der Versicherungsverträge entstehenden Kosten und Verluste. Ist ein Versicherungszweig schon längere Zeit eingeführt, so können Neuabschlüsse in nennenswertem Umfang nur noch durch Werbung ungünstiger oder zahlungsschwacher Wagnisse erzielt werden, die nachträglich oft nicht gewillt oder in der Lage sind, den Versicherungsschein einzulösen. So ist mit einem starken Neuzugang meist ein Ansteigen der Stornokosten verbunden. Auch übermäßiger Druck der Gesellschaften auf ihren Außendienst und Vertreter, Neuabschlüsse zu erzielen, kann diese Wirkung haben.

7. *Schadenregulierungskosten:* Aufwand für Prüfung, Feststellung und Auszahlung der Versicherungsleistungen. Sie sind im allgemeinen in der Summenversicherung, bei der nur das Vorliegen des Versicherungsfalles geprüft werden muß, einfacher als in der Interessenversicherung, wo auch der Umfang der Entschädigungsleistung festgestellt und berechnet werden muß (Ausgaben für Sachverständige).

8. *bei Versicherungen mit Beitragsrückgewähr deren Auszahlungskosten* (Feststellung der rückgewährberechtigten Verträge, Berechnung der Rückgewähr und Überweisung bzw. Übersendung der Gutscheine).

Die vorstehenden Kosten entstehen teils einmalig (Abschluß- und Stornokosten), teils kontinuierlich, teils bei Anfall eines Schadens (Schadenregulierungskosten). Die Abgrenzung der aufgezählten Tätigkeiten gegeneinander ist unter den Gesellschaften keineswegs einheitlich; sehr gerne werden z. B. Kosten für Neuordnung der Verträge unter die Schadenregulierungskosten gerechnet, sofern die Neuordnung nach Regulierung eines Schadens vorgenommen wird.

V. *nach abhängigen und unabhängigen Kosten*, je nachdem, ob sie mit der Größe der Versicherungssumme wachsen oder von ihr unabhängig sind.

Provisionen werden in bestimmten Prozentsätzen der Prämie bezahlt und sind damit eindeutig von der Höhe der Versicherungssumme abhängig, wenn sie auch bei hohen Versicherungssummen mitunter beschnitten werden. Nicht so eindeutig lassen sich die übrigen Kosten anteilsmäßig auf abhängige und unabhängige aufteilen. Schadenvergütungskosten sind zwar insofern von der Versicherungssumme abhängig, als sie im Falle eines hohen Schadengrades bei großen Versicherungen höher ausfallen als bei kleinen, bei kleineren Schäden stehen sie jedoch in keinem direkten Zusammenhang mit der Versicherungssumme. Sie sind eigentlich mehr von der Schadenhäufigkeit und dem durchschnittlichen Schadenumfang abhängig. Einmalig anfallende Kosten (Abschlußprovisionen) sind auch von der Versicherungsdauer abhängig, weil sie bei langen Verträgen auf eine größere Reihe von Jahren verteilt werden können. Während in der industriellen Feuerversicherung die Ausfertigung eines Versicherungsscheines über hohe Summen mehr Arbeit erfordert als die Policierung einer kleinen Handwerksversicherung, macht in der Hausratversicherung ein Schein über 10 000,— DM Versicherungssumme die gleiche Arbeit wie Scheine über 100 000,— DM oder mehr.

Die Aufgliederung der Kosten nach prämienabhängigen und -unabhängigen Aufwendungen verfolgt die Absicht, wenigstens für einen bestimmten Teil der Kosten eine klare Beziehung zur Prämie herzustellen und ist insofern berechtigt. Aber sie ist Angesichts der wirklichen Verhältnisse eines Versicherungsbetriebs nicht weniger willkürlich und gekünstelt als die übrigen Einteilungen. Hier wie überall läßt sich das Leben in keine starren Dogmen zwingen. Hinzu kommt, daß die mehrere Versicherungszweige betreibende Gesellschaft viele Kosten ziemlich beliebig auf die verschiedenen Sparten verteilen kann. Die Bilanzen der Versicherungsgesellschaften sind nicht weniger frisiert als die anderer Unternehmungen.

Die Höhe der Unkostenzuschläge

Mit einiger Sicherheit lassen sich nur die Gesamtkosten eines Versicherungsbetriebs für eine kurze Zeit schätzen. Die bisher aufgewendeten Kosten können als Grundlage dienen und von ihnen aus kann man nach den vorliegenden Erfahrungen einige Schlüsse auf Erhöhung oder Senkung der Gesamtkosten im Falle einer Änderung des Versicherungsbestandes ziehen. Langfristige Schätzungen sind jedoch bedeutend komplizierter, weil sich die den Arbeitsaufwand bestimmende Technik in der Bearbeitung der Versicherungsverträge ändern kann (genauere oder großzügige Prüfung der einzelnen Fälle, Änderung des Rückversicherungsverkehrs, Erneuerung ablaufender Verträge durch bloße Prämienrechnungen statt durch Neubeurkundung u. dgl.), weil in den maßgebenden Preisen (für Bürobedarf, Reisen, Gehälter, Porto usw.) Änderungen eintreten können und weil je nach dem Stand dieser Preise zueinander der anfallende Arbeitsaufwand auf menschliche und mechanische Hilfskräfte verschieden verteilt werden kann (maschinelle Buchung statt manueller). Der letztgenannte Umstand kommt der Eigenart des Versicherungsbetriebes besonders entgegen, weil mit dem

Übergang zu maschinellen Bearbeitungsmethoden die laufenden und damit Schwankungen unterliegenden Kosten durch einen in seiner Abwicklung genau übersehbaren Einmalaufwand ersetzt werden; diesem Vorteil steht allerdings die in außernormalen Zeiten besonders hohe Empfindlichkeit des technischen Apparates gegen Störungen (Stromausfälle, Maschinenbrüche) gegenüber, während die unbeschränkt variierbare menschliche Arbeit gerade in solchen Krisen ihre Überlegenheit bekundet.

Sofern es sich um Verträge mit jeweils kurzer Laufzeit (Transportversicherung) oder um kurzfristig veränderbare Prämien handelt (Umlageverfahren, Krankenversicherung), fällt die größere Unsicherheit in der langfristigen Abschätzung des Unkostenaufwandes nicht besonders ins Gewicht. Entscheidend wird dieses Problem jedoch bei den langfristigen, sich in der Lebensversicherung z. B. über Jahrzehnte erstreckenden Verträgen. Von Erstrisikoversicherungen mit hohen Summen abgesehen (Haftpflichtversicherungen), erleichtert sich das Problem für den Versicherer vielfach, weil Kostensteigerungen zumeist mit Erhöhungen des Preisniveaus einhergehen, wodurch die seitherigen Versicherungssummen unzureichend werden und die sich notwendig machenden Nachversicherungen doch eine beschränkte Möglichkeit zu Prämienaufbesserungen geben. Sinkende Kaufkraft des Geldes droht zu Verlusten am Altbestand zu führen.

Nach einem von *Deck* angeführten Bericht des Schweizer Versicherungsamtes stiegen als Folge des Krieges bei den Lebensversicherungsgesellschaften die laufenden Verwaltungskosten und Abgaben (ohne Agenturkosten und -provisionen) von 1918 auf 1919

in der Schweiz	von	5,39	auf	5,53 %	der Prämieneinnahmen,
in Deutschland	„	7,46	„	9,94 %	„ „
in Österreich	„	5,90	„	17,37 %	„ „
in Frankreich	„	7,16	„	10,77 %	„ „

In der Schweiz machten indes die Anpassung der Summen an den veränderten Geldwert und die bedeutenden Neuzugänge in den Nachkriegsjahren diese Kostensteigerung bald erträglich. In Deutschland und Österreich war dies nur anfangs möglich, solange die Geldentwertung langsam verlief. Später erreichten hier die Betriebskosten ein Mehrfaches der ursprünglichen Höhe und „auch ohne Fremdwährungsverpflichtungen wären die Gesellschaften infolge Überbordens der Betriebskosten durch die Inflation zu Grunde gerichtet worden" *(Deck)*. Auch für die Gegenwart ist selbst in der Schweiz das angeschnittene Problem akut. „Der weit überwiegende Teil der Verwaltungskosten besteht in Löhnen. Das Personal erhebt Anspruch auf den Teuerungsausgleich. Für diese zusätzliche Kostenbelastung, sowie für andere Kostensteigerungen aller Art, ist im Haushalt der Gesellschaften für die bereits abgeschlossenen Versicherungen kein Ausgleich vorhanden. Die Prämien und damit auch die Unkostenzuschläge lauten auf einen bestimmten Frankenbetrag. Der Angestellte, der beispielsweise eine Prämienverfallanzeige ausstellt, verlangt aber für genau die gleiche Arbeit wie vor dem Kriege einen um 50 bis 60 % erhöhten Lohn; für die nötigen Einrichtungen, Büromaschinen usw., und für den Druck der Prämienverfallanzeigen ist gar etwa der doppelte Betrag aufzuwenden!" *(Gasser)*.

Bei Fremdwährungsversicherungen bringen Wechselkursschwankungen ein weiteres Unsicherheitsmoment. Die Prämien sind hier gleich den Versicherungsleistungen in einer anderen als der Bilanzwährung vereinbart. „Die Unkosten der Zentralverwaltung laufen aber demgegenüber in der Bilanzwährung. Ihre rechnungsmäßige Größe wird bei der Tarifierung auf Grund eines bestimmten Wechselkurses in die auf Fremdwährung lautenden Unkostenzuschläge umgerechnet. Steigt nun der Wechselkurs im Laufe der Versicherungsdauer über den dem Tarif zu Grunde gelegten hinaus, entsteht ein Valutagewinn, sinkt er darunter, ein Valutaverlust." *(Deck)*. Erst durch die Schweizer Abwertung von 1936 sind bei den Schweizer Gesellschaften die Verluste ausgeglichen worden, die durch die seit 1931 eingetretene Entwertung ausländischer Währungen im Fremdwährungsgeschäft auch bei den Betriebskostenzuschlägen aufgekommen waren.

Ebenso wie bei der Kalkulation der Nettoprämien steht auch bei der Veranschlagung der Unkostenzuschläge der Versicherer vor dem Problem, den von ihm für die Übernahme einer Versicherung zu fordernden Preis nach den künftigen Verhältnissen zu bestimmen, die er im voraus nur in mehr oder weniger weiten Grenzen zu übersehen vermag. Bieten die statistischen Unterlagen innerhalb eines vertretbaren Schwankungsmaßes eine, wie die Erfahrung gezeigt hat, genügende Grundlage dafür, die zur Abdeckung der drohenden Schadenszahlungen notwendigen Nettoprämien einschließlich der Sicherheitszuschläge im voraus zu berechnen, kann also damit das jedem Versicherungsgeschäft naturnotwendig anhaftende spekulative Moment auf ein bei nicht allzu sprunghafter Änderung der bestehenden Verhältnisse tragbares Maß eingeengt werden, so ist es hinsichtlich der im Versicherungsbetrieb überwiegend total anfallenden Unkosten nicht möglich, eine ähnlich exakte Beziehung zu der einzelnen Versicherung herzustellen, d. h. den Unkostenzuschlag eindeutig zu bestimmen. Auch noch so eingehende betriebsstatistische Untersuchungen, die sich immer nur auf ex-post-Abrechnungen beziehen und diese, wie die vorstehende Kostengliederung gezeigt hat, mit einer leider nicht behebbaren Willkür behandeln, vermögen zwar Anhaltspunkte und Richtgrößen mit ziemlich weiter Variationsbreite zu geben, aber diese besondere Unsicherheit der Unkostenkalkulation prinzipiell nicht zu beheben.

Hierfür sind mehrere Gründe ausschlaggebend:

a) In der ex-post-Betriebsrechnung kann man ohne weiteres die fixen und prämienunabhängigen Kosten, die einen erheblichen Teil ausmachen, mit Hilfe irgendeines Schlüssels, sei es nach der Versicherungssumme, sei es nach der Prämie, stückkostenmäßig auf den einzelnen Vertrag umlegen. Ex ante lassen sich diese Festkosten auch planen. Sofern jedoch Versicherungsfreiheit besteht, kennt der Versicherer im voraus den Divisor dieser Rechnung, nämlich die Zahl der künftig zustande kommenden Versicherungsverträge, ihre Versicherungssumme und ihre Prämie nicht. Ein proportionales Verhältnis dieser Kosten zu dem tatsächlich aufkommenden Geschäft kann nur in beschränktem Maße eingehalten werden, ja teilweise müssen unter dem Druck der gegenseitigen Konkurrenz gewisse Kosten (Propagandakosten) bei rückläufigem Neuzugang gesteigert werden.

b) Die für die Höhe der einzelnen Kosten ausschlaggebenden Faktoren sind meist so kompliziert und verschiedenartig, daß sich eine einfache Beziehung zur Prämie oder Versicherungssumme der einzelnen Versicherung nur in ziemlich rohem Maße herstellen läßt. In der Sachversicherung mag es z. B. angehen, die nicht besonders hohen Vermögensverwaltungskosten mit den Prämien parallel zu setzen, in der Lebensversicherung (Anlage von Deckungskapitalien) mehr zu dem mit den Dekkungskapitalien parallel wachsenden Zinserträgnissen in Beziehung zu rücken und den technischen Zinssatz um einen gewissen Teil zu reduzieren. In der Summenversicherung fallen die Schadenregulierungskosten annähernd proportional der Zahl der Schadenfälle an, in der Interessenversicherung sind aber die Schadenregulierungskosten größenmäßig, wenn auch nicht immer ohne Einschränkung, noch von dem durchschnittlichen Schadenumfang abhängig. In Versicherungszweigen mit verhältnismäßig wenig Schäden spielen die Schadenregulierungskosten eine untergeordnete Rolle, in Versicherungszweigen mit hoher Schadenhäufigkeit (Krankenversicherung) eine entsprechend große. Die Stornokosten stehen zwar in loser Beziehung zur Prämienhöhe, insofern teure Versicherungen eher aufgegeben werden, andererseits sind sie aber auch von der Laufzeit des bisherigen Vertrages abhängig. Werbungs- und Propagandakosten dürfen nicht voll dem Neugeschäft zu Lasten geschrieben werden, weil ihr Aufwand zu einem Teil auch der Erhaltung des bestehenden Geschäftes zugute kommt.

c) Nicht alle Kosten dürfen auf das Geschäft des laufenden Jahres umgelegt werden. Die sehr hohen Erwerbskosten, aber auch die für den Aufbau oder die Erweiterung der Außenorganisation anfallenden Organisationskosten, der Einmalaufwand für eine Mechanisierung des Bürobetriebes müssen, um ein gleichmäßiges Prämienniveau zu wahren, auf eine Reihe von Jahren verteilt, d. h. aktiviert und dann abgeschrieben werden. Wenn nun die eingegangenen Versicherungsverträge vorzeitig gelöst werden müssen, sind die auf sie entfallenden Unkostenteile noch nicht vollständig getilgt. Hierfür einkalkulierte Storno- oder Abgangswahrscheinlichkeiten sind äußerst konjunkturempfindliche Größen und daher langfristig nicht vorhersehbar. Wenn Aufsichtsbehörden wie das Eidgenössische Versicherungsamt die sofortige Tilgung der Organisationskosten verlangen, so können junge Gesellschaften im Wettbewerb mit älteren diese nur auf einen verlorenen Organisationsfonds verbuchen, der von den Gründern aufzubringen ist *(Deck)*. In diesem Falle dürfen die Kosten also gar nicht oder nur zu einemTeil auf die Prämie umgelegt werden.

Gegenüber den aus einem Versicherungsbestand zwangsläufig anfallenden Schadenaufwendungen, die sich in der vom Versicherer zu respektierenden Nettoprämie niederschlagen, hat man auf die größere Freiheit hingewiesen, die der Versicherer hinsichtlich der Gestaltung seiner Unkosten und damit auch bezüglich des Unkostenzuschlages habe. Von den Erwerbskosten abgesehen kann er zweifellos einen entscheidenden Einfluß auf die Höhe seiner Gesamtkosten ausüben. Aber in dem entscheidenden Punkt des Einflusses der Gesamtkosten auf die einzelne Versicherung, wovon letztlich die Preishöhe der einzelnen Versicherung mitabhängt, stehen seine Planungen immer vor der Frage, wie die Versicherungslustigen auf seine Angebote reagieren werden. Gelingt die erforderliche Anzahl von Abschlüssen nicht, dann sind in der Endabrechnung seine Annahmen als falsch gesetzte Voraussetzungen erwiesen.

So unerläßlich es für die Formulierung des Zusammenhanges der Bruttoprämie mit der Nettoprämie ist, die Unkosten in prämienabhängige und -unabhängige zu unterteilen, so wenig darf man übersehen, daß diese Einteilung bezüglich vieler Kostenarten und ihrer Bestandteile keineswegs eindeutig und naturnotwendig ist. ***Sofern eben die Kosten sich nicht gesetzmäßig mit der Höhe der Prämie, sei es proportional, sei es über- oder unterproportional, bewegen, sondern noch von einer Reihe anderer Ursachen abhängen, deren kompliziertes Wechselspiel sich nur schwer durchschauen läßt, ist diese aus Kalkulationsgründen vorgenommene Unterscheidung mehr oder weniger gekünstelt und kann deswegen nur zu einem mitunter nur in weiten Grenzen annehmbaren Resultat führen.*** Auf die Einzelversicherung bezogen, gibt es streng genommen ja nicht einmal prämienunabhängige Kosten, weil der auf die Einzelversicherung entfallende Anteil der so bezeichneten Kosten von der Zahl der Versicherungen und diese letztlich von der Preishöhe der Versicherung abhängen. Diese wichtige Einschränkung sollte keineswegs übersehen werden, zeigt sie doch neuerdings, daß trotz der mathematischen Formeln die Prämienkalkulation in hohem Maße von der richtigen Einschätzung nicht exakt vorhersehbarer Daten durch die Persönlichkeit des Versicherers abhängt.

Die Formel der Bruttoprämie

Bezeichnet man die auf eine Versicherung bestimmter Art entfallende Nettoprämie mit P, den Sicherheitszuschlag, den man zu ihr erheben muß, mit s, so ist die den Sicherheitsaufschlag einschließende Bruttoprämie $B = P + P \cdot s = P \cdot (1 + s)$.

Bezeichnet man den prämienunabhängigen, festen Prämienzuschlag pro Versicherung mit f und den prämienabhängigen Zuschlag pro 1,— DM Bruttoprämie mit a, so ist der Unkostenzuschlag insgesamt: $f + B \cdot a$.

Die Sicherheits- und Unkostenzuschlag umfassende Bruttoprämie ist dann:

$$B = P \cdot (1 + s) + f + B \cdot a \text{ oder } B - Ba = P \cdot (1 + s) + f.$$

Hieraus folgt die *Formel der Bruttoprämie:*

$$\boxed{B = \frac{P\,(1 + s) + f.}{1 - a}}$$

Wie diese Formel und die nachstehende Tabelle zeigen, ist die Bruttoprämie aus der Nettoprämie nicht einfach durch einen multiplikativen Aufschlag zu erreichen. Nehmen wir s mit 10 % der Nettoprämie, f mit dem festen Betrag von 0,50 DM an und a mit 20 % der Bruttoprämie, so berechnet sich die Bruttoprämie B bei einer Nettoprämie von 1,— DM:

$$B = \frac{1 \cdot (1 + 0{,}1) + 0{,}5}{1 - 0{,}2} = \frac{1{,}6}{0{,}8} = 2{,}\text{— DM.}$$

Mit derselben Formel sind in der Tabelle mit den gleichen Werten für s, f und a die Bruttoprämien berechnet, wenn die Nettoprämie von 1,— DM auf 10,— DM ansteigt. Der Gesamtzuschlag nimmt absolut mit steigender Nettoprämie zu, doch infolge der konstanten Größe f relativ zur Nettoprämie ab; ähnlich verhielt sich der Sicherheitszuschlag allein.

Verlauf der Bruttoprämien

Nettoprämie P	Bruttoprämie B	Zuschlag insgesamt	Zuschlag in % der Nettoprämie
1	2,00	1,00	100%
2	3,38	1,38	69%
3	4,75	1,75	58%
4	6,13	2,13	53%
5	7,50	2,50	50%
6	8,88	2,88	48%
7	10,25	3,25	46%
8	11,38	3,38	42%
9	13,00	4,00	44%
10	14,38	4,38	44%

Aus der Formel für die Bruttoprämie ergeben sich einige für die Praxis wichtige Konsequenzen:

1. *Mindestprämien.* Je geringer die Nettoprämie ist, einen desto größeren Anteil an der Bruttoprämie machen die Zuschläge aus. Lautet die einzelne Versicherung noch dazu über eine geringe Versicherungs-

summe, so würde die in Promillesätzen der Versicherungssumme berechnete Bruttoprämie bald nur mehr einen die tatsächlich anfallenden Unkosten nicht mehr deckenden Zuschlag enthalten. Infolgedessen sehen die meisten Tarife feste Mindestprämien vor, die bei weiterer Ermäßigung der Versicherungssumme nicht unterschritten werden dürfen.

Mindestprämien bedeuten für die kleinen und kleinsten Versicherungen eine mitunter unsozial wirkende Verteuerung. Da eine marktwirtschaftlich orientierte Betriebsökonomik Kostendeckung erstrebt, läßt sich diese Konsequenz nicht vermeiden.

2. *Größenrabatte*. Im entgegengesetzten Fall sehr hoher Versicherungssummen ergeben sich, wenn die Prämie in Prozent- oder Promillesätzen der Versicherungssumme erhoben wird, zwar relativ niedrige, aber absolut hohe Anteile für Unkosten, die von einer gewissen Höhe ab, die tatsächlich gegebenen Unkosten pro Versicherung überschreiten. Die in bezug auf die Versicherungssumme degressiv verlaufenden Unkosten ermöglichen also selbst bei gleichbleibendem Nettoprämiensatz die Einräumung von Größenrabatten.

Größenrabatte finden sich vor allem in der Lebensversicherung. In den anderen Versicherungszweigen kommen sie ebenfalls vor, wenn auch zumeist indirekt in der Weise, daß bei sehr hohen Versicherungssummen außergewöhnlich niedrige Prämiensätze angewendet werden. Als besonderer, auch den kleinen Risiken zugute kommender Vorteil der Gruppenversicherung wird es angesehen, daß an Stelle vieler Einzelverträge für die gesamte Gruppe (Organisation, Verband, Firma) nur ein Vertrag abgeschlossen und die dadurch erreichte Unkostensenkung in einer billigeren Prämie bzw. einem Rabatt zum Ausdruck kommen kann.

Eine konsequente Anwendung der Formel müßte einen Tarif ergeben, in dem bei einer mittleren Versicherungssumme, wo die Unkosten mit den Zuschlägen übereinstimmen, die tarifmäßige Bruttoprämie berechnet werden darf. Für darunter liegende Versicherungssummen müßten relativ steigende Zuschläge, für darüber hinausgehende Versicherungssummen relativ zunehmende Abschläge von der Tarifprämie eingeführt sein. Praktisch hat eine derartige Regelung wegen der weiteren Komplizierung, die sie in die Tarife bringt, keine besondere Vorliebe gefunden.

Nimmt man einen Versicherungszweig, wie die Feuerversicherung, in dem in der Regel ohne Rücksicht auf die Höhe der Versicherungssummen die Prämien in einheitlichen Promillesätzen berechnet werden, dann erweist sich das mit verhältnismäßig hohen Kosten belastete Klein- und Mittelgeschäft unter Umständen nicht so gewinnbringend wie gemeinhin unterstellt wird. Es ist dann nicht ausgeschlossen, daß eine Versicherungsgesellschaft, die sich nur auf das größere Industriegeschäft verlegt, günstiger abschneidet. Man sieht, die oft gehörte Behauptung, das angeblich in der Prämie überforderte Kleingeschäft (Hausrat und Landwirtschaft) müsse im großen Industriegeschäft eintretende Verluste ausgleichen, ist nicht so unbedingt richtig, denn kostenmäßig zumindest kann das Verhältnis umgekehrt sein.

Dem Gedanken, für hohe Versicherungssummen Größenrabatte zu gewähren, hat *Riebesell* mit dem Hinweis widersprochen, es lasse sich zeigen, daß der Nettoprämiensatz nicht unabhängig von der Versicherungssumme ist. „Wegen der größeren Ausbruchswahrscheinlichkeit bei Aneinanderreihung mehrerer Versicherungseinheiten müssen größere Versicherungssummen der gleichen Gefahrenklasse mit höheren Prämiensätzen belegt werden." Tatsächlich finden sich auch in der Feuerversicherung z. B. mit der Höhe der Versicherungssumme steigende Zuschläge für Schober, Läger und Kühlhäuser. Es wird auf die besonderen Umstände des jeweiligen Versicherungszweiges ankommen, ob die Progression der Nettoprämie mit steigender Versicherungssumme größer ist als die Kostendegression.

3. *Stärkere Belastung der schweren Wagnisse.* Werden die abhängigen Kosten wie oben in Promillen der Bruttoprämie ausgedrückt, so sind damit absolut, wenn auch nicht relativ, die schweren Wagnisse mit hohen Prämiensätzen mehr belastet als die leichten Wagnisse mit niedrigen Sätzen. Dies entspricht auch der Absicht eines marktwirtschaftlich orientierten Versicherungsbetriebes günstige Wagnisse anzuziehen, schlechteren Wagnissen gegenüber aber Zurückhaltung zu zeigen. Eine höhere Belastung der schweren Wagnisse ist in gewissem Sinne auch angebracht, weil die Bearbeitung dieser Versicherungen in den meisten Fällen auch mehr Arbeit erheischt (genauere Prüfung, sorgfältigere und ausführlichere Beurkundung, ständige Überwachung usw.).

   In der Lebensversicherung wählt man als Bezugsgröße der abhängigen Kosten vielfach nicht die Bruttoprämie, sondern die Versicherungssumme. Dann sind bei gleicher Versicherungssumme und gleichem Unkostenzuschlag selbstverständlich ungünstige und günstige Wagnisse in demselbem Maße mit Unkosten belastet.

4. *Vorauszahlungsrabatte.* Wenn ein Versicherungsnehmer die Prämie im voraus für mehrere Jahre bezahlt, erspart er dem Versicherer die alljährlich auftretenden Kosten der Quittungsherstellung, -verrechnung und -aufforderung und ermöglicht ihm die vorausbezahlten Prämienteile zinstragend anzulegen. Diese Kosteneinsparung und dieser Zinsgewinn begründen Nachlässe bei Vorauszahlung der Prämien auf mehrere Jahre. Voraussetzung ist allerdings Stabilität der Währung. Bewegt sich im Falle einer Geldentwertung die Entschädigung parallel und hat der Versicherer keine Handhabe, Prämien nachzufordern, dann kann das Vorauszahlungszugeständnis zu erheblichen Verlusten führen. In Zeiten unsicherer Währungslage nehmen deswegen die Versicherer Prämienvorauszahlungen nicht oder nur sehr ungern an.

   Was allein die Einsparung der jährlichen Prämienaufforderung bedeutet, mag man daraus ersehen, daß die Kosten der Herstellung eines Briefes vor dem Krieg mindestens 0,45 DM betragen haben *(Gürtler)*. Heute dürften die Kosten höher liegen.

Die Abschlußkosten im besonderen

Unter den Unkosten kommt wegen ihrer Höhe den *Abschlußkosten* eine besondere Bedeutung zu. Sie setzen sich aus der Abschluß-(Erwerbs-)provision, die nach der Länge der beantragten Versicherungsdauer gestaffelt ist und im einfachen (Hausrat-) Geschäft der Feuerversicherung z. B. bei 10-jährigen Verträgen bis zu 70% der ersten Jahresprämie ansteigt, und den sonstigen Aufwendungen des Versicherers, um die Versicherung abschlußreif zu machen (Werbebesuche, Besichtigung, Antragsentwurf, Herstellung des Versicherungsscheines, Ordnung der Rückversicherung), zusammen. Wenn auch die hohen Erwerbsprovisionssätze nur im sog. einfachen Geschäft gewährt werden, bei dem die sonstigen Abschlußkosten geringer sind, so stellen sich dafür im Industriegeschäft, für das keine Abschlußprovisionen (im ersten Jahr also nur die laufenden Provisionen) bezahlt werden, infolge der meist schwierigen Verträge die sonstigen Abschlußkosten höher. Im Endeffekt verschlingen die Abschlußkosten in der Mehrzahl der Fälle einen erheblichen Teil der ersten Jahresprämie, ja überschreiten diese nicht selten, es sei denn, es handelt sich um eine Versicherung mit großer Summe und demnach sehr hoher Prämie. Da die großen Versicherungen dünn gesät sind, die große Masse des Neuzuganges sich aus mittleren und kleinen Versicherungsverträgen zusammensetzt, was der Versicherer wegen des günstigeren Verlaufs dieses Geschäfts sogar wünscht, muß der Versicherer entweder im ersten Jahr zu der während der ganzen Vertragsdauer gleichbleibenden Prämie einen die hohen einmaligen Abschlußkosten deckenden Zuschlag erheben; dies geschieht praktisch wenigstens für einen Teil der Abschlußkosten durch die Erhebung sogenannter Gebühren (Ausfertigungs-, Versicherungsschein-, Aufnahmegebühren). Oder er muß, wenn dieser Weg nicht zum Ziel führt, die einmaligen Abschlußkosten auf die ganze Vertragsdauer verteilen und aus den laufenden Zuschlägen zur Nettoprämie tilgen.

Eine Gesellschaft mit sehr großem Altbestand, bei der die Neuabschlüsse nur einen verhältnismäßig kleinen Teil der Gesamtprämieneinnahme ausmachen, kann im allgemeinen die Abschlußkosten ohne Schwierigkeiten abbuchen. Anders eine junge Gesellschaft mit sehr hohem Neuzugang. Diese erleidet, da sie den Anteil der Nettoprämie zur Bezahlung der laufenden Schäden benötigt, bilanzmäßig in den Anfangsjahren einen Verlust nahezu in Höhe der Abschlußkosten, der zu Lasten des Gründungs- oder Organisationsfonds verrechnet werden muß. Hierin ist, abgesehen davon, daß die spätere Gesellschaft nur noch das Geschäft erwerben kann, daß die früheren Gesellschaften übriggelassen haben, auch ein Grund dafür zu sehen, daß jüngere Gesellschaften meistens nicht so rentabel arbeiten wie ältere.

Die Berechnung des Zuschlages für die Abschlußkosten kann in der Weise erfolgen, daß diese in einen Satz für abhängige und einen Satz für unabhängige zerlegt werden. Beide Posten müssen im Laufe der Vertragsdauer (eventuell unter Einrechnung einer Stornowahrscheinlichkeit) getilgt werden. Der unter Berücksichtigung des Zinses auf den Vertragsanfang abgezinste Barwert aller Abschlußkostenzuschläge muß dann gleich den aufgewendeten Abschlußkosten sein. Daraus folgt, daß der Zuschlag für die Abschlußkosten um so höher ausfällt, je höher der Rechnungszinsfuß angesetzt und je höher die Stornowahrscheinlichkeit gewählt wird.

Wo, wie in der privaten Krankenversicherung, während einer gewissen Zeit nach Versicherungsbeginn Ansprüche gegen den Versicherer nicht gestellt werden können (Wartezeit), kann auf die Einrechnung der Abschlußkosten verzichtet werden, sofern diese nicht höher sind als die Prämieneinnahmen während der Wartezeit.

Wegen der Berechnung der übrigen Kosten und ihrer Umwandlung in die in den festen Zuschlag f und den abhängigen Zuschlag a eingehenden Anteile muß auf die Spezialliteratur, insbesondere auf die Arbeiten *Gürtlers* verwiesen werden.

Abschlußkosten und Deckungskapital

Ein besonderes Problem werfen die verhältnismäßig hohen Abschlußkosten bei Versicherungen mit altersabhängigen Prämien, d. h. praktisch in der Lebensversicherung auf. Unterstellt man, daß die Abschlußkosten pro Versicherung in Höhe von 1000,— DM im Durchschnitt A DM ausmachen, so ist die Gesamtausgabe an Abschlußkosten für die D_x Antragsteller im Alter x (= Zahl der Lebenden im Alter x, also L_x diskontiert auf das Geburtsjahr): $A \cdot D_x$.

Die im § 13 entwickelten Formeln für die Lebensversicherung besagen, daß die während eines n jährigen Vertrages für Versicherungsleistungen anfallenden Ausgaben:

$(M_x - M_{x+n}) \cdot V$ bei der Risikoversicherung

$(M_x - M_{x+n} + D_{x+n}) \cdot V$ bei der Todes- und Erlebensfallversicherung

auf die Gesamtheit der während der n Versicherungsjahre unter Versicherungsschutz stehenden Personen: $N_x - N_{x+n}$ aufgeteilt werden. In gleicher Weise werden die zu Beginn der Versicherungsdauer gegebenen Abschlußkosten in Höhe von $A \cdot D_x$ auf die während der Vertragsdauer unter Versicherungsschutz stehenden Personen aufgeteilt. Daraus ergibt sich der pro versicherte Person pro Jahr notwendige Zuschlag für die einmaligen Abschlußkosten mit

$$\frac{A \cdot D_x}{N_x - N_{x+n}}$$

Addiert man diesen Zuschlag zu den im § 13 angegebenen Formeln der Nettoprämie hinzu, so erhält man *Netto- oder Reinbeiträge, die auch die Abschlußkosten enthalten:*

a) *Risikoversicherung*

$${}_{|n}P_x = \left(\frac{M_x - M_{x+n}}{N_x - N_{x+n}}\right) \cdot V + \frac{A \cdot D_x}{N_x - N_{x+n}} \quad \text{oder}$$

$$\boxed{{}_{|n}P_x = \frac{(M_x - M_{x+n}) \cdot V + A \cdot D_x}{N_x - N_{x+n}}}$$

b) *bei der gemischten Versicherung*

$$P_{x,\overline{n|}} = \left(\frac{M_x - M_{x+n} + D_{x+n}}{N_x - N_{x+n}}\right) \cdot V + \frac{A \cdot D_x}{N_x - N_{x+n}} \quad \text{oder}$$

$$\boxed{P_{x,\overline{n|}} = \frac{(M_x - M_{x+n} + D_{x+n}) \cdot V + A \cdot D_x}{N_x - N_{x+n}}}$$

Beispiel: Der in § 13 angezogene 30jährige, der eine Risikoversicherung bzw. eine gemischte Versicherung auf die Dauer von 10 Jahren einging, zahlte bekanntlich ohne Berücksichtigung der Abschlußkosten:

für die Risikoversicherung .... 4,88 DM

für die gemischte Todes- und Erlebensfallversicherung .... 86,84 DM.

Wenden wir die eben aufgestellten Formeln an, so berechnen sich die Reinbeiträge dieses Versicherungskandidaten; wenn A = 10,— DM bzw. 35,— DM:

a) *Risikoversicherung:*

$${}_{|10}P_{30} = \frac{(149\,655{,}70 - 132\,891{,}68) \cdot 1000 + 10 \cdot 398\,363}{8\,538\,940 - 5\,103\,694} = 6{,}04 \text{ DM},$$

b) *gemischte Versicherung:*

$$P_{30,\overline{10|}} = \frac{(149\,655{,}70 - 132\,891{,}68 + 281\,543) \cdot 1000 + 35 \cdot 398\,363}{8\,538\,940 - 5\,103\,694} = 90{,}89 \text{ DM}.$$

Man sieht, die Abschlußkosten verteuern die Risikoversicherung mit ihren niedrigen Prämien erheblich mehr als die gemischte Versicherung mit ihren höheren Beiträgen. Der in Rechnung gestellte Abschlußkostenbetrag von 35,— DM (= 35‰ der Versicherungssumme) wird in der Todes- und Erlebensfallversicherung angewendet; in der Risikoversicherung wird man also die Abschlußkosten drücken und schärfer kalkulieren müssen, um eine zu weitgehende Verteuerung der Prämie zu vermeiden, weswegen auch nur mit Abschlußkosten in Höhe von 10,— DM gerechnet wurde.

Die nachstehende Tabelle zeigt, wie die Einbeziehung der Abschlußkosten in Höhe von 10,— DM bzw. 35,— DM pro 1000,— DM Versicherungssumme sich auf die Prämie einer Risikoversicherung und einer gemischten Versicherung auswirkt, wenn die Versicherungsdauer sich von 1 bis 10 Jahre ändert. Ausgegangen wird wieder von einem 30jährigen, für dessen Versicherung die Nettoprämien (zu einem Rechnungszinsfuß von 3%) auf Seite 169 errechnet wurden.

Versicherungs-dauer	Risikoversicherung		Todes- und Erlebensfallvers.	
	reine Netto-prämie	Reinbeitrag mit Abschluß-kosten	reine Netto-prämie	Reinbeitrag mit Abschluß-kosten
1 Jahr	3,58	13,58	970,88	1005,87
2 Jahre	3,67	8,75	479,19	496,98
3 „	3,77	7,21	315,35	327,43
4 „	3,89	6,51	233,53	242,72
5 „	4,02	6,16	184,48	191,95
6 „	4,17	5,98	151,82	158,16
7 „	4,34	5,92	128,54	134,06
8 „	4,51	5,92	112,55	116,03
9 „	4,69	5,94	97,61	102,05
10 „	4,88	6,04	86,84	90,89

Bei einer nur einjährigen Versicherung verteuert sich die Prämie um den vollen Betrag der Abschlußkosten, bei den mehrjährigen Verträgen nimmt der Unterschied der Prämien infolge der Verteilung der Abschlußkosten auf eine Reihe von Jahren laufend ab; absolut zahlt der Versicherungsnehmer in wiederholten Raten etwas mehr, als die anfänglich aufgewendeten Abschlußkosten ausmachen, weil für die jeweils ausstehenden Teile der Abschlußkosten noch der Zins (mit 3%) zu entrichten ist. Während die reine Nettoprämie in der Risikoversicherung mit der Länge der Vertragsdauer laufend zunimmt, verursacht die Einbeziehung der Abschlußkosten mit einem festen Betrag zunächst eine Abnahme der Prämie, die solange dauert, bis die Degression der festen Abschlußkosten von der Zunahme der reinen Nettoprämie überholt wird; dann ergibt sich wieder ein Ansteigen der Prämie.

Die vorstehend berechneten Prämien enthalten die Mittel für die Vollbringung der versprochenen Versicherungsleistungen (Zahlung der Versicherungssumme im Falle des Todes oder des Erlebens) und die Mittel zur Bestreitung der Abschlußkosten im ersten Versicherungsjahr. Um zu der in den Tarifen stehenden Bruttoprämie zu kommen, muß noch der Sicherheitszuschlag und der Verwaltungskostenzuschlag einkalkuliert werden. Unterstellt man die laufenden prämienabhängigen Unkosten mit a% der Bruttoprämie, den Sicherheitszuschlag (wie in der Lebensversicherung üblich) pro 1000,— DM Versicherungssumme mit s und die laufenden prämienunabhängigen Unkosten mit f, so berechnet sich die Bruttoprämie analog der oben gegebenen Formel:

$$B = P + s + f + a \cdot B \text{ oder } B - a \cdot B = P + s + f$$

$$\boxed{B = \frac{P + s + f}{(1 - a)}}$$

Der Unterschied gegenüber der früheren Formel ist nur, daß hier der Sicherheitszuschlag s als ein von der Nettoprämie unabhängiger Betrag eingesetzt ist. Nimmt man a mit 5%, s mit 1,— DM und f mit 2,— DM an, so beträgt die Bruttoprämie für die 10jährige Todes- und Erlebensfallversicherung des 30jährigen in Höhe von 1000,— DM:

$$B = \frac{90{,}89 + 1 + 2}{1 - 0{,}05} = \frac{93{,}89}{0{,}95} = 98{,}83 \text{ DM.}$$

Zum Vergleich sei daran erinnert, daß die reine Nettoprämie für diese Versicherung bekanntlich mit 86,84 DM ermittelt wurde. Durchrechnung für verschieden hohe Prämien (z. B. nach den Sätzen der vorstehenden Tabelle) ergibt, daß der Unterschied zwischen Brutto- und Nettoprämie absolut bei hohen Prämienbeträgen größer ist als bei niedrigen, relativ zur Nettoprämie jedoch bei den niedrigen Prämien mehr ausmacht als bei den hohen.

Die zu Beginn der Versicherung angefallenen einmaligen Abschlußkosten werden auf die gesamte Laufzeit des Vertrages aufgeteilt. Bei einem mehrjährigen Vertrag sind sie einschließlich der für sie zu berechnenden Zinsen erst mit dem Vertragsende bezahlt. Sie beeinflussen demnach die Höhe des Deckungskapitals. In der folgenden Tabelle sind nach den auf Seite 224 angeführten Formeln die Deckungskapitalien auf den Schluß eines jeden Jahres für die dort als Beispiel gewählten Versicherungsverträge unter Zugrundelegung eines Zinsfußes von 3% ausgerechnet (Spalten c und f). Als Prämie ist dabei der die einmaligen Abschlußkosten enthaltende Betrag von 6,04 DM für die reine Todesfallversicherung und 90,89 DM für die gemischte Todes- und Erlebensfallversicherung eingesetzt. Die in den eigentlichen Tarifprämien noch enthaltenen Zuschläge für Sicherheit und laufende Verwaltungskosten werden nicht berücksichtigt, weil diese Jahr für Jahr anfallenden Beträge auch laufend Jahr für Jahr in den Bruttoprämien mit beglichen werden. Zum Vergleich sind die aus den reinen Nettoprämien auf Seite 174 errechneten Deckungsreserven wiederholt (Spalten b und e).

auf das Ende des . . ten Jahres	Risikoversicherung			Todes- und Erlebensfallvers.		
	Deckungskapital			Deckungskapital		
	aus Nettoprämie	einschl. Abschlußkosten	Differenz b—c	aus Nettoprämie	einschl. Abschlußkosten	Differenz e—f
a	b	c	d	e	f	g
1. Jahres	1,34	—7,80	9,14	86,05	54,12	31,93
2. Jahres	2,55	—5,70	8,25	174,88	146,07	28,81
3. Jahres	3,56	—3,80	7,36	266,56	240,96	25,60
4. Jahres	4,33	—2,06	6,39	361,20	338,89	22,31
5. Jahres	4,75	—0,66	5,41	458,91	440,02	18,89
6. Jahres	4,72	0,38	4,34	559,85	544,48	15,37
7. Jahres	4,35	0,99	3,36	664,20	652,48	11,72
8. Jahres	3,43	1,19	2,24	772,19	764,23	7,96
9. Jahres	1,99	0,86	1,13	884,03	879,98	4,05
10. Jahres	—	—	—	1000,—	1000,—	—

Für die Risikoversicherung hat der Versicherer zu Beginn des 10. Jahres insgesamt einen Betrag von 6,90 DM (6,04 DM Jahresprämie + 0,86 DM Deckungsreserve) zur Verfügung, womit die für die Schadenszahlungen nötige Nettoprämie von 6,87 DM gedeckt ist (vgl. die Tabelle auf Seite 170).

Für die gemischte Versicherung liegen bei dem Versicherer zu Beginn des 10. Jahres bereit: 879,98 DM Deckungskapital + 90,89 DM aus der laufenden Prämie = 970,87 DM. 3% Zins ergeben bis zum Ende des 10. Jahres 29,13 DM, womit der am Vertragsende für jede Versicherung auszuzahlende Betrag von 1000,— DM erreicht ist.

Die Spalten d und g der vorstehenden Tabelle zeigen den Unterschied zwischen den aus den reinen Nettoprämien berechneten Deckungskapitalien (Spalten b bzw. e) und den unter Berücksichtigung der einmaligen Abschlußkosten ermittelten Deckungskapitalien (Spalten c bzw. f). Wie die Spalten d und g zeigen, sind diese Deckungskapitalien gegenüber den zuerst genannten jeweils um den Barwert der noch ausstehenden Tilgungsquoten der einmaligen Abschlußkosten gekürzt. Bei vorzeitiger Aufhebung der Versicherung kann, will der Versicherer keinen Verlust erleiden, nur dieses gekürzte Deckungskapital herausgegeben werden.

Ein Blick auf die Spalte c belegt, wie früher schon angedeutet wurde, daß durch die Einrechnung der einmaligen Abschlußkosten in gewissen Fällen auch im Bereich steigender natürlicher Prämien negative Deckungskapitalien auftreten können, wenn üblicherweise gleichbleibende Prämien erhoben werden. Solange negative Deckungsreserven vorliegen, verläuft das betreffende Geschäft für den Versicherer mit Verlust, den er erst in späteren Jahren aufholen kann. Da die Abgangswahrscheinlichkeit (Stornohäufigkeit) eine keineswegs belanglose Größe darstellt, muß der Versicherer das Entstehen derartiger negativer Deckungskapitalien zu vermeiden suchen. Er wird bestrebt sein bei derartigen Geschäften, wenn er sie überhaupt tätigt, die Abschlußkosten auf das äußerste zu drücken, er wird nur geringe oder gar keine Abschlußprovision vergüten, dafür eher die laufende Provision erhöhen, um den Verlust in den engstmöglichen Grenzen zu halten.

Um die Berechnung der Deckungsreserven wurde ein langer Streit geführt, bis sich die hier angewandte Methode durchgesetzt hat. Zuerst stellte man nach der sog. *Nettomethode* die ungekürzten Deckungskapitalien, wie in den Spalten b und e aufgeführt und im § 13 auf Seite 174 errechnet, zurück. Dem Versicherer entsteht daraus ein bilanzmäßiger Verlust in Höhe der Abschlußkosten, der bei großem Neuzugang und hoher Stornohäufigkeit unter Umständen sehr schwerwiegend ist. Der Versicherungsmathematiker *August Zillmer* (1831—1893) kürzte dann die zuerst nach der Nettomethode berechneten, also ungekürzten Deckungsrücklagen nach Maßgabe der jeweils noch nicht getilgten ersten Unkosten (sog. *gezillmertes Deckungskapital*). Den anfänglich niedrigen Deckungsreserven müssen daher in den nachfolgenden Jahren Nettoprämien zugeführt werden, die um einen Unkostenzuschlag vermehrt sind. Diese nachträgliche Auffüllung der Prämienreserven läßt den Eindruck entstehen, als ob der Versicherer aus der angeblich richtigen Deckungsrücklage Mittel zur Bestreitung der Abschlußkosten entnehme. Erheblichen Widerständen zum Trotz hat sich der Zillmersche Gedanke behauptet und in der hier angewandten, von *Höckner* zur „*Methode der ausreichenden Prämien*" abgewandelten Form durchgesetzt, bei der gleich von Anfang an ein Tilgungszuschlag für die Abschlußkosten als weitere Rechnungsgrundlage neben Sterblichkeit und Zins eingeführt wird. Der Unterschied zwischen den ungekürzten und gekürzten Deckungskapitalien (siehe nebenstehende Tabelle) ist anfänglich am größten, verringert sich fortlaufend, um mit dem Vertragsende zu verschwinden. Bei Aufrechterhaltung der vereinbarten Vertragsdauer führen beide Verfahren zu demselben Ergebnis.

Schrifttum: Zu Abschnitt I siehe a) *Werner Mahr* „Zur Konjunkturabhängigkeit der Feuerversicherung", in Z. f. d. g. Verw.-W., Bd. 34; b) *Herbert Brückner* „Die

Ursachen für den Schadenverlauf in der Feuerversicherung einiger außerdeutscher Länder", im Weltw.-Archiv, 51. Bd., 1940; c) *Riebesell* „Einführung in die Sachversicherungsmathematik", Berlin 1936. Einzusehen ist ferner die statistische Literatur (Vgl. Seite 136).

Zu Abschnitt II die angeführten Bücher von *Gürtler* und *Deck*, ferner *Christian Gasser* „Aktuelle Probleme der Schweizerischen Lebensversicherung", o. J. und das auf Seite 185 genannte Schrifttum.

§ 16. Die Einhebung der Prämien

Nachdem der Versicherer die für die Übernahme gewisser Risiken zu fordernden Brutto-(Tarif-)prämien bestimmt und bei Anwendung spezieller Prämien in einem Tarif zusammengestellt hat, entsteht das weitere Problem, wie die sich aus den Prämientabellen ergebenden Prämienbeträge von den Versicherungsnehmern eingehoben werden sollen und können. Auch hierbei steht der Versicherer, gleichgültig, ob es sich bei ihm um einen Zwangsversicherer oder einen im Wettbewerb mit anderen gleichartigen Versicherern arbeitenden Versicherer handelt, vor der Aufgabe, einen Ausgleich zu finden, zwischen den versicherungstechnischen Notwendigkeiten einerseits und dem Zahlungsvermögen bzw. der Zahlungsbereitschaft der Versicherten andererseits. Es genügt nicht, die für die Durchführung des Versicherungsbetriebes erforderlichen Einnahmen auf dem Papier zu errechnen, es müssen im Falle der Inanspruchnahme der versprochenen Versicherungsleistung die entsprechenden Mittel tatsächlich bereit liegen. Es muß aber auch, soll die Versicherung ihrem wirtschaftlichen Sinne gerecht werden, vermieden werden, daß sich eine Kürzung des zugesagten Leistungsumfanges oder eine Prämiennachforderung notwendig macht. Prämien und Leistungsumfang des Versicherers stehen, wie die Grundsätze der Prämienkalkulation gezeigt haben, in einem unlösbaren Zusammenhang, in dem das eine nicht ohne das andere bestimmt werden kann.

Man kann dies als die *versicherungstechnische Unbestimmtheitsrelation* bezeichnen. Je exakter im Hinblick auf künftige Leistungen der Schadenfall und die daraus resultierende Ersatzpflicht des Versicherers im voraus festgelegt ist, desto unbestimmter ist die für die tatsächliche Erfüllung dieser Versprechungen notwendige Prämie. Umgekehrt, um so stabiler und unveränderlicher ein Prämiensatz festgelegt wird, desto problematischer wird die Erfüllbarkeit der Versicherungsleistung unter allen Umständen. Wird die eine Größe, Prämie oder Leistungsversprechen, als unabhängige Konstante gesetzt, muß die andere Größe variabel sein. Auch der Versicherer kann die Unsicherheiten des Lebens in seinem Kollektiv nicht in ein restlos gültiges Rechenwerk zwängen. An der Verkennung dieses nun einmal unabänderlichen Zusammenhanges ist schon manche Versicherung gescheitert.

In der mit festen Prämien arbeitenden Privatversicherung wirkt sich diese Unbestimmtheitsbeziehung dahin aus, daß der Versicherer seine Kulanz in der Schadenregulierung, sei es in der Anerkennung zweifelhafter Schadenfälle oder Schadensumfänge, sei es in der Leistung freiwilliger Entschädigungen, variiert; daß er sich mit mehr oder weniger Nachdruck auf die bei Abfassung des gegebenen Tarifes herrschenden Gefahrenverhältnisse beruft, die allgemeinen Ausschlußbestimmungen (unmittelbarer oder mittelbarer Zusammenhang mit inneren Unruhen, Kriegsereignissen, Erdbeben) strenger auslegt und an die dem Versicherten obliegenden Beweispflichten höhere Anforderungen stellt. Unter Umständen erfordert er eine autoritäre Ermächtigung, die bestehenden Verträge einseitig ändern zu können, wie es nach dem letzten Kriege z. B. in der Einbruchdiebstahl- und Kraftfahrzeughaftpflichtversicherung in Richtung einer Anpassung der Prämien an die geänderten Gefahrenverhältnisse geschah. Die Sozialversicherung hingegen neigt ihrer Struktur nach dazu, die Schadensleistungen absolut festzulegen, sie bei sinkender Kaufkraft des Geldes bei den Rentenversicherungen auch für die bereits laufenden Renten zu erhöhen mit der Folge, daß entweder die Beiträge oder die Staatszuschüsse oder beide erhöht werden müssen. Sicherheitszuschläge oder Reserven gestatten der Privatversicherung und Sozialversicherung wohl für eine beschränkte Zeit diesen Notwendigkeiten auszuweichen, offenbart sich jedoch das Mißverhältnis zwischen Prämien und Schäden als dauernd, kommt man um eine Neuanpassung dieser beiden Größen aneinander nicht herum. Modifizierend kann unter Umständen die augenblickliche Effektivverzinsung der Anlagemittel oder die Unkostenhöhe einwirken insofern, als sie im Falle unabänderlich festliegender Schadenleistungen die veränderlichen Bruttoprämien berühren oder bei unabänderlichen Prämien den Spielraum für eine Varianz der Entschädigungen einengen oder ausweiten.

Betrachtet man die versprochenen Versicherungsleistungen als absolut unabänderlich, so muß man eine gewisse Veränderlichkeit der Prämiensätze hinnehmen und gelangt hinsichtlich der Prämienerhebung zu dem sog. Umlageverfahren. Legt man sich auf die unbedingte Stabilität der anderen Größe, des Prämiensatzes fest, dann muß man sich ausdrücklich oder stillschweigend wenigstens in den engen Grenzen der Kulanzentschädigungen eine Variation der Versicherungsleistungen vorbehalten und kommt damit zu dem sog. Prämienverfahren. Beide Verfahren können unabhängig davon angewendet werden, ob es sich um generelle oder spezielle Prämien handelt.

I. Das Umlageverfahren (System der Jahresaufwandsdeckung)

Beim Umlageverfahren werden die in jeder Versicherungsperiode, meist im Wirtschafts- bzw. Kalenderjahr, erforderlichen Aufwendungen festgestellt und nach irgendeinem festgelegten Schlüssel auf die Versicherten verteilt. Soll dieses Verfahren nicht zu stark schwankenden Prämienzahlungen oder einer unterschiedlichen Behandlung der einzelnen Versicherten führen, so muß dem Belieben des Versicherers, ob und wieweit er eine Entschädigung zugestehen will, eine enge Grenze gezogen sein. Versicherungsfall und Höhe der Versicherungsleistung müssen für alle möglichst eindeutig festliegen. Gerade weil der Versicherer die Prämie variieren kann, muß hintangehalten sein, daß er auf Kosten der Versicherten zu großzügig handelt oder seine Gunst unterschiedlich walten läßt. Das Umlageverfahren kommt in primitiver und in verfeinerter Weise vor.

a) *Umlageverfahren des tatsächlichen Bedarfs.* Am Schluß des Rechnungsjahres wird der wirklich während des Jahres angefallene Aufwand für Versicherungsleistungen nebst den Verwaltungskosten ermittelt und auf die Versicherten umgelegt.

Dieses verhältnismäßig einfache Verfahren erspart die möglichst genaue Vorauskalkulation der Prämien und hebt von den Versicherten praktisch nur die um den Unkostenzuschlag vermehrte natürliche Prämie ein. Problematisch ist nur der Schlüssel, nach dem man den Jahresaufwand auf die Versicherten verteilt (nach der Kopfzahl, nach der Versicherungssumme, nach der Zahl der beschäftigten Arbeitskräfte oder nach anderen Merkmalen).

b) *Umlageverfahren des vorausbemessenen Bedarfs.* Zu Beginn des Rechnungsjahres werden nach den geschilderten Methoden der zu erwartende Schadenaufwand und die vermutlichen Verwaltungskosten geschätzt und der so vorausbemessene Bedarf nach dem vereinbarten Schlüssel auf die Versicherten umgelegt. Anders als beim System des tatsächlichen Bedarfs sind hier Über- und Unterschätzungen des Bedarfs möglich.

Dieses Verfahren bedeutet gegenüber dem primitiven des tatsächlichen Bedarfs nur dann eine Verbesserung, wenn die Summe der vorausbemessenen Beiträge möglichst mit den tatsächlich anfallenden Aufwendungen übereinstimmt. Seine Anwendung erfordert demnach eine genaue Kalkulation der im voraus eingehobenen Beiträge. Zu hohe Prämien führen zu Überschüssen, verleiten den Versicherer zu Unwirtschaftlichkeit und entziehen, selbst wenn die Überschüsse zurückvergütet oder auf die folgenden Jahresbeiträge angerechnet werden, dem Kreis der Versicherten vorzeitig Mittel. Sind die Prämien zu niedrig festgesetzt worden, kann der Versicherer seine Verpflichtungen nicht alle rechtzeitig erfüllen und die Versicherten werden mit Nachforderungen überrascht.

Bei dem Umlageverfahren des vorausbemessenen Bedarfs wird die kalkulierte Prämie als sog. *Vorprämie* zu Beginn des Versicherungsjahres eingehoben. Um dem Versicherer einen Arbeitsfonds zur Verfügung zu stellen, kann das gleiche auch beim Umlageverfahren des tatsächlichen Bedarfs geschehen. Zu Ende des Versicherungsjahres wird dann die Differenz zwischen den Gesamtprämieneinnahmen und den Schadensleistungen, wenn sie positiv ist, nach dem Prämienschlüssel an die Versicherten als „Dividende" zurückvergütet oder, um Arbeit zu sparen, für das nächste Jahr eine um die Dividende des Vorjahres gekürzte Vorprämie eingehoben. Haben die Schadenaufwendungen die Summe der vorausbemessenen Prämien überschritten, dann wird der Mehrbedarf als sog. *Nachprämie* (Nachschuß) auf die Versicherten verteilt und eingehoben.

Das Umlageverfahren bietet einige *Vorzüge:*

1. Es ist einfach anzuwenden und wird deswegen von kleinen Versicherungsvereinen und Versicherungskassen (Sterbekassen) bevorzugt. Seine Anwendung ist jedermann leicht verständlich.

2. Eingehoben wird praktisch nur der jeweilige Jahresbedarf. Der Versicherer selbst erzielt weder Gewinne noch Verluste, weil er die ersten an die Versicherten herausgeben muß, die zweiten auf die Versicherten abwälzt. Der Versicherer trägt nicht das Risiko, daß die Prämien nicht ausreichen. Das Risiko des Versicherungsbetriebes tragen in Wahrheit die Versicherten in ihrer Gesamtheit.

3. Da die Gesamtprämien (Vorprämien einschließlich der Nachprämien bzw. abzüglich der Dividenden) mit den tatsächlichen Aufwendungen übereinstimmen, zahlt der Versicherte praktisch nur seinen Anteil an der natürlichen Prämie zuzüglich des Verwaltungskostenzuschlags. Grundsätzliche Gegner der erwerbswirtschaftlichen Versicherungsorganisation unterstreichen diesen Vorzug besonders. Den Befürwortern einer sozialistischen oder kollektiven Wirtschaftsordnung erscheint das Umlageverfahren deswegen als unbedingt empfehlenswert.

4. Da der Versicherer praktisch kein Risiko läuft, läßt sich das Umlageverfahren dort mit Vorteil anwenden, wo die für eine Kalkulation der Prämien erforderlichen statistischen Unterlagen über Schadenhäufigkeit und Schadenumfang noch nicht oder nicht ausreichend vorliegen. Dies war mit ein Grund, warum es für die deutsche Sozialversicherung bei deren Einführung gewählt wurde.

Aber wie allem Irdischen haften dem Umlageverfahren auch eine Reihe von *Nachteilen* an:

1. Es führt für die Versicherten zu jährlich schwankenden Prämienzahlungen, was in Jahren hohen Schadenanfalles oder schlechten Geschäftsganges sehr nachteilig werden kann. In gewissen Grenzen und für eine begrenzte Zeit lassen sich Prämienschwankungen vermeiden, wenn die Prämien richtig berechnet werden und dem Versicherer in guten Zeiten die Ansammlung von Reserven gestattet ist.
2. Da aus natürlichen Vorgängen der Kreis der Versicherten nie konstant sein kann (Ausscheiden einzelner Mitglieder, Neueintritt anderer), kommt der Prämienausgleich aus der Auflösung von Reserven nicht immer dem Personenkreis zugute, der die Reserven angesammelt hat.
3. Niedrige Vorschußprämien locken neue Mitglieder an, hohe Nachschüsse stoßen auf Abneigung oder Widerstand. Für eine überstandene Gefahr zahlen die Menschen nun einmal wenig gerne. Die Einforderung der Nachprämien verursacht eine zusätzliche Verwaltungsarbeit, und ein Teil der Nachschüsse erweist sich unter Umständen auch mit gerichtlicher Hilfe als tatsächlich uneinziehbar. Im Endeffekt müssen die vereinstreuen Mitglieder auch für die Unterlassungen der anderen bezahlen, die zwar den Versicherungsschutz genossen haben, sich aber von der Bezahlung der Nachprämie drücken.
4. Im umgekehrten Verhältnis zur Größe einer Organisation steht die Durchsichtigkeit und damit Kontrollierbarkeit ihrer finanziellen Transaktionen, steht die Möglichkeit einer praktisch bedeutsamen Einwirkung des einzelnen Mitglieds. Eine sich in hohen Verwaltungskosten auswirkende Unwirtschaftlichkeit der Geschäftsführung und als Aufwendungen getarnte Entnahmen lassen sich nicht immer vermeiden.
5. Das Umlageverfahren setzt einen für alle Versicherten gleichartigen Versicherungsschutz voraus. Zur Vereinfachung der Rechnung läßt man zumeist das Versicherungsjahr mit dem Geschäftsjahr zusammenfallen. Je unterschiedlicher die Gefahrenverhältnisse der einzelnen Versicherten sind, je mehr einzelne Versicherungssummen namentlich nach oben von dem Durchschnitt abweichen, je mehr kurzfristige (unterjährige) Versicherungsdauern gefordert werden, desto schwieriger ist es, einen allgemein anerkannten Verteilungsschlüssel zu finden.
6. Wird nur der jeweilige Jahresbedarf umgelegt, so ergeben sich bei altersabhängigen Prämien in geschlossenen Gesamtheiten im Laufe der Jahre steigende Umlagen. Das gleiche trifft zu, wenn eine offene Gesamtheit nicht durch entsprechenden jüngeren Neuzugang den Charakter einer stationären Gesamtheit zu wahren vermag. Brechen die Versicherungskassen zusammen, weil dieser Umstand nicht rechtzeitig beachtet wurde oder weil die Versicherten die gestiegenen Beiträge nicht mehr aufbringen können, dann sind die älteren Versicherten die am schwersten geschädigten.

Das Umlageverfahren kann in einfacher Form angewendet werden, indem für alle Versicherten die Prämien gleichmäßig (nach dem Einkommen, der Versicherungssumme usw.) berechnet werden, wodurch praktisch generelle Prämien entstehen. Es kann verfeinert werden durch Berücksichtigung der speziellen Gefahrenverhältnisse bei einzelnen Gruppen und durch die Ansammlung von Rücklagen. Bei altersabhängigen natürlichen Prämien kann man es auf gleichbleibende Prämien bzw. Vorprämien abstellen, Mehreinnahmen für Rückstellungen oder Dividenden verwenden, bei Fehlbeträgen auf die Reserven zurückgreifen oder Nachschüsse einverlangen. Das Umlageverfahren beherrscht die deutsche Sozialversicherung. In der Rentenversicherung kann sowohl der tatsächliche Jahresaufwand ebenso wie der Kapitalwert der in einem Jahr entstandenen Rentenansprüche als auch der kapitalisierte Wert der laufenden Anwartschaften und Renten umgelegt werden.

II. Das Prämienverfahren

Vom Prämienverfahren als einer speziellen Methode der Prämieneinhebung spricht man, wenn der Versicherer für die ganze Laufzeit des Versicherungsverhältnisses im voraus fest vereinbarte Prämien einhebt, ihm also zumindest ein Recht auf Nachschüsse nicht zusteht. Es kann sich dabei um gleichbleibende Prämien handeln, aber auch um Prämien, die sich nach einem vereinbarten Schema im Laufe der Zeit ändern, steigen oder fallen. Das Prämienverfahren bürdet das Risiko richtiger Kalkulation ausschließlich dem Versicherer auf und setzt eine namentlich bei langlaufenden Verträgen besonders sorgfältige und möglichst exakte Prämienberechnung voraus. Eine Ausweichmöglichkeit in engen Grenzen bietet dem Versicherer nur die Qualität (Großzügigkeit oder Engherzigkeit) seiner Schadenregulierung, wobei er jedoch die Auswirkung auf seinen Ruf (Goodwill) nicht übersehen darf.

Vorzüge des Prämienverfahrens sind:

1. Die Versicherten haben die Unsicherheit ihrer Situation in eine feste Beitragszahlung umgewandelt. Sie können in ihren Wirtschaftsplänen mit genau voraussehbaren Aufwendungen für die Versicherungen rechnen. Ein Risiko ist für sie ausgeschaltet. Selbst in Jahren ungünstigen Verlaufs des Versicherungsgeschäfts brauchen sie mit keinen weiteren Zahlungsverpflichtungen und insbesondere nicht damit zu rechnen, daß Nachforderungen zu ungelegener Zeit auftreten.
2. Die Versicherten können in Vereinbarung mit dem Versicherer die Prämienzahlung in gewissen Grenzen ihrer wirtschaftlichen Leistungsfähigkeit anpassen, gleichbleibende, fallende oder steigende Prämien vereinbaren, sind in etwas von dem jährlichen Jahresbedarf des Versicherers unabhängig.
3. Der Versicherer, der allein das Risiko trägt, kann den Versicherungsschutz nach den jeweiligen Verhältnissen des Versicherten variieren. Er kann auf seine Gefahr ebensogut häufige wie seltene Risiken übernehmen.
4. Die feste Prämie läßt den Versicherer als typisch kaufmännischen Unternehmer erscheinen, lockende Gewinne entfachen, drohende Verluste dämpfen seine Initiative. Das Selbstinteresse veranlaßt den Versicherer zu möglichst rationeller Betriebsführung (Einsparung an Verwaltungskosten).

Als *Nachteile des Prämienverfahrens* sind zu nennen:

1. Schwankungen der Schadensaufwendungen belasten allein den Versicherer und es ist möglich, daß er unter Umständen den Anforderungen nicht gewachsen ist. Das Umlageverfahren ermöglicht Fehlbeträge, namentlich bei einem großen Versichertenkreis, auf viele Schultern zu verteilen, wohingegen beim Prämienverfahren der Versicherer allein einstehen muß.
2. Die Erfüllbarkeit der Versicherungsversprechen ist allein in die Gewissenhaftigkeit und Exaktheit der Geschäftsführung des Versicherers gelegt; die Versicherten vermögen darauf keinen direkten Einfluß auszuüben. Mehr als beim Umlageverfahren muß der Versicherer, der mit festen Prämien arbeitet, auf ausreichende Prämien achten.
3. Die fehlende Einsichtsmöglichkeit in die Geschäftsgebarung des Versicherers erschwert es den Versicherten, die Bonität des Versicherers wirklich zuverlässig zu beurteilen; sie müssen sich auf die äußere Erfahrung mit diesem Versicherer verlassen. Neben der Höhe der angesammelten Reserven erklärt sich daraus die größere Beliebtheit des alten, langjährig erprobten Versicherers.
4. Dem mit festen Prämien auf sein eigenes Risiko arbeitenden Versicherer kann es nicht verargt werden, wenn er im Selbstinteresse und in gewisser Hinsicht auch

im Interesse seiner Versicherten zu einer Zurückhaltung oder Meidung gegenüber zu Recht oder zu Unrecht als ungünstig geltenden Wagnissen neigt. Es ist schon öfters vorgekommen, daß die Versicherung gemiedener Risiken auf Basis der Gegenseitigkeit im Umlageverfahren organisiert werden mußte.

5. Ein nur vorübergehendes Anschwellen der Schadenaufwendungen für eine bestimmte Gruppe von Versicherungen kann den Versicherer zu einer unberechtigt hohen Prämienaufbesserung für neue Verträge oder zu einer überstürzten Lösung von bestehenden Verträgen bei nächstmöglicher Gelegenheit veranlassen und damit die Versicherten in eine peinliche Lage bringen.
6. Das Unsicherheitsmoment hinsichtlich der Schadensregulierung kann sich je nach Lage der Verhältnisse für die Versicherten ungünstig auswirken. Als Beispiel mag auf die private Krankenversicherung verwiesen werden, wo als Krankheit „ein nach ärztlichem Urteil anomaler körperlicher oder geistiger Zustand" definiert ist, Ausgaben für Geburten also nicht ohne weiteres eingeschlossen sind, eine Reihe von Ausschlüssen für vorvertragliche Krankheiten und Wartezeiten vorgesehen sind, einige Leistungen nur zu bestimmten Mindestsätzen erfolgen und manche Leistungen (sog. Kannleistungen) erst auf vorherigen Antrag durch den Kassenvorstand bewilligt werden müssen. Während die soziale Krankenversicherung im Falle der Erkrankung für die anfallenden Kosten im vorgesehenen Rahmen unbedingt aufkommt, bietet die private Krankenversicherung keine vollständige Sicherheit, mag sich dies auch nur in verhältnismäßig wenigen Grenzfällen auswirken und mag dieser Mangel auch durch eine kulante Behandlung gemindert werden.

Nach dem Prämienverfahren können generelle und spezielle Prämien erhoben werden. Wendet man es auf generelle Prämien an, so besteht die Gefahr, daß bei einer allmählich eintretenden Änderung in der Zusammensetzung des Versicherungsbestandes (stärkere Zunahme der ungünstigeren Wagnisse, der älteren Jahrgänge) die fest vereinbarte Prämie nicht mehr ausreicht. Bei speziellen Prämien ist diese Gefahr um so mehr herabgesetzt, je mehr bei der Prämienfestsetzung die für die Gefahrenlage maßgebenden Umstände berücksichtigt werden. Da jedoch selbst die weitestgehende Gefahrenklassifikation immer nur, zugegeben sehr spezielle „generelle" Prämien liefert, ist auch beim Prämienverfahren, wie die Erfahrung bestätigt, diese Gefahr nicht völlig beseitigt. Das Prämienverfahren beherrscht die Individualversicherung; es wird praktisch auch von den meisten, insbesondere den großen, Gegenseitigkeitsvereinen benützt.

Verhältnis von Umlage- und Prämienverfahren zueinander

Wissenschaftlich läßt sich eine absolute Überlegenheit des einen Systems über das andere nicht begründen. Jedes hat seine Vor- und Nachteile und die Nachteile des einen sind nicht unbedingt Vorzüge des anderen. Es kommt auf die jeweiligen konkreten Umstände an, welches System das relativ günstigere für den einen oder anderen Teil bzw. für beide Teile ist. Ein wertendes Urteil über die beiden Verfahren ist letzten Endes meist durch ein weltanschauliches Vorurteil getrübt. Wer auf dem Boden der kapitalistischen Wirtschaftsordnung steht, wird das Prämienverfahren, wer die sozialistische Wirtschaftsordnung erstrebt, das Umlageverfahren wählen, wer zwischen diesen Extremen den „dritten Weg" sucht, wird in gegenseitiger Beschränkung beide Verfahren gelten lassen.

Man stellt mitunter das Umlageverfahren gegenüber dem Prämienverfahren als das billigere hin. Wie schon angedeutet, muß das bezüglich des Verwaltungskostenzuschlages nicht unbedingt zutreffen. Allerdings erscheint hier manchmal entgegen der oben geäußerten Vermutung das Umlageverfahren als das günstigere, wenn es sich auf die ehrenamtliche Mitarbeit der Versicherten stützen kann, während der Erwerbsversicherer hohe Werbekosten aufwenden und seine Hilfskräfte voll entlohnen muß. Ein Vergleich beider Systeme darf schließlich nicht darüber hinwegsehen, daß öffentlich-rechtliche Anstalten und manche Beamtenkassen zumindest einen Teil ihrer Verwaltungsarbeit (Werbung, Einziehung der Beiträge, Zwangsbeitreibung) auf den Behördenapparat überwälzen, d.h. letzten Endes auf den Steuerzahler. Was die natürliche Prämie anlangt, so müssen bei Zugrundelegung derselben Rechnungsgrundlagen und derselben Kalkulationsmethoden beide Verfahren theoretisch zu demselben Ergebnis führen. Arbeitet freilich das Umlageverfahren mit unzureichenden Rücklagen, kann vorübergehend der Eindruck zugunsten des Umlageverfahrens verfälscht werden, was sich später in höheren Beiträgen offenbaren muß. Je „billiger" anfänglich die Umlageprämien waren, desto höher müssen sie am Schluß werden. Diejenigen, die frühzeitig aus dem mit dem Umlageverfahren arbeitenden Versicherer ausscheiden, mögen dies als Vorteil empfinden, die Ausharrenden wird die Last um so drückender treffen. Nicht bestreiten kann man, daß das Umlageverfahren einer Tendenz der Prämienverbilligung durch fortschreitende Verbesserung der Wagnisverhältnisse rascher und allgemeiner folgt als das Prämienverfahren. Aber ob und wie lange sich feste Prämien entgegen einer natürlichen Tendenz der Senkung auf alter Höhe behaupten können, hängt von der jeweiligen Marktverfassung ab. Stehen beide Systeme in Konkurrenz miteinander und führen die mit festen Prämien arbeitenden Versicherer untereinander einen scharfen Wettbewerb, dann werden sich auch die festen Prämien ohne zu große Verzögerung anpassen: die Versicherer gewähren auf die festen Prämien auch noch während der Laufzeit der Verträge zuerst einmalige, dann dauernde Rabatte, wie immer diese im einzelnen benannt werden mögen.

Wo die Versicherten je nach ihrem Vorteil von dem einen System nach dem anderen hinüberwechseln können, schleifen sich die Unterschiede stark ab. Der Erwerbsversicherer wird sich, will er sich behaupten, teils freiwillig teils durch die Konkurrenz gezwungen, der natürlichen Prämienentwicklung anpassen, die sich beim Umlageverfahren automatisch durchsetzt. Er beteiligt unter Umständen die Versicherten am Gewinn seines Betriebes, wie es in der Großlebensversicherung, in der privaten Krankenversicherung üblich ist und neuerdings auch in der Kraftfahrzeugversicherung eingeführt wurde. Der mit dem Umlageverfahren arbeitende Versicherer auf der anderen Seite wird seine Verwaltungskosten ebenso rationell zu gestalten suchen und die Vorprämie ebenso gewissenhaft wie der Erwerbsversicherer kalkulieren, um Enttäuschungen seiner Versicherten durch Nachschüsse zu vermeiden. Jedes System ist bestrebt, seine Vorzüge stark hervortreten und seine Nachteile sich möglichst wenig auswirken zu lassen.

Die Eintreibung der Prämien

Soll der Versicherungsbetrieb in der geplanten Weise ablaufen, müssen nicht nur die in der Kalkulation verwendeten Wahrscheinlichkeitszahlen mit den tatsächlichen Häufigkeiten möglichst übereinstimmen, sondern es müssen auch die veranschlagten Prämieneinnahmen rechtzeitig und ungekürzt zur Verfügung stehen. Da es nur in Einzelfällen vorkommen darf, daß Schäden anfallen, ehe die Prämien eingegangen sind, gilt allgemein der Grundsatz, daß die Prämien jeweils zu Beginn des Versicherungsjahres fällig sind. Ratenzahlungen bedürfen der Zustimmung des Versicherers. Weiter sind dem Versicherer auch verschiedene Zwangsmittel gegeben, um die rechtzeitige Prämienzahlung zu beschleunigen. Das Recht gewährt dem Versicherer Handhaben, gegen säumige Zahler mit Nachdruck vorzugehen.

Die Beitragseinziehung der *öffentlich-rechtlichen Versicherer* erfolgt häufig durch die Finanzämter, durch Amtskassen, durch Sparkassen, durch die Bürgermeister. Die Beiträge haben den Charakter öffentlicher Abgaben und stehen in der Zwangsversteigerung und -verwaltung den gemeinen Lasten gleich, genießen Sonderrechte im Konkurs des Versicherungsnehmers und können im Verwaltungszwangsverfahren eingezogen werden.

Die *Privatversicherer* sehen in ihren Allgemeinen Versicherungsbedingungen durchgehend vor, daß die Haftung des Versicherers nicht vor Einlösung des Versicherungsscheines beginnt. VVG. § 38 gibt dem Versicherer das Recht, vom Vertrage zurückzutreten, wenn die erste Prämie nicht rechtzeitig bezahlt wird; ist die Prämie zur Zeit des Eintritts des Versicherungsfalls noch nicht gezahlt, ist der Versicherer von der Verpflichtung zur Leistung frei. Verstreicht bis zur Ausfertigung des Versicherungsscheines einige Zeit, soll aber die Haftung des Versicherers sofort beginnen, wird eine Deckungszusage erteilt; in ihr ist zumeist bedungen, daß innerhalb einer kurzen Frist (meist 10 Tage) ein Prämienvorschuß bezahlt wird, andernfalls die Haftung aus der Deckungszusage außer Kaft tritt. Wird eine Folgeprämie nicht rechtzeitig bezahlt, kann der Versicherer dem Versicherungsnehmer nach VVG. § 39 eine Frist von zwei Wochen (in der Gebäudefeuerversicherung von 4 Wochen nach VVG. § 91) setzen. Tritt der Versicherungsfall nach dem Ablauf der Frist ein und ist die Prämie nicht bezahlt, ist der Versicherer von der Verpflichtung zur Leistung frei. Nach Ablauf der Frist kann der Versicherer das Versicherungsverhältnis ohne Einhaltung einer Kündigungsfrist kündigen.

In der *Sozialversicherung* werden die vorgeschriebenen Beiträge mit Antritt der versicherungspflichtigen Beschäftigung fällig. Der Arbeitgeber hat auch die Beitragsteile der Versicherten einzubehalten und zusammen mit den ihn treffenden Anteilen an die vorgesehene Stelle abzuführen (RVO. § 394, 395, 1432, 1433, ArblVG. § 145 Abs. 3, AVG. § 183, RKnG. § 114). Rückständige Beiträge werden wie Gemeindeabgaben, meist nach einem Mahnverfahren, im Wege der Verwaltungszwangsvollstreckung, mithin nicht der zivilprozessualen Zwangsvollstreckung beigetrieben (RVO. § 28, ArblVG. § 145 Abs. 3, AVG. § 212, RKnG. § 143). Der Träger der Unfallversicherung kann die Auszüge aus der Heberolle mit einem vollstreckbaren Urteil der bürgerlichen Gerichte gleichstehenden Vollstreckbarkeitsvermerk versehen (RVO. § 754a, 810, 842, 1176). In der Rentenversicherung kann der Versicherungsträger säumige Arbeitgeber in Ordnungsstrafe nehmen (RVO. § 1488, AVG. § 336).

Bei den Privatversicherern erfolgt der Prämieneinzug weitgehend durch am Orte des Versicherungsnehmers ansässige Vertreter (Agenten). Dieses System verbürgt auf der einen Seite zwar eine persönliche Verbindung des Versicherers zu dem Versicherungsnehmer, verzögert aber in den meisten Fällen den Prämieneingang bei dem Versicherer. Zur Vermeidung allzu großer und damit gefährdeter Außenstände kann der Versicherer durch interne Anweisungen und Abmachungen wohl auf eine rasche Abführung der vom Vertreter eingezogenen Beträge drängen, hat aber keine rechtliche Handhabe, dies zu erzwingen, außer er hat sich Sicherheiten geben lassen. Ausfälle der Vertreteraußenstände sind um so weniger ganz zu vermeiden, je mehr der Versicherer mit neuen noch unerprobten Vertretern arbeitet.

Zahlungsmodalitäten

Stehen die Brutto-(Tarif-)prämien und die Einhebungsmethoden fest, so können dem Versicherten noch eine Reihe von Modalitäten in der Bezahlung der ihm obliegenden Prämienschuld gewährt werden, die praktisch eine Anpassung an seine Zahlungsfähigkeit und Zahlungswilligkeit bedeuten. Auch diese Zahlungsmodalitäten haben eine unterschiedliche ökonomische Bedeutung. Die wichtigsten Fälle sind:

1. *Vorauszahlungsprämien.* Über die grundsätzliche Verpflichtung, die Prämie jeweils zu Beginn eines Versicherungsjahres im voraus zu bezahlen, kann der Versicherte wünschen, die Prämie gleich für die gesamte Vertrags-(Versicherungs-)dauer im voraus zu bezahlen. Vorauszahlungsprämien gibt es nur bei mehrjährigen Verträgen.

Der Versicherte kann sich dadurch in günstigen Geschäftsjahren den Versicherungsschutz für die gesamte Laufzeit des mehrjährigen Vertrages finanziell sichern und sich seiner Prämienschuld in vielleicht wieder ungünstiger werdenden Jahren entlasten. Auch die Absicht, einmalig angefallene Gewinne gegen künftige Kosten aufzurechnen (Steuerersparnis!), kann mitspielen. Finanziell entsteht dem Versicherten durch die Vorauszahlung ein kleiner Vorteil, weniger durch den vom Versicherer einkalkulierten Zinsabzug, denn der Versicherte kann unter Umständen durch eine anderweitige Anlage seiner überschüssigen Gelder eine günstigere Verzinsung erreichen als durch die dem Versicherer mögliche Einsparung an sich jährlich wiederholenden Einhebekosten. Ein Nachteil kann für den Versicherten entstehen, wenn er die dem Versicherer vorausbezahlten Prämien nachträglich für vordringlichere Zwecke benötigen würde.

Beim Versicherer fallen nur die Kosten des einmaligen Einzugs der Vorauszahlungsprämie an. Er kann dem Versicherten einen über den Zinsgewinn hinausgehenden Rabatt einräumen. Andererseits ist es jedoch nicht ausgeschlossen, daß der Versicherte im Falle einer notwendig werdenden Vertragsänderung (Ermäßigung der Versicherungssumme) die Rückzahlung eines entsprechenden Teiles der vorausbezahlten Prämie verlangt. Wird dadurch auch die Nettoprämie nicht beeinflußt, so können sich doch die Verwaltungskosten gegenüber ihrem ursprünglich veranschlagten Betrag erhöhen. Der Versicherer braucht weiter mit keiner Verzögerung der Zahlungen zu rechnen, wie sie bei jährlich zahlbaren Prämien immer wieder eintreten können. Die Stornohäufigkeit pflegt bei Versicherungen mit vorausbezahlter Prämie geringer zu sein. Eine Gefahr entsteht für den Versicherer jedoch dann, wenn die Währung nicht über jeden Zweifel erhaben ist. Droht eine Währungsverschlechterung, dann werden laufend Nachversicherungen und damit laufende Prämiennachzahlungen notwendig. Besonders bei Erstrisikoversicherungen mit hohen Summen (Haftpflichtversicherung) droht die Gefahr, daß gegenüber dem gestiegenen Preisniveau die früher eingehobene Prämie unzureichend wird; Franchisen verlieren an Bedeutung. Je nach den Bestimmungen einer Währungsumstellung kann der Versicherer mit dem gleichen Nennbetrag in der umgestellten Währung zu haften haben, obgleich ihm kein Recht auf Prämiennachforderung in der neuen Währung eingeräumt wird. Es ist keineswegs sicher, daß die gesetzliche Regelung einer Währungsänderung die Belange der Versicherer genügend berücksichtigt. So gerne die Versicherer Vorauszahlungen in normalen Zeiten annehmen, so zurückhaltend zeigen sie sich, sobald nur gelinde Zweifel an der Stabilität des Geldwertes auftauchen. Ungünstig kann es sich für den Versicherer, unter Umständen auch für den Versicherten, auswirken, wenn die regelmäßige Fühlungnahme zwischen beiden durch den Wegfall des jährlichen Inkassos verlorengeht, der Versicherer den persönlichen Kontakt mit seinem Kunden verliert, der Versicherte den Versicherungsvertrag aus dem Auge verliert und etwa erforderliche Änderungen übersieht.

Da der Versicherer für die auf mehrere Jahre vorausbezahlte Gesamtprämie Zinsen bezieht, an Unkosten spart, erhebt er als Vorauszahlungsprämie eine gewisse Anzahl von Jahresprämien, die hinter der Zahl der Versicherungsjahre um so mehr zurückbleibt, je längere Laufzeit der Vertrag aufweist. Es entsteht so der Eindruck, als ob der Versicherte einige Jahre („Freijahre") prämienfrei versichert sei. Nach einer vielfach angewendeten, von *Gürtler* begründeten Staffel werden für Vorauszahlung der Prämie steigende Nachlässe gewährt, und zwar auf die Gesamtprämie (= Jahresprämie × Anzahl der Vertragsjahre) bei Vorauszahlung für 5 Jahre 20%, für 10 Jahre 25%, woraus sich im ersten Fall ein Freijahr, im zweiten zweieinhalb Freijahre errechnen.

In manchen Versicherungszweigen, z. B. in der Lebensversicherung, wird statt von Vorauszahlungsprämie von „*Einmalprämie*" gesprochen. Ein begrifflicher Unterschied kann darin gesehen werden, daß durch Einrechnung einer Stornowahrscheinlichkeit im Vergleich mit der Vorauszahlungsprämie eine nochmalige Ermäßigung möglich ist, wenn die nichtverbrauchte Prämie dem Versicherer verbleibt. Wenn die Versicherung mit der Anmeldung eines Schadens automatisch ihr Ende findet, wird der Versicherte kleinere Schäden dann nicht melden, wenn die Entschädigung geringer ausfällt als die Prämie, die er aufwenden muß, um sich für den Rest der ursprünglichen Vertragsdauer neu zu versichern.

2. *Lebenslängliche Versicherung.* Darunter versteht man eine Regelung des Versicherungsvertrages derart, daß der Versicherte gegen Zahlung einer Einmalprämie zeit seines Lebens versichert ist. Während gewöhnlich die Einmalprämie nur den Versicherungsschutz innerhalb der fest vereinbarten Vertragsdauer deckt, ist sie hier auf die im Einzelfall unbekannte Lebensdauer des Versicherten abgestellt. Solche lebenslängliche Versicherungen kommen in der Feuer- (Hausrat-) und Unfallversicherung (lebenslängliche Verkehrsmittel-Unglücksversicherung) vor. Die Versicherung kann auch für verbundene Leben (Ehepaar) genommen werden.

Die Vor- und Nachteile dieses Systems sind für beide Parteien dieselben wie bei der Vorauszahlungsprämie, nur in verstärktem Maße gegeben. Die Versicherung erlischt, wenn der Versicherte stirbt, eine Rückerstattung der nicht verbrauchten Prämie findet nicht statt, im Falle eines Schadens erlischt die Versicherung nicht.

Die Prämie für eine lebenslängliche Versicherung ist gleich den Abschlußkosten zuzüglich des Kapitalwertes einer lebenslänglich pränumerando zahlbaren Rente in Höhe der jährlichen Nettoprämie (einschließlich des Sicherheitszuschlages). Die Prämie ist demnach vom Alter des Versicherten abhängig, je älter der Versicherte ist, desto niedriger wird sie. Praktisch erfolgt keine Rückvergütung eines Teiles der Einmalprämie, wenn die Versicherung vom Versicherten freiwillig aufgegeben, gekündigt wird. Wäre diese Möglichkeit gegeben, dann würden die vom Standpunkt des Versicherers aus günstigen Risiken, die ihre Lebenserwartung nicht hoch einschätzen, durch Kündigung ausscheiden; da die erwartungsgemäßen Todesfälle jedoch in die lebenslängliche Prämie einkalkuliert sind, würden sich in dem Bestand die ungünstigen Wagnisse mit überdurchschnittlich hohen Lebensaussichten vermehren. *Gürtler* spricht sich indes für ein beschränktes Kündigungsrecht und für eine vom Gesundheitszustand des Versicherten abhängige Rückerstattung der Prämie aus, ein nicht bedenkenfreier Vorschlag. Wegen der Unübersehbarkeit der Verhältnisse bei der sehr langen Laufzeit des Vertrages wird der Sicherheitszuschlag vorsichtig anzusetzen sein.

3. „*Kostenlose*" *Weiterversicherung.* Nach dieser im Ausland vorkommenden Methode der Prämieneinhebung hat der Versicherte während einer bestimmten Zeit (meist während der ersten fünf Jahre) eine gleichblei-

bende Jahresprämie zu bezahlen, und er ist in einer bestimmten Anzahl (etwa 10) folgender Jahre noch so lange „kostenlos" versichert, bis er einen Schaden anmeldet.

In Wahrheit handelt es sich um keine kostenlose Weiterversicherung, denn während der ersten Jahre muß der Versicherte zu der normalen Prämie noch einen Zuschlag entrichten, der zum Ende der Prämienzahlungsdauer eine den Rest der Vertragsdauer deckende Einmalprämie ergibt. Wird die Versicherung vor dem Ende der Prämienzahlungsdauer aufgehoben, so sollten die bis dahin angesammelten Zuschläge einschließlich der Zinsen zurückvergütet werden. Wie bei der Einmalprämie ist anzunehmen, daß der Versicherte kleinere Schäden dann nicht melden wird, wenn ihm der Prämienaufwand für eine neue Versicherung in dem Rest der Vertragsdauer höher zu stehen kommt. Dieser Umstand übt einen mit der Länge der durchlaufenen Vertragszeit abnehmenden Einfluß auf Schadenhäufigkeit und Schadenumfang aus.

4. *Ratenzahlung (Ratenprämien).* Fällt dem Versicherten die Bezahlung der Jahresprämie auf einmal zu schwer, wird ihm auf Antrag deren Bezahlung in mehreren Raten (Halbjahres-, Vierteljahres- oder Monatsraten) zugestanden, wobei grundsätzlich die Verpflichtung zur Bezahlung der Jahresprämie aufrechterhalten wird (Grundsatz der Unteilbarkeit der Jahresprämie).

Vierteljahresraten finden sich in der Kraftfahrzeugversicherung, Monatsraten in der privaten Krankenversicherung; in der kleinen Lebensversicherung (Volksversicherung) kommen sogar Wochenbeiträge vor.

Hinsichtlich des Anteiles der Nettoprämie muß der auf den Anfang des Jahres diskontierte Barwert der aufeinanderfolgenden Raten gleich der Nettojahresprämie sein. Weniger in der Sozialversicherung mit ihrem automatischen Beitragseinzug über die Arbeitgeber, um so mehr aber in der Individualversicherung macht sich nachteilig die vermehrte Arbeit des Beitragseinzugs in erhöhten Inkassokosten bemerkbar. Ratenzahlung verteuert die Versicherung, was in dem über dem Zinssatz liegenden Ratenzuschlag zum Ausdruck kommt. Eine genaue Berechnung des Ratenzuschlages würde wegen der Unkostendegression zu einem mit der Prämienhöhe abnehmenden prozentualen Zuschlag führen, doch setzen sich die Versicherer darüber hinweg; für kleine Prämien würde der Zuschlag dadurch unverhältnismäßig hoch. „Die Momente, welche die Versicherungsnahme bei der Volksversicherung erleichtern sollen, wirken gerade verteuernd, so vor allem: der Wegfall ärztlicher Untersuchung, der die Verwendung von Sterbetafeln mit rascherer Absterbeordnung als für die reguläre Versicherung bedingt, dann aber die wöchentliche, eventuell monatliche Prämienzahlung" *(v. Zwiedineck).* Abgesehen von der Mehrbelastung des Versicherten entsteht bei derartigen Zahlungsmodalitäten für den Versicherer das betriebswirtschaftliche Problem, wieweit die durch die höhere Zahlungsbequemlichkeit zu erwartende Geschäftsausdehnung angesichts der erhöhten Verwaltungs- und Einzugskosten noch wirtschaftlich vertretbar ist.

In dem Bestreben, die Bezahlung der Prämie durch möglichst kleine Beträge bequem zu machen, aber doch einer Zunahme der Unkosten entgegenzuwirken, hat man kleine Automaten konstruiert (Sparuhren), in die der Versicherte in seiner Wohnung regelmäßig Beträge einzuwerfen hat und die periodisch vom Versicherer entleert werden. Sie haben praktisch derzeit keine Bedeutung mehr. Häufiger ist die Verbindung der Prämieneinhebung mit dem Bezug einer Zeitschrift (Abonnentenversicherung).

5. *Versicherung mit ermäßigter Anfangsprämie.* Um Versicherten mit voraussichtlich steigendem Einkommen (Beamten) den Abschluß einer Lebensversicherung zu erleichtern, hat man Tarife mit anfangs niedrigen, später zunehmenden Sätzen berechnet.

Die Minderzahlung geht anfangs zu Lasten des Deckungskapitals, das in späteren Jahren wieder aufgefüllt wird. Die spätere Beitragserhöhung wird vielfach so bemessen, daß sie durch die vermutlich zu erwartende Versichertendividende ausgeglichen wird. Sofern die Dividenden in der erwarteten Höhe gewährt werden, tritt dann eine Beitragserhöhung nicht ein.

§ 17. Mitversicherung und Rückversicherung

Das Problem der Homogenität des Versicherungsbestandes

Die Kalkulation eines Versicherungsbetriebes beruht auf der Möglichkeit, die im Einzelfall unberechenbare Häufigkeit und Auswirkung nachteiliger Ereignisse im Kollektiv gleichartiger (homogener) Fälle berechenbar zu machen. Voraussetzung der Versicherung ist das Vorliegen einer genügend großen Anzahl (einer Masse, eines Kollektivs) gleichartiger Wagnisse. Die bisher dargelegten Grundsätze beziehen sich auf homogene Versicherungsbestände, die gleichartig sind:

a) hinsichtlich der Gefahrenverhältnisse, insofern alle Wagnisse grundsätzlich gegen die gleiche Gefahr oder die gleiche Gefahrengruppe versichert sind und, sofern eine Gefahrenklassifikation eingeführt ist, zur selben Gefahrenklasse gehören,

b) hinsichtlich der Versicherungsform, insofern es sich um lauter Summen- oder unter sich gleichartige Interessenversicherungen, d. h. entweder Erstrisiko-, Vollwert-, Bruchteil- oder Franchisenversicherungen, handelt,

c) hinsichtlich der Versicherungssummen, insofern innerhalb der Bestände jeweils mit Objekten gleich hoher Versicherungssummen gerechnet wurde.

In Wirklichkeit sind jedoch die einzelnen Versicherungsobjekte außerordentlich verschiedenartig. Es gibt nicht zwei genau gleiche Wagnisse. Je nach Bedarf verlangen die Versicherten verschiedene Versicherungsformen. Die Versicherungssummen schwanken von Wirtschaft zu Wirtschaft von den kleinsten Summen bis zu den höchsten Beträgen, ja sie sind innerhalb der Versicherungsperiode vielfach nicht einmal konstant, sondern ändern sich im Zusammenhang mit der wirtschaftlichen Lage.

Wenn es auch jeweils genau bestimmte Gefahren oder Kombinationen von Gefahren sind, die einen Versicherungszweig kennzeichnen, so darf nicht übersehen werden, daß der Grad der Gefährdung der einzelnen Wagnisse sehr verschiedenartig ist. Es gibt Verträge mit einem verhältnismäßig hohen und Verträge mit einem seltenen Schadenanfall. Innerhalb seines Bestandes kontrolliert der Versicherer die vorgekommenen Schäden, und bei der Übernahme neuer Versicherungen fragt er nach den sog. Vorschäden. Damit sich der Versicherer ein zutreffendes Bild über die Gefahrenverhältnisse machen kann, hat der Versicherungsnehmer bei Schließung des Vertrages alle ihm bekannten, für die Übernahme der Gefahr erheblichen Umstände anzuzeigen. Eine Verletzung dieser vorvertraglichen Anzeigepflicht gibt dem Versicherer das Recht, von dem Vertrage zurückzutreten (VVG. § 16). Ebenso sind nach Vertragsabschluß eintretende Gefahrerhöhungen, seien sie durch den Versicherungsnehmer, seien sie durch Dritte veranlaßt, anzuzeigen (VVG. § 23); Verletzung dieser Vorschrift befugt den Versicherer, das Versicherungsverhältnis zu kündigen (VVG. § 24) und befreit ihn unter Umständen von der Ersatzpflicht (VVG. § 25). Der Versicherer ist auf diese Weise wohl in die Lage versetzt, die Zusammensetzung eines Versicherungsbestandes zu wahren, muß aber gleichwohl mit der außerordentlichen Verschiedenartigkeit der einzelnen Wagnisse rechnen. Dort wo Gefahrenkombinationen versichert sind, können sich die Wagnisse gegenüber den Elementen dieser Gefahrenkombinationen ganz verschieden verhalten. So sind z. B. Holzbearbeitungsbetriebe mehr feuergefährlich, weniger explosionsgefährlich, während bei Mühlen das Umgekehrte der Fall ist (Mehlstaubexplosionen). Explosionen zeigen eine andere Wirkung als reine Brände. Das Schwergewicht der Gefahr kann sich das eine Mal mehr auf das eine, das andere Mal auf das andere Element der Gefahrenkombination verschieben. Unter Umständen verlangt der Versicherungsnehmer besondere Einschlüsse oder lehnt allgemein übliche Ausschlüsse ab. Derartigen Ansinnen muß sich der Versicherer oft fügen, wenn er der besonderen Gefahrensituation seines Kunden gerecht werden will. Der Versicherer einer Kraftfahrzeugfabrik muß mitunter Wettfahrten, der Transportversicherer manchen höchstriskanten Transport, der Einbruchdiebstahlversicherer öfters vorübergehend schlecht oder gar nicht gesicherte Wagnisse übernehmen. Wollte man das Prinzip der Homogenität der Wagnisse noch mit dem Erfordernis einer ausreichenden Anzahl verbinden, so wären selbst in einer großen Volkswirtschaft selten vorkommende Wagnisse (man denke an einen Betriebszweig mit wenigen sehr großen Betrieben) überhaupt nicht versicherbar, z. B. Filmateliers. Mitunter hat der Versicherer ein nur einmal existierendes Wagnis, wie seinerzeit das Zeppelinluftschiff, zu versichern.

Was die Versicherungsform anlangt, läßt sich die Homogenität des Versicherungsbestandes leichter wahren. Die Todes- und Erlebensfallversicherung wird von der Summenversicherung, die Haftpflichtversicherung von der Erstrisikoversicherung, die Sachversicherung überwiegend von der Vollwertversicherung beherrscht. Erstrisiko- und Bruchteilversicherungen kommen nur in beschränktem Maße vor, Franchisen finden sich hauptsächlich in der Hagel- und Transportversicherung. Der Versicherungsnehmer kann also keineswegs beliebig die Form seiner Interessenversicherung bestimmen. Auf diese Weise wird eine gewisse Einheitlichkeit der Zusammensetzung des Bestandes nach verschiedenen Versicherungsformen erreicht.

Den Versicherungssummen nach ist jeder Versicherungsbestand ein mehr oder minder getreues Spiegelbild der Besitz- und Vermögensstruktur der Volkswirtschaft. Während sich in der Hausratversicherung die Versicherungssummen nur selten über eine durch den jeweiligen Wohnstandard gegebene Höhe hinausbewegen, kommen in der landwirtschaftlichen Versicherung größere Unterschiede, bedingt durch die Grundbesitzverteilung und die darauf gegründete Besitzstruktur vor. Im Kleingewerbe (Handwerk) treten ebenfalls keine allzugroßen Unterschiede der Versicherungssummen auf. Bei den Versicherungen der Industrie und des Großhandels, der Transport- und Geldinstitute, bei Versicherungen von Ausstellungen und Großveranstaltungen steigen die Versicherungssummen bis in die Höhe von 100 und mehr Millionen DM an. In der Lebensversicherung ist die große Masse schon finanziell nicht in der Lage, die Prämie für über dem Durchschnitt liegende Versicherungssummen aufzubringen, dafür stellen sich aber bei den Wohlhabenden und in der Teilhaberversicherung sehr hohe Versicherungssummen ein. In der privaten Unfallversicherung sucht der Versicherer übersetzte Summen als eine zu Selbstverstümmelung und Selbsttötung, zu übertriebener Darstellung der Arbeitsbehinderung verlockende Gefahr zu vermeiden. In der Haftpflichtversicherung sind die Erstrisikoersatzsummen weitgehend standardisiert. Wie ersichtlich, sind die Schwankungen der Versicherungssummen von Zweig zu Zweig und selbst innerhalb desselben Zweiges nach den einzelnen Teilen des Versicherungsbestandes sehr verschieden.

Die in den vorangegangenen Betrachtungen unterstellte Homogenität des Versicherungsbestandes ist in Wirklichkeit namentlich hinsichtlich der bei den einzelnen Wagnissen herrschenden Gefahrenstruktur und der teilweise sehr unterschiedlichen Versicherungssummen problematisch. Die Versicherungstechnik hat, dem zu begegnen, zwei Behelfe entwickelt, die möglichst gute Mischung des Bestandes einerseits, die Mit- und Rückversicherung andererseits.

Mischung des Bestandes

Die außerordentliche Verschiedenheit der Gefahrenverhältnisse bei den einzelnen Wagnissen kann der Versicherer praktisch nicht aus der Welt schaffen. Ein Ausweg wäre, dort, wo die einzelnen Gefahrenklassen nicht so zahlreich besetzt sind, daß jeder Versicherer einen ausreichenden Bestand gewinnen kann, *Spezialversicherer* zu bilden, denen alle Wagnisse der betreffenden Art zugeführt werden.

Derartige Spezialversicherer finden sich in einer ganzen Anzahl: in der Lebens- und Hausratversicherung für Beamte, in der Feuerversicherung für das Buchdruckgewerbe, in der Tierversicherung für bestimmte Tierarten usw. Auf diese Weise kann zwar eine Leistungsfähigkeit und Anpassung des Versicherers erreicht werden. Solche Spezialversicherer können jedoch die ihnen zugedachte Funktion nur dann voll erfüllen, wenn der bei ihnen zusammenfließende Versicherungsbestand selbst wieder keine zu großen Unterschiedlichkeiten aufweist. Wo wie in der Industrie die Versicherungssummen äußerst verschieden hoch sind und dort, wo die bei einem gedachten Spezialversicherer zusammentreffenden Wagnisse der gleichen Art selbst wieder zu gering an Zahl sind, um dem versicherungstechnischen Ausgleich zu genügen, sind der Wirksamkeit eines Spezialversicherers unübersteigbare Grenzen gezogen. Der differenzierte und stets wechselnde Versicherungsbedarf einer hochindustrialisierten, in den Weltmarkt verflochtenen, auf den Export von Spezialerzeugnissen eingestellten Volkswirtschaft kann um so weniger auf diesem Wege gedeckt werden, als die technische Entwicklung auf übernormal dimensionierte Großbetriebe hindrängt.

Der von den Anfängen des modernen Versicherungswesens an beschrittene andere Weg hat sich als der erfolgreichere erwiesen. Der Versicherer hält an der unterschiedlichen Tarifierung der Wagnisse nach der in ihnen vermuteten Gefahr fest, sucht aber seinen Bestand an Wagnissen verschiedener Gefahr so zu mischen, daß er neben einer großen Masse guter und günstiger Wagnisse auch einzelne ungünstige und vor allem isolierte ohne Gefährdung seines Betriebes zu übernehmen vermag. Diesem *Grundsatz des gut gemischten Bestandes* folgt die Mehrzahl der Versicherer. Was diesem System auf der einen Seite durch die verringerte Einstellung auf die Eigenart einer ganz bestimmten Wagnisklasse abgeht, macht es andererseits wett durch die von ihm gebotene Möglichkeit, jedes Wagnis eines geführten Versicherungszweiges, das häufige ebenso wie das seltene und einmalige, unterzubringen.

Das System ermöglicht nicht nur Wagnisse aus zahlreich besetzten Gefahrenklassen zu übernehmen, sondern unter entsprechender Beschränkung der zu versichernden Summe im Wege der Mit- und Rückversicherung, auch äußerst gefährliche. Von einigen wenigen Ausnahmefällen abgesehen, kann in den Hauptversicherungszweigen praktisch jedes Wagnis untergebracht werden, sei es auch über die bereits erwähnten Versicherungsgemeinschaften. Da, wie oben auf Seite 207 für die Feuerversicherung dargelegt wurde, der tendenzielle und konjunkturelle Schadenverlauf innerhalb der einzelnen Klassen eines Versicherungszweiges unterschiedlich, zum Teil konträr ist, ergibt sich in einem gut gemischten Bestand ein Ausgleich sogar im Schadenverlauf, wie ihn ein Spezialversicherer nicht erwarten könnte. Die Gefahr einer einseitigen Häufung von im Schadenverlauf gleich gerichteten Wagnissen läßt sich vermeiden. Freilich wirft das auf dem Wege über die Prämienkalkulation eine zusätzliche Last auf die gerade begünstigte Wagnisgruppe, indem diese für die Überschäden der ungünstigeren Gruppen mitaufkommen muß, aber zu einer anderen Zeit können die Rollen vertauscht sein.

Je nachdem, wie sich der Bestand auf die einzelnen Gefahrenklassen verteilt und je nachdem, ob in den vielleicht weniger besetzten Klassen hohen Gefahrengrades gerade ein Schaden anfällt, wird die Schadenquote der verschiedenen Versicherer selbst für denselben Versicherungszweig verschieden sein. Je größer der Anteil des günstigen Geschäfts am Versicherungsbestand ist, desto weniger fällt der ausnahmsweise hohe Schaden eines vereinzelten ungünstigen Risikos ins Gewicht. In den Abschlüssen der großen Versicherungsgesellschaften wirken sich selbst Riesenschäden verhältnismäßig wenig aus. Umgekehrt folgt aus diesem Zusammenhang, daß der Versicherer durch eine entsprechende Mischung seines Bestandes seine Schadenquote und damit die Schadenaufwendungen zu beeinflussen vermag. Durch eine nach dem Gefahrengrad der Wagnisse abgestufte Entlohnung (Provisionen) wird der Werbedienst auf die für günstig gehaltenen Risiken hingelenkt und von den ungünstigen abgehalten.

Praktisch geht die Mischung des Bestandes über die Wagnisse des gleichen Versicherungszweiges hinaus, denn die meisten Versicherer betreiben mehrere Versicherungszweige nebeneinander. Damit wird ein nochmaliger Ausgleich auf höherer Stufe, in der Einheit des Versicherungsbetriebes, erreicht, denn im Zeitablauf werden Schadenhäufigkeit und Schadenumfang in den verschiedenen Versicherungszweigen eher konträr als gleichgerichtet verlaufen. Wenn man bedenkt, welche Fülle an statistischen Unterlagen notwendig ist, um eine Prämie wenigstens einigermaßen kalkulieren zu können, und dem die offenkundige Mangelhaftigkeit des statistischen Materials gegenüberstellt, die in der Versicherungswirtschaft von der Lebensversicherung abgesehen die längste Zeit über festzustellen war und die heute in der Sachversicherung bei weitem noch nicht behoben ist, wird eine objektive Würdigung nicht um die Tatsache herumkommen, daß es nur dem Allround-Betrieb der großen Versicherungsgesellschaften möglich war und ist, trotz der oft äußerst dürftigen und vielfach angreifbaren statistischen Daten das Versicherungswesen zu der heutigen Vollkommenheit zu entwickeln. Wenn die mathematisch orientierten Kreise namentlich für die Sachversicherung immer wieder auf die Fehlerhaftigkeit der bisherigen Kalkulationsmethoden hinweisen und es anprangern, wenn die Prämiensätze „nach dem Fingerspitzengefühl" statt nach einer exakten Rechnung festgesetzt werden, dann darf bei aller Berechtigung dieser Kritik im Einzelfalle doch nicht übersehen werden, daß selbst die besten Formeln für eine theoretische Analyse der bestehenden Zusammenhänge wertvolle Aufschlüsse vermitteln, aber für die Praxis nahezu wertlos sind, solange nicht die in die Symbole einzusetzenden Zahlenwerte einwandfrei zur Verfügung stehen. Und selbst den höchstmöglichen Vollkommenheitsgrad der versicherungsstatistischen Unterlagen einmal vorausgesetzt, bleibt die niemals zu behebende Unsicherheit, wieweit die an vergangenen Zuständen gemessenen statistischen Werte und Verteilungen auf eine sich unablässig wandelnde Volkswirtschaft angewendet werden können. Das Risiko einer sich nachträglich als falsch herausstellenden Kalkulation, sei es hinsichtlich einiger Risikengattungen, sei es hinsichtlich des einen oder anderen Versicherungszweiges kann nur innerhalb eines breiten und gut durchgemischten Versicherungsbestandes getragen werden.

Dem gleichzeitigen Betrieb mehrerer oder gar aller Versicherungszweige durch einen Versicherer sind in Deutschland durch eine Entscheidung des Reichsaufsichtsamtes vom Jahre 1904, an der heute noch festgehalten wird, Grenzen gesetzt. Der gemeinsame Betrieb der großen Sachversicherungszweige (Feuer, Hagel, Transport) zusammen mit der Lebensversicherung wurde abgelehnt, weil die Lebensversicherung auf „zuverlässigen und wohlgesicherten statistischen Erfahrungen“ aufgebaut sei, die genannten anderen Branchen hingegen „in ungleich höherem Grade unberechenbaren Schwankungen und Wechselfällen schwerster Art“ ausgesetzt seien; es müsse verhindert werden, „das Schicksal der Lebensversicherungsansprüche vom Verlauf jener großen Sachversicherungen abhängen zu lassen“. Abweichend hiervon wurde 1905 die Verbindung der Unfall- und Haftpflichtversicherung mit der Lebensversicherung unter genauer Prüfung, ob im Einzelfall die entsprechenden Reserven und nötigen Rückversicherungsverbindungen vorhanden seien, zugelassen, was sich schon aus dem Umstand ergab, daß Lebensversicherungsverträge häufig mit einer Zusatz-Unfallversicherung (doppelte Versicherungssumme bei Unfalltod) angeboten wurden. 1929 und 1936 sprach sich der Versicherungsbeirat beim Reichsaufsichtsamt erneut gegen die Verbindung anderer Sparten mit der Lebensversicherung, 1927 auch gegen die Verbindung der Krankenversicherung mit der Lebensversicherung aus. Geschäftspläne, die auf sog. Allbranchen-Gesellschaften hinauslaufen, haben demnach zur Zeit noch keine Aussicht auf Genehmigung.

Die in der Lloyd's Corporation (London) zusammengeschlossenen Einzelversicherer arbeiten, worauf eingangs hingewiesen wurde, nach dem Prinzip einer möglichst breiten Mischung ihres Bestandes, wobei die einzelnen Versicherer auf jedes Wagnis nur eine verhältnismäßig kleine Summe zeichnen. Sie können somit, was ihre Stärke ausmacht, die ungewöhnlichsten Verträge und die ausgefallensten Risiken in kürzester Zeit übernehmen und sind doch bei einer Fehlkalkulation im einzelnen nicht zu sehr in Mitleidenschaft gezogen.

Das Prinzip des gut gemischten Bestandes bedeutet nicht, daß der Versicherer wahllos jedes ihm angebotene Risiko im Vertrauen auf einen automatischen Augleich innerhalb des Kollektivs seiner Verträge übernehmen dürfe. Es verlangt im Gegenteil, um die Qualität des Bestandes nicht zu gefährden, eine vorsichtige Zurückhaltung gegenüber ungewöhnlichen und in ihrem Schadenverlauf nicht übersehbaren Wagnissen. Auch die übrigen von dem Versicherer nach seiner Gepflogenheit und der Struktur seines Geschäftes übernehmbaren Wagnisse sind vielfach nicht so, daß er sie in ihrer Gänze ohne weiteres zeichnen kann. Bei dem einen Vertrag mögen außerordentliche Einschlüsse zu machen sein, bei anderen Verträgen kommen weit über dem Durchschnitt liegende Summen vor. Die dem Versicherer angebotenen Verträge sind zunächst eine Art Rohmaterial, das er in seinen vorhandenen Bestand einzupassen hat. Er vollzieht eine *qualitative Anpassung*, indem er besonders gefährdete oder aus einem Rahmen fallende Versicherungen oder Teile (Ausschnitte) von ihnen an einen anderen Versicherer, der hierfür einen geeigneteren Bestand hat, abgibt oder er nimmt eine *quantitative Anpassung* vor, indem er zu hohe Versicherungssummen aufsplittert, um die so entstehenden Teilsummen an andere Versicherer abzugeben, selbst also nur den mit dem Bestand zu vereinbarenden Teil behält oder indem er Vorsorge für den Fall trifft, daß eine unerwartet hohe Schadensforderung aus den Verträgen resultiert.

Mitversicherung

Übersteigt die Versicherungssumme die Zeichnungskraft eines Versicherers, dann wird sie auf mehrere Versicherer verteilt. ***Diese Mitversicherung beteiligt eine Anzahl (mindestens zwei) Versicherer an einem Vertrag, wobei jeder Versicherer nur für seinen Anteil an der Gesamtversicherungssumme haftet.***

Jeder beteiligte Versicherer übernimmt eine bestimmte Summe, und es müssen soviele Versicherer herangezogen werden, bis die ganze Versicherungssumme gezeichnet ist.

Mitversicherung kommt in zwei Formen vor:

a) *Externe Mitversicherung.* Jeder Versicherer haftet dem Versicherungsnehmer gegenüber nur für seinen Anteil. Dem Versicherungsnehmer müssen folglich alle beteiligten Versicherer bekannt sein. Keiner der Mitversicherer haftet weder solidarisch, noch subsidiär für den Anteil der anderen.

Diese externe Mitversicherung, die zu Unrecht als eine überholte Form aus der Zeit dargestellt wird, als die Rückversicherung noch nicht entwickelt war, findet sich häufig, namentlich wo es gilt große Summen oder schwere Risiken unterzubringen, z. B. in der Feuerversicherung der industriellen Großwagnisse, bei der Einbruchdiebstahlversicherung von Banken, bei großen Beraubungsversicherungen, in der Aufruhr- und Sturmschadenversicherung. Sie kann aber auch eintreten, wenn der Versicherungsnehmer aus geschäftlichen oder anderen Gründen seine Gesamtversicherungssumme auf mehrere Versicherer aufteilen will, sei es, weil er der Leistungsfähigkeit eines Versicherers allein bei einem großen Schaden nicht traut, sei es, weil er sich den Vertretern mehrerer Gesellschaften gegenüber gefällig zeigen will.

Der Nachteil, daß eigentlich für das gleiche Wagnis soviele Versicherungsverträge parallel nebeneinander bestehen, als Versicherer beteiligt sind, der Versicherte also wegen aller Formalitäten mit jedem Versicherer getrennt zu verhandeln hat, wird überwunden, wenn ein Versicherer als „Führender" den Vertrag einheitlich für alle beteiligten Versicherer fertigt und die mit ihm getroffenen Abmachungen, die an ihn gegebenen Anzeigen automatisch auch für die übrigen Versicherer verbindlich sind (Führungsklausel). Durch die sog. Prozeßführungsklausel kann darüber hinaus noch vereinbart werden, daß bei Streitfällen der Versicherungsnehmer nur gegen den führenden Versicherer und wegen dessen Anteil zu klagen braucht, die übrigen mitbeteiligten Versicherer das rechtskräftig gewordene Urteil als auch für sich verbindlich anerkennen. Trotz der Mehrzahl der beteiligten Versicherer braucht also der Versicherungsnehmer, was den Geschäftsverkehr für ihn bedeutend vereinfacht, nur mit einem, dem führenden Versicherer zu verkehren, und es obliegt dem Führenden, die übrigen Versicherer zu unterrichten, die Prämie mit ihnen abzurechnen und ihre Schadensanteile auszuweisen.

Von der Mitversicherung zu unterscheiden ist die *Doppelversicherung*, die entsteht, wenn das gleiche Wagnis mit über den Ersatzwert der versicherten Gegenstände hinausgehenden Versicherungssummen bei mehreren voneinander unabhängigen Versicherern versichert ist. Doppelversicherungen können leicht im Zusammenhang mit Besitzwechselvorgängen entstehen. VVG. § 59 bestimmt, daß auch in diesem Fall der Versicherte von allen Versicherern zusammen nicht mehr als den Schaden verlangen kann, jeder Versicherer nur für seinen Anteil haftet. Betrügerische Doppelversicherung ist nichtig. VVG. § 60 gibt dem Versicherungsnehmer eine Handhabe, eine unbeabsichtigt entstandene Doppelversicherung zu beseitigen.

b) *Interne Mitversicherung* liegt vor, wenn dem Versicherungsnehmer gegenüber nur ein einziger Versicherer für das volle Risiko haftet, dieser aber intern, ohne Kenntnis des Versicherungsnehmers, andere Versicherer mit heranzieht (Kellerpolicen). Diese nach außen nicht in Erscheinung tretende Form der Mitversicherung, in der faktisch der zeichnende Versicherer subsidiär auch für den beteiligten Mitversicherer haftet, kommt zwischen eng befreundeten Gesellschaften (in Konzernen) vor. Der Anlaß ist meist, daß der Versicherungsnehmer aus irgendeinem Grunde nur einen Versicherer wünscht, dieser aber nicht zu verstehen geben will, daß er das Wagnis allein nicht zu tragen bereit ist.

Rückversicherung

Wenn keine besonderen Wünsche des Versicherten auf die Beteiligung weiterer Versicherer in der Form der externen Mitversicherung zu berücksichtigen sind, macht es sich für den Versicherer erst dann nötig, von sich aus die Mitversicherung zu wählen, wenn die Gesamtversicherungssumme seine Zeichnungskraft überschreitet. Müßte der Versicherer diese Zeichnungsgrenze nur in Übereinstimmung mit Größe und Struktur seines eigenen Bestandes halten, dann wäre seine Zeichnungskraft verhältnismäßig beschränkt, und er müßte viel häufiger den wegen der mehrfachen Bearbeitung des gleichen Falles kostspieligen Weg der Mitversicherung wählen, als es tatsächlich geschieht. Durch Rückversicherungsverträge kann nämlich der Versicherer seine Zeichnungskraft nicht nur auf die Verhältnisse seines eigenen Bestandes abstellen, sondern auch noch die Zeichnungskraft eines oder mehrerer anderer Versicherer hinzurechnen, mit denen er in regelmäßiger Geschäftsverbindung steht. Der Versicherer, der mit dem Versicherungsnehmer den Versicherungsvertrag über die ganze Versicherungssumme abschließt, diesem gegenüber allein als handelnd auftritt, heißt *Erst-* oder *Direktversicherer*, während die anderen nach außen nicht in Erscheinung tretenden Versicherer *Rück-* oder *Indirektversicherer* genannt werden. Die Summe, die der Erstversicherer in Übereinstimmung mit seinem eigenen Bestand von einem Wagnis allein äußerstenfalls übernehmen kann, heißt sein *Selbstbehalt*. Die Hinzunahme der Rückversicherer ermöglicht es ihm, darüber hinaus unter Einbeziehung der Zeichnungskraft der Rückversicherer einen wesentlich höheren Betrag, *Höchstzeichnungsgrenze* geheißen, zu übernehmen, ehe er von sich aus im Wege der externen Mitversicherung weitere Direktversicherer heranziehen muß. ***Rückversicherung ist demnach die Versicherungsnahme des Erstversicherers für einen Teil des von ihm übernommenen Gesamtwagnisses (Gesamtversicherungssumme) bei einem oder mehreren mit dem Versicherungsnehmer nicht direkt in Verbindung tretenden Versicherern.*** Rückversicherung ist kurz gesagt Versicherung des Versicherers. Der Rückversicherer kann seinerseits für den von ihm übernommenen Teil des Wagnisses einen weiteren Rückversicherer verpflichten ***(Retrozession).***

Solche Rückversicherungen werden von anderen Erstversicherern übernommen, die damit ihren Versicherungsbestand durch Wagnisse vergrößern können, zu denen sie selbst keine Verbindungen unterhalten. Dieses sog. indirekte Geschäft wird von den meisten Versicherungsgesellschaften neben ihrem eigenen direkten Geschäft gepflegt. Der Vorteil ist, daß durch die Aufnahme einer derartigen Rückversicherungsbeziehung mit einem anderen Erstversicherer, eigentlich einem Konkurrenten, auf einen Schlag ohne die mühsame Werbung der einzelnen Versicherungen ein respektabler Geschäftszuwachs erzielt wird. Der Nachteil liegt jedoch meist darin, daß dieser Zuwachs eine ungünstigere Zusammensetzung als der eigene Bestand aufweist, weil der abgebende Erstversicherer die günstigeren und kleineren Wagnisse allein in Deckung behält und naturgemäß nur das abgibt, was er selbst nicht zu halten vermag. Für die Übernahme von Rückversicherungen gibt es jedoch auch reine Rückversicherungsgesellschaften, die sich nur auf Rückversicherungsverträge mit anderen Erstversicherern beschränken und grundsätzlich keine direkten Verträge mit Versicherungsnehmern abschließen. Steht ein Erstversicherer mit einem Rückversicherer in einem laufenden Vertrag derart, daß er von diesem Retrozessionen zugewiesen bekommt, dann muß er in den Wagnissen, in denen er mit einer Inanspruchnahme seitens des Rückversicherers zu rechnen hat, seine eigene Zeichnungsgrenze im direkten Geschäft vorsichtiger festsetzen.

Die Rückversicherungsnahme des Erstversicherers kann sich erstrecken:

a) auf die Abgabe einer bestimmten Gefahr oder von bestimmten Arten der Wagnisse an den Rückversicherer *(Gefahrenrückversicherung)*. Der Rückversicherer hat dann alle auf diese bestimmte Gefahr zurückgehenden Schäden oder die bei den abgegebenen Wagnissen auftretenden Schäden zu tragen.

So kann ein Erstversicherer aus seinen Einbruchdiebstahlversicherungen etwa alle Kioske, ein Waldbrandversicherer das eingeschlossene Löschhelferrisiko, ein Feuerversicherer alle Explosionsschäden, ein Transportversicherer gefährlichere Teilstücke des Transportweges rückversichern. Durch diese Gefahrenrückversicherung erreicht der Erstversicherer eine qualitative Homogenisierung seines Bestandes, insofern er bei ihm vereinzelt auftretende Wagnisse oder Gefahreneinschlüsse an den Rückversicherer abgibt, der auch bezüglich dieser Risiken aus seinem anderweitigen Geschäft über den nötigen Ausgleich verfügt. Wenn sich der Erstversicherer in seiner Werbung auch von diesen für ihn nicht geeigneten Risiken zurückhält, so muß er doch wegen der übrigen Geschäftsverbindung mit dem Kunden mitunter solche Wagnisse übernehmen, und er wird sie dann in der angebenen Weise rückdecken.

b) auf die Abgabe der über den Selbstbehalt des Erstversicherers hinausgehenden Versicherungssumme an den Rückversicherer *(Summenrückversicherung)*. Anfallende Schäden werden von dem Erstversicherer und dem Rückversicherer im Verhältnis ihres Anteils an der Versicherungssumme getragen.

Wenn also bei einem Wagnis, das mit 100 000,— DM versichert ist, der Erstversicherer einen Selbstbehalt von 25 000,— DM festsetzt und der Rückversicherer demgemäß 75 000,— DM übernommen hatte, so wird jeder Schaden ebenfalls im Verhältnis 1 : 3 zwischen Erst- und Rückversicherer geteilt. Der Erstversicherer hat für seinen Bestand praktisch nur eine Versicherung über 25 000,— DM laufen, obwohl er insgesamt die Versicherung mit 100 000,— DM gezeichnet hat. Indem der Erstversicherer auf diese Weise die über seinen Selbstbehalt hinausgehenden Versicherungssummen für seinen Bestand abschneidet, erreicht er eine quantitative Anpassung der verschieden hohen Versicherungssummen.

c) auf die Verpflichtung des Rückversicherers außergewöhnlich hohe Schäden dem Erstversicherer zu ersetzen. *(Schadensexzedentenrückversicherung)*. Unter dem vereinbarten Schadensmaximum liegende Schäden hat der Erstversicherer, darüber liegende Schäden der Rückversicherer zu tragen.

Auf diese Weise kann sich der Erstversicherer, namentlich wenn er nur einen verhältnismäßig kleinen Bestand hat, gegen Katastrophenschäden schützen, die dem Rückversicherer mit seinem wesentlich größeren und daher tragfähigeren Bestand nicht so viel ausmachen. Der Nachteil dieses Systems ist, daß sich die beim Erstversicherer anfallenden Schäden in ihrer Gesamtheit ungleichmäßig auf den Erst- und Rückversicherer verteilen. Wenn überhaupt keine über dem Schadensmaximum liegenden Schäden anfallen, braucht der Rückversicherer keine Ersatzleistungen zu bewirken. Der Erstversicherer erreicht eine qualitative Homogenisierung hinsichtlich des Schadenumfangs seiner Wagnisse, insofern die über das Schadensmaximun hinausgehenden Schäden für ihn ausscheiden.

d) auf eine vom Rückversicherer gegebene Garantie für den Ausfall des gesamten Versicherungsgeschäfts ***(automatische Rückversicherung, Jahresüberschadenrückdeckung)***. Bei dieser für den Erstversicherer wohl günstigsten Form werden weder einzelne Objekte rückgedeckt, noch ein Ersatz für die nur außergewöhnlich hohen Schäden bedungen. Nach den Ergebnissen der Vergangenheit wird ein „Normalschaden" für den gesamten Versicherungsbestand veranschlagt, der vom Erstversicherer allein zu tragen ist. Den darüber hinausgehenden „Überschaden" übernimmt der Rückversicherer ganz oder zum Teil.

Während bei der Schadensexzedentenrückversicherung die Mithaftung des Rückversicherers erst dann gegeben ist, wenn die Schadenumfänge ein bestimmtes Maß überschreiten, also nicht, wenn sich nur die Schadenhäufigkeit steigert, ist bei der automatischen Rückdeckung der Erstversicherer auch für den Fall einer überraschenden Zunahme der Schadenhäufigkeit gesichert. Das Versicherungsgeschäft verläuft für den Erstversicherer „normal", insofern seine Gesamtschadenaufwendungen eine bestimmte Höhe nicht überschreiten, die darüber hinausgehenden Schwankungen allein den Rückversicherer treffen. Unerwartete Verschlechterung des Geschäftsverlaufs geht voll zu Lasten des Rückversicherers. Dieser wird diese Form der Rückversicherung nur dann zugestehen, wenn er den Versicherungsbestand des Erstversicherers genau kennt und in dessen Geschäftsführung volles Vertrauen setzen kann.

Es läuft praktisch ebenfalls auf eine Garantie des Geschäftsverlaufs hinaus, wenn Hagel- und Viehversicherungsvereine a. G. die Nachschußpflicht ihrer Mitglieder auf einen Rückversicherer abwälzen ***(Versicherung der Nachschußgefahr)***. Mitunter verlangt der Versicherungsverein von den Mitgliedern, die gegen die Nachschußgefahr versichert sein wollen, eine Zuschlagsprämie, die er an den Rückversicherer abführt; Mitglieder, die diese Zuschlagsprämie nicht entrichten, werden eventuell zu Nachschüssen herangezogen. Der Rückversicherer sucht seinen Ausgleich in einer Mehrheit solcher Verträge mit einer Reihe von Gegenseitigkeitsvereinen und in dem Wechsel von Verlustjahren mit Gewinnjahren. ***Moldenhauer*** zögert, diese Rückdeckung der Nachschußgefahr noch als Versicherung anzusprechen, weil durch das Eindringen des Rückversicherers innerhalb des Gegenseitigkeitsvereins die Gleichheit der erhobenen Prämien mit den angefallenen Schäden aufgehoben sei. Da beim Versicherer mit festen Prämien diese Gleichheit jedoch auch nicht alle Jahre besteht, aber niemand sich daran stößt, trotzdem von Versicherung zu sprechen, ist die Berechtigung dieses Einwandes nicht einzusehen.

Je nachdem, ob es sich um einen laufenden Vertrag zwischen dem Erstversicherer und dem Rückversicherer handelt oder nur um einen von Fall zu Fall abgeschlossenen, unterscheidet man obligatorische und fakultative Rückdeckung. Bei dem für eine bestimmte Dauer abgeschlossenen ***obligatorischen Rückversicherungsvertrag*** ist der Erstversicherer, der Zedent, verpflichtet, sämtliche bezeichneten Wagnisse in der vereinbarten Weise dem Rückversicherer zu überweisen, wohingegen sich dieser verpflichtet hat, jedes derartige Wagnis in Rückdeckung zu nehmen; ja, der Rückversicherer muß sogar für die Wagnisse aufkommen, die er noch nicht kennt, und er muß einspringen, wenn vom Erstversicherer die Rückdeckung übersehen wurde. Die ***fakultative Rückdeckung*** wird nur fallweise durch einen Einzelvertrag über ein bestimmtes Wagnis geschlossen; der Erstversicherer ist nicht verpflichtet, ein derartiges Wagnis gerade diesem Rückversicherer in Deckung zu geben und dieser braucht das ihm angebotene Wagnis nicht zu übernehmen. Naturgemäß ist eine Mithaftung des Rückversicherers nur für von ihm ausdrücklich übernommene Wagnisse gegeben. Fakultative Rückdeckung wird vielfach genommen, wenn die sich aus obligatorischen Verträgen ergebenden Höchstzeichnungsgrenzen erschöpft sind, der Erstversicherer aber darüber hinaus etwa aus Geschäftsrücksichten eine Versicherung zeichnen muß.

Während der fakultative Vertrag dem Erstversicherer volle Freiheit läßt, ob und inwieweit er im Einzelfall Rückdeckung nehmen will und es auch dem Rückversicherer freistellt, ob er eine ihm angebotene Rückversicherung übernehmen will, bindet der einmal eingegangene obligatorische Vertrag beide Parteien aneinander: der Erstversicherer muß die im Vertrag generell bezeichneten Wagnisse an den Rückversicherer abführen, auch wenn er sie allein decken könnte, und der Rückversicherer muß die so festgelegten Risiken im vereinbarten Umfange zeichnen, auch wenn er sich lieber von ihnen frei halten würde. Der Bindung des Erstversicherers im obligatorischen Vertrag steht der Vorteil gegenüber, auch dann die Mithilfe des Rückversicherers in Anspruch nehmen zu können, wenn er diesem aus irgendeinem Grunde das betreffende Wagnis nicht oder nicht rechtzeitig oder falsch angemeldet hat. Dem Rückversicherer führt der obligatorische Vertrag entsprechend der Geschäftsausdehnung des Erstversicherers automatisch ein laufendes Aliment zu. Der weniger beliebte fakultative Vertrag bleibt eine Gelegenheitsabmachung, die den Erstversicherer im Falle eines Versehens der Anmeldung nicht deckt und dem Rückversicherer nur von Fall zu Fall und je nach Belieben des Erstversicherers ein Geschäft bringt. Da weiter im fakultativen Verkehr zumeist nur die von den laufenden obligatorischen Verträgen nicht erfaßten Spitzen, also ein ausgesprochen ungünstiger Teil des Versicherungsgeschäftes, abgedeckt werden, geht das Bestreben des Rückversicherers in erster Linie auf die Gewinnung obligatorischer Verträge. Wenn sich auch die Masse des Rückversicherungsgeschäftes im Rahmen obligatorischer Verträge abwickelt, so ist umgekehrt der fakultative Verkehr nicht unbedeutend, und er gewinnt jeweils an Umfang, wenn in Zeiten der Preissteigerung die Höchstzeichnungsgrenzen der obligatorischen Verträge häufiger überschritten werden oder wenn in Volkswirtschaften mit gelenktem Außenhandel Auslandsrohstoffe je nach der Devisenzuteilung stoßweise, d. h. unter Umständen auf einmal in sehr großen Partien eingekauft werden müssen. Ein Anschwellen der Läger in Zeiten eines zurückweichenden Absatzes kann die gleiche Wirkung haben.

Typische Rückversicherungsverträge

Laufen auch die Interessen der Erstversicherer und Rückversicherer weitgehend parallel, insofern beide auf ausreichende Prämien, Geschäftsausweitung und mögliche Schadensvermeidung sehen, so besteht zwischen ihnen doch die Spannung, daß der Erstversicherer das günstigere, d. h. zumeist die Masse des kleinen Durchschnittsgeschäfts nach Möglichkeit für sich behalten und dafür den Rückversicherer um so mehr an dem großen und ungünstigeren Geschäft heranziehen will, während der Rückversicherer nicht nur an diesem sondern zum Ausgleich auch an dem ersten beteiligt werden möchte. Abgesehen von den sich aus dem jeweiligen Versicherungszweig ergebenden Eigenheiten ist jeder Rückversicherungsvertrag ein Versuch in der Form eines gegenseitigen Kompromisses diese Spannung zu lösen, wobei die wirtschaftlich schwächere Seite der anderen Zugeständnisse machen muß. Dabei wurden die folgenden Vertragstypen entwickelt:

1. *Der Quotenvertrag.* Nach ihm ist der Rückversicherer an jedem einzelnen Wagnis mit einer im voraus festvereinbarten Quote beteiligt, wobei in

der Regel die Rückversicherungssumme nach oben begrenzt wird. Der Rückversicherer übernimmt z. B. $^1/_5$ der Versicherungssumme jedes Wagnisses, jedoch nicht mehr als 50 000.— DM. Der Erstversicherer kann mehrere solche Quotenverträge nebeneinander laufen haben, bis ihm nur noch die ihm tragbar erscheinende Quote verbleibt. Die vereinbarte Quote hat der Rückversicherer an allen Schäden zu tragen.

In der Praxis finden sich Verträge mit festen und mit variablen, etwa nach der Höhe der Erstversicherungssumme gestaffelten Quoten. Der Rückversicherer erhält den seiner Quote entsprechenden Anteil an der vom Erstversicherer bezogenen Prämie, der Originalprämie, und hat, wenn nicht ein besonderer Provisionssatz vereinbart ist, mit seiner Quote an den Unkosten des Erstversicherers teilzunehmen.

Der Vorteil des Quotenvertrages liegt in der Einfachheit des Abrechnungsverkehrs. Er wird besonders von kleinen Erstversicherungsgesellschaften und in der Retrozession angewandt. Er ist besonders günstig für den Rückversicherer, weil er diesen ebenso an den guten wie an den weniger guten Wagnissen beteiligt. Für den Erstversicherer verkleinert der Quotenvertrag nur den Geschäftsbestand, ohne eine zusätzliche Entlastung für das ungünstigere Geschäft zu bieten; im verkleinerten Ausmaß bleiben die Schwankungen für den Erstversicherer erhalten. Wenn auch dem Quotenvertrag aus diesem letzten Grunde gelegentlich, z. B. von ***Riebesell***, der Charakter eines echten Rückversicherungsvertrages abgesprochen worden ist, so darf doch nicht übersehen werden, daß er die Eigenreserven des Erstversicherers in ein günstigeres Verhältnis zu der von ihm garantierten Versicherungsleistung bringt.

Die gleichmäßige Beteiligung des Rückversicherers an dem gesamten Geschäft des Erstversicherers, wie sie der Quotenvertrag vorsieht, wird gerne gewählt, wenn es sich um Neugründungen, ein erst aufzubauendes oder noch unerprobtes oder mit hohen Anwerbekosten belastetes Geschäft oder um einen konzerneigenen Rückversicherer handelt. „Weiter wird ein Quotenvertrag in solchen Versicherungszweigen am Platze sein, wo das Risiko des Erstversicherers weniger in der Höhe einzelner Großschäden liegt als in der Fülle kleiner Schäden, oder wo eine große Anzahl versicherter Risiken kumuliert, d. h. räumlich oder zeitlich von demselben Schadenereignis bedroht ist oder wo sich eine solche Kumulierung nicht oder nur schwer feststellen läßt. Es sei hier besonders der Sturm- und Hagelversicherung gedacht, der Feuerversicherung in eng oder nicht massiv gebauten Plätzen, der Wasserversicherung in Gegenden, die regelmäßigen oder starken Frösten ausgesetzt sind." (***Black*** und ***Brix***)

2. *Exzedentenverträge.* Dies sind Verträge, in denen der Erstversicherer den Rückversicherer nur an einzelnen über ein gewisses Maß hinausgehenden Objekten beteiligt. Je nachdem, ob die Größe eines Objektes in seiner Versicherungssumme oder in der Größe des angefallenen Schadens gesehen wird, unterscheidet man Summenexzedenten- und Schadensexzedentenverträge.

   a) *Summenexzedentenvertrag.* Der Erstversicherer hält Versicherungen bis zu einer im Rückversicherungsvertrag festgelegten Versicherungssumme allein in Deckung (Eigenbehalt) und gibt erst die darüber hinausgehenden Beträge der Versicherungssumme, die Exzedenten, an den Rückversicherer. Da die Versicherungssummen, für die der Erstversicherer auf einem Wagnis insgesamt zu haften hat, jeweils verschieden sind, muß der Exzedent in jedem Einzelfall berechnet und dem Rückversicherer aufgegeben werden. Die Übernahmepflicht des Rückversicherers beschränkt sich auf ein vereinbartes Vielfaches des Eigenbehaltes des Erstversicherers. Je nach dem unterschiedlichen Verhältnis, in dem in jedem einzelnen Versicherungsvertrag die Anteile des Erst- und des Rückversicherers zueinander stehen, erhält der Rückversicherer seinen Anteil an der Originalprämie und hat den entsprechenden Teil des Schadens zu tragen.

Als ein Wagnis, in dem alle laufenden Versicherungen des gleichen Zweiges gemeinsam rückgedeckt werden, gilt der örtliche Bereich, der von einem Schadenereignis in Mitleidenschaft gezogen werden kann: in der Feuerversicherung das gleiche nach Straße und Hausnummer bezeichnete Grundstück, sofern nicht wegen der Nachbarschaftsgefahr die sich gegenseitig gefährdenden Grundstücke zu einem Wagnis zusammengezogen werden, oder alle die Grundstücke, zwischen denen dem Versicherungsnehmer Freizügigkeit eingeräumt wurde; in der Einbruchdiebstahlversicherung die gleiche Wohnung oder das gleiche Geschäft, weil hier bei einem Einbruch in das eine Geschäft oder in die eine Wohnung nicht gleichzeitig mit einem Einbruch in die danebenliegende Wohnung bzw. das anstoßende Geschäft gerechnet werden muß. Dabei müssen vom Erstversicherer alle Versicherungen zusammengerechnet werden, bei denen aus dem gleichen Schadenereignis eine Ersatzpflicht resultieren kann, also z. B. in der Feuerversicherung alle auf dem gleichen Grundstück laufenden Versicherungen für Hausrat, Betriebseinrichtungen, Vorräte, Lager, Kraftfahrzeuge, aber auch die Betriebsunterbrechungs- und Mietverlustversicherungen, die als Folge des Feuersachschadens eine Entschädigung für entgehenden Gewinn, fortlaufende Geschäftsunkosten oder für den Mietausfall vorsehen. Zur Feststellung dieser sog. Gemeinschaftlichkeiten führt der Erstversicherer und entsprechend auch der Rückversicherer eine Ortskontrolle, eine Kartei, die sämtliche auf dem gleichen Grundstück laufenden Verpflichtungen ausweist. Solche Ortskontrollen werden in der Feuer-, Sturm-, Aufruhr- und Hagelversicherung wegen der hier möglichen Kumulierungen geführt.

Der Eigenbehalt des Erstversicherers ist in der Lebens-, Transport-, Unfall-, Haftpflicht- oder Tierversicherung in einer von beiden Teilen vereinbarten ***Maximaltabelle*** festgelegt. Alle über diese Tabelle hinausragenden Beträge werden als Exzedenten dem Rückversicherer bis zu der festgesetzten Höchstzeichnungsgrenze überwiesen; sollten einzelne Versicherungssummen auch diese Höchstzeichnungsgrenze noch überschreiten, dann werden diese Mehrbeträge fakultativ abgedeckt. Vielfach, besonders in der Feuerversicherung, enthält die Maximaltabelle nicht die vom Erstversicherer als Eigenbehalt zu übernehmende Versicherungssumme, sondern als Schadensselbstbehalt die Schadensbeträge, die der Erstversicherer bei einem Schadenereignis aus eigenen Mitteln tragen will. Ist in dem Wagnis mit einem Totalschaden zu rechnen, dann gibt der Schadensselbstbehalt gleichzeitig die Versicherungssumme an, die der Erstversicherer allein übernimmt. Kann hingegen damit gerechnet werden, daß selbst unter ungünstigsten Umständen von einem Schadenereignis infolge der in dem Wagnis vorhandenen Trennungen (Brandmauern, räumlicher Abstand, massive Decken zwischen den Stockwerken) nur ein Teil der Versicherungssumme als Entschädigung anfallen kann, so erhöht sich die vom Erstversicherer allein zu übernehmende Versicherungssumme entsprechend.

Sieht in dem letztgenannten Fall die Maximaltabelle etwa einen Schadensselbstbehalt des Erstversicherers von 30 000,— DM vor und braucht auf Grund der Besichtigung des Wagnisses nur angenommen zu werden, daß von den insgesamt in dem Wagnis gedeckten Versicherungssummen von 1 000 000,—DM äußerstenfalls DM 300 000,— von einem Schadenereignis betroffen werden können, ist also eine Höchstschadensquote von 30% anzunehmen, dann kann der Erstversicherer als Priorität oder Maximum eine Summe von 100 000,— DM zeichnen und braucht nur den überschießenden Teil der Versicherungssumme (900 000 DM) als Exzedent an den Rückversicherer zu überweisen. Tritt dann der angenommene Fall ein, daß durch einen Großbrand tatsächlich Werte vernichtet werden, die mit 300 000,— DM zu entschädigen sind, dann entfällt hiervon auf den Erstversicherer eine Entschädigungsleistung in Höhe von 30 000,— DM und auf den Rückversicherer ein Schadensanteil von 270 000,— DM, wie es den von beiden gedeckten Anteilen an der Versicherungssumme (100 000,— DM zu 900 000,— DM) entspricht. 100 000,— DM ist der Eigenbehalt des Erstversicherers an der Versicherungssumme, 900 000,— DM der dem Rückversicherer zustehende Exzedent. In dem Verhältnis 1 : 9 wird in diesem Falle die Prämie zwischen Erst- und Rückversicherer geteilt, in demselben Verhältnis haftet jeder an dem Schaden.

Die Maximaltabellen sehen gewöhnlich für günstigere Wagnisse höhere Eigen-(Schadensselbst-)behalte des Erstversicherers, für ungünstigere niedrigere vor und sind je nach der Tragkraft des Erstversicherers verschieden bemessen. Das vom Rückversicherer zu übernehmende Vielfache des Eigenbehaltes des Erstversicherers ist gleichfalls bei ungünstigen Wagnissen niedriger, bei günstigen höher.

Durch den Summenexzedentenvertrag kann der Erstversicherer die unter dem Eigenbehalt liegenden Versicherungssummen allein übernehmen. Bei höheren Versicherungssummen ist sein Anteil bei ungünstigeren Wagnissen geringer als bei günstigen. Der Summenexzedentenvertrag schiebt somit automatisch dem Rückversicherer das größere und schwerere Geschäft zu. Er bedingt deswegen ein besonderes Vertrauen des Rückversicherers in die Geschäftshandhabung des Erstversicherers, daß dieser das gegenseitige Verhältnis nicht zuungunsten des Rückversicherers ausnützt.

Der über den Eigenbehalt des Erstversicherers hinausgehende Exzedent kann an einen oder mehrere Rückversicherer gehen und unter diesen quotenweise oder staffelweise (ein Rückversicherer wird hinter dem anderen beteiligt) aufgeteilt sein.

b) *Schadenexzedentenvertrag.* Der Erstversicherer hat jeden Einzelschaden bis zu der vereinbarten Höhe selbst zu tragen. Der Rückversicherer hat erst dann Ersatz zu leisten, wenn ein Schaden diese Höhe überschreitet (Schadensexzedenten). Die Rückversicherungsprämie entspricht nicht mehr der Originalprämie, weil gar nicht feststeht, für welche Versicherungsverträge die Mithaftung des Rückversicherers in Anspruch genommen wird. Hier kann der Rückversicherer die von ihm zu fordernde Prämie nur nach den Ergebnissen seines Geschäfts in einer Reihe von Jahren unter Beachtung der Struktur des von ihm in Rückdeckung genommenen Versicherungsbestandes veranschlagen.

Solche Schadensexzedentenverträge finden sich besonders in der Haftpflicht- und Hagelversicherung, d. h. in Versicherungszweigen, in denen der Schadensumfang überraschend hoch anwachsen kann. In anderen Versicherungszweigen wird diese Vertragsform weniger gewählt. Weil der Rückversicherer erst einzutreten hat, wenn ein Einzelschaden eine bestimmte Höhe überschreitet, bezeichnet man diese Rückversicherungsform auch als Rückversicherung auf „zweites Risiko".

Schadensexzedentenverträge bürden dem Rückversicherer praktisch die Katastrophenschäden allein auf, den Erstversicherer schützen sie vor anomal großen

Abweichungen des Schadenumfanges nach oben, aber nicht vor einer unerwarteten Steigerung der Schadenhäufigkeit ohne Zunahme des durchschnittlichen Schadenumfanges.

3. *Automatische Rückdeckung, Gesamtschadenexzedentenverträge.* Hier hat der Erstversicherer den während eines bestimmten Zeitraumes (Jahres) anfallenden Gesamtschaden bis zu einer bestimmten Höhe allein zu tragen, der Rückversicherer übernimmt den darüber liegenden Teil des Gesamtschadens (Jahresüberschaden, excess of loss). Die Rückversicherungsprämie wird für den Gesamtbestand unabhängig von der Originalprämie wahrscheinlichkeitstheoretisch nach den Ergebnissen einer Reihe vorausgegangener Jahre bestimmt.

Garantiert der Rückversicherer dem Erstversicherer, daß der Schadensatz eines Jahres z. B. 60% der Jahresprämieneinnahme bei den in die Rückversicherung einbezogenen Versicherungen nicht überschreitet, indem er den eventuell anfallenden Mehrbetrag übernimmt, so ist der Erstversicherer sowohl gegen Schwankungen der Schadenhäufigkeit als auch des durchschnittlichen Schadenumfanges nach oben gesichert. Automatisch heißen diese Verträge, weil die Prämie, vielfach auch der Selbstbehalt, automatisch nach den Ergebnissen der Vorjahre reguliert wird, wobei wahrscheinliche Abweichungen von den Ergebnissen der Vergangenheit mitberücksichtigt werden müssen.

In Versicherungszweigen mit Versicherungssummen kann als Normalschaden das arithmetische Mittel der Gesamtschadenpromillesätze der einzelnen Jahre gewählt werden. In Versicherungszweigen ohne Versicherungssumme (Haftpflicht-, Krankenversicherung) kann man in analoger Weise ein bestimmtes Verhältnis der Schäden zur Prämie als Durchschnittsschaden festlegen und nach dem durchschnittlichen Überschaden einer Reihe von Jahren die Prämie bestimmen. An Stelle des arithmetischen Mittels kann ein gewogenes Mittel berechnet werden, für den Normalschaden kann ferner ein Trend festgelegt werden.

Wenn sich der Erstversicherer nur gegen einen katastrophal schlechten Geschäftsverlauf sichern will, kann er einen über dem durchschnittlichen Normalschaden liegenden Selbstbehalt, etwa 120% des Normalschadens wählen, so daß der Rückversicherer erst einzutreten braucht, wenn der tatsächliche Schadensatz eines Jahres über diesem Selbstbehalt liegt, beispielsweise also auf über 120 % des Normalschadens angestiegen ist. In diesem Fall können die vergangenen Jahre keinen Überschaden im Verhältnis zu dem vereinbarten Selbstbehalt ergeben, und die Rückversicherungsprämie muß aus einer allgemeinen Statistik des betreffenden Versicherungszweiges ermittelt werden.

4. *Poolvertrag* (*Risiken-Aufteilungsgemeinschaft*). Der juristisch als Gesellschaftsvertrag (BGB. § 705 ff.) aufgefaßte Poolvertrag wirkt praktisch wie eine gegenseitige Rückversicherung mehrerer Versicherer. Diese beteiligen sich gegenseitig an ihren Beständen desselben Versicherungszweiges, indem sie ihr gesamtes unter den Poolvertrag fallendes Geschäft in den Pool einbringen, an dem jeder der einbringenden Versicherer mit einer bestimmten Quote beteiligt ist. Die vereinnahmten Prämien sind abzüglich einer Einbringungsprovision an den Pool abzuführen, der die anfallenden Schäden zu begleichen hat. An den Überschüssen oder Verlusten des Pools partizipieren die Poolmitglieder in der Höhe ihrer Quote.

Durch den Poolvertrag werden die eingebrachten Versicherungen von den Poolmitgliedern gemeinsam getragen, gleichgültig welcher Versicherer den Vertrag abgeschlossen hat. Vom einbringenden Versicherer aus gesehen erscheint der Poolvertrag als eine hundertprozentige Rückdeckung des Wagnisses beim Pool, von der Gesamtheit der Poolmitglieder aus als eine Aufteilung der übernommenen Risiken auf alle Mitglieder, die um so vollkommener wirkt, je größer der Pool ist. Alle Poolmitglieder sind an dem gesamten Poolgeschäft, dem von ihnen und dem von den anderen Mitgliedern eingebrachten Geschäft mit ihrer vorherbestimmten Quote beteiligt.

Diese gemeinsame Tragung der Versicherungslast durch eine Mehrheit von Versicherern wird bei besonders schweren Transportwagnissen (Ausstellungs- und Valorenversicherungen), zur Deckung von Kriegs- und Katastrophenwagnissen, bei neuaufkommenden Versicherungszweigen, für die noch die statistischen Unterlagen fehlen (z. B. Luftfahrtrisiken) und in Versicherungszweigen gewählt, in denen nur wenige Versicherungsobjekte vorhanden sind (Filmausfallversicherung). Die früher erwähnten Versicherungsgemeinschaften zur Übernahme notleidender Risiken sind ebenfalls solche Pools. Die Krankenkassen der Sozialversicherung können sich nach RVO. § 406/407 innerhalb des Bezirks des Versicherungsamtes zu einem Kassenverband vereinigen, der die Leistungen bis zur Hälfte oder für bestimmte Krankheitsarten oder Erkrankungsfälle bis zur vollen Höhe trägt. Ein Pool kann alle Versicherer desselben Zweiges oder nur einen Teil von ihnen umfassen. Auch die Form kommt vor, daß der einbringende Versicherer vorweg einen bestimmten Teil in sein eigenes Geschäft übernimmt und nur den Rest in den Pool einbringt, an diesem Rest also nur mit seiner Poolquote beteiligt ist. Die Poolung kann offen erfolgen, wenn dies im Versicherungsschein vermerkt ist, oder verdeckt, wenn nach außen nur der zeichnende Versicherer auftritt. Die Poolmitglieder können die sie treffende Poolquote ihrerseits wieder rückdecken. Eines der Poolmitglieder führt regelmäßig die Geschäfte des Pools und nimmt die Abrechnungen vor.

Verwandt mit den Poolverträgen sind auch die *Katastrophenverbände*, Vereinbarungen mehrerer Versicherer, meist innerhalb eines Verbandes, im Falle einer Katastrophe (außergewöhnlich hohe Schadenfälle, Zusammentreffen mehrerer Versicherungsfälle) dem betroffenen Versicherer beizuspringen, indem der Katastrophenschaden ganz oder zum Teil nach einem Schlüssel auf sämtliche Verbandsmitglieder umgelegt wird. Zum Unterschied vom Pool erfolgt keine Prämienabrechnung, jedes Mitglied übernimmt seinen Anteil an dem Katastrophenschaden auf sein eigenes Geschäft als Gegenleistung dafür, daß ihm im umgekehrten Fall von den anderen Versicherern ebenso geholfen wird. Der Nachteil dieses Verfahrens ist, daß kein Mitglied seine möglicherweise eintretende Haftung aus dem Katastrophenverband rückdecken kann, weil ja eine Prämienabrechnung unterbleibt.

Das Rückversicherungsverhältnis

Mangels einer gesetzlichen Regelung ist die juristische Figur des Rückversicherungsvertrages im Schrifttum sehr umstritten. Man glaubte darauf verzichten zu können, weil derartige Verträge nur zwischen Versicherern abgeschlossen werden, die auf beiden Seiten die nötige Sach- und Verkehrskunde aufweisen, um ihre Belange selbst wahrnehmen zu können. Der staatlichen Aufsicht wurden in Deutschland die Rückversicherungsunternehmen erst 1942 unterworfen, soweit sie sich in beaufsichtigten Versicherungszweigen betätigten. Damit dürfte sich eine gesetzliche Regelung allmählich anbahnen.

Der Rückversicherungsvertrag wurde als Gesellschaftsvertrag, als gemischter Vertrag (halb Gesellschaft, halb Versicherung), als Versicherungsvertrag mit partialischem Einschlag, als Mitversicherung und als eine Art Haftpflichtversicherung des Erstversicherers konstruiert. Man wird ihm nur gerecht werden, wenn man ihn als einen Versicherungsvertrag besonderer Art auffaßt. Er beruht zum größten Teil auf Gewohnheitsrecht. Weil Streitigkeiten meist durch Schiedsgerichte entschieden werden, kann sich auch keine einheitliche Rechtsprechung entwickeln. Anders steht es in Ländern (Brasilien, Chile, Türkei), die Zwangsrückversicherungsverhältnisse bei Staatsanstalten kennen. Im internationalen Verkehr gilt mangels einer ausdrücklichen oder zu erschließenden Parteivereinbarung das Recht des Erstversicherers bzw. des Zedenten *(v. Gierke)*. Soziologisch zählt das Rückversicherungsverhältnis zu den gesellschaftlichen Versicherungsverhältnissen mit vielleicht etwas bündischem Einschlag in einzelnen Pools.

In dem Verhältnis des Rückversicherers zum Erstversicherer haben sich gewohnheitsrechtlich folgende Grundsätze, auch im internationalen Verkehr, durchgesetzt:

1. „*Der Rückversicherer teilt das Schicksal des Erstversicherers*", eine Formulierung, die eine Reihe von Erscheinungen schlagwortartig zusammenfaßt, die jedoch nicht die äußerste Verbundenheit auf Gedeih und Verderb meint.

Die Haftung des Rückversicherers beginnt und endet mit der Haftung des Erstversicherers. Alle Urteile für und gegen den Erstversicherer wirken sich in dem rückversicherten Geschäft analog auf den Rückversicherer aus. Der Rückversicherer hat Anspruch auf die Originalprämie und muß alle ihre Veränderungen (Erhöhungen, Senkungen, Stundungen, Erlaß, Rückvergütungen) mitmachen. Die Prämienfestsetzung des Erstversicherers ist für den Rückversicherer verbindlich. Während früher der Erstversicherer immer in seiner Landeswährung mit dem Rückversicherer, auch beim ausländischen Geschäft, abzurechnen pflegte, hat sich wegen der Währungsschwankungen nach dem Ersten Weltkrieg das Prinzip durchgesetzt, daß bei Versicherungen in fremder Währung der Rückversicherer allgemein in der Originalwährung beteiligt wird. Die Anerkenntnisse des Erstversicherers hinsichtlich der Schadensabwicklung gelten auch für den Rückversicherer. Bei Interessenversicherungen hat der Rückversicherer der vom Erstversicherer vorgenommenen Entschädigungsfestsetzung zu folgen. Über freiwillige Ersatzleistungen entscheidet allein der Erstversicherer. Übernahme und Ablehnung von Versicherungen ist allein Sache des Erstversicherers.

„Solange nicht ein offensichtlicher Vertragsbruch das geschäftliche Verhältnis zwischen Erstversicherer und Rückversicherer stört, hat dieser alle Vereinbarungen hinzunehmen, die der Erstversicherer in ausschließlicher Zuständigkeit mit dem Versicherungsnehmer über das versicherte Risiko getroffen hat, und ebenso hat er alle späterhin von dem Erstversicherer vorgenommenen Wandlungen der rückversicherten Originalversicherungen mitzumachen. Es fehlt dem Rückversicherer jede Möglichkeit, sich in das Rechtsverhältnis zwischen Versicherer und Versichertem einzumischen, er kann und muß ihm folgen, solange er die Gewißheit hat, daß die rückversicherte Quote vom Erstversicherer genau so behandelt wird, wie es ihm die vernünftige Wahrung seiner eigenen Interessen hinsichtlich der für eigene Rechnung behaltenen ·Quote vorschreibt. Dieser *Grundsatz der Schicksalsteilung* beherrscht alle Rückversicherungssysteme, so verschieden sie nach Art und Aufbau sind und so verschieden sich die Technik je nach dem Zweck der einzelnen Arten entwickelt hat" *(Black und Brix)*.

In der Lebensrückversicherung wird bei Quotenverträgen die Originalprämie zugrunde gelegt, bei Exzedentenverträgen im Falle einer Gewinnbeteiligung des Versicherten die Nettoprämie der vom Erstversicherer verwendeten Sterblichkeitstafel einschließlich eines Zuschlags für Erwerbs- und laufende Kosten. In diesem Falle ist die Rückversicherungsprämie niedriger als die Originalprämie; der in dieser enthaltene Gewinnzuschlag verbleibt dem Erstversicherer. „In einigen Ländern wird der Lebensrückversicherer nur am Sterblichkeitsrisiko gegen Zahlung einer Risikoprämie beteiligt. Die Rückdeckung gegen Risikoprämie hat erhebliche Nachteile, da sich die Risikoprämie mit dem Alter des Versicherten von Jahr zu Jahr ändert und dadurch eine erhebliche Verwaltungsarbeit erforderlich wird. Bei dieser Rückversicherungsmethode kann auch keine ausreichende Abschlußprovision vergütet werden. Dadurch ist der Erstversicherer nicht in der Lage, große Summen abzuschließen oder den Aufbau seines Bestandes in dem Umfange vorzunehmen, wie er dies bei der Rückdeckung nach der üblichen Methode zu tun imstande ist" *(Black* und *Brix)*.

Strittig ist, ob Ersatzansprüche des Erstversicherers gegen dritte Personen auf den Rückversicherer übergehen (VVG. § 67). Einen ablehnenden Standpunkt nehmen *v. Gierke* und *Prölß* ein, einen bejahenden *Ritter* sowie *Black* und *Brix*, denen zufolge Schadensrückerstattungen an den Erstversicherer (z. B. durch Wiedergewinnung der verlorenen oder gestohlenen Gegenstände in der Valoren- und Einbruchdiebstahlversicherung, durch Bruchstückerlöse in der Glasversicherung, Schadenersatz in der Haftpflicht- oder Sachversicherung, Fleisch- und Hauterlös in der Tierversicherung usw.) dem Rückversicherer in dem Verhältnis gutzubringen sind, in dem er zur Bezahlung des Schadens beigetragen hat. Der letzte Standpunkt dürfte eher der Billigkeit genügen, weil sich der Grundsatz der Schicksalsteilung nicht nur zuungunsten des Rückversicherers auswirken sollte.

2. *Unumgängliche Voraussetzung ist gegenseitiges Vertrauen.* Die weitgehende Schicksalsgemeinschaft zwischen Erst- und Rückversicherer bedingt ein besonderes Vertrauensverhältnis zwischen beiden. Der Rückversicherer muß sich namentlich im obligatorischen Geschäft auf die Gewissenhaftigkeit, Geschäftskenntnis und Zuverlässigkeit des Erstversicherers verlassen können, erfährt jener doch meist erst nachträglich von den eingegangenen Verträgen. Umgekehrt muß der Erstversicherer in guten wie in schlechten Zeiten auf die unbedingte Erfüllungsbereitschaft und Gefolgschaft des Rückversicherers bauen können. „Das gegenseitige, das ganze Rechtsverhältnis der Rückversicherung durchziehende und bestimmende Vertrauen ist wichtiger als der Wortlaut des sie formell ordnenden Rückversicherungsvertrages" *(Black* u. *Brix)*.

Der Rückversicherer erhält das Geschäft gewissermaßen erst, nachdem es das Filter des Erstversicherers passiert hat, und er erhält nur das, was dieses Filter nicht durchläßt. Je enger die Maschen des Filters gezogen sind, je geringer die Selbstbehalte des Erstversicherers vereinbart sind, desto weniger Geschäft fällt durch das Filter in den eigenen Bestand des Erstversicherers, desto mehr bleibt als rückzuversicherndes Geschäft im Filter. Der Rückversicherer muß die Gewißheit haben, daß dieses Filter ordnungsgemäß funktioniert und nicht nach Belieben des Erstversicherers variiert wird, der Rückversicherer mit anderen Worten einen ausgemachten Anteil auch am guten Geschäft erhält. Der Rückversicherer kann zwar bei Abschluß des Rückversicherungsvertrages auf die Konstruktion des Filters durch entsprechende Verabredungen Einfluß nehmen, aber er muß das Filter in der Hand des Erstversicherers lassen. Der Rückversicherer „muß das unbedingte Vertrauen dafür haben, daß der Erstversicherer die dem Rückversicherer zugedachten Risiken ebenso sorgfältig auswählt und nach gesunden versicherungstechnischen Grundsätzen behandelt und tarifiert, wie wenn er das ganze Risiko für eigene Rechnung liefe, und er muß die Gewißheit haben, daß der Erstversicherer die auf das rückversicherte Geschäft entfallenden Schäden als gewissenhafter Treuhänder des Rückversicherers ebenso sorgfältig und reell erledigt, als wenn er für den ganzen Schaden allein aufzukommen hätte" *(Black* und *Brix)*. Das Rückversicherungsverhältnis ist ein Geschäft des höchsten Vertrauens (negotium uberrimae fidei).

Durch seine Zusammenarbeit mit einer Mehrheit von Erstversicherern verfügt der Rückversicherer über einen größeren Bestand als der Erstversicherer, wenn sich auch bei Exzedentenverträgen bei ihm der Bestand mehr mit größeren und ungünstigeren Wagnissen füllt. Beim Rückversicherer vollzieht sich eine Konzentration des nationalen und übernationalen Geschäfts, die ihn befähigt, umfassendere Erfahrungen zu sammeln, als sie dem Erstversicherer möglich sind. So wird der Rückversicherer zum unerläßlichen Berater des Erstversicherers und er macht seinen Einfluß in den Tarifierungs- und Bedingungskommissionen der Erstversicherer direkt und indirekt geltend. Er hält vor ungangbaren Wegen zurück und er gibt Anregungen für neue Versicherungsmöglichkeiten. Durch die Internationalität seines Geschäfts wirkt er auf eine Angleichung der verschiedenen nationalen Verhältnisse und eine Rechtsangleichung hin, die der internationalen Vergleichbarkeit der verschiedenen Versicherungsbedingungen und der Versicherungspreise zugute kommt.

Die meisten Rückversicherungsverträge sehen ein Revisionsrecht des Rückversicherers vor; er kann in den Geschäftsräumen des Erstversicherers das Material einsehen, die Vorlage von Schadensakten verlangen, die Abrechnungen nachprüfen usw. Doch ist dieses Recht mehr formeller Natur. Vielfach kann er sich bei Großschäden an der Regulierung mit beratender Stimme beteiligen (Assistenzrecht), bleibt jedoch an die letztlich dem Erstversicherer zustehende Entscheidung gebunden. Bei den im größeren Geschäft üblichen Mitversicherungsverhältnissen laufen beim Rückversicherer unter Umständen Rückversicherungen über das gleiche Wagnis seitens mehrerer Erstversicherer ein, und er kann dann die einzelnen Angaben miteinander vergleichen.

Meinungsverschiedenheiten zwischen Erst- und Rückversicherer, die sich nicht gütlich beilegen lassen, werden weniger von den ordentlichen Gerichten als von Schiedsgerichten erledigt, einmal um Fachleute als Schiedsrichter berufen und das Verfahren beschleunigen zu können, zum andern um im internationalen Geschäft politische Hindernisse auszuschalten.

Durch die Rückversicherung verschafft der Erstversicherer dem Rückversicherer einen weitreichenden Einblick in sein Geschäft. Deswegen wird der Rückversicherer bevorzugt, der sich aus dem direkten Geschäft fernhält und keinen Verdacht aufkommen läßt, daß er seine Kenntnisse im Konkurrenzkampf der Erstversicherer um das direkte Geschäft ausnützt. Der Erstversicherer darf im Rückversicherer nicht seinen späteren Konkurrenten vermuten. Die von Erstversicherern nebenbei hereingenommenen Rückversicherungen betreffen zumeist sehr späte Maxima (Retrozessionen) oder ausländische Portefeuilles, sie sind in der Mehrzahl Notbehelfe, wenn die Zeichnungskapazität der reinen Rückversicherer nicht ausreicht.

Der umgekehrte Fall, daß der Erstversicherer einmal seinen Rückversicherer, nicht dieser ihn, stützen muß, war in einigen Fällen in der deutschen Versicherungswirtschaft unmittelbar nach der Währungsreform vom 21. 6. 1948 gegeben. Da notwendigerweise einige Zeit verging, bis der Rückversicherer von den nach der Währungsumstellung vereinnahmten Prämien seinen Anteil erhielt, aber unglücklicherweise kurz nach der Währungsreform in der Feuerversicherung einige größere Schäden eintraten, verfügten die Rückversicherer noch nicht über die nötigen Mittel, um ihren Schadensanteil zu bezahlen. Es mußten die Erstversicherer die großen Schäden vorläufig allein tragen und konnten über sie erst später mit den Rückversicherern abrechnen.

3. *Notwendig ist ein laufender, möglichst automatischer Abrechnungsverkehr zwischen Erst- und Rückversicherer.* Infolge der noch größeren Konzentration des Versicherungsgeschäfts beim Rückversicherer kann sich

dieser weniger als der Erstversicherer um die einzelne Versicherung kümmern, mitunter fehlen ihm (bei Quoten- und Schadensexzedentenverträgen) überhaupt die Voraussetzungen dazu. Ebenso wie es der Rückversicherer ermöglichen muß, daß der dem Versicherten gegenüber allein haftende Erstversicherer pünktlich die Schadenszahlungen leisten kann, muß der Erstversicherer dem Rückversicherer unverzüglich die vereinbarten Aufgaben machen und die Prämienanteile im vereinbarten Ausmaße abführen.

Der Erstversicherer hat die den Rückversicherer interessierenden Einzelheiten in Rückversicherungsregistern täglich einzutragen und innerhalb einer Frist von 8 bis 18 Tagen dem Rückversicherer aufzugeben. Bei größeren Risiken sind vorläufige Anmeldungen vorzunehmen. Die endgültige Verrechnung erfolgt in Borderos, in Listen, in denen die vorläufig gemachten Angaben bestätigt, die noch nicht aufgegebenen Posten überwiesen und durch Mitteilungen über Dauer, Prämiensatz und dergleichen ergänzt werden *(Black* und *Brix)*. In Versicherungszweigen mit festen Selbstbehalten der Erstversicherer können die Anmeldungen einfacher ausfallen als in Zweigen, in denen der Erstversicherer die Höhe seines Selbstbehaltes bestimmen kann. Um den in der Inflationszeit angeschwollenen Rückversicherungsarbeiten nachkommen zu können, wurden damals Einzelrückversicherungsaufgaben nur dem Hauptrückversicherer gemacht, der die weiter erforderlichen Arbeiten auch für die Mitrückversicherer erledigte. Von diesem Brauch ist man jedoch wieder abgekommen. Die Jahresprämien mehrjähriger Versicherungen werden in Verfallprämienetats zusammengestellt; die Jahresschlußziffern werden vierteljährlich in gleichen Teilen abgerechnet.

„In der Lebensquotenrückversicherung wird gewöhnlich monatlich eine Mitteilung über die Entwicklung des Bestandes nach Anzahl und Versicherungssummen der Anträge, der ausgestellten Policen und der Abgänge gegeben. Bei der Exzedentenrückdeckung in Leben erfolgt die Aufgabe einzeln von Fall zu Fall in vereinbarten Zeiträumen, meist monatlich durch Listen; Überweisungen, die bestimmte Summen überschreiten, werden durch Voranmeldung binnen 3 Tagen aufgegeben, um dem Rückversicherer die Möglichkeit einer Retrozession zu geben. Ähnlich erfolgen auch die Mitteilungen der Storni durch Listen“ *(Black* und *Brix)*.

Größere Schäden werden dem Rückversicherer sofort angezeigt, mit den kleineren wird er in monatlichen oder vierteljährlichen Schadenübersichten belastet. Für die Regulierung größerer Schäden hat der Rückversicherer einen vorläufigen Schadeneinschuß zu leisten.

In Vierteljahreskontokorrenten werden alle im abgelaufenen Quartal erteilten Gut- und Lastschriften verrechnet und der Saldo nach Prüfung ausgeglichen. In der Lebensrückversicherung hat sich jährliche Abrechnung durchgesetzt, weil die notwendige Prämienreserveerhöhung erst gegen Ende des Jahres berücksichtigt werden kann.

Nach vielen Rechtsordnungen, so in Deutschland nach VVG. § 67, in der Schweiz nach Art. 1 des Sicherstellungsgesetzes, hat der Erstversicherer in der Lebensversicherung die Deckungskapitalien auch für die in Rückdeckung gegebenen Summen zu berechnen, aufzubewahren und zu verwalten. Daraus erhält der Rückversicherer ein verzinsliches Guthaben beim Erstversicherer.

Bei Konkurs des Erstversicherers erlöschen die Versicherungen und damit auch die Rückversicherungsverträge nach Ablauf eines Monats (VVG. § 13). Bei Konkurs des Rückversicherers endet das Rückversicherungsverhältnis ebenfalls nach einem Monat, es sei denn, es herrsche ein anderer Versicherungsbrauch *(v. Gierke)*. Der Versicherte hat naturgemäß keinen Anspruch gegen den Rückversicherer.

4. *Der Rückversicherer beteiligt sich an den Kosten des Erstversicherers durch Vergütung einer entsprechenden „Rückversicherungsprovision“.* Sofern die Prämiensätze die mit steigender Versicherungssumme eintretende Kostendegression nicht oder ungenügend berücksichtigen, erwächst dem Erstversicherer bereits ein Vorteil, wenn er durch die Rückversicherung in die Lage versetzt wird, Versicherungen mit höheren Summen zu übernehmen. Wenn über den anteiligen Provisionsaufwand und den Verwaltungskostensatz hinaus eine Rückversicherungsprovision seitens des Rückversicherers für die überwiesenen Versicherungen vergütet wird, entsteht eine weitere Gewinnquelle des Erstversicherers.

   Bei Quotenverträgen mit Originalprämien wird der Rückversicherer mit allen aus dem technischen Betrieb des Erstversicherers erwachsenden Kosten belastet. Bei Exzedentenverträgen zahlt der Rückversicherer nur eine unter den anteiligen Originalkosten des Erstversicherers liegende Pauschale, weil hier nur die hochsummigen und höher tarifierten Wagnisse, deren Anwerbe- und Verwaltungskosten relativ geringer sind, rückgedeckt werden; die Pauschale richtet sich nach Art und Schadenverlauf der Versicherungen. Daneben beteiligt der Rückversicherer vielfach den Erstversicherer an dem ihm aus dem rückgedeckten Geschäft erwachsenden Reingewinn. Höhe der Provision und der Gewinnbeteiligung sind nach Versicherungszweigen und Ländern verschieden; vielfach schwankt der Provisionssatz umgekehrt zum Schadenssatz. In der Regel bedingt der Rückversicherer, daß bei der Errechnung des Reingewinnes die noch nicht getilgten Verluste aus früheren Jahren berücksichtigt werden.

5. *In der Praxis wird vereinbart, daß der Erstversicherer seinen ihm zugedachten Anteil an der einzelnen Versicherung als Selbstbehalt selbst decken muß.* Von den besonderen Fällen der Gefahrenrückdeckung und des Poolvertrages abgesehen soll dadurch ein genügendes Interesse des Erstversicherers an der Gestaltung des Versicherungsvertrages, seine Vorsicht gegenüber ungünstigen Wagnissen und seine Vorsorge für entsprechende Schadenminderungsmaßnahmen wachgehalten werden. Der Erstversicherer soll nicht über den Weg einer anderweitigen Rückdeckung seines Selbstbehaltes zu einem bloßen Vermittler werden, der kein Versicherungsrisiko mehr läuft. Das würde ihn dazu verleiten, jedes Wagnis zu übernehmen, gleichgültig, wie die Bedingungen sind, fällt ihm doch auf jeden Fall die Rückversicherungsprovision als Gewinn zu. Die Pflicht, den Selbstbehalt unter allen Umständen zu laufen, soll die Parallelität der Interessen von Erst- und Rückversicherer gewährleisten.

Ohne vertragliche Abmachung ist juristisch die Pflicht des Selbstbehaltens bestritten. Inländische (Reichsgericht 1902 und 1910) und ausländische (Pariser Kassationshof 1886) Rechtsprechung haben die Pflicht verneint. Das Reichsgericht hat dem Rückversicherer nur die Möglichkeit einer Anfechtung wegen Irrtums über eine wesentliche Eigenschaft des Vertrages eingeräumt. Die Rechtswissenschaft *(Ehrenberg, v. Gierke)* bejahen die Pflicht aus dem Wesen des Rückversicherungsvertrages heraus.

Wenn auch die Selbstbehalts- und Maximalbestimmungen den wechselnden Erfahrungen angepaßt werden, gilt der einmal für eine Versicherung festgesetzte Selbstbehalt auf die Dauer der genommenen Rückversicherung. „Eine Neumaximierung des bestehenden Geschäftsstockes ist ungewöhnlich und bei ausgesprochenen Konjunkturbranchen, wie z. B. der Aufruhrversicherung, unzulässig. Es würde Treu und Glauben und dem Grundsatz der Schicksalsgemeinschaft widersprechen, wenn erst bei Herannahen der Gefahr das Risiko auf den Rückversicherer abgeladen, bei Gefahrenminderung aber auf eigene Schultern übernommen würde. Eine Neumaximierung bedeutet auch für beide Vertragsteile eine sehr erhebliche Arbeit und erfaßt daher die laufenden Versicherungen in der Regel nur vom jeweiligen nächsten Verfalltage" (*Black* und *Brix*).

Die Entwicklung der Rückversicherung

Die Rückversicherung ist im mediterranen Raum von Anfang an als gesellschaftliches Versicherungsverhältnis entstanden. Mit der Seeversicherung hat sie sich nach dem Norden Europas verbreitet.

Der älteste bekannte Vertrag von 1370 betrifft eine Seeversicherung für die Reise von Genua nach Sluys, dem Hafen Brügges, bei dem die Strecke Cadix—Sluys rückversichert wurde. In welchem Umfange man sich damals schon der Rückversicherung bediente, läßt sich nicht mehr feststellen. Erwähnt findet sich die Rückversicherung in Gesetzen und Sammlungen, so in den Antwerpener Kostumen von 1609. In England wird im 18. Jahrhundert die Rückversicherung zu Prämiendifferenzgeschäften mißbraucht, indem übernommene Risiken zu billigeren Prämien rückversichert werden. Aus diesem Grunde wurde sie dort 1746 verboten. Innerhalb der Seeversicherung scheint ursprünglich der Bedarf nach Rückversicherungen nicht groß gewesen zu sein, weil sich dieses Geschäft auf die großen Börsenplätze konzentrierte und demgemäß auch größere Objekte durch Mitversicherung einer Vielzahl von Assekuradeuren untergebracht werden konnten.

Die moderne Entwicklung der Rückversicherung geht von der Feuerversicherung aus, wo die Versicherungsgesellschaften nicht mehr an einem Platze konzentriert waren und die Aufteilung großer Wagnisse im Wege der Mitversicherung sich erschwerte. Zuerst gingen Erstversicherer wechselseitige Verträge ein, in denen sie sich gegenseitig beteiligten. Um einer Kumulierung durch das eigene und das übernommene Geschäft zu entgehen, um ferner der Konkurrenz keinen Einblick in das Geschäft zu geben, bevorzugte man ausländische Gesellschaften. Die ersten obligatorischen Rückversicherungsverträge finden sich in Deutschland seit 1825.

Treibende Kräfte für die Entwicklung der Feuerrückversicherung waren: die Tendenz, das Versicherungsgeschäft im Inland unterzubringen, ferner das immer stärkere Anwachsen der zu versichernden Werte und als äußerer Anstoß der große Brand in Hamburg (1842), durch den die Colonia schwer in Mitleidenschaft gezogen wurde. Gegenüber *Camphausen*, der die zu gründende Rückversicherungsgesellschaft auf die Colonia in Köln zuspitzen wollte, setzte *Mevissen* 1853 die Gründung einer allgemeinen Rückversicherungsgesellschaft, der Kölnischen Rückversicherungsgesellschaft durch, wesentlich unterstützt durch französisches Kapital. Dadurch sollten die Konkurrenzbedenken beseitigt und eine breitere Zusammenarbeit mit mehreren Erstversicherungsgesellschaften erreicht werden. Während die Hamburger Seeversicherer sich bis Mitte des vorigen Jahrhunderts kaum der Rückversicherung bedient haben, gründeten binnenländische Transportgesellschaften in der ersten Hälfte des 19. Jahrhunderts mehrfach Rückversicherungsgesellschaften. 1842 errichtete die Niederrheinische Güter-Assekuranz-Gesellschaft in Wesel einen Rückversicherungsverein, der auf die Alimentation durch die Gründergesellschaft beschränkt blieb. Seit den fünfziger Jahren wurden zahlreiche Rückversicherungsgesellschaften als Tochtergesellschaften von Erstversicherungsgesellschaften gegründet, so 1871/72 allein 13 Gesellschaften. Auch in der Hamburger Seeversicherung bürgerte sich die Rückversicherung ein. Der starke Wettbewerb führte zu Mißständen, Ausnutzung der Rückversicherer durch Überweisung nur der schlechten Risiken und brachte einen Teil dieser Gesellschaften zum

Erliegen. Seit den achtziger Jahren zeigt sich wieder ein Erstarken der Rückversicherungsgesellschaften, und diese gehen jetzt dazu über, Erstversicherungsanstalten zu gründen, um ihren Wirkungskreis auszudehnen. Die 1880 gegründete Münchener Rückversicherungsgesellschaft entwickelte sich zur größten Rückversicherungsgesellschaft der Welt. Auch Tochtergesellschaften für die Retrozessionen wurden gegründet. Es entstanden die großen, um eine Rückversicherungsgesellschaft gruppierten Konzerne.

Die öffentlichen Feuerversicherungsanstalten schlossen anfangs Rückversicherungsverträge mit privaten Gesellschaften ab, errichteten jedoch seit 1872 in ihrem Verband eine Rückversicherungsabteilung zu gemeinsamer Rückversicherung. Die seit 1911 in Deutschland gegründeten öffentlich-rechtlichen Lebensversicherungsanstalten gründeten für die Rückversicherung eine eigene Aktiengesellschaft.

Selbständige Rückversicherungsgesellschaften entstanden in Österreich und in der Schweiz. In Frankreich sind sie bald wieder verschwunden, in England haben sie nie festen Fuß gefaßt. Die Rückversicherung ist auch hier stark verbreitet, doch erfolgt sie durch die direkt arbeitenden Gesellschaften. In Amerika entwickelten sich ebenfalls reine Rückversicherungsgesellschaften nach deutschem Vorbild. Um einen die Zahlungsbilanz belastenden Prämienabfluß nach dem Ausland zu verhindern, wurde in Rußland auf Anregung des Finanzministers *Witte* 1896 eine Rückversicherungsgesellschaft gegründet, die jedoch nur wenige Jahre bestand; nach dem Umsturz von 1917 wurden die privaten Versicherungsgesellschaften in einen monopolistischen Staatsbetrieb überführt, der Rückversicherungen nach dem Ausland, besonders nach Deutschland vergab.

Der Erste Weltkrieg veränderte den internationalen Rückversicherungsmarkt. Infolge der Ausschaltung der deutschen Rückversicherer wurden im Ausland vielfach neue Rückversicherungsgesellschaften gegründet, die nach Kriegsende natürlich im Geschäft blieben. Die Scheinkonjunktur der Inflation mit den ins Riesenhafte wachsenden Versicherungssummen brachte auch in Deutschland viele Neugründungen von Rückversicherungsunternehmungen, so daß jeder Versicherungskonzern seine eigene Rückversicherungsgesellschaft hatte. Die Konzerne konnten durch ihre gesteigerte Finanzkraft einen größeren Teil des Geschäfts selbst tragen, und das Geschäft wurde innerhalb des Konzernes selbst aufgeteilt. Nur die schwersten Spitzen wurden außerhalb der Gruppe im freien Rückversicherungsverkehr abgedeckt. „Die Rückversicherung ist zu einer internen Konzernmaßnahme geworden, so daß man von einer Blütezeit dieses Versicherungszweiges kaum sprechen kann" (*Herrmannsdorfer*).

Durch den unglücklichen Ausgang des Zweiten Weltkrieges haben die deutschen Rückversicherungsgesellschaften ihr nach dem Ersten Weltkrieg wieder aufgebautes Auslandsgeschäft zum zweiten Male verloren. Das vom Morgenthaugeist, folglich von keinerlei Sachkenntnis getragene Kontrollratsgesetz Nr. 47 vom 10. 3. 1947 (Termination of German Insurance Operations Abroad) verbot rückwirkend ab 8. 5. 1945 jede Auslandstätigkeit deutscher Rückversicherungsgesellschaften. Die deutschen Versicherungs- oder Rückversicherungsgesellschaften hatten ihre Tätigkeit ausschließlich auf das deutsche Gebiet zu beschränken (Art. I). Außerhalb Deutschlands durften deutsche Gesellschaften keine Haupt- oder Zweigniederlassungen oder Agenturen unterhalten und weder direkt noch indirekt Interessen an Versicherungs- und Rückversicherungsgeschäften haben (Art. II). Erlaubt blieben nur Lebensversicherungspolicen, wenn alle Leistungen in deutscher Währung erfolgen, und Transportversicherungen deutscher Risiken im Ausland auf die Dauer von höchstens 3 Monaten.

Die Abschneidung Deutschlands vom internationalen Rückversicherungsverkehr wirkte sich nachteilig auch auf das innerdeutsche Geschäft aus. Durch die Abtrennung des Gebietes östlich der Oder-Neiße-Linie und die Lahmlegung der gesamten nichtstaatlichen Versicherungsunternehmen in der Ostzone auf Grund des Befehls 01 des Oberbefehlshabers der sowjetischen Besatzungstruppen in Deutschland vom 23./25. 7. 1945 wurde das Tätigkeitsgebiet der in Westdeutschland verbliebenen oder dorthin verlegten Gesellschaften allein auf das Gebiet der heutigen Bundesrepublik eingeengt. Es entfiel damit ein großer Teil des kleineren Geschäfts, während das schon im Reich im Westen konzentrierte Großgeschäft (Rheinland und Ruhrgebiet) den Versicherungsgesellschaften erhalten blieb. Der Massierung der schweren Großwagnisse im Westen stand der Verlust des zum Ausgleich mit erforderlichen kleineren und mittleren Geschäfts im Osten gegenüber, ein Umstand, der gerade zu einem verstärkten internationalen Rückversicherungsaustausch gezwungen hätte. So mußte der Schaden der Ludwigshafener Explosionskatastrophe 1948 von nur 30 deutschen Gesellschaften mit ihren Rückversicherern allein getragen werden, während ein ungefähr zur gleichen Zeit eingetretener Explosionsschaden in der Schweiz (Blausee-Mitholz) über die internationale Rückversicherung auf mehrere hundert Versicherer verteilt war. Der Warenhausbrand bei Karstadt in Hamburg traf eine geringe Anzahl von Versicherern, während beim Warenhausbrand „Grand Magasin à la Bourse“ in Brüssel viele Versicherer und Rückversicherer zu haften hatten.

Der internationale Rückversicherungsaustausch mußte schließlich auch von den Besatzungsmächten als unumgänglich notwendig eingesehen werden. Im Juni 1949 wurde durch das Gesetz Nr. 16 der amerikanischen und britischen Militärregierung und die Verordnung Nr. 205 und 218 der französischen Militärregierung das Verbot der Betätigung deutscher Gesellschaften im Ausland mit einigen Einschränkungen aufgehoben.

Über die grundsätzliche Notwendigkeit und Zweckmäßigkeit der Rückversicherung besteht unter den ernsthaften Sachkennern wohl kaum ein Zweifel. Von einer „Überzüchtung der Rückversicherung“ *(Rath)* schlechthin kann nicht gesprochen werden, denn, wie *Rohrbeck* treffend hervorhebt, liegen die Verhältnisse von Gesellschaft zu Gesellschaft und von Versicherungszweig zu Versicherungszweig sehr unterschiedlich; „auch im Laufe der Entwicklung wechselt der Bedarf nach Rückversicherungsnahme in einzelnen Versicherungszweigen“. Bei der heutigen technischen und organisatorischen Struktur moderner Volkswirtschaften würde selbst eine das ganze Gebiet umfassende Monopolanstalt nicht ohne Rückversicherung auskommen. „Die Spitzenbeträge großer Gefahrenmittelpunkte können so bedeutend sein, daß der wirkliche technische Ausgleich nur in der versicherungsbewirtschafteten Welt und womöglich noch nicht einmal in dieser erreicht werden kann.“ Die andere Frage, ob in Einzelfällen das notwendige Ausmaß der Rückversicherung überschritten worden ist, verlangt, wie von *Rohrbeck* ebenfalls zugegeben werden muß, die Würdigung verschiedenster Gesichtspunkte. Einmal kann ein Rückversicherer auf ihm ergebene Erstversicherer einen Druck zu hoher Rückversicherungsnahme ausüben, um ausländischen Geschäftspartnern ein entsprechendes Austauschgeschäft bieten zu können. Die Gewinninteressen des Rückversicherers können hier mit den volkswirtschaftlichen Absichten einer Verbesserung der Devisenbilanz einhergehen. Umgekehrt darf über den Einwand nicht hinweggegangen werden, daß die Machtposition des Erstversicherers, die sich gegenüber einer Mehrheit geschäftshungriger Rückversicherer vielfach herausgebildet hat, zu einer Lähmung der unternehmerischen Initiative beim Erstversicherer führt, wenn dieser durch eine unverhältnismäßig hohe Rückversicherungsabgabe seinen Provisionsnutzen steigern, seine Nettokosten senken kann, ohne dabei ein entsprechendes Versicherungsrisiko laufen zu müssen. Hierin sieht *Rohrbeck* einen „Kardinalfehler des heutigen Rückversicherungssystems“. „Wenn der Erstversicherer es versteht, für seine gefährlichen Wagnisse kleine Selbstbehalte zu wählen, viele Rückversicherer heranzuziehen und sich von ihnen gute Provisionen und hohe Gewinnbeteiligungen zusagen zu lassen, so kann er mit einem Minimum an unternehmerischer Leistung auskommen.“ Durch diesen und andere Umstände ist die Tendenz mancher Gesellschaft, mehr eine Vermögensverwaltungs- als eine Versicherungsgesellschaft sein zu wollen, zweifellos gefördert worden. Wie sich jedoch das deutsche Rückversicherungsgeschäft entwickeln wird, kann heute noch nicht gesagt werden.

Schrifttum: a) *Moldenhauer* Art. „Rückversicherung" im Versicherungslexikon; b) *Fritz Herrmannsdorfer* „Wesen und Behandlung der Rückversicherung", München 1924; c) *Fritz Herrmannsdorfer* „Technik und Bedeutung der Rückversicherung", München 1927; d) *Cruciger* „Rückversicherung von heute", Berlin 1926; e) *von Hollitscher* „Internationale Rückversicherung", Berlin 1931; f) *Max Gürtler* „Risiko und Rückversicherung" in Deutsche Versicherungswirtschaft, Bd. II; g) *Hans Black* und *Hans Brix* „Die Technik des Rückversicherungsverkehrs" in Deutsche Versicherungswirtschaft, Bd. II; h) *Fritz Herrmannsdorfer* „Rückversicherung" in Deutsche Versicherungswirtschaft, Bd. V; i) *Hans-Herbert Wimmer* „Poolung, Mitversicherung und Katastrophenverbände" in Deutsche Versicherungswirtschaft, Bd. II; k) *Walter Rohrbeck* „Die deutsche Versicherungswirtschaft nach 1945" in J. f. Nat. u. Stat., Bd. 162, Heft 6, Stuttgart 1950; l) *Walther Labes* „Aufhebung der Rückversicherungsblockade" in Versicherungswirtschaft, vom 1. 7. 1949; m) *Karl Groß* „Devisengenehmigung für die Rückversicherung" in Versicherungswirtschaft, vom 15. 1. 1950; n) *René Tondeur* „Allbranchen-Gesellschaften in der deutschen Versicherungswirtschaft?" in Versicherungshefte der Frankfurter Neuen Presse, Heft 2; o) *G. Obermayer* „Haftpflichtversicherung und Rückversicherung", Berlin 1939.

§ 18. Gewinn- und Verlustquellen eines Versicherungsbetriebes

Betriebswirtschaftliche Gewinne und Verluste

Schon die bisherigen Ausführungen haben erkennen lassen, daß Gewinne oder Verluste eines Versicherungsbetriebes aus den verschiedensten Anlässen herrühren können: aus der größeren oder geringeren Genauigkeit seiner statistischen Unterlagen (Häufigkeiten und Schadentafeln), aus der Zusammensetzung seines Bestandes, der Form seiner Prämienkalkulation, dem Eintreffen oder Ausbleiben von Katastrophenschäden, der Höhe seines tatsächlichen Engagements bei einzelnen Verträgen, der Gestaltung der Rückversicherung und anderes mehr. Neben diesen ***betriebswirtschaftlichen Gewinnen und Verlusten*** stehen aber grundsätzlich andere, die sich aus der Stellung des Versicherers am Markte ergeben. Da sich keine Prämie mit hundertprozentiger Exaktheit berechnen läßt, hängt das Geschäftsergebnis eines Versicherers auch davon ab, welche Prämien er am Versicherungsmarkt tatsächlich zu erreichen vermag. Je nach der Struktur des Versicherungsmarktes, der Stellung des Versicherers gegenüber den Versicherungsnachfragenden und gegenüber seinen Konkurrenten werden sich ganz verschiedene Prämiensätze durchdrücken lassen, womit ganz verschiedene Spannen gegenüber der sich aus der Betriebskalkulation ergebenden „Bedarfsprämie" gegeben sind. Diese ***marktwirtschaftlichen Gewinn- und Verlustquellen*** werden später behandelt werden. Hier geht es zunächst nur um die zuvor erwähnten betriebswirtschaftlichen Umstände.

Unter der Bruttoprämie (Bedarfsprämie) verstanden wir die Prämie, die der Versicherer zur dauernden Aufrechterhaltung seines Betriebes braucht, um die Schäden im vereinbarten Umfang zahlen zu können (Nettoprämie), um einen Fonds für Schwankungen der Schadenhäufigkeit und des Schadenumfanges zu haben (Sicherheitszuschlag) und um die ihm erwachsenden Unkosten decken zu können (Unkostenzuschlag). Ein darüber hinausgehender Geschäftsgewinn ist nicht einkalkuliert. Diese Bruttoprämie kann nur bestimmt werden, indem über den künftigen Geschäftsverlauf in dem Betriebsplan gewisse Annahmen getroffen werden (Plandaten.) Der tatsächliche Ablauf des Versicherungsgeschäftes in der vorgeplanten Wirtschaftsperiode wird dann mehr oder weniger weitgehende Abweichungen der den geplanten Daten entsprechenden faktischen Daten ergeben: die nachträglich statistisch ermittelte Schadenhäufigkeit wird mit der im voraus angenommenen, die ex post sich ergebende Verteilung der Schadenumfänge wird mit der ex ante zugrunde gelegten nicht voll übereinstimmen, es werden nicht alle Einnahmen wie erwartet eingehen, die fixen Kosten werden sich nicht als so fix erweisen wie vorausgesetzt, das Verhältnis der abhängigen Kosten zu den Prämieneinnahmen wird nicht konstant sein, dieRückversicherungsverträge werden sich nicht ganz dem Programm entsprechend auswirken, von unvorhergesehenen Gewinn- und Verlustzufällen abgesehen. *Diese im Vergleich der Betriebsabrechnung mit dem Betriebsplan sich herausstellenden Differenzen zwischen den faktischen und geplanten Daten der Betriebsgestaltung sind, je nachdem ob sie sich als positiv oder negativ erweisen, die betriebswirtschaftlichen Gewinn- oder Verlustquellen.* Sie liegen praktisch in jeder Größe der Betriebsabrechnung. Im einzelnen sind zu unterscheiden:

1. *Risikogewinn bzw. Risikoverlust.* Dieser aus der „Erfüllung der eigentlichen Versicherungsfunktion" *(Deck)* erwachsende Gewinn oder Verlust ist der Unterschied zwischen den Einnahmen an Nettoprämien in einer Wirtschaftsperiode und den Schadenaufwendungen. „Der Risikogewinn ist der dem Versicherungsgeschäft charakteristische Gewinn, der vom Verlauf der rein versicherungsmäßigen Betätigung abhängt" *(Deck)*.

Aus der Definition der Nettoprämie folgt, daß im Falle des Übereinstimmens der faktischen Daten: Schadenhäufigkeit und Schadentafel, mit den der Prämienkalkulation zugrunde gelegten Werten, also mit den entsprechenden Plandaten, weder Gewinn noch Verlust entstehen kann. Dieses Ideal wird jedoch in Wirklichkeit nie erreicht; in der Diskrepanz zwischen den geplanten und faktischen Werten der Schadenhäufigkeit und des Schadenumfanges liegt die Quelle des Risikogewinnes oder Risikoverlustes. Er wird auch als *technischer Gewinn* oder *Verlust* bezeichnet. Dieser letzte Begriff wird allerdings nicht einheitlich angewendet. *Gürtler* versteht z. B. darunter den Überschuß der um die technischen Zinsen vermehrten Prämien über die Kosten und Schadenzahlungen. Das Eidgenössische Versicherungsamt hat noch den in der Zwischenzeit wieder aufgegebenen, aber in der Praxis noch hie und da verwendeten Begriff des *industriellen Gewinnes* geschaffen, der in der Hauptsache den eigentlichen Risiko-, den Betriebskosten- und den Sicherungsgewinn umfaßt. In v. H. der Gesamtprämieneinnahme hat das genannte Amt den industriellen Gewinn der Schweizer Versicherungsanstalten in der Zeit von 1900 bis 1916 einmal wie folgt berechnet („Versicherungslexikon"):

Zweig	1900	1902	1904	1906	1908	1910	1912	1914	1916
Unfall u. Haftpflicht	6,35	3,97	5,6	5,9	6,2	6,8	5,1	5,9	5,0
Transport	7,15	9,03	10,12	7,63	3,69	6,8	3,6	7,1	10,2
Feuer	5,95	11,25	5,57	—9,56	10,8	12,6	9,4	3,9	9,0
Glas	0,44	7,08	14,39	9,53	10,1	6,0	3,7	11,8	6,3
Diebstahl	7,00	8,97	17,09	27,41	22,9	24,7	26,9	36,3	26,4
Wasserleitung	32,05	33,25	23,84	1,93	12,6	27,0	14,3	29,8	28,7
Rückversicherung . .	5,87	1,27	—0,24	5,29	2,7	—0,7	1,6	—2,3	1,3

Diese, abgesehen von den beiden letzten Jahren, aus einer Zeit relativ stetiger Wirtschaftsentwicklung stammende Tabelle zeigt das unterschiedliche Ergebnis der verschiedenen Versicherungszweige. In der Feuerversicherung fällt das ungünstige Jahr 1906 (San Franzisco) auf; in der Rückversicherung wechseln Jahre des Gewinnes mit solchen des Verlustes, der Rückversicherer muß seinen Erfolg mehr in einem sich über mehrere Jahre erstreckenden Ausgleich suchen. Bei allen derartigen Berechnungen ist jeweils genau darauf zu achten, welche Posten einbezogen werden.

Selbst wenn man sich auf die oben angeführte Definition des Risikogewinnes bzw. Risikoverlustes beschränkt, also die übrigen Posten ausläßt, so hängt die Berechnung stark von subjektiven Erwägungen ab und sie kann je nach dem gewünschten Zweck beeinflußt werden. Da bei den Privatgesellschaften und vielfach auch bei den öffentlichen Anstalten das Versicherungsjahr nicht mit dem Geschäftsjahr übereinstimmt, ist es notwendig, von der bis zum Bilanzstichtag vereinnahmten Prämie und den bis dahin nicht abgewickelten Schäden gewisse Beträge, sog. ***Prämienüberträge*** oder ***Schadenreserven***, für das kommende Jahr abzuzweigen, wie auch derartige Posten aus dem Vorjahr übernommen wurden. Die Effektivprämie eines Jahres setzt sich demnach zusammen aus: Prämienüberträge aus dem Vorjahr + Gesamtprämien des laufenden Jahres — Prämienüberträge ins nächste Jahr, die Effektivschäden aus: im Bilanzjahr bezahlte Schäden + Rückstellungen für noch nicht bezahlte Schäden — Schadenreserve aus dem Vorjahr. Reichliche Dotierung der Prämienüberträge und Schadenreserven mindert den Risikogewinn des laufenden Jahres. Schadenreserven werden in guten Jahren sehr hoch angesetzt, so daß sich im Zeitpunkt der endgültigen Abwicklung des Schadens, also bei Auflösung der Schadenreserven ein weiterer Gewinn ergibt. Je nachdem wie hoch Prämienüberträge und Schadenreserven angesetzt werden, läßt sich der Risikogewinn oder Risikoverlust manipulieren.

In der Lebensversicherung spricht man von ***Sterblichkeitsgewinn***, der sich aus einer Mindersterblichkeit im Verhältnis zur Sterbetafel ergibt, von einem Sterblichkeitsverlust, sofern sich eine Übersterblichkeit einstellen sollte. Der tendenzielle Fall der Sterblichkeit hat bis jetzt immer Sterblichkeitsgewinne entstehen lassen. Entgegengesetzt liegen die Verhältnisse bei der Rentenversicherung, wo Untersterblichkeit Verluste, Übersterblichkeit Gewinne bringt.

Die Höhe des Risikogewinnes bzw. -verlustes hängt nicht allein vom tatsächlichen Verlauf des Versicherungsgeschäftes ab, sondern auch von den statistischen Annahmen, den Tafeln, die man der Prämienkalkulation zugrunde gelegt hat. Außerdem läßt er sich durch eine entsprechende Auswahl der Versicherungskandidaten oder Versicherungsobjekte, durch Selektion, und durch eine laufende Überprüfung der Wagnisse (rechtzeitige Abstoßung ungünstig gewordener Wagnisse) beeinflussen. Zur Verhütung vorzeitiger Invalidität oder Berufsunfähigkeit kennt die soziale Rentenversicherung vorbeugende Heilfürsorge. Nicht einwandfrei belegt ist, ob der von einigen Lebensversicherungsgesellschaften für Versicherte mit hohen Summen eingerichtete Gesundheitsdienst (regelmäßige kostenlose Untersuchung durch einen Arzt) die Sterblichkeit günstig zu beeinflussen vermag. In der Lebensversicherung läßt sich beobachten, daß überdurchschnittlich gesunde Kandidaten Rentenversicherungen, irgendwie gefährdete hingegen die Todesfallversicherung bevorzugen. Durch Gesundheitserklärungen oder ärztliche Untersuchung sucht der Versicherer eine ungünstige Häufung derartiger Risiken zu vermeiden.

2. *Zinsgewinn bzw. Zinsverlust.* Er spielt bei Versicherungen mit altersabhängigen Prämien eine bedeutende Rolle und ergibt sich aus dem Unterschied zwischen der tatsächlichen Zinseinnahme für die angelegten Deckungskapitalien und dem zugrunde gelegten Rechnungszinsfuß.

Der technische Zinsfuß des Deckungskapitals muß von vorsichtiger Geschäftspolitik so niedrig angesetzt werden, daß er auch bei zukünftigen ungünstigen Zinsverhältnissen auf dem Kapitalmarkt aus dem Ertrag der Kapitalanlagen gedeckt werden kann. Bei festen Prämien kann ein Zinsausfall nicht durch Prämienerhöhung bei den laufenden Verträgen ausgeglichen werden.

Dabei ist zu beachten, daß der Zinsgewinn nicht dem Unterschied zwischen dem gegenwärtigen Kapitalmarktsatz und dem Rechnungszinsfuß gleichkommt, weil zu dem gegenwärtigen Satz nur die jetzt verfügbaren Mittel angelegt werden können; für die früher oder später angelegten Mittel gelten u. U. andere Sätze. Der Zinserlös einer Versicherungsgesellschaft ist demnach eine Durchschnittsverzinsung aller ihrer Anlagen aus Vergangenheit und Gegenwart. Daraus und aus der Langfristigkeit der angelegten Mittel erklärt sich das regelmäßig beobachtete Hinterherhinken der durchschnittlichen Zinserträge sämtlicher Anlagen gegenüber der allgemeinen Zinsentwicklung *(Deck)*.

Während die Banken, von anderen Einnahmen abgesehen, in der Differenz zwischen Soll- und Habenzinsen ihre Haupteinnahmequelle haben, ist der Zinsgewinn bei den Versicherungsgesellschaften nur eine, wenn auch angenehme Begleiterscheinung. In der Höhe und im Verlauf des Zinsgewinnes zeigen sich bei beiden Instituten erhebliche Unterschiede. Bei den Banken ist die Zinsmarge verhältnismäßig konstant, weil sich Haben- und Sollzinsen annähernd parallel zueinander bewegen, und der Zinsgewinn hängt mehr vom Kapitalumsatz ab. Da bei den Versicherungsgesellschaften dem jeweiligen Zinserlös der immer gleichbleibende Rechnungszinsfuß gegenübersteht, schwankt der Unterschied beider Sätze entsprechend dem Zinserlös. Infolge der verhältnismäßigen Stabilität des technischen Zinsfußes ergibt sich ein wellenförmiger Verlauf des relativen Zinsgewinnes *(Deck)*. Der absolute Zinsgewinn des Versicherers hängt von der Höhe des zinstragenden Kapitals, also von der Höhe der Deckungskapitalien, und dem relativen Zinsgewinn ab. Bei Versicherungen mit Einmalprämien, bei denen das Deckungskapital von Anfang an zurückgestellt ist und nicht erst wie bei den Versicherungen mit laufenden Prämien erst allmählich angesammelt wird, ist der absolute Zinsgewinn naturgemäß höher. Bei Rentenversicherungen ergibt sich vom Zeitpunkt der Rentenzahlung ab ein fallender Zinsgewinn.

Der Zinserlös hängt weiter von der zweckmäßigen Auswahl unter den verschiedenen Kapitalanlagemöglichkeiten (Grundstücke, Hypotheken, Pfandbriefe, Wertpapiere, Darlehen) ab, sofern dem Versicherer die Wahl gelassen ist. Der Versicherer darf sich dabei nicht von der höchsten Rentabilität leiten lassen, sondern muß auch Liquidität und Sicherheit prüfen. Um versicherungsfremde Spekulationen und daraus fließende Schädigungen der Versicherungsnehmer zu verhüten, sind in den meisten Ländern den Versicherern die Anlageobjekte vorgeschrieben, was dem Staat umgekehrt auch die Möglichkeit zu einer entsprechenden Kapitalmarktpolitik gibt. Trotz aller Vorsicht können aus den Kapitalanlagen im Falle ihrer Liquidierung Kapitalverluste wie weitere Kapitalgewinne entstehen, je nachdem ob der Liquidierungserlös kleiner oder größer ist als der Bilanzwert der abgestoßenen Anlagen.

Auf die Höhe der Rendite ist ferner die jeweilige Bewertung der Anlagen von Einfluß. Ausgehend von der Annahme, daß der Versicherer die erworbenen Wertpapiere bis zu ihrem Verfall in seinem Portefeuille hält, stützt man sich in Amerika nicht auf die unabhängig von der inneren Sicherheit der Anlageobjekte schwankenden Börsenkurse, sondern auf sog. *mathematische Kurse*, die unabhängig vom jeweiligen Börsenkurs den Anschaffungspreis allmählich auf den Rückzahlungswert zurückführen, also Disagiogewinne wie -verluste auf die verbleibende Laufzeit verteilen. Bei Kauf des Papieres über pari sinkt der mathematische Kurs stetig bis zur Rückzahlung, bei Kauf unter pari steigt er stetig bis zu diesem Punkt. Differenzen der Börsenkurse an den verschiedenen Bilanzterminen werden dadurch ausgeschaltet und es ergibt sich eine stetige Verzinsung. Soweit es sich um absolut sichere Anlagewerte handelt und der Versicherer bei einem wachsenden oder gleichbleibenden Bestand diese nicht vorzeitig abzustoßen braucht, ist gegen das Verfahren, mathematische Kurse der Bilanzierung zugrunde zu legen, nichts einzuwenden. Sind jedoch diese Voraussetzungen nicht erfüllt, dann kann namentlich in Krisenzeiten mit anomal niedrigen Börsenkursen im Falle einer notwendigen Liquidierung der Anlagen dem Versicherer auf einmal ein größerer Verlust entstehen, als wenn er schon Jahre vorher auf die jeweiligen Börsenkurse abgeschrieben hätte. Es ist bezeichnend, daß die Schweizer Lebensversicherungsgesellschaften, die nach dem Ersten Weltkrieg und in der Krise der dreißiger Jahre zuerst eine Änderung der für sie geltenden Bilanzierungsvorschriften in dieser Richtung forderten, sich nach 1936 doch scheuten, von den ihnen ermöglichten außerordentlichen Bilanzierungserleichterungen Gebrauch zu machen, wie *Deck* hervorhebt.

Eine Besonderheit der Kapitalversicherungen sind die *Policendarlehen*, die einem Kreditbedürfnis des Versicherungsnehmers entspringen, aber eigentlich nicht dem Sinn der Versicherung gerecht werden. Statt es anderweitig auszuleihen, stellt der Versicherer dem Versicherungsnehmer auf Antrag das auf seine Versicherung angesammelte Deckungskapital (Einzelreserve) ganz oder teilweise gegen einen über dem Rechnungszinsfuß liegenden Zinssatz zur Verfügung. Das Versicherungsdarlehen wird dann auf die Versicherungsleistung angerechnet (Beleihung der Versicherung oder Vorauszahlung auf die Versicherungssumme). Von einer echten Darlehensgewährung unterscheidet sich dies insofern, als der Versicherer das entliehene Kapital nicht zurückfordern kann. Wegen der zusätzlich erwachsenden Kosten liegt der vom Versicherer autonom festgesetzte Zins meist etwas über dem Kapitalmarktzins. Für den Versicherer sind Policendarlehen zwar die sicherste Anlage, weil bei ihnen unmöglich Kapitalverluste für den Versicherer eintreten können, es sei denn, das Darlehen habe das Deckungskapital überschritten. Nachteilig ist das Policendarlehen für den Versicherungsnehmer bzw. seine Hinterbliebenen, weil die Versicherungsleistung im Versicherungsfall entsprechend geringer ist („Borge nicht bei deiner Witwe!"). Der Zinserlös des Versicherers aus den Policendarlehen ist verschieden, je nachdem er sich bei der Darlehensgewährung eine Anpassung an veränderte Zinsverhältnisse vorbehalten hat oder nicht.

Zinseinnahmen fließen dem Versicherer noch aus gestundeten Prämien, aus Guthaben bei Rückversicherern zu, ein Zinsaufwand kann ihm entstehen aus der Verzinsung vorausbezahlter Prämien, der Verwaltungskostenreserve und der Schadenreserve. Da der Erstversicherer auch das auf die rückversicherten Beträge entfallende Deckungskapital verwalten muß (VVG. § 67), hat er dem Rückversicherer einen höheren als den technischen Zinsfuß gutzuschreiben. Wie man sieht, sind es ganz verschiedene Titel, aus denen der Versicherer teils Zinsen bezieht, für die er teils Zinsen zu bezahlen hat.

3. *Unkostengewinne oder -verluste.* Sie ergeben sich aus der Abweichung der tatsächlich entstandenen Unkosten von den in der Prämienkalkulation veranschlagten Zuschlägen.

Gewinne entstehen aus einer Einsparung an den verschiedenen Unkosten, aus einer übernormal guten Betriebsorganisation, einem vorzüglich eingespielten Vertreterstab, nicht zuletzt auch aus einer guten Verbindung mit der Kundschaft, die es erlaubt, auf die Einschaltung von Zwischenpersonen als Vermittler zu verzichten. Geringfügige Einnahmen zu den Unkosten fließen dem Versicherer noch aus Mahn-, Nachinkasso-, Schreibgebühren (für Abschriften) u. dgl. zu. Aus dem rückversicherten Geschäft erhält der Versicherer einen Teil der ihm entstandenen Unkosten über die Rückversicherungsprovision ersetzt. Wenn der Versicherer in Nebenbranchen für einen anderen Versicherer tätig wird, hat ihm dieser u. U. einen Bürokostenzuschuß zu zahlen, wie er umgekehrt derartige Zuschüsse auch an größere Vertreter mit eigenem Büro (Generalvertreter) leisten muß.

4. *Sicherungsgewinne* entstehen, falls die in den Sicherheitszuschägen enthaltenen Beträge nicht benötigt werden, es sei denn, sie werden einem Sicherheitsfonds zugeführt (Verstärkung der Prämienüberträge).

Hohe, die Konkurrenzfähigkeit nicht beeinträchtigende Sicherheitszuschläge erhöhen die Sicherheit des Betriebes und führen bei normalem Geschäftsverlauf zu Überschüssen. Bei Versicherungen mit Gewinnbeteiligung der Versicherten (Lebens- und Krankenversicherung) werden die Zuschläge von vornherein so hoch bemessen, daß bei normalem Geschäftsverlauf die vorgesehene Dividende gewährt werden kann.

Sicherungsgewinne fließen auch aus der Auflösung zu hoch dotierter Reserven.

5. *Stornogewinne und -verluste.* Sie sind die Folge einer vorzeitigen, anomalen, d. h. nicht dem Versicherungsvertrag entsprechenden Aufhebung der Versicherung.

Nichteinlösung des Versicherungsscheines bedeutet für den Versicherer zumindest einen Verlust in Höhe der für den Abschluß aufgewendeten Unkosten, spätere Aufhebung der Versicherung in Höhe der noch nicht getilgten Unkosten; die Aufhebung verursacht meist noch zusätzliche Arbeiten.

Nach einer von *Deck* mitgeteilten Aufstellung gingen im Großlebensgeschäft einer Schweizer Lebensversicherungsgesellschaft von 1000 Policen durch Storno ab

im 1. Versicherungsjahr	110
„ 2. „	60
„ 3. „	4,3
„ 4. „	2,5
„ 5. „	2,2
in den folgenden Versicherungsjahren	2,0

In der Volkslebensversicherung ist die Stornohäufigkeit 2- bis 3mal höher. In allen Versicherungszweigen ist die Stornohäufigkeit in den ersten Vertragsjahren besonders hoch und nimmt mit längerem Bestehen der Versicherung stark ab. Viel Neugeschäft hat demnach die Kehrseite eines verhältnismäßig hohen Stornos. Je mehr indessen der Versicherer bzw. seine Organe auf eine sorgfältige Auswahl der Versicherungskandidaten, eine mit ihren wirtschaftlichen Verhältnissen in Einklang stehende Gestaltung des Versicherungsvertrages achten und je entgegenkommender sie den Versicherten bei auftretenden Schwierigkeiten beraten, desto mehr lassen sich Aufhebungen vermeiden.

Bei Versicherungen mit altersabhängigen Prämien (Lebens- und Krankenversicherung) kann dem Versicherer aus der vorzeitigen Aufhebung ein Gewinn entstehen, wenn ihm das bis dahin angewachsene Deckungskapital ganz oder teilweise verfällt und dieser Betrag nicht durch zusätzliche Stornokosten und rückständige Unkosten aufgezehrt wird. VVG. §§ 173 und 176 geben dem Lebensversicherten das Recht, nach Bezahlung von drei Jahresprämien die Aufhebung der Versicherung zu verlangen, wobei ihm die Prämienreserve mit einem angemessenen Abzug zu erstatten ist (Rückkauf der Versicherung). Dieser Stornoabzug gilt als Ausgleich für die noch nicht getilgten Erwerbskosten, für die Bestandsverschlechterung und -verringerung. Da vor allem gute Risiken von der Rückkaufsmöglichkeit Gebrauch machen, droht dem Versicherer eine Verschlechterung seines Bestandes, woraus eine verhältnismäßige Minderung des Barwertes der Prämieneinnahmen und eine Steigerung des Barwertes der Versicherungsverpflichtungen resultiert; der künftige Risikogewinn wird fallen. Nach Schweizer Ansicht wurde jedoch die Bedeutung dieser Antiselektion der Versicherungsnehmer wesentlich überschätzt, weil auch oft schlechte Risiken den Rückkauf verlangen, um Arzt, Arzneikosten, Krankenhauspflege bezahlen zu können und weil ein Großteil der rückgekauften Versicherungen bereits mit Darlehen belastet ist. Es seien vor allem wirtschaftliche und nicht gesundheitliche Momente von entscheidendem Einfluß auf die Rückkäufe *(Deck)*. Um die durch die Rückkäufe bedingte Bestandsverringerung durch Neuabschlüsse wettzumachen, muß der Versicherer zusätzliche Erwerbskosten, besondere ***Bestandserhaltungskosten*** aufwenden. Die Praxis kennt meist einen einheitlichen Stornoabzug, der alle diese Umstände berücksichtigt. Die Berechnung des Rückkaufswertes wird von den Aufsichtsämtern überwacht, weil der einzelne Versicherungsnehmer meist seine Angemessenheit nicht beurteilen kann (VVG. § 176/IV). Ob man den Grundsatz aufstellen kann, der Versicherer habe in erster Linie die Interessen der vertragstreu bleibenden Versicherungsnehmer zu wahren *(Frey)*, erscheint nicht ohne weiteres einleuchtend, gibt es doch eine Reihe wirklich berechtigter Gründe, die zu einem Rückkauf der Versicherung zwingen können, und vor allem solange nicht, wie die behauptete Bestandsverschlechterung nicht eindeutig nachgewiesen ist.

Zur Vermeidung des Stornos oder Rückkaufs gestehen die Versicherer Entgegenkommen in der Prämienzahlung (Ratenzahlung, Stundung), in der Lebensversicherung außerdem die Umwandlung der Versicherung in eine sog. prämienfreie Versicherung (das vorhandene Deckungskapital wird als eine einmalige Prämie für eine neue, von laufenden Prämien freie Versicherung behandelt) und die Herabsetzung der Versicherungssumme bei Fortdauer der Prämienzahlung (das dadurch frei werdende Deckungskapital wird auf die Prämie angerechnet) zu. Auch hier werden Abzüge am Deckungskapital gemacht, weil ein Teil der Erwerbskosten noch nicht getilgt ist.

Der sog. vorzeitige Abgang durch Nichteinlösung, Verzicht oder Rückkauf ist erfahrungsgemäß, wie eine Untersuchung von *Fey* bestätigt, in Krisen- und Depressionszeiten zufolge des Einkommensschwundes am größten. In Aufschwungszeiten nimmt er ab und ist am niedrigsten, wenn die Wirtschaftstätigkeit ihren höchsten Stand hat. Dies gilt nahezu für alle Versicherungszweige, wenn auch mit unterschiedlicher Intensität.

6. ***Währungsgewinne und -verluste*** spielen beim Auslandsgeschäft und damit insbesondere in der Rückversicherung eine beachtliche Rolle; meist handelt es sich dabei allerdings um Verluste.

Währungsschwankungen können sich über die Unkosten (Gehälter, Sachaufwand, Mieten u. dgl.) auch im Inlandsgeschäft auswirken. Beiderseits auf die gleichen Nominalwerte lautende Verpflichtungen (Prämienzahlung und Versicherungsleistung) schließen im allgemeinen kein Währungsrisiko für den Versicherer ein. Realwertversicherungen (Goldmünzklausel, Goldwertklausel, Feingoldklausel, Fremdwährungsversicherungen) befreien zwar normalerweise den Versicherten von einem Währungsrisiko, den Versicherer jedoch nur dann, wenn beide Teile in den vereinbarten Realwerten leisten können und sich der Versicherer für Deckungskapital und Reserven dieselben Realwerte während der ganzen Vertragsdauer beschaffen kann. Sind die Realwertanlagen nicht erhältlich, dann laufen die Verpflichtungen des Versicherers auf Realwertbasis weiter, er selbst kann aber seine Anlagen nur auf Nominalbasis stellen. Selbst bei Realwertanlagen kann deren Rückzahlung und Verzinsung in Realwerten nicht immer erzwungen werden. Diese Verlustgefahren veranlassen die Versicherer zu Zurückhaltung gegenüber derartigen Versicherungen.

Verstärkt können sich Währungsschwankungen im internationalen Versicherungsgeschäft auswirken, namentlich wenn Gesellschaften zwecks höheren Zinsertrages ihre Mittel im Ausland ausleihen, wie es namentlich schweizerische Gesellschaften getan haben. Um Währungsverluste nach Möglichkeit zu vermeiden, wurde nach dem Ersten Weltkrieg das ***Prinzip der kongruenten Deckung*** entwickelt: Prämienpflicht, Versicherungsleistungen und angesammelte Deckungskapitalien müssen auf dieselbe Währung lauten, was besondere Währungsbilanzen notwendig macht.

Gewaltige Verluste sind der sozialen Rentenversicherung entstanden durch die Inflation und die Währungsreform: die angesammelten Deckungswerte für die Renten gingen verloren, die Renten waren aber in neuer Währung im gleichen Nominalwert weiter zu zahlen. Um dem entsprechen zu können, mußte das Kapitaldeckungs- und Anwartschaftsverfahren zugunsten des Systems des tatsächlichen Jahresaufwandes aufgegeben werden.

Neben diesen hauptsächlichen Gewinn- und Verlustquellen, wie sie mit dem Versicherungsbetrieb als solchem gegeben sind, gibt es noch eine Reihe anderer Posten, die den Versicherungsbetrieb positiv oder negativ berühren und wie sie mit anderen Betrieben ähnlicher Art, etwa den Bankbetrieben, verbunden sind. Sie ausführlich zu untersuchen, ist die Versicherungsbetriebslehre bestimmt. Die vorstehende Aufstellung zeigt aber, daß ***der betriebswirtschaftliche Gewinn (oder Verlust) eines Versicherers eine komplexe Größe ist, auf die verschiedene Faktoren von Einfluß sind und die von Entscheidungen und Maßnahmen der leitenden Personen nicht unabhängig sind.***

Der betriebswirtschaftliche Gewinn einer Sachversicherungsgesellschaft ergibt sich hauptsächlich aus Risikogewinn, Unkostengewinn und Sicherungsgewinn, wenn von instabilen Währungsverhältnissen abgesehen wird. Der Gewinn einer Lebensversicherungsgesellschaft setzt sich in der Hauptsache zusammen aus dem Sterblichkeitsgewinn, dem Zinsgewinn, dem Unkostengewinn und dem Stornogewinn, wenn die Rückkaufswerte niedriger sind als die Deckungskapitalien. Der endgültige Gewinn oder Verlust eines Versicherers errechnet sich jedoch erst nach Einbezug seiner marktwirtschaftlichen Gewinne oder Verluste, auf die wir noch zu sprechen kommen werden.

Verwendung der Gewinne

Die nach Abschluß des Geschäftsjahres errechneten Gewinne können in verschiedener Weise verwendet werden:

a) ganz oder teilweise zur Bildung zusätzlicher Reserven oder zur Verstärkung der gesetzlich vorgeschriebenen Reserven, um damit etwa künftig eintretende Verluste ohne Beeinträchtigung des Geschäftsbetriebes auffangen zu können;

b) zugunsten der Versicherten, grundsätzlich im Gegenseitigkeitsverein, aber auch bei Erwerbsversicherern in der Form einer Ermäßigung der künftigen Prämien, einer Erhöhung der Lebensversicherungssummen, eines „kostenlosen" Einschlusses zusätzlicher Gefahren, einer großzügigen Schadenregulierung und vor allem in der Lebens- und Krankenversicherung zur Ausschüttung eines Gewinnanteiles (Dividende) an die Versicherten;

c) zugunsten des Versicherers, praktisch der Aktionäre der Versicherungsaktiengesellschaften;

d) zugunsten des Staates, insbesondere wo die Versicherung in Staatsregie betrieben wird und als eine verschleierte Besteuerungsquelle ausgebeutet wird;

e) gelegentlich auch zur Förderung oder Unterstützung von als volkswirtschaftlich, staatspolitisch, kulturell und sozialhygienisch vordringlich erachteten Maßnahmen.

In der Praxis wird eine von den verschiedensten Einflüssen bedingte Verteilung des errechneten Geschäftsgewinnes auf mehrere Verwendungsarten vorgenommen. Für die Reservebildung bestehen zum Teil gesetzliche Vorschriften; die Satzungen der Versicherungskörper enthalten oft Richtlinien über die Gewinnverwendung. Für die Höhe der Versichertendividende sind meist Konkurrenzgesichtspunkte entscheidend. Die Aktionärdividende ist bestimmt durch die Dividendenpolitik der betreffenden Gesellschaft, die augenblickliche Konjunkturlage, die Absicht, die Solidität und Krisenfestigkeit der betreffenden Gesellschaft zu dokumentieren und nicht unwesentlich auch durch die soziologische Zusammensetzung der Aktionärgesamtheit (weite Streuung des Aktienkapitals oder dessen Zusammenballung in wenige Gruppen). Sieht man von den Sozialversicherungsträgern ab, die einer besonderen Regelung unterstehen, dann ist die tatsächliche Verteilung eines Gewinnes mehr oder weniger ein gegenseitig ausgehandeltes Kompromiß zwischen den verschiedenen Interessen und Gesichtspunkten.

Gewinnbeteiligung der Versicherten (Dividendensysteme)

Eine Besonderheit bildet in einigen Versicherungszweigen die Beteiligung der Versicherungsnehmer an den erzielten Überschüssen. Theoretisch genährt aus der Diskussion über die Frage, wem denn die Überschüsse eines Versicherungsbetriebes eigentlich zustehen, eine mehr mit ethischen Postulaten als sachlichen Argumenten geführte Diskussion, in der Wirklichkeit jedoch durch die Konkurrenz der Gegenseitigkeitsvereine erzwungen und dann auch im Interesse einer Schadensminderung aufgegriffen, hat sich in einigen Versicherungszweigen die Übung eingeführt, einen kleinen oder größeren Teil des Überschusses den Versicherten zugute kommen zu lassen. Da jedoch die Verträge der einzelnen Versicherten außerordentlich ungleichartig sind, entsteht das neue Problem, wie denn nun der Überschuß auf die Versicherten zu verteilen ist.

In der *Lebensversicherung* haben sich dabei die folgenden Systeme herausgebildet:

a) *Gleichbleibende Dividende im Verhältnis zur Jahresprämie.* Der gleiche Dividendensatz gilt für alle Versicherungen, gleichgültig wie lange sie bestehen. Der Vorteil dieses Systems besteht in seiner einfachen Berechnung. Sein Nachteil ist, daß Versicherungen mit hohem Deckungskapital, die also mehr zum Zinsgewinn beigetragen haben, ebenso behandelt werden wie Versicherungen mit niedrigem Deckungskapital.

b) *Steigende Dividende im Verhältnis zur Summe der gezahlten Prämien.* Dieses System findet sich mit verschiedenen Abarten. Entweder wird ein bestimmter Prozentsatz aller bisher bezahlten Prämien rückvergütet oder es wird ein mit der Länge der Vertragsdauer jährlich oder in Intervallen von etwa 5 zu 5 Jahren steigender Prozentsatz der jährlichen Prämie angerechnet oder es wird zu der gleichbleibenden Grunddividende eine ähnlich steigende Nachdividende gewährt. Dieses System ist angemessener als das vorige, weil die länger Versicherten höhere Gewinne erhalten, aber insofern künstlich, als die tatsächlich entstehenden Gewinne, die für die verschiedenen Versicherungsformen und Kombinationen sehr verschieden sind, in eine künstlich gleichförmige Dividende umgeformt werden.

c) *Steigende Dividende, verteilt nach dem Deckungskapital.* Als Dividende wird ein Prozentsatz des von Jahr zu Jahr steigenden Deckungskapitals ausgeworfen. Dieses System entspricht dem Zinsgewinn, der aus den Deckungskapitalien erzielt wird, läßt aber dafür die anderen Gewinnquellen außer acht. Das als Gegensatz zu den sog. mechanischen Systemen a—c entwickelte, sog.

d) *natürliche System* ist eine Kombination aus den drei anderen Systemen. Die Dividende wird in eine Zinsdividende, die in Prozenten des Deckungskapitals ausgeschüttet wird, und in einen Sterblichkeitsgewinn und Unkostengewinn aufgeteilt, die in einem Promillesatz der Versicherungssumme oder in einem Prozentsatz der Jahresprämie verteilt werden. Manche Gesellschaften verteilen neben einer Grunddividende, eine Zusatzdividende und eine nur bei Ablauf der Versicherung (nicht bei vorzeitigem Ableben) fällige Schlußdividende.

e) Das in Deutschland weniger übliche, hauptsächlich in Amerika eingeführte *Bonussystem* schüttet den Gewinnanteil nicht aus, sondern verwendet ihn zu einer Zusatzversicherung (Bonus), meist in der Form einer Summenerhöhung.

Aus den Versicherungen mit gleicher Gewinnbeteiligung werden regelmäßig besondere Gewinnverbände gebildet. Die Dividendensätze eines jeden Gewinnverbandes werden aus den jeweiligen Überschüssen desselben Gewinnverbandes ermittelt; damit wird verhütet, daß die Gewinne anderen Versicherungen zufließen. Um möglichst gleichmäßige Dividenden ausschütten zu können, werden die Gewinne alljährlich einer sog. Gewinnreserve zugeführt, aus der dann der benötigte Betrag entnommen wird. Die Gewinnberechtigung tritt in der Regel erst nach einer bestimmten Zeit ein.

In der privaten *Krankenversicherung* fließt der Gewinn insbesondere aus den nicht verbrauchten Teilen der Sicherheitszuschläge. Hier ist es vielfach üblich, Gewinne nur an die im abgelaufenen Jahr schadenfrei gebliebenen Versicherungen auszubezahlen. Dadurch erreicht man vor allem eine Eindämmung der Kleinschäden (Bagatellschäden), da es für den Versicherten vorteilhafter ist solange einen Entschädigungsanspruch nicht geltend zu machen, wie die erhoffte Dividende höher sein wird. Neben der Einfachheit der Verrechnung der Dividende ist ein weiterer Vorteil die Einsparung der mit der Regulierung der Kleinschäden verbundenen Kosten. Ein Nachteil kann es sein, wenn es die Versicherten, um die Dividende nicht zu verlieren, unterlassen, rechtzeitig den Arzt aufzusuchen. Die Praxis scheint diese gesundheitsschädigende Wirkung nicht zu bestätigen, weil die Gewinnbeteiligung nicht die Inanspruchnahme des Arztes, sondern nur die Einreichung geringfügiger Rechnungen verhindert. Ein anderes System sieht eine Gewinnbeteiligung für alle Versicherten vor, die die Krankenversicherungsgesellschaft nur bis zu einem bestimmten Teil der Jahresprämie in Anspruch genommen haben und gewährt den völlig schadenfrei verlaufenen Versicherungen ein Mehrfaches an Gewinn. In der Krankenversicherung bildet die Gewinnbeteiligung auch einen Ausgleich dafür, daß wegen der großen Schwankungsmöglichkeiten des Schadensverlaufs mit verhältnismäßig hohen Sicherheitszuschlägen gearbeitet werden muß.

In der Absicht, die Kraftfahrer zu vorsichtigem Fahren anzuhalten, sind in dem Einheitstarif für *Kraftfahrtversicherungen* (Haftpflicht-, Fahrzeugvoll-, Fahrzeugteil-, Unfall- und Gepäckversicherung) die Versicherer verpflichtet, die Versicherungsnehmer bei schadensfreiem Verlauf ihrer Verträge im Falle eines Gewinnes an diesem teilnehmen zu lassen (§ 2 der Verordnung PR. Nr. 51/50 des Bundesministers für Wirtschaft). Ob dies zu einer Senkung der in dieser Sparte erheblich angestiegenen Schäden führt, wird bezweifelt; das Ergebnis muß abgewartet werden.

Schrifttum: a) *Hans Deck* „Gewinn- und Verlustquellen der Lebensversicherung“, Zürich 1938; b) *Paul Frey* „Die Bekämpfung des regelwidrigen Abganges in der Lebensversicherung“, Zürich 1937; c) *Walter Fey* „Lebensversicherung und Allgemeine Wirtschaftstätigkeit“, Sonderhefte des Instituts für Konjunkturforschung, Berlin 1937; d) *Schloeßmann* „Lebensversicherung“ in Deutsche Vers.-Wirtsch., Bd. VI; e) *Bökenkamp* „Krankenversicherung“ in Deutsche Vers.-Wirtsch., Bd. VI; f) *Loewy* Art. „Gewinn“ im Vers.-Lexikon; g) *Koburger* Art. „Bilanz“ im Vers.-Lexikon.

Drittes Kapitel

Organisation der Versicherung

§ 19. Organisationsformen der Versicherung

Historische Relativität der Organisationsformen

Das erste Kapitel dieses Buches hat die aus wirtschaftlichen Notwendigkeiten geborene Idee der Versicherung und ihre Entwicklung bis zum Zeitpunkt ihrer Reife in einem rational geführten Versicherungsbetrieb dargestellt. Im 2. Kapitel wurden die hauptsächlichsten Grundsätze abgehandelt, die es ermöglichen, den Ausgleich der im Einzelfall unbestimmbaren wirtschaftlichen Nachteile ungünstiger Ereignisse im Kollektiv berechenbar zu machen und darauf einen rational geführten Versicherungsbetrieb zu gründen. Jetzt geht es um die Frage, wie und in welchen konkreten Organisationsformen derartige Versicherungsbetriebe in die Wirklichkeit umgesetzt werden, wie unter Beachtung dieser versicherungsbetrieblichen Grundsätze das Versicherungswesen praktisch gestaltet ist. Bis jetzt wurde allgemein von Versicherern, gelegentlich von Versicherungsgesellschaften gesprochen, ohne die erheblichen, auch wirtschaftlich bedeutungsvollen Unterschiede hervorzuheben, die zwischen den verschiedenen Arten von Versicherern bestehen. Genau besehen tritt die Versicherung dem einzelnen Versicherungsnehmer immer als eine bestimmte Form ihrer Organisationsmöglichkeiten, als ein Sozialversicherungsträger, eine Aktiengesellschaft, ein Gegenseitigkeitsverein, eine öffentliche Anstalt, mit oder ohne Hilfsorgane gegenüber. Die Prinzipien, nach denen die verschiedenen Organisationen in Anwendung der unabdingbaren betriebswirtschaftlichen Zusammenhänge wesentlicher Tatbestände die Versicherungsmöglichkeit jeweils verwirklichen, geben der Versicherungswirtschaft eines Landes oder eines Zeitalters das Gepräge. Während die betriebswirtschaftlichen Grundsätze des Versicherungsbetriebes, sofern sie in ihrem Aussagegehalt wahr sind, unter Zugrundelegung des jeweils erreichten Wissensstandes von „ewiger“ Gültigkeit sind, bei derselben Problemstellung unabhängig von der geschichtlichen und nationalen Situation immer wieder als der Sachlogik entsprechend befunden werden können, ist ihre konkrete, mehr oder minder vollkommene Anwendung auch eine Frage des stets wandelbaren Verhaltens der Menschen zu diesen Grundsätzen, ja letzten Endes eine Frage ihrer Einstellung zu Sinn und Zweck des Lebens überhaupt. Wie alles, was die Menschen tun, von den jeweils aktuellen Weltanschauungen mitbestimmt ist, so ist auch der praktische Vollzug der Versicherungsidee ein historisches Faktum. Es läßt sich zwar eine mit fortschreitender Erfahrung vollständiger werdende Typologie möglicher Organisationsformen der Versicherungswirtschaft zusammenstellen, aktueller Bestand und Wirkungsbereich bestimmter Organisationsformen ist ebensowenig allgemein gültig wie die Struktur der Versicherungswirtschaft eines Landes zu einem bestimmten Zeitpunkt. Je konkreter die Organisationsformen der Versicherung erfaßt werden, desto wandelbarer erscheinen sie, je genauer wir sie in ihrer historischen Einmaligkeit der individuellen Existenz erkennen wollen, desto mehr drohen sie der Wirklichkeit bereits zu entschwinden. Die Auffassungen über die Beliebtheit oder Zulässigkeit einzelner Organisationsformen wandeln sich unausgesetzt und zwingen die in die Kritik geratene Form zu einer Anpassung, um nicht zu sagen Angleichung an die bevorzugte Form, was zu einem fortschreitenden Wesenswandel der verschiedenen Organisationsformen führt.

Während ein individualistisches Zeitalter an dem Gewinnstreben des reinen Erwerbsversicherers nichts auszusetzen findet, den aus einem altruistischen Geiste erwachsenen Gegenseitigkeitsvereinen ebenfalls eine der Gewinnmaximierung nahekommende Haltung aufzwingt, die Sozialversicherung als notwendiges Übel privatwirtschaftlich geführt sehen will, verfemt eine die soziale Verantwortung des einzelnen gegenüber der Gesamtvolkswirtschaft hervorkehrende Epoche die Bereicherung aus der Existenzgefährdung der einzelnen Wirtschaften, bevorzugt das Gegenseitigkeitsprinzip, legt dem Gewinnstreben des Erwerbsversicherers immer engere gesetzliche oder moralische Zügel an, statuiert seine Pflicht auch Verluste im Interesse der Gesamtheit hinzunehmen und organisiert eine soziale Versicherung unbedenklich um die Aufbringung der erforderlichen Kosten. Während eine liberalistische Gesinnung alles Heil aus der unbeschränkten Konkurrenz der verschiedenen Organisationsformen der Versicherungswirtschaft untereinander erwartet, den Ausleseprozeß ohne Rücksicht auf die Opfer auf seiten der Versicherer und der Versicherten spielen lassen will, beschuldigt eine die letzte irdische Verantwortung für alles Geschehen in den Staat legende Anschauung diesen wegen jener Opfer der Nachlässigkeit und verlangt von ihm eine Rahmenregelung, die den harmonischen Verlauf der Versicherungswirtschaft unter genau vorgeschriebenen Spielregeln des Wettbewerbs garantieren soll, sie bejaht wegen der allgemeinen Sicherheit wettbewerbseinengende Absprachen der Versicherer untereinander und fordert in schärfster Ausprägung, um das private Gewinnprinzip nach Möglichkeit restlos auszuschalten, die Überführung des Versicherungswesens auf den Staat überhaupt, der keine Gruppeninteressen mehr zu dulden habe. Als Absonderung einzelner bevorzugter Schichten wird dann der Gegenseitigkeitsverein ebensowenig anerkannt wie der das Opfer im Interesse der Gesamtheit scheuende Erwerbsversicherer. Ein Zeitalter, das die schematische, alles gleichmachende Praxis des unübersehbaren Massenbetriebes, der von einer allmächtigen Staatsbürokratie gehandhabt wird, erlebt hat, findet das Ideal wieder in der von dem Eigeninteresse angetriebenen mehr individuellen Behandlung einer Mehrheit von Privatversicherern.

Einteilung der Organisationsformen

Nach dem heute in Deutschland erreichten Stand lassen sich die Organisationsformen in die der Individual- und Sozialversicherung zerlegen. Die Abgrenzung zwischen beiden Kategorien ist fließend und teils durch gesetzliche Regelungen, teils durch die Übung bestimmt. Der Sozialversicherung als der aus sozialpolitischen Gründen zugunsten der sozial schwachen Schichten des Volkes, in Deutschland mit Zwangsrechten geschaffenen Versicherung (Versicherungszwang und Zwangsversicherung) steht die zumeist aus freiem Entschluß eingegangene Individualversicherung (Vertragsversicherung) gegenüber. Kommen für die Sozialversicherung als Versicherungsträger mit weitgehenden Zwangsrechten und Pflichten de lege ausgestattete Körperschaften des öffentlichen Rechts in Frage, so kommen für die Individualversicherung neben den teilweise ebenfalls, jedoch mit stark abgeschwächten Zwangsrechten versehenen öffentlichen Versicherungsverbänden (Öffentlich-rechtliche Versicherungsanstalten) die allein nach dem Privatrecht arbeitenden Privatversicherer (Aktiengesellschaften und Gegenseitigkeitsvereine) in Betracht. Demnach ergibt sich die folgende Gliederung der Organisationsformen:

I. *Sozialversicherung*

II. *Individualversicherung*

1. Privatversicherung
2. Öffentliche Versicherung

Die sprachliche Bezeichnung der verschiedenen Organisationsformen ist im Schrifttum nicht einheitlich. Vielfach werden Privatversicherung und Individualversicherung für identisch genommen. Es erscheint jedoch logisch, der Sozialversicherung die außerhalb der Sozialversicherungsgesetze geübte Versicherung als Individualversicherung gegenüberzustellen, weil in dieser individuelle Zwecke vor den sozialen den Vorrang haben. Dem individuellen Zweck der Versicherungsnahme kann ebenso eine öffentliche Anstalt dienen wie eine private Versicherungsunternehmung. Die nach öffentlichem Recht gestaltete öffentliche Versicherung bildet in gewisser Hinsicht einen Übergang von der Sozialversicherung zur Privatversicherung, für die allein privates Recht gilt. Auch ist in der öffentlichen Versicherung der soziale Gesichtspunkt stärker hervorgekehrt als in der Privatversicherung. Es entspricht auch dem Sprachgebrauch, den Begriff der Privatversicherung auf die nach Privatrecht arbeitenden Versicherungsunternehmungen zu beschränken, wenn auch in deren Geschäftsgebarung öffentliche Aufsichtsvorschriften eingreifen. Diese auf juristische Merkmale abgestellte Einteilung ermöglicht eine bessere Einordnung der verschiedenen Versicherungsorgane als eine nach betriebs- oder volkswirtschaftlichen Gesichtspunkten vorgenommene, weil diese in allen Organisationsformen vielfach in gleicher oder ähnlicher Weise wiederkehren.

Die Verteilung dieser Organisationsformen über den gesamten Bereich der Versicherungswirtschaft hängt teils von den gesetzlichen Vorschriften, teils von der historischen Entwicklung, teils von der Geeignetheit einer bestimmten Organisationsform für die gestellte Versicherungsaufgabe ab. Über den gegenwärtigen Umfang der Sozialversicherung in der Bundesrepublik finden sich in § 23 einige Daten. Die Ausdehnung der Sozialversicherung ist auf den Geschäftsumfang der im gleichen Versicherungszweig arbeitenden Individualversicherung, also die Lebens-, Kranken- und Unfallversicherung, von einschneidender Bedeutung. Infolge des in der Sozialversicherung geltenden Versicherungszwanges verbleiben der Individualversicherung nur die nicht mehr unter die Versicherungspflicht fallenden Versicherungskandidaten, soweit diese nicht freiwillig in der Sozialversicherung bleiben und sofern sie eine zusätzliche Versicherung eingehen wollen. In den Versicherungszweigen, in denen Sozialversicherung und Individualversicherung einen gleichen oder ähnlichen Versicherungsschutz gewähren, drängt die Sozialversicherung das Betätigungsgebiet der Individualversicherung auf die Träger der höheren, nicht mehr unter die Sozialversicherungspflicht fallenden Einkommen ab. Diese Einschränkung der Individualversicherung durch die Sozialversicherung ist namentlich auch bei internationalen Vergleichen zu beachten. Andererseits wird betont, daß der Versicherungszwang weitere Kreise mit der Möglichkeit sich zu versichern vertraut macht und sie damit anregt, den von der Individualversicherung gebotenen Versicherungsschutz zu nutzen, sei es in anderen Versicherungszweigen, sei es zur Ergänzung der Pflichtversicherung.

Neuere Angaben über die im Bundesgebiet arbeitenden öffentlichen Anstalten und Unternehmungen der Individualversicherung fehlen. Zur Abschätzung des gegenseitigen Größenverhältnisses muß deswegen auf die von *Oertel* für das Jahr 1934 gefertigte Zusammenstellung verwiesen werden, die die vielen kleineren Versicherungsvereine (auf mehrere Tausend geschätzt) und die Versicherungszweige geringeren Umfangs nicht berücksichtigt:

Versicherungszweig	Zahl der Gesellschaften	Prämie in tausend RM
Lebensversicherung		
1. Privatversicherung		
a) Aktiengesellschaften	40	659 022
b) Gegenseitigkeitsvereine	34	186 446
2. Öffentlich-rechtliche Anstalten	17	116 702
Krankenversicherung		
1. Privatversicherung		
a) Aktiengesellschaften	8	47 220
b) Gegenseitigkeitsvereine	19	134 435
2. Öffentlich-rechtliche Anstalten	3	1 623
Unfallversicherung		
1. Privatversicherung		
a) Aktiengesellschaften	49	62 662
b) Gegenseitigkeitsvereine	5	837
2. Öffentlich-rechtliche Anstalten	16	4 741
Haftpflichtversicherung		
1. Privatversicherung		
a) Aktiengesellschaften	50	128 760
b) Gegenseitigkeitsvereine	14	7 471
2. Öffentlich-rechtliche Anstalten	16	11 296
Feuerversicherung		
1. Privatversicherung		
a) Aktiengesellschaften	41	202 644
b) Gegenseitigkeitsvereine	22	23 353
2. Öffentlich-rechtliche Anstalten	41	150 731
Einbruchdiebstahlversicherung		
1. Privatversicherung		
a) Aktiengesellschaften	41	26 051
b) Gegenseitigkeitsvereine	11	2 211
2. Öffentlich-rechtliche Anstalten	16	3 186
Transportversicherung		
1. Privatversicherung		
a) Aktiengesellschaften	59	74 928
b) Gegenseitigkeitsvereine	—	—
2. Öffentlich-rechtliche Anstalten	—	—

Versicherungszweig	Zahl der Gesellschaften	Prämie in tausend RM
Kraftfahrzeugversicherung		
1. Privatversicherung		
a) Aktiengesellschaften	47	38 431
b) Gegenseitigkeitsvereine	3	263
2. Öffentlich-rechtliche Anstalten	11	819
Leitungswasserschädenversicherung		
1. Privatversicherung		
a) Aktiengesellschaften	33	5 848
b) Gegenseitigkeitsvereine	4	210
2. Öffentlich-rechtliche Anstalten	12	488
Glasversicherung		
1. Privatversicherung		
a) Aktiengesellschaften	28	13 727
b) Gegenseitigkeitsvereine	5	416
2. Öffentlich-rechtliche Anstalten	7	317
Hagelversicherung		
1. Privatversicherung		
a) Aktiengesellschaften	4	6 488
b) Gegenseitgkeitsvereine	10	11 648
2. Öffentlich-rechtliche Anstalten	12	7 710
Maschinenversicherung		
1. Privatversicherung		
a) Aktiengesellschaften	7	9 852
b) Gegenseitigkeitsvereine	—	—
2. Öffentlich-rechtliche Anstalten	—	—
Einheitsversicherung		
1. Privatversicherung		
a) Aktiengesellschaften	13	2 978
b) Gegenseitigkeitsvereine	—	—
2. Öffentlich-rechtliche Anstalten	—	—
Kreditversicherung		
1. Privatversicherung		
a) Aktiengesellschaften	5	6 039
b) Gegenseitigkeitsvereine	3	55
2. Öffentlich-rechtliche Anstalten	—	—
Rückversicherung		
1. Privatversicherung		
a) Aktiengesellschaften	22	372 492
b) Gegenseitigkeitsvereine	—	—
2. Öffentlich-rechtliche Anstalten	1	22 000

Innerhalb der Invidualversicherung verteilen sich also die einzelnen Organisationsformen sehr unterschiedlich auf die verschiedenen Versicherungszweige. Allgemein zeigt sich, daß die Gegenseitigkeitsvereine und noch mehr die öffentlich-rechtlichen Anstalten ihr Tätigkeitsgebiet gegenüber den Versicherungsaktiengesellschaften beschränken. Die Gründe hierfür werden gegebenen Ortes behandelt werden.

Die Verschiedenheiten des Außendienstes

Die Organisationsformen der Versicherungswirtschaft beeinflussen entscheidend das Verhältnis, in dem die betreffenden Versicherungskorporationen zu dem Kreis der Versicherungsbedürftigen stehen. Während sich der *Innendienst* eines Versicherers mit den innerhalb des Betriebes anfallenden Arbeiten beschäftigt, die eingegangenen Anträge bearbeitet, tarifiert, registriert und sammelt, für den Prämieneinzug sorgt, diesen kontrolliert, die buchhalterischen Arbeiten vollführt, die Schadensmeldungen entgegennimmt, bearbeitet und die Schäden abrechnet, ist es Aufgabe des *Außendienstes,* die notwendigen Verbindungen mit dem Kreis der Versicherten und den Versicherungskandidaten, also gewissermaßen mit der Außenwelt zu pflegen, d. h. soweit nötig für den Abschluß der Versicherungsverträge zu werben, die Anträge bei den Versicherungslustigen aufzunehmen, diese zu beraten, die erforderlichen Feststellungen (Besichtigungen) zu treffen, die gemeldeten Schäden zu kontrollieren und darüber eine Einigung mit den Versicherten herbeizuführen.

Umfang und Tätigkeit des Innendienstes eines Versicherers ist letzten Endes durch die versicherungstechnisch und betriebswirtschaftlich notwendigen Arbeiten bestimmt. Soweit innerbetrieblich vergleichbare Aufgaben zu lösen sind, ähnelt sich der Innendienst bei den verschiedenen Organisationsformen der Versicherungswirtschaft. Anders steht es jedoch mit dem Außendienst. Dieser ist für unsere Zwecke in den auf die Gewinnung neuer und die Erhaltung bestehender Verträge ausgehenden *Werbedienst* und den sich den übrigen Arbeiten hingebenden *technischen Außendienst* zu unterscheiden. Diese Unterscheidung bezieht sich selbstverständlich nur auf die Funktionen, nicht auf die Person, denn beide Tätigkeiten hängen voneinander ab und werden, namentlich bei kleineren Versicherern, oft von denselben Beamten oder Angestellten wahrgenommen. Der Außendienst ist innerhalb der Sozialversicherung nur in geringem Maße, bei der Öffentlich-rechtlichen Versicherung in bedeutend größerem Umfang und bei der Privatversicherung in allergrößtem Ausmaße notwendig. Auch hier steht die öffentlich-rechtliche Versicherung ungefähr in der Mitte zwischen der Sozialversicherung auf der einen, der Privatversicherung auf der anderen Seite.

Ein technischer Außendienst ist für die Sozialversicherung nur in bescheidenem Umfang erforderlich. Die Versicherten haben die erforderlichen Nachweise dem Innendienst vorzulegen und sich den geforderten Untersuchungen (Kranken- und Invalidenversicherung) zu stellen. Außenorgane sind nur für gewisse Kontrollen in der Arbeitslosen-, Kranken- und Unfallversicherung, in letzterer namentlich für die Bekämpfung der Unfallgefahr in den Betrieben, erforderlich. Der Versicherungszwang führt die Versicherungsnehmer automatisch zu, so daß ein Werbedienst unnötig ist. Nur dort, wo der Versicherungspflichtige ein Wahlrecht zwischen verschiedenen Versicherungsträgern hat, etwa zwischen den Ortskrankenkassen und den Ersatzkassen in der Krankenversicherung, hat sich ein der Privatversicherung ähnlicher Werbedienst bei den Ersatzkassen entwickelt.

Die öffentlich-rechtliche Versicherung benötigt einen der Privatversicherung vergleichbaren technischen Außendienst (Kommissare, Inspektoren) für die Besichtigungen und Schadenregulierungen. Ob und inwieweit für die öffentlich-rechtliche Versicherung ein Werbedienst vorzusehen ist, hängt von der Stellung des öffentlichen Versicherers zu den in dem gleichen Versicherungszweig arbeitenden Privatversicherern ab. Dort wo dem öffentlichen Versicherer durch Gesetz eine Monopolstellung eingeräumt ist, demzufolge nur er allein bestimmte Versicherungen (z. B. Gebäudebrandversicherungen) übernehmen darf, sind die Versicherungsbedürftigen gezwungen, sich an ihn zu wenden, und er kann sich den Werbedienst sparen. Dagegen kann der öffentliche Versicherer auf die Werbung organisierende Maßnahmen nicht verzichten, wo er um das Geschäft mit Privatversicherern konkurrieren muß und einen Geschäftsausbau anstrebt. Es finden sich jedoch Abmachungen, denen zufolge sich der öffentliche Versicherer in der Werbung gegenüber den Privatversicherern Beschränkungen auferlegen muß.

Der ohne irgendwelche Zwangsrechte arbeitende Privatversicherer muß neben seinem technischen Außendienst, der im Interesse des Kundendienstes umfangreicher ausgebaut sein muß, einen besonders schlagkräftigen Werbedienst unterhalten, um in Konkurrenz mit anderen Versicherern neue Verträge abzuschließen, die bestehenden zu erhalten. Da es den Versicherungskandidaten, abgesehen davon, daß unter Umständen Gläubiger einen dahingehenden Druck ausüben, freisteht, ob und bei wem sie sich versichern, muß ein Werbedienst insbesondere dafür sorgen, daß eine Verschlechterung des Versicherungsbestandes durch voreilige Aufnahme weniger guter und vorzeitiges Ausscheiden der überdurchschnittlich guten Wagnisse vermieden wird. In der Privatversicherung wird in der Werbung mit allen geeignet erscheinenden zulässigen (mitunter auch unzulässigen) Mitteln gearbeitet.

Ordnet man die Organisationsformen der Versicherungswirtschaft in eine Reihe abnehmender Zwangsrechte und zunehmender Versicherungsfreiheit ein, in großen Zügen: Sozialversicherung — Öffentlich-rechtliche Versicherung — Privatversicherung, dann entspricht dieser Reihe eine Zunahme des technischen Außenapparates und ein Anwachsen des Werbedienstes zu größtmöglichem Umfang. Äußerlich tritt dies in der Reklame in Erscheinung: im Bereiche der Sozialversicherung tritt diese nur bei den Ersatzkassen, in der öffentlich-rechtlichen Versicherung in geringem, in der Privatversicherung in größtem Ausmaße auf. Hinsichtlich des Außendienstes wohnt demnach der im Grunde nach juristischen Merkmalen getroffenen Einteilung der Organisationsformen auch eine soziologische und betriebswirtschaftliche Bedeutung inne.

Soziologische Verschiedenheiten

Die Organisation einer Versicherung steht, worauf ***Rohrbeck*** mit Nachdruck hingewiesen hat, vor dem Problem, das mathematisch-statistisch und ökonomisch konstruierte Kollektiv des versicherten Wagnisbestandes mit der persönlichen Individualität des einzelnen Versicherungsnehmers in Einklang zu bringen. „In jeder Gefahrengemeinschaft findet fortgesetzt ein Kampf jedes Versicherten zwischen seinem Kollektiv- und seinem Singularbewußtsein statt, und die Kunst des Versicherers besteht darin, einen Gleichgewichtszustand zu schaffen und zu erhalten, damit die Gesamtheit der Versicherteninteressen nicht durch den Eigenwillen einzelner oder vieler gefährdet wird. Um diesen Gleichgewichtszustand zu finden, kann sich der Versicherer nicht mit der ökonomischen und mathematischen Beobachtung seiner Gefahrengemeinschaften begnügen, sondern er muß darüber hinaus die Persönlichkeitsempfindungen kennen, auch wenn sie ihm für seine rein wirtschaftlichen Ziele keine Kalkulationsgrundlage bieten.“ ***(Rohrbeck).*** Weil das gesellschaftliche Versicherungsverhältnis von der „wechselseitig bejahten Verbundenheit" *(Pieper)* der Wirtschafter nicht zu trennen ist, „dessen Kristallisationskern die Einzelhaftigkeit der Bezieherpartner ist", wird gerade vom Menschlichen her in den gesellschaftlichen Organisationsformen der Versicherung eine Spannung zwischen den Interessen der einzelnen und den Erfordernissen der Gesamtheit erzeugt, die die Struktur der Versicherungsverhältnisse vor Erstarrung bewahrt, sie wandlungsfähig erhält und in der Verschiedenartigkeit ihrer immer nur vorübergehenden Lösung die soziologischen Unterschiede der Organisationsformen bewirkt.

Die Formen der *Zwangsversicherung* sind weitgehend entpersönlicht. „Der einzelne Versicherte ist dem Gesetz unterworfen. Er hat während seiner Versicherungszeit zwar neben sich eine Schar gleichwertiger Interessenten, aber weder er selbst noch die Glieder der Gefahrengemeinschaft haben einen Einfluß auf eine individuelle Regelung, die vielmehr der obrigkeitlichen Gestaltung — um Berufungen zu vermeiden und wegen der Starrheit der Gesetzesvorschriften — geradezu widerstrebt. Die Gesetzesnorm mag von einer weitgehenden Würdigung der Persönlichkeitsrechte ausgegangen sein, aber dadurch, daß der einzelne durch sie von einer Weiterung besonderer Begehrungen abgeriegelt ist, bricht die Zwangsanordnung auch sein Verantwortungsbewußtsein gegenüber der Gesamtheit und macht ihn zu ihrem Kostgänger Die Empfindungen des Zusammenwirkens der Anstalt mit dem Versicherten geht verloren. Die Behörde steht dem Versicherten als etwas Wesensfremdes gegenüber. Er empfindet die Funktionäre dieser Anstalt nicht als seinesgleichen." Abgeschwächt kommt dies auch in den *öffentlichen Wettbewerbsanstalten* zum Ausdruck. Die Versicherten genießen hier keine Selbstregierung. „Die Anstalt bestellt vielmehr sogenannte Kommissare, die die Grundsätze der staatlichen Lenkung im Verkehr mit den Versicherten anwenden und damit die Beständigkeit der Beziehungen zwischen Verwaltung und Versicherten erreichen sollen. Die nach außenhin autoritäre Stellung des Kommissars . . . kann sowohl vertrauensstärkend als auch vertrauenshemmend wirken. Alles hängt hier von der Persönlichkeit des Kommissars und seiner Einfühlung in die Versichertenkreise ab."

Anders, aber wie nicht zu übersehen sehr unterschiedlich, steht es innerhalb der *Privatversicherung*. Als das andere Extrem finden wir in den teils auf frühere gemeinschaftliche oder bündische Versicherungsverhältnisse zurückgehenden, teils in Wiederbelebung dieser Organisationsformen neu gegründeten sog. kleineren Versicherungsvereinen neben der Mitarbeit der Genossen an der Verwaltung und dem Aufbau des Vereins die intensivste Berücksichtigung persönlicher Interessen. Ja es läßt sich sogar vielfach eine Scheu der kleinen Vereine beobachten, „ihren Wirkungskreis auszudehnen und der Gefahr anzupassen, die ihr Zusammenschluß vermögensmäßig bekämpfen will. Diese Scheu geht so weit, daß sogar eine anfänglich lediglich aus der Entstehung der Verbindung erklärliche Beschränkung auf gewisse Berufe oder Berufsteile, einzelne Versicherungsgegenstände, bestimmte Bevölkerungsgruppen selbst dann aufrechterhalten wird, wenn die Beschränkung sich vom versicherungstechnischen Standpunkt aus eigentlich nicht mehr rechtfertigen läßt. Diese Voranstellung persönlicher Interessen wirkt sich sogar über Kriege und Krisen hinaus aus, indem der Zusammenhalt selbst unter Opfern aufrechterhalten wird. Dabei spielt allerdings mit, daß in diesen Gremien das Versicherungsbedürfnis nicht allein der Ausgangspunkt zu genossenschaftlichen Verbindungen ist, sondern daß Nachbarschaft, Freundschaft, Beruf, Konfession, Religion, auch sportliche oder gesellige Zwecke die Vereinigung kitten und binden. Dazu kommen Empfindungen, wie Achtung vor den die Genossenschaft leitenden Personen, das Gefühl, mit dabei sein zu müssen, der Wunsch, als sorgfältiger Wirtschafter angesehen zu werden, Wißbegier, Nachahmung des Vorgehens anderer, Hoffnung auf erweiterte geschäftliche Verbindungen aus der Beteiligung u. dgl. m., die solche Vereinigungen stärker festigen, als sie der Abschluß einzelner Versicherungsverträge an sich begründen könnte". Bilden sich in derartigen genossenschaftlichen Einrichtungen Hierarchien heraus, die sich gegen starke Gegenbewegungen im Mitgliederbestand zu behaupten suchen und die sich unter Berufung auf die Tradition gegen revolutionäre Ideen der jungen Mitglieder wenden, dann können Spaltungen, Abwanderungen und erhebliche wirtschaftliche Schädigungen die Folge sein. In vielen Fällen suchen jedoch diese genossenschaftlichen Organisationen dem Prinzip der großen Zahlen zu folgen. Sie sind weiterhin bemüht, den persönlichen Charakter der Verbindung aufrechtzuerhalten. „Die einzelnen Mitglieder entwickeln die Genossenschaft organisch, indem sie selbst die Werbung durchführen und die geeigneten Interessenten zur Teilnahme auffordern, Aufsichtsrat und Vorstand durch Mitglieder besetzen. Aber sehr bald befriedigt das Tempo dieser organischen Entwicklung nicht mehr. Die Ausdehnung muß schneller vor sich gehen, als diese Art der organischen Weiterentwicklung es gestattet, um bessere technische Ausgleichsmöglichkeiten zu bieten oder mit gleichartigen Unternehmungen Schritt halten zu können, und die Ämter, die ursprünglich lediglich Zeichen besonderen Vertrauens in einzelne Personen oder Familien darstellten, bedürfen bald rein fachmännischer Leitung und Betreuung ohne Rücksicht auf bestehende oder neu zu erwerbende Mitgliedschaft. Die genossenschaftlichen Unternehmungen kommen damit zu einer Organisation, wie sie die kaufmännischen Versicherungsgesellschaften von vornherein einführten." In diesen, Aktiengesellschaften und großen Gegenseitgkeitsvereinen, ist der Versichertenbestand „nicht in eigener Entschließung, sondern abhängig und in seiner Zusammensetzung von der kaufmännischen Leitung bestimmt aufgebaut" worden, und die Fühlung zwischen der Verwaltung und den Versicherten muß durch besondere Bindeglieder, die Außenorganisation (Agenten und Inspektoren) hergestellt werden. „Der Agent oder Vertrauensmann wird damit zum Sprachrohr der Empfindungen seiner Kundschaft, und die Lebensart des Vertrauensmannes und seine Geschicklichkeit, die Psyche des Versicherten erfassen und in ihm unter Wahrung der technischen Bedingtheiten der Versicherungsgebarung den Eindruck einer individuellen Behandlung hervorzurufen, entscheidet über die Dauerhaftigkeit des Versicherungsbestandes und damit zu einem wesentlichen Teil über die Wirtschaftlichkeit des Betriebes."

Überblickt man diese feinsinnigen soziologischen Bemerkungen *Rohrbecks*, so enthüllen sie erneut, wie in der Reihe: Sozialversicherung — Öffentlich-rechtliche Versicherung — kaufmännische Versicherungsunternehmung (Aktiengesellschaft, großer Gegenseitigkeitsverein) — kleinerer Gegenseitigkeitsverein, je nachden wie man die Folge anordnet, eine Zunahme des kollektiven oder individuellen Momentes anzuerkennen ist. Diese soziologische Komponente der verschiedenen Organisationsformen der Versicherung harrt indes noch der weiteren Erforschung.

Schrifttum: a) Übersichten über den Umfang der verschiedenen Organisationsformen finden sich in den statistischen Jahrbüchern, b) in Deutsche Versicherungswirtschaft, Bd. I, die folgenden Aufsätze über „Die Unternehmungsformen": A. Privatversicherung *(Christian Oertel)*, B. Öffentlich-rechtliche Versicherung *(Hanns Querfeld)*, C. Sozialversicherung *(Knoll)*, ferner *Walter Rohrbeck* „Persönlichkeitswert des Menschen in der Versicherung und Gruppenbewußtsein der Versicherten", Köln o. J.

§ 20. Die öffentlich-rechtliche Versicherung. Versicherungsanstalten

Begriff und Geschichte

Von öffentlichen Versicherern kann in einem weiteren Sinne unter Einschluß der Sozialversicherungsträger und in einem engeren Sinne ohne diese gesprochen werden. Trotz einiger Ähnlichkeiten zwischen den öffentlichen Versicherungsanstalten und den Versicherungsträgern der Sozialversicherung, die zum Teil auch Versicherungsanstalten heißen, und trotz des Umstandes, daß man in den öffentlichen Versicherungsanstalten in gewisser

Hinsicht einen Übergang zwischen der Individualversicherung und der Sozialversicherung sehen kann, erscheint es wegen der vielfältigen Besonderheiten der Sozialversicherung und wegen einer klaren Terminologie doch zweckmäßig den engeren Begriff zu bevorzugen, wie es auch *v. Gierke* und andere getan haben. ***Als öffentliche Versicherer im engeren Sinn gelten dann die öffentlichen Versicherungsverbände, die außerhalb der Sozialversicherung Versicherungsschutz gewähren (öffentliche Versicherungsanstalten).***

Über die Entstehung der öffentlichen Anstalten (Sozietäten) wurde das Notwendige im 1. Kapitel S. 44ff. gesagt. Die längste Zeit beschränkten sie sich auf die Feuerversicherung, insbesondere die Gebäudeversicherung; seit 1910 wandten sie sich auch der Lebensversicherung zu. Zur Entschuldung des landwirtschaftlichen Grundbesitzes und um den Landschaften neue Absatzgebiete für ihre Pfandbriefe zu verschaffen, gründete damals der Generaldirektor *Kapp* der Ostpreußischen Landschaft eine öffentliche Lebensversicherungsanstalt; jeder Hypothekenschuldner mußte als zusätzliche Sicherheit eine Lebensversicherung abschließen, durch die im Falle des vorzeitigen Todes die Hypothekensumme zurückgezahlt und so ein Auflaufen der Schulden durch rasch aufeinanderfolgende Erbauseinandersetzungen vermieden werden kann. Nach dem Ersten Weltkrieg betrieben sie auch Unfall- und Haftpflichtversicherungen, gründeten sogar eine Aktiengesellschaft zum Betrieb der Transport- und Einheitsversicherung.

Ein Versuch des Fürsten Hardenberg (1811), den Versicherungszwang der preußischen Feuersozietäten aufzuheben, die Verwaltung zu vereinfachen, kleinere Sozietäten zusammenzulegen, die Beiträge nach der Feuersgefahr in 8 Gefahrenklassen abzustufen, scheiterte am Widerstand der örtlichen Regierungen. Zwischen 1836 und 1843 gelang es nur in einigen Provinzen große Provinzbrandkassen zu schaffen, die nach Aufhebung des Versicherungszwanges mit den inzwischen entstandenen Privatversicherungsunternehmungen (Aktiengesellschaften und Gegenseitigkeitsvereinen) den Wettbewerb aufnehmen konnten. Die Grundzüge der in den 30er und 40er Jahren des vorigen Jahrhunderts geschaffenen Sozietätssatzungen sind nach *Helmer:* Beschränkung auf Gebäudebrandversicherung innerhalb eines festbegrenzten Geschäftsgebietes, Aufhebung des Beitrittzwanges, Annahmepflicht (besonders feuergefährliche Wagnisse ausgenommen), Zeitwertversicherung teilweise mit Eigenbehalt, rohe Gefahrenklassifikation, Wiederaufbauzwang im Interesse der Grundstücksgläubiger, Verfassung der Sozietäten eng an die Selbstverwaltungseinrichtungen des Landes (Regierung oder Magistrat) angelehnt. Seit den 60er Jahren wurden Kommissionen und Ausschüsse aus den Reihen der Versicherungsmitglieder zur Beaufsichtigung der Geschäftsführung eingesetzt. In derselben Zeit nahmen die Sozietäten auch die Immobiliarfeuerversicherung auf.

Ein früh bemerkter Mangel der öffentlich-rechtlichen Brandversicherung war die große Zersplitterung der Anstalten. Neben den großen Sozietäten der Rheinprovinz, der Stadt Berlin und der Provinz Westfalen arbeiteten viele kleine, in den meisten preußischen Provinzen sogar mehrere in dem gleichen Gebiet (in Ost- und Westpreußen je 4, in Pommern 5). Die meisten Sozietäten waren für die Übernahme großer landwirtschaftlicher und gewerblicher Wagnisse zu klein. Diesen Mißstand suchte man durch Zusammenlegung oder durch Bildung von Versicherungsverbänden zwischen mittleren und kleineren Sozietäten mit gemeinschaftlicher Schadenübertragung oder durch Rückversicherungseinrichtungen zu beheben. Nachdem die Sozietäten durch die Aktivität der Privatgesellschaften stark zurückgedrängt, als „überlebte Institute", als „versteinerte Gebilde des alten Polizeistaats" bezeichnet worden waren, entwickelten sie sich seit den 60er Jahren wieder und gingen ihrerseits zum Kampf gegen die Privatgesellschaften, die ihnen die besseren Risiken entzogen hatten, über. Der Betrieb wurde den Erfordernissen der Versicherungstechnik angepaßt, die Gefahrenklassifikation verfeinert, das Schätzungswesen ausgebaut, eine vorbildliche Statistik, besonders über die Brandursachen, aufgemacht. Seit Beginn dieses Jahrhunderts wurde auch das Recht der öffentlich-rechtlichen Brandversicherung, das außerordentlich buntscheckig war, immer mehr vereinheitlicht, angespornt durch die die Privatversicherung betreffenden Gesetze von 1901 und 1908. Nach dem preußischen Gesetz betr. die öffentlichen Feuerversicherungsanstalten von 1910, dem andere Länder folgten und das im wesentlichen heute noch gilt, st eine öffentlich-rechtliche Feuerversicherungsanstalt eine nicht Erwerbszwecken, sondern dem gemeinen Nutzen dienende Körperschaft des öffentlichen Rechtes mit der Aufgabe, den in ihrem Geschäftsgebiet gelegenen Gebäuden nach den Grundsätzen der Versicherung auf Gegenseitigkeit Versicherung gegen Feuersgefahr zu gewähren (§§ 1 bis 3). Leiter und Beamte haben Rechte und Pflichten mittelbarer Staatsbeamter (§§ 4 bis 7). Die Verfassung der Anstalt wird durch eine ministeriell zu genehmigende Satzung bestimmt (§ 15). Versicherungsbedingungen bedürfen der Genehmigung des Ministers (§ 24). Den Mitgliedern ist ein weitgehendes Mitverwaltungsrecht eingeräumt (§§ 16, 17). Der Oberpräsident (oder Regierungspräsident) übt die Aufsicht aus; oberste Aufsichtsstelle ist der Minister des Innern (§§ 30, 31).

Das Anstaltsvermögen muß mündelsicher und ein Viertel davon in Reichs- -oder Staatsanleihen angelegt werden (§§ 19,15). Nach Maßgabe ihrer Leistungsfähigkeit haben die Anstalten die Pflicht, die Feuersicherheit in ihrem Gebiete zu fördern (§ 2). Mit wenigen Ausnahmen besteht Annahmepflicht für jedes Gebäude innerhalb des Geschäftsgebietes (§ 9,10). § 18 schreibt die Gleichbehandlung aller Mitglieder vor. Die Anstalten dürfen Gebäude nur auf Grund einer von ihnen zu bewirkenden Schätzung versichern (§§ 12, 15). Anders als bei Privatgesellschaften beginnt die Haftung bereits „spätestens mit Ablauf desjenigen Tages, an dem der Versicherungsantrag mit den zugehörigen Unterlagen bei der zu seiner Entgegennahme bestimmten Stelle eingegangen ist“ (§§ 24, 26). Erst ein qualifizierter Beitragsverzug von 6-Monaten bewirkt das Ruhen der Haftung oder gibt den Anstalten ein Kündigungsrecht (§§ 24, 29). Eine besondere Aufgabe ist die Sicherung des Grundkredites (§ 15). Als besonderer Gläubigerschutz wird grundsätzlich an der Wiederaufbaupflicht festgehalten (21).

Im Gebäudeversicherungsbetrieb werden die Beiträge im Verwaltungszwangsverfahren beigetrieben, im Konkurs und bei Zwangsversteigerungen sind sie bevorrechtigt (§ 3). Die mit den öffentlich-rechtlichen Anstalten abgeschlossenen Versicherungsverträge sind privatrechtlicher Natur. Die im VVG. § 192 eingeräumte Möglichkeit, von den zwingenden Vorschriften des VVG. zuungunsten der Mitglieder abzuweichen, wurde kaum ausgenützt.

Jede Anstalt darf jetzt grundsätzlich Versicherungen nur in ihrem Gebiet übernehmen (§ 8). Ein Wettbewerb verschiedener Anstalten untereinander ist also ausgeschaltet. Die Versicherungsbedingungen wurden mit denen der Privatgesellschaften, wie sie vom Reichsaufsichtsamt genehmigt wurden, in Einklang gebracht. Nach Genehmigung des Ministers dürfen sich die Anstalten auch auf dem Gebiete der Fahrhabeversicherung und in anderen Sachversicherungszweigen betätigen (§ 32).

Gruppierung

Eine Einteilung der öffentlichen Versicherungsanstalten kann nach verschiedenen Gesichtspunkten vorgenommen werden. Die meisten Anstalten sind nach Landesrecht errichtet; einige, wie die Anstalten für die deutschen Bühnen, die Kulturorchester, die Reichspost und die Reichsbahn, sind durch reichsrechtliche Verwaltungsakte geschaffen worden. Neben dieser Unterscheidung kann man die Anstalten nach den von ihnen betriebenen Versicherungszweigen gruppieren, was jedoch schwierig ist, weil die meisten Anstalten auch Nebenzweige betreiben. Wichtiger sind die folgenden Einteilungen (nach *v. Gierke*):

I. *Einteilung unter dem Gesichtspunkt der Versicherungsfreiheit:*

1. *Reine Vertragsanstalten.* Das Versicherungsverhältnis kommt durch einen auf beiden Seiten freien Vertrag zustande. Es besteht weder

eine Versicherungspflicht auf seiten des Versicherungsnehmers noch ein Annahmezwang seitens des Versicherers.

Diese Anstalten unterscheiden sich kaum von den Privatgesellschaften (Gegenseitigkeitsvereinen). Die meisten ehemals preußischen Feuersozietäten gehören in bezug auf die Nebenzweige dieser Gruppe an.

2. *Zwangsanstalten.* Ein landesrechtlich oder reichsrechtlich begründeter Zwang für das Zustandekommen eines Versicherungsverhältnisses bei einer bestimmten Anstalt richtet sich sowohl gegen den Versicherer wie gegen den Versicherungsnehmer. Zu unterscheiden sind:

a) *Zwangsanstalten im engeren Sinn.* Das Versicherungsverhältnis entsteht bei einer bestimmten Anstalt entweder ohne weiteres kraft Rechtsordnung oder auf Grund eines unmittelbar erzwungenen Abschlusses.

Zwangsanstalten bestehen oder bestanden in Anhalt, Baden, Braunschweig, Bremen, Hamburg, Hessen-Darmstadt, Hohenzollern, Lippe-Detmold, Oldenburg, Ostfriesland, Breslau, Thüringen, Württemberg für die Gebäudefeuerversicherung. Einige Anstalten haben nur für bestimmte Gebiete Zwangsrechte, so die Städtische Feuersozietät von Berlin für Alt-Berlin, die Mecklenburgische Landesbrandkasse für den Versicherungsbestand der früheren Domanialbrandversicherungsanstalt in Rostock, die Stettiner öffentliche Feuerversicherungsanstalt im alten Festungsgebiet.

b) *Anstalten mit Bannrecht (Monopol).* Das Versicherungsverhältnis beruht auf einem Vertrag, aber der Versicherer kann verlangen, daß der Versicherungsnehmer, wenn er sich versichern will, sich nur bei ihm versichert (indirekter Zwang, negativer Zwang). Den Versicherer trifft Annahmepflicht.

Monopolanstalt für die Gebäudefeuerversicherung ist die Bayerische Landes-Brandversicherungsanstalt.

3. *Versicherungsanstalten mit Annahmepflicht.* Das Versicherungsverhältnis entsteht durch Vertrag, aber die Anstalt trifft Annahmepflicht.

Hierunter fielen die meisten preußischen Feuersozietäten hinsichtlich der Gebäudefeuerversicherung. Das sind die sog. Wettbewerbsanstalten in Berlin, Brandenburg, Danzig, Grenzmark Posen-Westpreußen, Hannover, Lübeck, Mecklenburg, Wismar, Ostpreußen, Pommern, Stralsund, Stettin, Rheinland, Provinz Sachsen, Schlesien, Schleswig-Holstein, Westfalen.

4. *Mischanstalten,* in verschiedenartigen Kombinationen aus 1—3.

Bei den Ostfriesischen landschaftlichen Brandkassen ist für Gebäude Versicherungszwang bis zu $^{2}/_{3}$ des Gebäudewertes vorhanden, darüber hinaus aber ein Bannrecht der Anstalt. Bei grundsätzlichem Versicherungszwang bestehen Versicherungsberechtigungen für die befreiten Gebäude.

II. *Einteilung nach dem rechtlichen Charakter der Anstalt.*

Die rechtliche Natur der öffentlichen Versicherungsanstalten ist strittig. *v. Gierke* gibt folgende Typen:

1. *Öffentliche Körperschaften, Versicherungsanstalten im engeren Sinn.*

Die öffentlichen Versicherungsanstalten sind überwiegend öffentliche Verbände mit eigener Rechtspersönlichkeit. Sie weisen aber verschiedene Gestalt auf:

a) *Reine Anstalten* (Anstalten im engeren Sinn). Sie sind von oben eingerichtet und werden von Personen verwaltet, die von oben eingesetzt und nicht gleichzeitig als Versicherte beteiligt sind.

b) *Anstalten mit genossenschaftlichem Einschlag.* Sie sind ebenfalls von oben errichtet, die Versicherten nehmen aber mehr oder weniger an der Verwaltung teil. Die Einflußnahme der Versicherten kann von periodischer Beratung über Mitberatung bei wichtigen Angelegenheiten zu entscheidender Mitwirkung, etwa bei Vorstandswahl, Satzungsänderung und Auflösung, ansteigen.

c) *Reine Körperschaften im engeren Sinn.* (Genossenschaften). An der Entstehung des Verbandes sind die Mitglieder beteiligt, die Verwaltung wird von ihnen beherrscht. Die Körperschaft kann ihren Mitgliedern, aber auch Dritten Versicherungsschutz gewähren.

d) *Körperschaften mit anstaltlichem Einschlag.* Der Verband ist von den Mitgliedern miterrichtet, in der Verwaltung sind aber auch von oben eingesetzte Personen, die nicht Mitglieder sind, vorgesehen.

2. *Öffentliche Sondervermögen (Versicherungseinrichtungen)*

Sie sind vom Staat oder einem anderen öffentlichen Verband errichtet, entbehren aber der eigenen Rechtspersönlichkeit. Sie sind nur Einrichtungen. Träger ist der Staat oder der sonstige öffentliche Verband. Organisatorisch sind sie oft den Verbänden mit eigener Rechtspersönlichkeit angenähert.

Dieser Typ findet sich selten. Als Beispiele führt v. Gierke die Feuerversicherungsanstalt Bremen und die Haftpflichtversicherungseinrichtungen der Unfall-Berufsgenossenschaften an.

Wie bei den Trägern der Privat- und Sozialversicherung finden sich auch innerhalb der öffentlich-rechtlichen Versicherung mannigfache Varianten, die, wie die Einteilung unter dem Gesichtspunkt der Versicherungsfreiheit zeigt, einen Übergang von der Sozialversicherung mit ihrem Versicherungszwang zu der von der Versicherungsfreiheit beherrschten Privatversicherung bildet. Wo die einzelnen öffentlichen Anstalten gemäß der Einteilung II einzureihen sind, hängt von der jeweiligen Verfassung des Versicherungsträgers ab.

So ist (ähnlich wie in Sachsen, Württemberg, Baden und Hessen) die *Bayrische Landesversicherungsanstalt* eine reine Anstalt, die für die in Bayern liegenden Gebäude die Versicherung auf Gegenseitigkeit gegen Brand-, Blitz- und Zerknallschäden zu übernehmen hat (Art. 18 des Gesetzes über das öffentliche Versicherungswesen vom 7. 12. 33). Ein Gebäudeversicherungszwang besteht in Bayern nicht. Dagegen hat die Bayerische Landesversicherungsanstalt für Gebäude das Versicherungsmonopol (Anstalt mit Bannrecht — Art. 19). Nicht unter das Bannrecht fallen Gebäude, die weniger als 100 DM wert sind oder der Herstellung, Verarbeitung oder Lagerung von Pulver oder Sprengstoffen dienen. Die Anstalt kann die Versicherung ablehnen oder unter besonderen Bedingungen zulassen: 1. von Gebäuden, die a) der Gewinnung, Herstellung, Bearbeitung, Verarbeitung oder Lagerung von leicht brennbaren Flüssigkeiten, Zellhorn und ähnlichen brand- oder zerknallfähigen Stoffen dienen; b) auf fremdem Grunde stehen — mit Ausnahme der im Erbbaurecht errichteten Gebäude — oder die nur vorübergehenden Zwecken dienen, zum Abbruch bestimmt oder in Verfall geraten sind, oder die selbst oder durch ihre Einrichtung gegen bau- oder feuerpolizeiliche Vorschriften oder gegen allgemein anerkannte Regeln und Sicherheitsvorschriften — namentlich hinsichtlich der elektrischen Anlagen — verstoßen; 2. von Zugehörungen in solchen Gebäuden sowie von Zugehörungen und sonstigen Gegenständen, bei welchen solche Umstände vorliegen. Außerdem kann die Anstalt für alle Versicherungen von Zugehörungen und sonstigen Gegenständen besondere Bedingungen festsetzen und die Versicherung bei der Anstalt auf einen Teil des Schätzungswertes beschränken. Für Gebäude, die entweder grundsätzlich oder durch Ablehnung von der Versicherung bei der Anstalt ausgeschlossen sind, gilt das Bannrecht nicht (Art. 20/II in Verbindung mit § 11 der Satzung).

Für die Fahrnisfeuerversicherung besteht daneben der Bayerische Versicherungsverband, der in Wettbewerb mit den Privatgesellschaften nach Maßgabe der Satzung und der Allgemeinen Versicherungsbedingungen die Fahrnisfeuerversicherung, Einbruchdiebstahlversicherung, Fahrzeugversicherung, Leitungswasserschädenversicherung, Waldversicherung, Haftpflichtversicherung, Kassen- und Kreditversicherung sowie Unfall- und Krankenversicherung betreibt (Art. 40).

Außer der Bayerischen Landesbrandversicherungsanstalt und dem Bayerischen Versicherungsverband bestehen bei der Bayerischen Versicherungskammer noch: die Bayerische Hagelversicherungsanstalt, die Bayerische Landestierversicherungsanstalt, der Bayerische Versorgungsverband, die Bayerische Krankenfürsorgekasse, die Bayerische Staatsbeamtenkrankenkasse, die Bayerische Ärzteversorgung, die Bayerische Zahntechnikerversorgung, die Bayerische Apothekerversorgung, die Versorgungskasse für Witwen und Waisen bayerischer Kehrbezirksinhaber, die Versorgungskasse für Witwen und Waisen der Verweser, Geschäftsführer und Gehilfen im bayerischen Kaminkehrergewerbe, die Bayerische Landesfeuerwehrunterstützungskasse (Art.1).

Besonderheiten der öffentlichen Versicherung

Durch die Abhängigkeit vom oder die Anlehnung an den Staatsapparat ist die öffentlich-rechtliche Versicherung sowohl ihrer Struktur als auch ihrem Geschäftsumfang nach in besonderem Maße durch historische und politische Umstände bedingt.

Entstanden im merkantilistischen Obrigkeitsstaat und von diesem oft im Kampf mit den widerstrebenden Untertanen geformt, fanden sich die öffentlichen Anstalten in der ersten Hälfte des vorigen Jahrhunderts, in der Zeit des jedem Staatseingriff abholden Liberalismus, der überlegenen Konkurrenz der Privatgesellschaften ausgesetzt und mußten in Preußen auf den Versicherungszwang und die Bannrechte verzichten; die Mitglieder erlangten verstärkten Einfluß auf die Geschäftsführung. Die seit dem letzten Drittel des 19. Jahrhunderts zu beobachtende verstärkte Abkehr vom Liberalismus brachte ein Wiederaufleben der öffentlichen Anstalten und in diesem Jahrhundert mit den Sozialisierungsbestrebungen eine Ausbreitung der öffentlichen Versicherung weit über die ursprünglich ausschließlich betriebene Gebäudeversicherung hinaus. Auch zeigen sich in der Verfassung oder Satzung der Anstalten je nach der herrschenden Staatsauffassung mehr demokratische oder autoritäre Züge. So ist auch die öffentliche Versicherung keine starre, sich immer gleich bleibende Erscheinung.

Als charakteristische oder wenigstens in verstärktem Maße hervortretende Besonderheiten kann man an der öffentlich-rechtlichen Versicherung feststellen:

1. *Teils Begünstigung durch besondere Vorrechte, teils Belastung durch besondere Pflichten*

Als *Vorrechte* sind zu nennen, soweit zugestanden: Zwangs- oder Monopolrechte, die die Versicherungsbedürftigen ausschließlich auf die Anstalt verweisen; Befreiung von Steuern und Gerichtsgebühren; Bevorrechtigung im Konkurs und bei Zwangsversteigerungen; Beitreibung der Beiträge im Verwaltungszwangsverfahren; behördliches Auskunftsrecht und Recht der Amtshilfe. Diese Vorrechte beziehen sich jedoch zumeist nur auf die Gebäudeversicherung.

Als *besondere Pflichten* stehen demgegenüber: Annahmezwang (mit einigen Ausnahmen) für jedes in dem Geschäftsgebiet liegende Gebäude, was Aufkündigung des Versicherungsverhältnisses im Falle der Gefahrenerhöhung ausschließt; Fortsetzung der Gebäudeversicherung zur Sicherung des Grundkredits auch im Falle des Besitzwechsels und nicht pünktlicher Prämienzahlung; Pflicht zur Förderung der Feuersicherheit im Geschäftsgebiet; größere Abhängigkeit gegenüber den höheren Verwaltungsstellen.

Die ökonomische Auswirkung des Annahmezwanges ist umstritten. Die Behauptung, er sei durch die zumeist verfügten Ausnahmen durchlöchert, dürfte zwar nicht allzu ernst genommen werden. Sofern jedoch kein Versicherungszwang besteht, es dem Versicherungsnehmer also frei bleibt, sich zu versichern, und mehr noch, wenn es sich um eine im Wettbewerb mit Privatgesellschaften stehende Anstalt mit Annahmepflicht handelt, kann die Annahmepflicht eine Wagnisauslese und erwünschte Mischung des Versicherungsbestandes verhindern. Der Grundsatz der Gleichbehandlung aller Mitglieder verbietet es, unerwünschte Wagnisse durch unangemessen hohe Prämien abzuschrecken.

Große Verdienste haben sich die öffentlichen Anstalten durch ihre Maßnahmen zur Brandverhütung und Brandbekämpfung erworben, namentlich durch Unterstützung von Feuerwehren (Geräteanschaffung). Die Gesamtausgaben für gemeinnützige Zwecke dieser Art sollen 1935 über 19,6 Millionen RM ausgemacht haben. Diese Maßnahmen wirken sich auch zugunsten der privaten Feuerversicherer aus, die über die gesetzlich festgelegten Feuerlöschabgaben ebenfalls dazu beitragen.

2. *Durch den Wegfall der Werbungskosten haben Zwangs- und Monopolanstalten niedrigere Verwaltungskosten.*

Auf einen Werbeaußendienst, einen Kundendienst und eine entgegenkommende, manchmal kostspielige Behandlung des Versicherungsnehmers können die Zwangsanstalten verzichten, weil die Versicherungsbedürftigen von sich aus zu ihnen kommen müssen und der Versicherer auf das Verhalten einer Konkurrenz keine Rücksicht zu nehmen braucht.

Wenn man den Komplementärwert der Schadenquote (Verhältnis der Gesamtschäden zu der Gesamtprämieneinnahme) als einen Zahlenwert für die sonstigen (in der Hauptsache) Verwaltungskosten nimmt, zeigt sich ein etwas geringerer Kostensatz bei den deutschen öffentlich-rechtlichen Feuerversicherungsanstalten im Vergleich mit den privaten Feuerversicherungsgesellschaften. Jene hatten 1933 eine Schadenquote von 44,6%, diese von 37,6% (nach St. Jb. f. d. D. R. 1935). Man darf dabei nicht übersehen, daß die öffentlichen Anstalten einen größeren Anteil an dem billiger zu verwaltenden Gebäudegeschäft hatten.

Aufschlußreicher ist die folgende Zusammenstellung (nach der gleichen Quelle, S. 421) für das Jahr 1933 (in 1000 RM):

Öffentlich-rechtliche Feuerversicherungsanstalt oder -anstalten in	Gesamtbeiträge	Verwaltungskosten (ordentliche u. außerordentliche)	Anteil der Verwaltungskosten an den Gesamtbeiträgen
Preußen	97 158	22 667	23,3%
Bayern	21 029	2 777	13,2%
Freistaat Sachsen:			
für Gebäude	9 964	2 041	20,5%
für Mobiliar	1 376	478	34,7%
Württemberg	8 551	1 137	13,3%
Baden	6 577	1 170	17,8%
Thüringen	6 797	973	14,4%
Hamburg	2 221	531	23,9%
Oldenburg	1 272	113	8,9%
Bremen	212	8	3,8%
Anhalt	889	178	20,0%
Lübeck	163	34	20,8%

Die Wettbewerbsanstalten in Preußen, Baden, Lübeck sowie die Anstalten in Hamburg und Anhalt, die teils Zwangsanstalten, teils Wettbewerbsanstalten sind, weisen einen höheren Verwaltungskostensatz aus als die übrigen Anstalten, die Zwangsanstalten bzw. Monopolanstalten sind. Da sich die nicht mit Zwangs- oder Monopolrechten ausgestatteten sog. Wettbewerbsanstalten im Konkurrenzkampf mit den privaten Versicherungsgesellschaften behaupten müssen, haben sie eine ähnliche Werbeorganisation wie diese, deren Vergütung die höhere Kostenlage bedingt.

3. *In der Handhabung ihres Geschäftsbetriebes und in der Gestaltung des Versicherungsschutzes unterliegen die öffentlichen Anstalten gewissen, mitunter sehr weitgehenden Beschränkungen und Bindungen.*

Ihre Gründung durch staatliche oder andere Gebietskörperschaften, die Beaufsichtigung durch diese und die beamtenähnliche Stellung ihrer Arbeitskräfte beengen notwendigerweise in gewissem Maße die Initiative. Freilich darf dieses Motiv nicht überschätzt werden: einesteils ist es auch in der Privatversicherung nicht immer in dem vorausgesetzten Maße vorhanden, andererseits können die öffentlichen Anstalten auf bahnbrechende Neuerungen hinweisen, die erst später von der Privatversicherung übernommen wurden, so z. B. die Neuwertversicherung, Einführung neuer Versicherungsmöglichkeiten (Versicherung gegen Hausbockkäferschäden an Gebäuden).

Erwähnt wurde der Grundsatz der Gleichbehandlung aller Mitglieder, den die öffentlichen Anstalten mit den Gegenseitigkeitsvereinen gemein haben. Auch sonst ähnelt die Struktur selbst der Wettbewerbsanstalten stark der der Gegenseitigkeitsvereine, was sich auch aus der Tabelle auf Seite 275/6 ergibt: die öffentlichen Anstalten betreiben annähernd dieselben Versicherungszweige, haben sich also ebensowenig wie diese trotz der auf anderen Gebieten gezeigten Initiative in einige neuere Versicherungszweige vorgewagt.

Um „vollen" Versicherungsschutz zu gewährleisten, andererseits Überversicherung auszuschließen, dürfen öffentliche Anstalten Gebäudefeuerversicherungen oft nur zu einem sog. *Schätzwert* (Stammwert etwa auf 1914 bezogen und mit einem Index auf die Gegenwart fortgeführt) übernehmen (§ 12 Preuß. Soz.-G., ähnlich in Bayern). Dies erfordert die Unterhaltung besonderer bautechnischer Abteilungen (Brandversicherungsämter). Wo konkurrierende Privatversicherer eine andere, günstigere Bewertung zugestehen konnten, ergab sich daraus eine Benachteiligung der öffentlichen Anstalten im Wettbewerb.

Nicht nur in der Versicherung der Gebäude, auch der beweglichen Gegenstände, die überall dem Wettbewerb unterliegt, ist vielfach die Vereinbarung der Wiederherstellungspflicht vorgeschrieben. Öfters ist die Versicherung nur zu dem Schätzwert des Versicherers möglich, eine davon abweichende Bewertung durch den Versicherten wird nicht berücksichtigt. Ausnahmen davon sind in der Satzung genau vorgeschrieben. Wo solche Bindungen bestehen, haben natürlich die Privatgesellschaften im Konkurrenzkampf einen beachtlichen Vorsprung. Ob vor 1945 eingegangene Verpflichtungen der Zwangs- und Monopolanstalten, von einer Werbung in den freien Teilen des Versicherungsgeschäfts, besonders in der Mobiliarfeuerversicherung, zugunsten der Privatgesellschaften abzusehen, heute noch gültig sind, ist strittig.

4. *Charakteristisch für die öffentlichen Anstalten ist die Begrenzung ihres räumlichen Geschäftsbereiches auf ein bestimmtes Land oder einen Bezirk.*

Wenn man von den kleineren Gegenseitigkeitsvereinen absieht, ist der Tätigkeitsraum der Privatgesellschaften sowohl im Inland wie in bezug auf das Ausland unbegrenzt. Ein Auslandsgeschäft scheidet für die öffentlich-rechtlichen Anstalten grundsätzlich aus. Dem räumlich expandierenden System gegenseitiger Konkurrenz bei den Privatgesellschaften hat *Rath* das auf gebietsmäßige Betreuung aufgebaute System öffentlichen Dienstes bei den öffentlichen Anstalten gegenübergestellt. Das Territorialprinzip habe die öffentlichen Anstalten, auch wenn sie in Wettbewerb mit anderen Versicherern standen, zu einer intensiveren Ausschöpfung ihres Geschäftsbezirkes veranlaßt.

Zur Unterstützung seiner These hat *Rath* die Prämieneinnahmen pro Kopf der Bevölkerung des Geschäftsgebietes und das Prämienaufkommen je qkm des Geschäftsbereichs 1939 für die privaten Gesellschaften und die öffentlichen Anstalten (Feuerversicherung) errechnet mit dem Ergebnis: bei den mit enger Raumbegrenzung arbeitenden Anstalten liegen die Beitragseinnahmen in den häufigsten Werten rund zehnfach so hoch wie bei den privaten Gesellschaften; zu Erreichung der gleichen Beitragssumme benötige der an der Spitze der Privatversicherung liegende Betrieb (Allianz) ein um 38% größeres Gebiet als die an letzter Stelle stehende Anstalt (Feuersozietät der Provinz Brandenburg). In der Lebensversicherung liege die Durchschnittssumme 1938 bei den ohne engere räumliche Begrenzung arbeitenden Gesellschaften um 10,— RM, bei den auf begrenztem Gebiet arbeitenden Anstalten aber um 57,— RM. Wenn man auch zugeben muß, daß das Territorialprinzip notwendigerweise bei gleichem Tätigkeitsdrang zu einer intensiveren Bearbeitung des gegebenen Bezirkes oder Landes führt, so dürfen doch aus dieser auch sonst angefochtenen Statistik keine weitreichenden Folgerungen gezogen werden. Das Beitragsaufkommen je Kopf oder die Beitragsdichte je qkm muß selbstverständlich bei den öffentlichen Anstalten höher liegen, wenn der gesamte Gebäudebestand eines Landes bei der Zwangs- oder Monopolanstalt, und sofern Wettbewerbsanstalten vorliegen, der öffentliche Besitz durch direkte oder indirekte Veranlassung bevorzugt bei den öffentlichen Anstalten versichert werden muß. Was die Höhe der Durchschnittslebensversicherungssumme anlangt, so übersieht diese Statistik die sozialen Unterschiede im Versichertenbestand, sind doch bei den öffentlichen Anstalten vorzugsweise Beamte, also Träger eines durchschnittlich guten und vor allem sicheren Einkommens vertreten.

Der notwendige Risikoausgleich läßt sich entweder durch räumliche Expansion bei verhältnismäßig wenigen Objekten innerhalb eines Teilbezirkes oder durch nahezu vollständige Ausschöpfung des Teilbezirkes schaffen. Wenn die Privatgesellschaften eine räumlich weitausgreifende Streuung ihres Bestandes vorziehen, so geschieht dies auch darum, weil sie anders als die öffentlichen Anstalten bei Katastrophen überhaupt keine Möglichkeit zur Erhebung von Nachschußprämien haben oder, soweit Gegenseitigkeitsvereine in Frage stehen, diesen Schritt nur gegen große Widerstände wagen können. Den öffentlichen Anstalten ist der Weg einer über den zugewiesenen Bezirk hinausgreifenden räumlichen Expansion schon durch ihre landesrechtliche Konstitution verwehrt. Diese räumliche Begrenzung macht die öffentlichen Anstalten andererseits ungeeignet für das internationale Geschäft, der Grund, warum sie in der Transportversicherung nicht vertreten sind.

Die Staatsversicherung

Sind die Zwangs- und Monopolrechte unserer öffentlichen Anstalten (von den Wettbewerbsanstalten also abgesehen) nur auf bestimmte Versicherungszweige und in diesen auf bestimmte Objekte (Gebäudefeuerversicherung) beschränkt, so ist der Wegfall dieser Einschränkungen der letzte Schritt zur *Staatsversicherung* oder *staatlichen Versicherung* überhaupt. Das gesamte Versicherungsgeschäft ist bei einer oder mehreren staatlichen Anstalten monopolisiert, jede andere Versicherungstätigkeit, auch die ausländischer Versicherer, ist untersagt. Wo dieser Schritt vollzogen wird, entfällt der Unterschied zwischen Sozial- und Individualversicherung im Falle der Zwangsversicherung und schrumpft erheblich zusammen, wenn der staatlichen Anstalt nur das ausschließliche Monopol auf die Entgegennahme der Versicherungsanträge eingeräumt ist. Das Versicherungsmonopol kann sich schlechthin auf alle Versicherungstätigkeit beziehen oder nur auf die Rückversicherung der noch frei arbeitenden Erstversicherer bei der staatlichen Rückversicherungsanstalt. Diesen letzten Weg haben z. B. südamerikanische Staaten gewählt, um im Ziele einer nationalen Wirtschaftspolitik den überragenden Einfluß ausländischer, vor allem europäischer Rückversicherer, auszuschalten.

Wohlgemerkt, diese letzte Vollendung zu einer staatlichen Versicherung schlechthin liegt nicht in der Tendenz der öffentlich-rechtlichen Anstalten deutscher Prägung, wenn sie auch von manchen Befürwortern *(Rath)* gefordert wird. Ob die sich nur logisch ergebende Konsequenz eines ausschließlichen Staatsmonopols faktisch vollzogen wird, hängt von der jeweiligen wirtschaftspolitischen und weltanschaulichen Einstellung ab.

Für die dem sozialistischen Denken Marxscher Prägung entsprechende Überleitung des Versicherungswesens in alleinigen und ausschließlichen Staatsbetrieb lassen sich ähnliche Argumente vorbringen wie für die staatliche Sozialversicherung: menschliches Unglück soll nicht Gegenstand eines privatwirtschaftlichen Erwerbes sein; die Versicherungslasten müßten nach sozialen Gesichtspunkten zwischen den wirtschaftlich starken und wirtschaftlich schwachen Schichten verteilt werden; durch Reduzierung der Verwaltungskosten infolge Wegfalles der verteuernden Konkurrenz, durch Streichung der Tantiemen und Dividenden verbillige sich der Versicherungsschutz, frei von Gewinnabsichten würden die Versicherungsbedingungen mehr den Bedürfnissen angepaßt und entgegenkommender ausgelegt werden können; in Schadenfällen entfielen die langwierigen und kostspieligen Rechtsstreite; es gäbe keinen Versicherungsnotstand mehr, da die staatliche Anstalt jedes Risiko übernähme; die Gefahrenverhütung könnte großzügig ausgebaut werden; der Staat hätte eine weitere Einnahmequelle; eine übermäßige Machtzusammenballung in den kapitalkräftigen Versicherungsgesellschaften und ihren Konzernen wäre vermieden; Prämienüberschüsse würden weder direkt noch indirekt an das Ausland abfließen usw.

Als Gegengründe werden u. a. genannt: schematische, bürokratische, von den individuellen Besonderheiten absehende Gestaltung des Versicherungsschutzes durch eine unter Umständen weit entfernte Zentrale; Willkür in der Verteilung der Schäden auf die einzelnen Wirtschaften; Wegfall der sich auf dem Wege der gegenseitigen Konkurrenz automatisch vollziehenden Gefahrenklassifikation; Ausbeutung des Versicherungsmonopols zugunsten des Fiskus; Benachteiligung der Interessen des einzelnen Versicherten zugunsten der allmächtigen Staatsanstalt, die auf die Versicherten keine Rücksichten zu nehmen braucht; Aushöhlung der Verkehrswirtschaft im Wege der kalten Sozialisierung über die Versicherung; Verlust des Auslandsgeschäftes und der darin liegenden Gewinnchancen für die eigene Volkswirtschaft; kein Anreiz zur Verbesserung des Versicherungsschutzes und zur Fortentwicklung der Versicherungstechnik usw.

Mit der Diskussion dieser Gründe dafür und dagegen zu überzeugen, wird nicht weit führen, weil der andere die Mißstände ohne weiteres anerkennen, jedoch nicht zugeben wird, daß sie mit seinem System notwendig verbunden sind. Es kommt jeweils darauf an, wie das eine oder andere System tatsächlich gestaltet und praktisch gehandhabt wird. Andererseits sind wichtige politische, psychologische und soziologische Momente entscheidende Ursache dafür, daß jedes System in der angegebenen Weise zu tendieren neigt. Unwiderlegbar feststehende Argumente wie unsoziale Prämienbelastung, möglicher Versicherungsnotstand im monopolfreien Zustand, Erstarrung, bürokratisch-zentrale Verwaltung, Verlust des Auslandsgeschäftes im Versicherungsmonopol werden nicht als schwerwiegend genug angesehen oder bewußt als Preis für die sonstigen Vorteile des gewünschten Systems in Kauf genommen. Über die Berechtigung von Idealen läßt sich nicht streiten.

Am konsequentesten wurde das System der Staatsversicherung in Sowjetrußland und nach diesem Vorbild in der deutschen Ostzone nach 1945 durchgeführt. In der *Sowjetunion* gibt es neben der Sozialversicherung noch zwei Arten von Versicherung: die staatliche Zwangsversicherung und die freiwillige Versicherung. Staatliche Zwangsversicherung ist eingeführt für Bauten, Einrichtungen, Inventare, Transportmittel, landwirtschaftliche Produkte, Saaten, Vieh in den Kollektivwirtschaften, ferner für Personen gegen Unfall bei Benutzung von Transporteinrichtungen u. a. m. Die Versicherung erfolgt meist nicht zum vollen Wert. Versicherungsträger ist eine staatliche Anstalt, die sog. „Gosstrach", die ihre Abteilungen in jeder Provinz hat und die dem Finanzministerium untersteht. Die freiwillige Versicherung kann ebenfalls nur bei der staatlichen Versicherungsanstalt erfolgen, und zwar zum vollen Wert. Daneben besteht eine freiwillige Kollektivlebensversicherung für Betriebsangehörige, die für die gesamte Belegschaft durchgeführt wird, sofern sich die Mehrheit dafür ausspricht. Vor dem letzten Krieg wurde dann auch die Individuallebensversicherung zugelassen, sie soll aber kein großes Ausmaß erreicht haben.

Die in den verschiedenen Fünfjahresplänen für die einzelnen Gebiete der Sowjetunion für die verschiedenen Versicherungszweige festgesetzten Planziffern sind nur selten erreicht worden, was auf die Schuld von Saboteuren, auf Nachlässigkeit der staatlichen Versicherungsbeamten, Lücken im Agentennetz, ungenügende Belehrung der Agenten, fehlendes Material, Nichtausnützung von Reklameetats zurückgeführt wird. (Vorstehende Angaben nach *Hans Möller*).

In *Südamerika* gehen die Verstaatlichungsbestrebungen Hand in Hand mit Nationalisierungstendenzen. Costa Rica und Uruguay haben Staatsmonopole, wobei in Uruguay noch einige alte ausländische Gesellschaften Versicherungsgeschäfte abschließen dürfen. Nach italienischem Vorbild haben Chile und Brasilien staatliche Rückversicherungsanstalten eingerichtet, bei denen ausländische Versicherer einen Teil ihres Geschäftes rückdecken müssen. Daneben bestehen noch private Rückversicherer. Aber Rückversicherungsverträge dürfen nur im Inland abgeschlossen werden, nur die staatliche Rückversicherungsanstalt darf Rückversicherungsverträge mit ausländischen Versicherern abschließen, was sie auch in größerem Umfang tut. Für die Rückdeckung ist ein „obligatorischer Generalrückversicherungsvertrag" eingeführt worden. Die chilenische Staatsanstalt kann Direktversicherung abschließen, wenn einheimische Gesellschaften die Übernahme des Risikos ablehnen oder das Allgemeinwohl es erfordert.

Auch gemischtwirtschaftliche Unternehmungen, d. h. Beteiligung des Staates am Kapital „privater" Gesellschaften findet sich, z. B. in Mexiko. Dies stellt eine andere Art des Übergangs zwischen privater und staatlicher Versicherung dar.

Die staatliche Rückversicherungsanstalt der *Türkei* hat ein Monopol für die Rückversicherung; private Gesellschaften müssen $75^0/_0$ des Gesamtgeschäftes an jene abtreten. „Da bei den hohen Versicherungskosten in der Türkei ein so geringer Selbstbehalt (für die Erstversicherer) nicht tragbar erschien, hat sich die staatliche Anstalt zur Retrozession eines Teils des an sie abgetretenen Geschäfts an die privaten Gesellschaften bereit erklärt" *(Hans Möller)*.

Die Versicherungsanstalten der Ostzone

In der Ostzone hatten auf Grund des Befehls 01 der SMAD. vom 23./25. 7. 1945 die bisher zur Geschäftstätigkeit zugelassenen privaten Versicherungsunternehmungen und öffentlich-rechtlichen Anstalten ihre Tätigkeit einzustellen. Den Verwaltungen der Länder und Provinzen der Ostzone wurde aufgegeben, regionale Versicherungsanstalten zur Wiederaufnahme des Versicherungsgeschäfts zu gründen. Die gesamten

Versicherungsbestände mit Ausnahme der Bestände der Lebensversicherung wurden auf 5 neugegründete Regionalanstalten (Provinzial-Versicherungsanstalt der Mark Brandenburg, Sach- und Lebensversicherungsanstalt der Provinz Sachsen, Versicherungsanstalt Thüringen, Versicherungsanstalt des Bundeslandes Sachsen, Mecklenburg-Vorpommersche Sach- und Personenversicherungsanstalt mit Mecklenburg-Vorpommerscher Hagelversicherungsanstalt) überführt. Die Tätigkeit aller nicht mehr zugelassenen Versicherer, ihrer Haupt- und Zweigniederlassungen und Vertretungen wurde verboten und unter Strafe gestellt.

In allen fünf Ländern der Zone wurde einheitlich Versicherungszwang für Gebäude und industrielle Anlagen gegen Feuerschäden, Haftpflichtversicherungszwang für Kraftfahrzeuge (entsprechend dem früheren Reichsgesetz vom 7. 11. 1939) und Versicherungszwang für landwirtschaftliche Betriebe und Berufsgärtnereien gegen Hagelschäden eingeführt. Im Lande Sachsen wurde außerdem die bereits bestehende Zwangsversicherung für Schlachtvieh auf die neue Anstalt überführt, in Thüringen verblieb die zwangsweise Schlachtviehversicherung bei der Thüringschen Landesanstalt für Schlachtviehversicherung. Vergütungen für Schäden aus der Zeit vor dem 9. 5. 1945 werden nicht geleistet, Schadenszahlungen während der Zeit vom 8. 5. 1945 bis zur Übernahme der Geschäfte auf die neuen Anstalten werden nur nach Maßgabe des aus Prämienzahlungen nach der Kapitulation angewachsenen Vermögens der einzelnen Vorversicherer vergütet. Vom Zeitpunkt der Übernahme der Verträge haften die übernehmenden Anstalten im bedingungsgemäßen Umfang mit ihrem eigenen Vermögen.

Da die Bestände der Lebensversicherung wegen des Verlustes der Deckungskapitalien von der Überführung auf die neuen Anstalten ausgeschlossen waren, erfolgte für die Lebensversicherung eine Neuregelung durch den Befehl Nr. 247 der SMAD. vom 14. 8. 1946. Die am 8. 5. 1945 bestandenen Lebensversicherungsverträge ruhen; irgendwelche Rechte gegen die neuen Anstalten können nicht hergeleitet werden. In gewissem Umfang können sich jedoch die alten Versicherungsnehmer ihre Rechte durch den Abschluß von Anschlußversicherungen bei den neuen Anstalten unter Anrechnung der erworbenen Anwartschaften zu den Tarifen der neuen Anstalten erhalten. Die Höchstversicherungssumme für eine Anschlußversicherung auf das Leben einer Person wurde mit 10 000,— RM festgesetzt. Die Frist für die Erneuerung alter Verträge ist am 31. 12. 1947 abgelaufen. Zum „teilweisen Ersatz der Aufwendungen aus der Durchführung des Befehls Nr. 247" wurde das gesamte in der Ostzone befindliche Vermögen der aufgelösten privaten Unternehmungen und öffentlichen Anstalten mit Ausnahme des der ehedem zugelassenen ausländischen Versicherer den neuen Versicherungsanstalten entschädigungslos übereignet, ohne daß die neuen Anstalten damit Rechtsnachfolger der aufgelösten Unternehmen und Anstalten geworden wären. Sie haften für nach dem 8. 5. 1945 angefallene Schäden nur nach Maßgabe des nach diesem Tage angewachsenen Vermögens der aufgelösten Versicherer und für Verbindlichkeiten aus den erneuerten Verträgen nur nach Maßgabe des Befehls Nr. 247.

Von den Verstaatlichungsmaßnahmen in der Ostzone wurden 54 Versicherer, darunter 15 Lebensversicherer, betroffen. Auch die Versicherungsbestände der westdeutschen und Berliner Versicherer in der Ostzone und deren in der Ostzone befindliches Vermögen unterlagen gleichfalls der Verstaatlichung. (Vorstehende Angaben nach „Europa-Archiv" 1949, S. 2153/4.)

Schrifttum: a) das zu § 5 genannte Buch von *Helmer*; b) der im vorangegangenen Paragraphen genannte Aufsatz von *Querfeld*; c) *Klaus Wilhelm Rath* „Konkurrenzsystem, Organisationsform und Wirtschaftlichkeit im Versicherungswesen", Leipzig 1942; d) verschiedene Aufsätze über ausländisches Versicherungswesen von *Hans Möller* in Deutsche Versicherungswirtschaft, Bd. I; e) *Hermann Roth* „Die organisatorischen Besonderheiten der öffentlich-rechtlichen Versicherung" in Deutsche Versicherungswirtschaft, Bd. II.

§ 21. Die privatwirtschaftliche Versicherung

Begriff und Gruppierung

Privatversicherer sind jene Organisationsformen der Versicherung, die auf Grund privatrechtlicher Rechtsakte errichtet und nach den Normen des Privatrechts (Bürgerliches, Handels- oder Vereinsrecht) behandelt werden. Diese Definition ist zwar juristisch, weil nur sie allein das den hier in Frage kommenden Arten von Versicherern Gemeinsame zum Ausdruck bringt, enthält aber gerade in dieser Fassung die eminent wichtige Feststellung, daß es sich hier um aus der Privatinitiative entstandene und zuvörderst privatwirtschaftlichen Zwecken dienliche Organisationsformen handelt. Der mit der Organisation der Privatversicherung verfolgte Zweck kann einmal in der gegenseitigen Deckung eines Versicherungsbedarfs liegen (Gegenseitigkeitsverein), und er kann in der Absicht gesehen werden, auf dem Wege der Deckung fremden Versicherungsbedarfs ein Einkommen, einen Gewinn zu erzielen (Erwerbsversicherer). Es handelt sich also um Organisationsformen, die der Marktwirtschaft konform entstanden sind und auf die der Staat nur einen Mißbräuche ausschließenden Einfluß nimmt.

Die Namengebung ist im Schrifttum nicht einheitlich. Unter Privatversicherung wird auch die Gesamtheit der Versicherungsverhältnisse verstanden, welche einer sozialpolitischen Grundlage entbehren *(Manes)*. Dazu würde neben den Privatversicherern im engeren Sinne auch die öffentlich-rechtliche Versicherung zählen. Es erscheint jedoch angebracht, dem Begriff Privatversicherung bzw. Privatversicherer einen die öffentlich-rechtlichen Organisationsformen ausschließenden engeren Sinn zu geben, wie er auch dem Sprachgebrauch entspricht. Der aus sozialpolitischen Gründen mit weitgehenden Zwangsrechten geschaffenen Sozialversicherung steht dann die dem Individualprinzip der modernen Verkehrswirtschaft entsprungene Individualversicherung gegenüber, an der sich neben den Privatversicherern auch der Staat mit seinen öffentlichen Anstalten beteiligt.

Das Gesetz über die Beaufsichtigung der privaten Versicherungsunternehmungen und Bausparkassen in der Fassung vom 6. 6. 1931 spricht entgegen der nationalökonomischen Terminologie von Privatunternehmungen, die den Betrieb von Versicherungsgeschäften zum Gegenstand haben, und rechnet neben den Aktiengesellschaften auch die Gegenseitigkeitsvereine dazu (VAG. §§ 1 und 7). Im Anschluß daran definiert auch *von Gierke* als Versicherungsunternehmer schlechthin jeden, der sich dem Betrieb von Versicherungsgeschäften widmet, also sowohl den Gegenseitigkeitsversicherer wie auch den Erwerbsversicherer. Wenn man auch, wie *von Zwiedineck* hervorhebt, in der nichtkapitalistischen Welt von Unternehmungen im Sinne einer Inswerksetzung irgendeines mehr oder minder kühnen Planes spricht, mit dem Gefahren verbunden sind (kriegerische Unternehmungen, wissenschaftliche Unternehmungen u. dgl.), so sieht die Nationalökonomie mit ziemlicher Einheitlichkeit in der Unternehmung doch eine Wirtschaft für Kapitalumschlag, um dadurch auf dem Wege der Befriedigung fremden Bedarfs einen Erwerb zu erzielen. „Ferner ist wegen der Unbekanntheit des fremden Bedarfs für die Unternehmung charakteristisch das Riskieren des eingesetzten Geldkapitals, vor allem hinsichtlich des nicht entsprechenden Rentierens, aber auch hinsichtlich der Wertbeträge, die als Kapital eingesetzt sind" *(von Zwiedineck)*. Ein Kapitaleinsatz, um dadurch einen Gewinn zu erzielen, ist in der Versicherungswirtschaft nur bei den sog. Erwerbsversicherern anzunehmen. Den Gegenseitigkeitsvereinen, Genossenschaften fehlt dieses Motiv grundsätzlich, und es widerspricht der heute gebräuchlichen Begriffsbildung, hier von Unternehmungen zu reden.

Die Privatversicherer zerfallen in folgende Gruppen:

I. *Erwerbsversicherer*, die die ausdrückliche Absicht verfolgen, durch Übernahme von Versicherungsverträgen einen Gewinn zu erzielen. Dies sind die eigentlichen Versicherungsunternehmungen. Man bezeichnet sie auch als gewerbliche Versicherer, nicht ganz mit Recht, weil auch die übrigen Versicherer (Genossenschaften, Gegenseitigkeitsvereine) dem gewerbsmäßigen Abschluß von Versicherungen nachgehen. Als Erwerbsversicherer gelten:

1. Einzelversicherer,
2. Handelsrechtliche Korporationen wie Aktiengesellschaften, G. m. b. H. und andere.

II. *Gegenseitigkeitsversicherer* in der Form der großen und kleineren Gegenseitigkeitsvereine und vereinzelt in genossenschaftlicher Form.

Zwischen den beiden Gruppen gibt es dann noch Zwischenstufen, die sich aus der Vielgestaltigkeit unseres Wirtschafts- und Gesellschaftslebens entwickelt haben.

Einzelversicherer

Von Einzelversicherer spricht man, wenn dieser eine physische, keine juristische Person ist. Für die Entstehung der modernen Erwerbsversicherung ist der Einzelversicherer im romanisch-mediterranen Raum von entscheidender Bedeutung gewesen, und er hat heute seine Rolle noch nicht ausgespielt, wenn er auch aus vielen Versicherungszweigen praktisch verdrängt ist.

Die Erfahrung hat gezeigt, daß, wenn nicht besondere Vorsichtsmaßregeln getroffen werden, es mehr Nachteile als Vorteile bringt, die Organisation der Versicherungswirtschaft über Einzelversicherer laufen zu lassen. Wie jedem echten Unternehmer, kann man dem Einzelversicherer eine besonders rasche Entschlußkraft und große, von Gremienberatungen nicht gehemmte Wendigkeit zuschreiben, man mag ihm auch eine größere Vorsicht nachrühmen, weil er schließlich sein eigenes Vermögen zu Markte trägt. Umgekehrt hängt das Vertrauen zum Einzelversicherer allein von seiner Persönlichkeit ab, von der Gewissenhaftigkeit, Ehrlichkeit und Treue, die man glaubt ihm entgegenbringen zu dürfen. Der Einzelversicherer kann für sich nur verhältnismäßig kleine Summen und nicht zu große Risiken übernehmen, es besteht immer die Gefahr, daß er großen Beanspruchungen mit seinem Vermögen allein nicht gewachsen ist. An den Großrisiken der modernen Industrie müßten so viele Einzelversicherer beteiligt werden, daß der Geschäftsbetrieb mit ihnen sehr umständlich würde und der Versicherungsnehmer die Bonität aller Einzelversicherer nicht mehr laufend überwachen könnte. Weiter besteht der Nachteil, daß der Betrieb eines Einzelversicherers zu stark von dem Schicksal seiner Person abhängt; im Falle seines Todes ist die Fortführung des Betriebes und damit der laufenden Versicherungsverträge in Frage gestellt. Für langjährige Versicherungsverträge ist der Einzelversicherer eine ganz ungeeignete Organisationsform. Seine Geschäftsführung läßt sich von einem Außenstehenden kaum verfolgen, die Publizität ist, wenn überhaupt vorhanden, mangelhaft. Die Gefahr, um des lockenden Gewinnes willen, die Grenze zwischen Versicherung und Spekulation zu überschreiten, liegt allzu nahe; betrügerische Elemente können sich um so leichter breit machen, als die Technik des ordnungsgemäßen Versicherungsbetriebes weiten Kreisen unverständlich ist.

In der deutschen Versicherungswirtschaft finden sich Einzelversicherer nur noch selten, z. B. in der Viehversicherung. Für die Transportversicherung ist die Segelreederei F. Laeiß und C. Woermann zu erwähnen.

Von größerer Bedeutung im englischen und internationalen Geschäft sind heute nur noch die in der Lloyds-Organisation in London zusammengeschlossenen Einzelversicherer. Seit 1688 pflegten sich die Kaufleute wie überhaupt die elegante Welt Londons in Kaffeehäusern zu treffen, um geschäftliche Verbindungen anzuknüpfen und Nachrichten auszutauschen. „Die Nachricht war, zumal bei Lloyds, durchaus nicht nur aus militärischem, politischem und allgemeinem Interesse, sondern auch aus rein geschäftlichen Gründen begehrt. Zu seinen Lebzeiten war Eduard Lloyd, dessen Name sich, wo immer man heutzutage von Schiffahrt spricht, sofort auf die Lippen drängt, nicht mehr oder weniger als ein Kaffeehausbesitzer in der Lombard Street zur Zeit der Königin Anna. Es trafen sich bei ihm die Kaufleute, die letzte Nachrichten hören, persönlichen Umgang pflegen und geschäftliche Ratschläge erhalten wollten. Die Zeitung von damals besaß noch keine Handels- und Schiffahrtsspalten. Die mündliche Mitteilung ersetzte vieles, was man heute im Druck zu lesen bekommt, und für den Kaufmann ergingen diese Mitteilungen im Kaffeehaus von Lloyd. Noch ehe sich die Regierung der Königin ihrem Ende zuneigte, hatte Lloyd dort eine Kanzel aufgestellt, auf der Versteigerungen geleitet und Schiffahrtsneuigkeiten verlesen wurden" *(G. M. Trevelyan)*. Lloyd unterhielt ausgedehnte Verbindungen mit ausländischen Korrespondenten, gründete 1696 eine dreimal wöchentlich erscheinende Zeitung (Lloyd's News), aus der 1726 Lloyd's List hervorging. Lloyds Kaffeehaus wurde zur ersten Seeversicherungsbörse der Welt, in der die dort zusammenkommenden Privatassecuradeure ihre Anteile auf die angebotenen Risiken zeichneten. „Infolge ihres Grundsatzes völliger Handelsfreiheit bei Versicherungsabschlüssen standen Lloyds vielfach im Ruf von Spekulanten und Spielern, die bereit zur Deckung auch des gewagtesten Risikos waren, um so mehr, als sie nur für den für eigene Rechnung übernommenen Geschäftsanteil hafteten. Wettversicherungen jeder Art kamen sehr in Aufnahme" *(Frenzl)*. 1749 entstand ein Memorandum, das bestimmte Franchisen regelte. Nach der Übersiedlung in die Royal Exchange (1774) erfolgte ein etwas engerer Zusammenschluß der beteiligten Einzelversicherer. 1779 wurde erstmalig die einheitliche Lloyd's Police herausgegeben, die lange Zeit unverändert beibehalten wurde. Sobald sie mit dem bekannten Lloyd's-Stempel (Anker mit Inschrift) versehen ist, darf sie nur bei Lloyd's von Lloyd's-Mitgliedern gezeichnet werden *(Frenzl)*. In der Zeit von 1811, nach einer von *Angerstein* durchgeführten Reform, bis 1909 glich die Lloyd's-Organisation einem Verein. 1871 erfolgte die Incorporation der Vereinigung zum Betriebe der Seeversicherung durch die Mitglieder, der Interessenwahrnehmung in bezug auf Schiffahrt, Fracht und Ladung, sowie zur Sammlung und Veröffentlichung von Schiffahrtsnachrichten. Seit 1866 mußte jedes neue Mitglied ein Depot hinterlegen, um Ausfälle durch Zahlungsunfähigkeit des Deponenten aus Seeversicherungen zu decken. Seit 1900 wurden besondere Depots für die Nicht-Seeversicherung, insbesondere Feuerversicherung geschaffen, da sich die Lloyds in dem Konkurrenzkampf gegen die Seeversicherungsgesellschaften durch Unterbietung der Prämien auch in das andere Versicherungsgeschäft immer stärker einschalteten. Gleichzeitig wurde eine Poolreserve der Nichtseeversicherer geschaffen, um die Erfüllung der Verträge auch bei Ausfall eines Mitglieds sicherzustellen. Für das Seeversicherungsgeschäft mußten die Mitglieder die Bescheinigung eines Bücherrevisors beibringen, wonach der Versicherer in der Lage ist, seinen Verpflichtungen nachzukommen.

Durch Vermittlung der dort zugelassenen Makler werden die Versicherungen an Lloyd's Börse den im Auftrag einer Gruppe von Mitgliedern (Syndikaten) handelnden Underwriters zur Zeichnung angeboten. Auf einer Police finden sich häufig mehrere Syndikate. Obwohl die Underwriters auf die Erfüllung der Verträge achten und gelegentlich selbst die Haftung für fallierte Mitglieder übernommen haben, gilt doch der

Grundsatz, daß jedes Mitglied nur für die von ihm gezeichnete Summe haftet ("Each for himself and not one for another").

Lloyd's London sind das Zentrum der Seeversicherung der Welt. Einige Underwriters beschränken sich auf diese, andere übernehmen auch andere Versicherungen, teilweise sogar solche ausgesprochen spekulativen Charakters.

Die heutige Lloyd's-Organisation hat drei wichtige Aufgaben (nach *Mowbray*): Sie überwacht Bau und Reparatur der Schiffe in allen Teilen der Welt und führt Verzeichnisse mit Klassifikation der Schiffe sowie der Kapitäne; die täglich erscheinende „List" bringt alle Schiffsnachrichten. Die Organisation unterhält 2. überall ihre Agenten für die Schadenabwicklung. 3. überwacht sie die Tätigkeit ihrer Mitglieder und verwaltet die von diesen gestellten Depots, um die Erfüllung der eingegangenen Verträge zu gewährleisten. Läuft von einem vermißten Schiff eine Nachricht ein, so wird die ehemalige Schiffsglocke der 1799 untergegangenen „Lutine" geläutet, bei Totalverlust dreimal.

Ähnliche Organisationen gibt es in Amerika, doch kommt ihnen keine Bedeutung zu.

Aktiengesellschaften (Versicherungs-A.G.)

Mit den Gegenseitigkeitsvereinen stellen die Versicherungsaktiengesellschaften das Hauptkontingent der Versicherer. Sie sind zwar als ein Typ der Erwerbsversicherung entstanden, doch ist der Gewinngedanke, namentlich in der Lebensversicherung, durch eine Gewinnbeteiligung der Versicherten etwas zurückgetreten. Gelegentlich wurde die Form der Aktiengesellschaft aus Zweckmäßigkeitsgründen verwendet unter Ausschluß einer Gewinntendenz, so bei der für die öffentlichen Versicherungsanstalten tätigen „Deutschen Rückversicherungsgemeinschaft A. G." und bei der „Deutschen Versorgungsanstalt Versicherungs-A.G., Stuttgart", einer vom Sparkassen- und Giroverband Stuttgart in Verbindung mit öffentlichen Lebensversicherungsanstalten gegründeten „gemeinnützigen A.G.".

Der Vorteil der Aktienform liegt in der von den handelnden Personen unabhängigen „ewigen" Dauer und in ihrer durch ein großes Aktienkapital ermöglichten hohen Zeichnungsfähigkeit. Der Aktionär haftet nur mit seinem Aktienanteil. Nachteilig wirkt die je nach der internen Organisation mehr oder weniger stark hervortretende Bürokratisierung des Geschäftsbetriebes; den großen, viel Prämie bezahlenden Versicherten wird mehr Aufmerksamkeit und Entgegenkommen geschenkt als den kleinen, die massenhaft schematisch abgefertigt werden.

Grundlegend ist in Deutschland das Aktiengesetz vom 30. 1. 1937. Durch die 2. Durchführungsverordnung zum Aktiengesetz vom 19. 11. 1937 ist es bezüglich der Versicherungsaktiengesellschaften verschiedentlich abgeändert. Besondere Unterschiede gegenüber den anderen A.-G. sind:

a) Da das Aktienkapital bei einer bestehenden Gesellschaft nicht als Betriebsfonds, sondern als Garantiefonds dient, braucht es nicht volleinbezahlt zu sein. Die Aktien sind häufig nur teilweise eingezahlt, weswegen sie auch an der Börse nicht in Prozenten des Nennwertes, sondern in absoluten Wertbeträgen gehandelt werden. Erhöhung des Grundkapitals ist möglich, auch wenn das bisherige Kapital nicht voll einbezahlt ist (AktG. § 149/IV). Das Reichsaufsichtsamt suchte allerdings die Volleinzahlung der Versicherungsaktien oder Sicherheitsleistungen seitens der Aktionäre zu erreichen, weil im Bedarfsfalle die Nachleistung der Aktionäre u. U. zweifelhaft ist. Die Aktien sind vielfach vinkulierte Namensaktien.

b) Die Geschäftsführung der Versicherungsaktiengesellschaft unterliegt der Beaufsichtigung durch das Aufsichtsamt für Privatversicherung, früher Reichsaufsichtsamt (Einführungsgesetz zum Aktiengesetz vom 30. 1. 1937 § 28). Dieses schreibt eine besondere Gliederung der Bilanz, besondere Prüfungen für die seiner Aufsicht unterworfenen Versicherungsaktiengesellschaften vor. Die Abweichungen des VAG. vom Aktiengesetz zeigen eine Ausschaltung der Hauptversammlung und ein starkes Hervortreten der Aufsichtsbehörde *(von Gierke)*. Im einzelnen:

VAG. § 57 übereinstimmend mit AktG. § 135 (Umfang der Prüfung);
VAG. § 58 abweichend von AktG. § 136 (Abschlußprüfer nicht von der Hauptversammlung gewählt, sondern vom Aufsichtsrat bestimmt; Aufsichtsbehörde hat Bestätigungs- und notfalls das Ernennungsrecht);
VAG. § 59 übereinstimmend mit AktG. § 137 (Auswahl der Abschlußprüfer);
VAG. § 60 übereinstimmend mit AktG. § 138 (Auskunftsrecht des Abschlußprüfers);
VAG. § 61 übereinstimmend mit AktG. § 139 (Prüfungsbericht; Vorstand hat jedoch eine Ausfertigung des Berichts mit seinen und des Aufsichtsrats Bemerkungen der Aufsichtsbehörde vorzulegen, diese kann den Bericht mit dem Prüfer erörtern und, wenn nötig, Ergänzungen der Prüfung und des Berichts auf Kosten der Versicherungsunternehmung veranlassen);
VAG. § 62 übereinstimmend mit AktG. § 140 (Bestätigungsvermerk);
VAG. § 63 übereinstimmend mit AktG. § 141 (Verantwortlichkeit der Prüfer).

Lebensversicherungsaktiengesellschaften müssen zur Überwachung des Deckungsstocks einen Treuhänder durch den Aufsichtsrat bestellen (VAG. § 70).

Versicherungsvereine auf Gegenseitigkeit (A.G.)

Der Versicherungsverein auf Gegenseitigkeit, eine nur dem Versicherungswesen eigentümliche Gesellschaftsform, ist ein privater, rechtsfähiger Verein, der seinen Mitgliedern und den durch sie betreuten Dritten unmittelbar Versicherungsschutz gewährt. Jedes Mitglied steht zugleich in einem Versicherungsverhältnis zu dem Verein; jedes Mitglied kann selbst Versicherter sein oder Versicherungsnehmer zu Gunsten Dritter (Versicherung für fremde Rechnung) *(v. Gierke)*.

Der Versicherungsverein auf Gegenseitigkeit gewährt also seinen Mitgliedern unmittelbar Versicherungsschutz. Ein Verein, der seine Mitglieder bei einem anderen Versicherungsunternehmen versichert (Gruppenversicherung), ist kein Gegenseitigkeitsverein. Soziologisch ist der Gegenseitigkeitsverein eine Art Genossenschaft, weil es sein Zweck ist, die vereinigten Wirtschaften, die Mitglieder, wirtschaftlich zu fördern *(von Zwiedineck)*, in diesem Fall sie wechselseitig gegen die Auswirkung eingetretener Gefahren zu schützen. Seine Genealogie im germanisch-nordeuropäischen Raum ist im § 5 geschildert worden. Seit der Gründung der Gothaer Versicherungsanstalten auf Gegenseitigkeit (1821 Feuer, 1827 Leben) entstanden zahlreiche Gegenseitigkeitsvereine. Abgesehen von Elsaß-Lothringen und Sachsen bestand jedoch bis zum Erlaß des VAG. 1901 keine gesetzliche Regelung.

Das deutsche Recht unterscheidet:

a) *Große Vereine* (VAG. §§ 15—52). Sie werden als Vollkaufleute behandelt. Für sie gelten teilweise die Vorschriften wie für Aktiengesellschaften (2. Durchführungsverordnung zum Aktiengesetz vom 19. 11. 1937, Art. I). Sofern die Satzung es zuläßt, darf der große Verein auch Versicherungsverträge gegen feste Prämien mit Nichtmitgliedern abschließen (VAG. § 21/II).

b) *Kleinere Vereine*, die bestimmungsgemäß einen sachlich, örtlich oder dem Personenkreis nach eng begrenzten Wirkungsbereich haben (VAG. § 53). Wegen der geringeren wirtschaftlichen Bedeutung gelten für diese Vereine einige Erleichterungen. Ob ein Verein ein „kleinerer" im Sinne des VAG. ist, entscheidet die Aufsichtsbehörde. Sie unterliegen dem Vereinsrecht des BGB. bzw. dem Genossenschaftsgesetz (VAG. § 53/II und III). In Betracht kommen: Vereine für Schiffskaskoversicherungen in der Küstenschiffahrt, Sterbekassen, die nur Sterbegeld gewähren (sachliche Begrenzung), örtliche Tierversicherungsvereine (Kuhgilden), örtliche Feuerversicherungsvereine (räumliche Begrenzung), Vereine, die sich auf einen Berufsstand wie Handwerker oder Beamte beschränken, Pensionskassen für Industrie- oder Finanzunternehmen (persönliche Begrenzung).

Besonderheiten des Versicherungsvereins auf Gegenseitigkeit (a. G.) sind:

a) Der Verein erlangt die Rechtsfähigkeit mit der Erteilung der Geschäftserlaubnis durch die Aufsichtsbehörde (VAG. § 15). Die Satzung muß gerichtlich oder notarisch beurkundet sein (VAG. § 17).

b) Für seine Organisation gelten in vielen Beziehungen die Grundsätze des Aktienrechts. Seine Organe sind: Vorstand, Aufsichtsrat und oberste Vertretung, die in einer Mitgliederversammlung oder in einer Vertreterversammlung bestehen kann (VAG. §§ 29, 30). Daneben kommen Prüfer und Treuhänder wie bei den Versicherungsaktiengesellschaften vor.

c) Mitglied kann nur werden, wer ein Versicherungsverhältnis mit dem Verein begründet. Die Mitgliedschaft endigt i. d. R., wenn das Versicherungsverhältnis aufhört (VAG. § 20).

d) Mitgliederbeiträge und Vereinsleistungen an die Mitglieder dürfen bei gleichen Voraussetzungen nur nach gleichen Grundsätzen bemessen sein (VAG. § 21).

e) Angewendet wird das Umlageverfahren des tatsächlichen oder des vorausbemessenen Bedarfs. Sollen Nachschüsse ausgeschlossen werden, so ist in der Satzung zu bestimmen, ob die Versicherungsansprüche gekürzt werden dürfen. Für Nachschüsse und Umlagen kann die Satzung einen Höchstbetrag festsetzen (VAG. § 24). „Ein Prämienverfahren ohne Nachschußpflicht und ohne Kürzung der Versicherungsleistungen entspricht dem Verfahren einer AG. und wurde vom Reichsaufsichtsamt nur bei ausreichenden Garantien zugelassen“ *(von Gierke)*.

f) Ein Überschuß wird an die in der Satzung bestimmten Mitglieder verteilt, soweit er nicht einer Rücklage zugeführt oder auf das nächste Geschäftsjahr übertragen wird (VAG. § 38). Den Verteilungsmaßstab bestimmt die Satzung.

g) In der Satzung ist die Bildung eines Gründungsstocks vorzusehen, der die Kosten der Vereinserrichtung deckt und als Gewähr- und Betriebsstock dient. Der Gründungsstock ist bar einzuzahlen oder durch eigene Wechsel zu hinterlegen. Der Gründungsstock darf nur aus den Jahreseinnahmen getilgt werden, sofern die Verlustrücklage die in der Satzung festgesetzte Höhe erreicht hat (VAG. § 22). Die Aufsichtsbehörde kann bei genügenden Sicherheiten gestatten, daß die Bildung eines Gründungsstocks unterbleibt (VAG. § 23).

h) Die Satzung kann nur die oberste Vertretung ändern. Ein Beschluß über Aufgabe eines Versicherungszweiges oder Einführung eines neuen bedarf mindestens einer Mehrheit von $^3/_4$ der abgegebenen Stimmen (VAG. § 39). Das gleiche gilt für die Änderung der allgemeinen Versicherungsbedingungen (VAG. § 41), für die Auflösung des Vereins (VAG. § 43), die Übertragung des Geschäftsbestands auf ein anderes Unternehmen (VAG. § 44).

i) Die Mitglieder, auch die im letzten Jahr vor der Konkurseröffnung ausgeschiedenen, haften bei Konkurs dem Verein gegenüber entsprechend ihrer Beitragspflicht (VAG. § 50). Ansprüche aus einem Versicherungsverhältnis werden im Rang nach den Ansprüchen der übrigen Konkursgläubiger und vor den Ansprüchen auf Tilgung des Gründungsstocks befriedigt (VAG. § 51).

Der kleinere Versicherungsverein hat nur zwei Organe: den Vorstand und die oberste Vertretung; der Aufsichtsrat ist fakultativ. Die Mitgliedschaft beruht öfters, etwa bei Pensionskassen, auf einer beruflichen oder sonstigen persönlichen Verbundenheit, bei Pensionskassen z. B. auf dem Arbeitsverhältnis. Versicherungen gegen festes Entgelt mit Nichtmitgliedern darf er nicht abschließen (VAG. § 53/I).

Die kleineren Versicherungsvereine

Zahlenmäßig stellen die kleineren Vereine das größte Kontingent an Versicherern. Für die Bundesrepublik werden sie auf mindestens 6—7000 geschätzt. Im Bereich des Aufsichtsamtes der Britischen Zone (Nordrhein-Westfalen, Niedersachsen, Schleswig-Holstein, Hamburg und Bremen) bestanden z. B. 1946 in der

Tierversicherung	3087	Vereine
Sterbekassenversicherung	1113	,,
Krankenversicherung	210	,,
Sachversicherung	237	,,
Pensionsversicherung	32	,,
insgesamt	4679	Vereine.

Rohrbeck hat in einer sehr beachtenswerten Studie hervorgehoben, wie unterschiedlich die Verhältnisse in diesen kleineren Vereinen liegen und wie zäh, nur aus irrationalen Motiven (Tradition) erklärbar, sie sich am Leben erhalten: „Wäre es so, daß der Versicherte nur dort seinen Versicherungsschutz sucht, wo er ihn am vorteilhaftesten erwerben kann, so wären für den größten Teil dieser Klein- und Zwergunternehmungen keine Möglichkeiten mehr vorhanden, weiterzuarbeiten. Der Versicherte sieht seinen Vorteil eben nicht nur im geldlichen Effekt, sondern in gewissen Beziehungen und Überlegungen, die außerhalb des rein Rationellen liegen."

Bei den *Sterbekassen* halten sich nach *Rohrbeck* Bindungen der Nachbarschaft und des Berufes etwa die Waage. „Der Anschluß an den Beruf läßt eine gute Auslese erhoffen, die der Verbilligung des Sterbegeldsatzes zugute kommt. Dadurch, daß die Versicherten von vornherein wissen, daß ihre Versorgung aus der Sterbekasse nur zusätzlich ist und sein kann und es vielfach zum guten Ton gehört, der Kasse des Ortes oder Berufes anzugehören — als daß intensive wirtschaftliche Erwägungen den Ausschlag geben —, wirkt auch eine Kritik nach der Höhe der Leistung auf die Beibehaltung des Brauchtums nicht abschreckend. Ein wirklicher Wettbewerb gegenüber großen Versicherungsunternehmungen wird weder erstrebt noch empfunden; nur gegenüber gleichartigen Kassen sich mit guten Ergebnissen ausweisen zu können, vor allem, wenn sie in der nächsten Umgebung bestehen, stachelt zu erhöhter Werbung und gewissen Verbesserungen der Leistungen und Bedingungen an. ... Aus der vielleicht ursprünglich nur formalen Beteiligung wird allmählich eine wertende Überzeugung, ein Stolz auf das Mitschaffen, das Gefühl der Kraft, eigene wirtschaftliche Unternehmungen fördern zu können. Die Geschichte des Sterbekassenwesens kennt Beispiele, nach denen ehrenamtliche Leiter nach Krisenzeiten sogar ihr eigenes Kapital in die Sterbekasse hineinwarfen, um sie wieder lebensfähig zu gestalten. Es wäre allerdings einseitig, nicht zu erwähnen, daß ebenso Fälle bekannt sind, in denen Machtkämpfe zwischen einzelnen Familien und Interessen auf dem Boden der Sterbekasse ausgefochten wurden und diese Kämpfe auch keine Unterbrechung erfuhren, als die Gefahr eines Untergangs der Kasse durch die Beunruhigung der Öffentlichkeit evident wurde."

Die *Pensionskassen*, die nur wegen der gesetzlichen Erleichterungen die Form eines kleineren Vereins annehmen, „verdanken ihr Entstehen gewöhnlich sozialen Maßnahmen von Arbeitgebern, Verbänden oder Arbeitnehmergruppen. Ihre Aufrechterhaltung ist eine Versorgungsfrage sozialer Art. Die Vereinsmitglieder rekrutieren sich aus den Betrieben oder Verbänden, die die Pensionskasse finanzieren helfen. In der Verwaltung haben sie meist nur den Geschäftsgang zu überwachen und zu unterstützen. Sie haben aber keinen ausschlaggebenden Einfluß auf die Höhe der Leistungen und die Ausgestaltung des Versicherungsschutzes." Nach außen treten die Pensionskassen gar nicht auf den Markt.

Viele der *Krankenversicherungsvereine* reichen bis in die Zeit vor Einführung der Sozialversicherung zurück oder haben sich als Ergänzung zu ihr aufgerichtet. *Rohrbeck* ist der Meinung, daß sie vielfach als soziale Selbsthilfeeinrichtungen bescheidener Art zu Unrecht als Versicherungsvereine gestempelt wurden, da sie mehr Unterstützungskassen als versicherungstechnische Einrichtungen darstellen. „Die kleineren Vereine der Krankenfürsorge waren sehr gute Ventile für eine Entlastung der öffentlichen Fürsorge, für die Erhaltung des Eigenwillens der Bedürftigen und für eine Beschränkung der Kassenhilfe auf die wirkliche Krankennot. Ihre Satzungsbestimmungen hatten den Charakter von Richtlinien. Darüber hinaus waren sie stets geneigt, einer sozialen Erweiterung der Gewährungen Raum zu lassen, soweit ihre Mittel das gestatteten. Allerdings befriedigte der enge finanzielle Rahmen nicht immer. Sie hätten Epidemien niemals bestehen können. Aus solchen Gründen legten sie auch keinen Wert auf Expansion oder die Geltung des Gesetzes der großen Zahl. Durch sorgfältige Auswahl ihrer Mitglieder sicherten sie sich vielmehr gegen zu starke finanzielle Inanspruchnahme; denn der kleine Kreis, den sie betreuten, war genauer zu beobachten als der größere Verein." Solche Vereine sind mitunter auch im Anschluß an religiöse Gemeinschaften (Orden) errichtet, die eine Naturalleistung (Stellung eines Pflegers, einer Haushaltshilfe) gewähren.

Für die Errichtung von *Sachversicherungsvereinen* (Feuer-, Einbruchdiebstahl-, Transport-, Glas-, Hagel-, Unfall-, Haftpflicht- und Prozeßkostenvereine) ist vorwiegend die Nachbarschaft, seltener der Berufszusammenhang ausschlaggebend. „Soweit die Entwicklung nicht sehr weit, womöglich in die Anfänge der modernen Versicherung zurückgeht, sind sie mit Vorbedacht als Wahrer preiswerten, weil risikomäßig ausgewählten Versicherungsschutzes gegründet. Als solche sind sie die krassen Verneiner der Versicherungsidee für die Allgemeinheit und einseitige Verfechter von Gruppeninteressen. Tatsächlich haben sie auch im Gegensatz zu den Sterbekassen vielfach sehr gewichtige privatwirtschaftliche Vorteile erreicht. Volkswirtschaftlich enttäuschen sie nicht nur aus diesem Grunde. Auch ihr Geschäftsbetrieb ist nicht immer unbedenklich. Wenn wir Hagelversicherungsvereine auf kleinstem Flächenraum, kaum für einen Kreis, darunter finden, so ist die Verantwortung für ein solch risikoreiches Unternehmen ungeheuer, eigentlich sogar größer als die Zurückhaltung der Versicherten vor Versicherungsschutz überhaupt und die Gefahr eines finanziellen Versagens in Katastrophenzeiten selbst dann immer gegeben, wenn auch die bisherige jahrelange Erfahrung keine Katastrophen aufweist. Die Verantwortung ist um so größer, als das Vorhandensein leistungsfähiger Unternehmungen eine Versicherungsnot nicht aufkommen ließe, wenn die Selbsthilfe des kleinen Kreises erlöschen würde. Wer kann bei diesem Beispiel die zukünftige Entwicklung meteorologischer Erscheinungen voraussagen oder erkennen wollen? In ähnlicher Weise können auch Feuerversicherungsvereine, die sich nicht auf ganz bestimmte, verteilte und wertmäßig durchschnittliche Wagnisse beschränken, für die Bevölkerung zu argen Enttäuschungen führen. Die Aufsichtsbehörden haben daher neuerdings verfügt, daß diese Vereine sich in erweitertem Maße der Rückversicherung bedienen sollen. Vielfach wird hier sogar der Zusammenschluß der Mitglieder in bewußter Ablehnung des Versicherungsschutzes bei größeren Versicherungsunternehmungen propagiert. Dabei spielt naturgemäß die Kostenfrage eine Rolle, die bei diesen kleineren Vereinen sehr günstig liegt, weil sie sich im allgemeinen auf ehrenamtliche Besorgung aller Versicherungsgeschäfte durch Mitglieder verlassen können."

In der positiven Beurteilung der *Tierversicherungsvereine* wird man *Rohrbeck* nicht widersprechen können, denn bei ihnen wirkt sich, auch volkswirtschaftlich günstig, die Schadenverhütungsfunktion der Nachbarschaften aus. „In der Tierversicherung ist jeder subjektive vertragswidrige Einfluß der Versicherten für den Versicherungsschutz verhängnisvoll. Jeder Bauer kennt die Wirtschaft, Viehhaltung und Viehbehandlung des Nachbarn im Ort. Dadurch wird jeder Versuch eigennütziger Inanspruchnahme der Kasse von vornherein ausgeschaltet. Niemand kann sich in der Ortstierkasse Schadensgeld holen, der sein Vieh nicht pfleglich behandelt hat oder der auf dem Umweg über den Versicherungsverein seinen Viehbestand verbessern möchte. Die großen Viehversicherungsunternehmungen sind in ihren Kontrollorganen viel zu weit von den einzelnen Versicherten entfernt, um den gleichen Effekt erzielen zu können.“ Die mangelnde finanzielle Stärke sollte durch Rückversicherungsnahme ergänzt werden.

Aktiengesellschaften und Gegenseitigkeitsvereine

Da die übrigen Organisationsformen der privatwirtschaftlichen Versicherung keine oder (von Lloyd's abgesehen) nur eine untergeordnete Bedeutung aufweisen, konzentriert sich die Problematik auf das Verhältnis der Aktiengesellschaften und Gegenseitigkeitsvereine zueinander. Ihre Wurzeln reichen, wie der historische Teil gezeigt hat, in verschiedene Kulturbereiche. Während man die Versicherungsaktiengesellschaft als Erwerbsversicherer ausgesprochen der kapitalistischen Ära zuordnen muß, wobei darauf hingewiesen sei, daß auch ohne ausgesprochene legislative Änderung die Versicherungsaktiengesellschaft ebenso ihren Charakter in der Richtung einer Zurückdrängung des rigorosen Gewinnprinzips geändert hat wie die Gesellschaftsform der A.G. in allen übrigen Wirtschaftszweigen, kommt die Organisationsform des Gegenseitigkeitsvereins mehr einem solidaristischen oder wenn man will kollektivistischen bzw. sozialistischen Denken entgegen. Das ist auch der Grund, warum in der einer staatssozialistischen Auffassung entsprungenen öffentlich-rechtlichen Versicherung sowie in der aus sozialpolitischer Notwendigkeit geschaffenen Sozialversicherung das Gegenseitigkeitsprinzip gewählt wurde. So beliebt es ist, die Organisationsformen der Versicherungswirtschaft im allgemeinen und der privatwirtschaftlichen Versicherung im besonderen nach ethischen Gesichtspunkten zu bewerten und darauf Lobeshymnen oder Verdammungsurteile zu gründen, so unberechtigt es der Wissenschaft ist, die aus der Weltanschauung des einzelnen fließenden Postulate, sofern sie ehrlich gemeint sind und gehalten werden, zu bestreiten, so wenig der Wissenschaft letzten Endes eine politische Entscheidung zukommt: Aufgabe einer objektiven Wissenschaft kann es nur sein, das tatsächliche Funktionieren der in Rede stehenden Organisationsformen zu studieren, ihre Verschiedenheiten aufzuzeigen und auf die unterschiedliche Zweckmäßigkeit hinzuweisen. Wie nichts auf dieser Welt ist auch keine Organisationsform der Versicherungswirtschaft an sich vollkommen, jede hat ihre Vorzüge und Nachteile, der Grad der Eignung für eine konkrete Aufgabe variiert jeweils, so daß es den handelnden Menschen überlassen bleibt, die ihnen am meisten geeignet erscheinende Form zu wählen. Die Wissenschaft kann nur die in einem speziellen Aufgabenbereich gegebene Überlegenheit des einen Systems über das andere konstatieren und das Verhältnis herausarbeiten, in dem die Abträglichkeiten und Schattenseiten der einen Organisationsform zu den Vorzügen der anderen stehen.

Ob man die Versicherungsaktiengesellschaft als die unternehmerische Form der Versicherungswirtschaft herausstellen kann, hängt davon ab, was man darunter versteht. Identifiziert man in Übereinstimmung mit der nationalökonomischen Theorie die

Unternehmerinitiative mit dem Prinzip der Gewinnmaximierung, so wird man die Versicherungsaktiengesellschaft dem Gegenseitigkeitsverein als die typische unternehmerische Organisationsform gegenüberstellen. Es erscheint keineswegs verwerflich, auch im Bereiche der Versicherungswirtschaft das Streben nach einem höchstmöglichen Gewinn zu verfolgen, vorausgesetzt, daß damit eine entsprechende Leistung für die Volkswirtschaft erreicht wird und keine übermäßige Benachteiligung der übrigen Wirtschaften eintritt. Sieht man hingegen im Unternehmerhaften die Betätigungsmöglichkeit für die Initiative eines einzelnen, gleichgültig ob diese auf einen persönlichen Gewinn oder auf die Erfüllung einer allgemein für notwendig erachteten Aufgabe abzielt, dann ist, wie gerade die Wirksamkeit eines *Arnoldi* belegt, auch die Gründung eines Gegenseitigkeitsvereins faktisch fast immer der Entschlußfreudigkeit und Tatkraft einer bestimmten Persönlichkeit zu verdanken. Ohne eine die Trägheit der Masse überwindende, die Organisationsform mit Leben erfüllende und ihre dauernde Anpassung an wechselnde Verhältnisse der Umwelt garantierende Führerpersönlichkeit ist auch der Gegenseitigkeitsverein nicht dauernd funktionsfähig. Das Versicherungsaufsichtsgesetz versteht unter Versicherungsunternehmen, wie bereits gesagt, sowohl Aktiengesellschaften wie Gegenseitigkeitsvereine.

Der Betrieb der Lebensversicherung, Unfall-, Haftpflicht-, Feuer- und Hagelversicherung ist nach deutschem Recht nur Aktiengesellschaften oder Versicherungsvereinen auf Gegenseitigkeit erlaubt (VAG. § 7/II); für die übrigen Versicherungszweige, darunter insbesondere die Transportversicherung sind rechtlich auch andere Unternehmungsformen zugelassen. Diese einschränkende Regelung ist getroffen worden, einmal um in diesen für die große, meistenfalls geschäftsunkundige Masse wichtigsten Versicherungszweigen leistungsfähige Versicherungskörper zu gewährleisten, andererseits um die Wirksamkeit der staatlichen Aufsicht nicht durch allzu viele kleine Versicherungsträger zu gefährden. Seitens der Aufsichtsgesetzgebung bestehen hinsichtlich der Geschäftsgebarung und des Betätigungsgebietes zwischen den Aktiengesellschaften und den Gegenseitigkeitsvereinen keine Unterschiede.

Die Geschichte des Versicherungswesens bezeugt, daß im nordeuropäisch-germanischen Kulturraum die Pionierleistung Institutionen zukommt, die dem heutigen Gegenseitigkeitsverein nahestehen. In der Folge hat sich jedoch gezeigt, daß sich Gegenseitigkeitsvereine nur auf dem Gebiete der Lebens-, Kranken-, Feuer-, Einbruchdiebstahl-, Unfall-, Haftpflicht-, Kasko-, Kraftfahrzeug-, Leitungswasserschäden-, Glas-, Hagel- und Viehversicherung entwickelt haben. In der Transportversicherung, abgesehen von der erwähnten Kaskoversicherung, ferner in der Maschinenbruch-, Einheits- und Rückversicherung finden sich keine Gegenseitigkeitsvereine, ebensowenig in den vielen kleinen Versicherungszweigen.

Die Tabelle auf Seite 275/6 zeigt, daß in der Kranken- und Hagelversicherung der Geschäftsumfang der Gegenseitigkeitsvereine den der Aktiengesellschaften wie auch den der öffentlich-rechtlichen Anstalten bedeutend übertrifft. Beachtlich ist der Anteil der Gegenseitigkeitsvereine auch an der Lebensversicherung. Wenn sich Gegenseitigkeitsvereine auch noch in den übrigen angeführten Versicherungszweigen betätigen, so zeigt schon ihr verhältnismäßig geringer Anteil an der Prämieneinnahme, daß es sich um Nebenzweige handelt, die, um die Versicherungsnehmer nicht an die Aktiengesellschaften zu verlieren, nach dem Vortritt dieser Unternehmungsform aufgenommen werden mußten.

Die stärkere Abhängigkeit des Vorstandes von der obersten Vertretung, die die Aufnahme eines neuen Versicherungszweiges nur mit qualifizierter Mehrheit zuläßt, die vielfach geringere Geschäftskenntnis der die Mitglieder- oder Vertreterversammlung zusammensetzenden Vereinsangehörigen, das Bestreben der Vorstände und der Mitglieder die Gefahr notwendig werdender Nachschüsse auf das geringste Maß zu beschränken, sind Gründe dafür, warum sich Gegenseitigkeitsvereine mehr in den weniger risikoreichen traditionellen Bahnen mit ausreichender statistischer Erfahrung betätigen und den Vorstoß in versicherungstechnisches Neuland mehr den Aktiengesellschaften überlassen. Die Bereitstellung des für die Gründung eines Gegenseitigkeitsvereins notwendigen Garantiekapitals erwies sich vielfach als schwierig, weil dem Kapitalbesitzer nicht die seiner Verlustgefahr entsprechende oder in Aktienanlage erzielbare Verzinsung geboten werden konnte. Wenn sich neuerdings Gegenseitigkeitsvereine auftun, handelt es sich meist um Gründungen, die von Verbänden oder Organisationen ausgehen und diese Schwierigkeiten leichter bewältigen können, weil sie von Anfang an einen entsprechend großen Mitgliederbestand mitbringen.

Wo in den Versicherungszweigen beide Organisationsformen miteinander in Wettbewerb stehen, haben sich ihre Unterschiede erheblich abgeschliffen, indem sich einerseits der Gegenseitigkeitsverein den Prinzipien der Aktiengesellschaft und diese denen des Gegenseitigkeitsvereins näherte. Die Versicherungsvereine auf Gegenseitigkeit haben Maßnahmen getroffen, um das Effektivwerden der Nachschußpflicht für ihre Mitglieder möglichst auszuschalten: sie achteten auf erhebliche Rücklagen, um im Bedarfsfall zuerst auf diese zurückgreifen zu können oder sie haben die Nachschußpflicht bei einem Rückversicherer gegen feste Prämie abgedeckt. Die Aktiengesellschaften ihrerseits haben, vor allem in der Lebens- und Krankenversicherung, die Gewinnbeteiligung der Versicherten eingeführt, sowie durch manchmal allerdings nur dekorativ gedachte Versichertenausschüsse auch den Versicherungsnehmern ein Mitspracherecht eingeräumt. Praktisch ist der Geschäftsbetrieb und die Geschäftshandhabung eines großen Gegenseitigkeitsvereins von dem einer Aktiengesellschaft kaum noch zu unterscheiden.

Auf ihrem eng umgrenzten Gebiet zeigen kleinere Versicherungsvereine auf Gegenseitigkeit öfters eine beachtenswerte Überlegenheit. Die örtliche, sachliche oder personelle Begrenzung ihres Wirkungsbereiches ermöglicht mit dem persönlichen Kontakt der Mitglieder auch eine gegenseitige Kontrolle, billige Verwaltungskosten durch ehrenamtliche Mitarbeit und durch eine einfache Geschäftsführung. Dafür sind sie wegen des sonst fehlenden Risikoausgleichs nur für die Übernahme ganz kleiner Risiken (Sterbegelder, Viehverluste, beschränkte Zuschüsse bei Feuerschaden) geeignet.

Bei den Versicherungsaktiengesellschaften hat sich die Tendenz, das anteilige Eigentum des Aktionärs an dem Gesellschaftsvermögen auf das Dividendenbezugsrecht zu beschränken (bloße Rentnerfunktion des Eigentums) schon früh bemerkbar gemacht. Die eingehendere Geschäftskenntnis, die Kompliziertheit der Versicherungstechnik und der versicherungsmathematischen Berechnungen, die oft weite Streuung des Aktienbesitzes, verliehen dem Vorstand oder Aufsichtsrat von vornherein einen überragenden, in vielen Fällen schlechthin entscheidenden Einfluß, den die Generalversammlung formell sanktionieren durfte. Die Aufsichtsgesetzgebung beschneidet gleichfalls den Einfluß der Aktionäre auf die Geschäftsführung und stärkt die Stellung des Vorstandes gegenüber der Generalversammlung. Der Generalversammlung verbleibt im allgemeinen nur, die von der maßgebenden Persönlichkeit (Manager) im Vorstand oder Aufsichtsrat vorgeschlagenen Wahlen formell zu vollziehen und die bereits festgesetzte Verwendung des Geschäftsgewinnes zu „beschließen". Für diese weitgehende „Entrechtung" wurde der Aktionär mit einer verhältnismäßig guten und stabilen Dividende abgefunden. So ist bei vielen Versicherungsaktiengesellschaften schon von deren Gründung an eine praktisch vom Willen der formellen Eigentümer nahezu unabhängige, nur dem zweckmäßigen Vollzug der Versicherungsaufgabe gewidmete Korporation gegeben, die mehr die Rentner- als die Unternehmerqualitäten der Aktionäre anspricht. Vom Vorstand der Aktiengesellschaft wird ebenso wie vom Vorstand des Gegenseitigkeitsvereins ein günstiger Geschäftsabschluß erwartet, was gleichfalls eine Annäherung der beiderseitigen Geschäftspraktiken bewirkt.

Die Werbung in der Privatversicherung

Für die Privatversicherung ist die Organisation und Pflege eines Werbeapparates von existenzentscheidender Bedeutung, einmal um in der Geschäftsausdehnung mit den konkurrierenden anderen Privatversicherern Schritt halten, zum zweiten um dem Versicherungsbestand den gewünschten Aufbau geben zu können (bevorzugte Zuführung guter Wagnisse), zum dritten um eine negative Selektion innerhalb des Versicherungsbestandes durch vorzeitiges Abströmen der guten Wagnisse zu verhüten. Die Erreichung dieser Ziele macht eine dauernde Pflege der Verbindung mit den Versicherten und Versicherungsaspiranten erforderlich, denn es gilt die Versicherungsverträge den Bedürfnissen der Versicherungsnehmer anzupassen und dem Eindringen der Konkurrenzversicherer in den eigenen Geschäftsbestand zuvorzukommen.

Neben der Gewinnung neuer Versicherungen, der Erhöhung oder Erweiterung bereits bestehender Verträge ist ein guter Außendienst vor allen Dingen zur Verhütung eines anormalen Abganges notwendig *(Stornoverhütung)*. Der normale Abgang durch Tod oder Ablauf der Versicherung in der Lebensversicherung sowie in der Unfall- und Haftpflichtversicherung, ferner durch Wegfall des versicherten Interesses in der Sachschadenversicherung (Eintritt des Schadenfalles) ist in die Prämienkalkulation einbezogen. Eine vorzeitige Aufgabe der Versicherung, obwohl das versicherte Interesse an sich noch gegeben ist, bringt dem Versicherer den Verlust der noch nicht getilgten Abschlußkosten, eine kostensteigernde Verminderung des Geschäftsbestandes und den Wegfall der Zuschläge zu den Nettoprämien, aus denen der Versicherer seine laufenden Verwaltungskosten bestreiten, die Sicherheitsreserve aufbauen wollte. Für den Versicherungsnehmer ist damit zumeist ebenfalls eine geldliche Einbuße verbunden (gekürzte Rückgabe des Deckungskapitals, Verfall der nichtverbrauchten Prämie). Als Ursachen, die die Versicherungsnehmer zu einer vorzeitigen Vertragslösung veranlassen, sind zu nennen: unvorteilhafter Vertragsabschluß, ungeschickte Behandlung durch den Versicherer, als ungünstig empfundene Schadenregulierungen und nicht zuletzt Unfähigkeit des Versicherten, die Prämien weiter zu bezahlen. In der Lebens- und Unfallversicherung wirkt sich eine Verschlechterung der Einkommensverhältnisse der Versicherten besonders dann aus, wenn von Anfang an zu hohe Versicherungssummen versichert wurden. Durch sachgemäße Beratung und zweckentsprechende Änderung der Verträge lassen sich Storni jedoch vielfach vermeiden.

Zur Vollführung dieser Werbeaufgabe bedient sich der Versicherer einer Menge von Vertretern, die möglichst nahe bei den Versicherten wohnen, um so eine dauernde und rasche Verbindungsmöglichkeit zu gewährleisten. Die Vertreter werden entweder für einen bestimmten Bezirk angestellt (Distriktssystem) oder ohne diese Begrenzung (wildes System). In Amerika aufgekommen und in Europa vor allem in der Volkslebensversicherung übernommen wurde das Canvassingsystem (hausierweise Werbung von Haus zu Haus). Öfters wird über eine Gruppe von Vertretern (Agenten) ein Generalagent, Bezirksvertreter, geschoben. Die Anstellung der Agenten erfolgt durch einen Agenturvertrag, der die gegenseitigen Rechte und Pflichten zwischen Versicherer und Vermittler festlegt.

Als *Vermittlungsagent* ist der Vertreter in dem Versicherungszweig, für den er bestellt ist, bevollmächtigt: 1. Anträge auf Schließung, Verlängerung oder Änderung eines Versicherungsvertrages sowie den Widerruf solcher Anträge entgegenzunehmen; 2. Anzeigen, welche während der Versicherung zu machen sind, sowie Kündigungs- und Rücktrittserklärungen oder sonstige das Versicherungsverhältnis betreffende Erklärungen von dem Versicherungsnehmer entgegenzunehmen; 3. die vom Versicherer ausgefertigten Versicherungsscheine oder Verlängerungsscheine auszuhändigen; 4. Prämien nebst Zinsen und Kosten anzunehmen, sofern er sich im Besitz einer vom Versicherer unterzeichneten Prämienrechnung (Nachbildung der eigenhändigen Unterschrift genügt) befindet (VVG. § 43). Als *Abschlußagent* ist er darüber hinaus befugt, die Änderung oder Verlängerung solcher Verträge mit dem Versicherungsnehmer zu vereinbaren sowie Kündigungs- und Rücktrittserklärungen abzugeben (VVG. § 45). Ob ein Agent Abschluß- oder Vermittlungsagent ist, bestimmt sich nach dem Innenverhältnis zum Versicherer. Eine Beschränkung der dem Agenten zustehenden Vollmachten braucht ein Dritter nur dann gegen sich gelten zu lassen, wenn er die Beschränkung kannte oder infolge grober Fahrlässigkeit nicht kannte (VVG. § 47). Soweit nach den Vorschriften des Versicherungsvertragsgesetzes die Kenntnis des Versicherers von Erheblichkeit ist, steht die Kenntnis eines Vermittlungsagenten der Kenntnis des Versicherers nicht gleich (VVG. § 44). Für Klagen aus dem Versicherungsverhältnis ist der Gerichtsstand der Agentur maßgebend (VVG. § 48). Strittig ist, ob außer den gesetzlichen Vollmachten der Agent noch weitere Berechtigungen hat; bejahend auf Grund reichsgerichtlicher Urteile bezüglich Belehrung und Aufklärung über Inhalt und Bedeutung der Versicherungsbedingungen sowie sonstige Anforderungen, für Erklärungen bei Vertragsabschluß *von Gierke*, verneinend *Prölß*, nach dem die gesetzliche Vollmacht abschließend ist.

Die Versicherungsvertreter mit einem größeren Geschäftsbestand sind teils hauptberuflich tätig, die große Masse jedoch nur nebenberuflich. Für die Belehrung, Einarbeitung und Anspornung des Vertreternetzes sind meist Angestellte des Versicherers vorhanden; praktisch bahnen die Gelegenheitsvermittler nur die Geschäfte an, der Abschluß erfolgt dann durch einen Angestellten des Versicherers. Die Entlohnung der Vertreter erfolgt durch feste Bezüge (Verwaltungssystem) oder durch Provisionen (Provisionssystem). Auch Provisionen mit „Bürozuschuß“ oder einer Mindesteinnahme („Garantie“) werden gewährt.

Das Verwaltungssystem eignet sich mehr für einen zentralisierten, das Provisionssystem mehr für einen dezentralisierten Beitragseinzug, dieses mehr für selbständig arbeitende Vermittler, jenes hingegen besser für Arbeiten nach den Direktiven des Versicherers. Das Verwaltungssystem bürdet dem Versicherer ein höheres Kostenwagnis auf, während beim Provisionssystem die Entlohnung im Einklang mit den Erfolgen steht. Das Provisionssystem treibt den Vermittler unmittelbar an, in stetem Kontakt mit seinen Versicherten zu bleiben. Andererseits ist es jedoch oft schwer, tüchtige Vermittler zu finden, die ohne feste Bezüge arbeiten, wenn ihnen nicht ein entsprechend großer Bestand übertragen werden kann. Die verwaltungsmäßige Abrechnung ist beim Provisionssystem naturgemäß umfangreicher und zeitraubender als beim Verwaltungssystem, weil der Provisionsanteil an jeder einzelnen Versicherung berechnet werden muß. Praktisch wird oft mit einer Kombination beider Systeme derart gearbeitet, daß unter einer Reihe festbesoldeter Generalagenten oder Inspektoren ein dichtes Netz von Provisionsvertretern arbeitet. Bürokostenzuschüsse und Garantien tragen die Gefahr in sich, daß sie zu festen Bezügen werden, ohne den Vertreter zu einer Mehrleistung anzuspornen. Sie müssen den Arbeitsmöglichkeiten des Vertreters angepaßt sein und ihm Aussicht auf Überverdienst lassen. Sog. Pensaverträge, nach denen der Vertreter verpflichtet war, innerhalb einer gewissen Zeit einen bestimmten Betrag an Versicherungssumme oder Prämie abzuschließen, widrigenfalls seine Bezüge gekürzt werden, wurden seitens des Reichsaufsichtsamts als unsittlich für ungültig erklärt.

Für und wider die Provisionsgewährung lassen sich eine Reihe von Argumenten anführen; die Gefahr nicht unbeachtlicher Mißstände ist nicht ausgeschlossen. Der Versicherer ist nicht in der Lage, den Arbeitseifer all seiner Vertreter dauernd zu überwachen; es ist angebracht, dem rührigen Vertreter eine höhere Vergütung zukommen zu lassen. Die Vertreter werden aus eigenem Interesse veranlaßt, die Versicherungsidee zu propagieren und können trotz ihres Provisionsbezuges durch die Vergrößerung des Versicherungsbestandes eine Kostendegression bewirken. Andererseits verleitet das Provisionssystem leicht dazu, nur auf einen sich einkommensmäßig auswirkenden Erfolg hinzuarbeiten, dem Versicherungsnehmer unnötige oder unverhältnismäßig hohe Versicherungssummen oder zu teure Versicherungen aufzudrängen, was in einiger Zeit ein übernormales Storno zur Folge hat und damit kostenverteuernd wirkt. Treiben die Versicherer, um sich gegenseitig die erfolgreichen Vertreter auszuspannen, die Provisionssätze in die Höhe, ist eine Verteuerung des Versicherungsschutzes unvermeidlich. Hohe Abschlußprovisionen können zu Manipulationen führen, durch die bereits bestehende Versicherungen von dem einen Versicherer auf den anderen umgelagert werden. Ein Mißstand ist die verdeckte Provisionsgewährung an den Versicherungsnehmer selbst oder eine von ihm benannte Person, die gar nicht die Absicht hat, für Versicherungsabschlüsse werbend tätig zu sein. Nicht selten werden „Beziehungen" ausgenützt, um von dem Versicherer eine Provision mehr oder weniger zu erpressen.

Die Konzentrationsbewegung in der Privatversicherung

Eine der auffallendsten Erscheinungen der privaten Versicherungswirtschaft in den letzten Jahrzehnten war das Zurücktreten der kleinen selbständigen Versicherungsunternehmungen (neben dem praktischen Verschwinden des Einzelversicherers) und eine schon vor dem Ersten Weltkrieg beobachtbare, sich aber im dritten Jahrzehnt dieses Jahrhunderts verstärkt vollziehende Konzentration auf einen bestimmten Versicherer hin: Aufnahme kleinerer Gesellschaften durch größere, Zusammenschluß mehrerer Gesellschaften zu einem Konzern oder Interessengemeinschaft mit mehr oder weniger weitgehender Bindung der einzelnen Gesellschaften. Neben der Konzentration von Versicherungsgesellschaften findet sich die Angliederung von Hilfsunternehmungen wie Auskunfteien, Bergegesellschaften und schließlich die Einflußnahme bzw. Übernahme versicherungsfremder Unternehmungen (Zeitungen, Hotels, Banken u. dgl.).

Herrmannsdorfer unterscheidet hinsichtlich der Konzentrationsbewegung in der Versicherungswirtschaft:

I. *Reine Versicherungskonzerne*, nur aus Versicherungsgesellschaften bestehend, in zwei Formen:

1. *Konzentration auf eine direkte Versicherungsunternehmung*, und zwar:

a) *Beteiligung* im Aktienbesitz der Hauptgesellschaft an den angeschlossenen Gesellschaften: Übernahme von Aktien neu errichteter Gesellschaften, Erwerb von Aktien schon bestehender Gesellschaften (manchmal auch unfreiwillig durch Umwandlung eines Darlehens in Aktienform), gegenseitiger Aktientausch mehrerer Gesellschaften. Es kann ein Unterordnungs- oder ein Gleichstellungsverhältnis geschaffen werden.

Zweck der Beteiligung ist: besser rentierliche Kapitalanlage durch Ertragsbeteiligung an dem Geschäft einer anderen Gesellschaft als durch kostspielige Ausdehnung des eigenen Geschäftes, Beendigung des gegenseitigen Wettbewerbes, Sanierung einer bedrohten Gesellschaft unter Einflußnahme auf deren Geschäftshandhabung, Zusammenfassung der Finanzverwaltung an einer Stelle, Konzentration der Reserven und dadurch Freimachung von Mitteln für andere Zwecke, gemeinsame Tragung des Versicherungsrisikos und des Risikos der Kapitalanlage, besserer Ausgleich der bei allen angeschlossenen Gesellschaften eingehenden Mittel zu den ausgehenden (Devisenausgleich), Ersparnis von Doppelarbeit bei gemeinsamer Buchhaltung in der Hauptgesellschaft, gemeinsame Werbeorganisation, Angliederung von Spezialversicherern (Zusammenlegung von seltenen Versicherungszweigen bei einer Gesellschaft innerhalb des Konzerns), Senkung der Unkosten (Übertragung der statistischen Arbeiten, der Rechts- und Steuerfragen an eine Gesellschaft; Herabsetzung der Provisionen, weil die Anwerbung von Versicherungen für einen großen Konzern leichter fällt und der Vertreter bei niedrigeren Inkassoprovisionen durch die Verwaltung des größeren Bestandes sein Auskommen findet), bevorzugte Vergebung von Beteiligungen an die Konzerngesellschaften zur besseren Ausnutzung der Gesamtzeichnungskraft des Konzerns einschließlich der zu den einzelnen Gesellschaften gehörenden Rückversicherer (nur die Spitzen besonders gefährlicher Risiken werden noch an fremde Rückversicherer oder direkte Versicherer gegeben). Da das Reichsaufsichtsamt die Verbindung der Lebensversicherung mit Sachversicherungszweigen verbietet (siehe Seite 242), ist es durch die Verbindung mehrerer Gesellschaften in einem Konzern möglich, dieses Verbot zu umgehen.

b) *Interessengemeinschaftsvertrag* mehrerer Versicherer zu Gewinn- und Verlustausgleich (Poolung) unter gleichberechtigten Unternehmungen mit teilweiser gemeinsamer Geschäfts- und Finanzpolitik.

2. *Konzentration auf eine Rückversicherungsgesellschaft* in ähnlicher Weise wie bei 1. „Während bei der Konzentration auf eine direkte Versicherungsunternehmung der Kreis der anzugliedernden Gesellschaften bald geschlossen ist, kann er bei der Konzentration auf eine Rückversicherungsgesellschaft grundsätzlich nur unbeschränkt sein. In diesem Falle läßt sich auch die technische Forderung nach einem möglichst internationalen Geschäftsbetrieb am besten verwirklichen" *(Herrmannsdorfer)*. Vom Standpunkt der im Mittelpunkt des Konzerns stehenden Rückversicherungsgesellschaft sind die angegliederten Direktgesellschaften Zubringer des Rückversicherungsgeschäfts. Über den bloßen Rückversicherungsvertrag hinaus schafft die Beteiligung am Aktienkapital der Zedenten einen festen und zuverlässigen Kreis abgebender Gesellschaften, denen gegenüber dann auch ein für den Rückversicherer günstigerer Vertrag (Quotenvertrag statt fakultativer Exzedentenverträge) durchgesetzt werden kann. Als Haupt einer Konzerngruppe verfügt der Rückversicherer ferner über ein größeres Geschäft, das er im Retrozessionswege mit anderen Rückversicherern austauschen kann; „maßgebend für die Bemessung der Abgaben ist nicht das technische Bedürfnis des Zedenten, sondern das Gewinnstreben des Rückversicherers" *(Herrmannsdorfer)*. Praktisch kann dadurch den Aktionären des Zedenten ein Teil des Unternehmergewinnes zugunsten des Rückversicherers entzogen werden. Der Rückversicherer erreicht auf diesem Wege ein örtlich und sachlich besser ausgeglichenes Geschäft. Durch die Beherrschung der Direktversicherer kann der Rückversicherer auf die Auswahl der Risiken seinen Einfluß ausüben und sich ein gewünschtes Aliment verschaffen. Neue Versicherungszweige kann der Rückversicherer einführen, indem er sie von den angeschlossenen Gesellschaften zu 95, 97 oder gar 100% in Rückdeckung nimmt, jeder Erstversicherer sein anfänglich kleines Geschäft also nur dem Namen nach betreibt. Der behördlichen Aufsicht kann ein Rückversicherer entgehen, wenn er das direkte Geschäft durch abhängige Konzerngesellschaften betreiben läßt. Beteiligung an ausländischen Gesellschaften ermöglicht die Vorteile der „inländischen" Gesellschaften auszunutzen und eine unter Umständen schwer erlangbare Konzession zu umgehen. Ein Teil der bei der ersten Konzentrationsform geschilderten Vorteile kann auch mit Hilfe dieser Form für alle angeschlossenen Gesellschaften erzielt werden, wie ja auch praktisch die beiden Formen selten in reiner Ausprägung, sondern in einer geeigneten Mischung auftreten. Ein ausschließlicher Zu-

sammenschluß von reinen Rückversicherungsunternehmungen findet sich nicht, da hier die geschilderten Vorteile der Konzentrationsbewegung entfallen.

3. *Angliederung von Hilfsunternehmungen an eine Versicherungsgesellschaft:* von Vermittlungsgesellschaften für die Zuführung von Versicherungsanträgen auf Provisionsbasis oder auf Ersatz der Originalunkosten, von Gesellschaften, die bei der Prüfung der Risiken behilflich sind, wie Auskunfteien (Kreditversicherung), Klassifizierungsgesellschaften (Transportversicherung), ferner von Unternehmungen, die bei der Abwicklung des Versicherungsverhältnisses mitwirken wie: Bergegesellschaften (Transportversicherung), Glashütten (Glasversicherung), Unternehmen zur Prüfung und Überwachung von Maschinen, elektrischen Anlagen und sonstigen technischen Einrichtungen. Mit derartigen über das Gebiet der Versicherung hinausgreifenden Angliederungen soll eine Senkung der Kosten für die von diesen Unternehmen beanspruchten Dienste und nach Möglichkeit noch ein Anteil am Jahresgewinn erzielt werden. Das Problematische ist, daß zumeist eine Versicherungsgesellschaft nicht genügend Aufträge an eine solche Gesellschaft vergeben kann und sich deswegen unter Umständen mehrere Gesellschaften beteiligen müssen.

II. *Versicherungsgesellschaften im Konzern anderer Unternehmungen* in folgenden 4 Formen:

1. *Angliederung von Versicherungsgesellschaften an einen Industriekonzern,* und zwar

a) *Versicherungsunternehmungen, die von großen Industriegruppen gegründet sind und sich auf die Versicherung der Objekte dieser Gruppe beschränken.* Große Schiffahrtsgesellschaften oder Industriekonzerne vollziehen unter Ausschluß fremder Versicherer das System der freiwilligen Eigendeckung, indem sie ihre eigene „Versicherungsabteilung" mit den angesammelten Fonds formell verselbständigen. Ebenso errichten Verbände zum Zwecke der „Verbandseigendeckung" eigene Versicherungsunternehmen, meist in Form einer G. m. b. H. Die Gründer solcher „Hilfsversicherer" erhoffen sich eine Verbilligung der Versicherungskosten, eine großzügigere Schadensabwicklung. Derartige Maßnahmen beinhalten eine Reihe von Gefahren, nämlich einseitige Zusammensetzung des Versicherungsbestandes und damit Fehlen eines Risikoausgleichs, Berechnung zu niedriger Prämien, Unzulänglichkeit der Fonds bei großen Schäden, Fehlen einer ausreichendenRückversicherung (sofern solche überhaupt genommen wird und erhältlich ist), Anlage der Fonds innerhalb des eigenen Konzerns oder Verbandes. Positiv kann geltend gemacht werden: aus eigenem Interesse schärfere Maßnahmen zur Schadenverhütung, Steuerersparnis, wenn die Fonds statt im eigenen Betrieb angesammelt als Prämie an eine eigene Versicherungsunternehmung bezahlt werden müssen (wofür dann das Selbstversicherungsunternehmen seinerseits Vermögens- und Körperschaftssteuern zu bezahlen hat). Die Gründung solcher Selbstversicherungsunternehmungen hat in der Inflationszeit nach dem Ersten Weltkrieg häufiger stattgefunden, ist aber seitdem seltener geworden.

b) *Angliederung bereits bestehender Versicherungsunternehmungen an einen Industriekonzern.* Der Industriekonzern erwirbt eine bestimmende Quote am Aktienkapital eines Versicherers, um sich damit bei der Vergebung seiner Versicherungen Vorteile zu schaffen oder um an den Gewinnen der Versicherer teilzuhaben oder um auf die Vermögensverwaltung des Versicherers Einfluß nehmen zu können (Verwaltung dieser Mittel durch die Konzernbank). Gefahr ist hier die enge Verflechtung des Versicherers mit dem Konzern, keine Mischung der Vermögensanlagen, Vorrang der Konzerninteressen vor den Belangen des Versicherers. Gesamtwirtschaftlich ungünstig ist u. U. der Entzug der Anlagemittel für die nicht zum Konzern gehörigen Unternehmungen und Betriebe, Mißbrauch der Versicherungsreserven zur Vergrößerung der Konzernmacht, Illiquidität des Konzerns beeinträchtigt den Versicherer. Vorteilhaft für den Versicherer ist der automatische Zufluß sämtlicher

Konzernversicherungen (keine Anwerbekosten); erhält er von seinem Rückversicherer die übliche Rückversicherungsprovision macht er einen Differenzgewinn, was ihn instand setzt, für die Konzernversicherungen die Prämie zu ermäßigen; möglich ist, daß bei den großen Konzernversicherungen der Versicherer seine Zeichnungsgrenzen überspannt, andererseits er für größere Beteiligungen ein entsprechendes Gegenaliment liefern kann.

2. *Angliederung von Versicherungsgesellschaften an Banken*, und zwar

a) *Verbindung von Versicherungsgesellschaften mit schon bestehenden Banken.* Der Aktienbesitz einer Bank interessiert diese an einer Kursregulierung der Versicherungsaktien, was auch für den Versicherer vorteilhaft ist. Die Bank ist die Hauptverbindung des Versicherers, und sie kann mit einem regelmäßigen Zufluß von dessen Mitteln rechnen, sie kann Einfluß auf die Vermögensverwaltung nehmen und sie kann, was für den Versicherer u. U. nachteilig ist, seine Mittel nach ihren Interessen anlegen. Auf der anderen Seite kann sich der Versicherer auf die Bank stützen. — In Holland findet sich vielfach die Vereinigung von Bank- und Versicherungstätigkeit in einem Institut; Kreditversicherungsgesellschaften dienen den Zwecken der Banken, was im Falle hoher Rückversicherungsnahme die Bank zu Spekulationen auf dem Rücken der Rückversicherer verleiten kann. Wenn die Bank ihre Kredite einseitig verteilt, entsteht für den Kreditversicherer die Gefahr einer ungünstigen Bestandszusammensetzung.

b) *Von den Versicherungsgesellschaften gegründete Banken (Versicherungsbanken).* Der Versicherer gewinnt die Hilfe einer eigenen Bank (Börsenzulassung, Ankauf von Devisen für die Fremdwährungsversicherungen, Einsparung von Bankspesen, Werbung von Versicherungen unter den Bankkunden, raschere Verfügungsmöglichkeit über die ausstehenden Gelder). Bei zu großer Selbständigkeit kann der Bankleiter das Geld zu Spekulationen verwenden. Der Versicherer ist u. U. mit einem zu umfangreichen Bankbetrieb belastet. Versicherungsbanken wurden mehr von Versicherungskonzernen als von einzelnen Versicherungsunternehmungen gegründet.

3. *Angliederung von Versicherungsgesellschaften an Handelsunternehmungen*, insbesondere die Angliederung von Transportversicherungsunternehmungen, die auch die vorhandenen Lager mitversichern (Keim zur Einheitsversicherung). Hierher zählen auch die Versicherungsunternehmungen von landwirtschaftlichen Genossenschaften, Konsumvereinen. Bedenklich ist bei der Transportversicherung neben der mangelnden Bestandsmischung die Gefahr der Kumulbildung. Erhält der Versicherer dadurch jedoch ein leichtes Geschäft (Hausratversicherungen, kleine landwirtschaftliche Versicherungen), ergibt sich eine große Tragfähigkeit seines Bestandes und die Möglichkeit weitgehend auf Rückversicherungen zu verzichten, die Garantiemittel können beschränkt bleiben, Werbekosten und Inkassokosten werden durch die Genossenschaften zu einem großen Teil getragen, woraus sich billigere Prämien ergeben. Ungünstig können sich derartige Spezialunternehmen auf die übrigen Versicherer auswirken, wenn diesen dadurch die günstigen Wagnisgruppen entzogen werden (Feuer- und Einbruchdiebstahlversicherung). Bei größeren Wagnissen kann die unterdurchschnittliche Prämie die Rückversicherungsnahme erschweren; die Rückversicherer haben sich vielfach geweigert, auf die große Anzahl kleiner Versicherungsvereine a. G. (Lehrer und Geistliche) Rückversicherung zu geben, die nur ein zu geringes Geschäft anbieten konnten.

4. *Angliederung von Versicherungsgesellschaften an Vermittlungsunternehmungen.* Makler und Agenten sind in neuerer Zeit dazu übergegangen, sich eigene Versicherungsgesellschaften zu gründen, aufzukaufen oder zu beherrschen. Die Versicherungsgesellschaft wird zu einem Werkzeug des beherrschenden Maklers. Zur Gründung kann der Makler oder Agent nur schreiten, wenn er einen genügend großen Bestand verwaltet.

Zumeist ist die erste Gründung eine Transportversicherungsgesellschaft, die sich dann auch die anderen Zweige zulegt. Aus dem Bestand des Maklers hervorgegangen, ist das Portefeuille des Versicherers, zumindest in den Anfangsjahren, einseitig zusammengesetzt, im Laufe der Zeit ändert sich dies jedoch. Der beherrschende Makler verlangt für sich die höchsten Provisionssätze, u. U. übernimmt er allein die Organisation der Versicherungsunternehmung und verlangt für die von ihm angestellten Untervertreter noch eine Superprovision. Dem Makler kommt es vielleicht mehr auf ein umfangreiches als ein gutes Geschäft an. Der Versicherer muß jeden vom Makler entgegengenommenen Antrag übernehmen, worunter gegebenenfalls sein Geschäft leidet. Die Organe des Versicherers verlieren ihre Entscheidungsfreiheit gegenüber dem Makler, was sich auf die Schadenregulierung ungünstig (im Sinne des Versicherers) auswirken kann. Hinsichtlich der Finanzgebarung des Versicherers bestehen ähnliche Gefahren, wie oben angegeben. Ob sich alle diese Gefahren einstellen, hängt zuletzt von der Person des allmächtigen Maklers ab.

Von Versicherungskonzernen kann streng genommen nur im Falle der Zusammenfügung mehrerer Versicherungsgesellschaften zu einer finanziellen oder wirtschaftlichen Einheit, eventuell noch im Falle der Angliederung von Hilfsunternehmungen an eine oder mehrere Versicherungsgesellschaften gesprochen werden. Dieser bis auf die Zeit vor dem Ersten Weltkrieg zurückreichenden Bewegung kann auch eine versicherungswirtschaftliche Zweckmäßigkeit im Sinne einer höheren Rationalität nicht abgesprochen werden; Unkostenersparnis, Verbreiterung der Risikobasis, Zusammenlegung der Garantiemittel sind, sofern sie nicht zu einer Vernachlässigung der technisch notwendigen Rückversicherung und zu einer unorganischen Machtzusammenballung führen, ernst zu nehmende Gründe. Bedenklicher erscheint dagegen die Eingliederung von Versicherungsunternehmen in versicherungsfremde Konzerne oder Firmen, weil es sich hier meist darum handelt, die Gelder der Versicherungsgesellschaft in die Hand zu bekommen und die versicherungstechnischen Notwendigkeiten nur zu leicht zurückgesetzt werden; in der Inflationszeit aufgekommen, haben diese Vorgänge später keine Verbreitung mehr gefunden.

Die Konzernbildung oder Angliederung von Versicherungsunternehmungen unterliegt nach allgemeiner Meinung auch der Beaufsichtigung durch die Aufsichtsbehörde, und diese kann gegen bedenkliche Manipulationen eingreifen (VAG. §§ 81, 82). Aber man wird *Herrmannsdorfer* zustimmen müssen, „daß es bei dem heutigen Stande der Gesetzeslage für die Aufsichtsorgane meist sehr schwierig sein wird, von den einzelnen Vorgängen bald genaue Kenntnis zu erhalten. Oft sind die Interessen der Versicherten schon geschädigt oder doch sehr stark gefährdet, wenn diese internen Vorgänge der Öffentlichkeit bekannt werden. Dann besteht nur noch die Möglichkeit, für die Versicherten durch Anordnungen noch möglichst viel zu retten.“ Allerdings gibt das deutsche Recht der Aufsichtsbehörde kräftige Handhaben, sich Informationen zu beschaffen (Ausgestaltung des Geschäftsplanes VAG. § 81a, Recht jederzeitiger, auch unvermuteter Nachprüfung §§ 83, 84), eine absolute Sicherheit bedeutet dies jedoch nicht.

Die in Deutschland stattgefundene Konzernbildung innerhalb der Versicherungswirtschaft ist vielfach, insbesondere auch im Ausland, überschätzt worden. Es haben sich auf der einen Seite die bekannten mächtigen Versicherungskonzerne oder -gruppen gebildet, daneben blieben aber noch eine Reihe von sehr beachtlichen Unternehmen selbständig. Oft kann dabei von einem eigentlichen Konzern trotz des Namens nicht gesprochen werden, weil häufig die einheitliche Oberleitung fehlt. Insbesondere bestand nicht die Verquickung von Banken und Industriegesellschaften mit Versicherungsunternehmungen, die die Amerikaner aus ihren eigenen Erfahrungen nach der Besetzung naiv auf Deutschland übertragen haben. Vielfach handelt es sich um eine durch eine geringe gegenseitige Aktienbeteiligung untermauerte freundschaftliche Zusammenarbeit mehrerer Gesellschaften, nicht selten um eine Rückversicherungsbeziehung, bei der der Rückversicherer durch Entsendung eines leitenden Herrn in den Aufsichtsrat der Erstversicherungsgesellschaft (Voraussetzung Aktienerwerb) einen Einblick in die Geschäfte dieser Gesellschaft gewinnen will. Wenn auch die tatsächlichen Verhältnisse dem Außenstehenden nicht immer durchsichtig sind, so muß doch bezüglich der deutschen Gesellschaften daran festgehalten werden, daß das Maß ihrer wechselseitigen Bindungen außerordentlich unterschiedlich ist und in nicht wenigen Konzernen die Gesellschaften in Wettbewerb miteinander stehen.

Schrifttum: a) der zu § 19 genannte Aufsatz von *Oertel*; b) *G. M. Trevelyan* „Kultur- und Sittengeschichte Englands“, Hamburg 1948; c) *Frenzl* Art. „Lloyd's“ im Vers.-Lexikon; d) *L. Funk* „Das Mitversicherungs-System der Londoner Lloyd's“, Berlin 1935; e) *Kurt Meth* „Das Wesen der Versicherungsbörsen unter besonderer Berücksichtigung der Verhältnisse von Hamburg und London“, Berlin 1924; f) *Fritz Herrmannsdorfer* „Versicherungsunternehmungen und Konzentration“, Berlin 1926; g) *Schmitt* „Konzerne“ im Vers.Lexikon; h) *E. von der Thüsen* „Verbände und Konzerne“ in Deutsche Vers.Wirt., Bd. I (hier auch die letzte Zusammenstellung der im Vorkriegsdeutschland vorhandenen Konzerne); i) *Christian Gasser* „Öffentliche Meinung und Privatversicherung“ in Schweizerische Versicherungs-Zeitschrift, XVII. Jhrg., 1949/50; j) *Walter Rohrbeck* „Die Kleineren Versicherungsvereine in Deutschland in „Zeit- und Forschungsfragen der Versicherungswirtschaft“, Weißenburg/Bayern 1950.

§ 22. Der Versicherungsmarkt

Der Begriff des Versicherungsmarktes

Sobald, sei es auf gesetzliche Anordnung hin, sei es durch freiwilligen Entschluß beider Parteien, ein irgendwie geartetes Versicherungsverhältnis zwischen Versicherungsnehmer und Versicherer hergestellt ist, hat der Zustand der Schwebe, des noch unentschlossenen Sich-Suchens der Parteien, den wir immer mit dem Begriff des Marktes verbinden, ein Ende gefunden; es ist wenigstens für eine gewisse Zeit, nämlich die Dauer des Versicherungsverhältnisses, eine stabile Beziehung zwischen beiden mit genauer Regelung der gegenseitigen Verpflichtungen eingetreten. Von einem Versicherungsmarkt kann dann eigentlich nicht mehr gesprochen werden. Das Spezifische des Marktverhältnisses ist dort zu suchen, wo die eine Partei noch um die andere wirbt, die Marktdaten wie Angebot und Nachfrage dem Umfang und der Preishöhe nach noch variabel sind, mit einem Wort, das Versicherungsverhältnis noch nicht fixiert ist. Der Begriff des Marktes ist unlöslich mit der Kategorie der Verkehrswirtschaft verbunden und hat nur innerhalb dieser als ein sich aus den freien Entschlüssen der teilnehmenden Wirtschaften (Haushalte oder Betriebe) ergebendes Faktum einen Sinn, wobei alle Wirtschaften ihren sei es auch infinitesimalen Einfluß auf die am Markt gebildeten Größen (Umsatzmengen, Preise) auszuüben vermögen.

Damit scheiden aus dem Begriff Versicherungsmarkt alle Zwangsversicherungsverhältnisse der Sozial- und Individualversicherung aus. Man kann nicht von einer Nachfrage auf dem Versicherungsmarkt sprechen, wenn ohne die geringste Rücksicht auf ihren individuellen Willen die Versicherungspflichtigen entweder automatisch versichert sind oder zur Versicherungsnahme kommandiert werden; die einem Markt zugeschriebenen volkswirtschaftlichen Funktionen (Ausgleich variierender Nachfrage- und Angebotsmengen zu verschiedenen Preisen) sind in diesem Falle blockiert. Der Sozialversicherung ist ein gesetzlich umschriebener Bestand an „Objekten" zur versicherungsmäßigen Betreuung zugewiesen, sie bearbeitet keinen Versicherungsmarkt. *Von Versicherungsmarkt kann nur dort gesprochen werden, wo beide Parteien, Versicherungsnehmer sowohl als auch Versicherer, mit ihren Dispositionen auf die zwischen ihnen zustande kommenden Versicherungsverhältnisse (Versicherungsverträge) einzuwirken vermögen.* Versicherungsmärkte gibt es nur im Bereiche der Individualversicherung.

Der Einfluß, den die Sozialversicherten durch ihre Vertreter in Ausschüssen und Beiräten innerhalb der Selbstverwaltung der Sozialversicherung ausüben können, ist kein marktmäßiger Einfluß, weil dem einzelnen ein Ausweichen verwehrt ist. Das gleiche trifft für die Zwangsversicherung bei öffentlichen Anstalten zu, die ihrem Wesen nach zur Sozialversicherung und nicht zur Individualversicherung gehört, sofern man jene nicht nur auf die in den spezifischen Sozialversicherungsgesetzen umschriebenen Wagnisse beschränkt. Indessen kann man im Bereiche der Sozialversicherung von einem rudimentären Markt sprechen, wo dem Versicherungspflichtigen wenigstens ein Wahlrecht zwischen verschiedenen Versicherungsträgern, z. B. in der Krankenversicherung zwischen den Krankenkassen und den Ersatzkassen, in der Handwerkerversicherung zwischen der Angestelltenversicherung und Lebensversicherungsunternehmungen gelassen ist.

Nach der Terminologie der Volkswirtschaftslehre kann man den Versicherungsmarkt als um so vollkommener bezeichnen, je gleichmäßiger die Einflußmöglichkeiten auf beide Marktparteien, also auf Versicherer und Versicherungsnehmer, verteilt sind und um so unvollkommener, je mehr die eine oder andere Partei bzw. Parteiengruppe einen einseitigen Machteinfluß auf die zustande kommenden Versicherungsverhältnisse auszuüben vermag. Die Begriffe vollkommen oder unvollkommen sind hier nur in dem angegebenen faktischen, und nicht in einem wertenden oder gar idealisierenden Sinne gemeint; im Gegenteil, man kann mit gutem Recht bezweifeln, ob ein höchst vollkommener Markt in der Versicherungswirtschaft überhaupt deren reibungsloses Funktionieren gewährleistet.

Die oben gemachte Bemerkung darüber, daß die bereits abgeschlossenen Verträge dem laufenden Marktgeschehen entrückt sind, trifft insofern zu, als hier jede Partei unter Berufung auf die Vertragstreue eine Änderung streng abweisen kann; sie ist aber insofern einzuschränken, als der im Wettbewerb mit anderen Versicherern stehende Versicherer praktisch meist gezwungen ist, eine zugunsten des Versicherungsnehmers gehende Markttendenz vor Ablauf der Verträge zu berücksichtigen, wenn er den Versicherungsnehmer nicht auf die Dauer verlieren will. Als Folge dieses Umstandes setzen sich fallende Prämien oder Verbesserungen des Versicherungsschutzes rascher durch als Prämienerhöhungen oder Zurücknahmen von Zugeständnissen. Bei einer verkehrswirtschaftlichen Struktur des Versicherungsmarktes kann es leichter der Versicherungsnehmer als der Versicherer auf eine Vertragskündigung ankommen lassen.

Wo eine Mehrheit von Versicherern auftritt, ist der Versicherungsmarkt normalerweise wegen der versicherungstechnisch unbegrenzten Vergrößerungsmöglichkeit des Versicherungsbestandes ein Verkäufermarkt, insofern die Versicherer den Versicherungsaspiranten umwerben. Es gibt aber auch den allerdings selteneren Fall des Käufermarktes: bei ausgesprochen schlechten Wagnissen und unübersehbar großen Risiken (überfällige Schiffe, Aufruhrgefahr, drohender Krieg u. dgl.) halten die Versicherer zurück und lassen sich nur gegen entsprechend hohe Prämien und weitgehende Zugeständnisse seitens des Versicherungsnehmers zu Abschlüssen drängen.

Von seiten der Nachfrage ist der Versicherungsmarkt stets offen, jeder hat Zutritt und kann Versicherungsverträge nach seinem Belieben eingehen. Von seiten des Angebotes ist der Versicherungsmarkt im Falle einer Aufsichtsgesetzgebung mehr oder weniger geschlossen. Völlig geschlossen ist der Markt, wenn überhaupt nur die Monopolanstalt oder eine bestimmte Anzahl von Versicherern, etwa nur die bereits bestehenden Gesellschaften, Versicherungsverträge anbieten dürfen, völlig offen hingegen, wenn jeder die Berechtigung hat, als Versicherer aufzutreten; bestimmte Voraussetzungen fordernde Zulassungsbestimmungen schaffen eine zwischen diesen beiden Extremen liegende Marktsituation. Auch hier können ernste Bedenken gegen eine vollkommene Marktoffenheit hinsichtlich der Versicherer nicht unterdrückt werden (vergl. § 26).

Einen einheitlichen Versicherungsmarkt gibt es streng genommen nicht, selbst nicht an den Versicherungsbörsen. In Wirklichkeit handelt es sich um soviel *Teilmärkte* als es Versicherungszweige und in diesen Arten gibt. Überall dort, wo Versicherungsverträge verbindlich abgeschlossen werden, ist ein Versicherungsmarkt anzunehmen. Als in sich vollkommene Teilmärkte eines unvollkommenen Gesamtmarktes, als Elementarmärkte, wie sie *von Stackelberg* genannt hat, kann man höchstens die Angebotssituation eines bestimmten Versicherers in einem bestimmten Versicherungszweig, vielleicht nur dessen einzelnen Vertreter bezeichnen. Die einzelnen Versicherungsteilmärkte stehen teilweise in einem substitutiven, teilweise in einem komplementären Verhältnis zueinander, je nachdem ob sich die angebotenen Versicherungsverträge, von den Nachfragern als untereinander gleichwertig angesehen, gegenseitig ersetzen können oder ob sie sich gegenseitig in der Richtung eines totalen Versicherungsschutzes ergänzen.

Versicherer und Versicherungsmarkt

Über die Einstellung des Versicherers gegenüber dem Versicherungsmarkt wurden bereits mehrfach Andeutungen gegeben. Dort wo ihm die Anträge nicht automatisch zufließen müssen (Monopole), bemüht er sich durch eine feingliederig aufgebaute Vertreterorganisation um die Erlangung eines größtmöglichen Geschäftes, um nach dem Prinzip der großen Zahlen die relative Schwankungsbreite der Wahrscheinlichkeitszahlen (Schadenhäufigkeit und durchschnittlicher Schadenumfang) verringern, die Sicherheit seines Betriebes erhöhen, Kostendegressionen ausnützen und eventuell größere Gewinne machen zu können. Diesen auf eine Betriebsausdehnung hindrängenden Tendenzen treten — und zwar in um so stärkerem Maße, je länger diese Tendenzen sich bereits ausgewirkt haben — retardierende Kräfte entgegen, so daß sich das ***Problem der optimalen Betriebsgröße auf Grund der gegebenen Marktstruktur*** ergibt. Auf einem schon lange und von vielen Gesellschaften bearbeiteten Markt läßt sich eine rasche und überproportionale Geschäftsausdehnung nur um den Preis der Hereinnahme weniger günstiger Wagnisse erzielen. In einer fortschreitenden Volkswirtschaft wachsen zwar immer wieder gute und sogar bessere Wagnisse als bisher nach, aber gerade um diese geht der manchmal recht kostspielige Wettbewerb der Versicherer in erster Linie. Hat sich der Versicherer an diesen zuwachsenden Risiken seinen Anteil zu sichern verstanden, dann kann er eine weitere Bestandserhöhung nur erreichen, wenn er in der Auswahl der Wagnisse großzügiger verfährt. Es kann deswegen vorteilhafter sein, statt auf dem bisherigen Versicherungsmarkt zu steigenden Kosten ein notwendig immer schlechter werdendes Geschäft zu suchen, durch Entwicklung eines neuen Versicherungszweiges einen neuen Versicherungsmarkt zu schaffen, der dem ersten Versicherer noch genügend gute Risiken bietet. Je länger ein Versicherungsmarkt schon bearbeitet ist, je traditioneller die Beziehungen zwischen Versicherer und Versicherungsnehmer im einzelnen schon geworden sind, desto zeitraubender und teurer ist es für einen Versicherer, sein Geschäft auf Kosten der anderen Versicherer auszubauen. Es kann nicht übersehen werden, daß der die optimale Betriebsgröße bestimmende ideale Schnitt, wo die mit weiterer Geschäftsausdehnung anwachsenden Kosten in ihrer Gesamtheit den immer mehr zu schwinden drohenden Gewinn gerade noch decken, mitunter von den großen und größten Versicherungsgesellschaften übersehen wurde. Ein Symptom dafür ist der oft höhere Börsenkurs kleinerer Gesellschaften.

Mit der Frage des Verhältnisses von Groß- und Kleinbetrieben in der Versicherungswirtschaft hat sich als erster und vor allem *Rohrbeck* beschäftigt. Die optimale Leistungsgröße eines Versicherungsträgers liegt, wie er mit Recht hervorhebt, da, wo jener dem idealen Ausgleich des Schadenverlaufs sehr nahe kommt, aber noch nicht so groß ist, daß er unübersichtlich und unlenkbar ist; sie wird also je nach den verschiedenen Versicherungszweigen in verschiedenen Größendimensionen und selbst da nicht immer gleichmäßig liegen. Der größere Betrieb an sich muß noch nicht der wirtschaftlichere sein, auch nicht in der Versicherung trotz des im Prinzip der großen Zahlen liegenden Massengeschäftes. „Der Dienstleistungscharakter der Versicherung verlangt, weit über die formale Regelung der Kapitalbildungszusage hinaus, eine ständige, enge Beziehung des Versicherers zu dem Versicherten, um sein Interesse am Versicherungsschutz zu erhalten. Je stärker dieser ihm verbunden bleibt, desto sicherer wird die Erreichung des Versicherungszweckes, desto wirtschaftlicher kann der Versicherer arbeiten" *(Rohrbeck)*. Vergleiche zwischen Sozialversicherungsträgern und Individualversicherungsgesellschaften gehen fehl, weil die Arbeitsweise ganz verschieden ist, der Versichertenbestand eine höchst unterschiedliche Zusammensetzung aufweist und der gebotene Versicherungsschutz eine ganz verschiedene Dimension hat. Wenn nach *Rohrbeck* selbst innerhalb der Sozialversicherungsträger mit ihren automatisch zugewiesenen Versicherten kleinere Kassen einen höheren Leistungserfolg verbuchen können, so gilt das in um so höherem Maße für die Privatgesellschaften. Hier haben es die allgemein anerkannten Regeln, nach denen Versicherungen heute angenommen und behandelt werden, innerhalb der Großbetriebe (mit Ausnahme der Lebensversicherungsgesellschaften) zwar ermöglicht, das Geschäft weitgehend von Bezirks- und Landesdirektionen oder sogar Generalagenturen unter Vorbehalt einer bloßen Kontrolle seitens der Zentrale bearbeiten lassen, ein Umstand, der das Gewicht der an der Spitze stehenden Persönlichkeit herabzusetzen scheint. Im Alltag zeigt sich aber auch hier immer wieder ein Vorsprung der näher liegenden Direktion, und das ist sehr oft die der kleineren Gesellschaft, die rasch und einfühlend genug ist, um die schematische Regel den individuellen Verhältnissen anzupassen. In der Hauptsache handelt es sich ja nicht um Versicherungsnehmer größten Ausmaßes, sondern um viele kleine und mittlere Betriebe, die sich bei einem kleineren Versicherer eine entgegenkommendere Berücksichtigung ihrer Wünsche und Bedürfnisse erwarten als bei einem Großbetrieb, wo dem Ausfall ihrer Versicherung nicht dieselbe Bedeutung beigelegt wird. Die dem Versicherungsbetrieb seiner Struktur nach innewohnende Tendenz steter Vergrößerung bedeutet deswegen noch lange nicht die unbedingte Überlegenheit des größeren über den kleineren Betrieb in jeder Hinsicht. So kann um nur ein Beispiel zu erwähnen, der Großbetrieb niemals die gegenseitige Kontrolle der Versicherten eines kleineren Vereins erreichen, die es wegen der relativ geringeren

Schäden dem letzten ermöglicht, seinen Versicherungsschutz billiger zu bieten (Kranken-, Tier- und Feuerversicherungsvereine).

Die Konzentrationsbewegung hat sich in Deutschland in zwei wesentlich verschiedenen Typen vollzogen. In dem einen Fall wurden die angegliederten Gesellschaften von der Hauptgesellschaft aufgesogen und mit ihr vereinigt, so daß ein größerer Versicherer entstand. In dem anderen Fall blieben die abhängigen Gesellschaften in formeller Selbständigkeit bestehen, so daß selbst die zum gleichen Konzern gehörenden Gesellschaften sich gegenseitig Konkurrenz machen. Man hat in dem letzten Fall bewußt auf die Vereinigung verzichtet, um die Einflußmöglichkeit der leitenden Persönlichkeiten in den Untergesellschaften zu erhalten und um den großen Zentralkörper mit seiner schematischen Massenarbeit zu vermeiden.

Für den *Standort der Versicherungsbetriebe* ist eine Reihe von Faktoren maßgebend, teils irrational-historische wie der zufällige Platz des Entstehens einer Gesellschaft, teils rational-historische (ein früherer Handelsplatz), teils institutionelle (Hauptstädte und Verwaltungszentren), teils verkehrstechnische (günstige Verbindungen nach allen Seiten) und nicht zuletzt auch rein propagandistische (Benennung der Gesellschaft nach einem bekannten und beliebten Ort). Daneben wirkt sich der Versicherungsmarkt als Standortsfaktor aus in doppelter Hinsicht: (1.) die Lage der Versicherungsgesellschaften ist bevorzugt konsumorientiert; sie treten gehäuft in Gegenden oder Plätzen starker Versicherungsnachfrage auf; (2.) die verwaltungsmäßig und technisch notwendige Zentrale muß sich in eine Organisation aufgliedern, die den Versicherungskandidaten eng auf den Fersen bleibt. Das Standortsproblem erweist sich auch hier als ein sehr komplexes Problem, das bislang nur in Ansätzen erforscht ist. Die einzelnen Standortsfaktoren wirken sich auf die verschiedenen Versicherungszweige unterschiedlich aus: die Rückversicherung ist auf bedeutend weniger Plätze konzentriert als die anderen Versicherungszweige, und unter diesen ist die Notwendigkeit, den Versicherungsnehmern in ihre Wohn- oder Niederlassungsorte zu folgen, nicht überall gleich stark.

Wenn *Horst Wagenführ* feststellt: „Dem Standort nach konzentrieren sich die Versicherungsunternehmungen in der Hauptstadt und in den Industrie- und Handelsplätzen des Reiches (Berlin, Rheinprovinz, Hamburg)", so sind dafür eine Reihe der oben angeführten außerwirtschaftlichen Gründe bestimmend gewesen, daneben aber auch die Tendenz, den Standort des Versicherungsbetriebes in das Gebiet der größten Versicherungsnachfrage zu verlegen. In USA. sind die Lebensversicherungsunternehmungen bedeutend häufiger in den dichter besiedelten Oststaaten als in den Weststaaten vertreten, und zwar wiederum verstärkt in den Städten besonders dichter Bevölkerungsagglomeration (siehe die Karte in „Versicherungswirtschaft" 1949, S. 177). *Paul Donay* hat für den Standort der deutschen privaten Krankenversicherung eine in „Versicherungswirtschaft" 1949, S. 294, abgedruckte Karte zusammengestellt, aus der sich eine Bevorzugung der Großstädte und Westgebiete ergibt. Die das Industriegeschäft pflegenden Sachversicherungsgesellschaften sind stark in Industriegegenden (Rheinland, Sachsen, Berlin) vertreten, Gesellschaften mit bevorzugt landwirtschaftlichem Geschäft in Gegenden stärkerer Agrarwirtschaft (Magdeburg, Mecklenburg); Transportversicherungsgesellschaften finden sich häufig an großen Verkehrszentren und Hafenplätzen (Mannheim, Hamburg, Bremen, Triest, Marseille, London u. a.). Rückversicherungsunternehmungen waren nach der erwähnten Zusammenstellung von Horst Wagenführ 1934 weit weniger über das Reichsgebiet verstreut, sie konzentrierten sich in der Hauptsache auf Berlin und die Rheinprovinz, also auf Gegenden, in denen die Erstversicherungsunternehmungen ihrerseits stark vertreten waren; eine Ausnahme, für die andere Gründe maßgebend sind, macht München, das in der Münchener Rückversicherungsgesellschaft allerdings die bedeutendste deutsche Rückversicherungsgesellschaft beherbergt. Die kleineren Versicherungsvereine haben von vornherein einen begrenzten Wirkungsraum.

Das Standortproblem darf indes nicht nur nach der Lage der Zentrale des Versicherers aufgeworfen werden, sondern auch hinsichtlich des betrieblichen Aufbaus des Unternehmens nach Außenstellen, Bezirksdirektionen, Generalagenturen und Vertreterorganisation. Hier haben Gesellschaften, die das Kleingeschäft in Hausrat, Landwirtschaft und Gewerbe pflegen, einen bis in den letzten Winkel des Landes reichenden Vertreterstab aufgebaut, während Gesellschaften, die sich auf das große Industriegeschäft spezialisieren, auf eine derartige Organisation verzichten. Nimmt man als Standort des Versicherers den Ort, an dem der Vertrag rechtswirksam abgeschlossen werden kann, wobei dann eben ein Versicherer eine Vielheit von Standorten haben kann, dann zeigt sich eine auffallende Erscheinung. Auf der einen Seite stehen die Lebensversicherungsunternehmungen, in denen Annahme bzw. Ablehnung des Versicherungsantrages und Ausfertigung des Versicherungsscheines zumeist in der Zentrale erfolgt, auf der anderen Seite die Sach-, Haftpflicht- und Krankenversicherungsunternehmungen, wo diese Arbeiten den an die Hauptzentren des Landes gelegten Bezirksdirektionen zugeteilt sind; in der Transportversicherung sind, was in diesem Zusammenhang von Bedeutung ist, Vertragstypen (General- oder Mantelverträge) entwickelt worden, in denen der faktisch wirksame Versicherungsabschluß für das einzelne Objekt durch die Anmeldung des Versicherungsnehmers zustande kommt, die rechtsverbindliche Haftung des Versicherers also an dem Ort des Versicherungsnehmers ausgelöst wird. *Je kurzfristiger das einzelne konkrete Versicherungsverhältnis ist, desto mehr wandert der Standort des faktischen Abschlusses zu dem Standort des Versicherungsnehmers, je langfristiger das Versicherungsverhältnis ist, desto mehr in die Zentrale des Versicherers.* Bei der Transportversicherung handelt es sich hinsichtlich des einzelnen versicherten Objektes um Versicherungsdauern von wenigen Stunden oder Tagen, die zumeist verstrichen wären, bis die Antwort des zentralen Versicherers eintrifft; ferner taucht dieser Versicherungsbedarf je nach den von dem Versicherten getätigten Abschlüssen sprunghaft und unvorhersehbar auf. In der Lebensversicherung laufen die Verträge auf Jahre oder Jahrzehnte, denen gegenüber Verhandlungsdauern von einigen Wochen keine Rolle spielen, der Abschluß kann in die Zentrale verlegt werden. Die große Masse der Sachversicherungen und Krankenversicherungen liegen dazwischen, die Verträge werden zumeist auf Jahre, in einzelnen Fällen jedoch kurzfristiger geschlossen, und es läßt sich der Abschlußverkehr mit einem in der Nähe des Versicherungsnehmers liegenden zentralen Ort ohne kostbaren Zeitverlust bewerkstelligen. Diese Beziehung zwischen Abschlußdauer und Dauer des Versicherungsverhältnisses darf jedoch nicht als der schlechthin einzige Standortfaktor aufgefaßt werden. Neben ihm ist ebenso bedeutsam: *je eingehendere technische Kenntnisse die Prüfung der Wagnisse erfordert*, je speziellere Berechnungen (z. B. in der Lebensversicherung) erforderlich sind, *desto mehr wird der Abschluß in die Zentrale bzw. in die Bezirksdirektion gezogen*, wo das geschulte Personal vorhanden ist (Industriegeschäft und große Landwirtschaft), *je geringer die erforderlichen technischen Kenntnisse sein können, desto eher kann der Abschluß dem Vertreter überlassen werden* (Hausratversicherung — Kuponpolicen) oder durch einen Automaten erfolgen (Reisegepäckversicherung). Nicht zu vergessen sind in dieser Hinsicht auch persönliche Momente der abschlußberechtigten Persönlichkeiten, ihre Sachkenntnis, Vertrauenswürdigkeit und — Empfindlichkeit (!). Man sieht, das für die Organisation eines Versicherungsbetriebes wichtige Standortproblem erweist sich in jeder Beziehung als äußerst kompliziert.

Wie in allen Wirtschaftszweigen ist es auch für den Versicherer unerläßlich, sich durch eine objektive *Marktforschung* über die Struktur des von ihm zu bearbeitenden Marktes zu unterrichten, damit er sich über die wirtschaftliche Zulässigkeit und Zweckmäßigkeit seiner Dispositionen entscheiden kann. Hier darf es nicht bei der Zusammenstellung von technischen und statistischen Daten verbleiben. So wichtig die Kenntnis der überhaupt vorhandenen versicherbaren Objekte, ihrer Natur und Lage, ihrer Häufigkeit und Gefährdung, die Kenntnis der Einkommens- und Ertragsstruktur sowie der saisonalen, konjunkturellen und strukturellen Entwicklungstendenzen ist, nicht weniger wichtig sind einzel- und massenpsychologische Einstellung des Versicherungspublikums zu der Versicherung überhaupt. Zur vollen Markttransparenz gehört ferner ein Wissen um das Verhalten der konkurrierenden Versicherer, deren Taktik es sich unter Umständen anzupassen gilt. Wo es um neue Märkte geht, bildet sich oft eine Führerschaft einzelner wagelustiger Versicherer heraus, deren „Monopolrente" von den übrigen angegriffen wird, deren Reaktion auf den Eindringling aber ebenfalls berücksichtigt werden muß.

Bei der Entwicklung eines neuen Marktes geht es zunächst in der Werbung um die Weckung eines Versicherungsbedarfs, dem Publikum muß die Notwendigkeit einer Versicherungsnahme zum Bewußtsein gebracht werden; auf allen Märkten muß auf die Dringlichkeit einer Anpassung der bestehenden Verträge an die inzwischen geänderten Verhältnisse (Summenerhöhungen), einer zweckmäßigen Erweiterung des Versicherungsschutzes (Wegfall bisheriger Ausschlüsse, Hinzunahme weiterer Einschlüsse), auf die Notwendigkeit ergänzender Versicherungszweige (Nebenzweige) hingewiesen werden. Ausschlaggebend für den Erfolg oder Mißerfolg derartiger Maßnahmen ist aber letzten Endes die begründete oder unbegründete Stellung des Publikums zur Versicherung überhaupt. Oft gilt es Abneigung oder Vorurteile, die sich unter Umständen auf ein ungeschicktes oder unfaires Verhalten einzelner Versicherer gründen, zu überwinden. Wer als ausländischer Versicherer auf einem fremden Markt auftreten will, muß außer dessen Besonderheiten auch die nationale Empfindlichkeit der Einheimischen gegen den Ausländer überhaupt und die Tendenz der Aufsichtsbehörden und gesetzgebenden Körperschaften kennen. Nicht jede Werbung spricht in allen Ländern an, zweckmäßiger ist es oft nicht direkt, sondern durch Tochtergesellschaften, Beteiligungen u. dgl. indirekt aufzutreten. Wichtig ist es zu wissen, wieweit den privaten Versicherungsmarkt einengende Zwangsversicherungsverhältnisse (Sozialversicherung) bestehen. Selbstverständlich müssen alle Daten möglichst neuen Datums sein, wenn auch historische Erfahrungen nicht unberücksichtigt bleiben dürfen. Bedeutungsvoll ist es, ob das Publikum mehr von der Vernunft her angesprochen werden will, also durch eine überzeugende Begründung, oder sich durch andere mehr irrationale Motive bestimmen läßt (Angstmotiv, Eigennutzmotiv, Traditionsmotiv, Liebe zu den Angehörigen, Neugierde, Pflichtbewußtsein, Humor usw.). Repräsentativbefragungen über die Wirkung bestimmter Werbemittel nach System Gallup können Fingerzeige geben, um das passende Motiv herauszufinden. Auch die Beliebtheit der Außenorgane (Vertreter) am Orte spielt eine nicht unbedeutende Rolle. Verhandlungsatmosphäre, Ton des Schriftwechsels und persönliche Bemühung um den Kunden sind oft wichtiger als die objektiven Umstände. Augenblickliches Entgegenkommen macht sich zumeist später bezahlt. Kleine Gefälligkeiten erhalten die Freundschaft. Individual- und Gemeinschaftswerbung sind zweckmäßig aufeinander abzustellen. Nicht unwesentlich ist es für den Versicherer zu erkennen, wieweit sich ein Aufwand zur Schadenverhütung (technische Beratung des Versicherungsnehmers, Gesundheitsdienst, Betriebsprüfungen u. dgl.) durch eine Senkung der Schadenzahlungen rentiert. Je nach der psychologischen Einstellung der Öffentlichkeit spielt auch die Titulierung des Außendienstes (Generalvertreter, Direktor) eine Rolle.

Der Versicherungsbedarf ist verschiedenartig im Raum verteilt. *Rohrbeck* unterscheidet raumgebundene, raumangelehnte und raumbefreite Versicherungsbedürfnisse. In den *raumgebundenen Versicherungszweigen* (Gebäudefeuer-, Leitungswasserschäden-, Mietsverlust-, Betriebsunterbrechungs-, Glas-, Bauwesen-, Montage-, Hagel-, Sturm-, Regen- und meist auch in der Tierversicherung) ist das Versicherungsbedürfnis an den Ort des Versicherungsobjektes gebunden, weswegen für den Versicherer auch leicht Kumuls entstehen können. Die wichtigste Vorsorge des Versicherers neben der Rückversicherung ist hier die Verteilung des Geschäfts auf verschiedene Räume (*Rohrbeck*). Bei den *raumangelehnten Versicherungszweigen* (Lebens-, Haftpflicht-, Kredit-, Transport-, Unfall-, Krankenversicherung) brauchen die nach dem Wohnsitz des Versicherungsnehmers registrierten Versicherungsbedürfnisse keineswegs an diesem Ort zur Geltung zu kommen. *Raumbefreite Versicherungsarten* finden sich, wo der Gesetzgeber „von überräumlichen Gesichtspunkten aus eine Gleichmäßigkeit des Versicherungsschutzes festgesetzt hat" (Sozialversicherung, Jagdhaftpflicht-, Kraftfahrzeughaftpflicht- und Haftpflichtversicherung der Wirtschaftsprüfer). Bei den raumgebundenen Versicherungsarten kann der Raum ein Faktor für die Höhe des Versicherungsentgelts sein, insofern Schadenhäufigkeit und Schadenumfang von den besonderen Verhältnissen des betreffenden Raumes, von seinem Klima, seiner wirtschaftlichen Lage, seinen Gefahrenquellen usw. abhängen, bei den raumangelehnten bzw. raumbefreiten Versicherungsarten ist dieser Zusammenhang gelockert. Für die Marktforschung und die daraus abzuleitende betriebs- und volkswirtschaftliche Würdigung des Raumes sind diese Unterschiede bedeutungsvoll.

Versicherungsnehmer und Versicherungsmarkt

Weniger kompliziert stellt sich das Verhältnis der Versicherungsnehmer zu den Versicherungsmärkten dar. Aus den gebotenen Versicherungsmöglichkeiten können sie sich meist die ihren Bedürfnissen und Notwendigkeiten entsprechenden Versicherungen und unter den Versicherern den ihnen genehmen wählen. Je günstiger ihr Wagnis ist, je größer das von ihnen gebotene Geschäft ist, desto mehr können sie sich von den Versicherern umwerben lassen, desto leichter können sie Zugeständnisse, billigere Prämien und andere Vergünstigungen durchsetzen, ein um so entgegenkommenderes Verhalten des Versicherers können sie erwarten, desto eher können sie den einen Versicherer gegen den anderen ausspielen. Eine zu hohen Sätzen ansteigende Steuergesetzgebung steigert die Bereitschaft, Versicherungen abzuschließen, wenn die Prämien von den Einkommen oder Betriebseinnahmen abgesetzt werden dürfen.

Ob man selbst bei einem individuellen Versicherungsobjekt (Industriebetrieb, Überseedampfer u. dgl.) von einem Nachfragemonopol, etymologisch richtiger von einem Monoon, sprechen kann, erscheint problematisch. Mag auch das Versicherungsobjekt in der besonderen Struktur seines Wesens nur einmal bestehen, so ist es für den Versicherer trotzdem nur als Teil eines Kollektivs, mithin als wenigstens in einem gewissen Ausmaß mit anderen Wagnissen homogenes Risiko versicherbar. Mit demselben Recht könnte man jeden Lebens- oder Krankenversicherungskandidaten als einen „Monopolisten" bezeichnen, weil er in seiner Individualität nicht wiederkehrt.

Außerhalb der Zwangsversicherungsverhältnisse besteht allgemein kein gesetzlicher Zwang zum Abschluß von Versicherungen, jedoch finden sich vielfach seitens der Gläubiger auferlegte vertragliche Verpflichtungen zum Abschluß bestimmter Versicherungen. Die Kraftfahrzeughalter sind in vielen Staaten (in Deutschland durch Gesetz vom 7. 11. 1939) zum Abschluß einer Haftpflichtversicherung verpflichtet; Zulassung der Kraftfahrzeuge erfolgt nur gegen Vorlage einer Versicherungsbestätigung seitens eines zugelassenen Versicherers (Straßenverkehrsordnung vom 13.11.1937 §23). Wieweit es zu den Obliegenheiten eines ordentlichen Kaufmanns gehört, Versicherungsverträge abzuschließen, richtet sich nach den Verkehrsgepflogenheiten. Kommissionär, Spediteur und Lagerhalter sind nach deutschem Recht für die Unterlassung der Versicherung des Gutes nur verantwortlich, wenn sie zum Abschluß einer Versicherung angewiesen waren (HGB §§ 390, 407 und 417). Der Nießbraucher hat für die Dauer des Nießbrauchs die Sache gegen Brandschaden und sonstige Unfälle zu versichern, wenn die Versicherung einer ordnungsgemäßen Wirtschaft entspricht (BGB. § 1045). Der Ehemann ist der Frau gegenüber zur Zahlung der Prämien für die Versicherung des eingebrachten Gutes verpflichtet (BGB. § 1385). Zum Inhalt des Erbbaurechtes gehören auch Vereinbarungen des Grundstückseigentümers und des Erbbauberechtigten über die Versicherung der Bauwerke (Verordnung über Erbbaurecht vom 15.1.1919 §2). Versicherungspflicht trifft ferner Jäger gegen Haftpflicht (Jagdgesetz vom 3.6.1934 §23), Wirtschaftsprüfer und Wirtschaftsprüfungsgesellschaften gegen Haftpflicht (Erlaß des Reichswirtschaftsministers vom 18.12.1937), Luftfahrzeughalter (Luftverkehrsgesetz vom 1.8.1922 § 29), den Lagerhalter beim Orderlagerscheingeschäft auf Verlangen des Einlagerers oder des legitimierten Besitzers des Lagerscheines für das Lagergut gegen Feuerschäden (Verordnung über Orderlagerscheine vom 16.12.1931 §20). All diese Versicherungspflichten überlassen dem Verpflichteten nicht nur die Entscheidung darüber, bei welchem Versicherer er seinen Vertrag eingehen will, sondern zumeist auch darüber, in welcher Höhe, zu welchen Prämien und Bedingungen er die Versicherungen abschließt. Es hat sich bis jetzt wohl kaum feststellen lassen, daß diese „Zwangsnachfrage“ nach Versicherungsschutz zu einer für die Versicherungsnehmer ungünstigen Marktsituation geführt hat.

Schon durch das gegenseitige Zahlenverhältnis tritt die Nachfrage nach Versicherung zersplitterter auf dem Versicherungsmarkt auf als das Angebot. Durch Anfrage bei den an einem Ort von mehreren Gesellschaften eingesetzten Vertretern, durch Einholung von Angeboten bei einer Reihe von Versicherern, durch Umfrage bei Nachbarn und im Freundeskreis, durch eine vereinbarte gegenseitige Unterrichtung über die eigenen Verträge, schließlich durch Versicherungsberater und Versicherungsschutzverbände vermögen sich die Versicherungsnehmer aus ihrer Isolierung zu lösen und Einblick in den Versicherungsmarkt zu bekommen. Allerdings kommt es auch vor, daß der Versicherungsnehmer wegen geschäftlicher oder anderer Beziehungen zu einem ganz bestimmten Versicherer gezwungen ist; in der Mehrzahl der Fälle scheint aber öfter der Versicherer als der Versicherungsnehmer zu Zugeständnissen gezwungen zu werden.

Über die wirtschaftliche Berechtigung und die persönlichen Qualitäten der *Versicherungsberater* ist ein allgemeines Urteil kaum möglich. Es gibt eine Reihe ausgezeichneter Institute, die meist im Zusammenhang mit Treuhand- und Prüfungsaufgaben die Versicherungsnehmer einwandfrei und mit Sachkunde beraten, es gibt auf der anderen Seite Institute und Einzelberater, die getarnte Vertretungen bestimmter Gesellschaften sind, und es gibt unter diesen wieder einige, die Verträge mit mehreren Gesellschaften haben und nach ihren Provisionsinteressen die Versicherungen dieser oder jener Gesellschaft zuführen. Mitunter lassen sie sich dafür zweimal, sowohl von dem Versicherer eine Provision als auch von dem Versicherungsnehmer eine Beratungsgebühr zahlen. Die den Versicherungsnehmer vor Nachteilen schützende Tätigkeit der einwandfreien Beratungsfirmen ist ohne Zweifel anzuerkennen; sie ist sogar geeignet, ein besonderes Vertrauensverhältnis zwischen dem Versicherer und seinem Versicherten zu schaffen, und diese Berater haben mehrfach sogar eine Verbesserung des Versicherungsschutzes zu erreichen vermocht. Eine objektive Würdigung darf aber Fälle nicht übersehen, in denen sie ein unberechtigtes Mißtrauen zwischen Versicherer und Versicherungsnehmer säen, das leicht zu der berüchtigten Verklausulierung der Vertragstexte führt. Ferner kann man beobachten, daß die Versicherer aus Angst vor einer Verallgemeinerung vor Einzelzugeständnissen, zu denen sie nach Lage der Sache an und für sich bereit wären, zurückschrecken, wenn sie wissen, daß eine Beratungsfirma mit im Spiele ist, die sich dann in anderen Fällen darauf berufen würde.

Die *Versichertenverbände* oder *Versichertenschutzverbände* haben sich in Deutschland seit den neunziger Jahren gebildet und bezwecken eine unabhängige und objektive Beratung der Versicherten in allen Versicherungsangelegenheiten und auch eine Vertretung der Versicherten bei der Aufstellung der Allgemeinen Versicherungsbedingungen; sie begutachten die Versicherungsverträge ihrer Mitglieder und beraten sie bei den Schadensverhandlungen. Teilweise waren sie auch Preiskoalitionen auf seiten der Nachfrage, ersparten ihren Mitgliedern Abschluß- und Inkassoprovisionen und konnten Rabatte durchsetzen. Sie waren ferner als Abwehrorganisationen gegenüber den Verbänden der Versicherer gedacht. Die große Masse der Versicherten haben sie bis heute jedoch nicht zu erfassen vermocht.

Die Versicherten stellen untereinander eine zu amorphe und gegensätzliche Masse dar, als daß ihre Organisierung zu einem gemeinsamen Auftreten gegenüber den Versicherern anders als nur in einem beschränkten Umfange im Anschluß an bereits bestehende Verbände oder Organisationen anderer Art gelingen könnte. Die deutschen Zuckerfabriken, die österreichische Montanindustrie, andere Industriellenvereinigungen wie der Verein deutscher Maschinenbauanstalten, landwirtschaftliche Verbände, Automobilklubs, Sportorganisationen und andere Verbände haben gewisse Erfolge erzielen können, weil ihre Mitglieder bereits für andere Zwecke geeint waren. Von derartigen Vereinigungen aufgezogene rein fachliche Versicherungsträger haben keine große Bedeutung erlangt: sie laufen einerseits Gefahr einer einseitigen Zusammensetzung ihres Versicherungsbestandes und ermangeln damit des Gefahrenausgleichs, und andererseits sind sie nicht groß genug, um über den Durchschnitt hinausgehende Risiken ohne Mitwirkung von Rückversicherer, die sich wegen ihrer Verbindungen zu den anderen Versicherern versagen, übernehmen zu können. Namentlich wenn die Verbände der Versicherer versuchen, eine allgemeine Prämienaufbesserung oder einen allgemein gültigen Tarif mit höheren Sätzen oder eine für die Versicherungsnehmer ungünstige Gestaltung der Verträge geschlossen durchzusetzen, tauchen Bestrebungen der betroffenen Versicherungsnehmer auf, in der Form eines Gegenseitigkeitsvereins einen eigenen Versicherungsträger zu schaffen, so 1950 bei der Erhöhung der Kraftfahrzeugprämien, Bestrebungen, die meist schon an der Beschaffung des erforderlichen Gründungskapitals und dem Erhalt genügender Rückversicherungsverträge scheitern; da der Rückversicherer sich auf die Geschäftshandhabung des Erstversicherers verlassen muß, wird er derartigen aus dem Gegensatz zu den Versicherungsgesellschaften hervorgegangenen Neugründungen von Anfang an mit Mißtrauen begegnen, eine einseitige Ausnutzung seiner Verpflichtungen zugunsten der Versicherten fürchten und sich zurückhalten.

Die Frage, welche Gründe die Nachfrage nach Versicherungsschutz bestimmen, ist wissenschaftlich noch nicht geklärt. Soweit eine Versicherungspflicht gegeben ist, reduziert sich das Problem auf die Frage, ob und in welchem Umfange von ergänzenden Versicherungsmöglichkeiten Gebrauch gemacht wird. Das Vorhandensein einer Gefahr schließt nicht schon ein Versicherungsbedürfnis ein. Es gibt Gefahrenquellen, die als drohend (Feuer, Haftpflicht, Erkrankung, Begräbniskosten) und andere, die erst bei höheren Einkommen als Unsicherheit und wieder andere, die als vernachlässigbar angesehen werden. Dem objektiven Gefahrengrad braucht eine derartige Einstufung nicht zu entsprechen, sonst müßte die Großstadtbevölkerung häufiger eine Unfallversicherung nachfragen als eine Feuer- oder Einbruchdiebstahlversicherung für ihren Hausrat. Über die Abhängigkeit der Nachfrage von den Kosten der Versicherung und der Einkommenslage der Versicherungsnehmer gibt es nur die Erfahrungsregel, daß sich eine Nachfrage nach Versicherungsschutz um so leichter erreichen läßt, je billiger die Prämie und je höher das Einkommen ist. Eine bedeutende, von den Versicherern bei der Werbung ausgenützte Rolle spielt dabei die steuerrechtliche Regelung, ob und inwieweit die Versicherungskosten bei der Ermittlung des Gewinnes oder des steuerbaren Einkommens abgesetzt werden dürfen. Je höher der Steuersatz ist, desto billiger kommt die Versicherung zu stehen. So scheint heute die Nachfrage nach Lebensversicherung weniger von den erwarteten Zinsgewinnen des Versicherers und den daraus voraussichtlich anfallenden Versichertendividenden abzuhängen, wie es früher angenommen wurde, als von der Höhe der progressiv ansteigenden Einkommensteuersätze (neben dem Vertrauen in die Stabilität der Währung). Zahlen für die Preis- oder Einkommenselastizität der Versicherungsnachfrage, die darüber einen statistischen Aufschluß geben, wie sich die Nachfrage nach Versicherungsschutz im Zusammenhang mit einer Prämien- oder Einkommensänderung verhält, sind noch kaum ermittelt. Wenn *Bickel* und *Leser* für Züricher Angestelltenhaushaltungen 1936/37 eine Einkommenselastizität für Versicherungsausgaben von nahezu 1 ermittelt haben, so besagt diese Parallelität zwischen dem Aufwand für Versicherungsschutz und der Einkommenshöhe für die Nachfrage am freien Versicherungsmarkt wenig, weil im Ausgabenbudget dieser Haushaltungen die genau dem Einkommen parallel laufenden Kosten der Sozialversicherung vorherrschen. Es ist zu vermuten, daß der Aufwand für gewisse, auch bei niedrigen Einkommen als unbedingt notwendig angesehene Versicherungen, nicht in gleichem Maße wie das Einkommen zunimmt (Feuer-, Hausrat-, Haftpflicht-, Krankenversicherung), wohingegen für andere, insbesondere sog. Luxusversicherungen, mit einem sprunghaften Ansteigen zu rechnen ist. Hinsichtlich der Preiselastizität der Versicherungsnachfrage wird im Haushalt das Verhältnis der Versicherungskosten zu dem Einkommen eine Rolle spielen; in den Betrieben dürfte es sich als wesentlich herausstellen, ob die Versicherungsprämie nach dem Umsatz (Einheitsversicherung, Transportversicherung) oder nach dem eingesetzten mobilen oder immobilen Kapital (die meisten Sachversicherungen) berechnet werden — im ersten Fall fallen Prämiendifferenzen mehr ins Gewicht als im zweiten und hier wieder mehr bei Betrieben mit langsamem Kapitalumschlag als in solchen mit raschem. Die Bestimmungsgründe der Versicherungsnachfrage sind also komplexer Natur.

Die Bedeutung des Wettbewerbs der Versicherer

Wie in der nationalökonomischen Literatur hat man auch in der Versicherungswirtschaft den Wettbewerb der Versicherer untereinander, hier wie immer von den Zwangs- und Monopolanstalten abgesehen, als eine nicht weiter der Untersuchung bedürftige Tatsache hingenommen. Die moderne Forschung hat aber auch hier den Blick für die Problematik geschärft. Wenn als Kennzeichen einer vollkommenen Konkurrenz angesehen werden: das Vorhandensein einer Vielheit von Anbietern, von denen keiner allein einen wesentlichen Markteinfluß auszuüben vermag, das Vorliegen eines homogenen Produktes und die völlige Freiheit des Eintritts oder Austritts von Firmen in oder aus dem Markt, dann ist keine dieser Voraussetzungen in der gegenwärtigen Versicherungswirtschaft erfüllt. ***Man kann also nur von einem mehr oder weniger unvollkommenen Wettbewerb sprechen.***

Ein Blick auf die Tabelle Seite 275/6 zeigt, daß keineswegs eine sehr große Zahl von Versicherern vorhanden ist. Es gibt Versicherungszweige, in denen nur ganz wenige Versicherer tätig sind. Der Markteinfluß des einzelnen ist keineswegs infinitesimal, wobei man noch die unterschiedliche Größe der einzelnen Versicherer beachten muß. Das Versicherungswesen neigt zur Konzentration, so daß die Marktform des Oligopols oder höchstens Teiloligopols die natürliche ist. Auch die Einbeziehung der vielen kleineren Versicherungsvereine, die jeweils nur in einem beschränkten Kreis arbeiten, ändert die Situation nicht grundlegend, was die Marktform dieses Kreises anlangt. Auch ein anderes Kennzeichen des Oligopols, die Preisführerschaft eines oder weniger

Großer, zeigt sich in der Versicherungswirtschaft, denn die kleinen Versicherer folgen vielfach der Annahme- und Tarifierungspolitik der großen angesehenen Gesellschaften.

Eine vollständige Gleichartigkeit (Homogenität) des von den verschiedenen Versicherern gebotenen Versicherungsschutzes innerhalb desselben Zweiges ist nicht gegeben. Abgesehen von den auch in der übrigen Wirtschaft vorkommenden Produktdifferenzierungen wie aufmerksame Bedienung, bequeme Erreichbarkeit, Erweis von Gefälligkeiten u. dgl. bleibt selbst bei völlig gleichartigen Prämien und Bedingungen immer noch das Vertrauen des Versicherungsnehmers in die großzügige und prompte Schadenregulierung des Versicherers ein bedeutungsvolles Unterscheidungsmerkmal. Im internationalen Versicherungsverkehr rechnet *Harrod* die Versicherungsleistungen mit Recht zu den ein hohes persönliches Element einschließenden und damit nicht ohne weiteres untereinander vertauschbaren quasinationalen Gütern, denn „es ergeben sich ... viele Unterschiede in den einzelnen nationalen Gesetzen und Bräuchen, um die Qualität der in verschiedenen Handelszentren angebotenen Dienste zu unterscheiden.... Die internationale Einheit des Marktes wird nicht erreicht". Die von den Versicherern immer mehr erreichte Gleichartigkeit der Versicherungsbedingungen und die behördliche Beaufsichtigung der Versicherungsunternehmungen sind indessen Maßnahmen, die zu einer Homogenisierung des Versicherungsschutzes beitragen.

Auf die behördlichen Zulassungsbeschränkungen in den meisten Ländern und in den meisten Versicherungszweigen wurde bereits hingewiesen. Selbst wo derartige Maßnahmen nicht oder in einer leicht erfüllbaren Weise getroffen sind, bildet die Aufbringung des die Bonität des Versicherers gewährleistenden Garantiekapitals ein nicht immer leicht zu nehmendes Hindernis in dem Zugang zum Versicherungsmarkt.

Die Unvollkommenheit des Wettbewerbes in der Versicherungswirtschaft darf jedoch nicht zu einem abwertenden Urteil oder gar zu vorschnellen Abänderungsvorschlägen führen, denn sie wurzelt tief in der Wesenseigentümlichkeit der Versicherung. Allen liberalistischen Dogmatikern zum Trotz muß festgehalten werden: ***die radikale Beseitigung der einem vollkommenen Wettbewerb in der Versicherungswirtschaft entgegenstehenden Hindernisse würde zu einer die gesamte Volkswirtschaft beeinträchtigenden Erschütterung der Versicherungswirtschaft und in Behebung eines derartigen Zustandes entweder zu einer Beschränkung des Wettbewerbes oder zur Staatsversicherung, d. h. zur Aufhebung des Wettbewerbs überhaupt, führen.*** Theorie und Geschichte erbringen hierfür die Belege.

Das Prinzip der großen Zahlen als das Fundament eines rationalen Versicherungsbetriebes engt die Schwankungsbreite der Wahrscheinlichkeitszahlen mit zunehmender Massengröße ein und würde bei schrankenloser Verkleinerung der Bestände erheblich höhere Sicherheitszuschläge zu den Nettoprämien verlangen, zusammen mit den steigenden Verwaltungskosten und den bei einem ungehemmten Wettbewerb ebenfalls zunehmenden Werbekosten voraussichtlich nicht zu einer Verbilligung, im Gegenteil zu einer Verteuerung des Versicherungsschutzes führen. Wenn in einer Volkswirtschaft die aus verschiedenen Gründen unvermeidbaren Großrisiken nicht im Ausland abgedeckt werden und die Versicherer leistungsfähig genug sein sollen, auch unvorhersehbare Katastrophen hinzunehmen, wenn im Interesse der Zahlungsbilanz und des eigenen Außenhandels die Versicherer auch im internationalen Geschäft mit Erfolg auftreten sollen, sind respektable Versicherungsträger erforderlich. *Das Problem ist zwischen den beiden Extremen: einer (für das Auslandgeschäft nicht in Betracht kommenden) Monopolanstalt maximaler Größe und einer Übersetzung der Versicherungswirtschaft mit unübersehbar vielen kleinen, darum nicht leistungsfähigen und durch ruinösen Wettbewerb verteuernd wirkenden Zwergversicherern, eine dem Anfall aller Wagnisse genügende Anzahl Versicherer optimaler Größe zu finden, die den relativ billigsten und sichersten*

Versicherungsschutz verbürgt. Die Oligopolsituation als solche ist noch nicht bedenklich; Auswüchse wie allgemein schädliche Absprachen untereinander oder rücksichtslosen Preiskampf zu verhindern ist Aufgabe einer Versicherungspolitik und behördlichen Aufsichtstätigkeit.

Restlose Homogenisierung des Versicherungsschutzes würde, wie bereits hervorgehoben, außer den einheitlichen Prämien und Bedingungen auch die gleichmäßig schematische Behandlung aller Versicherungsnehmer und für die Schadenversicherung die für alle Teile unanfechtbare Schadenregulierung durch eine zwar neutrale, dafür aber autoritäre Stelle verlangen. Der gleiche Effekt würde dann in einer Monopol- oder Staatsanstalt ebenso und dazu billiger erreicht.

Vollständige Öffnung des Versicherungsmarktes würde sowohl gutmeinenden, aber sachunkundigen Dilettanten als auch gerissenen Spekulanten einen Tummelplatz für alle möglichen Machenschaften eröffnen. Da sich mit gut Glück für eine gewisse Zeit, bis eben die Schäden anfallen, alle Versicherungen auch zu unzureichenden Prämien decken lassen, wären letzten Endes die vertrauensseligen oder überredeten Versicherten die Leidtragenden, denen gegenüber die Versicherungsversprechen infolge falscher Kalkulationen oder betrügerischer Umtriebe nicht eingelöst werden können. Der Zusammenbruch kleiner, ungenügend fundierter Versicherungsvereine oder spekulativer Gründungen in aufsichtsfreien Versicherungszweigen, wie er immer wieder vorkommt, bestätigt dies ebenso wie die früher erwähnte Notwendigkeit bei der Lloyd's-Organisation, sich zwecks Erhaltung ihres Rufes gegen nicht genügend solvente Mitglieder abzuschließen. Nach vielen trüben, in der Lebens-, Unfall-, Kranken- und Haftpflichtversicherung unter Umständen nicht wieder gutzumachenden Erfahrungen mit einem derart ungeordneten Versicherungsmarkt würden die Versicherten nach dem Staate rufen, damit er eine ihre Ansprüche verbürgende Ordnung oder eine Monopolanstalt schaffe, womit das erreicht ist, das zu bekämpfen man aus Übereifer ausgezogen ist. Selbst in den USA, wo man jeder Staatstätigkeit aus Prinzip abhold war, ist das Versicherungswesen aus diesen Gründen von Anfang an einer staatlichen Kontrolle unterworfen gewesen *(Mowbray)*, die schon im 18. Jahrhundert gewisse Sicherheiten (ausreichendes Kapital, regelmäßige Publizität, Stellung von Depots) verlangte. *Es geht nicht darum, den Versicherungsmarkt für den Zutritt aller weder vollständig zu schließen noch vollständig zu öffnen, sondern durch Zulassung von leistungsfähigen und vertrauenswürdigen Versicherern einen zwar beschränkten, aber die Grenze eines reibungslosen Funktionierens der Versicherungswirtschaft nicht überschreitenden Wettbewerb mehrerer Versicherer herbeizuführen.*

Rath hat sich in schärfster Weise gegen das „konkurrenzwirtschaftlich-kapitalistische System der Versicherung" ausgesprochen. Er wirft ihm drei Fehlleistungen vor:

a) Überhöhung der Kostenlage durch die räumliche Zersplitterung des Arbeitsbereiches mit der Folge, daß in einer Reihe von Versicherungszweigen, darunter auch bei der Feuerversicherung, das Schwergewicht heute nicht mehr auf der Deckung der Schäden, sondern auf der Hereinbringung der Verwaltungskosten liegt. „Die Konkurrenz steigert im Versicherungswesen nicht die wirtschaftliche Leistung und wirkt nicht kostenersparend, sondern sie ist es gerade, die zu der allseits beklagten und scheinbar unentrinnbaren Kostensteigerung führt."

b) Individualistische Ausrichtung des Versicherungsschutzes durch eine zu Lasten des Versicherungsbedarfs der breiten Massen gehende einseitige Risikoauslese, die auf der Seite der Versicherungsnehmer gegenüber dem Versicherer zu einer „Ausnutzungspsychose" geführt habe.

c) Zurückdrängen des Gemeinschaftsgedankens in der Versicherung: Verhinderung einer großzügig ausgebauten Schadensverhütung und Schwächung des Gemeinschaftswillens, Vernachlässigung des Versicherungsschutzes der breiten Massen,

Heranzüchtung eines gemeinschaftswidrigen Verhaltens. „Vom Vertreter bis zum Bezirksdirektor und Generaldirektor trifft der Schutzsuchende immer zu oft nur auf Leute, die etwas an der Sache durch Provisionen, Tantiemen, Dividenden verdienen wollen. Von Interessenvertretern betrieben, ist in der Konkurrenzwirtschaft der letztlich sittliche Grund eines echten Erziehungsanspruchs gefallen."

Diese mit viel Temperament vorgetragenen und durch sehr problematische Statistiken unterbauten Angriffe, die zumindest bei Rath auch von einer einseitigen Einstellung zugunsten des öffentlichen Versicherungswesens bedingt waren, zeigen eine Extrementwicklung des Wettbewerbs in der Versicherungswirtschaft auf, die in diesem Maße nicht allgemein ist, nicht zuletzt dank des Umstandes, daß sich wegen der behördlichen Aufsicht und der Selbsthilfemaßnahmen der Versicherer (Verbandsbildung) ein „vollkommener" Wettbewerb nicht durchgesetzt hat. Die Versicherer haben sich selbst immer wieder gegen eine Überzüchtung des Wettbewerbs gewehrt und sind dabei von der Öffentlichkeit, die nur den Augenblickseffekt sah, nicht immer verstanden worden. Über die Kostenunterschiede bei den verschiedenen Organisationsformen ist oben gesprochen worden. Über die „Ausnutzungspsychose" der Versicherten wird auch in der Sozialversicherung (Krankenversicherung, „Rentenhysterie") geklagt, wo doch kein Wettbewerb mehrerer Versicherer vorliegt. Gegen die Behebung von Versicherungsnotständen haben auch die Privatversicherer Abhilfe geschaffen (Versicherungsgemeinschaften, Pools), in der Schadenverhütung waren sie nicht untätig. Daß die Privatversicherer in den Prämien oft etwas vorsichtiger kalkulieren müssen als ein öffentlicher Versicherer, der mit Hilfe der staatlichen Autorität Nachschüsse eintreiben kann, versteht sich von selbst. Wegen der Höhe der Provisionen ringen die Versicherer selbst um eine Begrenzung, und man darf nicht außer acht lassen, daß das Gewinninteresse des einzelnen Vertreters auch der Verbreitung des Versicherungsschutzes dient, nicht selten ist schon mancher nachträglich dankbar gewesen, daß ihn ein Vertreter rechtzeitig zum Abschluß einer Versicherung „genötigt" hat. In seinem Verhalten gegenüber den Geschädigten unterliegt jeder Versicherer einer aufmerksamen Kontrolle seitens der Öffentlichkeit (Nachbarn und Geschäftsfreunde des Geschädigten, Beschwerdemöglichkeit an das Aufsichtsamt — Prozeßscheu der Versicherer!), und viele Versicherer wissen, daß die Schadenregulierung die beste Reklame für sie ist. Daß er das günstige Geschäft sucht, kann einem Versicherer ebensowenig wie jedem anderen Wirtschafter zum Vorwurf gemacht werden. Auf der anderen Seite darf man nicht das öffentliche Versicherungswesen oder gar eine Staatsversicherung bereits ex definitione als das jeder Kritik entzogene Ideal schlechthin ansehen, und man darf nicht deren heutiges Verhalten, wo sie von dem direkten oder indirekten Wettbewerb der Privatversicherer beeinflußt werden, ohne weiteres auf einen Zustand übertragen, in dem dieser Wettbewerb weggefallen ist: es kommt hier wie dort letzten Endes weniger auf das System als auf die Menschen an.

Versicherungsmakler und Versicherungsbörsen

Die Marktstruktur der im Wettbewerb mehrerer Versicherer organisierten Versicherungswirtschaft läßt sich nicht einheitlich beschreiben; sie ist verschieden bei den einzelnen Versicherungszweigen, ja innerhalb dieser wieder nach bestimmten Branchen (Hausrat-, Industrie-, gewerbliches, landwirtschaftliches Geschäft usw.) und sie unterscheidet sich nach verschiedenen räumlichen Bereichen (Inlands-, Auslands-, europäisches, Überseegeschäft usw.). Eine Konzentration des marktwirtschaftlichen Geschehens, die Herausbildung eines Ortes, an dem sich Angebot und Nachfrage systematisch suchen und an dem sich ein einigermaßen geschlossenes Bild über die augenblicklichen Marktdaten und die Markttendenz ablesen läßt, hat sich nur unter bestimmten Voraussetzungen und nur in einem gegenüber der gesamten Versicherungswirtschaft beschränkten Maße vollzogen. Zwei Erscheinungen sind in diesem Zusammenhang zu erwähnen: die Versicherungsmakler und Versicherungsbörsen.

Versicherungsmakler sind Personen oder Firmen, die in Verwertung ihrer Marktkenntnis und ihrer Berufserfahrung von dem Versicherungsnehmer beauftragt sind, deren Versicherungsverträge zu den gewünschten Bedingungen bei einem oder mehreren Versicherern unterzubringen. Während der Versicherungsagent oder -vertreter in einer dauernden festen Beziehung zu einem Versicherer steht, für den allein er die Geschäfte entgegennimmt, ist der Makler von dem Versicherungsnehmer mit der Unterbringung der Versicherung meist auf Grund eines länger dauernden Auftrages bei irgendeinem Versicherer oder einer Gruppe von Versicherern betraut, ohne in einer ständigen, ausschließlichen Geschäftsbeziehung mit diesen Versicherern zu stehen.

Die Rechtsprechung faßt den Versicherungsmakler als Handelsmakler im Sinne des HGB. § 93 auf, ohne damit dem Typ des heutigen Versicherungsmaklers gerecht zu werden. Er ist als ein „abgewandelter Handelsmakler" *(v. Gierke)* zu bezeichnen, weil er zum Unterschied von diesem praktisch in verschiedener Hinsicht als Vertreter des Versicherungsnehmers erscheint, mit der Besonderheit, daß seine Vergütung nach Handelsbrauch abweichend von HGB. § 99 vom Versicherer zu bezahlen ist *(Prölß)*. Wenn er vom Versicherungsnehmer keinen Auftrag zum Vertragsabschluß mit einem bestimmten Versicherer hat, kann er den Vertrag nach seinem Gutdünken unterbringen. Der Makler ist berechtigt, für den Versicherungsnehmer den Vertrag abzuschließen und er wird als befugt angesehen, gegen seinen Inhalt Widerspruch einzulegen, dagegen gilt er mangels ausdrücklicher Vereinbarung nicht ermächtigt, Anzeigen und Erklärungen des Versicherers (Rücktrittserklärung, Kündigung, Ablehnung eines Schadens) entgegenzunehmen. Ohne abweichende Erklärung ist der Makler nicht Vertreter des Versicherers, er kann keine Erklärungen des Versicherungsnehmers mit Rechtswirksamkeit gegen den Versicherer annehmen oder Deckungszusagen abgeben *(Prölß)*.

Eine Zwischenstufe zwischen Makler und Vertreter nimmt der im Versicherungswesen häufig vorkommende Gelegenheitsvermittler ein, der ohne dem Abschluß von Versicherungsverträgen im Haupt- oder Nebenberuf nachzugehen und ohne die Prämien einzuziehen nach Gelegenheit in seinem Bekanntenkreis Versicherungen einem bestimmten Versicherer vermittelt. Solche Vermittler werden von den Versicherungsgesellschaften gesucht, um ihre persönlichen Beziehungen ausnützen zu können, mitunter werden sie von den Versicherungsnehmern als Strohmänner eingeschaltet, um sich die Provision zu sichern oder um ihnen eine Vergütung (Unterstützung) zukommen zu lassen.

Der Makler entwirft oft den Versicherungsschein, den er dem Versicherer zur Unterzeichnung vorlegt, und er ist auf Grund seiner besonderen Marktkenntnis in der Lage, für seinen Klienten die äußersten Zugeständnisse hinsichtlich der Prämie sowie der Bedingungen herauszuholen. Wenn sie es auch nach außen hin, insbesondere ihrem Auftraggeber gegenüber, bestreiten, vermitteln die Makler praktisch die Versicherung oft dem oder den Versicherern, die ihnen die höchste Provision bieten, ja es kommen sogar Auslobungen der Versicherungsverträge zu höchsten Provisionen vor. Die vom Versicherer zu zahlende Maklerprovision (Courtage) ist üblicherweise bedeutend höher als die normale Vertreterprovision (30% gegenüber 10 bzw. 15%), wobei allerdings zu berücksichtigen ist, daß der Makler unter Umständen im Falle der Vertragsfertigung dem Versicherer einige Arbeiten abnimmt. Die Maklerprovision wird allgemein nach der bezahlten Prämie, mitunter (z. B. in Bremen) nach der Versicherungssumme berechnet. Wenn der Makler für seine Kundschaft auch die Einkassierung der Schäden von den Versicherern übernimmt, berechnet er öfters eine Inkasso-Kommission ($^1/_4$—2 v. H. der einkassierten Beträge).

Das Maklerwesen hat sich besonders an den großen Handelsplätzen wie London und Hamburg entfaltet. Im hansestädtischen Versicherungsverkehr werden die Seeversicherungsverträge in der Regel von Maklern vermittelt *(Hagen)*, wobei der Makler vielfach als Vertrauensmann zwischen beiden Parteien fungiert. In letzter Zeit haben sich die Makler über die Transportversicherung auch in anderen Versicherungszweigen und im Binnenlande, neuestens auch in Süddeutschland, ausgebreitet. Außerhalb der Seeversicherung haben zwar die Verbände der Versicherer dem Eindringen der Makler Widerstände entgegengesetzt, indem sie die Entgegennahme von Verträgen aus Händen der Makler entweder überhaupt untersagten oder nur zu Höchstprovisionssätzen zuließen, geschäftshungrige Versicherer haben sich jedoch nicht daran gehalten oder die Vereinbarungen geschickt umgangen. Indirekt haben die Versicherer das Vordringen der Makler gefördert, indem sie durch ihre Verbandsvereinbarungen bestimmte Zugeständnisse, sei es mit oder ohne Berechtigung, allgemein ablehnten, aber auf Betreiben der Makler in Ausnahmefällen eben doch „notgedrungen" machten. So ergab sich praktisch eine Bevorzugung der durch Makler vermittelten Versicherungen, was deren Beliebtheit förderte.

Der Begriff Börse ist auf die „regelmäßigen Zusammenkünfte von Versicherern sowie Versicherungsvermittlern mit Versicherungsnehmern zwecks Abschlusses von Versicherungsverträgen" *(Frenzl)*, auf die *Versicherungsbörsen* nur mit Einschränkungen anwendbar. Mag sich auch der Inhalt von Versicherungsverträgen weitgehend standardisieren lassen, das subjektive Risiko bleibt individuell. Auch dort, wo das objektive Risiko nahezu gleichartig ist (Hausratversicherung, Kraftfahrzeugversicherung), kann der Versicherer über die Person des Versicherungsnehmers nicht schlechthin hinwegsehen, bei den meisten anderen Versicherungszweigen und -sparten spielen die besonderen Umstände des Versicherungsobjektes (seine Lage, Zusammensetzung, Wertverteilung u. dgl.) eine wichtige Rolle. Die Versicherung ist im Grunde keine „vertretbare" Ware, und die Prämiensätze lassen sich demzufolge wohl vergleichen, aber nicht ohne weiteres identifizieren. Aus den an der Börse zustande gekommenen Prämiensätzen läßt sich nur ein annäherndes Prämienniveau und eine Prämientendenz, nicht aber ein für ein bestimmtes Geschäft schlechthin gültiger Preis ablesen. „Gegenwärtig besteht die Bedeutung der Börse in erster Linie in der Konzentration von Angebot und Nachfrage an einem geschäftlichen Mittelpunkt, was seitens der vertragschließenden Parteien eine raschere und bequemere Übernahme bzw. Unterbringung der Risiken zur Folge hat" *(Frenzl)*.

Versicherungsbörsen haben sich dort entwickelt, wo Einzelversicherer mit beschränkten Mitteln, Verbindungen und Kenntnissen zur Abdeckung größerer Wagnisse in leicht erreichbarer Weise zusammengefaßt werden mußten, also in der Seeversicherung. „Für die Makler, die in der Versicherung ausschließlich Versicherteninteressen vertreten, war die Börse in der Hauptsache der Treffpunkt für die Tätigung der Geschäfte, den sie bei der geringen Aufnahmefähigkeit des Einzelversicherers brauchten, um die anzubietenden Risiken zu verteilen und unterzubringen. Den Versicherern diente die Börse darüber hinaus dazu, bei dem herrschenden Mangel an Verkehrseinrichtungen und rascher Nachrichtenübermittlung Neuigkeiten über Ankunft, Abgang oder Unfälle der Schiffe, politische und wirtschaftliche Ereignisse zu verbreiten und zu besprechen und im Anschluß daran geeignete Entschlüsse zu fassen, nämlich alles das gemeinschaftlich zu besorgen, was im Interesse der Gesamtheit gelegen und dem einzelnen durchzuführen nur unzulänglich oder gar nicht möglich war" *(Frenzl)*. Die Lloyds-Börse in London organisierte einen umfassenden, auch Reedern und Abladern zugute kommenden Schiffsnachrichtendienst, das Schiffsklassifikationswesen, stellte gemeinsame Havarieagenten an ausländischen Plätzen auf und erreichte eine Vereinheitlichung der Prämien und Bedingungen (Platzusancen). Aus dem erstmalig 1647 in Hamburg zustande gekommenen „Vergleich der Assekuratoren in Hamburg", der in der Folgezeit vielfach geändert und erweitert wurde, gingen 1867 die Allgemeinen Seeversicherungsbedingungen und schließlich 1919 die Allgemeinen Deutschen Seeversicherungs-Bedingungen hervor. Die weitere Ausgestaltung der Bedingungen ging dann auf die Verbände der Versicherer über. Außerhalb der Seehandelsplätze und im Binnenlande haben sich Versicherungsbörsen fast nicht entfaltet. An der Londoner Versicherungsbörse werden alle Arten von Versicherungen, in Deutschland (Hamburg und Bremen) vorwiegend Transport- und Feuerversicherungen, weniger andere Versicherungen, an der Börse getätigt.

„Die Technik des Geschäftsabschlusses weicht an den einzelnen Plätzen voneinander ab. Üblich ist die Ausstellung eines vorläufigen Versicherungsscheines, Slip genannt, durch den Makler. Der Slip muß alle wesentlichen Merkmale des Risikos enthalten und wird den Versicherern zur Zeichnung ihrer Beteiligung vorgelegt. Die Annahme des Risikos erfolgt meist durch Unterzeichnung mit dem Anfangsbuchstaben unter Ausfüllung der übernommenen Summe; je nach Umfang des Risikos wird eine mehr oder minder große Zahl von Versicherern in Mitversicherung beteiligt. Der Makler stellt sodann in der Regel dem Versicherungsnehmer einen Schlußschein (cover note) als Deckungsbestätigung zu (in Hamburg ist dies jedoch nicht üblich), sorgt auch für Ausfertigung und Unterzeichnung der Police durch die Assekuradeure. An der Börse werden auch Schadensangelegenheiten zwischen Assekuradeuren und Maklern geregelt" *(Frenzl)*. Zur Erledigung dieser Arbeiten kommen täglich an der Börse die Makler, Agenten und Direktionen der Versicherungsgesellschaften zusammen.

Mit dem Aufkommen der durchstehenden Police in der Transportversicherung (Deckung der Transporte von Haus zu Haus), der Ausbreitung der Agentennetze, der Möglichkeit Versicherungen über das Telefon zu vergeben und schließlich mit dem Aufkommen der großen Versicherungsgesellschaften mit ihrer großen Zeichnungskraft, die durch das Rückversicherungssystem noch erhöht wurde, gingen Einfluß und Bedeutung der Versicherungsbörsen, soweit sie sich überhaupt noch halten konnten, stetig zurück. Einige Bedeutung, auch im internationalen Geschäft, hat nur noch die Londoner Börse, während sich in Deutschland die binnenländischen Gesellschaften von dem etwas in Verruf gekommenen Hamburger Markt immer mehr zurückgezogen haben.

Marktverbände der Versicherer

Eine Reihe von Umständen: die nur näherungsweis mögliche Bestimmbarkeit der notwendigen Prämien überhaupt, die Möglichkeit ein einzelnes Geschäft um des Prestiges willen zu einem unter der Bedarfsprämie liegenden Satz hereinzunehmen, der stete Geschäftshunger der Versicherer, insbesondere der neuen Gesellschaften, die die Positionen der alten Gesellschaften mit allen Mitteln angreifen, die fortschreitende Verdichtung des Vertreternetzes, die Praktiken der Makler, die einen Versicherer gegen den anderen ausspielen, nicht zuletzt auch die Möglichkeit, die Versicherungsnehmer mit Scheinzugeständnissen zu düpieren, lassen einen freien Wettbewerb der Versicherer untereinander immer wieder ein Ausmaß annehmen, das mit gesunden Kalkulationsgrundlagen eines Versicherungsbetriebes nicht mehr vereinbar ist und das damit die unbedingte Funktionsfähigkeit der Versicherungswirtschaft in der Gesamtheit bedroht. Die oligopolistische Struktur des Marktes auf seiten der Versicherer läßt leicht Kampfsituationen entstehen, die weniger mit dem Überleben des Stärkeren, als des Glücklicheren, d. h. von Schäden zufällig weniger Betroffenen, enden um den Preis, daß dieser zumeist nicht in der Lage ist, das Geschäft zu den Kampfprämien fortzusetzen. Wie überall in der Wirtschaft läuft auch hier ein regelloser Wettbewerb in einem Monopol in privaten Händen aus, in einer Ausbeuterstellung eines einzelnen, was der Marktwirtschaft grundsätzlich widerspricht. Da der solide Versicherer ein Dauergeschäft zu ausreichenden, die Ansammlung von Reserven gestattenden Prämien und zu tragbaren Vertragsbedingungen anstrebt, war der Zusammenschluß der Versicherungsgesellschaften zu Verbänden in der Absicht, damit auf den Markt einen direkten oder indirekten Einfluß ausüben zu können, auch sachlich gerechtfertigt. Um die geschilderte Entwicklung zu verhüten, oder, wenn sie bereits im Gange ist, ihr noch rechtzeitig Einhalt gebieten zu können, wie auch um der kostenverteuernden Wirkung einer schrankenlosen Konkurrenz (Übersteigerung der Provisionssätze, Höherschraubung der Reklamekosten, Übersetzung des Vertreterstabes) zuvorzukommen, haben die Versicherer immer wieder eine Regulierung des Wettbewerbes versucht, was wegen der verhältnismäßig geringen Zahl der Gesellschaften zumeist auch gelang. Dabei waren auch die Außenseiter zufolge der bei großen Versicherungen notwendig werdenden Mitversicherung und in Hinblick auf das gegenseitige Beteiligungsgeschäft der Versicherer untereinander vielfach gezwungen, die Verbandsbestimmungen praktisch zu respektieren. Wenn es dem Verband gelingt, seine Mitglieder zu einem einheitlichen Auftreten zu verpflichten, können es wenige Außenseiter nicht wagen, es gegen die Verbandsgesellschaften auf einen Kampf um Leben und Tod ankommen zu lassen, sind doch die Außenseiter vielfach auf dieselben Rückversicherer wie die Verbandsgesellschaften angewiesen. Wenn Außenseiter eine schärfere Kampfstellung beziehen konnten, dann nur, wenn es ihnen gelang, ausländische Rückversicherer dafür zu gewinnen. Auch ohne formelle Verbandsgründung hat die oligopolistische Marktstruktur Absprachen der Versicherer über ein einheitliches Vorgehen gegenüber einzelnen Versicherungen immer wieder ermöglicht, wodurch mancher Außenseiter oder Makler außerstande gesetzt wurde, die von ihm beabsichtigte Versicherung unterzubringen. Die durch den gegenseitigen Beteiligungsaustausch und das Rückversicherungssystem (Retrozessionen!) hervorgerufene Verfilzung der Großgeschäfte der einzelnen Versicherer zügelt den Wettbewerb und zwingt zu wechselseitigen Abmachungen, während dort, wo diese Notwendigkeiten nicht vorliegen, also bei der Masse der kleinen Geschäfte und insbesondere in Versicherungszweigen mit durchschnittlich kleinen Risiken (Hausratversicherung, Fahrradversicherung, Kleinlebenversicherung) der Wettbewerb schärfere Formen anzunehmen pflegt, bis auch hier die zuerst für das Großgeschäft geschaffenen Verbände regulierend eingreifen.

Die Tätigkeit der Verbände kann beginnen mit der bloßen Sammlung und Auswertung der für das Versicherungsgeschäft notwendigen Däten (Verbandsstatistiken), und sie können nur zum Zwecke einer gemeinsamen Interessenvertretung der Versicherer gegenüber der Öffentlichkeit, dem Staate oder gegenüber der öffentlich-rechtlichen Versicherung oder zum Zwecke einer gemeinsamen Reklame geschaffen sein. Sie können weiterhin eine gemeinsame Redaktion der Versicherungsbedingungen und Klauseln, deren Prüfung auf rechtliche und wirtschaftliche Zulässigkeit, bewirken und sie können zu der Herausgabe von für alle angeschlossenen Versicherer verbindlichen Kalkulationsgrundlagen fortschreiten. Schließlich können sie mit der Aufstellung von Richtprämien, Tarifierungsgrundsätzen oder Mindestprämien einen direkten Einfluß auf die Marktlage gewinnen. Dazu kommen Abmachungen über das gegenseitige Ausspannen von Versicherungen (Pflicht, die Prämie des Vorversicherers bei diesem zu erfragen und diese nicht ohne dessen Zustimmung zu unterbieten), Vorschriften über gemeinsame Prämienangebote, Festsetzung von Höchstprovisionen, Beschlüsse, aus Händen gewisser Makler keine Anträge entgegenzunehmen oder Außenseitern das Führungsrecht nicht zuzugestehen, Verbote der Ausspannung von Konkurrenzvertretern, Verbote an die Vertreter, im gleichen Versicherungszweig mehrere Gesellschaften zu vertreten.

Die Verbände können also einen außerordentlich verschiedenen Inhalt haben. Auch erstreckt sich die Mitgliedschaft des einzelnen Versicherers nicht immer auf alle Aufgaben des Verbandes: so kommt es vor, daß ein Versicherer sich z. B. nur an der gemeinsamen Abfassung der Bedingungen und Klauseln beteiligt, aber die Prämienabsprachen für sich nicht als verbindlich anerkennt. Die Verbände der öffentlichen Anstalten haben schon wegen des Territorialitätsprinzips primär keine marktregelnde Funktion, sie dienen anderen Zwecken (gemeinsame Erfüllung gewisser Aufgaben, Rückversicherung, gemeinsame Führung des Versicherungsgeschäfts), trotzdem kam es auch zwischen ihnen und den Verbänden der privaten Versicherer zu Abmachungen über den gegenseitigen Wettbewerb, die gegenseitige Geschäftsabgrenzung und die Vereinheitlichung der Bedingungen. Die Verbandsbestimmungen wurden nicht immer einseitig von den Versicherern, sondern öfters im Zusammenwirken mit Organisationen der Versicherungsnehmer (Industrie-, Versichertenschutzverbänden) ausgearbeitet, die ja ebenfalls an der Gesunderhaltung der Versicherungswirtschaft interessiert sind. Manchmal erstrecken sich die Abmachungen nur auf gewisse besonders gefährliche oder verlustbringende Wagnisklassen (Industriegeschäft) oder auf in bestimmten Gegenden gelegene Wagnisse (brandgefährdete Bezirke). Mit den Konditions-, Kalkulations- und Preiskartellen der übrigen Wirtschaft lassen sich zwar die Versicherungsverbände je nach Sachlage in gewisser Hinsicht vergleichen, doch darf über einer fanatischen Kartellgegnerschaft nicht die besondere Situation des Versicherungsgeschäfts übersehen werden: „vollkommener" Wettbewerb garantiert nicht in allen Wirtschaftsbereichen, am wenigsten in der Versicherungswirtschaft, die unbedingte Erfüllung der volkswirtschaftlichen Funktionen! Selbst bei den wenigen Verbänden, die alle Versicherer eines Zweiges umfassen, ist die staatliche Aufsicht über die Versicherungsunternehmungen ein wirksames Mittel, die Entstehung ausbeuterischer Machtposition zu verhindern.

In einer von den Erwerbsinteressen der Einzelnen gesteuerten Wirtschaft kann praktisch der Wettbewerb nie ganz verhindert werden. Dort, wo die Verbände durch ziemlich straffe Prämienfestsetzungen ein gegenseitiges Unterbieten verhindern, setzt sich der Wettbewerb auf einer anderen Ebene fort. Die Versicherer suchen sich gegenseitig in der Gewinnung einflußreicher Persönlichkeiten als Vertreter zuvorzukommen, denen sie durch Übertragung eines größeren Versicherungsbestandes trotz der der Höhe nach einheitlich festgesetzten Provisionssätze ein unterschiedliches Prämieneinkommen in Aussicht stellen können. Je mehr die Verbände den Versicherungsschutz homogenisieren (gleiche Bedingungen, gleiche Prämien), desto mehr wird der Wettbewerb der Versicherer untereinander zu einem Wettbewerb um die besseren Beziehungen zum Versicherungsnehmer oder um Vorteile anderer Art (Vermittlung von Krediten oder Gegengeschäften), eine Erscheinung, die nicht bedenkenfrei ist. In unserer moralisch erschütterten Zeit nisten sich zu leicht Korruption und betrügerische Geschäftsmanöver ein! Hier fällt nicht zuletzt den Versicherungsnehmern die Aufgabe zu, den sauberen Versicherer nicht durch Entziehung des Geschäftes zu bestrafen und den unlauteren, nicht versicherungsmäßige Vorteile anpreisenden Versicherer zu begünstigen. Die Verquickung von Versicherungsgeschäften mit Finanzgeschäften hat schon öfters zu unangenehmen Überraschungen geführt (Zusammenbruch der Frankfurter 1931).

In einer Übersicht über die Verbände der Versicherungsunternehmungen vor dem letzten Krieg hat *von der Thüsen* drei Arten unterschieden:

1. die eben besprochenen, zur Regelung des Wettbewerbs geschaffenen eigentlichen *Marktverbände*, die nicht ohne Einschränkungen mit den Kartellen der übrigen Wirtschaft identifiziert werden dürfen;
2. *Technische Vereinigungen*, der Ausbildung der Versicherungstechnik, der Erleichterung und Vervollkommnung des Geschäftsbetriebes dienend (Schaffung von Statistiken, Sterbetafeln). In der Transportversicherung bezwecken solche Verbände die Behandlung und Erledigung schwieriger Versicherungsfälle, Prüfung von Dispachen (Aufmachung der Rechnung über große Havarie und der jeden beteiligten Versicherer treffenden Entschädigung), Aufstellung von Grundsätzen für die Schadenregulierung usw. In der Lebensversicherung gibt es Verbände zur gegenseitigen Benachrichtigung der Gesellschaften: Zentralstellen zur Bekanntgabe ausscheidender Außenbeamter, zur Bekanntgabe von Grundstückstaxatoren, zur gegenseitigen Mitteilung der Namen von Vertrauensärzten und von abgelehnten Risiken. Unterrichtung über als ungünstig erkannte Wagnisse finden sich auch in anderen Zweigen (Einbruchdiebstahl-, Glas-, Leitungswasserschädenversicherung). Die 1927 von 27 Gesellschaften geschaffene „Deutsche Zentrale für Gesundheitsdienst der Lebensversicherung" bezweckte Förderung der Gesundheitspflege durch wissenschaftliche Forschung, Propaganda, Beratung, Auskunftserteilung u. dgl. In der Schadenversicherung finden sich, auch bei den öffentlich-rechtlichen Anstalten, Verbände zur Schadenverhütung (Ausbau des Feuerschutzes und des Feuerlöschwesens usw.).
3. *Vertretungen zu allgemeinen Zwecken*, sei es zur Förderung der Versicherungswissenschaft, sei es als Dachorganisationen zur Gemeinschaftsreklame oder zur Zusammenfassung der verschiedenen Fachverbände.

Eine genaue Abgrenzung, welche der Verbände ausschließlich auf Beeinflussung des Versicherungsmarktes ausgehen und welche ausschließlich andere Aufgaben verfolgen, wird nicht möglich sein, einmal, weil die einzelnen Verbände nebeneinander verschiedene Aufgaben erledigen, andererseits, weil sich kaum exakt feststellen läßt, welche Aufgabe noch den Markt beeinflußt, welche nicht. Der Rechtsform nach sind die meisten Verbände bürgerlich-rechtliche Vereine, in der öffentlich-rechtlichen Versicherung aber auch Körperschaften des öffentlichen Rechts.

Marktwirtschaftliche Gewinne und Verluste

In den betriebswirtschaftlichen Kalkulationen, den ex-ante-Berechnungen des voraussichtlichen Geschäftsverlaufs, muß der Versicherer über jede der einzusetzenden Größen gewisse Annahmen machen, über die ihm die bisherigen Erfahrungen einen Anhalt geben. Diese Plandaten umfassen geschätzte Werte des in der bevorstehenden Wirtschaftsperiode (Wirtschaftsjahr) zu erwartenden Versicherungsbestandes, Annahmen über seine Gliederung, die in ihm auftretenden Schadenhäufigkeiten und Schadenumfänge, über das Maß der für erforderlich erachteten Sicherheitszuschläge, der auf die einzelne Versicherung anzurechnenden Verwaltungs- und sonstigen Unkosten, über den Verlauf der eingegangenen oder einzugehenden Rückversicherungsverträge, über die sonst voraussichtlich erzielbaren Einnahmen oder eintretenden Verluste (Zinsgewinne, Realisierungsgewinne oder -verluste), die nicht vermeidbaren Storni usw. Ist sich dann derErwerbsversicherer noch über den zu erwartenden Geschäftsgewinn (Rendite des Aktienkapitals und der mitarbeitenden Reserven) klar geworden, kann er seine Brutto- oder Tarifprämien berechnen. Vielfach nehmen ihm gemeinsam ausgearbeitete Verbandstarife, mitunter auch obrigkeitlich festgesetzte Einheitstarife (Kraftfahrtversicherung) diese Arbeit teilweise ab. Der tatsächlich erzielte Gewinn bzw. der effektiv gewordene Verlust ergibt sich jedoch erst aus der Endabrechnung am Ende der betreffenden Wirtschaftsperiode in der Nach- (ex-post-) Kalkulation, wenn alle geplanten Größen faktische Werte angenommen haben. Es kann sich ein Überschuß oder Unterschuß im Vergleich mit jeder der eingesetzten Größen, im Gesamtergebnis ein Mehr oder Weniger gegenüber dem voraussichtlich vermuteten Gewinn oder Verlust herausstellen. Die Differenz zwischen dem geplanten und faktischen Geschäftsergebnis der gleichen Periode ist in der Hauptsache von der Stellung bestimmt, die der Versicherer seinen Versicherten gegenüber, also auf dem Versicherungsmarkte, und auf den anderen für ihn noch in Betracht kommenden Märkten (Arbeitsmarkt, Kapitalmarkt, Markt der benötigten Sachgüter) einnimmt. Diese Stellung ist, eben weil die Versicherung eine nicht ohne weiteres substituierbare, unter Umständen sehr individuelle Dienstleistung ist, nicht für alle Versicherer der gleichen Branche dieselbe. Infolgedessen weichen die Geschäftsverläufe der einzelnen Versicherer selbst bei einheitlichen Tarifen erheblich voneinander ab, was die unterschiedliche Höhe und Stabilität der verteilten Dividenden belegt.

Wenn es sich nicht um einen behördlich sanktionierten Einheitstarif handelt, ist z. B. eine von den Verbänden beschlossene Tariferhöhung nur für das Neugeschäft allgemein anwendbar, ob und inwieweit sich die erhöhten Prämien in den bestehenden Geschäftsverbindungen durchsetzen lassen, hängt davon ab, wie der Versicherer seinen Kunden gegenüber auftreten kann. Für die geschäftsmäßige Auswirkung einer Prämienerhöhung ist in diesem Falle das Verhältnis des vom Versicherungsmarkt abhängigen Neugeschäftes zum Altgeschäft maßgebend. Nicht selten sieht sich der Versicherer gezwungen, eine Reihe von Verträgen jahrelang zu erheblichen Untertarifprämien durchzuhalten und sogar zu erneuern. Eine Forcierung der Neuabschlüsse, koste es was es wolle, um diesem Dilemma zu entgehen, bringt wegen der erhöhten Stornohäufigkeit des Neugeschäftes und der daraus resultierenden Verluste an Abschluß- und Verwaltungskosten keine grundlegende Linderung, unter Umständen vielleicht eine Verschlechterung. Je mehr ein Versicherer hinsichtlich seines Rufes an dem Versicherungsmarkt eine Sonderstellung sich zu erringen wußte, desto eher ist er in der Lage, auch in den Verträgen seiner alten Kunden die Prämienaufbesserung durchzuholen. Wenn mehrere Versicherer gleichen Ansehens vorhanden sind, bringt die mit der oligopolistischen Marktstruktur immer verbundene latente Kampfsituation die Gefahr der mit irgendeinem Scheinargument begründeten Prämienunterbietung durch einen anderen Versicherer mit sich. Ob und inwieweit in einem derartigen Falle der geschädigte Versicherer von den in den Verbandsverträgen vorgesehenen Sanktionen gegen untreue Konkurrenten Gebrauch machen kann, hängt wieder entscheidend von dem Größenverhältnis der beiden betroffenen Versicherer zueinander ab; der größere Versicherer hat naturgemäß den übrigen Versicherern ein größeres Beteiligungsgeschäft zu bieten, und er kann die Ingangsetzung der Sanktionen gegen sich seitens eines kleineren Versicherers mit dem Entzug des Beteiligungsgeschäftes in allen Sparten(!) beantworten, wodurch dieser Kleinere den unvergleichlich größeren Schaden erleidet. Nicht selten werden Unterbietungen der Großen im gegenseitigen Einverständnis stillschweigend hingenommen. In den Verbänden wiederholt sich mitunter das Spiel der großen Politik mit auffallender Ähnlichkeit.

Das Verhältnis des Erstversicherers zum Rückversicherer ist ebenfalls sehr unterschiedlich. Der alte über einen erprobt guten Bestand verfügende Erstversicherer kann lukrativere Abmachungen mit den ihn umwerbenden Rückversicherern erreichen, bekommt höhere Rückversicherungsprovisionen zugesagt als der junge Versicherer mit einem noch unausgeglichenen Bestand. Auch hier spielt das gegenseitige Größenverhältnis eine wichtige Rolle. Wenn man bedenkt, daß die Rückversicherungsprovision für den Erstversicherer eine glatte Einnahme ist, der kein Risiko gegenübersteht, wird man die außerordentlich unterschiedliche Ertragskraft der verschiedenen Versicherer verstehen. Trotz gleichmäßiger Arbeitstarife sind die Verwaltungskosten je nach der Qualität der Arbeitskräfte verschieden. Der eine Arbeitgeber versteht es, sich zu den Tarifgehältern, vielleicht mit geringfügigen Zuschlägen, erstklassige Kräfte zu verschaffen oder zu erziehen, die mehr als andere leisten, er versteht den Berufstolz auf die Arbeit in seinem Hause hinzulenken, während der andere durch unfreundliche und schikanöse Behandlung die guten Kräfte für die Konkurrenz ausbildet und wegen des vielfachen Personalwechsels im Grunde teurer arbeitet.

Im vorstehenden wurden nur einige Anhaltspunkte gegeben, die die Auswirkung der Marktstellung auf die Erfolgsrechnung des Versicherers zeigen. Dasselbe Verhältnis liegt praktisch bei jeder anderen Größe vor. Nicht übersehen darf in diesem Zusammenhang werden, daß der tatsächlich errechnete Gewinn bzw. Verlust eine manipulierbare Größe darstellt. Wenn auch die Bewertung des Anlagevermögens und die danach zu bestimmenden Abschreibungen in der Wirtschaftsrechnung eines Versicherers eine weniger bedeutungsvolle Rolle als bei anderen Betrieben spielen, so kann der Versicherer durch verschiedene Dotierung der Prämienüberträge und Schadenreserven Gewinne von einem Jahr ins andere verschieben. Im allgemeinen zeigen selbst in schlechten Jahren Versicherungsaktiengesellschaften mit die beste Ertragskraft aller Aktiengesellschaften überhaupt. So konnten selbst im Bilanzjahr 1933/34 die von der Reichsstatistik untersuchten 148 Aktiengesellschaften des Versicherungswesens einen Jahresreingewinn von 10,22% des Eigenkapitals (bei einem Reinverlust in Höhe von 0,36% des Eigenkapitals) erzielen bei einem Durchschnitt von 3,44% Gewinn bzw. 3,25% Verlust bei allen untersuchten 2865 deutschen Gesellschaften (nach Stat. Jhrb. f. d. D. R. 1935). Dies ist jedoch vor allem mit dem Umstand zu verdanken, daß das Eigenkapital im Verhältnis zum Gesamtvolumen des Versicherungsbestandes wegen seiner bloßen Garantiefunktion nur eine bescheidene Größe zu erreichen braucht und deswegen auch ein geringer Gewinn im Versicherungsgeschäft eine hohe Dividende zu verteilen erlaubt. Wäre es anders, bliebe es unverständlich, warum nicht bereits alle Versicherten von den Aktiengesellschaften zu den Gegenseitigkeitsunternehmen abgewandert sind.

Der tatsächlich erzielbare Gewinn eines Versicherers ist in nahezu allen seinen Komponenten von den jeweiligen Marktverhältnissen abhängig. Das bedeutet, daß auch an dieser Stelle das Gewicht der leitenden Persönlichkeiten zur Geltung kommt. Es ist ihrer Unternehmerinitiative zu danken, welche Marktstellung sie ihrem Institut zu verschaffen wissen. Trotz seines in mechanische Arbeitsmethoden drängenden Massencharakters und trotz der aus den zugrunde liegenden gleichartigen Daten (Statistiken, Schadentafeln) zwangsläufig abgeleiteten Berechnungen ist der Erfolg eines in die Marktwirtschaft verflochtenen Versicherungsunternehmens in hohem Maße von den Menschen, ihren Vorzügen und Fehlern, her bestimmt.

Schrifttum: In Betracht kommt zunächst die neuere nationalökonomische Literatur über das Wettbewerbs- und Marktproblem; einen Überblick bietet *Walter Eucken* „Die Grundlagen der Nationalökonomie", Godesberg 1947. Ferner a) *Walter Rohrbeck* „Die optimale Leistungsfähigkeit der Versicherungsträger in der Sozialversicherung und der privaten Personenversicherung" in der Schriftenreihe der Gesellschaft für Versicherungswissenschaft und -gestaltung, Abt. II, Heft 1, München 1949; b) *R. F. Harrod* „Die internationalen Wirtschaftsbeziehungen", Bern 1945; c) der zum vorigen Paragraphen genannte Aufsatz von *von der Thüsen*; d) *Frenzl* Art. „Börse" im Vers.-Lexikon; d) *Walter Rohrbeck* „Die optimale Leistungsgröße der Versicherungsträger", Köln 1950; e) *W. Bickel* und *C. Leser* „Gesetzmäßigkeiten der Einkommenverwendung" in Zeitschrift für Schweizerische Statistik und Volkswirtschaft 1939, 1. Heft; f) *Walter Rohrbeck* „Die Problematik der Marktanalyse in der deutschen Versicherungswirtschaft" in Zeitschr. f. handelsw. Forschung, 16. Jhrg.; g) *Walter Rohrbeck* „Wesen, Gehalt und Reform der deutschen Privatversicherung", Berlin und München 1949; h) *Heinrich von Stackelberg* „Grundlagen der theoretischen Volkswirtschaftslehre", Bern 1948; i) *H. Möller* „Das Konkurrenzsystem im Versicherungswesen", Jhrb. f. Nat. u. Stat., Bd. 159; k) *Walter Rohrbeck* „Zeitgemäße Versicherungsbetrachtungen", Weißenburg/Bayern 1950.

§ 23. Die Sozialversicherung

Begriff

Während sonst Versicherungsnahme und Versicherungsgewährung ihre Begründung allein in dem wirtschaftlichen Zweck der Existenzsicherung der betreffenden Wirtschaften finden, die Versicherung also nur um ihres eigenen Zweckes willen gesucht und geboten wird, ist Sozialversicherung der Versuch, die Versicherung zur Erreichung sozialpolitisch vordringlicher Aufgaben als Mittel zu gebrauchen. In dem auf einer gesellschaftlichen Funktionsteilung aller Wirtschaften beruhenden Wirkungszusammenhang der modernen verkehrswirtschaftlich organisierten Volkswirtschaft ist das ungestörte und reibungslose Zusammenwirken der für sich unselbständigen Einzelwirtschaften von lebenswichtiger Bedeutung. Die fortschreitende Vergesellschaftung der Menschen innerhalb einer Volkswirtschaft bringt eine zunehmende Über- und Unterordnung der Menschen in verschiedenen gesellschaftlichen Gebilden und damit das Entstehen von Machtkomplexen, die zur Unterdrückung und Ausbeutung der schwächeren Schichten führen; sie bedeutet weiter eine gesteigerte wechselseitige Abhängigkeit der Menschen und ihrer Wirtschaften voneinander, extensiv insofern immer mehr, bislang noch autark gebliebene Wirtschaften in den gesellschaftlichen Wirtschaftsprozeß einbezogen werden, intensiv, indem sich eine immer innigere Verdichtung der Beziehungen der bisher schon verbunden gewesenen Wirtschaften vollzieht; in kapitalistischen Gesellschaften kommt der zu Großbetrieben drängende Zug der technischen und organisatorischen Entwicklung hinzu, der parallel mit der Vermassung der Menschen zu einer immer größer werdenden Ohnmacht des einzelnen führt. In all diesen Momenten liegt die Gefahr einer Abspaltung der sich benachteiligt fühlenden Schichten oder Klassen aus dem Funktionszusammenhang der auf gegenseitiges Zusammenarbeiten angewiesenen Wirtschaftsgesellschaft. Die tatsächlich oder vermeintlich auf die Schattenseite des Sozialwirtschaftskörpers geratenen

Schichten verlieren das Bewußtsein ihrer Mitverantwortung für das befriedigende Funktionieren des volkswirtschaftlichen Gesamtzusammenhanges: je mehr sie ihre individuelle Existenz in einer bestimmten Wirtschafts- oder Gesellschaftsordnung als Folge der Struktur dieser Ordnung gefährdet glauben, desto mehr verlieren sie das Interesse an ihrem Bestand und desto eher sind sie gesonnen, auf eine Zerstörung dieser Ordnung hinzuarbeiten. Dieser Gefahr einer Zerstörung der Gesellschaft von innen her entgegenzuwirken ist die „ewige" Aufgabe der Sozialpolitik. Durch Abschwächung der ökonomischen und gesellschaftlichen Gegensätze sucht sie die fortdauernde Erreichung der Gesellschaftszwecke selbst sicherzustellen *(von Zwiedineck-Südenhorst)*. Konkret wendet sie ihr Augenmerk der in der jeweiligen historischen Situation benachteiligten Schicht zu und empfängt aus der steten Wandlung der wirtschaftlichen und gesellschaftlichen Fakten eine unausgesetzte Änderung ihrer praktischen Aufgaben.

Die Aufgaben der Sozialpolitik unseres Jahrhunderts, genauer seit Beginn der hochkapitalistischen Ära sind: Schutz des Arbeiters an seinem Arbeitsplatz vor physischen, wirtschaftlichen und seelischen Schädigungen, Schutz des Arbeiters als Konsument und als Glied der Volkswirtschaft sowie des Arbeitsprozesses. Die Zertrümmerung des Mittelstandes nach dem ersten und das Flüchtlingselend nach dem zweiten Weltkrieg haben neue Schichten in die sozialpolitische Gefahrenzone gebracht und damit der Sozialpolitik neue, vielfach noch nicht voll erkannte Aufgaben gestellt. Sozialpolitik ist heute nicht mehr Arbeiterschutzpolitik allein! Neben der vorbeugenden Verhütung von Gefahrenlagen, soweit dies überhaupt möglich, hat die Sozialpolitik ferner die Aufgabe, bei eingetretenen Schäden und übermäßigen Belastungen den wirtschaftlich schwachen Schichten Hilfe zu bringen. Dies geschieht durch bevölkerungspolitische Maßnahmen (Schutz der Verheirateten, der Kinderreichen usw.), durch die Kriegsopferversorgung und die Betriebswohlfahrtspflege und nicht zuletzt durch die Sozialversicherung.

Die Sozialversicherung ist also ein Teilgebiet der Sozialpolitik. Sie empfängt von dieser ihre Ziele und Aufgaben: sie soll die Kreise und Schichten umfassen, die sozialpolitisch als schutzbedürftig angesehen werden. Damit ändert sich ihr Inhalt und Geltungsbereich mit den sozialpolitischen Zielen und Aufgaben. Die Sozialversicherung stützt sich aber, und das bringt sie in den Bereich der Versicherungswissenschaft, in der Verfolgung ihrer Aufgaben auf die Technik der Versicherung. Sozialversicherung ist Wirtschaftspolitik zugunsten der sozial Schwachen, aufgebaut auf einer mehr oder minder vollkommenen versicherungstechnischen Grundlage. Dabei zeigt der fortschreitende Wandel zum Sozialstaat eine solche Verbreiterung und Steigerung der Aufgaben sozialpolitischer Art, daß ihre Bewältigung nach den Regeln der Versicherungstechnik und Versicherungsökonomik teilweise unmöglich wird, es sei denn, den betroffenen Wirtschaften würden untragbare Lasten zugunsten der Sozialversicherung zugemutet. So muß zusehends der Staat materiell helfend und aushelfend einspringen. Da aber die Zuschußmöglichkeit des Staates durch die Steuereingänge und die anderen von ihm geforderten Aufgaben stets begrenzt und durch die Wandelbarkeit der inneren und äußeren Politik keineswegs gesichert ist, bedeutet die staatliche Hilfe zur Sozialversicherung ein manchmal nur vorübergehendes Hinausschieben der Grenze, bis zu der die Versicherung ökonomisch überhaupt noch sinnvoll ist.

Unter Sozialversicherung versteht man demnach die Gesamtheit der Einrichtungen, die für sozial schwache Schichten auf versicherungsartigem Wege die Mittel bereitstellen, um wirtschaftliche Beeinträchtigungen zu überwinden oder auszugleichen (v. Zwiedineck). Sozialversicherung ist Versicherung der als hilfsbedürftig erachteten Schichten gegen sozialpolitisch bedenkliche Gefährdungen ihrer Wirtschaftsführung. Der Zweck der Sozialversicherung liegt in der Überwindung der wirklich eingetretenen, nicht vermeidbaren und nicht genügend gehemmten Schadenwirkung einerseits innerhalb der wirtschaftlichen Arbeitssphäre des einzelnen (Betrieb), andererseits in der ökonomischen Basis seiner Wirtschaftsführung überhaupt, in der Existenz seines Haushaltes; daneben setzt sie vorbeugend einen Teil ihrer Mittel aber auch ein, um entweder Existenzgefährdungen nicht aufkommen zu lassen oder den Zeitpunkt ihres Eintritts möglichst hinauszuschieben (Heilfürsorge, Unfallverhütung, Kurzarbeiterunterstützung).

Unter Anwendung versicherungsmäßiger oder versicherungsartiger Grundsätze kann der sozialpolitische Zweck einer Existenzsicherung wirtschaftlich schwacher Schichten auf vier Wegen erreicht werden:

1. *durch freiwillige Versicherung.* Dies geschieht, indem die in Frage kommenden Wirtschaften, sofern sie dazu in der Lage sind und ein entsprechender Versicherungsschutz überhaupt geboten wird, aus eigener Initiative Versicherungsverträge eingehen oder indem ein Unternehmen für seine Angestellten und Arbeiter sog. Kollektivverträge bzw. ein Verband oder eine Organisation für die Angehörigen Gruppenverträge mit einem Versicherer abschließt. Dieser Weg wurde vielfach in Ländern wie den USA. beschritten, wo die individualistische Einstellung die Betätigung der Individualversicherung vorzieht. Da jede Versicherung in dem Ersatz des aus einer Gefahr erwachsenen Schadens im Grunde eine Konservierung des seitherigen wirtschaftlichen Zustandes der betroffenen Wirtschaft vorsieht, erfüllt eigentlich jede, auch die private Versicherung die sozialpolitische Funktion einer Sicherung des gesellschaftlichen Wirtschaftsgefüges;
2. *durch zwangsweise Versicherung* bei einer vorgeschriebenen Körperschaft. Diese Sozialversicherung im engeren Sinne vollzieht die Versicherung unter Einsatz staatlicher Hoheitsmittel und zumeist unter Heranziehung außenstehender Finanzquellen unabhängig von dem Willen des betroffenen Wirtschafters (Versicherungszwang). Auf diesem Wege ist das Deutsche Reich unter Bismarck vorangegangen.
3. *ein gemischtes System,* das zwangsweise Versicherung nur vorsieht, soweit freiwillig die Versicherungsnahme nicht erfolgt. Die eigentliche Sozialversicherung hat nur subsidiären Charakter. Dieses wenig gebräuchliche System birgt die Gefahr, daß der Sozialversicherung nur die weniger günstigen Wagnisse zufließen. Es fand sich in Deutschland bei der sozialen Krankenversicherung (Ersatzkassen), in der Angestelltenversicherung (Halbversicherung) und ist neuerdings in der Handwerkerversorgung zugelassen worden.
4. *durch grundsätzliche Versorgung aller Bürger seitens des Staates* bei Eintritt gewisser Gefahrenumstände *(Staatsbürgerversorgung)*, mit oder ohne Verbindung zu Versicherungsorganisationen. Auf die Erhebung eigener Beiträge wird verzichtet, die Finanzierung der Leistungen erfolgt aus allgemeinen Staatsmitteln. Von der Fürsorge unterscheidet sich die Staatsbürgerversorgung durch den festen Rechtsanspruch auf eine genau bezeichnete Leistung, die sie den Bürgern einräumt. Dieser zuerst für die Altersversorgung von Dänemark (1891), Frankreich (1905), Australien und England (1908), beschrittene Weg wurde in Großbritannien durch die National Insurance Act von 1946, speziell durch den National Health Service wieder aufgegriffen. Entgegen allen vorgebrachten Bedenken zieht dieses System seine werbende Kraft aus der Idee der Schicksalsverbundenheit aller in einer staatlich geordneten Volkswirtschaft Tätigen.

Wie für die Zielsetzung der Sozialpolitik so gibt es auch für die der Sozialversicherung außer der hier vorgetragenen ökonomisch-soziologischen Begründung noch andere Sinndeutungen: die nationale, aus dem Schutz des Staates gegen auflösende Tendenzen, und die religiöse waren bei der Schaffung der deutschen Sozialversicherung in der Person Kaiser Wilhelms I. und Bismarcks entscheidend. Eine idealistische Rechtfertigung beruft sich vielfach auf das Postulat Kants: der Mensch soll in einem sozialen Ganzen nicht bloß Mittel, sondern zugleich Zweck sein und ihm müsse letztlich die Wirtschaft sowie die Gesellschaft dienen.

Umfang der Sozialversicherung

Der Umfang der Sozialversicherung ist bestimmt durch die Gefahrenherde, gegen deren wirtschaftliche Auswirkung sie schützen soll, und durch den Personenkreis, der dem Versicherungszwang unterworfen wird. Diesen allgemein gültig zu umschreiben ist nicht möglich, weil sich der Kreis der als gefährdet erachteten Schichten, durch die technische und gesellschaftliche Entwicklung der Gefahrencharakter überhaupt ändert, weil weiterhin das soziale Verantwortungsgefühl Wandlungen unterliegt und weil nicht zuletzt die Notwendigkeit des sozialen Schutzes von den nicht unveränderlichen konkreten Wohlstandsverhältnissen einer Gesellschaft abhängt. *Der konkrete Inhalt einer Sozialversicherung ergibt sich nur aus den positiven Rechtsquellen eines Staates*, die bezüglich Deutschland auf Seite 96/97 aufgeführt wurden.

Annähernd kann man mit *v. Zwiedineck* feststellen, daß es Zweck der Sozialversicherung ist, *Schutz zu gewähren gegen die wirtschaftliche Auswirkung der folgenden Gefahren:*

1. *vorübergehende Erwerbsunmöglichkeit*
   a) in der Person des Betroffenen liegend: Krankheit,
   b) verursacht durch die objektiven Arbeitsmarktverhältnisse: Arbeitslosigkeit,
2. *dauernde teilweise Erwerbsunfähigkeit*
   a) als Folge akuter Ereignisse: Unfälle,
   b) aus allmählich fortschreitenden Erkrankungsprozessen: Gewerbekrankheiten,
3. *dauernde vollständige Erwerbsunfähigkeit* aus denselben Ursachen und durch Altersschwäche: Invalidität und Altersversorgung,
4. *vollständige Vernichtung der Persönlichkeit* durch Tod, soweit Hinterbliebene in ihrer wirtschaftlichen Existenz dadurch beeinträchtigt werden (Hinterbliebenenversorgung, Bestattung).

Die Zweige der Sozialversicherung sind demnach: Kranken-, Unfall-, Alters- und Invaliditäts-, Hinterbliebenen- und Arbeitslosenversicherung.

Es liegt kein zwingender Grund außer der der allgemeinen Übung vor, nur diese Zweige als zur Sozialversicherung gehörend zu bezeichnen. Schon die Tatsache, daß in anderen Versicherungszweigen ebenfalls, teilweise schon lange vor Einführung der gesetzlichen Sozialversicherung, ein Zwang zur Versicherungsnahme statuiert wurde, beweist das Gegenteil. Es entspricht ebenso sozialpolitischen Zielsetzungen, wenn einzelne Feuersozietäten mit einem Versicherungszwang der Hausbesitzer ausgestattet wurden oder die Halter von Kraftfahrzeugen durch Gesetz vom 7. 11. 1939 verpflichtet wurden, eine Haftpflichtversicherung abzuschließen, „um den Schutz der Verkehrsopfer wirksamer zu gestalten". Dort wo der Staat Zuschüsse zur Führung eines Versicherungsbetriebes bezahlt, wie in der Hagel- und Kreditversicherung, wird der volkswirtschaftlich oder sozialpolitisch erwünschte Charakter derartiger Versicherungsorgane bereits betont, wobei darauf hinzuweisen ist, daß die Arbeitslosenversicherung praktisch mit der Unterstützung von Gewerkschaftseinrichtungen dieser Art begonnen hat (sog. Genter System). Es gibt keine logisch exakte Grenze zwischen Sozialversicherung und Individualversicherung. Selbst komplizierte Definitionen der Sozialversicherung, wie sie sich bei *Lutz Richter* und *Paul Caesar* finden, um nur diese zu nennen, erweisen sich nur als aus den momentan vorliegenden Gesetzesbestimmungen abstrahierte, freilich äußerst komprimierte Oberbegriffe.

Der Personenkreis, der unter die Sozialversicherung fällt, muß quantitativ zwangsläufig mit dem Anwachsen der Sozialwirtschaftskörper (Bevölkerungszunahme) zunehmen, selbst wenn inhaltlich an den zwingenden Bestimmungen nichts geändert wird. Daneben zeigt eine historisch-soziologische Betrachtung parallel zu dem bekannten *Wagnerschen* Gesetz der zunehmenden Staatstätigkeit ein sich auf immer weitere Schichten ausdehnendes und immer weitere Gefahrenherde einschließendes Wachstum der Sozialversicherung, bis sie Universalcharakter (All-in Insurance) erlangen wird. Diese nur als historische Kategorie zu verstehende Tendenz einer quantitativen und qualitativen Zunahme der Sozialversicherung, wenn sie auch wie in den einschlägigen Notverordnungen der Jahre 1930—1932 mit ihren durch die damaligen Verhältnisse erzwungenen Leistungseinschränkungen eine vorübergehende Unterbrechung erfahren hat, ergibt sich einmal aus der zufolge der Verdichtung der zwischenwirtschaftlichen Beziehung verstärkten Anfälligkeit des Volkswirtschaftskörpers gegenüber Störungen und Krisen, die die Eigenverantwortung des einzelnen Wirtschafters in seinem persönlichen Schicksal immer illusorischer macht; sie ist aber auch eine Folge des Wandels der politischen Auffassungen in der Richtung des Wohlfahrts- und Sozialstaates, wird sie doch z. B. in England bewußt in den Dienst der Vollbeschäftigungspolitik gestellt (*Beveridge-Plan*). Selbst in den USA., wo die individualistische Wirtschaftsordnung noch am hartnäckigsten verteidigt wird, zeigt sich ein unwiderstehliches Vordringen der Sozialversicherung.

In demokratisch regierten Staaten wirkt die Absicht der um die Massen buhlenden Parteien, sozialpolitische und darin enthalten auch die Sozialversicherung betreffende Programme und Leistungen propagandistisch auszunützen, in der gleichen Richtung. Wenn wegen der einseitig ohne Rücksicht auf die entstehenden Kosten gesteigerten Leistungen das finanzielle Gleichgewicht der Sozialversicherungsträger trotz der Staatszuschüsse nicht mehr gewährleistet zu sein droht, verfällt man zumeist auf den Gedanken, dafür bisher versicherungsfreie Schichten, in denen man günstigere Wagnisse vermutet, in die Sozialversicherung einzubeziehen, ein nach den Erfahrungen der ostzonalen Einheitsversicherung keineswegs unbedingt zum Ziel führender Ausweg.

Unterschiede der Sozialversicherung gegenüber der Individualversicherung

Aus der besonderen gesetzlichen Regelung, die die Sozialversicherung gefunden hat, und aus ihrer sozialpolitischen Zielsetzung lassen sich einige besonders charakteristische Unterschiede der Sozialversicherung gegenüber der Individualversicherung hervorheben:

1. *Zwangscharakter der Sozialversicherung.* Kommt in der Individualversicherung der Versicherungsvertrag sowohl mit dem privaten Versicherer als mit einer öffentlichen Anstalt grundsätzlich erst auf der Basis eines Antrages bzw. der Anmeldung zustande (sog. Vertragsversicherung), so ist in der Sozialversicherung das Versicherungsverhältnis bei Erfüllung des gesetzlich vorgeschriebenen Tatbestandes, also ohne ausdrückliche Antragstellung gegeben *(gesetzliche Versicherung)*.

In der sozialen Kranken- und Unfallversicherung besteht der Versicherungsschutz mit Antritt der versicherungspflichtigen Beschäftigung, Arbeitslosen- und Rentenversicherungen sehen daneben noch das Verstreichen einer Wartezeit bzw. die Erfüllung der sog. Anwartschaft vor. Soweit indes neben den Pflichtversicherten auch freiwillig Versicherte innerhalb der Sozialversicherung zugelassen sind, nähert sie sich wieder der Individualversicherung, nicht zum mindesten auch hinsichtlich der technischen Behandlung (Wartezeiten in der Krankenversicherung).

Der *Versicherungszwang* ist notwendig, wenn der sozialpolitische Zweck, die Sicherstellung des Versicherungsschutzes für die gefährdeten Schichten, tatsächlich erreicht werden soll. Bei Freiheit der Versicherungsnahme ist es unwahrscheinlich, daß alle, die die Versicherung brauchen, sie auch wirklich suchen und alle, die die Versicherung suchen, sie auch wirklich erhalten; es besteht die Gefahr, daß sie, wenn es sich um ungünstige Wagnisse handelt, den Versicherungsschutz nicht finden, oder ihn nur zu untragbaren Bedingungen (zu hohe Prämien, Einschränkungen des Haftungsumfanges) erhalten können. Der autoritäre Zwang muß sich auf den Zwang zur Versicherung für einen bestimmten Personenkreis und gegen gewisse Gefahren (Versicherungspflicht) und auf die Annahmepflicht des Versicherungsträgers (Verbot ein unter die Versicherungspflicht fallendes Risiko abzulehnen) erstrecken. Dem Versicherungszwang entspricht in der Regel eine Zwangsorganisation *(Zwangsversicherung)*, deren Angehörige die Versicherungspflichtigen ipso jure sind; unbedingt notwendig ist dies jedoch nicht, weil dem Versicherungszwang auch bei anderen Versicherungseinrichtungen genügt werden kann (Lebensversicherung in der Handwerkerversorgung).

Die Statuierung des Versicherungszwanges wirft schwierige *Abgrenzungsprobleme* auf. Er verlangt eine Antwort auf die Fragen:

a) *Welche Personen sollen überhaupt dem Versicherungszwang unterworfen werden?* So unbestritten es ist, daß für nicht Gefährdete der Versicherungszwang nicht in Frage kommt, so schwer läßt sich der Bereich konkret ausklammern, in dem völlige Gefahrenfreiheit herrscht. Welche Betriebsangehörigen können keinen Unfall erleiden? In der ersten Fassung des deutschen Krankenversicherungsgesetzes glaubte man unter Hinweis auf die in die Familie aufgenommenen Arbeitskräfte eine Versicherungspflicht für die landwirtschaftlichen Arbeiter nicht aussprechen zu müssen, was sich bald als nachteilig für diesen Personenkreis erwies.

b) *Bis zu welcher Einkommenshöhe soll der Versicherungszwang reichen?* Dabei darf nicht übersehen werden, daß die wirtschaftlichen Verhältnisse in einem großen Geltungsgebiet wie Deutschland sehr verschiedenartig, die einzelnen Wirtschaften im Vergleich miteinander selbst in ganz verschiedenem Maße bedürftig sind. Die Höhe der Grenzen hängt von der Kaufkraft des Geldes (Preisstand) und von der Kulturhöhe ab. Die praktische Antwort läuft auf die Festlegung einer schematischen Einkommenshöchstgrenze hinaus, z. B. 4500,— DM regelmäßiger Jahresverdienst in der Krankenversicherung, 7200,— DM Jahresarbeitsverdienst in der Angestelltenversicherung.

c) *Bis zu welcher Höhe sollen die Leistungen der Zwangsversicherung gehen?* Von der Antwort auf diese Frage hängen die Kosten der Sozialversicherung entscheidend ab. Es gilt ein Mindestmaß an Leistungen vorzusehen, aber eine obere Grenze nicht zu übersteigen, denn erzwungen werden soll vernünftigerweise nur das Notwendige. Darüber hinaus kann sich jeder freiwillig versichern.

2. *Die Mittel (Beiträge) werden nicht allein von den Versicherten, sondern auch von den nichtversicherten Arbeitgebern und zuschußweise vom Staat aufgebracht.* Weil als Grundlage der Versicherungspflicht das Arbeitsverhältnis angesehen wird, werden die Arbeitgeber zu den Kosten herangezogen, womit man praktisch über die Preise eine Beteiligung der gesamten Volkswirtschaft an den Kosten erreicht. Der Staat muß letztlich für die Lücke eintreten, die zwischen dem Aufwand des Versicherungsträgers und der Gesamteinnahme aus den Beiträgen der Arbeitgeber und Versicherten bleibt (gewährswirtschaftliche Ökonomik). Bei freiwillig oder freiwillig höher Versicherten entfällt naturgemäß die Beitragspflicht des Arbeitgebers.

Eine Ausnahme bildet nur die soziale Unfallversicherung, in der die Arbeitgeber allein für die Kosten aufzukommen haben. In den Produktpreisen soll die Gefahrenprämie gegen die objektiven Gefahren des Arbeitsprozesses zu Lasten der Volkswirtschaft enthalten sein. In den übrigen Versicherungszweigen war das Beitragsverhältnis zwischen Arbeitgebern und Versicherungspflichtigen bisher unterschiedlich festgelegt, seit dem Sozialversicherungs-Anpassungs-Gesetz ist es bis auf die knappschaftliche Rentenversicherung (Arbeiter und Angestellte 7%, Unternehmer 13% des Jahresarbeitsverdienstes) jetzt einheitlich $1/2 : 1/2$. Der Beitragsanteil der Pflichtversicherten wird vom Arbeitgeber vom Lohn einbehalten und von diesem zusammen mit seinem Anteil an den Sozialversicherungsträger (jetzt einheitlich über die Krankenkassen) abgeführt. Der Arbeitgeber haftet für den sicheren Eingang der Beiträge. Da der Unternehmerbeitrag ein Teil des Lohnes ist, wäre es zwar einfacher, auf eine Aufteilung des Beitrages zu verzichten und wie bei der Unfallversicherung den gesamten Beitrag durch den Arbeitgeber begleichen zu lassen; allein der Arbeitnehmer verliert dadurch zu leicht die Vorstellung von den Kosten der Versicherung.

3. *Von der individuellen Gefahrenlage und Bedürftigkeit absehende Bemessung der Beiträge und Versicherungsleistungen.* Von der Unfallversicherung abgesehen, kennt die Sozialversicherung nur generelle Prämien. Die Versicherungsleistungen (Regelleistungen und Kannleistungen) sind gleichmäßig für alle Versicherten festgelegt.

Die großen Massenorganisationen verlangen, sollen die Verwaltungskosten gering bleiben, eine möglichst einfache Verwaltung, ein einheitliches, leichtverständliches Beitragsschema, ein einfaches Abrechnungsverfahren für die Leistungen und einen Ausgleich zwischen günstigen und weniger günstigen Risiken.

Versicherungsleistungen der Sozialversicherung sollen nur allgemein gültige Mindestleistungen sein, um eine Ausnützung der Versicherungseinrichtungen zu vermeiden (Kranksein darf nicht rentabel werden; Rentenhysterie; Arbeitsscheu) und um das Tätigkeitsgebiet der Individualversicherung nicht unnötig einzuengen. Versicherungsleistungen der Sozialversicherung können deswegen nur Teile der vom Versicherten während der Erwerbstätigkeit tatsächlich erreichten Lohnhöhe sein, soweit Renten, Tagegeld, Krankengeld in Frage stehen; andererseits muß, soll die Versicherung ihren Zweck erfüllen, die ärztliche Behandlung, Arzneibeschaffung, Krankenhausbetreuung ausreichend und angemessen sein. Auch müssen dem Versicherungsträger gewisse Zwangsmaßnahmen eingeräumt sein, um eine ungebührliche Ausnutzung der Versicherung zu vermeiden, ein auf Minderung der Leistungen abzielendes Heilverfahren (Umschulung) durchzusetzen und um nicht für vorsätzliche Herbeiführung des Versicherungsfalles aufkommen zu müssen.

4. *Priorität der Versicherungsleistung in der Sozialversicherung.* Entsprechend der Zwecksetzung der Sozialversicherung darf bei dieser die Versicherungsleistung nicht zu sehr von juristischen Kautelen abhängig gemacht werden. Da der unbedingte Schutz des Versicherten obenan steht, neigt die Sozialversicherung ihrer Struktur nach dazu, die Schadensleistungen absolut festzusetzen, bei sinkender Kaufkraft des Geldes selbst die laufenden Renten zu erhöhen, was zufolge der versicherungstechnischen Unbestimmtheitsrelation die Prämienfestsetzung problematisch macht.

Im einzelnen kennt die Sozialversicherung nicht:

a) *die strenge Festlegung (Definition) des Versicherungsfalles wie die Individualversicherung.* Entscheidend ist nicht so sehr die Subsumierbarkeit eines Tatbestandes unter einen irgendwie definierten Schadensbegriff als die tatsächliche Notlage des Versicherten. Genauer definiert ist eigentlich nur der Anspruch auf Arbeitslosenunterstützung. Um die objektive von der subjektiven, selbst verschuldeten oder selbst verursachten Arbeitslosigkeit trennen zu können, setzt der Anspruch Erfüllung der Anwartschaft, Nichterschöpfung der Leistungen und weiter voraus, daß der Versicherte arbeitsfähig, arbeitswillig und unfreiwillig arbeitslos ist.

b) *die Leistungsausschlüsse der Individualversicherung.* In der sozialen Krankenversicherung werden vom ersten Moment an im Krankheitsfalle die zugesagten Leistungen gewährt, die private Krankenversicherung schließt Krankheiten, Anomalien, körperliche Fehler, die vor Beginn der Versicherung vorhanden waren und mit der später auftauchenden Krankheit in unmittelbar ursächlichem Zusammenhang stehen (vorvertragliche Krankheiten, alte Leiden) zumindest für eine gewisse Zeit aus, dazu noch eine Reihe anderer Krankheiten und Verletzungen. Auch die private Unfallversicherung kennt derartige Ausschlüsse, insbesondere haftet sie anders als die soziale Unfallversicherung nicht für Berufskrankheiten.

c) *so peinlich zu erfüllende Voraussetzungen des Versicherungsschutzes.* Wartezeiten gibt es in der sozialen Krankenversicherung nur bei freiwillig Versicherten, nicht bei Pflichtversicherten. In der sozialen Rentenversicherung ist nicht die volle Zahlung der Jahresbeiträge Voraussetzung, sondern nur einer Mindestanzahl von Wochen- oder Monatsbeiträgen für jedes Kalenderjahr (Anwartschaft). Wiederaufnahme der Versicherung ist zum Unterschied von der Privatversicherung erleichtert. In der sozialen Rentenversicherung ist hingegen die Höhe des zur festen Grundrente hinzukommenden Steigerungsbetrages von den bezahlten Beiträgen abhängig, während private Rentenversicherungen von Anbeginn an unveränderliche Renten kennen.

Dem mitunter hervorgehobenen Unterschied, bei der Sozialversicherung treten mehr die Sachleistungen, bei der Privatversicherung mehr die Geldleistungen in Erscheinung, darf keine zu große Bedeutung beigemessen werden. Einmal stimmt er nicht hinsichtlich der sozialen Rentenversicherung, andererseits kommt auch in der Individualversicherung Naturalentschädigung (Glasversicherung), bzw. was auf dasselbe hinausläuft, Ersatz der Reparaturkosten, Krankheitskosten usw. vor. Ohne Zweifel sind ferner die Leistungen der Sozialversicherungsträger für Schadenverhütung und Gesundheitsfürsorge (Seuchenbekämpfung) größer als die der Privatversicherung, obwohl sie bei dieser auch nicht fehlen (z. B. Unterstützung von Feuerwehren u. dgl.). In dem Gewinnstreben der Privatversicherung einen Unterschied zu sehen *(Paul Caesar)*, kann höchstens in bezug auf den Erwerbsversicherer, nicht auf den Gegenseitigkeitsversicherer behauptet werden.

Die sozialpolitische Zwecksetzung der Sozialversicherung bringt es mit sich, daß ihren Trägern mitunter allgemeine Maßnahmen zur Verhütung von Versicherungsfällen vorbeugenden Charakters übertragen werden, so den Trägern der Unfallversicherung Maßnahmen zur Unfallverhütung, den Trägern der Rentenversicherungen Maßnahmen zur Förderung der Volksgesundheit. In der Individualversicherung werden zwar die Versicherer auch gelegentlich für solche Zwecke finanziell herangezogen (Feuerlöschabgaben zur Unterstützung von Feuerwehren), es bleibt jedoch dem Versicherer überlassen, wieweit er seine Versicherten durch vertragliche Abmachung zur Schadenverhütung oder -bekämpfung verpflichten will.

Versicherungsträger und Versicherungsbehörden

Für die Organisation der deutschen Sozialversicherung sind zu unterscheiden:

1. ***Versicherungsträger, die die Sozialversicherung materiell durchführen,*** bei denen also die Versicherung tatsächlich stattfindet, die unserem Begriff nach als Versicherer auftreten, und

2. ***Versicherungsbehörden, Organe des (Reiches bzw.) Bundes der Länder und anderer Gebietskörperschaften, die die ordnungsgemäße Durchführung der Sozialversicherung überwachen und in Sozialversicherungsangelegenheiten Recht sprechen.*** Sie sind demnach nicht Versicherer.

Als Versicherungsträger kommen in Betracht:

1. ***regelmäßige Versicherungsträger.*** Das sind „eigens für die Durchführung der Sozialversicherung geschaffene juristische Personen des öffentlichen Rechts, die für jeden der getrennt organisierten Versicherungszweige einen bestimmten Typus aufweisen" *(Lutz Richter)*.

Diese sind (vergl. die Übersicht auf Seite 341):

a) in der *Krankenversicherung* (RVO. § 225)

für örtliche Bezirke (Bezirk eines Versicherungsamtes) die *Ortskrankenkassen* (RVO. § 226, eventuell besondere Ortskrankenkassen für einzelne oder mehrere Gewerbszweige oder Betriebsarten nach RVO. § 239),

für die in der Landwirtschaft und im Wandergewerbe Beschäftigten sowie für die Hausgehilfen neben den Ortskrankenkassen die *Landkrankenkassen* (RVO. § 235),

für Betriebe, auch landwirtschaftliche und Binnenschiffahrtsbetriebe mit vorgeschriebener Mindestzahl von Versicherungspflichtigen vom Arbeitgeber errichtete *Betriebskrankenkassen* (RVO. § 245),

für die Mitglieder der einer oder mehreren Innungen angehörenden Betriebe die *Innungskrankenkassen*, sofern sie eine bestimmte Mindestzahl von Versicherungspflichtigen erreichen (RVO. § 250);

b) in der *Unfallversicherung* die *Berufsgenossenschaften* (RVO. §§ 623, 629a, 956, 1118); sie umfassen die versicherungspflichtigen Betriebe und Tätigkeiten entweder bezirklich oder für das (Reichs- bzw.) Bundesgebiet.

Die Sozialversicherungsträger (Übersicht)

	Kranken-versicherung	Unfall-versicherung	Invaliden-versicherung	Angestellten-versicherung	Arbeitslosen-versicherung	Knappschafts-versicherung
Regelmäßige Versicherungs-träger	*Krankenkassen* Orts- Kr.-K. Land- „ „ Betriebs- „ „ Innungs- „ „	*Berufsgenossen-schaften*	*Landesversiche-rungsanstalten*	(Reichsversiche-rungsanstalt für Angestellte) jetzt *Landesversiche-rungsanstalten*	Bundesanstalt für Arbeits-vermittlung und Arbeitslosen-veusicherung	(Reichsknapp-schaft mit Be-zirksknapp-schaften) jetzt *Bezirks-Knapp-schaften*
Sonstige öffent-lich-rechtliche Sondergebilde	Knappschafts-krankenkassen, Seekrankenkasse		Knappschaften (knappschaft-liche Pensions-versicherung), Seekasse	Knappschaften (knappschaft-liche Pensions-versicherung der Angestellten)		
Öffentliche Rechtssubjekte		(Reich) Bund, Länder, Gemeinden, Ge-meindeverbände				
Sonstige Gebilde mit Befreiungs-wirkung	Ersatzkassen			Lebensversiche-rungs-unternehmen		Ersatzkassen

c) in der *Invalidenversicherung* die für das Gebiet eines Landes, für Gemeindeverbände oder andere Gebietsteile errichteten *Landesversicherungsanstalten* (RVO. § 1326);

d) für die *Angestelltenversicherung* nach AVG. § 93 die Reichsversicherungsanstalt für Angestellte, seit 1945 die *Landesversicherungsanstalten*,

e) in der *Knappschaftsversicherung* nach RKnG. § 7 die Reichsknappschaft, seit 1945 die *Bezirksknappschaften*,

f) für die *Arbeitslosenversicherung* nach AVAVG § 1 die Reichsanstalt, seit 1951 die Bundesanstalt für Arbeitsvermittlung und Arbeitslosenversicherung (dazwischen seit 1939 als Reichsstock bzw. seit 1945 als Landesstöcke durchgeführt).

2. *Sonstige öffentlich-rechtliche Sondergebilde*, unselbständige Gebilde, meist Zweiganstalten anderer Versicherungsträger, wie

die der Seeberufsgenossenschaft angehörende *Seekrankenkasse* (RVO. § 476) und für die Invalidenversicherung die *Seekasse* (RVO § 1375);

die der Reichsknappschaft ehemals angehörenden *knappschaftlichen Kranken- und Pensionskassen*.

3. *(Reich), Bund, Länder, Gemeinden, Gemeindeverbände* für die Unfallversicherung ihrer Unternehmen, Körperschaften, Stiftungen, Anstalten des öffentlichen Rechts, für das Rote Kreuz, Feuerwehren u. dgl. (RVO. §§ 624—628, 957, 1119).

4. *Sonstige Gebilde* mit Befreiungswirkung

in der Krankenversicherung die *Ersatzkassen*, hervorgegangen aus den ehemaligen eingeschriebenen Hilfskassen (Reichsgesetz von 1876), 1911 als Versicherungsvereine auf Gegenseitigkeit dem Privatrecht unterstellt, jetzt Körperschaften des öffentlichen Rechts (RVO. § 517);

für die Altersversorgung für das deutsche Handwerk *Lebensversicherungsunternehmungen*.

Die Versicherungsbehörden, durch die der Staat die öffentlich-rechtliche Aufsicht über die Versicherungsträger ausübt und in Streitfällen Recht spricht, sind:

I. *Sonderbehörden (Sozialversicherungsbehörden)*, deren Funktionsbereich grundsätzlich auf Sozialversicherungssachen begrenzt ist, und zwar:

a) *regelmäßige Sozialversicherungsbehörden* (RVO. § 35), „die in geschlossenem Aufbau verhältnismäßig umfassende Aufgaben aus der Sozialversicherung zu erledigen haben und in den Gesetzen die Bezeichnung Versicherungsbehörden führen" *(Lutz Richter)*. Diese sind:

1. *die Versicherungsämter*. Sie sind grundsätzlich bei jeder unteren Verwaltungsbehörde für deren Bezirk errichtet (RVO. § 36). Sie nehmen die Geschäfte der Reichsversicherung wahr, unterstützen die Versicherungsträger, erteilen Auskunft, haben noch verschiedene Einzelzuständigkeiten, beaufsichtigen insbesondere die Krankenversicherung und sprechen Recht. (RVO. § 37, AVG. § 146 u. a.). Verfahren: entweder Spruch- oder Beschlußverfahren.

2. *die Oberversicherungsämter*, in der Regel für den Bezirk einer höheren Verwaltungsbehörde errichtet (RVO. § 62). Sie sind gegenüber den Versicherungsämtern höhere Spruch-, Beschluß- und Aufsichtsbehörden (RVO. § 61). Für bestimmte Betriebsgruppen können von der obersten Verwaltungsbehörde beson-

dere Oberversicherungsämter errichtet werden (RVO. § 63). Die Oberversicherungsämter, deren Zuständigkeit sich aus den Einzelvorschriften der Gesetze ergibt, sind vielfach zweite Instanz gegenüber den Versicherungsämtern ihres Bezirks, vielfach aber auch erste staatliche Instanz. Die Entscheidungen ergehen durch Spruch- und Beschlußkammern.

3. *das Reichsversicherungsamt* war bis 1945 oberste Spruch-, Beschluß- und Aufsichtsbehörde (RVO. § 83); es war dem Reichsarbeitsminister unterstellt. Seine Zuständigkeit erstreckte sich über das ganze Reichsgebiet und über alle Zweige der Sozialversicherung. Seine in Spruch- und Beschlußsenaten ergangenen Entscheidungen waren endgültig (RVO. § 84). Nach 1945 ist seine Aufsichtstätigkeit auf die Länderverwaltungen übergegangen; seine Tätigkeit als Rechtssprechungsinstanz ist vorläufig undurchführbar. Mit der Errichtung eines entsprechenden Amtes für die Bundesrepublik ist zu rechnen.

4. *Landesversicherungsämter* durften vor 1945 nicht mehr neu errichtet werden, sie fanden sich nur noch in Bayern, Sachsen und Baden. Nach der Kapitulation wurden sie in einigen Ländern neu errichtet (Württemberg-Baden). Sie sind Landesbehörden, deren Bezirk sich mit dem Gebiet eines Landes deckt, und die für ihren Bezirk an die Stelle des Reichsversicherungsamtes treten (RVO. § 105).

Die Versicherungsbehörden sind als Behörden öffentlicher Gemeinwesen organisiert. Sie bestehen aus Berufsbeamten und aus ehrenamtlichen Selbstverwaltungspersonen, die paritätisch als Repräsentanten der Versicherten und ihrer Arbeitgeber zusammenwirken und die von den Ausschußmitgliedern der Krankenkassen, der Versicherungsanstalten gewählt werden.

b) *besondere Sozialversicherungsbehörden*, die für die einzelnen Aufgaben der Sozialversicherung gebildet werden, wie der Hauptausschuß für Krankenversicherung, Reichsausschuß für Ärzte und Krankenkassen, Schiedsinstanzen der kassen- und knappschaftsärztlichen Selbstverwaltung, Vertragsausschüsse, Arztausschüsse, Prüfungsausschüsse.

II. *Behörden der allgemeinen (Reichs-) Bundes-, Landes- und Gemeindeverwaltung*, wie die Arbeitsministerien, die die Sozialversicherungsgesetzgebung vorbereiten oder ergänzende Rechtssätze erlassen und die an der Dienstaufsicht über die unteren Versicherungsbehörden beteiligt sind.

Dieser nicht gerade einfache organisatorische Aufbau der deutschen Sozialversicherung ist durch eine Reihe von Umständen bedingt:

a) Zunächst wollte man die bei Einführung der Sozialversicherungsgesetzgebung bereits vorhandenen Einrichtungen nach Möglichkeit bestehen lassen und mußte sie deswegen einbauen. Es handelte sich dabei um die bereits in das Mittelalter (14. Jahrhundert) zurückreichenden Knappschaften, die zum Teil mit einem lokalen Versicherungszwang ausgestattet gewesenen Gemeindekrankenkassen sowie die Hilfs- und Innungskassen, die auf Grund der Reichsgewerbeordnung von 1869 für Gesellen, Gehilfen und Fabrikarbeiter durch Ortsstatut errichtet worden waren. Das Reichshaftpflichtgesetz von 1871 hatte nach dem Vorbild eines preußischen Haftpflichtgesetzes für Eisenbahnunternehmer (1838) eine Gefährdungshaftung des Unternehmers beim Betrieb einer Eisenbahn, eines Bergwerkes, eines Steinbruchs oder einer Fabrik für Unfälle ausgesprochen; da die Unternehmer diese Last durch eine auf ihre Kosten gehende Kollektivunfallversicherung abzudecken pflegten, war es naheliegend, auch die Kosten der seit dem Unfallversicherungsgesetz von 1884 gebildeten Berufsgenossenschaften, die dem Unternehmer zu einem Teil diese Haftung abnahmen, von den Unternehmern allein tragen zu lassen.

b) Die zweckmäßige Größe einer Kasse oder Anstalt ist in den verschiedenen Zweigen der Sozialversicherung keineswegs gleichartig. Für die Krankenversicherung sind Kassen kleineren Umfangs unbedenklich, weil für die kurzfristigen Leistungen keine so großen Reserven erforderlich und die Mitgliederinteressen bei einem Versagen der Kasse nicht in dem Maße gefährdet sind wie bei einer Rentenversicherung. Viele kleine Kassen schienen sogar erwünscht, um die Verbinduug der Versicherungsorgane mit dem Versicherten bei den relativ häufigen Versicherungsfällen zu erleichtern. Für eine Invalidenversicherung mit ihren langjährig eingehobenen Beiträgen und ihren oft ebenfalls Jahre, manchmal sogar Jahrzehnte hindurch zu zahlenden Renten liegen die Verhältnisse anders. Richtige Bemessung der Beiträge, korrekte Reservenbildung und deren einwandfreie Anlage erfordern hier ein Spezialwissen, dem, wie herbe Enttäuschungen der Arbeiterschaft gezeigt hatten, der gute Wille und die gute Absicht der zumeist fachunkundigen Leiter kleinerer Organisationen nicht gewachsen waren. Bei der Organisierung der deutschen Alters- und Invalidenversicherung war man sich deswegen von vornherein über die Errichtung großer Anstalten auf Reichs- oder Länderbasis einig. Auch kann die wegen der großen Kapitalansammlung hier gerade besonders dringliche Staatsaufsicht bei wenigen großen Anstalten intensiver durchgeführt werden. Bei der Arbeitslosenversicherung, die mit der Arbeitsvermittlung organisch verbunden sein mußte, sollte eine für das ganze Reich zuständige Anstalt einen Finanzausgleich zwischen wirtschaftsschwachen und wirtschaftsstarken Bezirken ermöglichen.

c) Einen nicht unwesentlichen Einfluß übten ferner politische Anschauungen aus. *Bismarck* wollte Reichsanstalten mit Reichszuschüssen, um die Wettbewerbsfähigkeit der deutschen Wirtschaft gegenüber dem Ausland nicht zu gefährden (was sogar dem freisinnigen *Eugen Richter*, dem Führer der Opposition, als „kommunistisch" erschien). Der insbesondere vom Zentrum vertretene föderative Gedanke wollte hingegen den Reichsorganisationen nicht zuviel Macht zugestehen und suchte eine Regelung auf Länderbasis, so daß die Landesversicherungsanstalten zustande kamen. Im ganzen waren die Sozialversicherungsgesetze von 1883 bis 1889 schon von Anfang an ein nach verschiedenen Richtungen hin ausgehandeltes Kompromiß, das dem Initiator *Bismarck* selbst nicht gefiel: um nur etwas zustande zu bringen, hatte er sich, wie er sagte, den Notwendigkeiten gefügt.

Jede Kritik einer historischen Schöpfung ist einseitig, wenn sie nicht den jeweiligen Zeitumständen entgegenkommt, und man darf nie übersehen, daß mit der Einführung der Sozialversicherung damals Deutschland das Neuland der Massenversicherung betreten hat, für das die Erfahrungen der Individualversicherung nicht viel mehr als Anhaltspunkte liefern konnten. Man kann diesem deutschen System, die Sozialversicherung zu organisieren, bestimmt viele, in der Zwischenzeit zum Teil behobene Fehler nachsagen: Unübersichtlichkeit, das Fehlen einer organischen Verbindung zwischen den einzelnen Versicherungszweigen, Überschneidungen mit an sich vermeidbarer Mehrarbeit, das Problem der Wanderversicherung in der Rentenversicherung (Übergang von einem Versicherungsträger zu einem anderen), der verschiedene Umfang der Versicherungspflicht in den einzelnen Zweigen, Auseinandersetzungen einzelner Versicherungsträger über ihre Zuständigkeit (z. B. zwischen Kranken- und Unfallversicherung bei Krankheiten, die Folge eines Unfalls sind) u. a. m. Länder, die später die Sozialversicherung aufnahmen, konnten sich die deutschen Erfahrungen zunutze machen und von vornherein die notwendigen Organisationen planen, während in Deutschland ein Gesetz nach dem anderen zustande kam und immer wieder parteipolitische Konzessionen gemacht werden mußten. Es macht sich aber eine zunehmende Angleichung der verschiedenen Versicherungszweige aneinander bemerkbar, so z. B. zwischen der Invalidenversicherung der Arbeiter und der Angestelltenversicherung, wie auch Überschüsse des einen Zweiges (etwa der Arbeitslosenversicherung) zugunsten eines anderen Zweiges (z. B. der Invalidenversicherung) umgeleitet wurden. Die Möglichkeit der Krankenkassen, Kassenverbände zu bilden (RVO. §§ 406, 407), die gemeinsame Tragung der Rentenausgaben der Rentenversicherungen nach Maßgabe der Beitragseinnahmen der Versicherungsträger (RVO. § 1386 und SozVAnpG. § 6) sind nicht zu übersehende Tendenzen einer Vereinheitlichung und Zentralisierung.

Das neuere System, das die geschilderten Mängel ausschließt, ist das der sog. *Einheitssozialversicherung*. Die Grundtypen der Versicherungszweige: Kranken-, Unfall- und Rentenversicherung, werden beibehalten, für diese jedoch nur ein einziger Versicherungsträger bestimmt. Dieses System bietet den Vorzug, große Bevölkerungsmassen gleichmäßig und ohne Unterschiede einheitlich behandeln zu können. Dafür entsteht an Stelle vieler, zum Teil kleiner Versicherungsträger, die etwas individueller arbeiten können, ein großer Zentralapparat mit vielen Außenstellen. Praktisch hat dieses System Anwendung gefunden in Sowjet-Rußland und seit 1945 in der Ostzone einschließlich Berlin. Die Versicherungsanstalt Berlin hat sich infolge der politischen Vorgänge 1949 in die VAB. für den russischen Sektor und die VAB.-West für den amerikanischen, englischen und französischen Sektor gespalten.

Der Sozialversicherungspflicht in der *Ostzone* (gleichmäßig für alle Zweige) unterliegen alle in unselbständiger Arbeit stehenden Beschäftigten, alle selbständigen Erwerbstätigen, die keine Arbeitskräfte beschäftigen, alle Unternehmer, soweit sie nicht mehr als fünf Personen beschäftigen und die ständig mitarbeitenden Familienmitglieder. Für jedes Land der Ostzone ist eine Versicherungsanstalt, für die Bezirke der Stadt- und Landkreise sind Sozialversicherungskassen, letzte auch für das Eisenbahntransportwesen, den Post- und Fernmeldedienst und für den Bergbau, errichtet worden. Die Arbeitslosenversicherung erfolgt durch die Abteilung für Arbeit der Provinzen und Länder, ihr unterliegen alle in einem entgeltlichen Arbeitsverhältnis stehenden Personen.

Die englische Lösung durch die National Insurance Act von 1946 läuft ebenfalls auf eine Einheitssozialversicherung hinaus, die dort auch die Arbeitslosenversicherung (allerdings nur für die in einem abhängigen Arbeitsverhältnis Stehenden) einschließt. Oberste Instanz ist die Verwaltung für Sozialversicherung im Ministerium für soziale Sicherung, das als ausführende Organe regionale und lokale Verwaltungsstellen hat, wodurch eine Dezentralisation und damit eine engere Verbindung zu den Versicherten gewährleistet werden soll.

Die Zweige der Sozialversicherung

Ein Überblick über die wichtigsten Bestimmungen der Sozialversicherung nach der in der Bundesrepublik derzeit geltenden Regelung findet sich in der Anlage III am Schluß des Buches. Ein Vergleich mit der ostzonalen Regelung und mit dem Ausland, so interessant und aufschlußreich er wäre, würde hier zu weit führen. Im folgenden sind einige Besonderheiten der einzelnen Versicherungszweige behandelt.

I. *Krankenversicherung*

Die Krankenversicherung sucht die zusätzliche Belastung der Wirtschaften bestimmter Schichten (Arbeiter, Angestellte, kleine Selbständige) im Falle der Erkrankung des Einkommenverdieners oder seiner Familienangehörigen auszugleichen, für Frauen auch im Falle der Niederkunft. Durch eine Verordnung vom 4. 11. 1941 sind die Bezieher einer Invaliden-, Altersinvaliden-, Angestellten-, Knappschafts- oder Hinterbliebenenrente in den Kreis der versicherten Personen einbezogen worden (Rentnerkrankenversicherung); Träger sind die Orts- oder Landkrankenkassen. Die Rentner selbst zahlen jedoch keine Beiträge; für sie bezahlt die Landesversicherungsanstalt einen monatlichen Durchschnittsbetrag von 3,30 DM pro Kopf an die Krankenkasse (VO. über die Krankenversicherung der Rentner vom 4. 11. 1941 § 6). Die Rentner erhalten keine Barleistungen seitens der Krankenkasse, jedoch ein Sterbegeld (§ 9 gen. VO.).

Zahl der Versicherungsträger und der Versicherten im Bundesgebiet zeigt die folgende Tabelle nach dem Stand vom April 1950 („Wirtschaft und Statistik"):

Kassenarten	Kassen	Mitglieder ohne Rentner			Rentner
		versicherungspflichtig	versicherungsberechtigt	insgesamt	
Orts-Kr.-K.	396	8 592 872	1 473 363	10 066 235	3 793 490
Land-Kr.-K.	102	500 102	166 943	667 045	12 313
Betriebs-Kr.-K.	1212	1 330 161	149 497	1 479 658	6 842
Innungs-Kr.-K.	124	332 574	51 818	384 392	—
Seekrankenkasse	1	17 469	2 313	19 782	—
Betr.-Kr.-K. d. Dt. Bundesbahn	1	345 203	17 526	362 729	212 740
Betr.-Kr.-K. d. Dt. Bundespost	17	136 058	22 610	158 668	—
Knappsch. Kr.-K.	7	599 558	6 399	605 957	513 737
Ersatzkassen					
für Arbeiter	7	54 369	24 680	79 049	—
für Angestellte	9	1 174 131	551 908	1 726 039	—
zusammen	1876	13 082 497	2 467 057	15 549 554	4 539 122

Ein besonderes, zeitweise lebhaft umstrittenes Problem ist das Verhältnis der Ärzte (approbierte Ärzte, Zahnärzte, Zahntechniker, Dentisten) zu den Krankenkassen. Grundsätzlich soll die Kasse den Mitgliedern die Wahl zwischen zwei Ärzten lassen (RVO. § 369). Der Arzt, der die erforderliche Sorgfalt außer acht läßt, hat der Kasse den Schaden zu ersetzen (RVO. § 368d). Für die Dienste der Ärzte gewährt die Kasse eine Gesamtvergütung, deren Höhe sich nach dem durchschnittlichen Jahresbedarf für ein Kassenmitglied bestimmt (Kopfpauschale). Diese Gesamtvergütung geht an die kassenärztliche Vereinigung, die sie unter die Kassenärzte nach einem mit der Krankenkasse vereinbarten Maßstab verteilt (RVO. § 368e). Die Zulassung der Ärzte zur Tätigkeit bei den Krankenkassen ist durch eine Zulassungsordnung geregelt (RVO. § 368i). Infolge der Überfüllung des Ärzteberufes und der teilweise ungünstigen Einkommensverhältnisse des Ärzteberufes ist die Zulassung als Kassenarzt sehr begehrt; andererseits sind trotz gegenteiliger Beteuerungen der Ärztevertretungen die Klagen der Versicherten über Zurücksetzung hinter der höher honorierten Privatpraxis nicht immer ohne Grund. Der vertrauensärztliche Dienst (Prüfung der Arbeitsunfähigkeit, der Verordnung von Leistungen, der Einweisung in ein Krankenhaus, eine Kuranstalt oder ein Genesungsheim) ist eine den Landesversicherungsanstalten zukommende Gemeinschaftsaufgabe der Krankenversicherung.

Die Beiträge sind so zu bemessen, daß sie, die anderen Einnahmen eingerechnet, für die zulässigen Ausgaben der Kasse ausreichen. Zu anderen Zwecken darf die Kasse keine Beiträge erheben (RVO. § 385). Über 6% des Grundlohnes dürfen die Beiträge nur zur Deckung der Regelleistungen erhöht werden (RVO. § 386). Bei Fehlbeträgen sind durch Satzungsänderung entweder die Leistungen bis auf die Regelleistungen zu mindern oder die Beiträge zu erhöhen (RVO. § 387). Jede Krankenkasse soll eine Rücklage im Betrage mindestens einer Zweimonatsausgabe nach dem Durchschnitt der letzten drei Jahre haben — Rücklagesoll (RVO. § 364). Die Rücklage wird vom Träger der Gemeinschaftsaufgaben, also den Landesversicherungsanstalten, verwaltet. Übersteigen die Einnahmen der Kasse die Ausgaben, so sind, falls die Rücklage das Doppelte ihres gesetzlichen Betrages erreicht hat, entweder die Beiträge zu ermäßigen oder die Leistungen zu erhöhen (RVO. § 392).

Nach einer vorläufigen Zusammenstellung (in „Wirtsch. u. Stat.") betrugen die Einnahmen und Ausgaben der Krankenkassen im Bundesgebiet in 1000 DM:

Zeit	Gesamteinnahmen	Gesamtausgaben
1. Vierteljahr 1949	397 737	396 733
2. Vierteljahr 1949	421 965	391 888
3. Vierteljahr 1949	481 635	439 668
4. Vierteljahr 1949	509 212	473 396
zusammen 1949	1 810 549	1 701 685

In den Gesamtausgaben sind Rückstände aus den Vorjahren enthalten. Ohne diese verteilten sich die Ausgaben 1949 in 1000 DM:

Ärztliche Behandlung	292 473
Zahnbehandlung	72 899
Arznei und Heilmittel	267 524
Krankenhauspflege	267 553
Krankengeld	300 990
Haus- und Taschengeld	24 116
Wochenhilfe	78 830
Sterbegeld	29 609
Verwaltungskosten	109 505
übrige Ausgaben	36 014
zusammen	1 479 513

Der Unterschied zu der vorangehenden Tabelle ergibt sich auch daraus, daß die Zahlen der Kassen des Landes Hessen und der Betriebskrankenkasse der Bundesbahn in der Amerikanischen Zone nicht aufgegliedert vorlagen. Auf den relativen Anteil der einzelnen Leistungsarten an den Gesamtausgaben sind diese Unvollkommenheiten der Statistik von keinem wesentlichen Einfluß. Bemerkenswert ist, daß die mitunter als zu hoch bezeichneten Verwaltungskosten nur 7,4% der Gesamtausgaben ausgemacht haben; die Aufgliederung nach den einzelnen Vierteljahren 1949 zeigt, daß die Verwaltungskosten gegenüber den Gesamteinnahmen oder Gesamtausgaben nur unwesentlich gestiegen sind.

II. *Unfallversicherung*

Aufgabe der Unfallversicherung ist es, die aus einem Arbeitsunfall oder einer Berufserkrankung herrührenden nachteiligen Folgen auszugleichen. Zum Unterschied von der privaten Unfallversicherung schließt die soziale auch Berufskrankheiten ein. Sie erstreckt sich heute auf alle unselbständig Beschäftigten, auf bestimmte im öffentlichen oder gemeinnützigen Interesse Tätige, auf bestimmte Gruppen Selbständiger (Hausgewerbetreibende, landwirtschaftliche Unternehmer, Unternehmer der gewerblichen Kleinbetriebe der Seefischerei). Freiwillig können die Unternehmer sich selbst und ihre im Unternehmen tätigen Ehegatten einschließen.

Ursprünglich gab es in Deutschland, was auch noch die Gliederung des Dritten Buches der RVO. erkennen läßt, nur die Gewerbe-, landwirtschaftliche und See-Unfallversicherung. Dem Bedürfnis auf eine immer weitere Ausdehnung des Versicherungsschutzes folgend, wurde 1942 die Versicherungspflicht nicht mehr auf bestimmte Betriebe oder Tätigkeiten (System der Betriebsversicherung), sondern auf einen bestimmten Personenkreis (System der Personenversicherung) abgestellt.

Die Zahl der Versicherten sowie der Leistungsempfänger ergibt sich aus der folgenden Aufstellung (nach „Wirtsch. u. Stat.“) nach dem Stand vom 2. Halbjahr 1949:

Träger der Unfallversicherung	Versicherte	Gemeldete		Erstmals entschädigte		Empfänger von Rente oder Krankengeld			
		Unfälle	Berufskrankheiten	Unfälle	Berufskrankheiten	Verletzte und Erkrankte	Witwen u. Witwer	Waisen	Verw. aufst. Linie
Gewerbl. Berufs-Genossensch.	7954577	432266	15941	19737	4090	223285	64467	29482	1374
Gemeindeunfallvers.-Verbände	2210430	15337	397	901	115	5407	1397	979	35
Landw. Berufs-Gen.	8109796	101370	46	16316	4	124428	16345	7365	171
Ausführungsbehörden									
Bundesbahn	304995	23666	72	1009	4	10776	5560	3499	179
sonstige	1673636	31375	633	2744	198	17949	5936	3300	211
insgesamt	20253434	604014	17089	40707	4411	381845	93705	44625	1970

Berufskrankheiten treten hauptsächlich in der Bergbau-Berufsgenossenschaft auf. Im 2. Halbjahr 1949 entfielen von den 17 089 gemeldeten Fällen von Berufskrankheiten 12 190 auf diese Genossenschaft.

Da der größte Teil der Unfallversicherten auch krankenversichert ist, hat er bei einer Krankheit, die Folge eines Unfalls ist, einen Anspruch sowohl gegen die zuständige Berufsgenossenschaft bzw. den sonstigen Unfallversicherungsträger als auch gegen die Krankenkasse. Um Doppelleistungen zu vermeiden, kann die Genossenschaft die Leistungen der Krankenkasse anrechnen (RVO. § 557a). Auch wenn die Krankheit die Folge eines Arbeitsunfalles ist, also die Berufsgenossenschaft zuständig wäre, leistet bei leichteren Unfällen die Krankenkasse zunächst Krankenpflege (RVO. § 559g) und Krankengeld (§ 559h). Bei schwereren Unfällen kann der Unfallversicherungsträger gegen Kostenersatz die Krankenkasse mit der Durchführung der Krankenbehandlung beauftragen (RVO. § 1510). Um komplizierte Abrechnungen zu vermeiden, hat die Krankenkasse die Aufwendungen für Heilverfahren und wiederkehrende Geldleistungen während der ersten 45 Tage nach dem Unfall zu tragen; im übrigen fallen die Aufwendungen dem Unfallversicherungsträger zur Last (sog. „Glatter Schnitt“, RVO. § 1505).

Eine im einzelnen wie auch volkswirtschaftlich außerordentlich segensreiche Tätigkeit haben die Berufsgenossenschaften auf dem Gebiete der *Unfallverhütung* geleistet. Die Genossenschaften haben Unfallverhütungsvorschriften zu erlassen (RVO. §§ 848, 848a); Zuwiderhandelnde können mit Ordnungsstrafen belegt werden (§ 850). Zur Überwachung der Betriebe auf Einhaltung dieser Vorschriften setzen sie technische Aufsichtsbeamte ein (RVO. § 875).

Aus der früheren Haftpflicht der Unternehmer, nach dem Reichshaftpflichtgesetz von 1871 erwachsen, werden die Beiträge nur von den Arbeitgebern aufgebracht. Wie bei den Krankenkassen dürfen Beiträge nur für die erlaubten Zwecke erhoben werden (RVO. § 736). Die Mitgliederbeiträge werden nach dem Entgelt, das die Versicherten in den Betrieben verdient haben, sowie nach dem Gefahrentarif jährlich umgelegt (RVO. § 732); nach dem Grade der Unfallgefahr sind Gefahrklassen zu bilden (RVO. § 706).

Der Gefahrtarif ist zuerst längstens nach 2 Geschäftsjahren und dann mindestens alle 5 Jahre nachzuprüfen (§ 708). Durch die Satzung können Unternehmern unter Berücksichtigung der in ihren Betrieben vorgekommenen Unfälle Zuschläge auferlegt oder Nachlässe bewilligt werden (§ 712). Die Satzung kann einen einheitlichen Mindestbeitrag und für kleine Betriebe Pauschbeträge festsetzen (§ 734). Für die Tiefbau-Berufsgenossenschaft ist das Kapitaldeckungsverfahren vorgeschrieben (RVO. § 731).

Nach der gleichen Quelle wie oben, betrugen die Ausgaben der Unfallversicherungsträger im Jahre 1949 (Bundesgebiet) in 1000 DM:

Renten einschließlich Krankengelder	299 434	Übertrag	367 312
Krankenbehandlung	53 800	Verwaltungskosten	32 383
Sonstige Leistungen[1])	4 278	Verfahrenskosten	6 216
Unfallverhütung	9 800	Sonstige Ausgaben	9 066
Übertrag ...	367 312	Ausgaben insgesamt.......	414 977

[1]) Enthält: Abfindungen, Sterbegelder, einmalige Witwenbeihilfe, Berufsfürsorge.

Annähernd $^3/_4$ der Ausgaben entfallen auf Renten und Krankengelder. Für die Einnahmen und die gestellten Rücklagen standen keine Zahlen zur Verfügung.

III. *Invalidenversicherung*

Durch die von der Invalidenversicherung im Falle des Todes, der Altersschwäche oder der Invalidität gewährte Rente soll die Fortführung der Haushaltswirtschaften der von diesem Versicherungszweig erfaßten Schichten gewährleistet werden. Freiwillig kann sich ihr jeder Deutsche bis zum vollendeten 40. Lebensjahr anschließen. Aus der ursprünglich auf Arbeiterkreise beschränkten Versicherung ist also eine formell jedem zugängliche Versicherung geworden.

Die augenblickliche Zahl der Versicherten steht nicht fest. Für das damalige Reichsgebiet wurde sie 1913 auf 18,1 Mill., 1934 auf 17 Mill. geschätzt. Über die Versicherten werden keine Verzeichnisse geführt; die Möglichkeit, aus der Zahl der umgetauschten Quittungs-(Versicherungs-)karten auf die Zahl der Versicherten zu schließen, ist seit Übergang zur Barzahlung der Beiträge über die Krankenkassen für die Pflichtversicherten weggefallen. Nach RVO. § 1391 ist zwar das Anwartschaftsdeckungsverfahren vorgeschrieben, doch ist seine versicherungstechnische Handhabung außerordentlich mangelhaft, weil einerseits die genauen Rechnungsgrundlagen (Zahl und Alterszusammensetzung der Versicherten, Invaliditäts- und Sterbetafeln) fehlen, andererseits Leistungen wie Beiträge vorwiegend nach politischen Gesichtspunkten von den gesetzgebenden Körperschaften bestimmt werden. Nach der zweimaligen Vermögensvernichtung mußte man, um die laufenden Renten weiterzahlen zu können, zum Umlageverfahren greifen; Zuschüsse der Länder aus ihren Haushaltsmitteln und den Landesstöcken der Arbeitslosenversicherung müssen das Defizit decken helfen. Angesichts der fortschreitenden, durch die Kriegsverluste verstärkten Überalterung unseres Volkes besteht keine Aussicht, die Invalidenversicherung in absehbarer Zeit auf eine versicherungstechnisch gesunde Basis zu stellen.

Das SozVersAnpG. § 8 hat den Beitrag für die versicherungspflichtigen Arbeiter auf $10^0/_0$ des Entgeltes festgesetzt, wobei Arbeitsverdienste nur bis zu 600,— DM monatlich, 140,— DM wöchentlich, 20,— DM täglich zugrunde gelegt werden. Für die Pflichtversicherung der Selbständigen, die Selbstversicherung, die freiwillige Weiterversicherung und die freiwillige Höherversicherung wurden nach der Höhe des Arbeitsverdienstes 12 Beitragsklassen gebildet, für die die Beiträge einzeln festgesetzt sind.

Die Renten setzen sich zusammen aus einem festen Grundbetrag und einem mit der Zahl der bezahlten Beiträge zunehmenden Steigerungsbetrag sowie Kinderzuschüssen. Der feste Grundbetrag jeder Rente wurde früher vom Reiche, jetzt von den Ländern (SozVersAnpG. § 1) getragen und ist damit der Ansatz einer Staatsbürgerversorgung. Mit dem Steigerungsbetrag von 1,2% der bezahlten Entgelte ist die Rente des langjährig Versicherten höher als die des kürzer Versicherten, sofern der Mindeststeigerungsbetrag von 84,— DM jährlich dadurch überschritten wird. Es entspricht dem Prinzip einer Sicherung der Wirtschaftsführung des Versicherten, daß die Rente nicht auf einen von seinen individuellen Verhältnissen unabhängigen, für alle gleichmäßigen festen Betrag begrenzt ist, sondern sich an das anlehnen soll, was der einzelne im Laufe seines Lebens sich zu erübrigen in der Lage gewesen ist. Das SozVersAnpG. § 1 brachte zu den so bemessenen Renten noch für alle Rentenversicherungen einheitliche Zuschläge. Diese waren namentlich bei den kleinen Renten infolge der erheblich gestiegenen Lebenshaltungskosten unbestreitbar notwendig, aber ebenso unwiderlegbar ist, daß sie aus der rein versicherungstechnischen Struktur der Invalidenversicherung, wie unten noch zu zeigen, zu einer weiteren Abhängigkeit der Rentenversicherungen vom Staatshaushalt führen.

Der Anspruch auf eine Rente setzt außer dem Versicherungsfall den Ablauf einer bestimmten Wartezeit und die Aufrechterhaltung der sog. Anwartschaft voraus. Mit der *Wartezeit*, während der Beiträge entrichtet werden müssen, will man vermeiden, daß jemand auf Kosten der übrigen Versicherten in den Genuß einer Rente kommt, obwohl er nicht ein Mindestmaß an Beiträgen geleistet hat, etwa kurz vor Eintritt des Versicherungsfalles noch schnell eine versicherungspflichtige Beschäftigung annimmt, um Anspruch auf eine Rente erheben zu können. Unter Aufrechterhaltung der *Anwartschaft* versteht man die Bestimmung, daß nach Verlauf der Wartezeit in jedem Kalenderjahr eine Mindestanzahl von Wochenbeiträgen geleistet sein muß, damit der Rentenanspruch nicht erlischt. Diese Einschränkung soll einerseits verhüten, daß jemand nur die Wartezeit über Beiträge leistet, später aber nicht mehr, und sie soll andererseits die Auszahlung von Kleinstrenten beschränken, die praktisch keinen Wert hätten. Indem der Versicherte an der Erhaltung der Anwartschaft interessiert wird, soll er zu einer regelmäßigen Rücklage für den Versicherungsfall angehalten werden. Da es sich dabei um den Nachweis von unter Umständen vor mehreren Jahrzehnten gezahlten Beiträgen handeln würde, die jüngste politische Katastrophe die Unterlagen aber in weiten Kreisen vernichtet hat, waren Erleichterungen in dieser Hinsicht unumgänglich.

Invalidität ist nach deutschem Recht eine durch Krankheit oder Schwäche hervorgerufene Verdienstminderung um derzeit mindestens 50%, wobei anders als in der Unfallversicherung der Versicherte auf andere ihm zumutbare Arbeiten verwiesen werden kann. Treffen bei einem Anspruchsteller eine Invalidenrente und eine Verletztenrente aus der Unfallversicherung oder eine Hinterbliebenenrente aus der Invalidenversicherung mit einer Hinterbliebenenrente aus der Unfallversicherung zusammen, so wird neben der Verletztenrente nur die halbe Invalidenrente gewährt, während deren andere Hälfte bis zur Höhe der Verletztenrente ruht; doch gelten hier noch einige Ausnahmeregeln (RVO. §§ 1274, 1275). Der Träger einer öffentlichen Armenfürsorge kann Ersatz in Höhe der halben Rente beanspruchen (RVO. §§ 1531, 1535b).

Zur Abwendung einer drohenden oder Beseitigung einer bestehenden Invalidität kann der Versicherungsträger in seinem Interesse und im Interesse des Versicherten ein Heilverfahren einleiten und im Falle einer unberechtigten Weigerung des Versicherten die Rente ganz oder teilweise versagen (RVO. §§ 1310, 1311, 1313). Außer diesem individuellen Heilverfahren, das im Laufe der Zeit immer größere Bedeutung gewonnen hat, kann die Versicherungsanstalt zur Förderung der allgemeinen Volksgesundheit und zum wirtschaftlichen Nutzen der Versicherten und ihrer Angehörigen auch allgemeine Maßnahmen zur Verhütung vorzeitiger Invalidität durchführen (Zuschüsse zur Erforschung von Seuchen und Volkskrankheiten, der Tuberkulose, des Krebses, der Lupusbekämpfung; Unterbringung tuberkulosegefährdeter Kinder in See- und Solbädern usw.) (RVO. § 1252). Insbesondere zur Bekämpfung der Tuberkulose, nicht nur bei den Versicherten, sondern auch für die im Haushalt lebenden Angehörigen, haben die Landesversicherungsanstalten erhebliche Mittel aufgewendet, Tuberkuloseheilstätten errichtet und in Zusammenarbeit mit den Krankenkassen sowie Gesundheitsämtern eine weitgehende Heilbehandlung übernommen. „Der Umfang dieser Maßnahmen wird deutlich, wenn man sich vor Augen hält, daß etwa 80—85 % der gesamten an Tuberkulose erkrankten Bevölkerung von den Rentenversicherungsträgern betreut werden, während nur 15—20 % der Heilverfahren von den Landesfürsorgeverbänden oder den Erkrankten selbst durchgeführt werden“ *(Paul Caesar)*. Der Erfolg steht außer Zweifel: „Kein Wunder, daß die Krankheit, die man früher wohl die Berufskrankheit der Industriearbeiter nannte, die Tuberkulose, ein gut Teil ihres Schreckens verlor. Nach den reichsstatistischen Erhebungen starben daran von 100 000 Einwohnern in deutschen Orten mit über 15 000 Einwohnern im Jahresdurchschnitt des Jahrfünfts 1877 bis 1881 357 Personen, 1902 bis 1906 201 Personen, 1907 bis 1912 165 Personen“ *(Adolf Weber)*.

Nach vorläufigen Ergebnissen stellten sich 1949 im Bundesgebiet die Einnahmen der Rentenversicherung, also auch der Angestellten- und Knappschaftspensionsversicherung, in 1000,— DM wie folgt (nach „Wirtsch. u. Stat.“):

Einnahmen

	Beiträge	Zinsen	Zahlungen aus Mitteln der Landesstöcke	Zahlungen aus Mitteln der Länder	sonstige	Einnahmen insgesamt
Arbeiter	1 307 783	4216	87 302	196 367	6115	1 601 783
Angestellte	602 448	3023	40 326	22 843	1933	670 573
Knappschaften .	367 696	454	10 439	114 780	1304	494 673

Ausgaben

	Renten	Beiträge z. Krank.-Vers. der Rentner	Heilverfahren	Sonst. Leistungen[1])	Verwaltungskosten	Sonst. Ausgaben	Ausgaben insgesamt
Arbeiter .	1 223 598	79 176	111 790	260	37 373	4785	1 456 982
Angestellte .	557 902	22 103	36 573	2	11 370	1708	629 658
Knappschaften	435 391	24 601	7 468	—	13 565	2088	483 113

[1]) Invalidenhaus- und Waisenhauspflege.

Die versicherungstechnisch prekäre Lage der Rentenversicherungen tritt kraß in Erscheinung, wenn man aus den obigen Aufstellungen den Einnahmenüberschuß errechnet und mit den Zuschüssen aus den Arbeitslosenstöcken (RVO. § 1385) und den Länderhaushalten (RVO. § 1383/4) vergleicht (wieder in 1000,— DM):

	Zuschüsse insgesamt	Überschüsse
Arbeiter	293 669	144 801
Angestellte	63 169	40 915
Knappschaften	125 219	11 560

Der Einnahmenüberschuß, der eigentlich die versicherungstechnisch notwendige Rückstellung für die künftig anfallenden Renten, das Deckungskapital, sein müßte, ist nicht nur außerordentlich gering, schlimmer ist, daß er nur durch die Zuführung von Mitteln anderer Stellen erreicht werden konnte. Wie unzureichend er ist, ersieht man bezüglich der Invalidenversicherung daraus, daß 1913, also zu einer Zeit verhältnismäßig normalen Bevölkerungsaufbaues noch, von einer Beitragseinnahme von 360 784 000 M annähernd die Hälfte, nämlich 176 571 000 M, zurückgestellt wurde. Schwer trifft die Rentenversicherungen auch der Wegfall der Zinseinnahmen aus den angesammelten Kapitalien, die bei der Invalidenversicherung nach der obigen Aufstellung 1949 nur knapp 0,3% ausgemacht haben, während sie in der Einnahme von 360 784 000 M des Jahres 1913 mit 67 479 000 M, also mit fast 19% enthalten waren. Bei der finanziell besonders ungünstigen Knappschaftsversicherung haben die laufenden Beiträge 1949 nicht einmal für die laufenden Renten ausgereicht; streng genommen, kann man hier nicht einmal mehr vom Umlageverfahren sprechen! Das Leistungsvermögen unserer Rentenversicherungen ruht letzten Endes auf der Zuschußfähigkeit des Bundeshaushaltes bzw. der Länderhaushalte.

IV. *Angestelltenversicherung*

Die Angestelltenversicherung bezweckt dasselbe wie die Invalidenversicherung, nur für einen anderen Personenkreis. Während die übrige Sozialversicherung für Arbeiter und Angestellte einheitlich geregelt ist, hat man 1911 für die Angestellten die eigene Angestelltenversicherung geschaffen, um damit den Angestellten einen höheren Lebensstand zu gewährleisten als den Arbeitern. Auch kam die Angestelltenversicherung vor 1945 ohne Staatszuschüsse aus. Wie bereits erwähnt, gleichen sich die beiden Versicherungszweige neuerdings weitgehend an.

Der Begriff der Berufsunfähigkeit in der Angestelltenversicherung ist weiter als der Begriff der Invalidität in der Invalidenversicherung. Bei der Angestelltenversicherung ist der Versicherungsfall neben den anderen Voraussetzungen wie bei der Invalidenversicherung auf eine „Standesinvalidität" abgestellt. Der Versicherte darf nicht wie bei der Invalidenversicherung auf jede andere seinen Kräften und Fähigkeiten entsprechende Tätigkeit verwiesen werden, sondern nur auf Tätigkeiten, die ähnliche Anforderungen an die Leistungsfähigkeit stellen, wie es in seinem bisherigen Beruf der Fall war.

Die Beiträge sind wie bei der Invalidenversicherung bemessen und werden gegebenenfalls wie dort zwischen Arbeitgeber und Angestellten geteilt (AVG. §§ 168, 183, 186).

Die Renten setzen sich ähnlich zusammen wie bei der Invalidenversicherung. Die Grundbeträge sind höher, die jährlichen Steigerungsbeträge hingegen niedriger, nur mit 0,7% angesetzt. Nach *Paul Caesar* betragen die Steigerungsbeträge in der Angestelltenversicherung etwa 15% der geleisteten Beiträge gegenüber 20% bei der Invalidenversicherung. Wegen des erhöhten Grundbetrages ist das Ruhegeld und die Hinterbliebenenrente der Angestelltenversicherung zumeist höher als das der Invalidenversicherung. Höhere Renten ergeben sich auch daraus, daß Angestelltengehälter im allgemeinen höher sind als die Verdienste der Arbeiter.

Neue statistische Angaben finden sich im vorhergehenden Absatz über die Invalidenversicherung. Die finanzielle Lage der Angestelltenversicherung ist ebenso prekär.

V. *Altersversorgung für das Handwerk*

Durch das Gesetz über die Altersversorgung für das Deutsche Handwerk vom 21. 12. 1938 (VO. vom 13. 7. 1939) wurden auch die selbständigen Handwerker in die Angestelltenversicherung einbezogen, wobei sie sich jedoch ganz oder zur Hälfte befreien können, wenn sie eine Todes- und Erlebensfallversicherung in Höhe von mindestens 5000,— DM oder 2500,— DM bei einem Lebensversicherungsunternehmen abschließen. Der Handwerker hat also unter gewissen Voraussetzungen eine Wahlmöglichkeit zwischen der Angestelltenversicherung und einer öffentlichen oder privaten Lebensversicherungsunternehmung.

Die Beiträge muß der Handwerker allein tragen. Sie werden nach den Sätzen der Angestelltenversicherung bemessen. Die Beitragsleistung erfolgt durch Einkleben und Entwerten der monatlichen Versicherungsmarken in die Versicherungskarte.

Die Renten berechnen sich wie bei der Angestelltenversicherung.

VI. *Knappschaftsversicherung*

Die Knappschaftsversicherung ist eine Sonderorganisation der Sozialversicherung — mit Ausnahme der Unfallversicherung — für die Bergleute. Sie umfaßt die knappschaftliche Kranken- und die knappschaftliche Rentenversicherung. Ihre Träger sind die Knappschaften. Ihre Sonderstellung ist auf zwei Umstände zurückzuführen:

a) Bei Einführung der allgemeinen Sozialversicherung waren die Knappschaften bereits voll ausgebaute und bewährte Versicherungsorganisationen, auf die man nicht verzichten wollte. Ursprünglich veranstalteten die Knappen bei Erkrankungen, Unglücks- und Todesfällen Sammlungen zur Unterstützung der Betroffenen und Hinterbliebenen. Dann wurden an den Lohntagen Büchsen für freiwillige Gaben aufgestellt, später Zwangsbeiträge (Büchsenpfennige) erhoben. Die ersten gesetzlichen Regelungen der Knappschaftskassen finden sich in der Kuttenberger Bergordnung (1300), Ersten Joachimstaler Bergordnung (1518), Hannoverschen Bergordnung (1566) und Kurböhmischen Bergordnung (1669). Die Knappschaften waren ursprünglich Bruderschaften mit religiösem Charakter und umfaßten das gesamte berufliche und private Leben der Knappen. Sie genossen viele Privilegien und erfreuten sich der Selbstverwaltung durch Brudermeister und Älteste. „Wie alle bergmännischen Freiheiten fanden auch diese Bruderschaften Anlehnung an den Regalherrn. Als mit dem Merkantilismus sich auch das Direktionssystem entwickelte, als sich die absolute Staatsgewalt gegen alles Verbandsrecht der Arbeiter wie in den Zünften, so im Bergbau kehrte, als die Erhaltung der Gruben ihre wichtigste Aufgabe wurde, übernahm die Obrigkeit die Bevormundung jener Knappschaften. Der Ausbau ihrer Organisation und des Unterstützungswesens ist der letzte konsequente Schritt, um das freie hochprivilegierte Bergvolk des Mittelalters zu einem zuverlässigen und sozial gefestigten Arbeiterstand umzuwandeln, wie ihn der Staat in seinem Bunde mit der kapitalistischen Gewerkschaft bedurfte. Deshalb wird jetzt die Knappschaft zur Zwangsgenossenschaft, insofern der Genuß aller Privilegien von der Mitgliedschaft in ihr abhing; auch werden ihre Einkünfte auf regelmäßige Lohnabzüge, aber auch auf die Führung von Freikuxen als Unternehmerbeiträge gestellt; deshalb wird auch ihr Aufgabenkreis auf Witwen- und Waisenversorgung und auf den Zehrpfennig für wandernde Berggesellen erstreckt. Der Staat aber gewährt ihr als einer seiner Institutionen die Sicherheit dauernden Bestandes" *(Eberhard Gothein)*. Diese staatlich regulierte Form der Knappschaft entwickelt sich im 16. Jahrhundert im Erzbergbau, vor allem in Sachsen. Friedrich der Große unterstellte in seiner Berggesetzgebung die Knappschaftskassen den Bergbehörden. 1832 gab es in Preußen schon 53 Knappschaftskassen mit 56 462 Mitgliedern bei einem Bestande von 68 300 Berg- und Salinenarbeitern. Das Preußische Knappschaftsgesetz von 1854 führte den Versicherungszwang für alle in Bergwerken, Hütten, Salinen und Aufbereitungsanstalten beschäftigten Arbeiter ein; die Werkbesitzer hatten ein Drittel der Beiträge zu zahlen; den Knappschaftsvereinen wurde Selbstverwaltung garantiert. Das Berggesetz von 1865 behielt diese Bestimmungen im wesentlichen bei. In den Knappschaften zeigt sich so eine kontinuierliche Entwicklung von den bündischen Versicherungsformen des Mittelalters zu den die Gegenwart beherrschenden gesellschaftlichen Versicherungsverhältnissen. Sie haben der deutschen Sozialversicherungsgesetzgebung als Vorbild gedient, das man zu erhalten versuchte.

b) Ein zweiter Grund für eine Sonderregelung liegt in der Absicht, den Bergmann wegen seiner volkswirtschaftlich besonders wichtigen, gesundheitlich aber auch besonders anstrengenden Arbeit, insbesondere wegen der schweren, kräfteverzehrenden Untertagearbeit gegenüber den übrigen Sozialversicherten besser zu stellen. Gleichzeitig will man damit der Abneigung gegen diesen wenig attraktiven Beruf entgegenwirken. Besonders deutlich kam diese Absicht in dem Bergmannstreuegeld für altverdiente Bergleute zum Ausdruck, das derzeit nicht mehr ausbezahlt wird. Anders als die Invaliden- und Angestelltenversicherung ist Voraussetzung der Knappschaftsrente die sog. Berufsunfähigkeit des versicherten Bergmanns, die schon vorliegt, wenn er keine bergmännische Arbeit mehr verrichten kann, auch wenn er eine andere Tätigkeit noch ausüben könnte. Für die bei Berufsunfähigkeit zu zahlende Knappschaftsrente und für die im Falle der Invalidität fällige Knappschaftsvollrente sind ferner jährliche Mindestbeträge festgesetzt. Versicherte, die das 50. Lebensjahr vollendet, 300 Beitragsmonate zurückgelegt und während dieser Zeit mindestens 180 Beitragsmonate wesentlich bergmännische Arbeiten verrichtet haben, erhalten auf Antrag den Knappschaftssold, der bis zur Gewährung der Knappschaftsrente oder Knappschaftsvollrente bezahlt wird.

Einige neuere Angaben über die knappschaftliche Kranken- und knappschaftliche Rentenversicherung finden sich oben in den Abschnitten I (Krankenversicherung) und III (Invalidenversicherung). Von allen Zweigen der sozialen Rentenversicherungen zeigen die Knappschaften die ungünstigste Finanzlage; die Beiträge reichten 1949 nicht einmal für die laufenden Renten aus.

In der knappschaftlichen Krankenversicherung zahlen Arbeitgeber und Versicherte je die Hälfte der mit 5% des Lohnes oder Gehaltes festgesetzten Beiträge (SozVersAnpG. § 12). Ihre Leistungen gleichen im allgemeinen denen der allgemeinen Krankenversicherung. Für die knappschaftliche Rentenversicherung hat das SozVersAnpG. § 17 den Beitrag auf 20% des Entgelts festgesetzt, wovon die Unternehmer 13%, der Versicherte 7% zu tragen haben. Die Länder zahlen an die knappschaftliche Rentenversicherung die Mittel, die zur dauernden Aufrechterhaltung der Leistungen erforderlich sind (SozVersAnpG. § 18). Der Beitragsberechnung wird nur ein Entgelt bis zu 600,— DM monatlich zugrunde gelegt. Die Leistungen der knappschaftlichen Rentenversicherungen sind aus dem Anhang III zu ersehen.

VII. *Arbeitslosenversicherung*

Die Arbeitslosenversicherung ist der letzte Zweig der Sozialversicherung, der zu den „klassischen" Zweigen erst spät hinzutrat. Die Gründe dafür liegen in der Schwierigkeit, den Versicherungsfall exakt zu definieren und die subjektiv verursachte Arbeitslosigkeit (freiwillige Aufgabe der Arbeitsstelle, Streik, Aussperrung, Weigerung der Arbeitsannahme) von der allein versicherbaren, in den gesellschaftlichen Wirtschaftsverhältnissen gegebenen objektiven Arbeitslosigkeit zu trennen. Eine obligatorische Arbeitslosenversicherung wurde 1895 in der Stadt St. Gallen versucht. Selbständige Versicherungskassen mit freiwilligem Beitritt fanden sich in Bern (1893), Bologna (1896), Köln (1896), Basel (1901), Venedig (1901), Genf (1904) und Leipzig (1905). Die Erfolge dieser Kassen waren im allgemeinen nicht befriedigend. In der von Lloyd George vorgelegten National Insurance Act von 1911 hat zuerst England neben der

Kranken- und Invalidenversicherung die Arbeitslosenversicherung für einige Berufszweige eingeführt; die Verwaltung geschah durch die staatlichen Arbeitsämter. 1920 wurde die Versicherung auf den gleichen Personenkreis wie die Krankenversicherung ausgedehnt. Die Last der langfristigen Arbeitslosigkeit wurde auf Grund einer Bedürftigkeitsprüfung 1931 direkt auf das Schatzamt übernommen, 1935 auf das Arbeitslosen-Fürsorgeamt. Öffentliche Arbeitslosenversicherungen wurden ferner eingeführt: 1920 in Österreich, 1919/23 in Italien, 1924 in Polen, 1922 in Rußland und Queensland, 1926 in Bulgarien.

In Deutschland legte die Demobilmachungsverordnung über Erwerbslosenfürsorge vom 13. 11. 1918 den Gemeinden die Pflicht auf, eine Fürsorge für arbeitsfähige und arbeitswillige Personen einzurichten, die sich infolge des Krieges durch Erwerbslosigkeit in bedürftiger Lage befanden. Auf dem Höhepunkt der Inflation mußten die Mittel dazu in engsten örtlichen Beitragsgemeinschaften von den Arbeitgebern und Arbeitnehmern aufgebracht werden (1923). Beitragspflichtig waren die krankenversicherten Arbeitnehmer zur Hälfte, die andere Hälfte hatten die Unternehmer zu tragen. Die Beiträge wurden zusammen mit den Krankenkassenbeiträgen entrichtet. Eine Verordnung von 1924 bezeichnete als Ziel der Fürsorge, der nicht der Rechtscharakter der Armenpflege beigelegt werden durfte, die Beendigung der Erwerbslosigkeit durch die Aufnahme von Arbeit, wofür die Gemeinden Arbeitsnachweise einzurichten hatten. Durch das Gesetz über Arbeitsvermittlung und Arbeitslosenversicherung (AVAVG.) vom 16. 7. 1927 wurde die Erwerbslosenfürsorge durch die Arbeitslosenversicherung mit festem Ersatzanspruch ersetzt. Die seit 1928 zunehmende Arbeitslosigkeit erschütterte die versicherungsmäßigen Grundlagen, die Leistungen wurden eingeschränkt. Durch Verordnungen des Reichsarbeitsministers von 1939 und 1940 wurde die Arbeitslosenunterstützung allen unfreiwillig arbeitslosen Personen zuerkannt, die dem Arbeitseinsatz zur Verfügung standen, gleichgültig ob sie vorher als Arbeiter oder Angestellte tätig waren und Beiträge zum Reichsstock für Arbeitseinsatz bezahlt hatten. Träger der Arbeitslosenversicherung war nach dem AVAVG. die Reichsanstalt für Arbeitsvermittlung und Arbeitslosenversicherung, der auch die öffentliche Berufsberatung und Lehrstellenvermittlung oblag. Als Körperschaft des öffentlichen Rechts gliederte sie sich in Landesarbeitsämter und Arbeitsämter. 1938 wurden die Landesarbeitsämter und Arbeitsämter als Reichsbehörden dem Reichsarbeitsminister unterstellt. Die bisherige Reichsanstalt, die jetzt die Bezeichnung „Reichsstock für Arbeitseinsatz" erhielt, hatte nur noch die Aufgabe, das Beitragsaufkommen zu vereinnahmen und es nach Maßgabe des Haushaltsplanes zu verausgaben. Nach 1945 wurde in den Ländern der amerikanischen Zone durch gleichlautende Verordnungen die Arbeitslosenversicherung von den Ländern (Landesstöcke) wieder aufgenommen. Die britische Zone gewährte zunächst nur eine Arbeitslosenhilfe, in der französischen Zone griff man wieder auf das Gesetz von 1927 zurück. Durch Koordinierung der Bestimmungen wurde schließlich in der Bundesrepublik eine einigermaßen gleichmäßige Regelung erreicht

Die Arbeislosenversicherung bezweckt Ersatz des ausfallenden Einkommens durch eine konjunkturelle, objektiv bedingte Arbeitslosigkeit. Nicht versichert werden also die Auswirkungen der

a) subjektiv bedingten Arbeitslosigkeit: der Versicherte muß arbeitsfähig, arbeitswillig und unfreiwillig arbeitslos sein; schwierig ist der Ausschluß der durch Streik oder Aussperrung verursachten Arbeitslosigkeit; gewisse Erschwerungen (Sperrfristen) sind vorzusehen.

b) saisonalen Arbeitslosigkeit, der berufsüblichen Arbeitslosigkeit, wie sie in Saisongewerben (Baugewerbe, Zuckerindustrie) alljährlich regelmäßig eintritt. Im Arbeitslohn muß hier auf die zeitweise Beschäftigungslosigkeit bereits Rücksicht genommen werden. Der Ausschluß dieser Arbeitslosigkeit muß durch eine entsprechende Gestaltung der Anwartschaftsbestimmungen erreicht werden.

c) der strukturellen Arbeitslosigkeit, die nicht durch vorübergehende Konjunkturschwankungen bedingt ist, sondern als Folge einer Umgruppierung der volkswirtschaftlichen Produktivkräfte dauernd auftritt, sofern die frei gewordenen Arbeitskräfte nicht anderweitig untergebracht werden. Arbeitslosigkeit als Dauerzustand wird durch Beschränkung der Arbeitslosenunterstützung auf eine gewisse Zeit (Bezugsdauer) ausgeschaltet.

Dem Grundsatz der Schadenminderung entspricht die Gewährung einer Kurzarbeiterunterstützung, wenn auf diese Weise eine vollständige Arbeitslosigkeit vermieden werden kann (AVAVG. § 130) und die Verpflichtung der Arbeitsbehörden, die Arbeitslosigkeit in erster Linie durch Vermittlung von Arbeit zu verhüten und zu beendigen (AVAVG. § 131). Dafür kommen in Betracht:

a) Erstattung von Reisekosten zum neuen Arbeitsplatz für den Arbeitslosen selbst und seine Familienmitglieder (AVAVG. § 132),
b) Vorstreckung der Mittel für die erforderliche Arbeitsausrüstung (AVAVG. § 135),
c) Zuschuß bis zur Dauer von 8 Wochen zum Arbeitsentgelt während der Anlernzeit im neuen Beruf (AVAVG. § 136),
d) Einrichtung und Unterstützung von Veranstaltungen zur beruflichen Fortbildung und Umschulung (AVAVG. § 137),
e) Förderung von Maßnahmen, die geeignet sind, die Arbeitslosigkeit zu verringern, insbesondere zur Beschaffung zusätzlicher Arbeitsgelegenheit für die Arbeitslosen; Bereitstellung von Mitteln in Form von Darlehen und Zuschüssen insoweit, als die Mittel des Landesstocks durch derartige Maßnahmen entlastet werden (wertschaffende Arbeitslosenfürsorge). Dabei dürfen nur solche Maßnahmen gefördert werden, die für die Volkswirtschaft von produktivem Werte sind, und insbesondere solche, die geeignet sind, die Menge einheimischer Nahrungsmittel, Rohstoffe oder Betriebsstoffe zu vermehren. Darlehen und Zuschüsse an private, auf Erwerb gerichtete Unternehmungen dürfen nicht gewährt werden (AVAVG. § 139).

Der Geißel unserer Wirtschaftsordnung, der Arbeitslosigkeit, kann also durch Versicherung allein nicht begegnet werden. Aufgabe der Sozialpolitik bleibt es, der nicht durch die Versicherung abgedeckten Arbeitslosigkeit Herr zu werden. Dies geschieht durch die *Arbeitslosenfürsorge* für nicht von der Arbeitslosenversicherung erfaßte Arbeitslose; sie wird zeitlich unbegrenzt, aber nur bei Bedürftigkeit aus Mitteln der Länderhaushalte gewährt. So unbestritten es ist, daß diese Arbeitslosenfürsorge den Prinzipien der Versicherung nicht entspricht, so umstritten ist es, ob die zuvor geschilderte Arbeitslosenversicherung deren Voraussetzungen erfüllt. Der Einwand, es sei Aufgabe des Staates, nicht des einzelnen für von ihm unabhängige Ereignisse, wie sie die objektive Arbeitslosigkeit sei, Vorsorge zu treffen, ist nicht ernst zu nehmen, weil so ziemlich alle Versicherungsereignisse als vom Willen des Versicherungsnehmers unabhängig unterstellt werden; im Falle des Gegenteils erlischt zumeist der Versicherungsanspruch. Ob man aus einem Recht des einzelnen auf Arbeit eine Fürsorgepflicht des Staates gegenüber Arbeitslosen ableiten kann, hängt davon ab, ob dieses Recht irgendwie, z. B. in der Verfassung als verbindliche Rechtsvorschrift, nicht nur als proklamatorischer Artikel, verankert ist und zu welcher Wirtschaftsordnung man sich bekennt; ein grundsätzlicher Liberalist wird diesen Anspruch nicht anerkennen. Der Umstand, daß bei der deutschen Arbeitslosenversicherung keine selbständigen Versicherungsträger vorgesehen sind, die Durchführung vielmehr durch Länderbehörden (früher Reichsbehörden) erfolgt, ist ebenfalls nicht schwerwiegend genug, um der Arbeitslosenversicherung den Charakter einer Versicherung grundsätzlich abzusprechen. Auf der anderen Seite muß man den Bejahern des Versicherungscharakters der Arbeitslosenversicherung, z. B. *Paul Caesar*, die sich darauf berufen, daß Beiträge erhoben werden und damit die Leistungen der Arbeitslosenversicherung auf einer Gegenleistung beruhen, entgegenhalten, daß dieser Umstand allein noch nicht über die Versicherungsmäßigkeit entscheidet; nach der romantischen oder universalistischen Steuerlehre gilt dies gegenüber jeder Staatsleistung; die neben den Steuern stehenden Gebühren und Beiträge sind doch gerade durch eine „Gegenleistung" des Staates oder der Gemeinde gekennzeichnet. Ob man die sog. Arbeitslosenversicherung noch zur Versicherung rechnen kann, ist nicht eine Frage der Definition oder des Systems, sondern ist eine quaestio facti: ob es ein Kalkul gibt, den Umfang und die Dauer der Arbeitslosigkeit in einem der Vorherberechnung genügenden Maße vorauszusehen (siehe oben Seite 212). Für die dem Wirtschaftsprozeß endogenen Konjunkturschwankungen dürfte dies wohl zutreffen, nicht dagegen bezüglich der durch exogene, politische oder strukturelle Ursachen hervorgerufenen Arbeitslosigkeit, die sich über ihren Ursprungsbereich auszubreiten vermag. Da sich im einzelnen diese verschiedenen Ursachenkomplexe nie genau auseinanderhalten lassen, kann die Grenze zwischen den verschiedenen Arbeitslosen immer nur schematisch gezogen werden mit der Folge, daß auch die nicht durch endogene Konjunkturvorgänge hervorgerufene Arbeitslosigkeit in großem Umfang unter die Versicherung fällt. Der Versicherungscharakter der Arbeitslosenversicherung wird also immer problematisch bleiben. Es ist wie eine Ironie des Schicksals, daß es in den uns heute gesegnet erscheinenden Zeiten vor Ausbruch des Ersten Weltkrieges, wo es versicherungstechnisch am ehesten möglich gewesen wäre, eine Arbeitslosenversicherung nicht gab, man sie erst zu einer Zeit einführte, wo die Voraussetzung dazu nicht mehr gegeben war und sie deswegen versagen mußte.

Der Beitrag zur Arbeitslosenversicherung ist vom SozVersAnpG. § 14 mit 4% des Arbeitsentgelts festgesetzt worden. Versicherungspflichtige und ihre Arbeitgeber entrichten davon je die Hälfte (AVAVG. § 143). Die Beiträge werden von den Arbeitgebern in einem an die zuständige Krankenkasse bezahlt, die sie an das Landesarbeitsamt abzuführen hat (AVAVG. §§ 145, 147).

Im Bundesgebiet betrug die Zahl der Hauptunterstützungsempfänger (nach Wirtsch. u. Stat.) im Durchschnitt der Jahre:

	Arbeitslosenversicherung	Arbeitslosenfürsorge	insgesamt
1947	1 499	26 178	27 677
1948	85 319	48 930	134 249
1949	437 716	434 472	872 188
1950	465 733	809 764	1 275 497

Hohe Zahlen der Arbeitslosenfürsorgeempfänger zeigen eine langfristige Arbeitslosigkeit an, bei der die Ansprüche aus der Arbeitslosenversicherung erschöpft sind.

Die nachfolgende Tabelle zeigt das finanzielle Ergebnis der Arbeitslosenversicherung in den jeweiligen Rechnungsjahren (1. 4. bis 31. 3.) nach Wirtsch. u. Stat. in 1000,— RM bzw. DM im Bundesgebiet:

Einnahmen

Rechnungsjahr	Beiträge	Sonstige Einnahmen	Erstattungen der Länder für Arbeitslosenfürsorge	insgesamt
1945/46	540 144	12 893	—	551 782
1946/47	903 370	2 881	—	906 251
1947/48	1 071 621	3 568	—	1 075 189
1948/49 RM[1])	329 136	2 727	—	331 863
1948/49 DM	957 875	1 221	56 051	1 015 147
1949/50	1 146 430	8 114	511 990	1 666 536

Ausgaben

Rechnungsjahr	Unterstützungsleistungen			
	Arbeitslosenversicherung	Arbeitslosenfürsorge	Wertschaffende Arbeitslosenfürsorge	insgesamt
1945/46.....	60 931	—	13	60 944
1946/47.....	77 355	—	5	77 350
1947/48.....	45 250	—	114	45 364
1948/49 RM [1])	1 863	—	44	1 907
1948/49 DM	246 407	107 903	2 149	356 460
1949/50.....	707 778	642 446	48 178	1 398 404

Rechnungsjahr	Förderung der Arbeitsaufnahme	Leistungen an die Träger der Rentenversicherung	Verwaltungskosten	Ausgaben insgesamt	Überschüsse am Ende des Zeitraumes
1945/46.....	10 355	115 713	78 445	265 458	287 579
1946/47.....	4 431	188 052	107 908	377 742	816 089
1947/48.....	4 984	232 101	109 922	392 370	1 498 907
1948/49 RM [1])	1 169	68 746	26 923	98 746	1 732 024
1948/49 DM	2 993	215 529	99 463	674 445	453 731
1949/50.....	7 504	82 491	159 305	1 647 703	472 691

Abweichungen in den Summen durch Runden der Zahlen.

[1]) In RM vom 1. 4. bis 20. 6. 1948; in DM vom 21. 6. 1948 bis 31. 3. 1949.

Mit der Erstattung der Länder für die Arbeitslosenfürsorge sind diese, wie ersichtlich, noch erheblich im Rückstand. Infolge der günstigen Arbeitsmarktlage in der ersten Nachkriegszeit konnte die Arbeitslosenversicherung mit gut einem Fünftel ihrer Beitragseinnahmen für die Leistungen der Rentenversicherungen herangezogen werden; im letzten Rechnungsjahr 1949/50 hat sich jedoch dieser Betrag erheblich verringert. In den Jahren geringer Arbeitslosigkeit vermag die Arbeitslosenversicherung erhebliche Überschüsse zu liefern. Doch schon die Erhöhung der Arbeitslosigkeit im Jahre 1949 hat die Ausgaben fast auf die Höhe der Einnahmen anwachsen lassen. Beachtet man, daß im Monatsdurchschnitt des Jahres 1949 von 13,5 Mill. Beschäftigten nicht ganz 1,3 Mill., also knapp 10%, arbeitslos waren, die Arbeitslosigkeit eine bedenkliche, aber keineswegs schon katastrophale Höhe erreicht hatte, so offenbart sich, daß bei der jetzigen Regelung die Arbeitslosenversicherung einer erheblichen Belastung nicht gewachsen sein dürfte.

Zur Reform der deutschen Sozialversicherung

Seit ihrem Bestehen wird an der deutschen Sozialversicherung reformiert. Wenn alle bisherigen Versuche die prekäre Lage insbesondere der Rentenversicherungen nicht beseitigen konnten, so liegt die Ursache nicht in einem Mangel der früher eingeleiteten Maßnahmen, sondern in dem Umstand, daß die Sozialversicherung wie die gesamte deutsche Wirtschaft eine zweimalige politische Katastrophe überstehen mußte. Da die Sozialversicherung zu dem umfassendsten Bereich der deutschen Versicherungswirtschaft geworden ist und es mit Recht niemand wagen darf, die in Jahrzehnten gehegte Hoffnung auf eine Versorgung in der heutigen und wohl noch lange andauernden wirtschaftlichen Unsicherheit der großen Massen zu enttäuschen, wird die Berechtigung der Sozialversicherung als solche kaum noch bestritten, um so weniger als sie sich nach dem Vortritt Deutschlands in nahezu allen Kulturstaaten wenn auch mit unterschiedlichem Erfolg durchgesetzt hat. Allen sozialpolitischen Errungenschaften, zu denen auch die Leistungsverbesserungen der Sozialversicherungen zählen, wohnt, gleichgültig ob sie jeweils zeitgerecht oder vorschnell waren, eine Beharrungstendenz inne, die in den heutigen Massenstaaten nur unter Gefahr für die Existenz der gesellschaftlichen Ordnung überhaupt rückgängig gemacht werden kann. Alle großen und kleinen Reformbestrebungen in der Sozialversicherung kreisen demnach um die Fragen, (1) wie angesichts der immer weiter steigenden Schadenfälle die Leistungsfähigkeit der Sozialversicherung auf die Dauer aufrechterhalten werden kann, (2) wie die unzureichend gewordenen alten Rentenansprüche aufgebessert werden können und (3) wie sich eine den versicherungstechnischen Grundsätzen entgegenlaufende, nur an parteipolitischen Propagandaerfolgen orientierte Gestaltung der Sozialversicherung vermeiden läßt.

Durch die immer weiter steigende Soziallast wachsen alle Zweige der Sozialversicherung zu einer schicksalhaften Einheit zusammen, von der sich kein Zweig fernhalten kann. Es bleibt die wirtschaftsökonomische Problematik, wie die Soziallast in ihrer Gesamtheit getragen werden kann, und jede Vermehrung der Last in einem Zweig ruft die Frage hervor, ob nicht dafür die Last in einem anderen Zweig ermäßigt werden kann. Daß die derzeitigen Überschüsse der Arbeitslosenversicherung in der nächsten Wirtschaftskrise aufgezehrt und sie ebenfalls auf Zuschüsse angewiesen sein kann, bedarf keines Beweises. Wie lange die soziale Krankenversicherung mit einem sich überwiegend aus älteren Jahrgängen und Frauen zusammensetzenden, also schadensanfälligeren Versichertenbestand ihr finanzielles Gleichgewicht bei dem heutigen Beitrag noch zu halten vermag, steht nicht außer jeder Dikussion. Hinter den bereits jetzt auf erhebliche Staatszuschüsse angewiesenen Rentenversicherungen erhebt sich als drohendes Zukunftsgespenst eine Situation, in der nicht mehr wie schon heute nahezu auf jeden aktiv Tätigen ein Versorgungsberechtigter, sondern deren vielleicht zwei kommen; nimmt man hinzu, daß die Fähigkeit des Staates steigende Zuschüsse zu leisten, keineswegs über jeden Zweifel erhaben ist, daß die Belastbarkeit der Wirtschaft mit Steuern und Sozialabgaben durch die jeweilige strukturelle und konjunkturelle Lage bedingt sein wird, dann kann man das Bild einer Volkswirtschaft nicht mehr als Hirngespinst abtun, in der die gesamte produktive Tätigkeit vielleicht nicht einmal mehr für die Aufrechterhaltung des gewohnten Konsums ausreicht, geschweige denn für eine eine weitere Verbesserung des Lebensstandards ermöglichende Kapitalbildung. So unpopulär es sein mag, auf diese trüben Probleme hinzuweisen, so unabweisbar, und wenn wir ihnen heute ausweichen, um so dringlicher werden sie eines Tages unsere Antwort fordern.

Zu der Reform der deutschen Sozialversicherung liegen eine Reihe von Vorschlägen vor, doch fehlt bislang die objektive Untersuchung, wie sie für England der während des Zweiten Weltkrieges eingesetzte Beveridge-Ausschuß geliefert hat. Statt immer nur mit unzusammenhängenden Einzelmaßnahmen eine augenblicklich aufgetretene Lücke oder einen Mißstand zu beheben, sollte ein Konklave von den Tagesparolen entrückten Sachkennern untersuchen, wieweit wir uns innerhalb der Sozialversicherung einen abstellbaren Luxus unnötiger Hilfen leisten, um daraus Mittel für eine dauerhafte Sanierung freizubekommen, wie ohne die Last unbillig auf die Zukunft zu verschieben die versicherungsmäßige Grundlage mit einem einigermaßen verläßlichen Gleichgewicht zwischen

Ausgaben und Einnahmen einschließlich des notwendigen Staatsbeitrages geschaffen werden kann. Es scheint besser weniger zu versprechen, aber dafür die Gewähr unbedingter Erfüllung zu bieten, als mit einer propagandistisch ausschlachtbaren Augenblickslösung das Offenbarwerden einer unhaltbaren Situation wieder um einige Jahre hinauszuschieben. Die Sozialversicherung in ihrer Gesamtheit muß gerettet, aber sie muß mit den uns noch verbliebenen Möglichkeiten in Einklang gebracht werden.

Im einzelnen wäre dabei vor allem an folgende Probleme zu denken:

1. *Zurückdämmung der parteipolitischen Einflüsse auf die Sozialversicherung.* Hier geht es besonders um eine wirklich sachdienliche Ausgestaltung der heiß umstrittenen Selbstverwaltung, um die Verteilung der Sitze auf Arbeitnehmer, Arbeitgeber und Vertreter des Staates, der als entscheidender Partner nicht mehr übersehen werden darf.

Demokratisierung in Ehren, aber die schlimmsten Feinde der Demokratie sind die demokratischen Postenjäger! Es müssen alle Teile mit ihren berechtigten Wünschen zu Worte kommen, auch der Sachverstand. Wo eine Stimmenarithmetik in der Absicht betrieben wird, den Einfluß des anderen von vornherein auszuschalten, hat man in Wahrheit die Diktatur der herrschenden Schicht. Das heißt weder in der Unfallversicherung ausschließliche Entscheidungsbefugnis der Arbeitgeber, noch in den anderen Zweigen die der Arbeitnehmer. Das Mögliche zwischen den widerstreitenden Wünschen muß der Sachverständige finden. Es geht nicht um die Frage eines Zusammenhangs zwischen Krankheit bzw. Invalidität und Betriebszugehörigkeit wie sie bei der Unfallversicherung gegeben ist, nicht um die Frage, wie die Krankenversicherung für sich oder die Altersversicherung für sich oder die Unfallversicherung für sich zweckmäßig gestaltet werden soll, sondern darum, die Gesamtlast der Sozialversicherung in einem den Wirtschaftsablauf nicht schädigenden Maße zu halten.

v. Nell-Breuning stellt der *etatistischen* (staatssozialistischen) Richtung, die die Sozialversicherung heutigen Gepräges mit der Egalisierung (Nivellierung) der Beiträge als Ausdruck der Solidarität der Arbeitnehmerschaft beibehalten will, die *berufsständisch* gerichteten Sozialpolitiker gegenüber, die eine Aufgliederung der Sozialversicherung nach Gewerbszweigen und innerhalb dieser eine Tarifgestaltung nach Berufen unter echt versicherungsmathematischer Berücksichtigung der Wagnisse verlangen. Als Richtziel für die Zukunft stellt er „die Überführung der Sozialversicherung auf berufsständische Versicherungsträger und Gefahrengemeinschaften unter Ablösung vom Staate und die folgerichtige Durchführung des bisher noch nicht rein verwirklichten Versicherungsgedankens“ auf. Abgesehen davon, daß mit einer Umorganisierung die endgültige Sanierung der Sozialversicherung nicht zu erreichen ist, bietet die Verwirklichung des berufsständischen Gedankens unter konkreten Verhältnissen die größten Schwierigkeiten. v. Nell-Breuning übersieht, daß sich versicherungsmathematisch ebenso spezielle wie generelle Prämien berechnen lassen, die Egalisierung der Beiträge also keineswegs dem Versicherungsgedanken widerspricht; er läßt weiter die Tatsache außer acht, daß es eben Schichten gibt, die die sie treffenden speziellen Beiträge einfach nicht bezahlen können, und er geht weiter über die Tatsache hinweg, daß die Rentenversicherungen ohne Staatszuschüsse bei uns wie auch anderswo (England) nicht gehalten werden können. Gerade die von ihm als Vorbild eines berufsständischen Versicherungsträgers angeführten Knappschaften sind der am meisten notleidende Teil der deutschen Sozialversicherung. Mit diesen Einwänden soll der Gedanke der berufsständischen Ordnung nicht grundsätzlich verworfen werden. Im Gegenteil: er ist bereits verwirklicht außer in den Knappschaften in den Berufsgenossenschaften der Unfallversicherung und praktisch in den überwiegend landwirtschaftlichen Arbeitnehmern dienenden Landkrankenkassen. Berufsständische Versicherungsträger sind unter bestimmten Voraussetzungen zweckmäßig, sie sind jedoch nicht das Universalmittel.

2. *Überprüfung der Versicherungsleistungen auf ihre Zweckmäßigkeit, Notwendigkeit und Genüge*, was eine eingehende Erforschung der tatsächlichen Verhältnisse voraussetzt.

Man sollte sich unvoreingenommen die Frage stellen, ob wir uns innerhalb der Sozialversicherung nicht manche weniger dringlichen Leistungen sparen könnten und ob nicht gerade durch die Sozialversicherung die Versicherungsfälle in ungebührlicher Weise gesteigert werden. Gerade wer die Sanierung der Sozialversicherung endgültig anstrebt, sollte sie von allem unnötigen Ballast befreien.

Ist es wirklich notwendig, daß unabhängig von der Einkommenshöhe selbst die kleinste ärztliche Hilfeleistung von der Kasse honoriert wird? Ist nicht die von den Ärzten selbst beklagte Überfüllung ihrer Vorzimmer mit Kassenpatienten durch die „Unentgeltlichkeit" der Inanspruchnahme des Arztes gezüchtet worden? Hat man nicht wegen der Behandlung mancher überflüssiger Kranker die zweitklassige Behandlung der wirklich Kranken erreicht? Und ist damit nicht das eingetreten, was eigentlich dem Zweck der Versicherung zuwiderläuft, das Fehlen ausreichender Hilfe in den allerschwersten Fällen? Wird die Arbeitslosenversicherung nicht auch mißbraucht, um in raffinierter Weise der Arbeitsunlust zu frönen, hemmt sie nicht in lässigen Charakteren den Arbeitseifer, weil eine drohende Entlassung nicht allzuviel ausmacht, hält sie nicht davon ab, eine angebotene Arbeit anzunehmen, wenn die Unterstützung fast so hoch ist wie der in Aussicht stehende Lohn? Ist es bei der Notlage der Rentenversicherungen zu verantworten, daß arbeitsfähige Leute, u. U. sogar neben ihrem sonstigen Verdienst, eine Rente beziehen? Braucht ein selbständiger Bauer eine Rente, nur weil er einmal in seiner Jugend in unselbständiger Arbeit war? Man sollte diese Fälle nicht bagatellisieren. Das tägliche Leben zeigt einem immer wieder die schreienden Mißverhältnisse: auf der einen Seite unzulängliche, die Not in keiner Weise behebende Leistungen der Sozialversicherung und auf der anderen Seite eine gedankenlose Verschwendung an nicht Bedürftige.

Die Einheitlichkeit der Leistungen unabhängig von den individuellen Verhältnissen der Versicherten entpuppt hier ihre Schattenseiten. Der Grundsatz, daß durch die soziale Zwangsversicherung nur die unbedingt notwendige Hilfe, diese aber ausreichend gewährt werden müsse, ist in der Wirklichkeit oft verlassen. Das Problem ist zu schwer, als daß man sich an Prinzipien stoßen dürfe: nach der Einkommenshöhe und dem Familienstand variierte Leistungen sind mit dem sozialen Gewissen verträglicher als eine von der Gesamtheit honorierte Vernachlässigung der möglichen Selbsthilfe.

Die heute gezahlten Renten sind vielfach, nicht zuletzt infolge der Preissteigerungen, beklagenswert niedrig und weisen „zum großen Teil so geringe Höhe auf, daß leider noch immer in vielen Fällen die öffentliche Fürsorge in Anspruch genommen werden muß" *(Heinze)*. Man darf sich bei der Beurteilung dieser Frage nicht „durch die niedrigen Durchschnittsbeträge irreführen lassen, die für die laufenden Renten alljährlich ermittelt und bekanntgegeben werden. Denn in ihnen drücken sich nicht nur die sehr niedrigen alten Renten aus der Frühzeit der Versicherung, sondern auch die vielen Teil- und Zusatzrenten mit z. T. ganz winzigen Beträgen aus" *(Heinze)*. Beispiele, bei denen vorausgesetzt wird, daß die Beiträge während des ganzen Arbeitslebens nach dem Entgelt bezahlt werden, an dem die erreichte Rente dann gemessen ist, besagen nichts, es kommt auf einen Einblick in die tatsächlich bezahlten Renten und ihre Gliederung an.

3. *Überprüfung des Kreises der in die Sozialversicherung Einbezogenen.* Dieses Problem berührt sich zwar mit dem vorangehenden, gewinnt aber insofern einen anderen Aspekt, als es um die Frage geht, ob durch Einbeziehung weiterer Kreise in die Sozialversicherung deren finanzielle Lage gebessert werden kann.

Ausdehnung der Sozialversicherung über den Kreis der bisher Pflichtversicherten hinaus bringt indes nicht nur neue Beitragszahler, sondern in der Krankenversicherung sofort, in den Rentenversicherungen erst später neue Anspruchsteller. Es ist keineswegs einwandfrei geklärt, ob die Kreise, an die dabei gedacht ist (vor allem die Selbständigen) günstigere Wagnisse darstellen. Nach den bisherigen Erfahrungen zeigten die freiwillig Versicherten erheblich längere Krankheitsdauern und geringere Unterschiede zwischen Männern und Frauen als die Pflichtversicherten. Bei den Rentenversicherungen kommt es ganz auf das durchschnittliche Eintrittsalter der Neuversicherten an; nach *Heinze* vermehrt die Einbeziehung weiterer Kreise in die Pflichtversicherung die Verpflichtungen zugunsten der Versicherten und vergrößert damit schließlich die Schwierigkeiten des Finanzierungsproblems.

Die in der deutschen Sozialversicherung eingeführten, von der individuellen Gefahrenlage absehenden Durchschnittsbeiträge bedeuten in Wirklichkeit eine „soziale Lastenverteilung". *Heinze* hat unter vereinfachten Annahmen (30,— DM Grundbetrag der Rente, 1% Steigerungsbetrag, 50% Witwenrente, 5jährige Wartezeit, — keine Kinderzuschüsse, keine Mindestrente) den nur zur Deckung der Rentenleistungen erforderlichen Bedarfsbeitrag, aufgeteilt nach Eintrittsalter und Einkommensstufen, errechnet. Dabei bedeutet G = Beitrag für den Grundbetrag, St = Beitrag für den Steigerungsbetrag und T = Beitrag für den Gesamtbetrag der Rente:

Eintrittsalter	St.	Bei dem Einkommen 75 G	75 T	150 G	150 T	300 G	300 T	600 G	600 T
25	7,48	9,74	17,22	4,87	12,35	2,43	9,91	1,22	8,70
35	8,17	14,78	22,95	7.39	15,56	3,70	11,87	1,85	18,02
45	8,36	24,28	32,64	12,14	20,50	6,07	14,43	3,04	11,40

Der Beitrag für den Grundbetrag der Rente ist außer vom Eintrittsalter auch von dem zugrunde gelegten Entgelt in der Art abhängig, daß der niedrig Entlohnte mehr bezahlen müßte als der höher Entlohnte. Der für den Steigerungsbetrag notwendige Bedarfsbeitrag ist hingegen nur vom Alter abhängig. Der Durchschnittsbeitrag bedeutet also eine Bevorzugung der spät Eintretenden und der Bezieher kleinerer Einkommen. Es ist keineswegs sicher, daß in den neu zur Aufnahme in die soziale Rentenversicherung vorgeschlagenen Schichten die Träger hoher Einkommen die Mehrbelastung durch die Aufnahme vieler im fortgeschrittenen Alter Stehender wettmachen.

„Die weit getriebene und nur aus sozialen Erwägungen zu rechtfertigende Verteilung der Lasten ist praktisch nur möglich durch den Zwangscharakter der Versicherung. Aus eben diesem Grunde ist es aber untragbar, wenn den freiwillig Versicherten die Möglichkeit offen steht, einseitig die Bevorzugung der Lastenverteilung für sich wirksam zu machen. Das kann den Pflichtversicherten und dem Staate gegenüber nicht verantwortet werden. Im Hinblick auf die niemals auszuschaltende Selbstauslese der freiwillig Versicherten müssen deshalb andere geeignete Vorkehrungen getroffen werden, um die Bevorzugung der freiwillig Versicherten zu verhüten oder in Grenzen zu halten. Da die angedeutete Gefahr vor allem mit der Erhöhung des Grundbetrages und der Mindestrente wächst, sind angemessene Einschränkungen hauptsächlich an dieser Stelle unerläßlich. Darüber hinaus müssen ganz grundsätzlich auch die sonstigen Vorschriften für die freiwillig Versicherten eng gefaßt werden, um die Pflichtversicherten und den Staat vor finanziellen Nachteilen zu schützen" *(Heinze)*.

4. *Überprüfung der Beitragssätze und der Einhebungsmethoden*, wobei aus der Gesamtlast der Sozialversicherung der höchstmögliche Nutzeffekt erzielt werden soll.

Wenn ihrem Charakter entsprechend bei der Sozialversicherung an der gleichmäßigen Berechnung der Beiträge nach dem Einkommen der Versicherten und der daraus resultierenden sozialen Lastenverteilung festzuhalten ist, so bleibt angesichts der brennenden Not immerhin „die Frage offen, ob man mit dieser Lastenverteilung so weit gehen soll, daß das Äquivalenzprinzip zu stark verwischt, um nicht zu sagen ausgeschaltet wird" *(Heinze)*. Es wäre zu überlegen, ob, ohne zu große verwaltungsmäßige Schwierigkeiten herbeizuführen, mit einer Staffelung der Beiträge und der Leistungen, denn beide hängen in der Gesamtheit zusammen, ein Schritt zur Sanierung der Sozialversicherung als Ganzes getan werden kann. Eine Umlagerung der Beiträge wird sich insbesondere zu Lasten der Berufsstände auswirken, in denen unter dem Durchschnitt liegende Entgelte vorkommen und die bisher Nutznießer der sozialen Lastenverteilung waren (Landwirtschaft). Auch sollte, wie *Heinze* mit Recht hervorhebt, die Frage der Beitragsfreiheit einzelner Gruppen von der Arbeitslosenversicherung in diesem Zusammenhang nicht übersehen werden, aus zwei Gründen, weil (1.) die hier Befreiten zu höheren Beiträgen für die anderen Zweige herangezogen werden könnten und weil (2.) infolge der Abzweigung eines Teils der Arbeitslosenversicherungseinnahmen zur Rentenversicherung die gegen Arbeitslosigkeit Versicherten auf diese Weise zweimal für die Rentenversicherung zu zahlen haben.

Als ein Umweg hat sich die Abzweigung von Arbeitslosenversicherungsbeiträgen zur Rentenversicherung erwiesen (RVO. § 1385), der als sinnwidrig verschwinden sollte. In den Rentenversicherungen können seit Wegfall des bewährten Markensystems (2. Lohnabzugsverordnung vom 24. 2. 42) die tatsächlich entrichteten Beiträge nicht mehr stichhaltig nachgewiesen werden. „Wollte man darauf verzichten, dann müßte man sich jedenfalls darüber klar sein, daß man früher oder später dazu gezwungen wäre, die Bemessung der Leistungen nach den während des Arbeitslebens für die Versicherung entrichteten Beiträgen ganz oder teilweise zu verlassen, weil die Zukunft ohne Zweifel den tatsächlichen zuverlässigen Nachweis dieser individuellen Beitragsleistung als völlig unmöglich erkennen lassen wird. Schon die jetzige Praxis der Träger der Rentenversicherung liefert hierfür den untrüglichen Beweis. Nur die Anwendung des Markenverfahrens ermöglicht einen korrekten Nachweis der Beitragsentrichtung und sichert die Versicherungsträger und damit den Staat vor ungerechtfertigten Belastungen" *(Heinze)*. Zur Verminderung der unsichtbaren Kosten dürfte sich die einheitliche Abführung der Beiträge seitens der Betriebe an eine Stelle (Krankenkassen), die die Verteilung dann vornimmt, weiterhin empfehlen.

Die gegenwärtig wieder notwendig gewordene Berechnung der Beiträge (einschließlich des Staatsbeitrages) durch Umlegung des tatsächlichen Jahresaufwandes auf die jetzt Versicherten und ihre Arbeitgeber wird wegen der zu erwartenden Überalterung des Versichertenbestandes zu einer unzulässig hohen Belastung künftiger Generationen führen. Andererseits führt dieses Umlageverfahren, was seinem Wesen widerspricht, bei Zugrundelegung vorsichtiger Annahmen, erfahrungsgemäß zu recht beträchtlichen Überschüssen. „So entsteht bei günstiger Wirtschaftslage der unaufhörliche Antrieb zu einer ständigen Erhöhung der Leistungen, wodurch dann wiederum die Sicherheit der stark krisenempfindlichen Rentenversicherung bei negativer Entwicklung der Wirtschaftslage oder der Bevölkerung schwer gefährdet wird. Hierbei spricht noch stark mit, daß die Ausgestaltung der Leistungen einer staatlichen Rentenversicherung in aller Regel stark den politischen Einflüssen unterliegt; wobei dann die nüchternen Feststellungen objektiver Berechnungen über die finanziellen Auswirkungen nicht immer hinreichend Beachtung finden" *(Heinze)*. Auch um die Abhängigkeit der Versicherungsträger von den Staatszuschüssen zu mindern, ihr Verantwortungsbewußtsein zu stärken, wäre die Umstellung auf ein langfristig arbeitendes Deckungsverfahren, wie es das in RVO. § 1391 vorgeschriebene Anwartschaftsdeckungsverfahren vorsieht, so bald wie möglich in Aussicht zu nehmen.

Dem Einwand, die Währungsentwicklung habe schon zweimal die Zweckmäßigkeit der Ansammlung von Deckungskapitalien als illusorisch erwiesen, kann mit dem Hinweis begegnet werden, daß sich eine von den Staatsfinanzen und der Währungsstabilität in größerem Maße unabhängige Anlage der Deckungswerte denken läßt (Wohnungs- und Siedlungsbau, nicht nur in den gefährdeten Städten, sondern auch auf dem Lande) und wir noch heute „in den uns erhalten gebliebenen Krankenhäusern und Heilstätten von diesen Spargroschen des Volkes" zehren. „Immer wieder künden solche Wahrzeichen von der Kraft, die die Gemeinschaft des Volkes aufbringt, wenn alle Glieder des Volkes in staatlich organisierter Selbsthilfe gewohnt sind, ein auf exakten Grundlagen aufgebautes und in ebenso exakter Weise verwaltetes Fürsorgewerk zu betreiben und zu erhalten" *(Rohrbeck)*. Nicht unbedenklich erscheint dabei die manchmal wegen der höheren Rendite propagierte direkte Anlage der Reserven in Industriewerten, weil damit praktisch die Versicherungsträger noch mit wirtschafts- und betriebspolitischen Aufgaben belastet würden (Vertretung in den Hauptversammlungen oder Aufsichtsräten), denen sie ihrer ganzen Struktur und Einstellung nach nicht gewachsen sein dürften; günstiger zu beurteilen dürfte die indirekte Anlage über Investmentgesellschaften sein, sofern sich diese auf solider Basis bei uns durchsetzen können.

5. ***Zuverlässige Berechnung und Sicherstellung des Staatsbeitrages zu den Rentenversicherungen***, eventuell auch zur Arbeitslosenversicherung. Soweit wie irgend möglich muß die Sozialversicherung unabhängig vom Verlauf des Staatshaushaltes geführt werden.

Die Notwendigkeit eines Staatsbeitrages neben dem der Versicherten und der Arbeitgeber ergibt sich aus der Summe der sog. alten Renten, die von den Versicherungsträgern weiterbezahlt werden müssen, obwohl durch die Währungsmanipulationen die dafür angesammelten Deckungskapitalien verlorengingen. Reichszuschüsse zur Invalidenversicherung waren schon von *Bismarck* vorgesehen, um eine Kostenüberteuerung der in den Weltmarkt verflochtenen deutschen Industrie zu vermeiden. Wenn man entgegen der Ansicht *Heinzes* den Versicherungszwang auch dann für gerechtfertigt hält, wenn der Versicherungsbeitrag den zur Deckung der eigenen Ansprüche notwendigen Beitrag übersteigt, weil ja ein sozialer Lastenausgleich untrennbarer Bestandteil einer Sozialversicherung ist, so erfordert doch die Sicherstellung der Rentenansprüche der jetzt Aktiven wegen des zu erwartenden ungünstigen Bevölkerungsaufbaues einen so hohen Aufwand, daß ihnen nicht noch die Last aus den alten Renten zusätzlich aufgebürdet werden kann. Da den Verlust der Deckungskapitalien nicht die Versicherungsträger zu verantworten haben, dürfen die Folgen nicht allein den zu Sozialversicherungsbeiträgen Verpflichteten, sondern nur der Allgemeinheit, d. h. eben dem Staate bzw. Bund zugewiesen werden. Weiter rechtfertigt sich eine Beteiligung des Staates aus der durch die Rentenversicherungen bewirkten Entlastung der öffentlichen Fürsorgeetats sowie aus der Anerkennung der Versicherungsansprüche von Flüchtlingen. Ob diesen „Kollektivbeitrag" der Bund oder die Länder oder beide gemeinsam zu leisten haben, wird die Gesetzgebung entscheiden müssen.

Die Wiederaufnahme der früheren Zusammensetzung aus Grundbetrag, Reichsbeitrag und Zuschüssen zu den Steigerungsbeträgen wird für unzweckmäßig gehalten. Nach der jetzigen Zusammensetzung des Rentnerbestandes, den vorhandenen Aktiven und der voraussichtlichen Entwicklung wird man den Staatszuschuß berechnen müssen, der zum notwendigen Ausgleich nach der Lage der Gegenwart von *Heinze* in Höhe von etwa einem Drittel der Rentenlast angenommen wird. Zur Sanierung der Rentenversicherung ist eine vorschauende Berechnung dieses Staatsbeitrages und die Sicherstellung seiner Leistung unerläßliche Notwendigkeit. Wegen der in RVO. § 1386 vorgeschriebenen gemeinsamen Tragung der Rentenlast von sämtlichen Versicherungsträgern nach Maßgabe ihrer Beitragseinnahmen dürfte eine zentrale Verwaltung des Staatsbeitrages bzw. der Staatsbeiträge angebracht sein.

6. *Ein besonderes Problem der Krankenversicherung ist die Herbeiführung eines beiderseits befriedigenden Verhältnisses zu den Ärzten.*

Wenn, wofür bestimmt gute Gründe sprechen, der Arzt nicht zu einem Angestellten der Krankenkasse oder zu einem Staatsbeamten werden soll, dann muß, so wie die Menschen einmal sind, die ausreichende ärztliche Versorgung der Kranken auch durch eine den Umständen angemessene Honorierung des Arztes gewährleistet sein. „Die Schwierigkeiten, dem segensreichen Wirken des Arztes im Rahmen einer öffentlich-rechtlichen Versicherungsgebarung gerecht zu werden, liegen darin, daß die Aufwendungen für seine Bemühungen Bestandteil der technischen Kalkulation sind und damit gewissen generellen Bewertungen unterworfen werden müssen, während die eigentliche Kunst des Arztes, auf die jeder Versicherte sich verlassen möchte, nur in der Individualisierung der Leistung sich enthüllt und der Normalisierung widerstrebt. Das Ziel einer Vervollkommnung kann nur erreicht werden, wenn die Gewähr geschaffen ist, daß der Arzt, ohne selbst Not zu leiden, sein ganzes Wissen im Interesse seiner sozialen Aufgabe einsetzen kann" *(Rohrbeck)*. Das gegenwärtige System einer unzureichenden Pauschalhonorierung hat praktisch eine zweitklassige Behandlung der Krankenversicherten auf der einen Seite, eine vermeidbare Vermehrung der Krankenfälle und Verlängerung der Behandlungsdauern in die nächste Abrechnungsperiode hinein auf der anderen Seite in bestimmt nicht wenigen Fällen zur Folge. In den Reihen der Ärzteschaft sollte man sich darüber keinen Täuschungen hingeben, daß der Überfüllung dieses Berufes mit den Mitteln der Krankenversicherung nicht gesteuert werden kann.

Schrifttum: a) *Otto von Zwiedineck-Südenhorst* „Sozialpolitik", Leipzig und Berlin 1911; b) *Johannes Gerhardt* „Deutsche Arbeits- und Sozialpolitik", Berlin 1944; c) *Ludwig Heyde* „Abriß der Sozialpolitik", Leipzig; d) *W. Rohrbeck* „Sozialversicherung, ihr Wesen und ihre Bedeutung", Kevelaer 1949; e) *Paul Caesar* „Grundriß der deutschen Sozialversicherung", Stuttgart und Köln 1950; f) *Hermann Münzel* und *Willy Jonas* „Sozialversicherung", Stuttgart-Düsseldorf 1950; g) *J. Eckert* „Zur Neugestaltung der deutschen Sozialversicherung", München 1947; h) *J. Eckert* und *M. Sauerborn* „Sozialversicherungsgesetze", München und Berlin 1950; i) *Franz Eichelsbacher* und *Friedrich Aichberger* „Reichsversicherungsordnung", München und Berlin 1950; k) *Heinze* „Die Finanzierung der Rentenversicherung" in Aktuelle Probleme der Sozialversicherung und Privatversicherung, Schriftenreihe der Gesellschaft für Versicherungswissenschaft und -gestaltung, München 1949; l) der zu § 19 genannte Aufsatz von *Knoll*; m) *Helminen, Stein* Art. „Sozialversicherung" im Vers.-Lexikon und andere einschlägige Artikel; n) *Lutz Richter* „Sozialversicherungsrecht", Berlin 1931; o) *Arnold Oskar Meyer* „Bismarck Der Mensch und Staatsmann", Stuttgart 1949; p) *Eberhard Gothein*,, Bergbau und Hüttenwesen" im G. d. S., VI. Abtlg., Tübingen 1923; q) *Bernhard Pfister* „Die Entwicklung der Arbeitslosenversicherung und der Arbeitslosigkeit in England", Stuttgart 1936; r) *Ernst Berger* „Arbeitsmarktpolitik", Berlin und Leipzig 1926; s) *Oswald v. Nell-Breuning* S. J. Art. „Sozialversicherung" im Heft „Zur Sozialen Frage", Freiburg 1949; t) *Schieckel* „Material zu den Gegenwartsproblemen der Sozialversicherung", München 1948; u) *Walter Rohrbeck* „Die deutsche Versicherungswirtschaft nach 1945" in J. f. Nat. u. Stat., Bd. 162, Heft 6, Stuttgart 1950; v) *Alan T. Peacock* „Die wirtschaftlichen und finanziellen Grundlagen in der neuen englischen Sozialversicherung" sowie „Staatsversicherung und Wirtschaftspolitik in Großbritannien" in Schriftenreihe des Instituts für Versicherungswissenschaft Köln, Berlin und München 1950; w) *Walter Rohrbeck* „Der Begriff der Sozialversicherung und ihre Abgrenzung zur Versorgung und Fürsorge" in Gegenwartsfragen sozialer Versicherung, Heidelberg; x) *Adolf Weber* „Der Kampf zwischen Kapital und Arbeit", Tübingen; y) *Adolf Weber* „Kurzgefaßte Volkswirtschaftspolitik"; z) *Adolf Weber* „Sozialpolitik", Berlin und München 1931.

Viertes Kapitel

Staat und Versicherung (Versicherungspolitik)

§ 24. Die Rolle des Staates in der Versicherungswirtschaft

Bedeutung des Staates

Es gibt keine Argumentation wissenschaftlichen Charakters, die dem Staat ein für allemal seine Rolle, die er in der Volkswirtschaft zu spielen habe, vorschreibt. Der Staat selbst ist keine unveränderliche Größe, weder dem Raume noch seinem Inhalte nach. Es gibt soziale Gebilde wie die Familie, Horde, Völkerschaft, die älter sind als er, und diese „ursprünglichen" Gebilde zeigen selbst einem übermächtig gewordenen Staat gegenüber eine erstaunliche Widerstandskraft. Der Staat als die jeweilige politische Organisation der einem Volke innewohnenden Kräfte, geschaffen, um die Harmonie dieser Kräfte nach innen zu verbürgen, d. h. die Existenz des einzelnen in dem sozialen Kräftepotential zu befrieden und zu gewährleisten, geformt in der Auseinandersetzung mit der andersstaatlichen Umwelt, um die Lebensinteressen des von ihm umfaßten Volkes zu sichern, ist sowohl seiner Form, seinem Tätigkeitsbereich wie auch der Richtung seiner Aktivität nach eine historische und d. h. wandelbare Erscheinung. In den großen Kulturen der Antike hat er eine entscheidende Rolle gespielt, nach seiner Zertrümmerung im römischen Weltreich hat er sich in der abendländischen Kultur aus unscheinbaren Anfängen nach der Völkerwanderung heraus zwar in letztlich weltanschaulich bedingten Alternationen, aber doch stetig in der Richtung eines sich verstärkenden Machtkomplexes entwickelt — eine Tendenz, die sich trotz vorübergehender Unterbrechungen fortzusetzen scheint. Die Geschichte ist durchzogen von einer sich immer erneuernden Spannung zwischen den Individuen, ihren Familien und Korporationen auf der einen und dem Staate auf der anderen Seite. In dem Spannungsverhältnis dieser polaren Kräfte pulsiert das soziale und wirtschaftliche Leben, und jeder momentane Ausgleich erweist sich als labil und veränderlich.

Die Wirtschaftsordnung, in der sich das Verhältnis des Staates zur Wirtschaft schlechthin und dieser zu ihm widerspiegelt, schwankt zwischen vorherrschend individualistischen und vorherrschend kollektivistischen Zügen. Die Bewährung der jeweils herrschenden Wirtschaftsordnung gegenüber den gegebenen historischen Aufgaben wird im Bewußtsein der Menschen weniger in den Erfolgen als vor allem in den unter Umständen geringeren Mißerfolgen gesehen. Weil die Menschen dazu neigen, das glücklich Erworbene gering zu schätzen, die mit ihm verbundenen Nachteile und Schäden zu vergrößern, entsteht die Tendenz einer ständigen Veränderung der Wirtschaftsordnung und einer Verlagerung der in ihr wirkenden Kräfte.

Wo sich der werdende moderne Staat gegenüber den feudalen Kräften durchzusetzen vermochte, in England, Frankreich, den deutschen Großstaaten, gab er den von ihm vertretenen Interessen den Vorrang (Merkantilismus). In den benachteiligten Schichten erwuchs die Opposition (Physiokratismus) und dominierte in der Ausrichtung der Wirtschaft auf die individuellen Interessen eines zur Macht gelangten Bürger- und Unternehmertums (Liberalismus), die Staatsmacht wurde allerorts zurückgedrängt. Aus der Gefahr einer Revolutionierung des staatlichen Lebens durch die unterdrückten und vielfach ausgebeuteten Arbeitermassen (Proletarisierung) entstand selbst in den konservativen Kreisen die Idee, daß sich ein gesundes Wirtschaftsleben nur in einer von der Staatsmacht getragenen Ordnung entfalten könnte (Sozialpolitik, Währungsgesetzgebung, Schutzzollpolitik, Regelung des Wettbewerbes usw.). Religiöse, humanitäre und politische Gesichtspunkte traten hinzu und ließen bis zum Beginn des Ersten Weltkrieges die Stellung des Staates gegenüber dem Wirtschaftsleben erstarken. Die mit der individuellen Vertragsfreiheit begründete teils freiwillige, teils erzwungene Beschränkung der Vertragsfreiheit (Kartelle, Konzerne, Trusts, Privatmonopole) forderten eine zunehmende Staatsintervention heraus, die zu einem sich verbreiternden gemeinwirtschaftlichen Sektor *(Ritschl)* führte (staatliche und gemeindliche Verkehrsbetriebe, staatliche Unternehmungen, Agrarreform, öffentliche Banken und Sparkassen, staatliches Schlichtungswesen u. dgl.). Nach Verebben der Sozialisierungsdebatten zu Beginn der Weimarer Republik vollzog sich eine „kalte" Sozialisierung unter bürgerlichen Regierungen, erzwungen von der Not der Inflationsjahre, den wahnsinnig übersteigerten Reparationsforderungen und dem katastrophalen Einbruch der großen Weltkrise um die Wende zum vierten Jahrzehnt dieses Jahrhunderts (Verstaatlichung der Banken, großer Industriekonzerne usw.). Der Staat steht mit der Verfolgung seiner Zwecke „im Gefüge der Volkswirtschaft, er ist also selbst Wirtschafter und nicht nur das, er ist heute in Kulturstaaten der Träger der umfangreichsten und bedeutendsten Wirtschaft innerhalb dieses Gefüges" *(v. Zwiedineck)*. Die im Dritten Reich eingeleitete „Reprivatisierung" war eine Einordnung der Privatwirtschaft in eine staatlich gelenkte Wirtschaft, eine nach politischen Gesichtspunkten gestaltete überindividuelle Planwirtschaft mit umfangreicher Regulierung jeder Tätigkeit (Außenhandels-, Devisen-, Gewinnkontrolle, Kontingentierungen, Arbeitseinsatz, Produktionsauflagen). Die vorübergehend nach Beendigung des Zweiten Weltkrieges stark propagierte Abkehr von der „Zentralverwaltungswirtschaft" und Wiederherstellung der freien Marktwirtschaft hat nach den kaum errungenen ersten Erfolgen nach der Währungsreform die von kollektivistischer Seite vorgebrachte Kritik nicht zu überzeugen vermocht und droht in dem Ost-West-Konflikt seit der Korea-Krise wieder einer Lenkung von oben zu verfallen. Nahezu unbemerkt hat sich schon seit langem auch in weiten Bereichen der Privatwirtschaft ein Wandel in den entscheidenden Persönlichkeiten vollzogen: an Stelle des an Kapitalinteressen orientierten Unternehmers alten Stiles ist der mit der Gewährleistung eines reibungslosen Betriebsablaufs und mit der Erfüllung außerwirtschaftlicher (politischer) Aufgaben betraute, sich allein auf sein Organisationstalent stützende Manager *(Burnham)* getreten, womit auch innerhalb des Betriebes die Kapitalinteressen aus ihrer ehedem dominierenden Stellung verdrängt wurden.

Im Wandel dieser Anschauungen über die Stellung des Staates innerhalb der Wirtschaft und dieser gegenüber änderte sich auch die Einstellung der staatlichen Mächte zur Versicherungswirtschaft. Das Verbot des Seedarlehens seitens der kirchlichen Autorität (1230) drängte zu der von der Kirche *nicht* unterdrückten Abspaltung des reinen Versicherungsvertrages, und in der Folge finden sich Maßnahmen gegen einen Mißbrauch des Versicherungsgedankens (Verbot der Wettversicherung). Schon früh macht sich der Staat die Mittel der Versicherung zunutze (Florenz). Der merkantilistische Staat ordnet die Knappschaften in sein Direktionsprinzip ein und schreitet zur Gründung der öffentlichen Versicherungsanstalten. Das Allgemeine Landrecht für die preußischen Staaten von 1794 sucht das gesamte Versicherungsrecht der damaligen Zeit, insbesondere die Seeversicherung (nach Vorbild der Hamburger Assekuranzordnung von 1731) zu regeln. In der liberalistischen Ära der ersten Hälfte des vorigen Jahrhunderts werden den öffentlichen Anstalten ihre Privilegien zu einem Teil genommen, der Staat sucht die Gründung privater Versicherungsgesellschaften oder Versicherungsvereine nicht zu hemmen. Der Wandel kündigt sich schon in der Preußischen Gewerbeordnung von 1845 an, die den Gemeinden das Recht gab, durch Ortsstatut den Krankenversicherungszwang für Gesellen und Gehilfen anzuordnen, und in dem Preußischen Knappschaftsgesetz von 1854, das den Versicherungszwang für alle in Bergwerken, Hütten, Salinen und Aufbereitungsanstalten beschäftigten Arbeiter statuierte und Vorbild der späteren Sozialversicherungsgesetzgebung wurde. Diese Großtat Bismarcks selbst wurzelt in einer den Privatinteressen vorgehenden, höheren Verantwortung des Staates gegenüber dem Wohlergehen der breiten Massen. Zwar wurde noch das Seeversicherungsrecht des Allgemeinen deutschen Handelsgesetzbuches von 1869 bzw. 1897 durch die Allgemeinen Deutschen Seeversicherungs-Bedingungen verdrängt, dafür nahm sich der Staat in der Absicht, eine Benachteiligung geschäftsunkundiger Bevölkerungsteile zu verhindern, nahezu des ganzen übrigen Privatversicherungsrechtes zum Teil mit zwingenden Vorschriften (1901 Reichsgesetz über die privaten Versicherungsunternehmungen, dem landesrechtliche Regelungen vorangegangen waren; 1908 Reichsgesetz über den Versicherungsvertrag) an. Seit der Mitte des vorigen Jahrhunderts lösten sich die öffentlichen Anstalten aus ihrer Erstarrung und bekundeten eine steigende Initiative in der Aufnahme neuer Versicherungszweige. Das Dritte Reich fügte den öffentlichen Anstalten noch die Versicherungsbetriebe der halbstaatlichen Verbände (Arbeitsfrontversicherungen aus der Hinterlassenschaft der aufgelösten Gewerkschaften) hinzu und zog die Geldmittel der privaten und sozialen Versicherungen überwiegend in den Bannkreis seiner Finanzierungsaufgaben. Nebenher läuft seit der Mitte des 19. Jahrhunderts die Debatte um die Sozialisierung des Versicherungswesens überhaupt, an der sich die extrem individualistischen von den extrem kollektivistischen Geistern scheiden; die jeweils vorherrschende Richtung gibt der Initiative des Staates gegenüber der Versicherungswirtschaft Antrieb oder Hemmung.

Gesichtspunkte der staatlichen Einflußnahme

Die Maßnahmen des Staates der Versicherungswirtschaft gegenüber kann man in hemmende und fördernde einteilen, und die ihn leitenden Gesichtspunkte reichen von der Schaffung einer einheitlichen Rechtsgrundlage über eine ausgesprochen fiskalische Interessiertheit bis zu der ihm zugeschobenen Wahrnehmung der volkswirtschaftlichen Belange überhaupt. Es ist jedoch vergeblich, eine Einteilung der staatlichen Maßnahmen ausschließlich nach derartigen Prinzipien vorzunehmen, weil bei jeder Maßnahme verschiedene Gesichtspunkte durcheinanderlaufen und weil im Laufe des Vollzugs der Maßnahmen die ursprünglich gehegten Gesichtspunkte unterderhand ihre Natur ändern können. Eine Besteuerung kann die Versicherungswirtschaft hemmen und fördern, sie kann rein fiskalischen Interessen entspringen, sie kann mit volkswirtschaftlichen Belangen verbrämt werden und sie kann diesen wirklich dienen. Die Vorschriften über die Anlage der Versicherungsreserven und Deckungskapitalien sind zumeist in der Absicht erlassen worden, die Ansprüche der Versicherten nach bester Möglichkeit sicherzustellen, unlauteren oder gefährlichen Machenschaften seitens der Versicherer vorzubeugen, nahezu ohne Rechtsänderung werden sie zu einer Finanzierungsquelle für staatliche Aufgaben unter Umständen höchst riskanter Art (Krieg) und gefährden damit gerade die Ansprüche der Versicherten. Ob und inwieweit die leitenden Persönlichkeiten oder Körperschaften des Staates in der Lage sind, volkswirtschaftliche Zweckmäßigkeiten zu erkennen und in ihrer Wahrung die nötigen Maßnahmen zu ergreifen, ist höchst problematisch; zufällige Mehrheitsverhältnisse in den Parlamenten entscheiden, die Wahlen werden nach den plausibelsten Argumenten durchgeführt, und oft ist der Augenblickseffekt bei einem nicht sachkundigen Publikum einleuchtender als der Dauererfolg; je kürzer die Legislaturperiode ist und je näher Neuwahlen anstehen, desto mehr wird der rasche Erfolg vor dem nachhaltigen verfolgt, ja sogar unausweichlich drohender Schaden übersehen. Die jeweils herrschende Staatsdoktrin kann, wie die Erfahrung bewiesen hat, mehr Propaganda als Faktum sein, und sie kann von den augenblicklichen Machtinteressen zurechtgebogen werden.

Die unmittelbaren Maßnahmen des Staates hinsichtlich der Versicherungswirtschaft lassen sich sachlich, ohne Rücksicht auf ihre beabsichtigte oder tatsächliche Wirkung, in vier Gruppen teilen:

1. Maßnahmen prinzipieller Art zur Schaffung eines allgemein gültigen Versicherungsrechtes,
2. Maßnahmen fiskalischer Art,
3. beaufsichtigende Maßnahmen,
4. nationalpolitische Maßnahmen.

Von dem Inhalt dieser Maßnahmen ist die Versicherungspolitik eines Staates im engeren Sinne umschrieben. Man darf jedoch nicht vergessen, daß nahezu alle anderen Maßnahmen des Staates allgemein politischer, finanzieller oder speziell wirtschaftspolitischer Art ihre Auswirkung auf die Versicherungswirtschaft, die ja alle anderen Wirtschaften der Volkswirtschaft durchzieht, haben. Politische Erfolge oder Mißerfolge (Vergrößerung oder Verkleinerung des Staatsgebietes, wohlwollende oder geringschätzige Einstellung des Auslandes), Höhe und Verteilung der Steuerlast auf die verschiedenen Bevölkerungskreise, Verfolgung individualistischer oder kollektivistischer Gesichtspunkte in der Wirtschaftspolitik, fördernde oder hemmende Maßnahmen in der Konjunkturpolitik (Kreditausweitung oder -verknappung, Vergebung öffentlicher Arbeiten, Außenhandelsförderung), Aufrüstungs- oder Abrüstungs-(Demontage-)vorgänge usw. beeinflussen die Versicherungswirtschaft in positiver oder negativer Richtung, sei es im Umfang des Versicherungsgeschäftes, sei es in der Qualität der Versicherungsbestände. ***Zumindest ebenso wichtig, wenn nicht sogar bedeutungsvoller als die eigentliche Versicherungspolitik des Staates ist für die Versicherungswirtschaft die gesamte politische, soziologische, soziale und wirtschaftliche Struktur des Staates, seine Stellung im Konzert der Mächte und seine historische innen- und***

außenpolitische Entwicklung. Eben weil die Versicherungswirtschaft in ihren verschiedenen Zweigen und Sparten, in ihren verschiedenen Organisationsformen nahezu in jede Einzelwirtschaft, gleichgültig welcher Art sie ist, hineinreicht, wird sie von allen Maßnahmen zugunsten oder ungunsten der Gesamtwirtschaft ebenso beeinflußt wie von fördernden oder hemmenden Vorgängen in einzelnen Wirtschaftszweigen und Wirtschaftsprovinzen. Trotz gleichbleibender Versicherungspolitik unterliegt die Versicherungswirtschaft dauernd den Fernwirkungen aller anderen staatlichen Maßnahmen.

Das inländische Versicherungsgeschäft wächst und schrumpft mit dem Bestand an Ehen, Haushaltungen (Bevölkerungspolitik!), Betrieben, Kraftfahrzeugen (Verkehrspolitik!), mit der Intensität des Wirtschaftslebens (Höhe der Umsätze, Rentabilität der Betriebe), mit dem Beschäftigungsstand (Unter-, Voll- oder Überbeschäftigung), mit dem Stand des Außenhandels (Überwiegen der Ein- oder Ausfuhr), der Zahlungsbilanz (Kapitalein- oder -ausfuhr, Kreditbeziehungen) sowie der Dienstleistungsbilanz (Schiffs- und Fremdenverkehr), mit den monetären Maßnahmen der Zentralnotenbank und anderen Banken (inflationäre oder deflationäre Maßnahmen, Geldflüssigkeit oder Geldknappheit). Langfristige Abschlüsse der Lebensversicherung reagieren empfindlich auf Vertrauensschwankungen gegenüber der Währung und auf außenpolitisch bedenkliche Vorgänge (Kriegsgefahr). Eine zu Änderungen der Rohstoffgrundlagen oder der Produktionstechnik führende Autarkiepolitik beeinflußt die Feuerversicherung (verschiedene Gefährlichkeit der Textilfasern, der Ersatzmetalle, Benzinsynthese). Schäden der Einbruchdiebstahl-, Beraubungs-, Aufruhr- und Kreditversicherung hängen in erster Linie von der allgemeinen Sicherheit und den der Polizei zugestandenen Bekämpfungsmaßnahmen ab (Vorhandensein exterritorialer Gruppen, verschiedene Gerichtsbarkeit für In- und Ausländer). Umlagerung der Verkehrsaufgaben zwischen den verschiedenen Transportträgern (Eisenbahn, Binnenschiffahrt, Kraftfahrzeug) beeinflußt die Unfall-, Haftpflicht- und Transportversicherung ebenso wie der vom Staat bestimmte Zustand der Verkehrswege und die Wirksamkeit der Verkehrspolizei. Die Bau- und Wohnungspolitik wirkt sich nicht nur über den Bestand der Wohnungen auf die Hausratversicherung aus, sondern in der Städteplanung (Verkehrsdichte) auf die Unfall-, Kraftfahrzeugkasko- und -haftpflichtversicherung und in den verwendeten Baumaterialien auf die Feuer-, Leitungswasserschäden- und Haftpflichtversicherung. Aus jedem Versicherungszweig lassen sich die Beispiele beliebig vermehren.

Die überragende Bedeutung der kleinen Schweiz im internationalen Versicherungsgeschäft ist mit auf ihre außenpolitische Neutralität in politischen Konflikten, ihre konservative Währungspolitik, ihre Rechtssicherheit und ihre Vertragstreue gegenüber politischen Anforderungen (Zufluchtsland für mobile Kapitalien) sowie ihre Beliebtheit als Fremdenverkehrsland zurückzuführen. Die vom Ersten Weltkrieg hervorgerufene, im Zweiten verstärkte Verlagerung des Welthandels- und Finanzierungszentrums von London nach USA. brachte eine Schwächung der englischen, eine Stärkung der amerikanischen Versicherungsgesellschaften. Die Ausschaltung der deutschen Rückversicherer in und nach den beiden Weltkriegen führte englischen, französischen, belgischen, schweizerischen und amerikanischen Rückversicherungsgesellschaften ein bedeutendes Geschäft zu und verschlechterte das der deutschen nach ihrer Wiederzulassung.

Das Wirkungsfeld der staatlichen Versicherungspolitik

Die eigentliche Versicherungspolitik, also der Inbegriff aller *direkt* auf das Versicherungswesen gerichteten Maßnahmen der staatlichen Autorität, ist außerordentlich mannigfaltig, wandelbar und von verschiedener Intensität. Allgemein lassen sich nur die beiden polaren Grenzfälle beschreiben, zwischen denen sich die Versicherungspolitik jeweils bewegt; sie kann eine mittlere Stellung in diesem Wirkungsbereich einnehmen oder sie kann sich dem einen oder anderen Pol nähern. Würde man versuchen, typische Systeme der Versicherungspolitik aufzustellen und sie gemäß ihrer Struktur zwischen diesen beiden Grenzfällen einzuordnen, so würde sich eine Reihe ergeben, die von dem einen Gegenpol, der völligen Uninteressiertheit des Staates am Versicherungswesen, wo man streng genommen von einer Versicherungspolitik noch gar nicht sprechen kann, zu dem anderen Grenzpol höchstintensiver Einflußnahme des Staates auf das Versicherungswesen reicht.

A) ***Völlige Freiheit der Versicherungswirtschaft von staatlicher Einflußnahme.*** Sie kann sein

a) ***absolut***, wenn sich der Staat grundsätzlich jeder positiven oder negativen Regelung der Versicherungswirtschaft enthält.

Diese extrem liberalistische Einstellung ist nur als ein in der Wirklichkeit nicht vorkommender Grenzfall denkbar, weil ja selbst ein nur in privaten Vertragsbeziehungen beruhendes Versicherungsverhältnis die vom Staat sanktionierte oder wenigstens gestützte Rechtsordnung voraussetzt. Von dieser wichtigen Einschränkung abgesehen wird die völlige Vertragsfreiheit der Parteien immerhin nach deutschem Recht in all den Versicherungszweigen, am meisten in der Transportversicherung, erreicht, für die das Versicherungsvertragsgesetz nicht anwendbar ist.

b) ***relativ***, wenn der Staat ohne zwingende Rechtsnormen nur eingreift, falls sich Mißstände oder Zweifel in der Vertragsauslegung zeigen.

Die staatliche Einflußnahme über die Gesetzgebung ist also auf die Fälle beschränkt, in denen die Parteien selbst keine ausreichende oder zweifelsfreie Vereinbarung getroffen haben. Es ist der Einfluß des Staates, der sich über die abdingbaren Rechtssätze geltend machen kann, vorausgesetzt, daß die Parteien die staatlichen Gerichte nicht durch private Schiedsgerichte ausgeschlossen haben.

Zur Vermeidung von Mißständen kann der Staat, ohne die grundsätzliche Bewegungsfreiheit der Versicherungswirtschaft irgendwie anzutasten, die Zulassung als Versicherer von der Anerkennung bestimmter Verpflichtungen gegenüber den Versicherten, von der Stellung ausreichender Garantien (genügendes Geschäftsvermögen) und von der Unterlassung gewisser unredlicher Praktiken abhängig machen. Die Geschichte der Lloyd's (Seite 294/295) hat gezeigt, wie selbst in dieser Domäne höchstmöglicher individueller Vertragsfreiheit die Organisation von sich aus Maßnahmen gegen eine schrankenlose Freiheit, sich als Versicherer zu betätigen, ergreifen mußte, sollte die Versicherungswirtschaft nicht in ihrem Fundamente: dem Vertrauen in die unbedingte Vertragserfüllung, das ihr entgegengebracht werden darf, zum Schaden aller erschüttert werden. Wo sich die Selbsthilfe der Versicherer nicht wirksam genug durchsetzen kann, wird dem Staate zumindest der Erlaß von Zulassungsbestimmungen zugeschoben, in denen man den ersten Ansatz einer eigentlichen Versicherungspolitik sehen kann.

B) ***Höchstmögliche Einflußnahme des Staates auf das Versicherungswesen***, gipfelnd in dem Ausschluß jeder individuellen Betätigung auf diesem Gebiet. Sie kann vorliegen

1. ***negativ*** in dem Verbot der Versicherungsnahme schlechthin, und zwar:

a) ***absolut***, wenn die Eingehung von Versicherungsverhältnissen überhaupt untersagt wird, sich eine Versicherungswirtschaft also legal gar nicht bilden kann.

Solche Verbote finden sich in den Anfangszeiten des gesellschaftlichen Versicherungsverhältnisses vereinzelt, haben jedoch heute keine Bedeutung mehr. Eine solche rein negative Politik hätte den Absichten der protestantischen Aufklärungstheologie entsprochen (siehe Seite 57).

b) ***relativ***, wenn Verbote der Versicherungsnahme nur in gewisser Hinsicht ausgesprochen werden, sei es, daß bestimmte Versicherungsformen oder -zweige, der Abschluß von Versicherungsverträgen in bestimmten Gebieten (Ausland) oder in bestimmten Währungen (Verbot von Fremdwährungsversicherungen) untersagt wird.

Der Anlaß zu derartigen Verboten kann in verschiedenen Umständen liegen: Verhütung von als unsittlich erachteten Versicherungsverhältnissen (Versicherungen auf das Leben von Kindern, auf das Leben fremder Personen; Versicherungen, bei denen sich Eintritt oder Nichteintritt des Versicherungsfalles nicht belegen läßt; Wettversicherungen u. dgl.), Verhinderung der Betätigung im Ausland, Kampf gegen Kapitalflucht oder Devisenausfuhr usw.

Das hervorstechendste Beispiel ist das im Kontrollratsgesetz Nr. 47 ausgesprochene Verbot der Betätigung deutscher Versicherungsgesellschaften im Ausland (siehe Seite 260). Dieses Verbot erfuhr erst 1949 durch das Gesetz Nr. 16 der Militärregierung (amerikanische und britische Zone) bzw. durch die Verordnung 205 (französische Zone) und das Gesetz Nr. 36 der Hohen Kommission der Alliierten für Deutschland vom 7. 9. 1950 eine Abschwächung. Erst 1951 wurde den deutschen Gesellschaften erlaubt, wieder eigene Agenturen im Ausland zu errichten. Geblieben ist jedoch noch der Art. IV des Kontrollratsgesetzes Nr. 47, wonach zwar die Verbindlichkeiten der deutschen Versicherungsunternehmungen aus der Zeit vor Erlaß dieses Gesetzes bestehen bleiben, die im Ausland liegenden Deckungswerte nach Kontrollratsgesetz Nr. 5 (Übernahme und Erfassung des deutschen Vermögens im Ausland) aber nicht zur Befriedigung dieser Verbindlichkeiten verwendet werden dürfen.

2. ***positiv*** in der Errichtung rein staatlicher Versicherungsträger (Staatsversicherung), wie sie in Sowjetrußland und einigen anderen Staaten besteht (siehe Seite 288ff.). Hier kann die Regelung sein:

a) ***absolut***, wenn alle Versicherungsverhältnisse nur bei der staatlichen Versicherungsanstalt einzugehen sind, eine private Versicherungstätigkeit also ausgeschlossen ist (Sowjetrußland).

Es verbindet sich die positive Förderung der Staatsversicherung mit der absolut negativen Haltung gegenüber anderen Organisationsformen.

b) ***relativ***, wenn nur für bestimmte Versicherungsabschlüsse die staatliche Anstalt vorgesehen ist, z. B. für das Staatseigentum, wie es z. B. in Deutschland zugunsten einiger öffentlicher Anstalten verfügt ist;

c) ***zwingend***, wenn die Versicherungsverhältnisse mit der Staatsversicherung eingegangen werden müssen, die Freiheit der Versicherungsnahme also aufgehoben ist (Versicherungszwang);

d) ***nichtzwingend***, wenn es den Interessenten freisteht, Versicherungen abzuschließen, entscheiden sie sich aber dafür, nur die vorgesehene Staatsanstalt verwenden dürfen (Versicherungsmonopol).

Mit einer Einschränkung, insofern es sich nicht um eine Staatsversicherung, sondern um selbständige Versicherungskörper handelt, sind hier die Träger der deutschen Sozialversicherung einzureihen. Mit ihrer Schaffung hat das Reich einen höchstmöglichen Einfluß auf dem Gebiete des sozialen Versicherungsschutzes zwingend verwirklichen wollen.

Man sieht, die beiden Grenzpole der Versicherungspolitik sind keine starren Schemata, sie sind selber biegsam und können mit einer mehr oder weniger weitgehenden Intensität aufgestellt werden. Sofern nicht der eine oder andere Grenzfall zu verwirklichen gesucht wird, bewegt sich die Versicherungspolitik in dem dazwischenliegenden bzw. von diesen Grenzregelungen nicht beanspruchten Gebiet in mannigfachen Kombinationen, dem Systeme wie auch den einzelnen Versicherungszweigen nach.

Der Begriff Versicherungspolitik ist hier bewußt auf das Tätigwerden des Staates zugunsten oder zuungunsten der Versicherungswirtschaft beschränkt worden. Diesem engeren Begriff gegenüber gibt es noch eine weitere Fassung, die in den Begriff der Versicherungspolitik auch die Grundsätze einbezieht, von denen sich die einzelnen Versicherer in ihrer Stellung gegenüber dem Versicherungsmarkte, sowohl den Versicherungsnehmern als auch den Konkurrenten gegenüber, in ihrer Haltung gegenüber den wirtschafts- und sozialpolitischen Bestrebungen der Regierungen leiten lassen. Überhaupt werden unter diesem Begriff das ganze ökonomisch wirksam werdende Verhalten des Versicherers, seine Expansions- oder Beharrungstendenz wie auch seine innerbetrieblichen Verhaltensmaßregeln verstanden. An sich besteht kein Anlaß, diese weite Fassung des Begriffes der Versicherungspolitik abzulehnen, sein Feld spaltet sich dann unabsehbar in all jene Bereiche auf, in denen die Haltung der Versicherer von Bedeutung ist oder sein kann. Da jedoch der überwiegende Teil dieser Grundsätze, soweit er ökonomisch-rationalen Erwägungen entspringt, in den vorangegangenen Kapiteln abgehandelt wurde, andererseits aber kein Anlaß besteht, den Auswirkungen der Geschäftshandhabung der Versicherer in alle möglichen Wirtschafts-, Kultur- und Sozialbereiche nachzugehen, das vorliegende Buch seine Abrundung schließlich in der Einstellung der staatlichen Verbände und Körperschaften gegenüber der Versicherungswirtschaft finden soll, wurde der engeren Fassung des Begriffes der Vorzug gegeben.

Die Maßnahmen des Staates gegenüber der Versicherungswirtschaft dürfen dabei keineswegs isoliert, sondern sie müssen in ihrem Zusammenhang mit der gesamten Wirtschaftspolitik betrachtet werden. Vor allem sollte vermieden werden, daß sich die speziell versicherungspolitischen Maßnahmen des Staates in einer die volkswirtschaftlichen Belange schädigenden Richtung auswirken. Soweit sich direkte oder indirekte Kostensteigerungen ergeben, sind die Reaktionsmöglichkeiten der zunächst davon Betroffenen entscheidend für die Fern- und Nahwirkungen versicherungspolitischer Anordnungen. Dies gilt ebenso für die Individual- wie für die Sozialversicherung.

Jede den Versicherungsschutz verteuernde Maßnahme berührt irgendwie das Kostengefüge der Volkswirtschaft, selbst dann, wenn die Mehrkosten vom einzelnen Unternehmer durch organisatorische Verbesserungen seines Betriebes, durch Rationalisierung oder Leistungssteigerung eingeholt werden können. Im Vergleich mit dem Ausland zu hohe Versicherungslasten, namentlich in der Sozialversicherung, vermögen die Auslandsbeziehungen empfindlich zu beeinflussen. Festzuhalten ist ferner, „daß die kaufkraftmäßigen Leistungen der Sozialversicherungen die Wirtschaft nicht gleichmäßig befruchten, sondern den Wirtschaftszweigen des direkten Verbrauches am allermeisten zugute kommen, während die Produktionsmittelindustrien — als die die überwiegende Ziffer der Versicherten beschäftigenden und erst recht die größeren

Beitragssummen zahlenden Produzenten — nur sehr indirekt an den Auswirkungen des Kaufkraftsegens und Kaufkraftregens durch die Sozialversicherungen teilhaben. Das bedeutet, daß die Produktionsmittelindustrien in einem gewissen Sinne die Konsumgüterindustrien durch die staatlichen Rentengesetze ‚subventionieren'; oder man kann es — wenn man unterstellt, daß die Beitragszahlungen der Versicherten der Produktionsmittelindustrien sowieso dem täglichen Verbrauch zugute kommen — auch so ausdrücken, daß man sagt, die Zwangsbeiträge der Arbeitgeber der Produktionsmittelindustrien an die Sozialversicherungen verschaffen über die durch den Rentenbezug erhöhte Kaufkraft der Unterstützten den Gewerben und Industrien des direkten Verbrauchs einen erhöhten Umsatz und also auch ihren Arbeitgebern einen vergrößerten Gewinn" *(Pfister)*. Diese schon 1936 ausgesprochene Erkenntnis verlangt angesichts der Labilität unserer gegenwärtigen Volkswirtschaft, des immer steigenden Umfangs der Sozialversicherung und der zunehmenden Abhängigkeit aller Wirtschaftseinheiten voneinander ernste Beachtung bei der Planung versicherungspolitischer Maßnahmen, wenn nicht ein unüberbrückbarer Widerspruch zwischen dem auf dem Versicherungsgebiet gewollten Effekt und der allgemeinen Wirtschaftspolitik heraufbeschworen werden soll.

Schrifttum: Am umfassendsten, wenn auch nicht ohne einseitige Tendenz, ist die Haltung des Staates gegenüber der Versicherungswirtschaft behandelt in a) *Adolph Wagner* „Der Staat und das Versicherungswesen", Leipzig 1882; b) *Gerhard Wörner* „Der Staat und das Versicherungswesen" in Wirtschaft und Recht der Versicherung, 45. Jahrg., 1913; c) auch das auf Seite 291 genannte Buch von *Klaus Wilhelm Rath* kann mit Einschränkungen hier angeführt werden; d) *Bernhard Pfister* „Die wirtschaftliche Bedeutung der Sozialversicherung" in Zentralblatt für Reichsversicherung und Reichsversorgung, 1936, S. 169ff. Eine objektive Darstellung der Versicherungspolitik fehlt im wissenschaftlichen Schrifttum, das meiste ist Tendenzliteratur.

§ 25. Grundlegung des Versicherungswesens durch den Staat: das Versicherungsrecht

Der Staat als Rechtsgestalter und Rechtswahrer

Wie das Kreditwesen das Vertrauen des Gläubigers in die Zahlungswilligkeit, Zahlungsfähigkeit und Zahlungsverpflichtung des Schuldners voraussetzt, dieser auch ein Zutrauen in die Anständigkeit und Kulanz des Gläubigers haben muß, so beruht alles Versicherungswesen letzten Endes auf einem wechselseitigen Vertrauen zwischen Versicherer und Versichertem: der Versicherte muß gegen eine sofort fällige Prämienzahlung an die pünktliche Bewirkung der vereinbarten Versicherungsleistung in einem später einmal eintretenden Versicherungsfall seitens des Versicherers glauben; dieser muß hingegen dem Versicherten zutrauen, daß er den Versicherungsfall nicht absichtlich oder fahrlässig herbeiführt, wozu er meist und vielfach unbeobachtet die Möglichkeit hat, und er als dem Schadenereignis räumlich und zeitlich fast immer am nächsten Stehender die Schadenwirkung vermindert, nicht vergrößert. Dieses gegenseitige Vertrauen zwischen Versicherer und Versichertem schlägt sich in der rechtlichen Struktur des Versicherungsverhältnisses in der Form gegenseitiger Rechte und Pflichten nieder. In den gemeinschaftlichen und bündischen Versicherungsverhältnissen haben diese Rechte und Pflichten die Weihe des Herkömmlichen, Sittlichen, der Tradition und werden nach dem Vorbild der Vorangegangenen als solche gewahrt, solange die Gemeinschaft oder der Bund besteht. In dem gesellschaftlichen Versicherungsverhältnis der Moderne haben sie die Sanktion rechtlicher Erzwingbarkeit unter der staatlichen Rechtsautorität.

Selbst wo das Versicherungsrecht aus dem Gewohnheitsrecht, dem Handelsbrauch der Kaufleute in den Seehandelsplätzen oder den freien Einungen gleichartig Bedrohter im Binnenlande erwachsen ist, muß hinter ihm der prozessuale Rechtsschutz seitens des Staates stehen. Wenn in der Transportversicherung oder im internationalen Rückversicherungsverkehr zur Ausschaltung der umständlichen und nicht immer sachverständigen staatlichen Rechtsprechung Schiedsgerichte vereinbart werden, muß der Staat notfalls seine Hand zum Vollzuge der Sprüche dieser freiwilligen Gerichtsbarkeit leihen. Wo staatliche oder staatsähnliche Behörden die Entscheidungen treffen (Sozialversicherung und öffentlich-rechtliche Versicherung), verlangt die Rechtssicherheit eine Berufungs- oder Revisionsinstanz höherer Art in einem Verwaltungsstreitverfahren. Versicherung läßt sich nur verwirklichen, wenn der säumige Schuldner, Versicherer oder Versicherter, vor einer übergeordneten Instanz zur Anerkennung seiner Pflichten gezwungen werden kann. Freilich ist dieser äußerste Schritt meist schon ein Zeichen einer Erschütterung des gegenseitigen Vertrauens auf einer oder beiden Seiten, aber die Möglichkeit, daß ihn die andere Partei veranlassen kann, ist ein kräftiger Ansporn, sich aus eigenem Interesse in den Bahnen des Rechtes zu halten. Vertrauen zwischen Versicherer und Versichertem ist ein höchst empfindliches Ding und läßt sich nur auf das Verhalten der Parteien in der Vergangenheit oder Gegenwart stützen. Da jedoch das Versicherungsverhältnis grundsätzlich immer in die Zukunft wirkt, über der noch der Schleier des Unbekannten liegt, kann sich möglicherweise das Verhalten der Parteien ändern, und es muß sich zumindest bis zum Ablauf des Versicherungsverhältnisses (Versicherungsvertrages) das entschwundene persönliche Vertrauen durch ein notgedrungenes Substitut, die prozessual vollziehbare sachliche Rechtsbeziehung, ersetzen lassen.

In der Schadenversicherung einschließlich der Krankenversicherung erfolgt die Schadensfeststellung entweder durch Vereinbarung der Parteien oder in einem vertraglich vereinbarten Sachverständigenverfahren, zu dem beide Parteien je einen Sachverständigen ernennen oder die Ernennung einem Gerichte übertragen, die Sachverständigen sich auf einen Obmann einigen oder diesen von dem Gerichte bestellen lassen. Die Gutachter sind nicht Schiedsrichter, sie entscheiden nicht über den Anspruch als solchen, sie sind nur Schiedsgutachter, die nur einzelne Voraussetzungen des Anspruchs oder die Höhe des Schadens festzustellen haben. Wenn das Gutachten von der wirklichen Sachlage abweicht, erfolgt die Feststellung durch gerichtliches Urteil (VVG. § 64). Wird das Gutachten angefochten, entscheidet das Gericht nach freiem Ermessen. Für die Seeversicherung sehen die Allgemeinen Deutschen Seeversicherungsbedingungen im § 74 eine analoge Regelung vor.

Fehlentscheidungen, namentlich solche höchstrichterlicher Art, können zu einer künftigen Verklausulierung des Versicherungsvertrages führen. Auf Grund einer Reichsgerichtsentscheidung, die die in § 75 der ADS. statuierte Ausbesserungspflicht bei Teilschäden an Schiffen verneinte, führten die Versicherer eine „Ausbesserungsklausel" ein, welche die Ausbesserung entsprechend der Abschätzung ausdrücklich zur Bedingung der Ersatzpflicht macht *(v. Gierke)*. Die Entscheidungen der Gerichte haben für den Versicherer auch eine ökonomische Tragweite, insofern eine mitunter zu beobachtende Einstellung zugunsten des Versicherten die Schadenzahlungen gegenüber dem Voranschlag sowie die Kosten des Versicherungsbetriebes (umständlichere Texte, erhöhte Mahnkosten) steigert. An der bürokratischen Umständlichkeit des Geschäftsverkehrs tragen gerade im Versicherungswesen die Gerichte einen Teil der Schuld.

Die rechtshütende Funktion des Staates ergibt sich auch aus dem *Strafrecht*. Die Strafverfolgungsbehörden sind vielfach selbst mit Ermittlungen über den Versicherungsfall befaßt (Brandstiftung, Haftpflicht, Einbrüche, Unfälle) und zu gewissen Auskünften gegenüber den Versicherern gehalten. Bis zur Erledigung der Untersuchung können die Versicherer die Leistung aufschieben. Betrug durch Vortäuschung des Schadenfalles, grundsätzliche Herbeiführung des Schadenfalles, falsche Angaben bei der Schadenermittlung wird nach StGB. § 263, Versicherungsbetrug im speziellen (Brandstiftung, Sinken- oder Strandenmachen eines versicherten Schiffes) nach StGB. § 265 geahndet. Nichtbefolgung feuerpolizeilicher Anordnungen, Gefährdung von Wald-, Heide- oder Moorflächen durch Rauchen, Anzünden von Feuer oder in sonstiger Weise, Anstiftung zu Versicherungsbetrug, Annahme eines derartigen Anerbietens, Unterlassen rechtzeitiger Anzeige bei Erlangung glaubhafter Kenntnis einer beabsichtigten Straftat sind ebenfalls strafbar (StGB. §§ 368/8, 310a, 49a und 139), ebenso Transport- und Sachgefährdung (StGB. §§ 315, 316 und 303). Es braucht keine Erläuterung, um die Bedeutung der Unterdrückung derartiger Straftaten für die Versicherungswirtschaft darzustellen, Schadenhäufigkeiten und Schadenumfänge werden von ihnen beeinflußt. Mehr oder weniger verdeckte Versuche, einen Versicherungsvertrag betrügerisch auszunutzen, sind keineswegs selten und kommen selbst in Kreisen vor, in denen man sie nicht erwarten sollte.

Neben seiner rechtswahrenden Tätigkeit auf dem Gebiete des Versicherungswesens erscheint der Staat als ***Rechtsgestalter***, indem er kraft seiner Rechtshoheit an der Schaffung des Versicherungsrechtes maßgeblich beteiligt ist. ***Die Rechtssetzung erstreckt sich auf***

1. ***das für das gesamte Gebiet einheitliche Privatversicherungsrecht***, eventuell getrennt nach einem Versicherungsrecht für den Handelsverkehr unter erfahrenen Kaufleuten (Handelsrecht) und einem die große Masse eines mitunter sehr unerfahrenen Publikums angehenden übrigen Versicherungsrecht. Eine besondere Bedeutung kommt dabei den zugunsten des als schwächer angenommenen Partners ergangenen zwingenden Vorschriften zu.

Wie bereits angedeutet, handelt es sich hierbei oft um die Kodifizierung eines schon vorhandenen Gewohnheits- oder Verkehrsrechtes, dem damit zu Allgemeingültigkeit verholfen wird. In Staaten, die wie Deutschland aus verschiedenen Rechtsgebieten zusammengewachsen sind, verbindet sich mit der Rechtssetzung zumeist die Aufgabe einer Behebung der Rechtszersplitterung mit all ihren abträglichen Folgen. Das internationale Versicherungsrecht wird hingegen weniger von den Staaten als von den Verbänden der Versicherer (Transportversicherung) unter Beihilfe der großen Rückversicherer gestaltet.

2. ***die Organisation und die Versicherungsverhältnisse der öffentlichen Versicherungsanstalten, ihre Stellung zu den übrigen Staatsbehörden und den Privatversicherern.*** Die Zuerkennung eines Zwangs- oder Monopolrechtes an öffentliche Versicherungsanstalten beschneidet empfindlich den Tätigkeitsbereich der nicht mit solchen Privilegien bedachten Versicherer. Teilweise handelt es sich hier auch um Vorschriften des Verwaltungsrechtes.

Trotz einem für das gesamte Staatsgebiet einheitlichen Recht können hier in einem von dem Rechtsschöpfer zugelassenen Rahmen die Satzungen und Verfassungen der einzelnen Anstalten verschiedenartige Regelungen hinsichtlich des Umfanges des Versicherungsschutzes, der Bewertung der versicherten Gegenstände, der Mitwirkung der Versicherten, der Beitragshöhe und Beitragseinhebung herbeiführen. In Deutschland gilt auf diesem Gebiet ausschließlich Landesrecht, während das Privatversicherungsrecht der konkurrierenden Gesetzgebung des Bundes zugewiesen ist (Grundgesetz Art. 74).

3. *die Verhältnisse der Sozialversicherung:* Organisation, Rechte und Pflichten der Versicherten und der Beitragszahler, die Möglichkeit ihrer Mitwirkung und der Befreiung.

„Gesetze und Verordnungen des Gebietes zeigen auffällige Neigung zu extrem kasuistischer Reglementierung. Darunter leidet die Güte der Rechtsanwendung, und die Gesetze schwellen zu unübersehbarem Umfang an. Die mehrfach beliebte Verweisung von Teilgegenständen in besondere Verordnungen (Verfahrensordnungen der Versicherungsbehörden und Schiedsinstanzen, Beitragsordnung der Angestelltenversicherung) entlastet das Gesetz nur äußerlich; der kleinliche Geist, der jeden nur denkbaren Sonderfall vorausschauend regeln will, tobt sich in den Rechtsquellen minderen Ranges, zumal wenn sie von untergeordneter Stelle aus erlassen werden, erst recht aus" *(Lutz Richter)*. Im Sozialversicherungsrecht können gelegentlich auch andere Institutionen an der Rechtssetzung beteiligt sein (Reichsausschuß für Ärzte und Krankenkassen), ferner kommen kollektive Abkommen zwischen Versicherungsträgern oder ihren Verbänden vor. Das Sozialversicherungsrecht gehört gleichfalls zur konkurrierenden Gesetzgebung des Bundes (Grundgesetz Art. 74).

„Für das internationale Sozialversicherungsrecht herrscht nach deutschem Recht der Territorialitätsgrundsatz, wonach die deutschen Gesetze für das Gebiet des Deutschen Reiches und hier gleicherweise für Inländer, Ausländer und Staatenlose gelten. Deutsche Seefahrzeuge werden als inländische Betriebe behandelt" *(Richter)*. Bei vorübergehender Entsendung von Arbeitnehmern in das Ausland kann das deutsche Recht auch jenseits der Grenzen gelten. Zwischenstaatliche Verträge, zumeist auf der Basis der Gegenseitigkeit können abgeschlossen werden (RVO. § 157, AVG. § 7, AVAVG. § 207, RKnG. § 237).

Rechtsordnung und Versicherungswirtschaft

Wie für die gesamte Volkswirtschaft ist auch für das Versicherungswesen die vom Staat geschützte und geschaffene Rechtsordnung von grundlegender Bedeutung; ihre Wahrung oder Erschütterung ist für die Versicherungswirtschaft von schwerwiegenden Folgen begleitet:

1. *Rechtssicherheit ist die lebensnotwendige Voraussetzung eines gesellschaftlichen Versicherungsverhältnisses*, das nicht mehr unter der Sanktion der Sitte, des Göttlichen Gebotes, der Nächstenliebe steht.

Wo die Rechtssicherheit untergraben ist, taucht die Gefahr auf, daß gegenüber einem skrupellosen Versicherer nur noch der zu seinem Recht kommt, der mit entsprechenden Nachteilen drohen kann. Die Verwirklichung der Versicherungsidee hängt von der gegenseitigen Machtstellung ab. Wenn sich die kleinen Leute in der Erkenntnis der Aussichtslosigkeit ihrer Ansprüche im Falle der Versicherungsfreiheit dann von der Versicherung abwenden, verengt sich der Versicherungsbestand immer mehr auf die Wagnisse der Mächtigen und gewährt dem Versicherer keinen genügenden Ausgleich mehr.

Die Anerkennung der vor der Stabilisierung (1923) und Währungsreform (1948) entstandenen Sozialversicherungsrenten in neuer Währung, obwohl die Deckungskapitalien weggefallen waren, erfolgte mit in der Absicht, eine Diskreditierung der Sozialversicherung überhaupt zu vermeiden; hätte man das jahrzehntelang umworbene Vertrauen der Massen enttäuscht, dann wäre abgesehen von der Gefahr der Radikalisierung wahrscheinlich die Tendenz zu einer möglich raschen Ausnutzung der Sozialversicherung, zu der man ja gezwungen ist, aufgetaucht. Da in der Sozialversicherung Schadenhäufigkeit und Schadenumfang in hohem Maße von der Einstellung der Versicherten abhängen, hätte das Bestreben, für die eingezahlten Beiträge wenigstens etwas noch zu bekommen, zu einer weiteren Verschlechterung der schon ungünstigen Finanzlage der Versicherungsträger geführt.

2. *Durch ein einheitliches Recht wird ein großer Teil der Versicherungsverhältnisse homogenisiert*, werden die für die Durchführung eines rationellen Versicherungsbetriebes notwendigen, annähernd gleichartigen Versicherungsobjekte mit allen rechtlichen Konsequenzen geschaffen.

Am meisten geschieht das durch die zwingenden Vorschriften, die weder zugunsten noch zuungunsten des Versicherungsnehmers geändert werden können, etwas weniger durch die halbzwingenden Vorschriften, die nicht zum Nachteil des Versicherungsnehmers oder geschützter Dritter (Erwerber der versicherten Sache VVG. § 69ff.; Hypothekengläubiger VVG. § 100ff.) abgeändert werden dürfen, noch weniger durch die übrigen abdingbaren Normen, die, falls das Gesetz überhaupt Wert hat, immerhin weitgehend als Richtlinie gelten. Wegen der Verschiedenheit des Versicherungsrechtes zwischen den Staaten und, wo Rechtsverschiedenheit noch innerhalb eines Staates herrscht, sind die Versicherungsverhältnisse nicht restlos kommensurabel. Für die öffentlichen Anstalten, die in ihrem zugewiesenen Bezirk oder Landesteil möglichst viele oder alle Versicherungsobjekte erfassen, spielt die Rechtsgleichheit nicht die Rolle wie in der über weite Gebiete hingreifenden Privatversicherung. Ein allgemein gültiges Versicherungsrecht ermöglicht es auch, die Versicherungsverträge kürzer und damit verständlicher und übersichtlicher zu gestalten, weil auf die Beurkundung vieler rechtlich wichtiger Bestimmungen verzichtet werden kann. Selbstverständlich muß eine einheitliche Rechtsfindung (einheitliche oberste Instanz mit maßgebenden Entscheidungen) mitwirken, sonst können sich trotz formell gleichen Rechtes Verschiedenheiten einstellen.

3. *Die durch das Recht herbeigeführte Homogenisierung des Versicherungsschutzes vervollkommnet den Wettbewerb zwischen verschiedenen Versicherern.* Einheitliches Recht, einheitliche Bedingungen lassen als Verschiedenheiten nur noch die individuellen Besonderheiten des Wagnisses und die Persönlichkeit des Versicherers (Tradition und Haltung der Gesellschaft) übrig.

Das gleichartige Recht macht demnach die von den verschiedenen Versicherern geforderten Prämien bis auf den genannten Rest vergleichbar und damit den Versicherungsmarkt für den Versicherungssuchenden transparent. Dies bedeutet gleichzeitig eine Erhöhung der Wirksamkeit des Versicherungsschutzes für die weniger geschäftserfahrenen Kreise, die die Tragweite bestimmter Klauseln oder Ausschlüsse im voraus oft nicht zu übersehen vermögen. Machenschaften allzu gerissener Versicherer werden dadurch ausgeschaltet.

Erschwerend wirkt sich die Verschiedenheit der nationalen Rechte besonders für die internationale Haftpflichtrückversicherung aus, weil die Haftungsgründe nicht überall dieselben sind und weil aus gleichen Haftungsgründen verschieden hohe Ansprüche geltend gemacht werden können. Haftpflichtversicherungen aus verschiedenen Rechtsgebieten sind am wenigsten vergleichbar.

Rechtsverschiedenheiten zwischen verschiedenen Landesteilen können auch auf den Standort von Versicherungsunternehmungen von Einfluß sein, sofern es möglich ist, den Gerichtsstand nach dem Ort mit dem günstigeren Recht oder der günstigeren Rechtsauslegung zu ziehen. Die USA. bieten hierfür bemerkenswerte Beispiele. Übermäßiger Föderalismus erhöht dann die Gefahr eines Eindringens weniger zuverlässiger Elemente in die Versicherungswirtschaft zum Schaden der Versicherten und der soliden Versicherer.

Sowenig die Bedeutung der Rechtsordnung für die Gestaltung der Versicherungswirtschaft unterschätzt werden darf, ebensowenig darf sie überschätzt werden. *Die durch das staatliche Recht sanktionierten Beziehungen zwischen Versicherer und Versichertem sind letzten Endes nur ein notdürftiges Substitut für das bereits gestörte Vertrauen zwischen den Parteien.* Wo die Gerichte einen Streit zu schlichten haben, ja wo sich eine Partei auf die ihr unabdingbar zugesprochenen Rechte berufen muß, ist die Vertrauensbasis des gesellschaftlichen Versicherungsverhältnisses erschüttert. Beitrags- und Schadenzahlungen, Erfüllung gewisser Obliegenheiten oder gewisse Unterlassungen können erzwungen werden, aber das Vertrauen des Versicherten in die durch kein Gesetz bis in alle Einzelheiten regelbare Handhabung des Versicherungsverhältnisses seitens des Versicherers und das Vertrauen des Versicherers, der Versicherte werde die ihm fast immer gebotenen Möglichkeiten einer einseitigen Ausnutzung des Versicherungsverhältnisses zu seinen Gunsten in keiner Weise verwirklichen, kann durch kein Gericht dekretiert werden. Als ein Bestandteil des Wirtschafts- und Soziallebens entwickelt sich der faktische Inhalt der Versicherungsverhältnisse über die starren Vorschriften des Versicherungsrechts mehr oder weniger hinaus; nicht wenige Rechtssätze werden durch ein besseres Verkehrsrecht ersetzt oder ergänzt.

Ebenso wie in der gesamten Wirtschaft läßt sich in der Versicherungswirtschaft beobachten, wie die wirtschaftlichen Notwendigkeiten alte Rechtsschranken beiseite drängen und wie dann eines Tages die in der Versicherungswirtschaft eingetretenen Gepflogenheiten als neue Rechtssatzung erscheinen. *Das Versicherungsrecht ist weitgehend ein Produkt versicherungswirtschaftlicher Zweckmäßigkeit*, wie dies mehrfach in diesem Buche gezeigt wurde. Dieser Auffassung steht eine andere, idealistische gegenüber, die der Rechtsnorm die Primarität zuschreibt. Sie kann für sich anführen, daß *die praktische Versicherungstätigkeit vielfach sich in einer mehr oder weniger geschickten Anpassung an positive Rechtsnormen vollzieht.* Für sich genommen ist jede dieser Auffassungen einseitig. Die historisch kontrollierbare Wirklichkeit zeigt abwechselnd beide Phänomene, und man darf nicht übersehen, daß der gleiche Rechtssatz je nach den kulturellen und sozialen Verhältnissen eine unterschiedliche Auslegung nach der inneren Ordnung des gesellschaftlichen Zusammenlebens finden kann. Die Bedeutung der Rechtsordnung für die Versicherungswirtschaft läßt sich wohl nicht besser kennzeichnen als durch die Worte des Wirtschaftshistorikers *Häpke:* Rechtsakte können nicht Leben schaffen *(Sombart)*, aber sie können es in hohem Maße fördern oder hemmen. Keine Rechtsordnung ist unwandelbar, die Ansichten, welche Interessen zweckmäßigerweise vor allem gewahrt werden sollen, ändern sich dauernd. So zeigt sich auch im Versicherungsrecht, daß Rechtssatzung und Rechtsprechung in unserem Zeitalter dahin tendieren, den sozialen und gesamtwirtschaftlichen Interessen den Vorrang vor dem bloßen Gewinnstreben der Kapitaleigentümer zu geben. Die gesamtwirtschaftliche Funktion der Versicherung, eine Existenzgarantie gegen die Wechselfälle des Lebens zu bieten, wird immer stärker, auch gegen andersartige Vertragsvereinbarungen betont. Die sich daraus ergebende Folge: ein weiteres Entgegenkommen gegenüber den Interessen des einzelnen Versicherten möchten bereits einige, z. B. *Prölß*, eingeschränkt sehen durch einen besseren Schutz der übrigen Versicherten im Versicherungsbestand des Versicherers; die Begünstigung eines einzelnen Versicherten, die auf Kosten der übrigen gehen würde, sei ebensowenig vertretbar wie ein Abweichen von den Grunderfordernissen eines wirtschaftlichen Geschäftsbetriebes zugunsten eines Versicherten. Aus dem Gedanken der „Gefahrengemeinschaft“ habe die Rechtsprechung bislang nur selten Folgerungen gezogen.

Die prekäre Situation des gesellschaftlichen Versicherungsverhältnisses

In ihrer Ausrichtung, den volkswirtschaftlichen und sozialen Interessen den Vorzug zu geben, steht die heutige Rechtsordnung und ihre Handhabung hinsichtlich des gesellschaftlichen Versicherungsverhältnisses vor einer Diskrepanz, die im Einzelfalle zu überwinden eine gewisse Aufhebung des gesellschaftlichen Versicherungsverhältnisses erfordern kann. Sobald dem Versicherer sich aus einem oder einer Reihe von Verträgen eine unerwartete hohe Mehrbelastung zu verwirklichen droht, sind die Interessen der übrigen, unter Umständen jahrelang an ihn gebundenen Versicherten mit gefährdet. Es ist die Alternative denkbar: *soll der Versicherer in einem Katastrophenfall zu buchstabengetreuer Erfüllung des Versicherungsvertrages unter Aufopferung seiner Existenz zugunsten eines oder einiger weniger Versicherungsnehmer gezwungen werden, wenn mit dem Untergang des Versicherers die anderen Versicherten ihre unter Umständen (Lebens- und Krankenversicherung) anderswo nicht wiederherstellbaren Versicherungsansprüche verlieren? Oder soll hier ein obrigkeitlicher Eingriff in das private Vertragsrecht erlaubt sein?* In diesem Falle stehen Interessen der Versicherten gegen Interessen der Versicherten, und es taucht die Frage auf, wem das Opfer zuzumuten ist. Vergangene Zeiten, die sich einer in hinreichendem Maße überblickbaren Entwicklung erfreuten und die von ins Massenhafte gesteigerten Entwicklungsbrüchen verschont blieben, haben diese Problematik kaum geahnt und gutgläubig die „Heiligkeit der Verträge" dogmatisiert, in denen sich das gesellschaftliche Versicherungsverhältnis vornehmlich verwirklicht. Die politischen und wirtschaftlichen Katastrophen, die in ehemals unvorstellbaren Ausmaßen unseren Kontinent in diesem Jahrhundert heimsuchten, haben diese Problematik des gesellschaftlichen Versicherungsverhältnisses aufgerissen, deren Beantwortung unausweichlich wird, weil keine Gewähr gegen eine Wiederholung ähnlicher Katastrophen gegeben ist. Vor diese Frage gestellt, kann sich unter Umständen eines Tages die Rechtsordnung gezwungen sehen, sei es hinsichtlich der Höhe der vereinbarten Beiträge, sei es hinsichtlich des vereinbarten Haftungsumfanges, in den Inhalt der bestehenden Verträge einzugreifen. Das Vorbild für derartige Maßnahmen ist auf anderen Gebieten in unseren Tagen gegeben worden. So kann sich ohne ausdrückliche Änderung der Rechtsnormen das gesellschaftliche Versicherungsverhältnis wandeln. Die ehedem vor allem zum Schutze der Versicherten geschaffene staatliche Aufsicht (siehe § 26) kann in gewisser Hinsicht zu einem Schutz der Versicherer werden.

Die Handhabe bieten nach dem bisherigen Recht VAG. § 81, Abs. 2, wonach die Aufsichtsbehörde Mißstände beseitigen kann, welche die Belange der Versicherten gefährden, und § 81a, wonach aus gleichem Anlaß die Aufsichtsbehörde einen Geschäftsplan mit Wirkung für bestehende oder noch nicht abgewickelte Versicherungsverhältnisse ändern oder aufheben kann. „Hier muß das Sozialrecht über das Individualrecht triumphieren. Und zwar gilt dies im Ungünstigen und Günstigen, im Argen und Guten. Die Mißstände brauchen nicht die allerschwersten zu sein, es kann sich um leichtere, freilich nicht tragbare, handeln. Sie können in einem Fehler der Rechnungsgrundlagen, in einer zu alten oder veralteten Bestimmung der Versicherungsbedingungen liegen, oder sie können allgemein in einer finanziellen Erschütterung oder Zusammenbruchsgefahr bestehen. Hiernach richtet sich auch die Art der Einwirkung im einzelnen Fall. Es kann sich um die Beseitigung einer Klausel in den Versicherungsbedingungen, um die Erhöhung der Versicherungsprämien, um die Kürzung oder Erhöhung der Versicherungsansprüche oder Gewinnbezüge handeln" *(v. Gierke)*. Von diesem § 81a hat das Reichsaufsichtsamt schon öfters Gebrauch gemacht.

Unverkennbar geht das gesellschaftliche Versicherungsverhältnis einer Bewährungsprobe entgegen, denn mit jedem derartigen Eingriff ist, solange individuelle Interessen zumindest noch als mitmaßgebend für die Gestaltung des wirtschaftlichen und sozialen Lebens angesehen werden, eine Vertrauenskrise größeren oder kleineren Umfanges verbunden. Noch so gut gemeinte Aufklärungen fruchten wenig, wenn sie den handgreiflichen Interessen der Menschen entgegenlaufen, und man täusche sich mit noch so beredten Argumentationen über das unerschütterliche „Gemeinschaftsgefühl" der Menschen in ihren Versicherungsorganisationen nicht über die mitunter herbe Kritik hinweg, die im Volke an der Versicherungswirtschaft geübt wird, namentlich an der Kranken-, Unfall- und Haftpflichtversicherung. Die letzte, einseitig auf ihre technische Durchführung bedachte und jeden sozialen Verständnisses bare Währungsreform hat in der privaten Lebensversicherung eine schwere Enttäuschung der alten Versicherungsnehmer zur Folge gehabt, deren Wirkungen wegen der von anderen Schichten aus anderen Motiven getätigten Neuabschlüsse nicht übersehen werden sollten. Die Katastrophenanfälligkeit unseres Zeitalters steigert die Gefahr überindividueller Eingriffe auch in das Versicherungswesen, aber mit jedem Eingriff wird ein Stein aus dem Fundament des gesellschaftlichen Versicherungsverhältnisses herausgebrochen. Es wird nicht mehr weit zu der Ansicht sein, daß das Versicherungswesen in seiner derzeitigen Organisation in „Schönwetterperioden" sich unzweifelhaft bewähre, daß es aber in den Stürmen dieses Jahrhunderts gerade dann das nicht halte, was sich die Menschen von ihm erwarten, wenn seine Hilfe am dringendsten benötigt wird. Die einst individuell aufgetretene Notlage konnte versicherungsmäßig behoben werden; treten die ungünstigen Wechselfälle jedoch massenhaft auf, dann wird das gesellschaftliche Versicherungsverhältnis in eine Existenzkrise ernsten Charakters getrieben.

§ 26. Die Beaufsichtigung der Versicherungswirtschaft

Notwendigkeit der Beaufsichtigung

Grundsätzlich neigt der Anhänger einer kollektivistischen Wirtschaftsauffassung dazu, die Institutionen und Vorgänge des Wirtschaftslebens einer mehr oder weniger weitgehenden Kontrolle durch den Staat, eine oberste Aufsichtsbehörde oder ein sonstiges der Gesamtheit verantwortliches Organ zu unterwerfen. Hingegen wollen die Vertreter einer die Freiheit des Individuums obenanstellenden Wirtschaftsordnung nur eine Lenkung der wirtschaftlichen Betätigung durch den Marktmechanismus zugestehen, dessen Funktion die Übereinstimmung von Bedarf und Deckung, von Nachfrage und Angebot letztlich nach den Wünschen der Konsumenten gewährleiste. In einer vom Staat gelenkten Wirtschaft, ja sogar in dem „gemeinwirtschaftlichen Sektor" einer sonst freien Wirtschaft steht die Kontrolle der Versicherungsträger außer jeder Diskussion, fraglich kann es nur sein, wieweit die Kontrolle zu gehen habe, welches Maß von Freiheit im Rahmen der Gesamtplanung den die Versicherungsaufgaben durchführenden Organen zugestanden werden darf. So versteht sich die Beaufsichtigung der Sozialversicherungsträger und der öffentlich-rechtlichen Anstalten um so mehr von selbst, weil ja auch der Staat für irgendwelche Fehler der Geschäftshandhabung zuletzt doch aufzukommen und er mit der

Zuteilung von Zwangsrechten, der Gewährung einer Monopolstellung und der Statuierung einer weitgehenden Versicherungspflicht eine entscheidende Verantwortung übernommen hat. Bei einer Staatsversicherung ergibt sich die obrigkeitliche Kontrolle schon allein aus dem Umstand, daß die Versicherungskörper in den staatlichen Behördenapparat eingegliedert sind. Das Problem, ob und inwieweit Versicherer durch den Staat in ihrer Tätigkeit zu beaufsichtigen sind, konzentriert sich demnach auf jene, die im freien marktwirtschaftlichen Verkehr ihre Versicherungsleistungen darbieten, d. h. auf die sog. Privatversicherer. ***Unter der Staatsaufsicht über das private Versicherungswesen hat man demnach speziell den Inbegriff der Maßnahmen zu verstehen, „durch welche der Staat eine besondere Einwirkung auf den Betrieb des Versicherungsgewerbes im ordnenden Sinne ausübt" (Reuß*** und ***Berliner).***

Diese Aufsicht fußt auf öffentlichem Recht und ist in dem Gesetz über die Beaufsichtigung der privaten Versicherungsunternehmungen und Bausparkassen (Fassung vom 6. 6. 1931) geregelt. Die rein privatrechtlichen Verhältnisse zwischen Versicherer und Versicherungsnehmer werden von diesem Aufsichtsrecht „nur insoweit berührt, als dies wegen des unlösbaren Zusammenhanges gewisser Fragen mit denen der Aufsicht unvermeidlich ist" ***(Reuß-Berliner).*** Die Beaufsichtigung der Bausparkassen wurde 1931 in dieses Gesetz hineingenommen, als sich auf diesem Gebiet schwere Mißstände eingestellt hatten; weil das kollektive Sparen eine entfernte Ähnlichkeit mit der Versicherung aufweist, wobei allerdings das Moment der Gefahrtragung wegfällt, schien die für die Versicherungsaufsicht bereits vorhandene Reichsbehörde als die auch für diesen Zweck geeignete Fachbehörde.

Wichtige Gründe sprechen dafür, selbst wenn eine zu weitgehende Einmischung des Staates in das Wirtschaftsleben abgelehnt wird, eine öffentliche Beaufsichtigung des privaten Versicherungsgewerbes zu fordern:

1. Die Gegenleistung für die sofort bezahlte Prämie ist beim Versicherer zunächst nicht mehr als ein Versprechen, im etwa eintretenden Versicherungsfall die vereinbarte Versicherungsleistung zu vollbringen. Es muß verhindert werden, daß ungeeignete oder betrügerische Elemente sich diese Sachlage zum Schaden der Versicherten zunutze machen. Der Staat muß als oberster Sachwalter der Gesamtinteressen dafür sorgen, daß seitens der Versicherer eine die tatsächliche Erfüllung der übernommenen Haftungen garantierende Organisation (Versicherungsbetrieb mit ausreichender Bestandsgröße, ausreichendem Garantiekapital und genügenden Rückversicherungsverbindungen) steht.

In den meisten Versicherungszweigen, von der Kranken- und Maschinenbruchversicherung abgesehen, steht der großen Masse der schadenfrei verlaufenden Versicherungen die Minderzahl der von Schäden betroffenen Versicherungen gegenüber, eine Situation, die gewinntüchtige Spekulanten jederzeit anlockt und unerfahrene Philantropen zu ungenügend fundierten Gründungen veranlaßt. In beiden Fällen trifft das Versagen der Versicherungsleistung die betroffene Wirtschaft zumeist in einem Zustand besonderer Gefährdung, und sie kann nach Eintritt des Schadenfalles nichts mehr tun, um diese Gefährdung zu beheben oder abzuschwächen. Während sich sonst jede Wirtschaft, wenigstens grundsätzlich, von unzuverlässig gewordenen Verbindungen jederzeit zurückziehen kann, im allgemeinen bei ordnungsmäßiger Geschäftsführung die mit der Aufgabe einer sich als prekär erwiesenen Wirtschaftsbeziehung drohenden Verluste in einem tragbaren Verhältnis zum Gesamtvermögen der betroffenen Wirtschaft stehen, ist, je größer der eingetretene Schaden ist, der Versicherte um so ausschließlicher auf den regulierenden Versicherer angewiesen. Am krassesten tritt dieses Mißverhältnis in der Haftpflichtversicherung in Erscheinung, wo der Versicherer einem mittellosen Geschädigten gegenüber mit der Auszahlung der Entschädigungssumme warten kann, bis dieser notgedrungen seine Zustimmung zu der ihm vorgeschlagenen Entschädigung gibt. Der Versicherer, der am schlechtesten reguliert, kann ceteris paribus mit den billigsten Prämien werben. Da diese am Markte naturgemäß mehr in Erscheinung treten als die Unzufriedenheit einzelner mit der Schadensregulierung, gewinnt der weniger zuverlässige Versicherer vor dem verantwortungsbewußten einen Vorsprung, der zu einer Demoralisierung des gesamten Versicherungswesen führen kann. Die Auslesefunktion des Marktes wirkt in der Versicherungswirtschaft zu langsam, als daß sie die Betroffenen vor schwersten Schädigungen noch rechtzeitig bewahren könnte.

2. Dem einzelnen Versicherten steht im allgemeinen weder ein genügendes Wissen noch ein ausreichendes Material zur Verfügung, um die Solidität seines Versicherers zuverlässig zu beurteilen. Er muß sich mehr oder weniger auf das Ansehen und die Propaganda des Versicherers verlassen, ohne die Möglichkeit zu haben, selbst wenn er sachverständig wäre, in das innere Geschäftsgebaren des Versicherers Einblick zu bekommen.

Selbst in weiten Kreisen der Geschäftswelt erschöpft sich das Wissen um das Wesen der Versicherung in der Kenntnis der von verschiedenen Gesellschaften geforderten Prämiensätze und des in Betracht kommenden Versicherungsrechtes. Die gewohnte Oberflächlichkeit, mit der Versicherungsprobleme zumeist in der Öffentlichkeit behandelt werden, die Unkenntnis über den Inhalt ihrer Versicherungsverträge, die die weniger geschäftsgewandten Versicherungsnehmer immer wieder an den Tag legen, das sprichwörtlich gewordene Auftrumpfen einzelner Vermittler mit klangvollen Titeln und nicht zuletzt die Beurteilung des Versicherers nach äußerlich hervorstechenden Merkmalen (repräsentative Geschäftsbauten, Höhe der Prämieneinnahmen und der Schadenszahlungen, Suggestivkraft der Reklame) sind deutliche Anzeichen eines weitgehenden Mangels an Kenntnis der Versicherungsprobleme. Auch allgemein zugängliche Statistiken (Sterbetafeln) besagen als betriebsfremde Statistiken nichts Endgültiges über den speziellen Versicherer. Eine Tradition verhindert es nicht, daß unter dem Schutzmantel des guten Rufes ein Wandel der Geschäftsführung zu weniger soliden oder gar gefährlichen Praktiken (Aufnahme riskanter Nebengeschäfte) eintreten kann, dessen Folgen erst nach Jahren ans Licht treten. Die innere Zusammensetzung des Versicherungsbestandes kann von der Öffentlichkeit überhaupt nicht beurteilt werden, denn sie hängt nicht von der Art der getätigten Versicherungsabschlüsse, sondern weitgehend von dem Umfang der Rückversicherungsnahme ab.

3. Die oligopolistische Struktur des Versicherungsmarktes kann ebenso zu einem von Prestige- und Machttendenzen geleiteten und kostspieligen Kampf der Versicherer untereinander wie zu einer die Versicherungsnehmer übervorteilenden gegenseitigen Verständigung der Versicherer führen. Diese beiden sich aus der wesensmäßigen Instabilität der oligopolistischen Marktform ergebenden Folgen können eben, weil die Zahl der Versicherer naturgemäß immer eine beschränkte sein muß, nur durch ein nicht-marktkonformes Mittel, wie sie eine öffentliche Aufsicht darstellt, vermieden werden.

Hat ein Versicherer einen genügend großen und guten Bestand, so kann er, zum Schaden seiner Konkurrenten, eine Zeitlang jede Versicherung zu jeder noch so niedrigen Prämie hereinnehmen und bedenkliche, in ihrer Auswirkung nicht übersehbare Zugeständnisse machen, in der Hoffnung als der überlebende „Große“ dann die notwendige Änderung der Vertragsinhalte leicht durchsetzen zu können. Es kommt ja nur darauf an, wer die unsolide Geschäftspraxis länger aushält; in der Zwischenzeit können bei einigermaßen Glück sogar noch gute Gewinne erzielt werden. Es besteht die größere Gefahr, daß der in diesem Konkurrenzkampf unterliegende Versicherer der vorsichtigere und deswegen vertrauenswürdigere gewesen ist.

Die Übervorteilung der Versicherungsnehmer durch Abmachungen der Versicherer untereinander braucht nicht in zu hohen Prämien zu bestehen, sie kann in einer für sie ungünstigen Formulierung der Allgemeinen oder Besonderen Versicherungsbedingungen und Klauseln gegeben sein. Einseitig aufgestellte Geschäftsbedingungen, wie sie heute das Wirtschaftsleben immer maßgeblicher beherrschen, tragen in sich die Tendenz, den außenstehenden Dritten in einem ihm nicht verständlichen Wortlaut in die ungünstigere Rechtsposition zu schieben, was um so leichter ist, weil erfahrungsgemäß ihr Inhalt wenig beachtet wird. Gerade weil einheitliche Bedingungen für die Homogenisierung der Versicherungsverträge unerläßlich sind und die große Masse der Versicherungsnehmer kaum zu Abwehrorganisationen zusammengefaßt werden kann, ist ein ihre Interessen schützendes Korrektiv notwendig.

4. Dort wo umfangreiche Deckungskapitalien zur Aufrechterhaltung gleichmäßiger Prämien über mehrere Jahre oder Jahrzehnte hin anfallen (Lebensversicherung), dürfen diese Vorschüsse der Versicherten auf künftig fällige natürliche Prämien nicht in einer ihre Interessen schmälernden Weise, insbesondere nicht für versicherungsfremde Zwecke angelegt werden. Ein Kapitalsammelbecken wie die Lebensversicherungsunternehmungen reizt zu einer die Gewinnaussicht über die Sicherheit stellenden Anlage, um so mehr, als durch die Kapitalgewinne eine direkte oder indirekte Prämienverbilligung und damit eine weitere Verstärkung der Werbekraft der Unternehmung möglich erscheint. Die automatisch anwachsenden Reservekapitalien eines Versicherers in die Hand zu bekommen, lockt investierungslustige Interessenten, die sich damit der Sorge um die Nachfinanzierung ihrer Vorhaben entledigen.

Der rationale Versicherungsbetrieb beruht auf dem in der Masse mit einigermaßen bekannten Schwankungsbreiten vorhersehbaren Versicherungsrisiko. Dem Versicherungsbetrieb wird jedoch diese Grundlage entzogen, wenn darüber ein anderes, nicht vorhersehbares Risiko, nämlich das Risiko um die Sicherheit und die Mindestverzinsung der Reserveanlagen gestülpt wird. Eine Verquickung eines Versicherungsbetriebes mit einem Betriebe anderer Art, wie sie eine Finanzierung zwangsläufig mit sich bringt, macht den Versicherer selbst abhängig und gefährdet in kritischen Lagen seine Leistungsfähigkeit. Versicherungsfremde Geschäfte waren wiederholt Ursache des Zusammenbruchs von Versicherungsunternehmungen.

Außerdem besteht ein volkswirtschaftliches Interesse an der Kapitalanlagepolitik. Da die hier hauptsächlich in Betracht kommenden Lebensversicherungsunternehmungen auf die zentralen Plätze des Landes (Hauptstadt) hin tendieren, verlagern sie die Gelder der Provinz nach dem zentralen Platz, wo der dort auftretende Großkapitalbedarf eher als der Kapitalbedarf der Provinz bei der Anlage berücksichtigt wird. Die schon durch das Großbankensystem gegebene Gefahr einer Verödung der entfernter liegenden Landesteile kann durch die Lebensversicherungsunternehmungen erhöht werden.

Wenn die Notwendigkeit einer Überwachung der Kapitalanlage der Versicherer betont wird, dann darf dabei nicht die alles überschattende Gefahr übersehen werden, daß mit dem Staat als Aufsichtsorgan leicht der Bock zum Gärtner gemacht wird;

gelingt es dem Staat, die Versicherungsgelder mit oder ohne Zwang auf seine zumeist unproduktiven Zwecke hinzulenken, so kann dadurch gerade die Erschütterung der Versicherungswirtschaft herbeigeführt werden, die verhindert werden sollte, weil sich der Staat, einmal leistungsunfähig geworden, als oberster Gesetzgeber jederzeit formalrechtlich von seinen Verpflichtungen lösen kann und damit den Versicherer selbst leistungsunfähig macht und weil durch eine bei Überschuldung des Staates drohende Steuererhöhung die für weitere Versicherungsabschlüsse notwendige Kaufkraft der breiten Masse entzogen wird. Gerade die vom Staat als mündelsicher erklärten Anlagen haben sich als die unsichersten erwiesen. Es hieße jedoch die Gefahr einer verfehlten Kapitalanlage nicht bannen, wenn man daraus die Forderung einer Aufhebung der öffentlichen Beaufsichtigung der Versicherungsunternehmungen ableiten wollte. Nicht die Aufsicht gilt es zu entfernen, sondern die den Politikern immer noch als bequemer Ausweg scheinende Mißachtung höherer Verpflichtung.

5. Da das Versicherungswesen nahezu alle Kreise der Volkswirtschaft in der einen oder anderen Weise durchzieht, bleibt der Staat weniger als im Falle eines Versagens anderer Wirtschaftszweige von Erschütterungen innerhalb der Versicherungswirtschaft verschont. Selbst die grundsätzlichen Verneiner jeder Staatsintervention schreiben den öffentlichen Körperschaften neuerdings immer häufiger eine Nothelferrolle zu, wenn ein individuell nicht behebbarer Übelstand eingetreten ist oder einzutreten droht. Wegen des Massencharakters der Versicherung zeitigt hier das Versagen nur eines Betriebes weiterreichende und schwerwiegendere Folgen als sonstwo.

Wenn der Versicherungsschutz der Kranken-, Unfall-, Haftpflicht-, Lebensversicherung (Sterbegeld, Altersversorgung) ausfällt, droht eine um so stärkere Belastung der öffentlichen Fürsorge und Sozialversicherung, je mehr die große Masse kleiner Einkommensträger betroffen wird. Der durch die Feuerversicherung ermöglichte Wiederaufbau eines abgebrannten Betriebes, die Fortbezahlung der Arbeiterlöhne während des Betriebsstillstandes in der Betriebsunterbrechungsversicherung, der Ersatz der gestohlenen oder geraubten Betriebsmittel in der Einbruchdiebstahl- oder Beraubungsversicherung nimmt der Öffentlichkeit die Last, die durch diese Schadenereignisse bedingten Arbeitslosen zu versorgen; an der Ausgestaltung des Versicherungsschutzes ist deswegen der Staat interessiert, weil er letzten Endes für dessen Fehler und Unzulänglichkeiten eintreten muß. Allgemeines volkswirtschaftliches Interesse ist es schließlich, eine mehrfache Veranschlagung des individuellen Risikos und die daraus resultierende Folge der Kostenverteuerung durch Versicherungsnahme nach Möglichkeit zu vermeiden. Das merkantilistische Argument, die durch Versicherung bewirkte Existenzsicherung der Wirtschaften erhalte dem Staat die Steuerzahler, hat auch in unseren Tagen noch nicht seine Berechtigung verloren, man denke nur an kleinere Gemeinden, deren Wohlstand nicht selten von dem Florieren eines einzigen Betriebes abhängt. Man beachte ferner, welch starke Stütze ein gut funktionierendes Versicherungswesen dem Außenhandel eines Landes ist (Transport- und Kreditversicherung) und welche Nachteile aus einer Erschütterung des Vertrauens in die Zuverlässigkeit der Versicherer entstehen können. Wenn das Ausland die einheimischen Versicherer als nicht vertrauenswürdig genug ablehnt und statt ihrer die Deckung durch ausländische Versicherer fordert, ist eine Verschlechterung der Dienstleistungsbilanz die unvermeidbare Folge.

6. In einer Volkswirtschaft mit verschiedenen Organisationsformen der Versicherung nebeneinander, müssen sich naturgemäß Überschneidungen und Reibereien zwischen der Sozialversicherung, der öffentlichrechtlichen und der privaten Versicherung einstellen. Wenn sich ein gütlicher Ausgleich der Eigeninteressen nicht erreichen läßt, muß der

Staat, der ja die Sozialversicherung und die öffentlich-rechtliche Versicherung schon beaufsichtigt, durch ein Aufsichtsrecht über die Privatversicherung die Möglichkeit eines schiedsrichterlichen Eingreifens haben.

Eine gegenseitige Herabsetzung der verschiedenen Organisationsformen untergräbt am Ende den Versicherungsgedanken überhaupt; jede übermäßige Ausdehnung der einen Form beeinträchtigt die Funktionsfähigkeit der anderen. So hat, um nur ein Beispiel zu nennen, die Einführung der reichsgesetzlichen Unfallversicherung 1884 der privaten Unfallversicherung (Arbeiter-Kollektiv-Unfallversicherung seitens der Arbeitgeber) die Versicherten entzogen, ein Rückschlag, von dem sich die private Unfallversicherung erst durch Umschaltung ihrer Werbung auf andere Unfallgefahren (außerhalb der Sozialversicherung, freie Berufe, Sport- und Verkehrsunfallversicherung) erholen konnte.

In der Feuerversicherung ergeben sich Reibungen zwischen den öffentlich-rechtlichen Instituten auf der einen und den privaten Versicherungsunternehmungen auf der anderen Seite in zweierlei Hinsicht. (a) Gebäude müssen bei der mit einem Zwangs- oder Monopolrecht ausgestatteten Anstalt, die beweglichen Gegenstände können hingegen bei den privaten Unternehmungen versichert werden; für eine Reihe von Gegenständen (Einbauten, Maschinen, Leitungen u. dgl.) ist es fraglich, ob und wieweit sie zum Gebäude oder als bewegliche Gegenstände gerechnet werden, eine Frage, die nicht belanglos ist, weil beide Versicherer nicht von der gleichen Bewertung ausgehen. Wenn die Privatversicherer ihre Versicherung subsidiär abschließen, derart daß die Gegenstände bei ihnen nur versichert sind, „soweit sie nicht oder nicht ausreichend" bei der öffentlichen Anstalt versichert sind, fällt im Schadenfall die Haftung zunächst immer dem öffentlichen Versicherer zu, die dann der Privatversicherer durch seine eigene bis zu der von ihm vereinbarten Höhe ergänzt; wenn dagegen die öffentliche Anstalt anteilige Haftung zusammen mit dem Privatversicherer (nach VVG. § 59, Abs. 1) bedingt, erlangt sie durch die Anteilshaftung eine Entlastung. (b) Werden Gebäude und Inhalt einheitlich tarifiert und ist es dem Gebäudezwangs- oder -monopolversicherer gestattet, auch die Inhaltsversicherung zu übernehmen, ergeben sich aus den Beständen der öffentlichen und privaten Versicherer stark abweichende Bedarfsprämien, weil der Bestand des ersten überwiegend Gebäude und in der Minderzahl Inhaltsgegenstände, der Bestand des zweiten hingegen ausschließlich Inhaltsgegenstände umfaßt. Der Privatversicherer beklagt sich, daß ihm der Ausgleich durch das summenmäßig stärker ins Gewicht fallende günstigere Gebäudegeschäft verwehrt ist.

Um keine für den Versicherten nachteiligen Lücken im Versicherungsschutz aufkommen zu lassen, machen es die Überschneidungen zwischen den verschiedenen Versicherern notwendig, die Allgemeinen und Besonderen Bedingungen aufeinander abzustimmen bzw. zu vereinheitlichen. Dies gilt auch für das Verhältnis mehrerer Privatversicherer untereinander, die an dem gleichen Schadenereignis beteiligt sind. So gilt es, die Haftung des Feuerversicherers und des Transportversicherers gegeneinander abzugrenzen, wenn transportversicherte Vorräte in einem Lager verbrennen. Selbst innerhalb desselben Versicherungszweiges können derartige Überschneidungen auftreten, z. B. in der Feuerversicherung, wenn der Anwesenseigentümer auch die in seinem Betrieb befindlichen Gegenstände fremden Eigentums mitversichert hat, der Eigentümer aber selbst für diese auswärts befindlichen Gegenstände eine Außenversicherung genommen hat (Zusammentreffen von Fremd- und Außenversicherung). Nach der in Deutschland zwischen den privaten Gesellschaften und öffentlichen Anstalten getroffenen Vereinbarung geht in diesem Fall immer die Fremdversicherung voran (ausgenommen beim Eigentum von Arbeitern und Angestellten, wobei zunächst der Außenversicherer zu haften hat). Auch Kranken-, Unfall- und Haftpflichtversicherungen können bei demselben Schadenereignis zusammentreffen (Kraftfahrzeugunfall), ebenso Feuer- und Maschinenbruchversicherung (Betriebsschäden an elektrischen Anlagen und bei Blitzschlägen).

Formen der Aufsicht

Die *Aufsichtsführung* kann erfolgen:

a) *zentralisiert* durch eine Behörde für das ganze Staatsgebiet (meist in Einheitsstaaten);

b) *dezentralisiert nach einzelstaatlich verschiedenen Bestimmungen*

Dies ist der Fall in USA., wo das Privatversicherungsrecht, das Vertrags- und das Aufsichtsrecht in jedem der 48 Bundesstaaten und im District of Columbia verschieden, wenn auch untereinander ähnlich geregelt ist. Jeder Staat hat sein eigenes Aufsichtsamt (Department of Insurance), das selbständig ist oder eine Abteilung des Handelsministeriums bildet. Das Aufsichtsamt entscheidet häufig über die Verleihung der juristischen Persönlichkeit an Versicherungsunternehmungen, stets über ihre Zulassung zum Geschäftsbetrieb und über die Zulassung von Vermittlern. Nach der Zulassung setzt die materielle Staatsaufsicht über Versicherer und Vermittler ein; sie birgt u. a. das Recht zu jederzeitigen Revisionen in sich. Nötigenfalls fungiert das Aufsichtsamt als Konkursverwalter und Liquidator. — Der Nachteil dieses Systems ist, daß die Versicherungsgesellschaft dem Aufsichtsrecht am Ort ihrer Hauptniederlassung unterworfen ist, dieses Recht aber auch auf das in anderen Staaten abgeschlossene Geschäft angewende wird, wo die Gesellschaft mit Versicherern konkurrieren muß, die einem, u. U. günstigeren Aufsichtsrecht unterworfen sind. Vergeltungsmaßnahmen der einzelnen Staaten untereinander und Gegenseitigkeitsabkommen waren die Folge.

c) *dezentralisiert nach einheitlichen Vorschriften*, dezentralisierte Aufsichtsführung mit Delegation der Aufsichtsführung nach einheitlichen Gesichtspunkten auf die Einzelstaaten.

Dieses System vermeidet zwar die ärgsten Nachteile der ausschließlich dezentralisierten Aufsicht (System b), kann aber eine verschiedenartige Auslegung der einheitlichen Gesetzesbestimmungen und eine unterschiedliche Arbeitsweise (Schnelligkeit der Ausführung) nicht ausschalten.

Nach ihrem Inhalt werden drei Systeme der Staatsaufsicht unterschieden:

1. *Publizitätssystem.* Die Versicherungsunternehmungen haben in eingehender Weise ihre Betriebsverhältnisse, Geschäftsergebnisse, bei Beginn ihren Geschäftsplan, später dessen Änderungen zu veröffentlichen.

Die Wirksamkeit dieses Systems setzt neben einem sachverständigen Publikum, das die Sicherheit und Vertrauenswürdigkeit eines Versicherers wirklich beurteilen kann, eine für alle Fälle ausreichende Publizität und weiter die Unmöglichkeit von Verschleierungsmaßnahmen voraus. Es muß die Gewähr gegeben sein, daß die veröffentlichten Angaben tatsächlich richtig sind und der veröffentlichte Geschäftsplan auch in allen Einzelheiten wirklich eingehalten wird. „Endlich, wenn Mißstände aufgedeckt werden und eine Warnung erfolgen kann, so schützt diese doch bloß die Personen, die noch vor dem Abschluß von Versicherungsverträgen stehen, nicht aber die bereits Versicherten" *(Reuß-Berliner)*.

2. *Normativsystem.* Für die Eröffnung und laufende Geschäftsführung eines Versicherungsbetriebes werden bestimmte Normen gesetzlich festgelegt. Die Aufsichtstätigkeit des Staates beschränkt sich auf die formelle Erfüllung dieser Bestimmungen, eine materielle Einwirkung auf den Betrieb ist ihr nicht gestattet.

Bei Verletzung der gesetzlichen Normen kann der Versicherer zivil- oder strafrechtlich belangt werden. Ausreichendes Geschäftskapital, Kautionen und besondere Deckungsfonds sollen in Verbindung mit der Publizitätspflicht eine genügende Sicherheit gewähren. Die vielfältigen Möglichkeiten bei formeller Erfüllung der Vorschriften sie doch materiell zu umgehen sowie die prozeßrechtlichen Schwierigkeiten eine rasche Entscheidung herbeizuführen, lassen auch dieses System nicht unter allen Umständen als zuverlässig erscheinen.

3. *System der materiellen Staatsaufsicht.* „Auch dieses System nimmt die Grundsätze der Publizität und der gesetzlichen Normierung der wichtigsten Grundlagen für die Ordnung des Betriebes in sich auf, sein Schwerpunkt liegt aber in den Befugnissen, welche den beaufsichtigenden Behörden eingeräumt werden. Es ist das Problem der Versicherungsaufsichtsgesetzgebung, diese Befugnisse so zu bestimmen, daß einerseits eine wirksame Betriebsüberwachung ermöglicht, anderseits aber eine über das Maß der Notwendigkeit hinausgehende Einengung der Unternehmungen in ihrer Bewegungsfreiheit vermieden wird" *(Reuß-Berliner).*

Nach der Begründung des deutschen Aufsichtsgesetzes soll die Aufsicht „durch Prüfungen und Entscheidungen materieller Art das Entstehen solcher Anstalten hindern, welche von vornherein des Vertrauens unwürdig erscheinen, bei allen zugelassenen Anstalten fortwährend den gesamten Geschäftsbetrieb im Auge behalten und darüber wachen, daß von dem genehmigten Geschäftsplane nicht abgewichen wird, in der Geschäftsführung nicht Mißbräuche Platz greifen, welche die Versicherten gefährden und aus einem zu gemeinnütziger Wirksamkeit bestimmten Institut ein gemeingefährliches machen würden. Da, wo veränderte Verhältnisse (z. B. Änderung der Gefahrenverhältnisse, des Zinsfußes) es nötig machen, soll die Aufsicht dahin wirken, daß durch Umgestaltung der technischen und finanziellen Grundlagen des Geschäftes der Bestand und die Leistungsfähigkeit der Anstalt erhalten bleibt, und endlich in Fällen, wo dennoch ein Zusammenbruch unvermeidlich ist, dafür sorgen, daß dem Geschäftsbetriebe rechtzeitig ein Ziel gesetzt wird und die Abwicklung der Geschäfte ohne willkürliche Beschädigungen oder Bevorzugungen einzelner unter gleichmäßiger Wahrung der Interessen aller Beteiligten erfolgt".

Die Aufsicht greift also in die Selbstverwaltung der Versicherer nur ein, soweit es das Interesse der Versicherten oder des Staates erfordert. „So wird die Aufsicht in der Tat nicht einen hemmenden, sondern einen fördernden Einfluß auf das Versicherungswesen ausüben, nicht allein in der Abwehr, sondern auch in der pflegenden Tätigkeit liegt ihre Aufgabe" *(Reuß-Berliner).*

Mit dem System der materiellen Staatsaufsicht ist praktisch das *Konzessionsprinzip* verbunden, indem die Errichtung einer Versicherungsunternehmung von einer behördlichen Prüfung der Unterlagen abhängig gemacht wird. Unsolide oder nicht ausreichend gesicherte Gründungen sollen vermieden werden, ehe es zu spät wird (Präventiv-, nicht Repressivsystem).

Das System der materiellen Staatsaufsicht bietet zwar die höchstmögliche, aber keine vollkommene Sicherheit. Verschleierungen sind auch der Aufsichtsbehörde gegenüber möglich; die Aufsichtsbehörde muß rechtzeitig die gefahrdrohende Situation erkennen und zweckentsprechend eingreifen. Die praktische Wirksamkeit der Aufsichtsführung kann durch eine personell qualitativ wie quantitativ unzulängliche Besetzung der Aufsichtsbehörde sowie durch interne staatliche Anordnungen sehr eingeengt werden (so entschuldigte sich z. B. beim Zusammenbruch der alten Frankfurter Versicherungsgesellschaft das Aufsichtsamt mit Personalmangel).

England und Frankreich, die nach anfänglicher Freiheit des Versicherungsbetriebes am zähesten am Normativsystem festhalten, zeigen Ansätze eines Überganges zum System der materiellen Staatsaufsicht, wenn auch zunächst nur für einige Versicherungszweige (Volksversicherung, Kraftfahrzeugunfall- und -haftpflichtversicherung). Italien hat 1905 ebenfalls die materielle Staatsaufsicht eingeführt. In den Vereinigten Staaten von Amerika, wo zunächst das englische Publizitätssystem übernommen wurde, ist man seit 1858 (Massachusetts) mehr und mehr zur materiellen Staatsaufsicht übergegangen.

Vor 1901 bestand in den deutschen Einzelstaaten ein sehr verschiedenartiges Konzessionssystem, wobei jeder Versicherer für jeden Staat eine eigene Konzession erlangen mußte; laufende Überwachung war in verschiedenfacher Abstufung vorhanden; teilweise standen auch die Agenten, die Versicherungsverträge (Feuerversicherung) und die Schadenregulierungen unter Kontrolle. Eine reichsgesetzliche Regelung für die Aufsicht über die privaten Versicherungsunternehmungen kam erst 1901 zustande, wobei die öffentlichen Versicherungsanstalten weiterhin der Landesaufsicht unterstellt blieben. 1908 wurde eine begrenzte Aufsicht über die inländischen Rückversicherungsunternehmungen eingeführt. Der Zusammenbruch der Frankfurter Allgemeinen Versicherungs-AG. veranlaßte 1931 eine Neufassung des Aufsichtgesetzes. 1937 folgte die Statuierung einer Bedürfnisprüfung für die Zulassung eines Versicherungsbetriebes. Nach 1945 fiel das Reichtsaufsichtsamt weg, die Aufsicht ging teils auf die Länder, teils auf zonale Aufsichtsämter über. Am 7. 6. 51 verabschiedete der Deutsche Bundestag das Gesetz über die Errichtung eines Bundesaufsichtsamtes für das Versicherungs- und Bausparwesen.

Das deutsche Aufsichtsrecht

Das deutsche Aufsichtsrecht gliedert sich in die

1. *Beaufsichtigung der Sozialversicherung* durch besondere Sozialversicherungsbehörden, dargestellt auf Seite 342/3;
2. *Beaufsichtigung der öffentlichen Anstalten.* Sie erfolgt nach Landesrecht durch Behörden, die den Wirtschafts-, Innen-, Arbeits- oder Finanzministern der Länder unterstellt sind.

Trotz der Vielheit der Aufsichtsbehörden ähnelt sich die Aufsichtsführung in den einzelnen Ländern, weil sich diese ihre Rechts- und Verwaltungsgrundsätze gegenseitig mitteilen und diese untereinander und mit dem (Reichs-) Bundesaufsichtsamt abstimmen. Eine Zusammenfassung der Aufsichtsbefugnisse der verschiedenen Stellen bei einer Behörde wurde vielfach gewünscht.

3. *Beaufsichtigung der Versicherungsunternehmungen* teils durch das Bundesaufsichtsamt für das Versicherungs- und Bausparwesen mit ähnlichen Befugnissen wie das frühere Reichsaufsichtsamt, teils durch Landesaufsichtsbehörden.

A. Beaufsichtigung der öffentlich-rechtlichen Versicherungsanstalten

Da die öffentlich-rechtlichen Versicherungsanstalten durch Hoheitsakt der Länder oder Kommunen errichtet werden, sind keine näheren Vorschriften allgemeiner Art über die Errichtung und den künftigen Betrieb erlassen.

Die organisatorischen Grundlagen (Name, Sitz, Zweck, Gebiet oder Personenkreis der Anstalt, ihre Verwaltung, die Art ihrer Beitragseinhebung, der gewährte Versicherungsschutz, Sicherheitsrücklage, Vermögensanlage, Auflösung) sind im jeweiligen

Gesetz, in den Ausführungsverordnungen und in der Satzung bestimmt. Den Anstalten sind im allgemeinen zwei Organe üblich: eine meist aus Beamten bestehende und die Geschäfte führende *Anstaltsleitung* und ein die Versicherungsnehmer mitumfassender *Verwaltungsrat* für die Überwachung der Geschäftsführung.

Die Aufsicht erstreckt sich auf die laufende Überwachung, ob die Anstalt die ihr übertragenen Pflichten erfüllt, die Betriebsgrundlagen einhält, die eingeräumten Befugnisse nicht überschreitet. Im besonderen sind Vorschriften getroffen über:

a) *Rechnungslegung*. Diese Vorschriften stimmen weitgehend mit den für die privaten Versicherungsunternehmungen geltenden überein. Der Rechnungsabschluß ist der Aufsichtsbehörde einzureichen und durch Erläuterungen zu ergänzen. Die Prüfung des Jahresabschlusses erfolgt durch öffentlich bestellte Wirtschaftsprüfer, durch besondere Prüfungsstellen oder durch den Rechnungshof.

b) *Aufstellung des jährlichen Haushaltsplanes*. In ihm sind die von den Mitgliedern zu erhebenden Umlagen oder Beiträge festzusetzen. Der Haushaltsplan ist vor Beginn des neuen Rechnungsjahres der Aufsichtsbehörde zur Prüfung, ob die veranschlagten Beiträge zulässig und angemessen sind, vorzulegen. Da weder die Beitragseinnahmen noch die Schadensausgaben im voraus mit Sicherheit festgestellt werden können, brauchen im Haushaltsplan nur die Verwaltungsausgaben im einzelnen ausgewiesen zu werden. Nachtragshaushalte sind ebenso vorzulegen.

c) *Änderung der Betriebsgrundlagen*, der Satzungen, Allgemeinen Versicherungsbedingungen und der sonstigen fachlichen Grundlagen. Änderungen bedürfen der Genehmigung der Aufsichtsbehörde.

d) *Anlage der Vermögensbestände*. Für die Anlage sind nur mündelsichere Werte unter Begrenzung der einzelnen Anlagearten (Mischung) zugelassen. In der Lebens-, Unfall-, Kranken- und Haftpflichtversicherung haben die Anstalten von anderen Vermögensbeständen getrennte, in eigene Register einzutragende Deckungsstöcke zu bilden. Ihnen dürfen nur Beträge entnommen werden, die durch Versicherungsleistungen frei werden. Der Deckungsstock muß mindestens seinem, von einem mathematischen Sachverständigen zu bescheinigenden Sollbetrag gleichkommen. Der bei den privaten Versicherungsunternehmungen zur Überwachung des Deckungsstocks bestellte Treuhänder fehlt bei den Anstalten, weil deren leitende Beamte den beamtenrechtlichen Vorschriften unterliegen.

e) *Pflicht der Anstalt zur Auskunft und Berichterstattung* der Aufsichtsbehörde gegenüber. Die Aufsichtsbehörde kann sich auch durch eigene Feststellungen über die Geschäftstätigkeit unterrichten, die Geschäftsführung und Vermögenslage jederzeit nachprüfen lassen, an den Beratungen der Anstaltsorgane teilnehmen, über beanstandete Vorgänge Aufklärung verlangen u. dgl.

f) *Zwangsbefugnisse der Aufsichtsbehörde* zur Abstellung von Mißständen und Gefahren, falls der Geschäftsbetrieb mit den gesetzlichen oder sonstigen Bestimmungen nicht in Einklang steht oder die Belange der Versicherten gefährdet werden. Zu diesem Zweck kann die Aufsichtsbehörde Staatskommissare einsetzen, deren Rechte und Befugnisse von ihr bestimmt werden.

Diese weitgehende Beaufsichtigung der öffentlich-rechtlichen Anstalten ist geschaffen, weil wie bei privaten Versicherungsunternehmungen „das öffentliche Interesse an der gedeihlichen und soliden Entwicklung des Versicherungswesens in besonders hohem Grad beteiligt ist und dem Staate die Pflicht für besondere Fürsorge auf diesem Gebiet auferlegt“ (Amtliche Begründung zum VAG.) *und weil der Staat darüber hinaus für von ihm geschaffene und mit öffentlich-rechtlichem Charakter, teilweise mit besonderen Zwangs- oder Vorrechten ausgestattete Einrichtungen eine erhöhte Verantwortung trägt.*

B. Beaufsichtigung der privaten Versicherungsunternehmungen

Rechtsquelle ist das Gesetz über die Beaufsichtigung der privaten Versicherungsunternehmungen und Bausparkassen vom 6. Juni 1931 mit einigen in ihrer Gültigkeit heute bestrittenen Änderungen, einige Ausführungs- und Ergänzungsvorschriften dazu und das Handelsrecht (HGB. und Aktiengesetz vom 30. 1. 1937) sowie das oben erwähnte Bundesaufsichtsgesetz.

Die Aufsichtsführung über die privaten Versicherungsunternehmungen ist in Deutschland zwischen Bund und Ländern geteilt.

Das *Bundesaufsichtsamt* beaufsichtigt (BAG. §§ 2 und 4):

1. die privaten Versicherungsunternehmungen, die im Bundesgebiet ihren Sitz, eine Niederlassung oder eine Geschäftsstelle haben oder auf andere Weise das Versicherungsgeschäft betreiben;
2. die öffentlich-rechtlichen Wettbewerbs-Versicherungsunternehmungen, die über den Bereich eines Landes hinaus tätig sind. Soweit diese Unternehmungen unmittelbar von einer Landesbehörde verwaltet werden, tritt diese Bestimmung am 1. 1. 1954 in Kraft.
3. auf Antrag der beteiligten Landesregierungen die anderen öffentlich-rechtlichen Versicherungsunternehmungen.

Sofern in Gesetzen, Verordnungen oder Anordnungen, die über das Gebiet eines Landes hinaus gelten, der Aufsichtsbehörde besondere Aufgaben zugewiesen sind, ist das Bundesaufsichtsamt auch für diejenigen privaten Versicherungsunternehmungen zuständig, die der Aufsicht nach dem Gesetz über die Beaufsichtigung der privaten Versicherungsunternehmungen und Bausparkassen nicht unterliegen (BAG. § 6). Soweit bisher Aufsichtsbehörden der Länder die nach dem neuen Bundesaufsichtsgesetz dem Bundesaufsichtsamt zustehenden Befugnisse ausgeübt haben, gehen diese Befugnisse zu einem von der Bundesregierung zu bestimmenden Zeitpunkt auf das Bundesaufsichtsamt über (BAG. § 9).

Die Aufsicht über private Versicherungsunternehmungen von geringerer wirtschaftlicher Bedeutung oder über öffentlich-rechtliche Wettbewerbs-Versicherungsunternehmungen kann der Bundesminister für Wirtschaft auf Antrag des Bundesaufsichtsamtes und mit Zustimmung der Landesregierung auf die zuständigen *Landesbehörden* übertragen (BAG. § 3).

Die *Fachaufsicht* über eine öffentlich-rechtliche Wettbewerbs-Versicherungsunternehmung, deren Tätigkeit sich auf den Bereich eines Landes beschränkt, kann auf Antrag der zuständigen Landesregierung vom Bundesaufsichtsamt übernommen werden (BAG. § 4); ein derartiger Antrag kann von der betreffenden Landesregierung jederzeit zurückgenommen werden (BAG. § 5).

Um trotz der Verschiedenheit der Aufsichtsbehörden eine einheitliche Durchführung der Versicherungsaufsicht sicherzustellen, sind das Bundesaufsichtsamt und die aufsichtsführenden Landesbehörden, diese auch bezüglich der Beaufsichtigung der öffentlich-rechtlichen Versicherungsunternehmungen und Bausparkassen, verpflichtet, ihre Rechts- und Verwaltungsgrundsätze sich gegenseitig mitzuteilen (VAG. § 152). Die Landesaufsichtsbehörden haben in der Regel die Grundsätze des Reichs- bzw. Bundesaufsichtsamtes auch für die Länder anerkannt. Das jetzige Bundesaufsichtsamt hat ähnliche Befugnisse und Zuständigkeiten wie das ehemalige Reichsaufsichtsamt.

Das Reichsaufsichtsamt war eine Reichsbehörde mit einem Präsidenten an der Spitze und ständigen Mitgliedern. Zur Mitwirkung bei der Aufsicht war ein aus Sachverständigen des Versicherungswesens bestehender Versicherungsbeirat eingerichtet. Die Kosten des Reichsaufsichtsamts wurden größtenteils durch Gebühren aufgebracht

(VAG. § 101). Das Aufsichtsamt veröffentlichte jährlich Mitteilungen und gab seine Rechts- und Verwaltungsgrundsätze bekannt (VAG. § 103). Für das vom Bundesaufsichtsamt anzuwendende Verfahren gelten die Vorschriften des VAG. mit Ausnahme der außer Kraft gesetzten §§ 93 bis 100; das Nähere über das Verfahren und die Geschäftsordnung regelt die Bundesregierung durch Rechtsverorduung (BAG. § 10).

Inhalt der Aufsicht nach deutschem Recht:

1. *Sachlicher Geltungsbereich.* Der Aufsicht unterliegen alle Versicherungsunternehmungen, die den Betrieb von Versicherungsgeschäften zum Gegenstand haben, jedoch nicht Unterstützungseinrichtungen und Unterstützungsvereine der Berufsverbände sowie Hypothekenschutzunternehmungen (VAG. § 1). Nicht der Aufsicht unterliegen Kursverlust-, Transport- und ausschließliche Rückversicherungsunternehmungen, sofern kein Gegenseitigkeitsverein vorliegt (§ 148). Kraftfahrzeug-, Fahrrad-, Montage- und Einheitsversicherung sind jedoch aufsichtspflichtig (§ 148/2). Die Aufsichtspflicht für die zuvorgenannten Unternehmungen kann jedoch angeordnet werden, was bezüglich der Rückversicherung, soweit sie es mit beaufsichtigten Versicherungszweigen zu tun hat, durch eine Verordnung vom 2. Dezember 1931 geschehen ist.

Die Freiheit der angeführten Versicherungszweige wird mit deren internationalem Charakter und dem Umstand begründet, daß hier als Versicherungsnehmer nur geschäftserfahrene Kaufleute in Betracht kommen. Aus der Aufsichtsfreiheit der Transportversicherung haben sich eine Reihe von inzwischen teilweise behobenen Mißständen ergeben: um Aufsichtsfreiheit zu genießen, wurden Versicherungsverträge nach Möglichkeit als Transportversicherungen aufgezogen (Feuerversicherung lagernder Transportgüter); zwischen dem Reichsgericht und dem Aufsichtsamt ergaben sich Widersprüche. Ob eine Unternehmung der Aufsicht unterliegt, entscheidet jetzt die Aufsichtsbehörde (§ 2). Das Reichsaufsichtsamt hat seine Aufsicht auch auf die an sich aufsichtsfreien Versicherungszweige erstreckt, soweit von diesen her in einer Unternehmung Rückwirkungen auf das aufsichtspflichtige Geschäft eintreten können.

Zählnachweise über den Geschäftsbetrieb haben dem Aufsichtsamt alle beaufsichtigten Unternehmungen sowie die Öffentlichen Versicherungsanstalten einzureichen (§ 150, 151).

2. *Zulassung zum Geschäftsbetrieb.* Versicherungsunternehmungen der beaufsichtigten Zweige bedürfen zum Geschäftsbetrieb der Erlaubnis der Aufsichtsbehörde (§ 5). Die Erlaubnis wird, wenn sich nicht aus dem Geschäftsplan etwas anderes ergibt, ohne Zeitbeschränkung und für den Umfang des Bundes erteilt (§ 6). Wer im Inland das Versicherungsgeschäft ohne die vorgeschriebene Erlaubnis betreibt, wird bestraft (§ 140), ebenso der Bevollmächtigte, Vertreter oder Vermittler.

Die Erlaubnis wird auf Grund eines Antrages erteilt, dem der Geschäftsplan beizulegen ist. Der Geschäftsplan hat den Zweck und die Einrichtung der Unternehmung, den räumlichen Geschäftsbezirk und namentlich die Verhältnisse klarzulegen, woraus sich die künftigen Verpflichtungen der Unternehmung als dauernd erfüllbar ergeben; beizulegen sind der Gesellschaftsvertrag, die Satzung, die allgemeinen Versicherungsbedingungen und die fachlichen Geschäftsunterlagen (§ 5 Abs. 2 und 3). Die Erlaubnis darf Gegenseitigkeitsvereinigungen nur in der gesetzlichen Form des Versicherungsvereins auf Gegenseitigkeit erteilt werden (§ 7 Abs. 1). Der Betrieb der verschiedenen Arten der Lebensversicherung, der Unfall-, Haftpflicht-, Feuer- und Hagelversicherung darf nur Aktiengesellschaften oder Gegenseitigkeitsvereinen erlaubt werden (§ 7 Abs. 2 und 3).

Bei Versicherungsvereinen auf Gegenseitigkeit hat die Erlaubniserteilung die Bedeutung, daß die Vereine erst durch die Erlaubniserteilung rechtsfähig werden, während die übrigen Unternehmungsformen (A. G.) unabhängig von der Genehmigung der Versicherungsaufsichtsbehörde entstehen.

Die Erlaubnis zum Geschäftsbetrieb kann versagt werden wegen mangelnder Ehrbarkeit und Vorbildung der Geschäftsleiter, wegen mangelnder Wahrung der Belange der Versicherten und wegen mangelnden Bedürfnisses. Die Bedürfnisprüfung wurde durch ein Änderungsgesetz vom 5. 3. 1937 analog dem Reichsgesetz über das Kreditwesen vom 5. 12. 1934 eingeführt.

Die Höhe des geforderten Grundkapitals bei Aktiengesellschaften oder des Gründungsstocks bei Gegenseitigkeitsvereinen ist vom Einzelfall abhängig. Das Reichsaufsichtsamt verlangte z. B. in der Sachversicherung ein Grundkapital von 3—4 Millionen RM, wobei von einer 25%igen Bareinzahlung der Aktien ausgegangen wurde. An Gegenseitigkeitsvereine wurden wegen ihres besonderen Rechtsaufbaues (Nachschußpflicht usw.) geringere Ansprüche gestellt *(Fromm)*. Neben dem Grundkapital oder Gründungsstock wurde bei Neugründungen in der Regel ein Organisationsstock in Höhe von 10—20% des Grundkapitals gefordert, aus dem die Kosten der Gründung, der ersten Einrichtung und der Aufbau des Werbedienstes zu bestreiten sind *(Fromm)*.

3. *Laufende Aufsicht.* Diese erstreckt sich auf:

a) *Änderung der Geschäftspläne.* Jede Änderung muß der Aufsichtsbehörde angezeigt und darf erst in Kraft gesetzt werden, wenn sie genehmigt worden ist (§ 13). Genehmigungspflichtig ist die Aufnahme eines neuen Versicherungszweiges, räumliche Erweiterung des Geschäftsgebietes, Ausdehnung auf das Ausland, Änderung der Satzung, der Versicherungsbedingungen, in der Lebensversicherung auch die Änderung der Tarife. Die Genehmigung kann aus den gleichen Gründen wie die Erteilung der Geschäftserlaubnis versagt werden.

b) *Übertragung des Versicherungsbestandes auf eine andere Unternehmung.* Jedes derartige Übereinkommen bedarf der Genehmigung. Die Aufsichtsbehörde hat dieselben Versagungsgründe wie bei der Erlaubniserteilung. Außerdem hat sie auf die sozialen Belange der Angestellten der zu übernehmenden Unternehmung zu achten (§ 14). Die Rechte und Pflichten der übertragenden Versicherungsunternehmung aus den Versicherungsverträgen gehen mit der Bestandsübertragung auf die übernehmende Versicherungsunternehmung über, ohne daß es einer Zustimmung der Versicherten bedarf.

c) *Rechnungslegung* (§ 55). Über die allgemeinen Rechnungslegungsvorschriften hinaus verpflichtet das Aufsichtsamt die Unternehmungen, die Gewinn- und Verlustrechnung sowie die Jahresbilanz nach vorgeschriebenen Vordrucken zu erstellen und diese Aufstellungen zusammen mit anderen Aufstellungen über Grundstücke, Hypotheken, Wertpapiere usw. einzureichen. Besondere Erläuterungen sind zu geben über Großaktionäre oder Großzeichner des Gründungsstocks (mehr als 10% des Grundkapitals oder des Gründungsstocks), über Konzern-, Beteiligungs- und Rückversicherungsbeziehungen, über die Abwicklung der vorjährigen Schadenreserve, über die vorgekommenen Schadenprozesse usw. Auf Verlangen haben Aktiengesellschaften und Gegenseitigkeitsvereine jedem Versicherten ein Stück des Rechnungsabschlusses und des Jahresberichtes zu übersenden. Für kleinere Versicherungsvereine a. G. gelten Erleichterungen.

d) *Prüfung des Rechnungsabschlusses, der zugrunde liegenden Buchführung und des Jahresberichtes durch einen* vom Aufsichtsrat bestimmten und der Aufsichtsbehörde anzuzeigenden *Abschlußprüfer* (§§ 57—59). Anders als in AktG. § 136 wird also der Prüfer vom Aufsichtsrat, nicht von der Hauptversammlung, also von einem ständigen, nicht nur gelegentlich zusammentretenden Organ bestimmt. Der Vorstand hat dem Prüfer die Einsicht der Bücher und Schriften sowie die Untersuchung der Kasse und Wertpapiere zu gestatten und ihm alle Aufklärungen und Nachweise zu geben (§ 60). Nach Abschluß seiner Prüfungen hat der Prüfer einen schriftlichen Bericht zu unterzeichnen und unter die Gewinn- und Verlustrechnung seinen Bestätigungsvermerk zu setzen (§§ 61/62). Rechnungsabschluß und Prüfungsbericht sind mit den Bemerkungen des Vorstandes und Aufsichtsrates der Aufsichtsbehörde einzureichen.

e) *Ordnungsgemäße Berechnung, Auffüllung und Verwaltung der Deckungsrücklage* in der Lebensversicherung und den ihr in dieser Beziehung gleichgestellten Versicherungszweigen (Kranken-, Unfall- und Haftpflichtversicherung; §§ 12 und 79). Die Deckungsrücklage ist für den Schluß jedes Geschäftsjahres, getrennt nach den einzelnen Versicherungsarten, zu berechnen und zu buchen; die richtige Berechnung ist unter der Bilanz durch einen Sachverständigen, der Angestellter der Unternehmung sein kann, zu bestätigen (§ 65). Daneben verlangt das Aufsichtsamt eine weitere Bescheinigung, in der das gesamte Soll der Deckungsrücklage einschließlich der Schadenreserve, der nicht abgehobenen Rückkaufwerte u. a. genannt ist. Wissentlich falsche Bestätigung ist strafbar (§ 139). Der Vorstand hat schon im Laufe des Geschäftsjahres dem Deckungsstock die entsprechenden Beträge zuzuführen; zur Wahrung der Belange der Versicherten kann die Aufsichtsbehörde die Zuführung weiterer Beträge anordnen; Verwaltung und Aufbewahrung des Dekkungsstocks hat von dem sonstigen Vermögen getrennt zu erfolgen (Konkurs!); Art seiner Aufbewahrung ist dem Aufsichtsamt anzuzeigen; eine Abschrift des Deckungsstocksverzeichnisses ist der Aufsichtsbehörde zur Prüfung und Überwachung einzureichen (§ 66). Für Bewertung und Anrechnung der Deckungsstockbestände sind besondere Bestimmungen getroffen (§§ 68, 69). Zulässige Anlagen sind: Hypotheken, Reichs- und Staatsanleihen, Pfandbriefe, Policedarlehen, inländische Grundstücke; andersartige Anlage kann die Aufsichtsbehörde gestatten (§ 68). Auch für die Vermögensanlage von Sachversicherungsunternehmungen hat das Reichsaufsichtsamt durch ein Rundschreiben vom 10. 3. 1927 Grundsätze aufgestellt. Die Grundsätze des § 69 für die Beleihung von Grundstücken durch Hypotheken, Grund- und Rentenschulden hat das Aufsichtsamt durch Beleihungsgrundsätze für städtische und landwirtschaftliche Grundstücke ergänzt. Beleihung von Bauplätzen, noch nicht fertigen Neubauten u. dgl. war verboten. Das Aufsichtsamt verlangt die Einreichung von Grundstücksbeleihungsverzeichnissen.

f) *Überwachung des Deckungsstocks durch einen* vom Aufsichtsrat, bei kleineren Vereinen vom Vorstand bestellten, der Aufsichtsbehörde anzuzeigenden *Treuhänder* (§ 70). „Während also der Prüfer mit Ausnahme der ständigen Prüfer durch den Vorstand bestellt wird, wird der Treuhänder durch den Aufsichtsrat bestellt, um ihm eine größere Unabhängigkeit gegenüber dem Vorstand zu geben" *(Fromm)*. Ein Angehöriger des Vorstands oder des Aufsichtsrats oder ein Angestellter wird als Treuhänder vom Aufsichtsamt nicht mehr zugelassen. Der Deckungsstock ist so sicherzustellen, daß über ihn nur mit Zustimmung des Treuhänders verfügt werden kann; er hat die Bestände des Deckungsstocks unter Mitverschluß der Versicherungsunternehmung zu verwahren (§ 72). Vorschriftsmäßige Anlage und Aufbewahrung der Deckungsrücklagen hat er unter der Bilanz zu bestätigen (§ 73); er kann jederzeit die sich auf den Deckungsstock beziehenden Bücher und Schriften einsehen (§ 74); Streitigkeiten zwischen ihm und der Versicherungsunternehmung entscheidet die Aufsichtsbehörde (§ 75).

g) *Konkursvorzugsrecht der Versicherten.* Im Konkursfall hat der einzelne Versicherte einen dem Anspruch aller anderen Gläubiger vorangehenden Anspruch auf die auf seine Versicherung entfallende rechnungsmäßige Deckungsrücklage (§ 77). Zur Wahrung der Rechte der Versicherten hat das Konkursgericht nach Anhörung der Aufsichtsbehörde einen Pfleger zu bestellen (§ 78). Auf Grund der Novelle von 1931 geht in den übrigen Versicherungszweigen, wo keine Deckungsrücklage gebildet wird, im Konkursfalle der Anspruch des Versicherten auf Ersatz eines bereits eingetretenen Schadens oder auf Rückerstattung des Teils der Prämie, der auf die Zeit nach Beendigung des Versicherungsverhältnisses entfällt, den übrigen Konkursforderungen im Range vor, ist also keine einfache Konkursforderung mehr (§ 80); diese Bestimmung gilt jedoch nicht für Mitglieder eines Gegenseitigkeitsvereins, Versicherungsansprüche der Vereinsmitglieder werden hier im Range nach den Ansprüchen der übrigen Konkursgläubiger befriedigt (§ 51).

h) *Prüfungen durch die Aufsichtsbehörde.* Damit die Aufsichtsbehörde ihre Aufgabe erfüllen kann, ist sie ermächtigt, jederzeit eine Prüfung der Geschäftsführung und Vermögenslage der Versicherungsunternehmung vorzunehmen (§ 83), mindestens alle 5 Jahre eine, wenn möglich, unvermutete Prüfung zu veranlassen (§ 84) und Vertreter in die Sitzungen des Aufsichtsrats und der obersten Vertretung zu entsenden und selbst diese Sitzungen einzuberufen (§ 83). „Während der Abschlußprüfer den Rechnungsabschluß im allgemeinen nach der buch- und bilanztechnischen Seite prüfen wird, wird die Aufsichtsbehörde ihre Prüfung mehr auf das versicherungswirtschaftliche und versicherungstechnische Gebiet verlagern und die Betriebsverhältnisse auch im Hinblick auf Konzernzugehörigkeit sowie auf die wirtschaftliche Lage anderer Unternehmungen prüfen, in deren Verhältnisse das Reichsaufsichtsamt im Gegensatz zum Abschlußprüfer gleichfalls einblicken kann" *(Fromm)*. Die Prüfung kann sich auch auf die Niederlassungen, Generalagenturen, Agenten und Makler erstrecken.

i) *Befugnisse der Aufsichtsbehörden zur Beseitigung von Mißständen und Gefahren.* Die Aufsichtsbehörde hat den ganzen Geschäftsbetrieb der Versicherungsunternehmungen, besonders die Befolgung der gesetzlichen Vorschriften und die Einhaltung des Geschäftsplanes zu überwachen (§ 81). Zu diesem Zweck kann sie in den Geschäftsbetrieb einschneidende Anordnungen treffen (§ 81 Abs. 2), die Einhaltung durch Ordnungsstrafen erzwingen (§ 81 Abs. 3), Abänderung des Geschäftsplanes verlangen (§ 81a), die Fortsetzung von Beteiligungen untersagen oder nur unter Bedingungen gestatten (§ 82). Die Aufsicht erstreckt sich auch auf die Liquidation einer Unternehmung und auf die Abwicklung der bestehenden Versicherungen (§ 86). Die erteilte Erlaubnis kann widerrufen werden, wenn fortgesetzt den Pflichten zuwidergehandelt wird und sich so schwere Mißstände herausstellen, daß eine Fortsetzung des Geschäftsbetriebs die Belange der Versicherten gefährdet (§ 87). Konkurseröffnung kann nur von der Aufsichtsbehörde beantragt werden (§ 88). Zahlungsunfähigkeit hat der Vorstand der Unternehmung der Aufsichtsbehörde anzuzeigen (§ 88 Abs. 2). Ergibt die Prüfung, daß die Unternehmung für die Dauer nicht mehr imstande ist, ihre Verpflichtungen zu erfüllen, die Vermeidung des Konkurses aber zum Besten der Versicherten geboten erscheint, kann die Aufsichtsbehörde das Erforderliche veranlassen (§ 89). Die Aufsichtsbehörde bestimmt die Angemessenheit des Abzugs bei der Prämienreserve im Falle der Umwandlung einer Lebensversicherung in eine prämienfreie Versicherung (VVG. § 174 Abs. 4) und die Angemessenheit der Geschäftsgebühren (VVG. § 40 Abs. 2).

k) *Beaufsichtigung ausländischer Versicherungsunternehmungen.* Ausländische Versicherungsunternehmungen, die im Inland durch Vertreter, Bevollmächtigte, Agenten oder andere Vermittler das Versicherungsgeschäft betreiben wollen, bedürfen der Erlaubnis (VAG. § 105). Über den Antrag auf Erlaubnis entscheidet ausschließlich der Bundesminister für Wirtschaft; sie darf nur erteilt werden nach einem vorherigen Gutachten des Bundesaufsichtsamts (nach Anhörung des Versicherungsbeirats), wenn das Unternehmen an seinem Sitz rechtsfähig ist, im Bund eine Niederlage unterhält und dafür einen im Bunde wohnenden Hauptbevollmächtigten bestellt (§ 106). Versicherungsverträge mit Inländern dürfen nur durch die Bevollmächtigten abgeschlossen werden (§ 107). Die Beaufsichtigung erfolgt ebenfalls durch das Bundesaufsichtsamt (§ 111). Der für den Bund bestellte Hauptbevollmächtigte hat alle gesetzlichen Pflichten zu erfüllen (§ 108). Der Bundeswirtschaftsminister kann den Geschäftsbetrieb nach freiem Ermessen untersagen (§ 111 Abs. 2). Der Deckungsstock für die bei ausländischen Unternehmungen im Inland abgeschlossenen Versicherungen ist nach näherer Bestimmung des Bundesaufsichtsamts so sicherzustellen, daß nur mit seiner Genehmigung darüber verfügt werden kann; ein Treuhänder wird nicht bestellt, das Aufsichtsamt nimmt gleichsam selbst die Stellung eines Treuhänders ein (§ 110).

Die Aufsichtsbehörden haben, wie diese Skizze des deutschen Aufsichtsrechts zeigt, wie sonst in keinem anderen Wirtschaftszweig, Machtvollkommenheiten, die sie befähigen, praktisch in jeden Vorgang eines Versicherungsbetriebes Einblick und Einfluß zu nehmen, um die Belange der Versicherten in wirtschaftlicher, versicherungstechnischer und sonstiger Hinsicht zu wahren. Der Staat hat damit eine außerordentliche Verantwortung übernommen, denn die Aufsicht darf nicht „bloß ein täuschender Schein", sondern sie muß von „tatkräftig schützender Wirksamkeit" sein. Trotzdem hat, wie die Erfahrung gelehrt hat, die materielle Staatsaufsicht nicht jeden Zusammenbruch oder Mißstand verhüten können. *„Erfolg und Mißerfolg der 'Staatsaufsicht sind vor allem abhängig von der richtigen Gestaltung der Aufsichtsbehörde, von ihrer Tüchtigkeit und ihrer Fähigkeit, die Notwendigkeiten der Aufsicht mit den Erfordernissen der Wirtschaft in Einklang zu halten" (Widmann).* Es bleibt zu hoffen, daß die nach 1945 bei einem Aufsichtsamt eingetretene Korruption ein vereinzelter Fall gewesen ist, denn wenn die Menschen versagen, verliert jede Aufsicht ihren Wert.

Aktuelle Aufsichtsprobleme in Deutschland

Die seit 1901 reichseinheitlich in Deutschland geführte und laufend ausgestaltete Aufsicht hat sich bewährt. Sie hat das Versicherungsgewerbe von rein spekulativen Gründungen und Erscheinungen freigehalten, sie hat wesentlich zu der soliden Grundlage der deutschen Versicherungswirtschaft beigetragen, in kritischen Fällen hat sie die Bereinigung ohne nennenswerte Benachteiligung der Versicherten durchgeführt, und trotz der Machtfülle des sie ausübenden Behördenapparates war sie elastisch genug, um die Entwicklung der Versicherungswirtschaft nicht zu hemmen. So ist die Aufsicht als solche und der Inhalt des deutschen Aufsichtsrechts im allgemeinen nicht in Frage gestellt.

Angriffe gegen diesen „Reglementierungsfaktor", der die ihm anvertraute Autorität dazu „mißbraucht, die verharrenden und fortschrittsfeindlichen, in Tarifvereinbarungen und Bedingungskartellen (Bestandsschutzklubs) zusammengeschlossenen reaktionären Kräfte gegen den Ansturm neuer Versicherungsideen zu schützen", gehen von interessierter Seite aus, die die Befreiung namentlich der Industriefeuerversicherung von der staatlichen Versicherungsaufsicht erreichen wollen, um eine in ihrer Auswirkung zumindest sehr problematische Form derselben, die Feuerblockversicherung, durchsetzen zu können. Fanatiker des freien Wettbewerbs verkennen die besondere Struktur der Versicherungswirtschaft und, sofern sie auf England verweisen, das bis heute mit einer vom Handelsministerium ausgeübten Aufsicht äußerst geringen Umfangs auf der Grundlage eines ausgebildeten Publizitätssystems ausgekommen ist, übersehen sie die nicht ohne Gefahr verallgemeinerbare einmalige Situation der englischen Versicherungswirtschaft. Selbst die dem Liberalismus so verschriebenen Vereinigten Staaten haben sich entgegen der englischen Tradition zu einer weitgehenden Aufsicht seitens der einzelnen Staaten entschlossen.

Wenn auch die verschiedenen Aufsichtsämter dank ihres verständnisvollen Vorgehens die Nachteile einer Zersplitterung der Aufsicht, wie sie durch die staatsrechtliche Struktur nach 1945 gegeben war, vermieden haben, wird doch überwiegend die Forderung nach der Schaffung eines dem früheren Reichsaufsichtsamt ähnlichen Bundesaufsichtsamtes erhoben. Diese Forderung stützt sich auf Art. 87 Abs. 3 des Grundgesetzes, wonach für Angelegenheiten, in denen dem Bund die Gesetzgebung zusteht, selbständige Bundesoberbehörden errichtet werden können.

Wegen der Mehrkosten, die durch eine Reihe von Landesaufsichtsämtern statt eines zentralen Aufsichtsamtes entstehen, sprechen sich *Rohrbeck* und *Werner Weber* für ein Bundesaufsichtsamt aus. „Die heutige Zersplitterung kann, wenn die Privatversicherung überhaupt noch zum richtigen Zuge kommen will, nicht aufrechterhalten werden. Wenn versicherungstechnische Gründe zur Erreichung dieses Zieles nicht ausreichen sollten, verbietet schon die Verarmung unseres Volkes eine solche Kostenhäufung und Arbeitserschwerung, wie sie die Durchführung der Aufsicht herbeiführen muß, die allein zu Lasten der Versicherten geht. Das schließt nicht aus, daß die einzelnen deutschen Länder aus ihren Wirtschafts- und Finanzministerien heraus der Versicherungsaufsichtsbehörde laufend Anregungen und Vorschläge unterbreiten und damit ihr Interesse an der Gestaltung des Versicherungswesens aufrechterhalten" *(Rohrbeck)*.

Der Streit geht eigentlich nur um die verwaltungsmäßig zwischen dem Bund und den Ländern zu teilende Ausgestaltung der Versicherungsaufsicht, die sich mit der Frage Föderalismus oder Unitarismus schlagwortartig verknüpft. Die Besatzungsmächte schienen die Länderaufsicht mehr als eine Bundesaufsicht zu begünstigen. Für die künftige organisatorische Neugestaltung der Versicherungsaufsicht schlägt *Albrecht Wehl* entsprechend dem bundesstaatlichen Aufbau der Verwaltung von unten nach oben die Schaffung von Landesaufsichtsämtern als erste Instanz vor, die abweichend von dem früheren Rechtszustand für alle Unternehmungen zuständig sein sollen, die ihren Sitz oder ihre Hauptverwaltung im Bereich des einzelnen Landes haben; damit wäre gewährleistet, daß jedes Unternehmen nur einer erstinstanzlichen Aufsichtsbehörde untersteht. Die gleichmäßige Beaufsichtigung der über das Gebiet eines Landes hinausreichenden größeren Unternehmen setzt außer der gemeinschaftlichen Gesetzgebung einheitliche Verwaltungsgrundsätze und eine einheitliche verwaltungsgerichtliche Rechtsprechung voraus, die durch die derzeitige Koordinierung der Verwaltungsmaßnahmen nicht gewährleistet seien. „Es wird daher notwendig sein, über die bloße Koordinierung hinaus ein Bundesaufsichtsamt als oberste Instanz für alle Aufsichtsfragen zu schaffen, das im großen ganzen entsprechend organisiert werden könnte wie das frühere Reichsaufsichtsamt, nur daß seine personelle Besetzung mit Rücksicht auf den ihm jetzt in der Länderinstanz zu schaffenden Unterbau wesentlich eingeschränkter sein könnte." Dieses Bundesaufsichtsamt sollte als Berufungsinstanz und Koordinierungsorgan der Verwaltungspraxis der Landesaufsichtsbehörden fungieren. Nach *Weber* beweist dieses an sich föderalistische Projekt „besonders unverdächtig und eindrucksvoll, daß die Versicherungsaufsicht in Deutschland einheitlicher Handhabung bedarf . . . Versicherungsaufsicht, besser Versicherungspolitik ist in unseren Tagen prinzipiell und technisch eine auf volkswirtschaftliche und sozialpolitische Gesamtverantwortung angelegte, ja darüber hinaus schon europäischer Einordnung zustrebende Aufgabe, die nicht mehr der isolierten Sachwalterschaft deutscher Länderkleinstaatlichkeit überlassen werden darf." Ein gesamtdeutsches Aufsichtsamt mit den Kompetenzen des VAG. ist deshalb nach *Weber* unverzichtbar, wobei allerdings die Grenze zwischen Bund und Ländern in der Beteiligung an der Versicherungsaufsicht neu überprüft werden müßte. Er spricht sich für die Zuständigkeitsverteilung nach dem VAG. vor der Vereinheitlichungsverordnung von 1943 aus. Von der Übertragungsmöglichkeit der Aufsicht auf das Bundesamt nach VAG. § 4 Abs. 1 würden die Länder nicht weniger freigebig Gebrauch machen als in den früheren Jahrzehnten, besonders wenn sie nach Grundgesetz Art. 85 auftragsweise in die Aufsichtsführung eingeschaltet bleiben können.

Da die Praxis des Reichsaufsichtsamtes, sachlich gerechtfertigte materielle Grundsätze der Versicherungswirtschaftspolitik im Verwaltungswege durch Rundverfügungen (Sammelverfügungen) zur Geltung zu bringen, wegen des Fehlens einer entsprechenden

Ermächtigung rechtlich bedenklich war, schlägt *Hans Möller* und der ihm folgende *Weber* vor, dem künftigen Aufsichtsamt ein „begrenztes Rechtsetzungsrecht anzuvertrauen, mit dessen Hilfe die grundlegenden Normen des Aufsichtsgesetzes gemäß den wandelbaren Anforderungen der laufenden Versicherungswirtschaftspolitik ergänzt werden könnten" *(Weber)*.

Gegen die von *Wehl* vorgeschlagene föderalistische und für eine ungeteilte Bundesaufsicht hat sich auch das *Zonenamt für Versicherungswesen in Hamburg* ausgesprochen. Es weist auf die beträchtlichen Mehrkosten einer derartigen vielfältigen Aufsicht hin, wenn das einzelne Landesaufsichtsamt die nötigen Spezialkräfte nicht voll auslasten kann. Da das Bundesaufsichtsamt von der unmittelbaren Aufsicht ausgeschlossen würde und sich auf die Bearbeitung grundsätzlicher Fragen zu beschränken hätte, fehle ihm die Einsicht in das Leben der Versicherungsunternehmen, die nur durch die unmittelbare Aufsicht, durch die Fühlungnahme mit den Versicherten und Versicherern gewonnen werden kann. Der Zeitverlust bis zur Entscheidung grundsätzlicher Fragen durch das Bundesamt sei der gleichmäßigen Handhabung der Aufsicht durch die Landesaufsichtsämter abträglich. Das Ziel des Föderalismus zu verhindern, daß sich an einer Stelle in Deutschland Macht konzentriere, habe mit der Versicherungsaufsicht nichts zu tun. „Die Versicherungsaufsicht soll vor allem die Versicherten schützen ... Mit Politik hat sie herzlich wenig zu tun ... Wenn das föderalistische Prinzip eine einheitliche Sozialversicherung zuläßt, um wieviel mehr ist mit diesem Prinzip eine einheitliche Versicherungsaufsicht vereinbar! Es darf weiter daran erinnert werden, daß die einheitliche Versicherungsaufsicht in Deutschland im Jahre 1901 eingeführt ist, also zu einer Zeit, als Deutschland ein Bundesstaat war, dessen Souveränität bei den verbündeten Regierungen, also bei den Ländern lag." Auch in der Schweiz, deren Staatsaufbau am konsequentesten nach den Grundsätzen des Föderalismus ausgerichtet ist, sei die Versicherungsaufsicht Bundesangelegenheit und nicht Sache der Kantone.

Nach *Alex Möller* sollten nur die öffentlich-rechtlichen Zwangs- und Monopolanstalten, nicht aber die öffentlich-rechtlichen Wettbewerbsanstalten, die mit den privaten Unternehmen im freien Wettbewerb stehen, von der Bundesaufsicht ausgenommen bleiben. „Wenn das Vertragsrecht praktisch einheitlich gestaltet ist, muß zweckmäßigerweise auch die Aufsicht über die Institute, die danach arbeiten, einheitlich sein ... Öffentlich-rechtliche Wettbewerbsanstalten wenden sich an den gleichen Kundenkreis wie private Unternehmen. Sie unterliegen den gleichen Marktbedingungen, und sie können sich im Gegensatz zu den Zwangs- und Monopolanstalten bei dem Kampf um den Kunden auf keine staatlichen Privilegien stützen." Gegen diesen Vorschlag, die Aufsicht nach der Rechtssphäre und nicht nach der Unternehmungsform zu verteilen, macht *Schmitt-Lermann* Gründe der historischen Entwicklung, die Schwierigkeit einer für alle Zeiten gültigen Abgrenzung des öffentlichen vom privaten Recht und die Notwendigkeit, die Dienstaufsicht über die öffentlich-rechtlichen Anstalten bei den Gebietskörperschaften zu belassen, geltend. Seiner Meinung nach wäre es unlogisch und unrichtig, wenn der wesentlich föderalistischer als das Bismarcksche Reich aufgebaute westdeutsche Bundesstaat, dem die Gesetzgebungszuständigkeit nur über das privat-rechtliche Versicherungswesen zusteht, seinerseits einer Bundesbehörde die Aufsicht über die öffentlich-rechtlichen Wettbewerbsanstalten übertragen wollte.

Problematisch war ferner, ob das künftige Bundesaufsichtsamt dem Bundeswirtschaftsminister oder dem Bundesfinanzminister unterstellt werden soll. Erst nach Auflösung der Reichsverwaltung und nach Einsetzung der Militärregierungen wurde die Versicherungsaufsicht in den meisten deutschen Ländern von den Finanzministerien bearbeitet, was auch im Zusammenhang mit der Währungsreform (Ausgleichsforderungen) eine gewisse Berechtigung hatte. Senator *Schiller* weist wohl mit Recht darauf hin, daß sich mit dem Finanzministerium stets die Vorstellung der Wahrnehmung finanzfiskalischer Belange verbindet, der Finanzminister hinsichtlich der Umstellungsrechnungen und der Ausgleichsforderungen nicht Richter in eigener Sache seine könne, die Unterordnung der aufsichtsrechtlichen Entscheidungen über die Kapitalanlage der Versicherungsunternehmungen unter die Finanzverwaltung bedenklich sei und seit jeher das Wirtschaftsministerium mit der Geld- und Kreditpolitik auch die Versicherungswirtschaft betreut habe. Auch in England ist für die Versicherungsaufsicht der Board of Trade zuständig.

Eine andere Frage, die von *Rohrbeck* aufgeworfen wurde, ist, ob die seitherige Aufsichtspraxis nicht die Selbständigkeit der Versicherungsunternehmungen zu sehr eingeengt habe. Die materielle Staatsaufsicht habe nivellierend gewirkt. „Denn für die Aufsichtsbehörde sind die rein verwaltungsmäßig eingestellten Persönlichkeiten erheblich bequemer und erscheinen in ihren Handlungen und Plänen sicherer und zuverlässiger als die Stürmer, die mit neuen Ideen und fortgesetzten Anträgen auf Änderung bestehender Verhältnisse den ständig wechselnden Bedürfnissen der Volkswirtschaft entsprechen möchten.“ Zur Vermeidung des kostspieligen Nebeneinanderregierens von Fachverbänden mit Eigendisziplin und Staatsverwaltung mit Gesetzesdrohung, soll die Aufsichtsbehörde sich nur auf Kontrolle und Beobachtung der Versicherungsorganisationen beschränken, ohne deren Selbstregierung aufzuheben. „Hat die Staatsaufsicht zur Wirtschaft Vertrauen, so überlasse sie ihr die Selbstregierung in eigener Verantwortung und schalte sich nur ein, wenn diese Selbstregierung nicht zu dem für das Volk erstrebten Erfolg führt.“ Die Staatsaufsicht sollte im wesentlichen eine Revisionsinstanz bilden, während Regelung des Wettbewerbs, Vertreterwesens, Gestaltung der Versicherungsbedingungen und Tarife, Schadenbehandlung, Überprüfung der finanziellen Sicherheit der Unternehmungen sowie die gemeinsame Statistik und Schadenverhütung (Prophylaxe) Aufgabe der Fachverbände sei. „Neben der Einzelinitiative der Versicherungsunternehmungen würde sich die Verbandsinitiative der Fachverbände zu entwickeln haben. Die Staatsaufsicht braucht Sicherheiten, wenn sie diese Aufgaben in Zukunft an die Fachverbände abgeben soll. Der Fachverband benötigt autoritativen Rükkenschutz, wenn er sich in der Öffentlichkeit mit seiner Arbeit durchsetzen soll. Daher sollten die Fachverbände genau so zugelassen und beaufsichtigt werden wie die Versicherungsunternehmungen. Erst dann kann die Staatsaufsicht sich darauf verlassen, daß die Fachverbände die restlose Durchführung des öffentlichen Dienstes übernehmen, wenn sie ihr jederzeit unmittelbar gegenüber verantwortlich sind.“ Dieser Vorschlag, der hinsichtlich der versicherungstechnischen und versicherungswirtschaftlichen Belange eine Zwangsmitgliedschaft der Versicherungsunternehmungen bei den Fachverbänden mit sich bringen würde, wie auch ein ähnlicher Vorschlag der Errichtung von Versicherungskammern, denen die Aufsicht zu übertragen wäre, erstreben letzten Endes eine grundlegende Neuordnung des deutschen Aufsichtsrechts im Anklang an eine berufständische Ordnung. Selbst wenn es gelingt, die Gefahr des Gruppenegoismus zu bannen, handelt es sich hier doch mehr um ein Problem auf lange Sicht, das zu lösen die vordringenden Aufgaben unserer Gegenwart der Gesetzgebung keine Zeit lassen werden.

Noch ein sehr aktueller und sehr bedeutungsschwerer Problemkreis hängt mit der Handhabung der Versicherungsaufsicht zusammen: die Frage der *Kapitalanlage* unserer Versicherungsunternehmungen. Es ist eine leider nicht bestreitbare Tatsache, daß die an der sogenannten Mündelsicherheit orientierten Anlagevorschriften eine zweimalige Vernichtung der von ihnen erfaßten Versicherungswerte nicht zu verhüten vermochten, ja die Verluste größer machten, als sie bei einer Anlage in anderen Werten (etwa Aktien) gewesen wären. Auf der anderen Seite drängen die Not des Wiederaufbaues, die Eingliederung der Flüchtlinge in unseren Wirtschaftskörper und die wohl noch Jahre anhaltende Kapitalarmut und geringe Sparkraft der Bevölkerung auf eine im Augenblick die höchste Produktivität versprechende Anlage der Versicherungsreserven hin. Die Lösung dieses Problems ist um so schwieriger, als weder die Sicherheit noch die Rentabilität noch die Liquidität der angelegten Mittel ohne neuerliche Bedrohung der Versicherungswirtschaft ungebührlich zurückgestellt werden dürfen.

Das Problem ist ähnlich für die Deckungskapitalien der Sozialversicherung gestellt (siehe Seite 363/364), doch wäre zu überlegen, ob nicht für die Individualversicherung eine weniger starre Regelung unter den augenblicklichen Verhältnissen vorzuziehen wäre. Als die unsicherste Anlage hat sich die in Reichs- und Staatswerten erwiesen. Wer bei der Wandelbarkeit unserer politischen Verhältnisse das Versicherungswesen nach Möglichkeit intakt halten will, sollte gerade diese „mündelsicheren" Papiere ausschließen. Bei der Anlage in Grundstücken, Hypotheken und Pfandbriefen sollte eine Konzentrierung an gewissen, im Augenblick als sehr vordringlich erscheinenden Orten (Städten, neuen Industrieanlagen, neuen Siedlungen) vermieden werden, um die Auswirkungen eines Luftkrieges und einer möglichen Fehlinvestition zu begrenzen. Auf der anderen Seite sollte geprüft werden, wieweit die Anlage in gemeindlichen Versorgungsbetrieben (Gas, Wasser, Elektrizität) neben dem Wohnungsbau zugelassen werden könnte. Eine direkte Anlage in Industriewerten (Aktien) dürfte sich, wie bereits früher hervorgehoben, nicht empfehlen, wohl aber könnte in gewissen Grenzen an die Anlage in Investmentwerten gedacht werden, falls sich diese ähnlich wie in den Vereinigten Staaten bei uns durchsetzen sollten. Voraussetzung müßte allerdings sein, daß die Investmentgesellschaft selbst einen gut gemischten Bestand pflegt, die Beteiligung des Versicherers an den Emissionen eines Investors nicht zu groß ist, also eine weite Streuung der dahinter stehenden Realwerte sowohl dem Raum als der Branche nach erreicht wird.

Die Möglichkeit, dem Kapitalmarkt langfristige Mittel zuzuführen, ist durch die praktische Illiquidität der Ausgleichsforderungen herabgesetzt, weil für die anfallenden Versicherungsleistungen die erforderlichen Summen nicht aus den Deckungswerten frei gemacht werden können, sondern aus den laufenden Einnahmen bestritten werden müssen. Gegenüber den früheren Traditionen hat sich in der Anlagepolitik der Lebensversicherungsgesellschaften ein Wandel in doppelter Hinsicht vollzogen, den zuzulassen das bisherige Aufsichtsrecht elastisch genug war: „1. Während der Industriekredit in den Jahren vor dem Kriege nur von wenigen Gesellschaften in Einzelfällen aufgenommen war, hat er seit der Währungsreform bei den Lebensversicherungsunternehmen eine breitere Basis gefunden. 2. Im Realkredit haben sich die Lebensversicherungsunternehmen überwiegend auf Baudarlehen für den Wohnungsbau eingestellt, während früher fast nur fertige Gebäude beliehen wurden, die den Beweis ihrer Ertragfähigkeit schon liefern konnten." *(Gerd Müller)*. Im Industriekredit haben sich die Lebensversicherungsunternehmungen auf die Grundstoffindustrien, insbesondere die Versorgungsunternehmen, und auf erfahrungsgemäß konjunkturell weniger gefährdete Industriefirmen beschränkt. Die kürzere Dauer (5—10 Jahre) der Industriekredite bietet ein erwünschtes Gegengewicht gegen die illiquiden Ausgleichsforderungen. Um größere Kredite bereitzustellen, hat man den Weg der Konsortialbeteiligung beschritten, der das Risiko für die einzelne Gesellschaft herabgesetzt hat. „Die starke Belebung des Wohnungsbaues im Jahre 1950 hat zu einem Rückgang des Anteils des Industriekredits geführt. Während dieser bis Mitte 1949 noch über 30% betrug, ist er in der zweiten Hälfte 1949 auf etwa 25% und im Jahre 1950 auf unter 20% der Gesamtanlagen zurückgegangen, während dem Wohnungsbau mehr als 50% der Anlagemittel zugeflossen sind. Der restliche Anteil in Höhe von fast 20% entfällt auf Kommunaldarlehen und Kredite an Körperschaften des öffentlichen Rechts, insbesondere zum Wiederaufbau von kommunalen Betrieben und anderen dem Gemeinwohl dienenden Einrichtungen" *(Gerd Müller)*.

Für die Anlagepolitik gilt es hier einen Weg zu finden, der die Bedürfnisse der Versicherungsgesellschaften mit denen der Allgemeinheit vereint. Ein vorsichtig gewährter Industriekredit und die von den Hypothekenbanken geforderte Wertsicherung der ersten Hypotheken gegen Währungsentwertungen dürften ohne Zweifel den „mündelsicheren“ Anlagen alten Stiles vorzuziehen sein.

Schrifttum: Das Schrifttum zu den hier angeschnittenen Fragen ist unübersehbar. Ohne Vollständigkeit sei verwiesen auf: a) *Reuß* und *Berliner* Art. „Aufsicht im Vers.-Lexikon; b) *G. E. Fromm* „Die Aufsicht über die privaten Versicherungsunternehmungen“ in Deutsche Vers. Wirtsch., III Bd.; c) *R. Widmann* „Einführung in die Aufsichtsgesetzgebung“ ebenda; d) *Matthes* „Die Aufsicht über die öffentlich-rechtlichen Versicherungsanstalten“ ebenda; e) *Walter Rohrbeck* „Wesen, Gehalt und Reform der deutschen Privatversicherung“, Berlin und München 1949; f) *Werner Weber* „Versicherungsaufsicht zwischen Bund und Ländern“ in Querschnitt durch die Versicherungsforschung, Schriftenreihe des Institus für Versicherungswissenschaft der Universität Köln, Berlin und München 1949; g) *Karl Friedrich Nau* „Die Versicherungsaufsicht in den USA.“ ebenda; h) *Alex Möller* „Um eine einheitliche Versicherungsaufsicht“ und „Versicherungsaufsicht nach Rechtssphäre oder nach Unternehmungsform“ in Vers. Wirtsch. Jhrg. 1950; i) *Hans Schmitt-Lermann* „Die Aufsicht über die öffentlich-rechtlichen Wettbewerbsanstalten“ ebenda; k) Senator *Schiller* „Versicherungsaufsicht — ein Teil der Wirtschaftsverwaltung“ ebenda; l) *Albrecht Wehl* „Neugestaltung der Versicherungsaufsicht“ ebenda, Jhrg. 1949; m) *Zonenamt für das Versicherungswesen der britischen Zone* „Versicherungsaufsicht im Westdeutschen Bundesstaat“ ebenda; n) *K. Bischoff* „Versicherungsordnung im internationalen Blickfeld“ in Der Volkswirt, Jhrg. 1950; o) *Gerd Müller* „Versicherungswirtschaft stützt den Kapitalmarkt“ ebenda; p) *Otto R. v. Laun* „Die Bedeutung der amerikanischen Versicherungsaufsicht für die Neuordnung der deutschen Versicherungsaufsicht“ in „Versicherungsstand und Versicherungsprobleme des Auslands“ (Schriftenreihe des Instituts für Versicherungswissenschaft an der Universität Köln, Heft 3), Berlin und München 1950.

§ 27. Fiskalische Maßnahmen: Steuerpolitik gegenüber der Versicherungswirtschaft

Direkte und indirekte Wirkung der Besteuerung

Die Versicherungswirtschaft trifft die Besteuerung in vierfacher Hinsicht:

1. Die Versicherungsunternehmungen unterliegen denselben oder ähnlichen Steuern wie die anderen Betriebe gleicher Rechtsform, soweit nicht besondere Ausnahmen zugelassen sind;
2. Die Versicherungsnahme selbst wird zum Anlaß einer Besteuerung genommen und beeinflußt damit die Versicherungsnachfrage;
3. Der Versicherungswirtschaft entstehen aus der Erhebung der Steuern besondere Ausgaben;
4. Die allgemeine Steuerpolitik berührt die Zahlungsfähigkeit fast aller Bevölkerungskreise und übt damit eine Fernwirkung auf die Versicherungsnachfrage aus.

Diese Übersicht zeigt, daß die Versicherungswirtschaft von der Besteuerung teils unmittelbar, teils mittelbar betroffen wird. Darin liegt an sich keine Besonderheit der Versicherungswirtschaft, denn in nahezu allen anderen Wirtschaftszweigen liegen analoge Verhältnisse vor. Aber dennoch wirkt sich die Besteuerung auf die Versicherungswirtschaft in einer Eigentümlichkeit aus, die hier kurz gestreift werden soll. Neben der Rechtsordnung ist die ganze Steuerpolitik eines Staates ein weiterer wesentlicher

Faktor, der die Struktur der Versicherungswirtschaft eines Landes mitformt. Wenngleich auch die Finanzmaßnahmen eines Staates hinsichtlich ihrer Auswirkung auf das Versicherungswesen weniger offen zutage treten als in den übrigen Wirtschaftszweigen und wenn auch spezielle Untersuchungen dieser vielseitigen Beziehungen noch wenig vorliegen, so darf doch der Einfluß fiskalischer Maßnahmen auf die Versicherungswirtschaft nicht unterschätzt werden. Gerade bei der hohen Quote, den die Besteuerung in den heutigen Kulturstaaten am Volks- wie Individualeinkommen erreicht und da ersichtlich immer noch die Tendenz einer Zunahme dieser Quote als Kehrseite des bekannten Wagnerschen Gesetzes zunehmender staatlicher Tätigkeit herrscht, ist es nicht mehr möglich, die Beeinflussung der Versicherungswirtschaft von der Steuer- und Finanzpolitik her länger gering zu schätzen.

Von den Jahren abgesehen, in denen die vom Versicherer zu vollbringenden Versicherungsleistungen hinter den nach den Kalkulationsmethoden veranschlagten zurückbleiben, schlägt sich die Besteuerung der Versicherungsunternehmungen einschließlich der ihnen zugefügten besonderen Belastung finanzieller Art in einer Erhöhung der Verwaltungskosten (im weitesten Umfang) nieder, trifft also die Versicherten. Das gilt in gewisser Hinsicht sogar für die Steuern, die auf den Gewinn der Versicherer erhoben werden. Das zu einer Versicherungsunternehmung erforderliche Kapital (Garantiestock, in Gebäuden und Büroeinrichtungen investierte Kapital) kann nach den Verkehrsgepflogenheiten einer Marktwirtschaft nur dann in seiner Wertsumme erhalten werden, wenn eine vom Kapitalmarkt beanspruchte übliche Verzinsung nebst einem für erforderlich gehaltenen Risikozuschlag herausgewirtschaftet wird. Würde eine Besteuerung die Gewinne in der Versicherungswirtschaft darunter drücken, so würden zur Erzielung der nötigen Rendite die Kapitalwerte reduziert, und die so entstehenden Kapitalverluste würden vor weiterer Investition in Versicherungsunternehmungen abschrecken. In einer wachsenden Volkswirtschaft mit wachsendem Versicherungsbedarf (neue Versicherungszweige) würde eine Expansion der Versicherungswirtschaft gehemmt, was dem Wettbewerb nicht förderlich und voraussichtlich auch auf die Prämienhöhe von Einfluß wäre. Wer dann am Ende der wirklich Belastete ist, läßt sich kaum bestimmen, denn derartige wie überhaupt alle Fernwirkungen einer Besteuerung lassen sich wohl nach verschiedenen Richtungen hin deduzieren, aber kaum durch verläßliche Angaben verifizieren.

Mit der Finanzpolitik in Zusammenhang stehen, meist sogar von ihr veranlaßt sind die Geldwertsenkungen großen Ausmaßes, wie wir sie bei einer Inflationspolitik vor uns haben. Wo diese die Versicherungswirtschaft berühren, wurde an mehreren Stellen bereits angedeutet. In der nach Erstrisikogrundsätzen arbeitenden Haftpflichtversicherung führt eine erhebliche Geldwertminderung zu einem empfindlichen Ansteigen der Schadensausgaben (wegen der gestiegenen Kosten für den Sachersatz und für die Heilung), ebenso in der Kranken- und Unfallversicherung. Rentenversicherungen werden überhaupt nicht mehr abgeschlossen, für Todes- und Erlebensfallversicherungen erlischt das Interesse. In den Sachversicherungszweigen hingegen kann eine fortlaufende Inflation von einer Abnahme der Schadenshäufigkeiten begleitet sein, weil die Entschädigungssumme zur Anschaffung derselben Wertgegenstände nicht mehr ausreicht, die Versicherten also trotz der Versicherungsnahme einen Vermögensverlust erleiden. Deflationszeiten können entgegengesetzte Erscheinungen bringen, wenn die Versicherungsentschädigungen eine Liquidmachung dringend benötigter Werte bedeuten (Gesundbrennen!). Werden Sachversicherungen nach der Form der Bruchteilversicherung betrieben, stellen sich ähnliche Auswirkungen wie bei der Erstrisikoversicherung der Haftpflichtversicherung ein. Die Folgen einer inflationistischen oder deflationistischen Finanzpolitik lassen sich also nicht für die gesamte Versicherungswirtschaft auf einen einheitlichen Nenner bringen.

Die Besteuerung der Versicherungsunternehmen und Versicherungsträger

Den Wirkungen einer Besteuerung unterliegen sämtliche Versicherer, gleichgültig ob sie privatrechtlicher oder öffentlicher Art sind, nämlich der indirekten Besteuerung einschließlich der Umsatzsteuer, soweit die Versicherer auf dem Markte Bedarfsgegenstände erwerben müssen, in deren Preis diese Steuern eingegangen sind. Obwohl diese unsichtbare Besteuerung keineswegs gering zu sein braucht — man denke an einen Versicherer mit erheblichem Einrichtungs- oder Erneuerungsbedarf —, wird sie zumeist übersehen, was verständlich ist: die tatsächliche Steuerbelastung läßt sich kaum und vor allem nicht allgemein gültig feststellen.

Die Ansicht von *Manes*, die Sozialversicherung vor allem pflege von Steuern befreit zu sein, trifft also hinsichtlich der indirekten Steuern nicht zu. Der Wertpapier- und Gesellschaftssteuer entgehen die Sozialversicherungsträger allerdings, insofern sie kein Geschäfts- oder Garantiekapital in der Form von Wertpapieren oder Anteilsrechten aufzubringen haben.

Die Einkommensteuer spielt praktisch nur für Agenten und Makler eine Rolle, weil Einzelversicherer nicht vorkommen. Der *Körperschaftssteuer* (z. Z. 60 % des Einkommens) unterliegen sowohl öffentlich-rechtliche als auch privatrechtliche Versicherer, einschließlich der Gegenseitigkeitsvereine. Die frühere Befreiung der öffentlich-rechtlichen Versicherungsanstalten ist weggefallen.

Für rechtsfähige Pensions-, Witwen-, Waisen-, Sterbe-, Kranken-, Unterstützungskassen und sonstige rechtsfähige Hilfskassen für Fälle der Not oder Arbeitslosigkeit ist unter bestimmten Voraussetzungen Steuerfreiheit gegeben (Körperschaftssteuergesetz § 4 Abs. 7 und Verordnung zur Durchführung des Körperschaftssteuergesetzes vom 4.7.1949 §§ 10—12). Abzugsfähig sind bei Versicherungsunternehmungen die Zuführungen zu versicherungstechnischen Rücklagen, soweit sie für die Leistungen aus den am Bilanzstichtag laufenden Versicherungsverträgen erforderlich sind und die Beitragsrückerstattungen aus dem Lebensversicherungsgeschäft, aus dem übrigen Geschäft mit Einschränkungen. (Körperschaftssteuergesetz § 11 Abs. 2 und gen. Durchführungsverordnung §§ 20—25).

Bei unterschiedlichen Steuersätzen für verschiedene Gesellschafts- bzw. Unternehmungsformen ist den Versicherungsgesellschaften und -anstalten die Umwandlung in eine steuerbegünstigte Form verwehrt, weil der Betrieb der Lebens-, Unfall-, Haftpflicht-Feuer- und Hagelversicherung in Deutschland nur Aktiengesellschaften oder Versicherungsvereinen auf Gegenseitigkeit erlaubt ist (VAG. § 7 Abs. 2).

Der *Vermögenssteuer* unterliegen die Versicherungsaktiengesellschaften und Versicherungsvereine auf Gegenseitigkeit (Vermögenssteuergesetz § 1, Abs. 2a und c), also nicht die öffentlich-rechtlichen Anstalten.

Für rechtsfähige Pensions- usw. Kassen ist Befreiung ähnlich der Körperschaftssteuer vorgesehen (Vermögenssteuergesetz § 3 Abs. 7 und Durchführungsverordnung vom 2. 2. 1935 §§ 5—7). Den nichteingezahlten Teil des Kapitals brauchen nach einer Entscheidung des Reichsfinanzhofes vom 10. 2. 1940 die Versicherungsgesellschaften zum Unterschiede von anderen Gesellschaften nicht ihrem Betriebsvermögen hinzuzurechnen (andererseits dürfen die Anteilsinhaber eine Schuld in Höhe ihres nicht eingezahlten Kapitals von ihrem Gesamtvermögen nicht absetzen).

Ausgenommen von der *Umsatzsteuer* sind die Umsätze der Versicherungsunternehmungen, die unter das Versicherungssteuergesetz fallen, also die

Prämieneinnahmen (Umsatzsteuergesetz § 4, Abs. 9). Diese Befreiung erstreckt sich nicht auf die Provisionseinnahmen der Agenten und Makler.

Umsatzsteuerpflichtig sind nur die Einnahmen aus der Verwertung versicherter Gegenstände, die das Versicherungsunternehmen aus Anlaß eines Schadenfalles übernommen hat, ferner sonstige Einnahmen (aus einem Kantinenbetrieb, aus dem Verkauf von Versicherungsschildern u. dgl.).

Sonst weist das deutsche Steuerrecht keine bemerkenswerten Besonderheiten hinsichtlich der Besteuerung der Versicherungsunternehmungen auf. Da die privaten Versicherungsunternehmungen meist im ganzen Reichs- bzw. Bundesgebiet arbeiten, machte sich früher die unterschiedliche Regelung der Landes- und Gemeindesteuern (Erhebung, Veranlagung) kostenverteuernd bemerkbar. Die gleichmäßige Behandlung so unterschiedlicher Unternehmungsformen wie der Versicherungsaktiengesellschaften und der Gegenseitigkeitsvereine, teilweise auch der öffentlich-rechtlichen Anstalten, ist, von fiskalischen Gesichtspunkten abgesehen, im Interesse eines einheitlichen Wettbewerbes der verschiedenen Versicherungsträger untereinander notwendig gewesen. Die Bevorzugung einer Organisationsform vor der anderen würde einen ungleichen Start im Wettbewerbskampf bedeuten und damit die Struktur der gesamten Versicherungswirtschaft unweigerlich beeinflussen. Die erwähnten Privilegien der erwähnten Kassen haben deswegen einschränkende Voraussetzungen, es muß sich um Kassen handeln, die nur für Zugehörige eines Betriebes bestimmt sind, also nicht mit anderen Versicherern konkurrieren.

Versicherungssteuer und Feuerschutzsteuer

Unter den Steuern, die die Versicherungsnahme als Auslösungsgrund voraussetzen, kann die ***Versicherungssteuer*** so gut wie nichts zu ihrer Begründung anführen. Der Abschluß einer Versicherung kann ihrer ganzen Natur nach am allerwenigsten als Symptom einer noch nicht vom Fiskus beanspruchten Steuerleistungsfähigkeit angesehen werden. Der Staat sollte ja gerade ein Interesse an der Verbreitung der Versicherungsnahme haben. „Als Kuriosum muß es gelten, daß einerseits Prämien für Lebensversicherungen einer Sondersteuer unterliegen, während diese Zahlungen andererseits innerhalb gewisser Grenzen im Rahmen der veranlagten Einkommensteuer bei der Berechnung des steuerpflichtigen Einkommens abgesetzt werden dürfen" ***(Lampe)***. Würden es die Versicherungsnehmer unterlassen, ihre Betriebsmittel gegen drohende Gefahren zu versichern, so müßten sie erhöhte Abschreibungsquoten (größeres Risiko) ansetzen oder eine höhere Rentabilität erwarten; die Folge wären in beiden Fällen entsprechend höhere Preise. „Die Steuer bedeutet in vielen Fällen eine Verteuerung von unvermeidlichen Geschäftsspesen, in anderen Fällen, insbesondere bei der Lebensversicherung, eine Besteuerung einer für Personen mit unfundiertem Einkommen äußerst rationellen Methode des Sparens" ***(Lotz)***.

Im deutschen Versicherungssteuergesetz ist der Versicherungsnehmer als Steuerdestinatar bezeichnet. Wer die Steuer im Einzelfall wirklich trägt, ist keineswegs so zweifelsfrei, auch dann nicht, wenn die Versicherungssteuer in die Prämie eingerechnet wird. Ob die Steuererhebung den gewaltigen Konzentrationsprozeß im Versicherungsgewerbe wesentlich gefördert hat ***(Lampe)***, erscheint allerdings zweifelhaft; für die eingetretene Prämiensenkung sind durch den verstärkten Wettbewerb der Versicherer untereinander genügend Gründe gegeben, ohne daß diese durch eine Steuervorwälzung auf den Versicherer ergänzt werden müßten.

Die Versicherungssteuer ist unter Aufhebung vorangegangener Landesabgaben 1913 durch eine Änderung des Reichsstempelgesetzes eingeführt worden. Nach dem derzeitig gültigen Versicherungssteuergesetz von 1937 unterliegt der Steuer die Zahlung des Versicherungsentgelts auf Grund eines durch Vertrag oder auf sonstige Weise entstandenen Versicherungsverhältnisses (§ 1). Als Versicherungsvertrag gilt auch eine Vereinbarung zwischen mehreren Personen oder Personenvereinigungen zur gemeinsamen Tragung von Verlusten oder Schäden, die den Gegenstand einer Versicherung bilden können (§ 2). Versicherungsentgelt sind die Prämien, Beiträge, Vorbeiträge, Vorschüsse, Nachschüsse, Umlagen, Eintrittsgelder, Ausfertigungsgebühren und sonstigen Nebenkosten; wird auf die Prämie ein Gewinnanteil verrechnet und nur der Unterschied zwischen Prämie und Gewinnanteil an den Versicherer bezahlt, so ist dieser Unterschiedsbetrag Versicherungsentgelt (§ 3). Ausgenommen von der Besteuerung sind Rückversicherungen, Sozialversicherungsbeiträge und einige kleine Versicherungen (§ 4). Die Steuer wird für die einzelne Versicherung regelmäßig nach dem Versicherungsentgelt, in der Hagelversicherung nach der Versicherungssumme berechnet (§ 5). Die Steuer beträgt bei der Lebensversicherung 2%, bei anderen Versicherungen 5% des Entgelts (§ 6). Steuerschuldner ist der Versicherungsnehmer, eingehoben wird die Steuer durch den Versicherer (§ 8).

Die früher für die verschiedenen Versicherungszweige unterschiedlich zwischen 2 und 10% des Entgelts festgesetzte Steuer hat die Bildung kombinierter Versicherungszweige gehindert, da hier die Steuer einheitlich nach dem höchsten Satz erhoben werden mußte. Unklarheiten entstanden ferner aus der Abgrenzung der einzelnen Versicherungszweige; so werden im Anschluß an Transportversicherungen häufig Lagerversicherungen genommen, die die gleiche Gefahr wie eine Feuer-, Einbruchdiebstahl-, Aufruhrversicherung decken. Die Versicherungssteuer brachte im Rechnungsjahr 1948/49 57,8 Mill. DM und im Rechnungsjahr 1949/50 56,3 Mill. DM = 0,41% bzw. 0,36% der Gesamtbundeseinnahmen ein. Diese wirklich nicht ausschlaggebende Steuer dürfte ihr zähes Leben nur dem Umstand verdanken, daß ihre Einhebung dem Bund fast keine Kosten verursacht und es noch ein paar Steuern gibt, die noch weniger eintragen.

Ausgehend von den in fast allen deutschen Ländern mit Ausnahme Preußens erhobenen Beiträgen zu den staatlichen oder gemeindlichen Kosten des Feuerlöschwesens (Feuerlöschabgaben) wird in Deutschland seit 1939 „zur Förderung des Feuerlöschwesens und des vorbeugenden Brandschutzes" von den Feuerversicherungsunternehmungen eine *Feuerschutzsteuer* als Reichs- jetzt Bundessteuer erhoben. Es handelt sich also um eine als Zwecksteuer gedachte Spezialsteuer.

Die Begründung für eine derartige Steuer stützt sich darauf, daß die öffentlichen Aufwendungen für das Feuerlöschwesen sich für die Feuerversicherungsunternehmen vorteilhaft auswirken und diese deshalb zu den Kosten herangezogen werden sollen. Das Gegenargument behauptet, die Feuerlöscheinrichtungen kämen nicht nur den Versicherten und Versicherern, sondern auch den Nichtversicherten, schlechthin der Allgemeinheit zugute, und eine spezielle Belastung der ersten sei abzulehnen.

Wenn auch als Steuerdestinatar der Versicherer bezeichnet ist, bleibt es auch in diesem Falle zumindest problematisch, wer die Steuer in Wirklichkeit trägt. Umgekehrt dürfte es sowohl für die Versicherungssteuer als auch für die Feuerschutzsteuer übertrieben sein, wenn ihnen ein negativer Einfluß auf die Versicherungsnachfrage zugeschrieben wird, dazu sind die Zuschläge doch zu gering.

Nach dem Feuerschutzgesetz vom 1. 2. 1939 beträgt die Steuer bei öffentlich-rechtlichen Versicherungsunternehmungen im Falle der Zwangsversicherung oder eines

Monopolrechtes 12, in den übrigen Fällen 6 und bei privaten Versicherungsunternehmungen 4% des Gesamtbetrages der Versicherungsentgelte aus Feuerversicherungen (§ 4). Der Erstversicherer darf das Versicherungsentgelt, das er an den Rückversicherer zu entrichten hat, um den der Steuer entsprechenden Hundertsatz kürzen (§ 5, Abs. 3). Bei die Feuerversicherung einschließenden kombinierten Versicherungen wird die Steuer in der Hausratversicherung (Feuer-, Einbruchdiebstahl- und Leitungswasserschädenversicherung) aus 40%, in den übrigen Fällen aus 50% des Gesamtentgeltes berechnet (Durchführungsbestimmungen vom 1. 2. 1939, § 4).

Die Feuerschutzsteuer erbrachte dem Bund im Rechnungsjahr 1948/49 16,6 Mill. DM, im Rechnungsjahr 1949/50 18,3 Mill. DM. Ist ihr Ertrag noch geringer als der der Versicherungssteuer, so kann man ihr doch, sofern sie zweckgemäß verwendet wird, einen gesamtwirtschaftlich günstigen Einfluß (Verhütung und Eindämmung der Brandfälle) nicht abstreiten. Nicht vergessen darf aber werden, daß sich die Verbesserung der Brandverhütungs- und -bekämpfungsmaßnahmen auch auf andere Versicherungszweige (Transport-, Kraftfahrzeug-, Unfall- und u. U. sogar Haftpflichtversicherung) auswirkt. Die unterschiedliche Belastung der öffentlichen und privaten Versicherer läßt sich, soweit bei jenen Zwangs- oder Monopolrechte vorliegen, damit begründen, daß die Wettbewerbslage nicht berührt wird und diese Anstalten den günstigeren Teil des Feuerversicherungsgeschäftes (Gebäudeversicherung) beherrschen.

Versicherungsunternehmungen als Hilfsorgane der Steuerverwaltung

Wie die anderen Unternehmungen, haben die Versicherer ihren Teil an dem „versteckten Staatsbedarf" zu tragen. Eigentlich den Staat treffende Kosten erscheinen dadurch in ihrem Etat (optische Verminderung des Staatsbedarfs) und einige Unkosten entstehen ihnen durch Aufgaben, die sie im Interesse des Fiskus durchzuführen haben. Im ganzen trifft sie jedoch aus diesem Umstand keine unerträgliche Mehrbelastung im Vergleich mit anderen Unternehmungen, wenn sich auch einige unangenehme Nebenwirkungen einstellen können.

Im einzelnen handelt es sich um

a) Einhebung und Abführung von Steuern (Lohnsteuer, Kapitalertragssteuer, Aufsichtsratsteuer, Notopfer, Kirchensteuer) wie sie auch die übrige Wirtschaft treffen; hierher gehört auch die Abführung der Sozialversicherungsbeiträge;

b) Einhebung und Abführung der Versicherungssteuer und der Feuerschutzsteuer;

c) Anzeige- und Auskunftspflichten gegenüber den Finanzbehörden. Einmal trifft die Versicherer die allgemeine Auskunftspflicht Dritter gegenüber dem Finanzamt über Tatsachen, die für die Ausübung der Steueraufsicht oder in einem Steuerermittlungsverfahren von Bedeutung sind (Reichsabgabenordnung § 175), und zur Verhinderung von Steuerflucht oder Verkürzung von Steuereinnahmen (RAO. § 201). Erbschaftssteuergesetz § 29 verpflichtet die Versicherungsunternehmungen, bevor sie Versicherungssummen oder Leibrenten an einen anderen als den Versicherungsnehmer auszahlen, dem Finanzamt den wesentlichen Inhalt des Versicherungsvertrages und die Person des Empfangsberechtigten mitzuteilen; eine Bestimmung, die ihrem Zweck entsprechend nur für die Lebens- und Unfallversicherung gilt. Hat sich die Versicherungsgesellschaft bei Zahlung von Versicherungssummen oder Leibrenten an einen im Ausland wohnenden Berechtigten nicht vorher durch Rückfrage beim Finanzamt von der Bezahlung der Erbschaftssteuer unterrichtet, haftet sie in Höhe des ausgeantworteten Betrags für die Steuer (ErbschStG. § 15, Abs. 6).

Diese Anzeige- und Auskunftspflichten sind nicht bedenkenlos. Sie können unter Umständen von dem Abschluß einer Versicherung abhalten. Grundsätzlich sollte auch hier der Staat wie den Banken gegenüber eine Geheimhaltung respektieren, denn der Erfolg in einzelnen Fällen steht in keinem Verhältnis zu den indirekten Schäden, die ihm und der Gesamtheit aus derartigen Maßnahmen erwachsen. Jedesmal, wenn Befürchtungen auftauchen, daß im Zusammenhang mit steuerlichen Maßnahmen (Lastenausgleich) auf Versicherungswerte zurückgegriffen werden könnte, entsteht eine Scheu, die Gegenstände entsprechend ihrem tatsächlichen Werte zu versichern. Im Falle eines Schadens (Unterversicherung!) ist dann nicht nur der Versicherte geschädigt, der Versicherer hat unangenehme Auseinandersetzungen mit dem Versicherten. Wenn man den Versicherer zu einem Handlanger des Steuerbüttels macht, braucht man sich nicht zu wundern, wenn vieles unversichert bleibt oder nach Möglichkeit im Ausland versichert wird.

Allgemeine Steuerpolitik und Versicherungswirtschaft

Die Versicherungsnachfrage wird entscheidend von der Zahlungsfähigkeit der Bevölkerung bzw. der Betriebe bestimmt. Selbst bei den als unbedingt notwendig erachteten Versicherungen (Feuer- und Haftpflichtversicherung) wird bei Zahlungsschwierigkeiten oft eine Unterversicherung in Kauf genommen. In den anderen Versicherungszweigen, insbesondere in der Lebens- und Unfallversicherung, zeigt sich diese Abhängigkeit in verstärktem Maße. Diese Zahlungsfähigkeit für Versicherungsprämien steht ihrerseits in engem Zusammenhang mit der Steuerpolitik überhaupt, denn sie ist bedingt:

1. durch die Mittel, die die Wirtschaften selbst für die Versicherungsnahme bereitstellen können und die bei den heute üblichen hohen Steuersätzen durch das begrenzt werden, was die Steuer vom Einkommen oder den Einnahmen noch übrigläßt, und
2. durch die gebotene Möglichkeit, Versicherungsprämien von dem steuerbaren Einkommen abzusetzen, mit anderen Worten, einen Teil der Prämienausgaben auf den Staat „abzuwälzen". Ein Beweis für die Häufigkeit derartiger Erwägungen ist es, daß die Propaganda der Versicherungsunternehmungen gerade mit Vorliebe diesen Gesichtspunkt anführt.

Während eine hohe Besteuerung für sich die Versicherungsnachfrage einengt, wird sie gerade bei hohen Steuersätzen durch die Abzugsfähigkeit der Versicherungsausgaben gefördert. Es dürfte wohl nur dem letzten Umstand zuzuschreiben sein, daß bei der gegenwärtig hohen Steuerbelastung die Versicherungswirtschaft nicht abgedrosselt wurde.

Bei der *Einkommensteuer* und analog bei der *Körperschaftssteuer* (KStG. § 6) können vom Gesamtbetrag der Einkünfte abgesetzt werden:

a) als *Werbungskosten* die Versicherungsbeiträge, soweit sie sich auf Gebäude oder auf Gegenstände beziehen, die dem Steuerpflichtigen zur Einnahmeerzielung dienen (EStG. § 9, Abs. 2);
b) als *Sonderausgaben* die Beiträge und Versicherungsprämien zu Kranken-, Unfall-, Haftpflicht-, Angestellten-, Invaliden- und Erwerbslosenversicherungen, zu Versicherungen auf den Lebens- oder Todesfall und zu Witwen-, Waisen-, Versorgungs- und Sterbekassen (EStG. § 10, Abs. 2a). Während die Werbungskosten

und damit auch die darunter fallenden Sachversicherungsprämien in voller Höhe abgesetzt werden können, sind Sonderausgaben einschließlich der darin enthaltenen Prämien nur in beschränktem Maße abzugsfähig (EStG. § 10, Abs. 3).

Die Abzugsfähigkeit der Versicherungsprämien ist wichtig für die sog. *Teilhaberversicherung*. Bei der einen Betriebsvorgang darstellenden eigentlichen Teilhaberversicherung *(Brönner)* schließt eine Personengesellschaft (K.G., O.H.G. G. m. b. H.) auf den Tod eines Gesellschafters eine Kapitalversicherung zu ihren Gunsten ab, um die Erben auszahlen zu können. Der Abzugsfähigkeit der Beiträge über Unkostenkonto steht allerdings die Verpflichtung gegenüber, den jeweiligen Rückkaufswert der Versicherung zu aktivieren; das Mehr der im Todesfall des Gesellschafters zufließenden Versicherungssumme gegenüber dem bis dahin aktivierten Rückkaufswert stellt einen steuerpflichtigen Gewinn dar. Man sieht, die tatsächlich erzielbare Steuereinsparung ist nicht allgemein abzuschätzen. Bei der nicht als Betriebsvorgang anerkannten Teilhaberversicherung fließt die Versicherungssumme den Erben des verstorbenen Teilhabers zu (uneigentliche Teilhaberversicherung); sie berührt das Betriebsvermögen nicht, und die Prämien sind nicht absetzbar. Welche der beiden Formen der Teilhaberversicherung im Einzelfall vorliegt, bestimmt sich nach einem Urteil des Reichsfinanzhofs vom 3. 12. 1931 nicht so sehr nach dem Wortlaut des Versicherungsvertrages sondern danach, was tatsächlich beabsichtigt ist. Viele Streitfragen hinsichtlich der Teilhaberversicherung sind noch ungelöst.

Für die *Gewerbesteuer* nach dem Gewerbeertrag wird der Gewinn nach den Vorschriften des Einkommensteuergesetzes oder des Körperschaftssteuergesetzes mit einigen Zuschlägen oder Abzügen berechnet, so daß hierfür die gleichen Vergünstigungen für Versicherungsprämien gelten (GewStG. § 7).

Infolge der nach der Einkommenshöhe und dem Familienstand abgestuften Steuerprogressionen wirkt sich die Steuereinsparung durch die Abzugsmöglichkeit der Versicherungsprämien sehr verschieden aus. Es werden die Träger kleiner Einkommen vor den Großverdienern bevorzugt und damit die Versicherungsnachfrage der großen Masse angeregt, ein sozialpolitisch erstrebter Zweck, dem jedoch wirtschaftspolitisch einige Bedenken gegenüberstehen (Hemmung der Kapitalbildung bei Trägern hoher Einkommen).

Eine verschiedenartige Regelung des Steuerrechts wirkt sich für den in mehreren Landesteilen arbeitenden Privatversicherer ebenso kostenverteuernd aus wie die Rechtszersplitterung. Auch schafft nur ein einheitliches Steuerrecht zu seinem Teil gleiche Wettbewerbsbedingungen.

Schrifttum: a) Die bekannten Werke der Finanzwissenschaft, insbesondere von *Lotz, Terhalle, Gerloff, Weddigen* usw.; b) Einschlägige Artikel im HStW. und WdV. *(Lampe)*; c) Handbuch der Finanzwissenschaft, herausgegeben von *Wilhelm Gerloff* und *Fritz Neumark*, Tübingen 1950ff.; d) Art. „Besteuerung" im VL. *(Wertheimer)*; e) *Mirre-Dreutter* „Das Körperschaftssteuergesetz", München und Berlin 1939; f) *Herbert Brönner* „Die Besteuerung der Gesellschaften", Stuttgart 1950; g) *Walther Thier* „Steuerrecht der Personengesellschaften", Berlin 1949; h) *Max Freiherr Riederer von Paar* „Steuerrecht" in DVW. Bd. III.

§ 28. Nationalisierung des Versicherungswesens

Eine letzte Gruppe staatlicher Maßnahmen, die sich im Wirkungsfeld der Versicherungspolitik bewegen, läßt sich als Nationalisierung des Versicherungswesens klassifizieren. Der Begriff der Nationalisierung wird dabei in einem doppelten Sinne gebraucht:

1. *Nationalisierung = Verstaatlichung (Sozialisierung) des Versicherungswesens schlechthin oder bestimmter Zweige.* Es ist die höchstmögliche positive Einflußnahme des Staates auf das Versicherungswesen; sie kann, wie auf Seite 371 dargelegt, in verschiedenen Varianten vorkommen.
2. *Nationalisierung = Ausschluß andersstaatlicher Versicherer von der nationalen Versicherungswirtschaft schlechthin oder nur von bestimmten Zweigen.* Die eigene Versicherungswirtschaft ist den eigenen Versicherern vorbehalten *(Versicherungsautarkie).*

Während die erste Form praktisch zur Staatsversicherung führt, ist die zweite mit der privaten Organisationsform der Versicherung vereinbar; abgesehen von dem Ausschluß ausländischer Versicherer kann sich der Staatseinfluß auf die Versicherungswirtschaft in verschiedenem Grade je nach der befolgten Versicherungspolitik geltend machen.

Kann die Verstaatlichung des Versicherungswesens mit Sozialisierungsabsichten in Gegnerschaft zur Marktwirtschaft begründet werden, ist sie der Vollzug der Zentralverwaltungswirtschaft *(Eucken)* auf dem Gebiete der Versicherung, so kann eine Nationalisierungspolitik im zweiten Sinn mit der grundsätzlichen Bejahung einer auf den Staatsraum beschränkten Marktwirtschaft (Verkehrswirtschaft) in Einklang gebracht werden. Verstaatlichung kann aus grundsätzlicher Ablehnung privater Unternehmungsformen überhaupt oder nur auf dem Gebiete der Versicherungswirtschaft, Versicherungsautarkie unter grundsätzlicher Verneinung solcher Tendenzen allein aus nationalpolitischen Absichten gefolgert werden. Bestrebungen zu einer Nationalisierung des Versicherungswesens in der einen oder anderen Richtung treten immer wieder auf, und sie finden in den jeweiligen politischen, sozialen und wirtschaftlichen Zuständen eine Stütze, die solange hält, bis sich die Verhältnisse oder die Anschauungen wieder ändern. Da Verstaatlichung der Versicherungswirtschaft und Versicherungsautarkie zumeist auf entgegengesetzte Beweggründe zurückzuführen sind, ist es verständlich, daß derartige Bestrebungen in beiden Richtungen nicht gleichzeitig nebeneinander auftreten, wenn sie sich auch gegenseitig zu beeinflussen vermögen.

I. Verstaatlichung des Versicherungswesens

Sofern aus einem allgemeinen Sozialisierungsdogma heraus die vollständige Überführung der Versicherungswirtschaft auf Staatsbetriebe oder vom Staat geführte Körperschaften öffentlichen Rechts gefordert wird, ist für eine Diskussion der dafür oder dagegen sprechenden Gründe aus der Struktur der Versicherungswirtschaft wenig Raum gegeben und wenig Verständnis zu erwarten. Über Verstaatlichung als Glaubensdogma läßt sich wissenschaftlich nicht rechten. Die Vorteile werden übertrieben und der Hinweis auf die unvermeidlichen Nachteile wird als unumgängliches Opfer für das geglaubte Ideal abgetan. Wir müssen uns deswegen auf die speziell zugunsten einer Verstaatlichung des Versicherungswesens vorgebrachten Gründe beschränken. Solche sind:

1. *Aus der Not und dem Unglück anderer Menschen oder aus dem zu gegenseitiger Hilfe bereiten Gemeinschaftsgefühl sollen keine unternehmerischen Gewinne bezogen werden.* Das Verdammungsurteil kann sich gegen die von privatem Gewinnstreben geleiteten Versicherungsunternehmungen schlechthin richten wie auch besonders gegen die Vorteile, die die Ver-

sicherer bei der Regulierung der Schadenfälle dank ihrer günstigeren Stellung gegenüber dem Geschädigten in seiner zumeist wirtschaftlich geschwächten Lage geltend machen können.

Es handelt sich hier um eine wirtschafts- oder sozialethische Gesinnung, wie sie schon dem mittelalterlichen Zins- und Wucherverbot zugrunde lag und wie sie von den verweltlichten Sozialisten unserer Tage im Gegensatz zu der in einer kapitalistischen Umwelt verderbten Natur des Menschen vorgebracht wird. Man kann vom Boden des Postulats der Subsidiarität der Staatstätigkeit aus fordern, daß für Fälle der Not, deren sich zu erwehren der einzelne zu schwach ist, dem übergeordneten Staat die „natürliche" Aufgabe der Hilfe zufalle. Auch der tief religiöse *Bismarck* hat einmal den Gedanken geäußert, man dürfe menschliches Unglück nicht zum Gegenstand des Erwerbes machen.

In nüchterner Betrachtung kann man gegen diese Auffassung geltend machen, daß einige Versicherungszweige wie z. B. Aussteuerversicherung, Studiengeldversicherung, Kapitalversicherung auf den Erlebensfall oder die Rentenversicherung zugunsten des Versicherten direkt nicht an menschliches Unglück anknüpfen. „Soweit aber die Versicherung Ereignisse deckt, die als menschliches Unglück anzusehen sind, wie Unfälle, Krankheiten, Sterbefälle (die übrigens nicht immer als Unglück gelten können), Brandfälle, Hagelschläge, Einbrüche, Viehsterben usw., was soll es hier heißen, daß menschliches Unglück nicht zum Gegenstand des Erwerbes gemacht werden dürfe? Lehnt man das hier grundsätzlich ab, warum lehnt man dann nicht auch den Erwerbszweck bei Leihhäusern und Kreditanstalten ab, die man in wirtschaftlicher Not um Hilfe angehen muß, warum nicht auch bei Ärzten und Heilanstalten und Bädern, deren Tätigkeit doch gewiß an Schicksalsschläge und Unglücksfälle des Menschenlebens anknüpft? Zieht nicht auch die Kirche aus Begräbnissen Erträge, nicht auch der Rechtsanwalt aus der Verstrickung des Menschen in Prozesse und Rechtsstreitigkeiten, nicht auch der Handwerker und Gewerbetreibende, der für die durch Krieg, Aufruhr, Blitzschlag, Überschwemmungen usw. zerstörten Bedarfsgegenstände Ersatz an die vom Unglück Betroffenen liefert? Wollte man den Satz verallgemeinern, so müßte man einen großen Teil der menschlichen Erwerbsarbeit überhaupt verneinen. Warum soll der Satz nur beim Versicherungswesen gelten?" *(v. d. Borght).* Kann man nicht auch aus einem religiösen, sittlichen oder humanitären Gebot zu raschest möglicher wirksamer Hilfe heraus gerade ein System fordern, das unter dem Antrieb des privaten Gewinnstrebens die Hilfeleistung intensiviert und beschleunigt? Gilt das nicht besonders dann, wenn eine gegenseitige Konkurrenz der Versicherer die Gewinnmöglichkeiten begrenzt und wenn sie in der Erfüllung ihrer Aufgabe vom Staate oder der Öffentlichkeit überwacht werden? Man sieht, allgemeine ethische Postulate werden hier wie auch anderwärts zweideutig, sobald sie auf konkrete Tatbestände des Lebens angewandt werden.

2. *In einer die ganze Volkswirtschaft umschließenden Staatsversicherung ist ein besserer Ausgleich als in den einzelnen Beständen privater Versicherer zu erwarten*, die jeweils nur sehr unterschiedliche Teilausschnitte in Deckung haben. Schadensschwankungen verteilen sich auf einen größeren Bestand, und das komplizierte Rückdeckungsverfahren mit seiner Mehrarbeit wird hinfällig.

Dieses Argument mag sich auf nichtindustrialisierte Volkswirtschaften anwenden lassen, die keine überdurchschnittlichen Elemente (Betriebe, Menschenagglomerationen) aufweisen, obwohl auch in diesem Fall in gut gemischten Beständen einer nicht zu großen Anzahl privater Versicherer ein annähernd ebenso guter Ausgleich gegeben ist. In hochindustrialisierten Volkswirtschaften mit umfangreichen Anlagen der Großtechnik, der Konzentrierung bedeutender Menschen-, Kapital- und Energiemengen an einigen Orten und des daraus resultierenden intensiven Massenverkehrs entstehen unvermeidlich überdurchschnittlich große Wagnisse, deren Risiko selbst innerhalb einer Volkswirtschaft nicht ausgeglichen werden kann. Auch staatliche Rückversicherungsmonopole haben Zessionen an ausländische Rückversicherer vornehmen müssen.

Die Schlagkraft des Argumentes hängt wesentlich von der Größe der betreffenden Volkswirtschaft und von der Struktur des Versicherungszweiges ab. Es gilt eher für räumlich große als räumlich kleine Volkswirtschaften, und es kann in raumgebundenen Wagnissen unter Umständen zu bedenklichen Cumuls führen. Das letzte gilt namentlich bei Versicherungszweigen mit Katastrophengefahren, wie bei der Hagelversicherung, wo selbst Landesversicherungsanstalten keinen genügenden Ausgleich bieten *(Rohrbeck).*

3. ***Staatsversicherung ermöglicht eine Verbilligung des Versicherungsschutzes***, weil die vielfältigen und gehäuft auftretenden Kosten einer Menge Privatversicherer wegfallen. Werbungskosten können vermieden, Verwaltungs- und Regulierungskosten reduziert werden. Relativ zum größeren Bestand sind geringere Reserven notwendig. Unproduktiver Leerlauf des Konkurrenzsystems entfällt.

Von den Verfechtern dieses Argumentes vorgebrachte Zahlenzusammenstellungen über die geringeren Kosten der Staatsversicherung sind nicht immer einwandfrei, weil bei Privatversicherern auftauchende Kosten im Staatshaushalt ganz oder teilweise unter anderen Titeln verbucht und eigentlich der Versicherung zustehende Arbeiten anderen Ämtern zugeschoben werden können (Prämieneinzug, Schadensauszahlung, Geldverwaltung, Überwachung der Wagnisse, Schadenverhütung). Ceteris paribus wird man jedoch diesem Argument eine gewisse Berechtigung nicht bestreiten können, es fragt sich allerdings, ob dieser Vorzug andere Nachteile der Staatsversicherung aufwiegt. Dem unproduktiven Leerlauf des Konkurrenzsystems steht die freilich nicht unbedingt zu begrüßende höhere Effektivität der Privatangestellten gegenüber, die jenen Nachteil wenigstens in etwas kompensiert. Die Frage, ob eine Staatsversicherung zur Verbilligung des Versicherungsschutzes führt, kompliziert sich, wenn bisher in der Privatversicherung gewährte Gewinnanteile wegfallen.

4. ***Versicherungsgewinne sollten dem Staate zufließen und damit indirekt zur Entlastung der Staatsbürger*** (durch Steuerermäßigung, Verbesserung der Staatsleistungen) ***dienen***, ein Argument, das gern mit dem unter 1. aufgeführten ethischen verbunden wird.

Bei der bekannt fiskalischen Einstellung der Finanzminister ist zu befürchten, daß mit der Proklamierung dieses Zieles die mögliche Verbilligung des Versicherungsschutzes unterbunden wird, denn mit dem Essen kommt der Appetit. In die Versicherungsprämien wird eine unsichtbare Steuer einkalkuliert, was auch in einigen Projekten offen zugegeben wird. Schätzungen über die zu erwartenden Staatseinnahmen aus der Versicherung sind mit Vorsicht aufzunehmen, denn mit der Überführung entfällt das bisherige Auslandsgeschäft der Privatversicherer und die unter Umständen daraus geflossenen Gewinne. Ersatzleistungen ausländischer Versicherer fallen weg. Kann die Rückversicherung gespart werden, so ist dafür mit einer größeren Schadensumme zu rechnen. Der Einblick in den tatsächlichen Verlauf des Versicherungsgeschäftes wird unter Umständen noch mehr erschwert, namentlich wenn öffentliche Interessen berührt werden. Selbst wenn alle Gewinne aus dem Versicherungswesen dem Staat zufließen, dürfte unter der Voraussetzung normaler Prämien für den einzelnen Staatsbürger keine ins Gewicht fallende Steuerersparnis (u. U. aufgewogen durch den Wegfall der Versichertendividenden) oder bemerkbare Verbesserung der Staatsleistungen herauskommen.

5. *Staatsversicherung ermögliche einen sozialen Beitragsausgleich* (Durchschnittsprämien, generelle Prämien), *eine soziale Schadenregulierung, eine gleichmäßige, von sonstigen Interessen absehende Behandlung aller Versicherungsnehmer und vermeide das Auftreten eines Versicherungsnotstandes.* Alle Schichten der Bevölkerung, alle Wirtschaftskreise und das gesamte Staatsgebiet werde einheitlich und gleichmäßig von der Versicherung erfaßt, nicht nur die Gewinn versprechenden Sektoren. Hochgefährdete, aber volkswirtschaftlich notwendige Wagnisse könnten zu tragbaren Durchschnittsprämien mitgedeckt werden.

In dieser allgemeinen Form besagt dieses Argument jedoch nicht viel, denn es kommt entscheidend darauf an, was man im einzelnen unter sozialen Beiträgen, sozialer Schadenregulierung, gleichmäßiger Behandlung aller Versicherungsnehmer versteht. Es besteht die Gefahr, daß sich in der von politischen Einflüssen abhängigen Staatsversicherung die politisch maßgebenden Schichten oder Kreise als die sozial zu bevorzugenden aufspielen und die politischen Gegner und nicht genehmen Kreise als die sozial weniger zu berücksichtigenden hinstellen. Politisierung der Geschäftsführung kann die wahre Funktion der Versicherung lahmlegen und die Beitragszahler zu möglichst weitgehender Ausnutzung der Versicherung verleiten (Ausnutzungspsychose). Generelle und Durchschnittsprämien sind nicht unbedingt den speziellen vorzuziehen, wie auf Seite 185ff. gezeigt wurde. Gegen Versicherungsnotstände können auch von seiten der Privatversicherer Maßnahmen ergriffen werden. Wenn die Staatsversicherung mit Versicherungszwang ausgestattet wird, ist tatsächlich die höchstmögliche Versicherungsdichte erreichbar.

Fraglich ist, wieweit die gleichmäßige Behandlung aller Versicherten deren Interessen entspricht. Der große Apparat droht zu einer schematischen und bürokratischen Behandlung aller Fälle zu führen, gegen die es praktisch keine Einwendungen gibt. Der Abstand zwischen der obersten Spitze und dem einzelnen Versicherten verlängert sich. Unter Berufung auf das Sozialprinzip kann der Staat ihn treffende Aufgaben wie z. B. die Kriegsopferversorgung, Notstandsmaßnahmen, Hilfsaktionen u. dgl. auf die Versicherung ganz oder teilweise abschieben.

6. *Mit den Versicherungsgeldern, insbesondere den Reserven, bekommt der Staat Kapitalbeträge in die Hand, die ungeachtet des privaten Profitstrebens in volkswirtschaftlich vorteilhafter Richtung angelegt werden können.* Je mehr sich das Sparen vom freiwilligen zum organisierten Zwangssparen verschiebt, desto wichtiger werden die Versicherungsgelder für die staatliche Wirtschafts- und Kapitallenkung.

Das Verführerische dieses Argumentes hat die Erfahrung hinreichend belegt. Die enge Verbindung mit dem Staat hat die Versicherung in seine Katastrophe mit hineingerissen (Vernichtung der Deckungswerte). Bei feindlicher Besetzung droht die Wegnahme der Staatswerte zuerst. Abgesehen von diesen Einwänden bleibt die Gefahr der Fehllenkung der Versicherungskapitalien in ertraglose oder riskante Unternehmen (Illiquidität), die wegen der geringen Rendite den Versicherungsschutz verteuern und die Erfüllung der versprochenen Versicherungsleistung im Ernstfall fraglich machen. Man kann nicht gleichzeitig billigen Versicherungsschutz versprechen und mit Versicherungskapitalien zu verbilligten Zinssätzen sozialen Wohnungsbau finanzieren.

7. *Eine Staatsversicherung verbinde die Interessen jedes einzelnen Versicherten mit dem Wohl und Wehe des Staates*, erziehe ihn zu einem um das Staatswohl und um seinen unversehrten Bestand besorgten Staatsbürger. Das Vertrauen, das der Versicherte seinem Privatversicherer

entgegenbrachte, wird in erhöhtem Maße der Staatsversicherung zugewandt, auf die jeder Versicherte über die politischen Körperschaften einen bei der Privatversicherung nicht gegebenen Einfluß habe.

Dieses Argument hat *Bismarck* an Hand der Erfahrung über das Interesse des französischen Rentners an seinem Staat bei der Schaffung der deutschen Sozialversicherung geleitet. Je nach der politischen Einstellung hat man in der späteren Geschichte des Deutschen Reiches ein Fiasko oder einen Erfolg dieses Argumentes gesehen. Hinsichtlich einer reinen Staatsversicherung wird man es nicht unbedingt überzeugend finden. *Bismarck* dachte an die Erhaltung des von ihm geschaffenen Reiches, während die Folgezeit den Staat als eine Erscheinung mit unter Umständen rasch wechselndem Inhalt erkannte, wobei wegen des politischen Gewichtes der versicherten Massen jede Staatsform unbekümmert um ihren sonstigen Inhalt die Versicherungsansprüche nach Möglichkeit wahren muß, der Versicherte also keineswegs an der Erhaltung einer bestimmten Staatsform, was die Versicherung anlangt, materiell interessiert sein muß. Schon *Bismarck*, der mit der positiven Maßnahme der Sozialversicherung neben dem negativ wirkenden Sozialistengesetz (1878—1890) der Radikalisierung der Arbeiterschaft vorbeugen wollte, erkannte sich getäuscht.

Abgesehen von diesen Einwänden gegen eine Verstaatlichung des Versicherungswesens weisen die Gegner einer derartigen Politik darauf hin, daß sich die bei einer Verstaatlichung erhofften Vorteile ohne die geschilderten Nachteile erreichen lassen, wenn der Staat eine dementsprechende Aufsicht über das private Versicherungswesen einrichtet und unterhält. Ob man in der Verlagerung eines weiteren Teiles der Wirtschaft in die Staatssphäre und der damit verbundenen Steigerung der Staatsmacht auf der einen, der erhöhten Abhängigkeit der Einzelwirtschaften vom Staat auf der anderen Seite einen Vor- oder einen Nachteil zu erblicken hat, hängt davon ab, an welche Geschichtsphilosophie man glaubt und welcher Staatstheorie man sich verschrieben hat. Die Frage, ob die private oder die staatliche Organisationsform der Versicherungswirtschaft vorzuziehen sei, wird sich wissenschaftlich kaum mit absoluter und „ewiger" Gültigkeit beantworten lassen: es kommt entscheidend darauf an, in welchem Geiste gearbeitet wird, um welchen Versicherungszweig es sich handelt, welche Entwicklung das Versicherungswesen und speziell der Zweig, um den es geht, bis dato genommen hat und wie die ganze politische, wirtschaftliche und soziale Struktur eines Landes ist. Aus der bisherigen Tätigkeit von Staatsanstalten neben Privatversicherern dürfen nur mit Vorbehalt Schlüsse gezogen werden, weil man nicht voraussagen kann, wie sich das Verhalten dieser Anstalten den Versicherten gegenüber ändert, wenn sie ohne Konkurrenz von Privatversicherern allein das Versicherungsgeschäft betreiben dürfen. Nicht unwesentlich ist weiter der Umstand, in welcher Weise die Staatsversicherung organisiert wird (Staatsanstalt oder staatlich protegierter Selbstverwaltungskörper), welchen Einfluß man den Versicherten einräumt und welche Rechtsgarantien in den Apparat eingebaut werden.

Eine geschichtssoziologische Betrachtung mag konstatieren, daß in diesem Jahrhundert die Zahl der Verstaatlichungen nicht unerheblich zugenommen hat, sie wird nicht übersehen dürfen, daß in einer Reihe von Fällen dauernd oder vorübergehend Rückbildungen zum Privatbetrieb eingetreten sind. Sie wird vor allem nicht außer acht lassen können, daß, eben weil die Frage Staatsbetrieb oder Privatbetrieb in der

Versicherungswirtschaft mehr nach Stimmungen und Imponderabilien als nach ökonomischen Zweckmäßigkeiten entschieden wird, niemand mit Verläßlichkeit vorauszusagen vermag, ob es sich in diesen Tendenzen um eine fortlaufende Entwicklung in gleicher Richtung oder um einen langfristigen Pendelschlag nach der einen oder anderen Seite handelt, dem nach einer gewissen Zeit entsprechend dem sonst zu beobachtenden Rhythmus des abendländischen Lebens eine Gegenbewegung folgt.

II. Versicherungsautarkie

Für den Ausschluß ausländischer Versicherer können neben rein nationalistischen Gründen bei dem Lauf der Welt, wie er nun einmal ist, auch gewisse Vorsichtsmaßregeln geltend gemacht werden, die nicht immer einem Mißtrauen gegen ausländische Versicherer schlechthin entspringen müssen. Die Absicht, das Versicherungsgeschäft ausschließlich oder bevorzugt den Versicherern eigener Nationalität zuzuführen, kann sich aus einer Reihe von Überlegungen ergeben:

1. *Der ausländische Versicherer sei ausschließlich vom Gewinninteresse bestimmt*, denn ein Verantwortungsgefühl für die Funktion der ihm fremden Volkswirtschaft könne von ihm nicht erwartet werden.

Dieses Bedenken kann ebenso gegen ausländische Erstversicherer wie gegen ausländische Rückversicherer geltend gemacht werden. Ausländische Versicherer suchen eine gewinnbringende Ergänzung ihres eigenen Geschäftes und sind deswegen nur an der Übernahme guter Risiken interessiert, von den weniger günstigen halten sie sich zurück, überlassen sie lieber den inländischen Versicherern. Ob und inwieweit sich derartige Tendenzen bei ausländischen Versicherern einstellen, hängt jedoch ganz von den Absichten ab, mit denen sie an das inländische Geschäft herantreten. Suchen sie nur in einem kurzfristigen Engagement gelegentlich einen Gewinn mitzunehmen, werden die geschildeten Gesichtspunkte bei ihnen mehr zur Geltung kommen, als wenn sie sich ein langfristiges Geschäft im Inland aufzubauen versuchen. Es ist auch zu unterscheiden zwischen Versicherern, die in ihrem eigenen Lande ein ausreichendes Geschäft haben, also auf das Auslandsgeschäft nicht entscheidend angewiesen sind, und Versicherern wie vor allem den schweizerischen, die wegen der Kleinheit ihres Landes sich nur bei einem umfangreichen und gutgepflegten Auslandsgeschäft halten können. Wichtig ist auch, welche Entscheidungsbefugnis dem inländischen Repräsentanten des ausländischen Versicherers eingeräumt ist.

2. *Weil im Falle politischer Verwicklungen der ausländische Versicherer zur Aufgabe des inländischen Geschäftes gezwungen sein kann, besteht die Gefahr eines Versicherungsnotstandes, wenn nicht genügend inländische Versicherer zur Verfügung stehen.* Sicherheit auf alle Fälle erheischt demnach bevorzugte Schaffung inländischer Versicherer und Zurückdämmung der Geschäftstätigkeit ausländischer.

Von der Wirksamkeit dieses Argumentes wurden besonders die deutschen Rückversicherer, die in zwei Weltkriegen und jedesmal noch einige Zeit danach von ihren überseeischen Verbindungen (Südamerika) abgeschnitten waren, betroffen. Solange ewiger Friede und Eintracht unter den Völkern einem realistischen Betrachter nicht genügend gesichert scheinen, kann diesem Argument eine gewisse Berechtigung nicht abgesprochen werden. Um es nicht zu einem willkommenen Argument gegen die vielleicht unliebsame Konkurrenz ausländischer Versicherer mißbrauchen zu lassen, sollte vor seiner Anwendung jedoch geprüft werden, ob die ausländischen Versicherer tatsächlich einen solchen Anteil am inländischen Geschäft haben, daß ohne diesen kein gesundes inländisches Versicherungsgewerbe sich entwickeln kann.

3. *Abziehung der Versichertengelder, Deckungsreserven und Gewinne entzieht der Volkswirtschaft Kapitalien und beeinträchtigt die Zahlungsbilanz.* Selbstverständlich kann bei Verlusten im Versicherungsgeschäft der umgekehrte Tatbestand eintreten, aber da der ausländische Versicherer im Inland nur das günstigere Geschäft sucht, wird dieser Fall als der weniger häufige angenommen.

Aber kann nicht unter Umständen die Anlage der Deckungswerte im Ausland die ertragreichere sein, kann sie damit nicht eine Verbilligung des Versicherungsschutzes bewirken? Übrigens können derartige volkswirtschaftlich schädigende Tendenzen durch zweckentsprechende Aufsichtsbestimmungen (Pflicht zur Haltung der Depots im Inland) hintangehalten werden. Wenn im Inland die Besteuerung der Versicherer höher ist, insbesondere schärfer ansteigende Progressionen gelten als im Ausland, kann sich eine Benachteiligung des inländischen Versicherers ergeben, weil dieser mit seinem Geschäft, der Ausländer hingegen nur mit dem Teil seines Inlandsgeschäftes herangezogen wird. Ob dieser Vorteil für den ausländischen, Nachteil für den inländischen Versicherer ins Gewicht fällt, hängt indes ganz von der Struktur der jeweiligen Steuertarife ab. Allgemeingültiges wird sich schwer behaupten lassen.

4. *Da der Versicherer zur Beurteilung der Wagnisse über viele technische Vorgänge der Betriebe und volkswirtschaftlichen Anlagen unterrichtet werden muß, die im nationalen Interesse gegenüber dem Ausland geheimgehalten werden sollen, erscheint ein Ausschluß ausländischer Versicherer angebracht.*

Dieses Mißtrauen gegen ausländische Versicherer hat sich namentlich vor dem letzten Weltkrieg in allen Staaten verbreitet und wirkt heute außerhalb Deutschlands noch nach. In Deutschland wurden von der Versicherung bestimmter Objekte (sog. Staatswichtiger Betriebe) ausländische Versicherer überhaupt ausgeschlossen, und die inländischen mußten die Versicherungen ohne näheren Einblick in die Betriebsvorgänge zeichnen, bzw. mußten sich den Entscheidungen eines Vertrauensmannes ohne weitere Aufklärung fügen. Im Gegensatz zu anderen Wirtschaftszweigen sind jedoch Fälle der Werkspionage auf dem Wege der Versicherungsverträge bis jetzt nicht bekannt geworden, solide ausländische Versicherer scheinen die Folgen eines solchen Vertrauensbruches für ihr eigenes Geschäft ebenso zu fürchten wie die inländischen Versicherer.

Gegen eine Autarkiepolitik auf dem Gebiete der Versicherungswirtschaft spricht namentlich die für Großrisiken notwendige internationale Verteilung, der Ausgleich durch ein weltweites Rückversicherungssystem und die Heraufbeschwörung von Gegenmaßnahmen ausländischer Staaten zu Lasten der eigenen im Ausland tätigen Versicherer. Weil der Versicherungsmarkt auf seiten des Angebots zur Oligopolsituation neigt, kann die Konkurrenz ausländischer Versicherer volkswirtschaftlich günstig wirken, insbesondere kann sie aus einem anderen Erfahrungsbereich heraus zu zweckmäßigen Neuerungen führen und das Versicherungswesen vor Erstarrung bewahren helfen.

Der Betrieb des Auslandsgeschäfts unterwirft den Versicherer häufig einer doppelten Aufsicht. Einmal braucht er (z. B. nach deutschem Recht) die Genehmigung seiner Aufsichtsbehörde, um im Ausland tätig sein zu dürfen, zum zweiten muß er auch in dem Land, in dem er arbeiten will, die Zulassung erlangen. Eine Vereinheitlichung der verschiedenen internationalen Rechtsvorschriften ist vielfach gefordert, praktisch jedoch bislang kaum erreicht worden. Die Hoffnung einer politischen Auswirkung der Auslandsbetätigung in der Richtung einer Erhaltung des Friedens zwischen den Völkern hat sich nach den Erfahrungen dieses Jahrhunderts wohl als zu optimistisch erwiesen. Der „völkerverbindenden internationalen Bedeutung der Versicherung" ist vorerst kein großer Erfolg beschieden gewesen.

Nicht in gleich starkem Maße wie die Verstaatlichung beinhaltet eine Nationalisierung des Versicherungswesens schon von ihrer Konzeption aus die Gefahr einer Belastung der Versicherungswirtschaft mit ihrer Struktur nicht zukommenden Aufgaben, die die Funktionsfähigkeit der Versicherung unter Umständen nachteilig beeinflussen können. Uneingestanden liegt einer dahinzielenden Politik die Absicht zugrunde, auf die Versicherungsunternehmungen einen Einfluß auszuüben, den man mit der Aufsicht allein nicht genügend gewahrt glaubt und den man gegenüber ausländischen Versicherern sich nicht anzuwenden getraut.

Schrifttum: Art. „Verstaatlichung" und „Auslandsgeschäft" im Vers.-Lex., ferner a) *R. van der Borght* „Reichs-Versicherungsmonopol?", Berlin 1919; b) *Alfred Manes* „Versicherungs-Staatsbetrieb im Ausland", Berlin 1919.

Schluß

Die Bewährung der Versicherung

Die Antwort auf die Frage, ob und inwieweit die Versicherung in der heutigen Form die von ihr erwartete Funktion erfüllt, hängt entscheidend davon ab, was man sich von ihr erwartet. Sieht man in ihr nur die Möglichkeit einer Betätigung, um im marktwirtschaftlichen Zusammenhang aller Wirtschaften durch Darbietung der Versicherungsdienstleistung einen Gewinn zu erzielen, so sprechen die Kurse der Versicherungsaktien und die verteilten Dividenden im allgemeinen eine positive Sprache. Blickt man auf ihre volkswirtschaftliche und einzelwirtschaftliche Funktion, die Sicherheit der Wirtschaftsführung zu gewähren und zu erhalten, so gibt die Statistik der vollbrachten Versicherungsleistungen ebenfalls eine positive Antwort. In der eben gestellten Form bekundet sich also nicht das Existenzproblem der heutigen Versicherungswirtschaft, und es wäre ebenso oberflächlich wie überflüssig, durch eingehende Belege und Statistiken diese Feststellungen untermauern zu wollen, die Antworten auf Fragen sind, die in unserer derzeitigen Situation gar nicht gestellt werden. Das Existenzproblem der gegenwärtigen Versicherungswirtschaft geht nicht um die Notwendigkeit und Erfüllung der der Versicherung zugedachten Funktion; man könnte höchstens noch geteilter Meinung darüber sein, ob der Grenzfall, die Ausschaltung jedes Risikos aus der Daseinsführung der Menschen einen überhaupt wünschbaren Zustand darstellt; da wir indes trotz aller Vervollkommnung der Versicherungswirtschaft angesichts der ständig steigenden Existenzgefährdung von der befürchteten Lethargie für die nächste Zeit noch hinreichend entfernt bleiben werden, ist diese Frage, was die Versicherungswirtschaft anlangt, keineswegs brennend und kann als Problem einer glücklicheren Zukunft überantwortet werden. Nicht die Frage um die Funktion als solche steht heute im Brennpunkt des Interesses, sondern das Existenzproblem der Versicherungswirtschaft ist beinhaltet in der Frage, wie die Versicherung die ihr übertragene Funktion bislang erfüllt hat und wie sie sie erfahrungsgemäß weiter erfüllen dürfte. Es geht mit anderen Worten nicht um den Inhalt, der — von einigen Enttäuschten abgesehen — allgemein bejaht wird, sondern darum, ob die Form der Vollbringung der Versicherungsleistung mit der seitherigen Technik und den überkommenen Organisationen als genügend anzusehen ist. Ist das gesellschaftliche Versicherungsverhältnis als historisches Ergebnis der bisherigen abendländischen Zivilisation elastisch genug, sich wandelnden Aufgaben anzupassen oder hat es in seiner Spezialisierung zu einer Sackgasse der Entwicklung geführt, von der aus kein Weg zu einer Bändigung der künftigen Existenzgefährdungen mehr zu sehen ist, so daß die Sicherung der Daseinsführung gegenüber den unabwendbaren Gefahren also in anderer Form, in einem anderen Versicherungsverhältnis mit anderen Methoden und anderer Technik gesucht werden muß? Mit dieser Frage steht der Sozialwissenschaftler nahe der Grenze seiner Erkenntnis. Das Leben ist mächtiger und erfindungsreicher als der spekulative Kopf, mancher Träumer hat klarer in die Zukunft gesehen als der skeptische, an exakte Beweisführung gewohnte Forscher, der naturgemäß immer mehr am Vergangenen als am Kommenden orientiert ist. Jede Wissenschaft soll ehrlich genug sein anzuerkennen, daß sie am jeweiligen Ende in ein unbekanntes Gebiet mündet, in dessen Nebel die nur erkannten, nicht gelösten Probleme um die kommenden Dinge in umrißhaften Schatten brauen. Selbst das Atomzeitalter braucht der Menschheit nicht das Ende der Tage zu setzen, mag die frivol ausgelöste Katastrophe sie auch in Teilen vernichten. Wie die gesamte Volkswirtschaft ist das Versicherungswesen eine mit bestimmten Techniken vollzogene Kooperation einzelner Wirtschaften mit verhältnismäßiger Selbständigkeit der einzelnen gegenüber dem Kollektiven und variierend mit dem Grade dieser Selbständigkeit bzw. mit dem Geltungsanspruch des übergeordneten Ganzen. Auch das Versicherungswesen ist geprägte Form, die lebend sich entwickelt und irgendwo den nur zeitweilig stabilen Ausgleich zwischen Individuum und Gemeinschaft findet.

I. Soziologische Problematik

Die Entwicklung vom gemeinschaftlichen über das bündische zum gesellschaftlichen Versicherungsverhältnis hat zu einer Entleerung des sozialen Gebildes geführt, in dem sich die Versicherung verwirklicht; übriggeblieben ist auf beiden Seiten oft nur die vom eigenen Nutzen bestimmte Haltung der Parteien, bei den Versicherten die Ausnutzungsabsicht, bei den Versicherern die Gewinnabsicht, eine Haltung, die zu gegenseitiger Übervorteilung, um dies zu verhindern zu Verklausulierung und minuziöser Interpretation der Vertragsbestimmungen und damit letzten Endes zur Aufhebung des Versicherungszweckes überhaupt führt. Das Bewußtsein der Gemeinsamkeit im Kampfe gegen die Unsicherheiten des Lebens droht bei den Versicherten ebenso wie bei den Versicherern, von volltönenden Proklamationen abgesehen, zu verschwinden. Da nach einem Erfahrungsgesetz mit dem Älterwerden sozialer Organisationen langfristige Erwägungen hinter kurzfristigen Überlegungen des Augenblickseffektes zurücktreten, das Erhaschen kleinlicher Vorteile jeden wendigen Opportunismus rechtfertigt, wird von beiden Seiten her die äußerste Belastbarkeit des Versicherungsverhältnisses mit einseitigen Interessen so lange erprobt, bis es zusammenzubrechen droht. Was not tut, ist eine erneute „Versöhnung zwischen Individualismus und Gemeinschaftsinteresse" (*Rohrbeck*) in einem umgewandelten Versicherungsverhältnis.

Rohrbeck setzt sich für eine stärkere Teilnahme der Versicherten an der Betriebsgestaltung des Versicherers ein, was ihm bei den gegebenen Massenorganisationen durch die Wahl von Versichertenausschüssen möglich erscheint. Die zunehmende Machtentfaltung in den Versicherungsbetrieben, bewirkt durch die in ihnen aufgespeicherten Wirtschaftskräfte, „steigert das Ohnmachtsgefühl, das der einzelne leicht gegenüber einem Wirtschaftsgebilde, besonders einem solchen kapitalbildender Art, empfindet, dessen innerem Aufbau er fernsteht. Im Versicherungswesen befindet sich der Versicherungsnehmer zudem noch in dem Dualismus, daß er auf der einen Seite Vertragspartner mit eigener Entschlußfreiheit und Willensbildung gegenüber der Versicherungsunternehmung ist, auf der anderen Seite aber den Direktiven derjenigen Stelle, mit der er den Vertrag geschlossen hat, als der treuhänderischen Vollstreckungsinstanz der Gefahrengemeinschaft des Versicherungsbetriebes zur Erreichung seines Versicherungserfolges sich unterordnen muß. Argwohn und Zweifel können hier nur durch einen starken Glauben an die Gemeinschaft ausgeschlossen werden". Der Gesetzgeber hat z. B. den Gegenseitigkeitsverein immer stärker dem Aktienrecht angepaßt, „dadurch hat dieser sein Gesicht verändert, indem die satzungsmäßig erhaltenen Einflüsse der Versicherten auf die Verwaltung zu einem formalen Recht abgeblaßt sind".

Es ist das große Problem, das Versicherungsverhältnis wieder mit einem sozialen Leben zu erfüllen, was ohne ein Mindestmaß allgemein verpflichtender Wirtschafts- und Sozialethik nicht zu erwarten ist. Es besteht die Gefahr, daß über der formaldemokratischen Organisation der Massen die Weckung des Sozialbewußtseins vergessen, die Ausrichtung der Menschen für Übereinstimmung der Seelen genommen, das wahre Problem durch Propaganda hinweggeredet wird, bis eines Tages unausbleiblich das Erwachen folgt.

II. Das wirtschaftliche Problem

Gegen *Riebesell*, der ex definitione dem Versicherungswesen das Prädikat der Wirtschaftlichkeit zuschreiben will, indem Versicherung den Schadenausgleich „mit dem geringsten Aufwand an Mitteln" durchführe, muß grundsätzlich die Frage nach der wirtschaftlichen Rationalität der Versicherungsleistung unter den gegenwärtigen Organisationsformen gestellt werden. Steht der von der Versicherungswirtschaft verursachte Aufwand in einem wirtschaftlich vertretbaren Verhältnis zu der hervorgebrachten Leistung? Eine Frage, die in dem trotz aller Scheinblüte verarmten Deutschland nicht unterdrückt werden darf. Zugegeben, daß sich die Leistung eines Versicherungsbetriebes nicht in der Schadenszahlung erschöpft, zugegeben, daß sich der Aufwand nicht exakt bestimmen läßt und jeder Versicherungsbetrieb eine Elastizitätsreserve benötigt, um Schwankungen der zugrunde liegenden Wahrscheinlichkeiten folgen zu können, so hilft doch aller Hinweis auf die Unvermeidbarkeit der Kosten nicht darüber hinweg, daß die Frage der Wirtschaftlichkeit zum mindesten sehr berechtigt ist, wenn unter dem heutigen System die Verwaltungs- und sonstigen Kosten in einer Reihe von Versicherungszweigen denselben Umfang, mitunter sogar ein Mehrfaches der Schadensaufwendungen erreichen.

Da keine aktuellen Zahlen zur Verfügung stehen, wird auf die folgende, dem Statistischen Jahrbuch für das Deutsche Reich, 1935, entnommene Aufstellung hingewiesen. Von einigen Versicherungszweigen abgesehen (Kraftfahrzeug- und Haftpflichtversicherung) werden die Relationen annähernd auch heute noch gelten.

Am Ende dieses Buches braucht nicht darauf hingewiesen zu werden, daß die Differenz beider Posten keineswegs den Gewinn der Versicherer darstellt und diese selbst von der Kostenüberbürdung nicht unbeeindruckt sind. Bestimmt sind die aufgeführten Versicherungszweige die Zusammenfassung von untergeordneten Versicherungszweigen, in denen die Verhältnisse stark abweichen; in der Feuerversicherung zeigen die Hausrat-, landwirtschaftliche und industrielle Versicherung erhebliche Unterschiede, namentlich in der letzteren sollen derzeit hohe Schadensquoten vorliegen. Aber gerade, wenn man das System der speziellen Prämien bejaht, ergeben sich noch krassere Unterschiede. Es läßt sich die Vermutung nicht unterdrücken, daß die Willfährigkeit der Versicherungsnehmer, die gewohnten Prämien zu bezahlen, die Versicherer von der Überprüfung der Rationalität ihrer Betriebsführung weitgehend ab-

Prämieneinnahmen und Zahlungen für Versicherungsfälle 1933
(in 1000 RM)

Betriebszweig	Prämien-einnahme	Zahlungen für Versicherungs-fälle
Krankenversicherung	292 451	220 984
Abonnentenversicherung	28 581	25 687
Unfallversicherung	43 736	28 447
Autounfallversicherung	7 863	2 046
Haftpflichtversicherung	59 247	28 934
Autohaftpflichtversicherung	64 478	39 281
Viehversicherung	9 695	7 683
Hagelversicherung	25 007	12 985
Feuerversicherung	194 459	73 121
Einbruchdiebstahlversicherung	26 093	8 007
Wasserleitungsschädenversicherung	5 123	1 310
Glasversicherung	13 076	4 596
Kredit-, Kautions-, Garantieversicherung	5 154	6 732
Einheitsversicherung	2 690	1 474
Kraftfahrzeug- (Kasko-) Versicherung	23 096	10 005
Sonstige aufsichtspflichtige Versicherungszweige	12 378	4 556
Nicht aufsichtspflichtige Versicherungszweige	39 841	19 301

gehalten hat. Eine sehr mangelhafte Publizität verwehrt der Öffentlichkeit den Einblick, in welchem Umfang einem unnötigen Papierkrieg, einem Bürokratismus und einer Verschwendung gehuldigt wird. Bei vielen innerbetrieblichen Maßnahmen scheint die Überlegung, ob der gewünschte Erfolg mit den damit verbundenen Kosten überhaupt im Einklang steht, keine Rolle zu spielen. Wesentliche Statistiken, die Bedeutung haben, unterbleiben und sinnlos gewordene werden im alten Trott weitergeführt. Um unvermeidbar gewordene Einschlüsse oder Ergänzungen des Versicherungsschutzes wird im vollen Bewußtsein ihrer Unumgänglichkeit wochen- und monatelang gefeilscht. Gutes Geschäft wird wegen geringer Prämiendifferenzen verloren und schlechtes dafür hereingenommen. Mit den Provisionen wird angesichts der wirklich nicht immer vorliegenden Leistungen der Vertreter, Makler und Agenten eine Mißwirtschaft getrieben, und der Einwand, daß der Konkurrenzkampf der Versicherer untereinander auf dem Rücken der Versicherungsnehmer ausgetragen wird, ist leider nicht ohne jede Berechtigung.

Wenn auch vielfältig verfilzte Interessen mit Hilfe nichtssagender „Statistiken" diese Frage immer und immer wieder zu unterdrücken versuchen, die Not der Zeit wird die Versicherer früher oder später zwingen, an die Rationalisierung ihrer Betriebsführung, die sich nicht in der Einführung einiger neuer Buchhaltungsmethoden und einiger neuer Formulare erschöpfen darf, heranzugehen.

Man übersehe in diesem Zusammenhang nicht die Warnung *Rohrbecks*, „daß der Ertrag der Arbeit des Volkes nicht denen zum Nutzen gereicht, die die Arbeit organisieren, um selbst daran zu verdienen. Im Versicherungswesen hat das Volk weiterhin ein Anrecht darauf, die Verwendung seiner Geldleistungen genau zu kennen. Das gilt sowohl für die Sozial- wie für die Privatversicherung". *Jede Verzögerung der Rationalisierung des Versicherungswesens wirkt auf eine beschleunigte Sozialisierung desselben hin.*

Zufolge ihres jahrzehntelangen Bestehens hat die Geschäftsführung vieler Versicherungsbetriebe deutlich spätkapitalistische Züge angenommen; man beruhigt sich mit jedem Jahr eines guten Abschlusses und überläßt die Zukunft anderen!

III. Das versicherungstechnische Problem

Von der Lebens- (Todes- und Erlebensfall-), Kranken- und Maschinenbruchversicherung abgesehen, ist die gegenwärtige Versicherungstechnik auf im normalen Verlauf der Ereignisse verhältnismäßig selten eintretende Schadenfälle abgestellt, was in den geringen Werten der Schadenhäufigkeiten zum Ausdruck kommt. Gegen eine plötzliche anormale Vergrößerung der Schadenhäufigkeiten haben die Versicherer durch bestimmte Klauseln (Kriegsklausel, Erdbebenklausel) oder durch Ausschlüsse Vorsorge getroffen; wo das nicht geschah, versagte die Versicherung (Arbeitslosenversicherung in der großen Krise). Nun hat jedoch gerade unsere Zeit im Gefolge der auf allen Gebieten entwickelten Technik auch Situationen heraufbeschworen, in denen die Schadenfälle massenhaft gehäuft auftreten; man denke an die früher in diesem Ausmaße unvorstellbar gewesenen Kriegsschäden, an die mit dem Zusammenbruch der staatlichen Ordnung 1945 eingetretenen Einbruchdiebstahl- und Beraubungsschäden, und man frage sich, ob und inwieweit unsere Arbeitslosenversicherung einer künftig nicht ausgeschlossenen krisenhaften Belastung gewachsen sein dürfte. Es handelt sich hierbei um Ereignisse, die selbst in der Masse nicht mehr vorherberechenbar sind und zu deren Behebung selbst große Reserven der Versicherer, sofern solche überhaupt vorhanden sind, nicht ausreichen. ***Ist nicht die Wirtschaftsführung unserer Haushalte und Betriebe heute weniger durch die im normalen Ablauf der Dinge auftretenden seltenen Schadenfälle als bedeutend mehr durch die in einer anormalen Situation unvorhersehbar ins Massenhafte gesteigerten, derzeit nicht versicherbaren Schadenfälle bedroht?*** Diese das Existenzproblem des gesellschaftlichen Versicherungsverhältnisses berührende Frage haben sich nach den angeführten Ereignissen der letzten Jahre oder Jahrzehnte viele gestellt, und die Antwort, die sie sich gaben, war der Bereitschaft, eine Versicherung einzugehen, nicht immer förderlich. So unbestreitbar das Bedürfnis nach einem derartigen Katastrophenschutz ist, so unbezweifelbar ist es, daß die gewohnte Versicherungstechnik einem Katastrophenrisiko nicht gewachsen ist. Findet hier eine andere Technik in einem anderen Versicherungsverhältnis die Lösung?

Die bisherigen Katastrophenverbände der Versicherer, die in bestimmten Fällen eine gegenseitige Rückdeckung zugunsten des einzelnen besonders betroffenen Versicherers vorsahen, reichen nicht aus, wenn alle Versicherer in annähernd gleichem Ausmaße von der Katastrophe betroffen werden. Ansätze zu einer Lösung dieses Problems finden sich in mehreren Ländern (Spanien, Schweiz, Brasilien, USA.). Nach *Buscher* dürfte das Ziel dieser Bestrebungen „weniger sein, die theoretischen Grundlagen des außergewöhnlichen Risikos zu finden, als vielmehr in erster Linie für die in dieser Beziehung noch unvollkommene Versicherungstechnik die notwendigsten Kenntnisse zu gewinnen". Katastrophenrisiken können als sich wechselseitig bedingend nicht dem Prinzip der großen Zahlen untergeordnet werden, das voneinander unabhängige Ereignisse voraussetzt. Als Lösung schwebt derzeit eine nationale oder übernationale Regelung vor mit einem System gleitender Prämien und umfangreichen, gegen Geldwertschwankungen gesicherten Reserven unter Vereinbarung gewisser Garantiegrenzen

(Buscher). Wieweit internationale Abkommen in einer Zeit, die das Völkerrecht praktisch annulliert hat, eine Sicherheit zu bieten vermögen, ist eine offene Frage.

Alle Eiferer um eine Reform der Versicherung, die niemals stille stehen darf, und alle Kritiker, deren Stimme vielfach nicht ohne Gewicht ist, mögen sich jedoch der existentiellen Unvollkommenheiten alles menschlichen Tuns bewußt bleiben und sie mögen nicht vergessen, daß jeder Rechtssatz, jede Organisationsform und jede Technik im Versicherungswesen vielleicht mehr denn anderswo vom Menschen verwirklicht wird und damit dessen Unzulänglichkeiten überantwortet bleibt und sie mögen sich der ewigen Weisheit Goethes erinnern:

„Nichts ist vollkommen, nichts ohne Fehle,
Im Geiste des Ganzen liegt die Seele."

Schrifttum: a) ***Walter Rohrbeck*** „Wesen, Gehalt und Reform der deutschen Privatversicherung", Berlin und München 1949; b) ***Riebesell*** „Begriff, Gegenstand und Grenzen der Versicherung" in Deutsche Vers.-Wirtsch., Bd. I; c) ***Harald Buscher*** „Die Versicherung des Katastrophenrisikos" in „Versicherungsstand und Versicherungsprobleme des Auslandes" (Schriftenreihe des Instituts für Versicherungswissenschaft an der Universität Köln, Heft 3, Berlin und München 1950).

Anlagen

Anlage I

Einfach abgestufte Sterbetafel des Vereins Deutscher Lebensversicherungsgesellschaften V $\frac{\text{vor } 76/05}{76/06}$ Zinssatz 3%

Alter x	Lebende L_x	Diskontierte Zahl der Lebenden $D_x = L_x \frac{1}{(1{,}03)^x}$	Summe der diskontierten Zahlen der Lebenden $N_x = D_x +$ bis D_{100}	Von 1000 Lebenden sterben q_x	Von L_x Lebenden sterben T_x	Diskontierte Zahl der Sterbenden $C_x = \frac{T}{1{,}03} \cdot \frac{1}{(1{,}03)^x}$	Summe der diskontierten Zahlen der Sterbenden $M_x = C_x +$ bis C_{100}
20	1 000 000	553 676	13 335 829	3,27	3 270	1 757,79	165 253,45
21	996 730	535 791	12 782 153	3,27	3 259	1 700,85	163 495,66
22	993 471	518 485	12 246 362	3,28	3 259	1 651,31	161 794,81
23	990 212	501 732	11 727 877	3,29	3 258	1 602,72	160 143,50
24	986 954	485 516	11 226 145	3,31	3 267	1 560,34	158 540,78
25	983 687	469 814	10 740 629	3,34	3 286	1 523,70	156 980,44
26	980 401	454 607	10 270 815	3,37	3 304	1 487,42	155 456,74
27	977 097	439 878	9 816 208	3,41	3 332	1 456,34	153 969,32
28	973 765	425 610	9 376 330	3,47	3 379	1 433,87	152 512,98
29	970 386	411 780	8 950 720	3,56	3 455	1 423,41	151 079,11
30	966 931	398 363	8 538 940	3,69	3 568	1 427,15	149 655,70
31	963 363	385 333	8 140 577	3,87	3 728	1 447,72	148 228,55
32	959 635	372 662	7 755 244	4,10	3 935	1 483,60	146 780,83
33	955 700	360 324	7 382 582	4,39	4 196	1 535,92	145 297,23
34	951 504	348 293	7 022 258	4,75	4 520	1 606,33	143 761,31
35	946 984	336 542	6 673 965	5,17	4 896	1 689,28	142 154,98
36	942 088	325 051	6 337 423	5,62	5 295	1 773,73	140 465,70
37	936 793	313 810	6 012 372	6,10	5 714	1 858,34	138 691,97
38	931 079	302 811	5 698 562	6,58	6 126	1 934,31	136 833,63
39	924 953	292 057	5 395 751	7,08	6 549	2 007,64	134 899,32
40	918 404	281 543	5 103 694	7,59	6 971	2 074,76	132 891,68
41	911 433	271 268	4 822 151	8,10	7 383	2 133,39	130 816,92
42	904 050	261 234	4 550 883	8,64	7 811	2 191,32	128 683,53
43	896 239	251 434	4 289 649	9,23	8 272	2 253,06	126 492,21
44	887 967	241 857	4 038 215	9,88	8 773	2 319,92	124 239,15
45	879 194	232 493	3 796 358	10,61	9 328	2 394,84	121 919,23
46	869 866	223 326	3 563 865	11,43	9 943	2 478,38	119 524,39
47	859 923	214 343	3 340 539	12,34	10 611	2 567,85	117 046,01
48	849 312	205 532	3 126 196	13,33	11 321	2 659,87	114 478,16
49	837 991	196 886	2 920 664	14,39	12 059	2 750,74	111 818,29
50	825 932	188 401	2 723 778	15,52	12 818	2 838,72	109 067,55
51	813 114	180 075	2 535 377	16,73	13 603	2 924,82	106 228,83
52	799 511	171 905	2 355 302	18,04	14 423	3 010,81	103 304,01
53	785 088	163 887	2 183 397	19,45	15 270	3 094,77	100 293,20
54	769 818	156 019	2 019 510	20,99	16 158	3 179,36	97 198,43
55	753 660	148 296	1 863 491	22,67	17 085	3 263,85	94 019,07
56	736 575	140 712	1 715 195	24,51	18 053	3 348,32	90 755,22
57	718 522	133 266	1 574 483	26,51	19 048	3 429,97	87 406,90
58	699 474	125 954	1 441 217	28,68	20 061	3 507,17	83 976,93
59	679 413	118 778	1 315 263	31,04	21 089	3 579,50	80 469,76
60	658 324	111 739	1 196 485	33,63	22 139	3 648,27	76 890,26
61	636 185	104 837	1 084 746	36,44	23 183	3 709,04	73 241,99
62	613 002	98 074	979 909	39,45	24 183	3 756,34	69 532,95
63	588 819	91 461	881 835	42,59	25 078	3 781,90	65 776,61
64	563 741	85 015	790 373	45,85	25 848	3 784,49	61 994,71

Alter x	Lebende L_x	Diskontierte Zahl der Lebenden $D_x = L_x \frac{1}{(1,03)^x}$	Summe der diskontierten Zahlen der Lebenden $N_x = D_x +$ bis D_{100}	Von 1000 Lebenden sterben q_x	Von L_x Lebenden sterben T_x	Diskontierte Zahl der Sterbenden $C_x = \frac{T}{1,03} \cdot \frac{1}{(1,03)^x}$	Summe der diskontierten Zahlen der Sterbenden $M_x = C_x +$ bis C_{100}
65	537 893	78 755	705 358	49,22	26 475	3 763,39	58 210,22
66	511 418	72 697	626 603	52,79	26 998	3 725,95	54 446,83
67	484 420	66 854	553 906	56,69	27 462	3 679,60	50 720,88
68	456 958	61 227	487 052	61,05	27 897	3 629,02	47 041,28
69	429 061	55 815	425 825	66,01	28 322	3 576,99	43 412,26
70	400 739	50 612	370 010	71,59	28 689	3 517,81	39 835,27
71	372 050	45 620	319 397	77,68	28 901	3 440,59	36 317,46
72	343 149	40 851	273 777	84,06	28 845	3 333,90	32 876,87
73	314 304	36 327	232 926	90,64	28 489	3 196,85	29 542,97
74	285 815	32 072	196 599	97,62	27 901	3 039,68	26 346,12
75	257 914	28 098	164 527	105,10	27 107	2 867,16	23 306,44
76	230 807	24 413	136 428	113,18	26 123	2 682,61	20 439,28
77	204 684	21 019	112 015	121,93	24 957	2 488,22	17 756,67
78	179 727	17 919	90 996	131,38	23 613	2 285,65	15 268,45
79	156 114	15 111	73 077	141,56	22 099	2 076,80	12 982,80
80	134 015	12 594	57 966	152,52	20 440	1 864,94	10 906,00
81	113 575	10 363	45 371	164,35	18 666	1 653,48	9 041,06
82	94 909	8 407	35 009	176,96	16 795	1 444,42	7 387,58
83	78 114	6 718	26 602	190,22	14 859	1 240,67	5 943,16
84	63 255	5 282	19 884	204,18	12 915	1 046,99	4 702,43
85	50 340	4 081	14 602	218,95	11 022	867,471	3 655,502
86	39 318	3 094	10 521	234,56	9 222	704,702	2 788,031
87	30 095	2 300	7 427	251,02	7 554	560,441	2 083,33
88	22 541	1 672	5 127	268,34	6 049	435,654	1 522,89
89	16 492	1 188	3 455	286,51	4 725	330,423	1 087,23
90	11 767	823	2 267	305,48	3 595	244,040	756,81
91	8 172	555	1 444	325,25	2 658	175,204	512,77
92	5 514	363	889	349,02	1 925	123,163	337,57
93	3 590	230	526	376,89	1 353	84,057	214,40
94	2 237	139	296	409,16	915	55,206	130,35
95	1 322	80	157	446,23	590	34,537	75.14
96	732	43	77	491,00	359	20,431	40,60
97	373	21	35	550,77	205	11,326	20,17
98	167	9	13	626,20	105	5,616	8,85
99	63	3	4	744,00	47	2,422	3,23
100	16	1	1	1000	16	0,809	0,809

Dieselbe Tafel, mit einem Zinssatz von $4^0/_0$ (Auszug)

Alter x	Lebende L_x	D_x	N_x	q_x	T_x	C_x	M_x
30	966 931	298 123	5 554 422	3,69	3 568	1 057,77	84 491,30
31	963 363	285 599	5 256 299	3,87	3 728	1 062,70	83 433,53
32	959 635	273 552	4 970 700	4,10	3 935	1 078,56	82 370,83
33	955 700	261 952	4 697 148	4,39	4 196	1 105,86	81 292,27
34	951 504	250 771	4 435 196	4,75	4 520	1 145,44	80 186,41
35	946 984	239 980	4 184 425	5,17	4 896	1 193,00	79 040,97
36	942 088	229 557	3 944 445	5,62	5 295	1 240,60	77 847,97
37	936 793	219 488	3 714 888	6,10	5 714	1 287,28	76 607,37
38	931 079	209 759	3 495 400	6,58	6 126	1 327,02	75 320,09
39	924 953	200 364	3 285 641	7,08	6 549	1 364,08	73 993,07
40	918 404	191 293	3 085 277	7,59	6 971	1 396,14	72 628,99

Anlage IIa

Monatliche Kopfschäden für eine Krankheitskostenversicherung

Alter	Männer	Frauen	Alter	Männer	Frauen
25	3,73	5,76	55	5,37	6,44
26	3,76	5,78	56	5,43	6,45
27	3,80	5,80	57	5,48	6,46
28	3,83	5,82	58	5,53	6,48
29	3,86	5,84	59	5,58	6,49
30	3,90	5,86	60	5,62	6,50
31	3,93	5,88	61	5,66	6,52
32	3,97	5,90	62	5,70	6,53
33	4,01	5,92	63	5,74	6,54
34	4,05	5,95	64	5,77	6,55
35	4,10	5,97	65	5,80	6,57
36	4,14	6,00	66	5,83	6,59
37	4,19	6,02	67	5,86	6,61
38	4,24	6,04	68	5,89	6,63
39	4,30	6,06	69	5,91	6,65
40	4,37	6,09	70	5,94	6,67
41	4,44	6,12	71	5,96	6,70
42	4,50	6,15	72	5,99	6,72
43	4,56	6,17	73	6,02	6,74
44	4,63	6,20	74	6,06	6,77
45	4,70	6,22	75	6,10	6,80
46	4,78	6,25	76	6,13	6,83
47	4,85	6,28	77	6,18	6,86
48	4,92	6,30	78	6,24	6,90
49	4,98	6,33	79	6,28	6,94
50	5,04	6,35	80	6,33	6,99
51	5,11	6,37	81	6,37	7,03
52	5,18	6,39	82	6,41	7,07
53	5,24	6,41	83	6,45	7,11
54	5,31	6,43	84	6,50	7,16

Nach *Adolf Tosberg* „Rechnungsgrundlagen und Schadentafeln der Krankheitskostenversicherung", Berlin 1940, Seite 67 und 69/70.

Anlage IIb

Teilkopfschäden für eine Krankheitskostenversicherung

a) für Männer

Leistungsart	Altersgruppe								
	16-30	31-45	46-55	56-60	61-65	66-70	71-75	76-80	81-84
Arztkosten	15,00	18,00	21,78	24,22	26,22	28,67	31,06	33,50	35,83
Heilmittel	3,12	4,42	6,83	7,41	7,02	6,44	6,44	6,44	6,44
Arzneikosten	3,60	5,40	7,20	8,20	8,95	9,60	9,90	10,15	10,40
Krankenhaus-verpflegungskosten	6,00	6,00	8,40	9,90	10,80	10,80	10,80	10,80	10,80
Operationskosten	3,60	3,60	3,60	3,60	3,60	3,60	3,60	3,60	3,60
Zahnbehandlung	12,00	10,80	9,60	8,30	7,20	6,00	5,40	5,30	5,30
Zahnersatz	1,44	2,70	3,96	4,68	5,04	5,04	5,04	5,04	5,04
zusammen im Jahr	44,76	50,92	61,37	66,31	68,83	70,15	72,24	74,83	77,41
monatlich	3,73	4,24	5,11	5,83	5,74	5,85	6,02	6,24	6,45

b) für Frauen

Leistungsart	Altersgruppe								
	16-30	31-45	46-55	56-60	61-65	66-70	71-75	76-80	81-84
Arztkosten	24,36	25,70	27,87	29,21	30,32	31,72	33,47	35,46	37,74
Heilmittel	4,02	5,30	7,92	8,41	8,04	7,67	7,67	7,67	7,67
Arzneikosten	6,60	8,40	10,20	11,05	11,55	12,00	12,25	12,35	12,55
Krankenhaus-verpflegungskosten	8,40	9,50	10,80	12,00	13,10	14,40	14,40	14,40	14,40
Operationskosten	9,00	6,50	4,50	3,50	2,90	2,40	2,25	2,20	2,20
Zahnbehandlung	15,60	14,40	10,80	8,60	7,20	6,00	5,40	5,30	5,30
Zahnersatz	1,08	2,70	4,32	5,04	5,40	5,40	5,40	5,40	5,40
zusammen im Jahr	69,06	72,50	76,41	77,81	78,51	79,59	80,84	82,78	85,26
monatlich	5,76	6,04	6,37	6,48	6,54	6,63	6,74	6,90	7,11

Nach *Adolf Tosberg*, a. a. O., Seite 66 und 68.

Anlage III

Die Zweige der deutschen Sozialversicherung (Überblick)

Versicherungspflichtige, Versicherungsberechtigte und Versicherungsleistungen

Stand: Beginn des Jahres 1951

I. Krankenversicherung

(RVO. II. Buch)

A. *Versicherungsnehmer*

I. *Versicherungspflichtig* sind:

a) sofern sie gegen Entgelt beschäftigt werden (RVO. § 165)

1. Arbeiter, Gehilfen, Gesellen, Lehrlinge, Hausgehilfen,
2. Betriebsbeamte, Werkmeister, Angestellte,
3. Handlungsgehilfen und -lehrlinge, auch in Apotheken,
4. Bühnenmitglieder und Musiker,
5. Lehrer und Erzieher,
6. Angestellte in Berufen der Erziehung, des Unterrichts, der Fürsorge, der Kranken- und Wohlfahrtspflege,
7. Seeleute sowie die Besatzung von Fahrzeugen der Binnenschiffahrt;

b) die folgenden Selbständigen (RVO. § 165a)

8. Hausgewerbetreibende,
9. selbständige Lehrer und Erzieher, die keine Angestellten beschäftigen,
10. Artisten,
11. Hebammen,
12. selbständige Wochenpflegerinnen, die keine Angestellten beschäftigen;

c) ohne Rücksicht auf ein Arbeitsverhältnis

13. Sozialrentner, Kriegsbeschädigte und Kriegshinterbliebene.

Für die Gruppen 2—12 ist weitere Voraussetzung der Versicherungspflicht, daß das regelmäßige Jahreseinkommen ohne Frauen- und Kinderzuschläge 4500,— DM (SozVersAnpG. § 9) nicht übersteigt.

Die Arbeitgeber haben die Versicherungspflichtigen binnen drei Tagen der Orts-, Land- oder Innungskrankenkasse zu melden (RVO. § 317ff.).

Befreit sind von der Versicherungspflicht: Beamte und beamtenähnlich Beschäftigte (RVO. § 169), Mitglieder geistlicher Genossenschaften (§ 172), die durch den Ehegatten Beschäftigten (§ 159), die während der Berufsausbildung Beschäftigten (§ 172) u. a.

II. *Freiwillig können sich versichern* (Versicherungsberechtigte):

a) *in Selbstversicherung* (§ 176)

1. Versicherungsfreie der Gruppen 1—7 mit Jahresarbeitsverdienst unter 4500,— DM,
2. Familienangehörige des Arbeitgebers,
3. Gewerbetreibende, die keine oder höchstens 2 Versicherungspflichtige beschäftigen;

b) *in Weiterversicherung*

4. Personen, die aus einer versicherungspflichtigen Beschäftigung ausscheiden (§ 313),
5. Überlebende Ehegatten (§ 313, Abs. 4).

Die Versicherungsberechtigung erlischt, wenn das regelmäßige jährliche Gesamteinkommen 7200,— DM übersteigt.

B. *Versicherungsleistungen*

Voraussetzungen:

1. *Eintritt des Versicherungsfalls:*

für Krankenpflege: Krankheit,
für Krankengeld: Krankheit und Arbeitsunfähigkeit,
für Wochenhilfe: Niederkunft,
für Sterbegeld: Tod.

2. *Lösung eines Krankenscheines:*

Für die Krankenhilfe hat der Versicherte einen Krankenschein zu lösen (RVO. § 187b), der in dringenden Fällen nachher geholt werden kann (RVO. § 187c). Befreiungen für gewisse Personen.

Leistungen:

I. *Regelleistungen* (Leistungen, die die Kasse gewähren muß — RVO. § 179).

1. *Krankenhilfe*

a) *Krankenpflege* (RVO. § 182): ärztliche Behandlung und Versorgung mit Arznei sowie Brillen, Bruchbändern und anderen kleineren Heilmitteln vom Beginn der Krankheit an. Die Krankenpflege muß ausreichend und zweckmäßig sein; sie darf jedoch das Maß des Notwendigen nicht überschreiten.

b) *Krankengeld* in Höhe des halben Grundlohnes für jeden Kalendertag, wenn die Krankheit den Versicherten arbeitsunfähig macht, vom 4. Tag der Arbeitsunfähigkeit an.

c) *Krankenhauspflege* an Stelle der Krankenpflege und des Krankengeldes (RVO. § 184). Angehörige, die der Versicherte ganz oder überwiegend unterhalten hat, erhalten ein Hausgeld in Höhe des halben Krankengeldes (§ 186).

d) *Hauspflege* durch Krankenpfleger, Krankenschwester oder anderen Pfleger, wenn Aufnahme in ein Krankenhaus nicht möglich oder aus einem wichtigen Grund nicht tunlich ist (§ 185).

e) *Pflege durch Krankenschwestern* bei Krankenkassen mit räumlich weit ausgedehntem Bezirk als Pflegepersonen und als Gehilfinnen der Ärzte (RVO. § 185a).

Krankenpflege wird ohne zeitliche Begrenzung gewährt, Krankenhilfe endet mit Ablauf der 26. Woche nach Beginn der Krankheit (RVO. § 183).

2. *Wochenhilfe* (RVO. § 195a). Weibliche Versicherte, die in den letzten zwei Jahren vor der Niederkunft mindestens 10 Monate hindurch, im letzten Jahr mindestens 6 Monate versichert waren, erhalten als Wochenhilfe:

a) *Hebammenhilfe*, Arznei und kleinere Heilmittel und, falls erforderlich, ärztliche Behandlung,

b) einen *einmaligen Beitrag* von 10,— DM zu den Entbindungskosten, ohne Entbindung von 6,— DM,

c) *Wochengeld* in Höhe des Krankengeldes für 4 Wochen vor und 6 Wochen nach der Niederkunft, mindestens 0,50 DM täglich,

d) *Stillgeld* in Höhe des halben Krankengeldes (mindestens 0,25 DM täglich) bis zum Ablauf der 12. Woche nach der Niederkunft.

3. *Sterbegeld* beim Tode eines Versicherten in Höhe des 20fachen des Grundlohnes (RVO. § 201).

4. *Familienhilfe*

a) *Familienkrankenpflege* = Krankenpflege für Ehegatten und Kinder, wenn der Versicherte innerhalb der letzten 6 Monate mindestens 3 Monate krankenversichert war. Von den Kosten für Arznei und kleinere Heilmittel wird die Hälfte erstattet (RVO. § 205).

b) *Familienwochenhilfe* für Ehefrau und Töchter des Versicherten analog 2. (RVO. § 205a).

II. *Mehrleistungen*, durch die Satzung bestimmt, aber nur soweit sie in der RVO. vorgesehen sind (RVO. § 179). Bestimmung einer Wartezeit möglich (RVO. § 208). Mehrleistungen sind:

1. *bei der Krankenhilfe*
längere Dauer der Krankenhilfe bis auf 1 Jahr (RVO. § 187), auch für Ehegatten und Kinder (§ 205),
Fürsorge für Genesende (§ 187),
Hilfsmittel gegen Verunstaltung und Verkrüppelung (§ 187),
Erhöhung des Krankengeldes, wenn der Versicherte Angehörige zu unterhalten hat (§ 191),
Erhöhung des Hausgeldes (§ 194),
Taschengeld neben Krankenhauspflege, wenn kein Hausgeld zu zahlen ist (§ 194).

2. *bei der Wochenhilfe*
Erhöhung des einmaligen Entbindungskostenbeitrages (§ 195b) bis auf 25,— DM,
Verlängerung des Wochen- und Stillgeldbezugs bis auf 26 Wochen (§ 195b).

3. *beim Sterbegeld*
Erhöhung des Betrages bis zum 40fachen des Grundlohnes (§ 204),
Gewährung auch beim Tode eines Ehegatten, eines Kindes oder eines Angehörigen (§ 205b).

4. *bei der Wochenhilfe*
Krankenpflege auch für andere Angehörige (§ 205),
Erstattung der Arzneikosten bis zu 70% (§ 205).

Anspruch auf Kranken- und Hausgeld ruht, wenn der Versicherte während der Krankheit Arbeitsentgelt erhält; Krankenkasse hat ihre Leistung zu kürzen, wenn der Versicherte Krankengeld gleichzeitig aus einer anderen Versicherung erhält (RVO. § 189).

II. Unfallversicherung
(RVO. III. Buch)

A. *Versicherungsnehmer*

I. *Versicherungspflichtig* sind:

a) *nach dem Gesetz* (RVO. § 537)

1. alle auf Grund eines Arbeits-, Dienst- oder Lehrverhältnisses Beschäftigten, also Arbeiter, Angestellte, gewerbliche Gehilfen, Hausgehilfen,
2. die im Gesundheits- und Veterinärwesen sowie in der Wohlfahrtspflege Tätigen,
3. die Angehörigen des Roten Kreuzes, der Feuerwehren, ferner Personen, die in einem Unternehmen zur Hilfe bei Unglücksfällen tätig sind,
4. Personen, die ohne besondere rechtliche Verpflichtung
   a) einen anderen aus Lebensgefahr retten, bei Unglücksfällen Hilfe leisten oder zu Blutspenden herangezogen werden,

b) einem Amtsträger des Staates, von dem sie zur Unterstützung bei einer Diensthandlung zugezogen werden, Hilfe leisten,

c) sich bei Verfolgung oder Festnahme einer Person, die einer strafbaren Handlung verdächtig ist, oder zum Schutze eines widerrechtlich Angegriffenen persönlich einsetzen,

5. Personen, die zur Schaustellung oder Vorführung artistischer oder künstlerischer Leistungen verpflichtet sind,
6. Hausgewerbetreibende und Heimarbeiter, ihre im Unternehmen tätigen Ehegatten und die sonstigen mitarbeitenden Personen,
7. in der landwirtschaftlichen Unfallversicherung auch die Unternehmer und die mit ihnen in häuslicher Gemeinschaft lebenden Ehegatten,
8. Unternehmer gewerblicher Kleinbetriebe der Seefischerei, wenn sie zur Besatzung des Fahrzeugs gehören und bei dem Unternehmen regelmäßig keine oder höchstens zwei Versicherungspflichtige gegen Entgelt beschäftigen, sowie deren im Unternehmen tätigen Ehegatten,
9. Personen, die wie nach 1—8 tätig werden, auch wenn dies nur vorübergehend geschieht,
10. Lernende während der beruflichen Ausbildung und ehrenamtlich Lehrende in Betriebsstätten, Lehrwerkstätten, Fachschulen, Berufsfach- und Berufsschulen, Schulungskursen und ähnlichen Einrichtungen, soweit es sich um die Ausbildung für eine der unter 1—8 genannten Tätigkeiten handelt.

b) *nach der Satzung möglicherweise* (RVO. § 538)

11. sonstige Unternehmer mit Ausnahme der Haushaltsvorstände, Lotsen, die ihr Gewerbe für eigene Rechnung betreiben, Reeder, die zur Besatzung des Fahrzeugs gehören,
12. die im Unternehmen tätigen Ehegatten,
13. betriebsfremde Personen, die die Betriebsstätte besuchen oder auf ihr verkehren.

Versicherungsfrei sind: Beamte, Verwaltungslehrlinge, Mitglieder geistlicher Genossenschaften, Schwestern vom Roten Kreuz, Rechtsanwälte, Notare, Ärzte, Dentisten, Apotheker, Anwalts- und Notariatsassessoren, Verwandte und Verschwägerte des Haushaltsvorstands; Voraussetzung ist allerdings zum Teil, daß eine entsprechende Unfallfürsorge gewährleistet ist (RVO. § 541).

II. *Freiwillig können sich versichern* (RVO. § 539)

1. Unternehmer mit Ausnahme der Haushaltsvorstände, Lotsen, die ihr Gewerbe für eigene Rechnung betreiben,
2. die im Unternehmen tätigen Ehegatten.

Die Versicherung tritt außer Kraft, wenn der Beitrag binnen einem Monat nach der Mahnung nicht bezahlt worden ist und lebt erst nach Begleichung des rückständigen Beitrages wieder auf.

Wer mit einem Unternehmen Mitglied einer Berufsgenossenschaft wird, hat dieser binnen einer Woche Gegenstand und Art des Unternehmens, Zahl der Versicherten, Eröffnungstag und Tag des Beginns der Versicherungspflicht mitzuteilen (RVO. § 653).

B. *Versicherungsleistungen*

Voraussetzungen:

1. *Arbeitsunfall* = Unfall, den ein Versicherter bei einer der vorgenannten Tätigkeit erleidet (RVO. § 542). Als Arbeitsunfälle gelten auch Unfälle auf dem Wege nach oder von der Arbeitsstätte; Unfälle bei einer mit der Tätigkeit in dem Unternehmen zusammenhängenden Verwahrung, Beförderung, Instandhaltung und

Erneuerung des Arbeitsgeräts, auch wenn es vom Versicherten gestellt wird (§ 543), Unfälle bei anderen Diensten, zu denen Versicherte von dem Unternehmer oder dessen Beauftragten herangezogen werden (RVO. § 544).

2. *Berufskrankheit*, ohne Rücksicht darauf, ob die Krankheit durch einen Unfall oder durch eine schädigende Einwirkung verursacht ist, die nicht den Tatbestand des Unfalls erfüllt (RVO. § 545). Berufskrankheiten sind nur die durch Verordnung der Reichsregierung bezeichneten Krankheiten, u. a. Erkrankungen durch Blei, Phosphor, Quecksilber, Arsen, Radiumstrahlen, der graue Star der Glasbläser, Wurmkrankheit der Bergleute, Tropenkrankheiten der Seeleute, Staublungenerkrankungen, Infektionskrankheiten in Einrichtungen und Tätigkeiten der öffentlichen und freien Wohlfahrtspflege und im Gesundheitsdienst.

Leistungen:

1. *Krankenbehandlung* (ärztliche Behandlung, Versorgung mit Arznei, Ausstattung mit Körperersatzstücken, orthopädischen und anderen Hilfsmitteln, Gewährung von Pflege (RVO. §§ 558, 558a, 558b, 558c, 558d).
2. *Berufsfürsorge:* berufliche Ausbildung zur Wiedergewinnung oder Erhöhung der Erwerbsfähigkeit, nötigenfalls Ausbildung für einen neuen Beruf, Hilfe zur Erlangung einer Arbeitsstelle (RVO. § 558f).
3. für die Dauer der Erwerbsunfähigkeit: *Rente oder Krankengeld, Tagegeld und Familiengeld.*

   a) *Unfallkrankengeld*, wenn und solange der Verletzte Krankengeld aus der Krankenversicherung nicht beanspruchen kann und Arbeitsentgelt nicht erhält (RVO. § 559); grundsätzlich bis zur 13. Woche der Erwerbsunfähigkeit, Verlängerung bis zur 26. Woche möglich (RVO. § 559d).

   b) *Tagegeld* während der Heilanstaltpflege oder der Anstaltpflege statt Rente oder Krankengeld in Höhe von $^1/_{20}$ des Jahresarbeitsverdienstes, mindestens 0,50 DM täglich. Angehörige erhalten ein Familiengeld in Höhe der Rente, die ihnen beim Tode des Verletzten zustehen würde (RVO. § 559e). Während der Dauer der Heilbehandlung kann dem Verletzten und seinen Angehörigen eine besondere Unterstützung gewährt werden (RVO § 560).

   c) *Verletztenrente*, und zwar

      α) solange der Verletzte völlig erwerbsunfähig ist, in Höhe von $^2/_3$ des Jahresarbeitsverdienstes *(Vollrente)*,

      β) solange er teilweise erwerbsunfähig ist, in Höhe des Teils der Vollrente, der dem Maße der Einbuße an Erwerbsfähigkeit entspricht *(Teilrente)*. Ist die Erwerbsfähigkeit um weniger als $^1/_5$ gemindert, wird die Rente nur ausnahmsweise gewährt (RVO. § 559a).

      Die Rente beginnt bei Krankenversicherten mit dem Wegfall des Krankengeldes aus der Krankenversicherung, spätestens mit der 27. Woche nach dem Unfall, bei anderen Verletzten mit dem Tage nach dem Unfall (RVO. § 559c).

   d) *Kinderzulage* in Höhe von 10% der Rente für jedes Kind erhalten Schwerverletzte, die eine Rente von 50 oder mehr Prozent beziehen, bis zum vollendeten 18. Lebensjahr. Rente und Kinderzulagen zusammen dürfen den Jahresarbeitsverdienst nicht übersteigen (RVO. § 559b).

4. *Sterbegeld* = $^1/_{15}$ des Jahresarbeitsverdienstes im Falle des Todes des Versicherten, mindestens 100,— DM (RVO. § 586).
5. *Hinterbliebenenrente* im Falle des Todes des Versicherten, und zwar

   a) *Witwenrente*, grundsätzlich $^1/_5$, nach Vollendung des 60. Lebensjahres oder bei Verlust der Hälfte der Erwerbsfähigkeit $^2/_5$ des Jahresarbeitsverdienstes (RVO. § 588),

b) *Witwerrente:* Ist der Witwer von der getöteten Ehefrau wegen seiner Erwerbsunfähigkeit ganz oder überwiegend aus ihrem Arbeitsverdienst unterhalten worden, erhält er für die Dauer der Bedürftigkeit eine Rente von $^2/_5$ des Jahresarbeitsverdienstes (RVO. § 589),

c) *Waisenrenten* für jedes Kind des Getöteten in Höhe von $^1/_5$ des Jahresarbeitsverdienstes bis zum vollendeten 18. Lebensjahr (RVO. § 591),

d) *Elternrenten* für Verwandte der aufsteigenden Linie, die der Getötete wesentlich aus seinem Arbeitsverdienst unterhalten hat, für die Dauer der Bedürftigkeit in Höhe von zusammen $^1/_5$ des Jahresarbeitsverdienstes (RVO. § 593).

Die Renten der Hinterbliebenen dürfen zusammen $^4/_5$ des Jahresarbeitsverdienstes nicht übersteigen, sonst werden sie gekürzt (RVO. § 595).

Änderung der Versicherungsleistungen:

1. *Einleitung eines neuen Heilverfahrens*, wenn zu erwarten steht, daß es die Erwerbsfähigkeit des Unfallrentners erhöht (RVO. § 603).
2. *Neue Feststellung der Leistungen* wegen Änderung im Zustand des Verletzten in den ersten zwei Jahren nach dem Unfall jederzeit, bei Dauerrenten aber nur in Zeiträumen von mindestens einem Jahr (RVO. § 609) oder wenn die Leistung zu Unrecht abgelehnt, entzogen oder eingestellt worden ist (§ 619).
3. *Abfindung* unter gewissen Voraussetzungen durch Gewährung eines Vielfachen der Jahresrente (§ 616), auch zum Erwerb eines Grundbesitzes (§ 618a).

III. Invalidenversicherung
(RVO. IV. Buch)

A. *Versicherungsnehmer*

I. *Versicherungspflichtig* sind (RVO. § 1226)

1. Arbeiter, Gesellen, Hausgehilfen,
2. Hausgewerbetreibende,
3. Schiffsbesatzung deutscher Seefahrzeuge und die Besatzung von Fahrzeugen der Binnenschiffahrt, soweit nicht angestelltenversicherungspflichtig oder versicherungsfrei, Küstenschiffer und Küstenfischer, wenn sie zur Besatzung ihres Fahrzeuges gehören und regelmäßig keine oder höchstens zwei Versicherungspflichtige gegen Entgelt beschäftigen,
4. Gehilfen und Lehrlinge, soweit sie nicht angestelltenversicherungspflichtig oder versicherungsfrei.

Versicherungsfrei sind

1. kraft Gesetzes
   a) Beamte und beamtenähnlich Beschäftigte, denen eine ausreichende Fürsorge außerhalb der Sozialversicherung gewährleistet ist (RVO. § 1234),
   b) Beschäftigte, denen als Entgelt nur freier Unterhalt gewährt wird (§ 1227) oder die ohne Entgelt beschäftigt sind (§ 1226),
   c) vorübergehend Beschäftigte (§ 1232),
   d) Beschäftigte, auch gegen Entgelt, während der Ausbildung für ihren zukünftigen Beruf (§ 1235),
   e) wer bereits invalide ist oder eine Rente aus der Rentenversicherung bezieht (§ 1236);
2. auf Antrag (nach Entscheidung des Versicherungsamtes, bei Beschwerde des Oberversicherungsamtes RVO. § 1240)

a) wem von einem Land, einer Gemeinde, einem Versicherungsträger usw. ein Ruhegeld im Mindestbetrag der Invalidenrente bewilligt und daneben Anwartschaft auf Hinterbliebenenfürsorge gewährleistet ist (§ 1237),

b) wer im Laufe eines Kalenderjahres Lohnarbeit nur in bestimmten Jahreszeiten für nicht mehr als 12 Wochen oder überhaupt für nicht mehr als 50 Tage übernimmt (§ 1239),

c) Versicherungspflichtige, die während oder nach der Zeit eines Hochschulunterrichtes zur Ausbildung für ihren künftigen Beruf beschäftigt werden (§ 1238).

II. *Freiwillige Versicherung.*

1. *Selbstversicherung:* alle deutschen Staatsangehörigen im In- und Ausland bis zum vollendeten 40. Lebensjahr, die nicht versicherungspflichtig sind (RVO. § 1243).
2. *Weiterversicherung:* wer aus einer versicherungspflichtigen Beschäftigung ausscheidet und mindestens 26 Wochenbeiträge auf Grund der Versicherungspflicht nachweist (§ 1244).
3. *Erneuerung der Versicherung* unter den gleichen Voraussetzungen wie unter 2 (Weiterversicherung) (§ 1244).
4. *Freiwillige Höherversicherung:* Versicherung in einer höheren Klasse (§ 1389).

B. *Versicherungsleistungen:*

Voraussetzungen:

1. *Erfüllung der Wartezeit* von

260 Beitragswochen für Versicherungspflichtige,
520 Beitragswochen für freiwillig Versicherte,
780 Beitragswochen für Altersinvalidenrente (RVO. § 1262).

Die in der Invaliden-, Angestellten- und Knappschaftspensionsversicherung gezahlten Beiträge werden dabei zusammengezählt (Wanderversicherung — RVO. § 1544a);

2. *Aufrechterhaltung der Anwartschaft*

a) Für jedes Kalenderjahr müssen mindestens 26 Wochenbeiträge entrichtet werden; für das Kalenderjahr, in dem die Versicherung beginnt, genügt eine geringere Zahl von Beiträgen; für das Kalenderjahr, in dem der Versicherungsfall eintritt, sind keine Beiträge erforderlich (RVO. § 1264),

b) Anwartschaft gilt als erhalten, wenn beim Versicherungsfall (Invalidität, Tod, Vollendung des 65. Lebensjahres) die Zeit seit dem ersten Eintritt in die Versicherung mit Beiträgen bis zur Hälfte belegt ist (RVO. § 1265) (Halbdeckung).

Zur Vermeidung von Härten sind bestimmte „Ersatzzeiten" (Zeiten, in denen keine Beiträge entrichtet zu werden brauchen) (RVO. § 1267) vorgesehen. Aus Beiträgen, die bis 31. 12. 1948 entrichtet sind, gilt die Anwartschaft bis zu diesem Tage erhalten, sofern der Versicherungsfall nicht vor dem 1. 1. 1949 eingetreten ist (SozVersAnpG. § 4).

3. *Eintritt des Versicherungsfalls* (RVO. § 1253)

a) *Invalidität.* Als Invalide gilt der Versicherte, der infolge von Krankheit oder anderen Gebrechen oder Schwäche seiner körperlichen oder geistigen Kräfte nicht imstande ist, durch eine seinen Kräften und Fähigkeiten entsprechende und ihm unter billiger Berücksichtigung seiner Ausbildung und seines bisherigen Berufes zuzumutende Tätigkeit die Hälfte (SozVersAnpG. § 2, nach der bisherigen Regelung der RVO. § 1254 „ein Drittel") dessen zu erwerben, was körperlich und geistig gesunde Personen derselben Art mit ähnlicher Ausbildung in derselben Gegend durch Arbeit zu verdienen pflegen (RVO. § 1254).

Man unterscheidet:

α) dauernde Invalidität,

β) vorübergehende Invalidität, wenn die Invalidität ununterbrochen 26 Wochen gedauert hat oder nach Wegfall des Krankengeldes noch besteht.

b) *Vollendung des 65. Lebensjahres.*

c) *Tod des Versicherten* für Hinterbliebenenrenten (Witwen-, Witwer- und Waisenrenten) (RVO. § 1255).

Leistungen:

1. *Invalidenrente, Altersinvalidenrente.* Sie setzt sich zusammen aus (RVO. § 1268):

a) einem *Grundbetrag* von 156,— DM im Jahre,

b) einem jährlichen *Steigerungsbetrag* in Höhe von 1,2 % der in den Quittungskarten eingetragenen Entgelte. Mindeststeigerungsbetrag 84,— DM jährlich (RVO. § 1269)

c) *Kinderzuschüssen* von jährlich 120,— DM für jedes Kind bis zum vollendeten 18. Lebensjahr (RVO. § 1271);

2. *Hinterbliebenenrente* (RVO. § 1255)

a) *Witwenrente* (SozVersAnpG. § 3) (RVO. § 1272),

α) *Grundbetrag* 132,— DM jährlich

β) $^5/_{10}$ der *Steigerungsbeträge* der Invalidenrente,

b) *Waisenrente*, bestehend aus (RVO. § 1272),

α) *Grundbetrag* 84,— DM jährlich

β) $^4/_{10}$ der *Steigerungsbeträge* der Invalidenrente;

c) *Witwerrente* erhält der erwerbsunfähige, bedürftige Ehemann nach dem Tode seiner versicherten Ehefrau, wenn die Verstorbene den Unterhalt ihrer Familie überwiegend bestritten hat (RVO. § 1257). Sie berechnet sich wie die Witwenrente (§ 1272).

Die Hinterbliebenenrenten dürfen zusammen nicht höher sein als die Rente nebst Kinderzuschuß, die dem Verstorbenen zur Zeit des Todes zugestanden hätte, wenn er zu diesem Zeitpunkt invalide gewesen wäre (RVO. § 1273).

3. *Krankenversicherung der Rentner* bei der Allgemeinen Ortskrankenkasse oder Landkrankenkasse (ohne Barleistungen wie Kranken- und Hausgeld) gem. Verordnung über die Krankenversicherung der Rentner vom 4. 11. 1941.

4. Zur Zeit in manchen Ländern außer Kraft: *Beitragserstattungen* an weibliche Versicherte im Falle ihrer Verheiratung (RVO. § 1309a).

5. *Heilverfahren* zur Abwendung einer drohenden Invalidität oder zur Wiedererlangung der Erwerbsfähigkeit (RVO. § 1310): Unterbringung in einem Krankenhaus oder in einer Anstalt für Genesende (§ 1311). Angehörige erhalten während des Heilverfahrens ein Hausgeld (§ 1312).

IV. Angestelltenversicherung

(Angestelltenversicherungsgesetz)

A. *Versicherungsnehmer*

I. *Versicherungspflichtig* sind

1. *sämtliche Angestellten* — einschließlich derjenigen in leitender Stellung —, soweit ihr Jahresarbeitsverdienst ohne die sozialen Zuschläge 7200,— DM nicht überschreitet und sie beim Eintritt in die versicherungspflichtige Beschäftigung das Alter von 60 Jahren noch nicht vollendet haben (AVG. § 1

2. *selbständige Musiker, Hebammen, Lehrer, Erzieher* sowie Personen, die in der *Krankenpflege* auf eigene Rechnung tätig sind, und in ihren Betrieben keine Angestellten beschäftigen (AVG. § 6);

3. *Artisten* mit einem Gehalt bis zu 7200,— DM jährlich.

Versicherungsfrei sind

1. kraft Gesetzes
derselbe Personenkreis wie bei der Invalidenversicherung (AVG. § 8 ff).

2. auf Antrag (nach Entscheidung der Landesversicherungsanstalt, auf Beschwerde des Oberversicherungsamtes — AVG. § 16)
   a) wem auf Grund früher geleisteter Dienste bereits Ruhegeld oder ähnliche Bezüge im Mindestbetrag der seinem Einkommen entsprechenden Rente bewilligt sind und daneben Anwartschaft auf Hinterbliebenenfürsorge gewährleistet ist (AVG. §§ 14,17);
   b) wer bei Eintritt in die versicherungspflichtige Beschäftigung bereits 50 Jahre alt ist (AVG. § 15).

II. *Freiwillige Versicherung*

Selbstversicherung, Weiterversicherung, Erneuerung der Versicherung und freiwillige Höherversicherung wie bei der Invalidenversicherung (AVG. § 21).

B. *Versicherungsleistungen:*

Voraussetzungen:

1. *Erfüllung der Wartezeit* von
   60 Pflichtbeitragsmonaten für Versicherungspflichtige,
   120 Beitragsmonaten für freiwillig Versicherte,
   180 Beitragsmonaten für Altersruhegeld (AVG. § 31).

Die in der Invaliden-, Angestellten- und Knappschaftspensionsversicherung gezahlten Beiträge werden dabei zusammengerechnet (Wanderversicherung RVO. § 1544 ff.).

2. *Aufrechterhaltung der Anwartschaft*
wie bei der Invalidenversicherung, wobei an Stelle der 26 Wochenbeiträge 6 Monatsbeiträge treten (AVG. § 28).

3. *Versicherungsfall*
   a) *Berufsunfähigkeit.* Als berufsunfähig gilt der Versicherte, dessen Arbeitsfähigkeit infolge von Krankheit oder anderen Gebrechen oder Schwäche seiner körperlichen oder geistigen Kräfte auf weniger als die Hälfte derjenigen eines körperlich und geistig gesunden Versicherten von ähnlicher Ausbildung und gleichwertigen Kenntnissen und Fähigkeiten herabgesunken ist (AVG. §§ 26, 27, 397).
   Man unterscheidet:
   α) dauernde Berufsunfähigkeit,
   β) vorübergehende Berufsunfähigkeit.
   b) *Vollendung des 65. Lebensjahres* (AVG. § 26);
   c) *Tod des Versicherten* für Hinterbliebenenrente (AVG. § 28).

Leistungen:

1. *Ruhegeld*, bei dauernder Berufsunfähigkeit ab sofort, bei vorübergehender nach 26 Wochen Fürsorge der Krankenversicherung, bestehend aus
   a) *Grundbetrag* in Höhe von 444,— DM (AVG. § 36) jährlich;

b) *jährlichem Steigerungsbetrag* in Höhe von 0,7 % der in den Versicherungskarten eingetragenen Entgelte bis zu einem Entgelt von 7200,— DM jährlich (2. Lohnabzugsverordnung vom 24. 4. 1942 § 11);

c) *Kinderzuschuß* von jährlich 120,— DM wie bei der Invalidenversicherung. (AVG. § 38 bzw. RVO. § 1271).

2. *Hinterbliebenenrente*

a) *Witwenrente* erhält die Witwe nach dem Tod des versicherten Mannes ohne Rücksicht auf Alter und Erwerbsfähigkeit oder Bedürftigkeit in Höhe von $^{5}/_{10}$ des Ruhegeldes (AVG. §§ 28, 39 bzw. RVO. § 1273),

b) *Waisenrente* in Höhe von $^{4}/_{10}$ des Ruhegeldes für jedes Kind (AVG. §§ 28, 39 bzw. RVO. § 1273),

c) *Witwerrente* erhält nach dem Tod der versichertenEhefrau der erwerbsunfähige Ehemann für die Dauer seiner Bedürftigkeit, sofern die Frau den Lebensunterhalt der Familie überwiegend bestritten hat, in Höhe von $^{5}/_{10}$ des Ruhegeldes (AVG. §§ 28, 39 bzw. RVO. § 1273).

Die Gesamtbezüge der Hinterbliebenen dürfen zusammen nicht höher sein als die Rente nebst Kinderzuschuß, die dem Verstorbenen zur Zeit des Todes zustand oder zugestanden hätte, wenn er zu diesem Zeitpunkt berufsunfähig geworden wäre (AVG. § 39 bzw. RVO. § 1273).

3. *Krankenversicherung der Rentner* wie bei der Invalidenversicherung;

4. *Beitragserstattung bei weiblichen Versicherten* wie bei der Invalidenversicherung (AVG. §§ 46, 47 bzw. RVO. § 1544a—n, 1309a).

5. *Heilverfahren* wie bei der Invalidenversicherung (AVG. § 51 bzw. RVO. § 1310 bis 1315).

V. Altersversorgung für das Handwerk

(Gesetz über die Altersversorgung für das Deutsche Handwerk vom 21. 12. 1938)

A. *Versicherungsnehmer*

I. *Versicherungspflichtig* sind alle selbständigen Handwerker und Handwerkerinnen, die in die Handwerkerrolle eingetragen sind, sofern der Beginn des Handwerksbetriebes vor Vollendung des 60. Lebensjahres erfolgt ist. Versicherungspflichtig ist auch die Witwe des Handwerkers, die den Betrieb nach dem Tode des Mannes fortführt. Die Versicherungspflicht besteht auch, wenn das Einkommen mehr als 7200,— DM jährlich beträgt und wenn der Betrieb mit Verlust arbeitet (HandwAVG., §§ 1, 2). Stillegung des Betriebes übt grundsätzlich keinen Einfluß auf die Versicherungspflicht aus.

Der Versicherungspflicht unterliegen nicht:

1. Handwerkliche Nebenbetriebe bei Unternehmungen des Handels (Kaufhäusern), der Industrie, der Landwirtschaft und bei sonstigen gewerblichen Unternehmen.

2. Bezirksschornsteinfeger.

Versicherungsfrei sind

1. kraft Gesetzes
derselbe Personenkreis wie bei der Angestellten- und Invalidenversicherung;

2. auf Antrag

a) wie bei der Angestelltenversicherung mit Ausnahme der Befreiung wegen Vollendung des 50. Lebensjahres;

b) die Witwe des Handwerkers, wenn sie nach dem Tod des Ehemannes den Betrieb fortführt, und zwar wenn

α) sie eine Witwenrente aus der Invaliden- oder Angestelltenversicherung bezieht,

β) ihr aus der Lebensversicherung des Mannes eine gesetzlich ausreichende Versicherungsleistung gewährt wird,

γ) sie den Betrieb binnen einem Jahr nach dem Tode des Mannes aufgibt (VO. zur Durchführung des Gesetzes vom 13. 7. 1939, § 33).

Der Antrag kann nur binnen 2 Jahren nach dem Tode des Handwerkers gestellt werden.

c) Handwerker, die mit einer öffentlichen oder privaten Lebensversicherungsunternehmung für sich und ihre Hinterbliebenen einen Versicherungsvertrag für den Fall des Todes und des Erlebens des 65. oder eines niedrigeren Lebensalters abschließen, sofern und solange sie für ihre Lebensversicherung mindestens ebensoviel aufwenden, wie sie zur Rentenversicherung der Angestellten zu zahlen hätten. Ist der Lebensversicherungsvertrag auf die Zahlung eines Kapitals gerichtet, so ist außerdem erforderlich, daß die Versicherungssumme mindestens 5000,— DM beträgt und daß etwaige Gewinnanteile zur Erhöhung der Versicherungsleistung verwendet werden.

d) Handwerker von der halben Beitragsleistung (Halbversicherung), wenn und solange sie für ihre Lebensversicherung mindestens halbsoviel aufwenden, wie sie zur Rentenversicherung für Angestellte zu zahlen hätten. Die Kapitalsumme der Lebensversicherung muß mindestens 2500,— DM betragen. Sonst wie oben. (HandwAVG. §§ 5, 7, 8).

(Ist infolge der Währungsreform von 1948 die Lebensversicherungssumme auf weniger als 5000,— DM bzw. 2500,— DM herabgesetzt worden — siehe Seite 177/8 —, so ist der Handwerker wieder versicherungspflichtig, wenn er die Lebensversicherung nicht auf die alte Summe erhöht).

II. *Freiwillige Versicherung*

Selbstversicherung, Weiterversicherung, Erneuerung der Versicherung wie bei der Invaliden- und Angestelltenversicherung.

B. *Versicherungsleistungen*

Voraussetzungen und Leistungen wie bei der Angestelltenversicherung.

Besonderheiten:

a) Halbversicherte Handwerker erhalten nur den halben Grundbetrag und die den halben Beiträgen entsprechenden Steigerungsbeträge (HandwAVG. § 6).

b) Der Versicherungsträger kann die Gewährung eines Heilverfahrens für einen halbversicherten Handwerker davon abhängig machen, daß er die Kosten zur Hälfte trägt (HandwAVG. § 6).

VI. Knappschaftsversicherung

(Reichsknappschaftsgesetz vom 1. 7. 1926)

A. *Versicherungsnehmer*

Versicherungspflichtig sind die in den knappschaftlichen Betrieben (Betrieben, in denen Mineralien oder ähnliche Stoffe bergmännisch gewonnen werden) beschäftigten

1. Arbeiter ohne Einschränkung,
2. Angestellten, sofern ihr Jahresarbeitsverdienst 8400,— DM nicht übersteigt und sie ausschließlich oder überwiegend für den technischen, wirtschaftlichen oder kaufmännischen Betrieb eines Knappschaftsunternehmens arbeiten (KnG. §§ 1, 28, AVG. § 13, KnVersAnpG. § 7).

Im einzelnen ist die Versicherungspflicht, die Versicherungsbefreiung und die freiwillige Versicherung wie bei der Kranken- bzw. Invaliden- oder Angestelltenversicherung geregelt.

B. *Versicherungsleistungen*

I. *Knappschaftliche Krankenversicherung*

wie bei der sonstigen Krankenversicherung gemäß RVO. (KnG. § 20).

II. *Knappschaftliche Rentenversicherung*

Voraussetzungen:

1. Erfüllung der Wartezeit (KnG. § 43)
2. Aufrechterhaltung der Anwartschaft (KnG. § 44)

{ wie bei der Invaliden- od. Angestelltenversicherung.

3. *Eintritt des Versicherungsfalls*

a) *Berufsunfähigkeit.* Als berufsunfähig gilt, wer infolge von Krankheit oder anderer Gebrechen oder Schwäche seiner körperlichen oder geistigen Kräfte nicht mehr imstande ist, die von ihm bisher verrichtete körperliche Tätigkeit oder andere, im wesentlichen gleichwertige und wirtschaftlich gleichartige Tätigkeiten von Personen mit ähnlicher Ausbildung sowie gleichwertigen Fähigkeiten und Kenntnissen in knappschaftlich versicherten Betrieben auszuüben (KnG. § 55),

b) *Invalidität* wie bei der Invalidenversicherung.
Unterschieden werden dauernde und vorübergehende Berufsunfähigkeit bzw. Invalidität, analog der Invalidenversicherung.

c) *Vollendung des 65. Lebensjahres,*

d) *Tod des Versicherten* für die Hinterbliebenenrenten,

e) *Verrichtung langjähriger bergmännischer Arbeit* für den Knappschaftssold.

Leistungen:

1. *Knappschaftsrente im Falle der Berufsunfähigkeit.* Sie setzt sich zusammen aus

a) jährlicher *Steigerungsbetrag* = 1,5⁰/₀ des Entgelts des Versicherten,

b) *Leistungszuschlag* nach mindestens 10 vollen Jahren Hauerarbeit unter Tage für jedes weitere volle Jahr solcher Arbeit, und zwar

je 12,— DM für die ersten 10 weiteren Jahre,

je 24,— DM für die nächsten 10 Jahre,

je 36,— DM für jedes weitere Jahr.

c) *Kinderzuschuß* in Höhe von 120,— DM für jedes Kind bis zum 18. Lebensjahr.

Mindestbetrag der Knappschaftsrente: 600,— DM jährlich.

2. *Knappschaftsvollrente im Falle der Invalidität,* bestehend aus

a) einem jährlichen Steigerungsbetrag von 2,4⁰/₀ des Entgeltes,

b) einem *Leistungszuschlag* wie oben.

Mindestbetrag der Knappschaftsvollrente: 600,— DM jährlich.

Knappschaftsrente und Knappschaftsvollrente dürfen 80 bzw. 90% des jährlichen Entgeltes des Versicherten nicht überschreiten, andernfalls wird der Steigerungsbetrag entsprechend gekürzt (KnG. § 7).

3. *Knappschaftssold* (auf Antrag) wenn
   a) der Versicherte das 50. Lebensjahr vollendet,
   b) 300 Beitragsmonate zurückgelegt,
   c) in dieser Zeit mindestens 180 Beitragsmonate wesentlich bergmännische Arbeiten verrichtet und
   d) die Anwartschaft aufrechterhalten hat.

   Der Knappschaftssold beträgt jährlich 720,— DM und fällt mit der Gewährung der Knappschaftsrente oder Knappschaftsvollrente fort.

4. *Hinterbliebenenrenten* und zwar
   a) *Witwenrente* = 6/10 der Knappschaftsrente,
   b) *Witwenvollrente* (Voraussetzung wie bei der Witwenrente der Invalidenversicherung) = 6/10 der Knappschaftsvollrente,
   c) *Waisenrente* = 300,— DM für jede Waise bis zum 18. Lebensjahr.

   Höchstbetrag der Hinterbliebenenrenten zusammen wie bei der Invalidenversicherung. Unter Umständen wird eine einmalige Bestattungsbeihilfe gewährt.

5. *Bergmannstreuegeld* (wird zur Zeit nicht gewährt), wenn der Versicherte
   a) mindestens 180 Monate wesentlich bergmännische Arbeiten verrichtet und
   b) das 50. Lebensjahr vollendet hat,

   für jedes volle Jahr, in dem er weiterhin als Hauer unter Tage arbeitet. Es beträgt für die beiden ersten vollen Jahre der weiteren Hauertätigkeit je 500,— DM, für jedes folgende volle Jahr 1000,— DM. Es wird zusammen mit der Knappschaftsrente oder Knappschaftsvollrente ausbezahlt. Im Falle des Todes steht es den Angehörigen zu.

6. *Krankenversicherung der Rentner* wie bei der Invalidenversicherung.
7. *Beitragserstattungen weiblicher Versicherter* wie bei der Invalidenversicherung.
8. *Vorbeugende Fürsorge und Heilverfahren* wie bei den übrigen Rentenversicherungen.

Anmerkung zu III – IV, Zuschläge zu den Renten nach dem SozVerAnpG. und KnVersAnpG.

In der *Rentenversicherung der Arbeiter* (Invalidenversicherung) und in der *Rentenversicherung der Angestellten* (Angestelltenversicherung) werden zu den Renten Zuschläge bis auf weiteres in folgender Höhe gewährt (SozVersAnpG. § 1):

zu Invalidenrenten und Ruhegeldern monatlich 15,— DM, Rente jedoch mindestens 50,— DM monatlich;

zu Witwen- und Witwerrenten monatlich 12,— DM, Rente jedoch mindestens 40,— DM monatlich;

zu Waisenrenten monatlich 6,— DM, Rente jedoch mindestens 30,— DM monatlich;

zu den Kinderzuschüssen monatlich 5,— DM für jedes zuschußberechtigte Kind. Die Vorschrift (RVO. § 1273), nach der die Hinterbliebenenrenten zusammen die Rente des Verstorbenen nicht übersteigen dürfen, findet auf diese Zuschläge keine Anwendung.

In der *knappschaftlichen Rentenversicherung* betragen die Zuschläge (KnVersAnpG. § 1)

zu Knappschafts- und Knappschaftsvollrenten 180,— DM jährlich = 15,— DM monatlich;

zu Witwen- und Witwenvollrenten jährlich 144,— DM = 12,— DM monatlich;

zu Waisenrenten jährlich 72,— DM = 6,— DM monatlich;

zu den Kinderzuschüssen jährlich 60,— DM = 5,— DM monatlich.

Mindestbeträge der Renten wie oben.

VII. Arbeitslosenversicherung

(Gesetz über Arbeitsvermittlung und Arbeitslosenversicherung vom 16. 7. 1927 in der Fassung der Bekanntmachung vom 12. 10. 1929)

A. *Versicherungsnehmer*

Versicherungspflichtig sind (AVAVG. § 69):

1. wer als Arbeiter oder Angestellter auf Grund der RVO. oder des RKnG. für den Fall der Krankheit pflichtversichert ist,
2. wer als Angestellter auf Grund des Angestelltenversicherungsgesetzes pflichtversichert ist und der Pflicht zur Krankenversicherung nur deshalb nicht unterliegt, weil er die Verdienstgrenze der Krankenversicherung überschritten hat,
3. wer als Angestellter in höherer oder leitender Stellung auf Grund des Angestelltenversicherungsgesetzes pflichtversichert ist.

Unständige Beschäftigungen sind versicherungspflichtig, soweit das Arbeitsministerium dies anordnet (AVAVG. § 75b).

Versicherungsfrei sind:

1. land- und forstwirtschaftliche Beschäftigungen in einem land- und forstwirtschaftlichen Betrieb, wenn der Arbeitnehmer in die häusliche Gemeinschaft des Unternehmers aufgenommen ist, in dem Betriebe wohnt und überwiegend mit Sachbezügen entlohnt wird oder selbst ein Grundstück bewirtschaftet oder Ehegatte oder Abkömmling ist.
2. Beschäftigungen auf Grund eines schriftlichen Lehrvertrages (AVAVG. § 74) oder solange der Arbeitnehmer noch volksschulpflichtig ist (AVAVG. § 74b);
3. Beschäftigungen in der Seeschiffahrt, wenn der regelmäßige Jahresarbeitsverdienst die Grenze der Angestelltenversicherungspflicht überschreitet (AVAVG. § 75);
4. Geringfügige Beschäftigungen (AVAVG. § 75a);
5. Tätigkeit von Zwischenmeistern, die nicht den überwiegenden Teil ihres Verdienstes aus ihrer eigenen Arbeit am Stück beziehen (AVAVG. § 75c).

B. *Versicherungsleistungen:*

Voraussetzungen:

Anspruch auf Arbeitslosenunterstützung hat, wer

1. *unfreiwillig arbeitslos, arbeitsfähig und arbeitswillig ist (AVAVG. § 87).*

   Wer sich ohne berechtigten Grund trotz Belehrung weigert, eine Arbeit anzunehmen oder anzutreten, auch wenn sie außerhalb seines Wohnortes zu verrichten ist (AVAVG. § 90), oder wer sich ohne berechtigten Grund weigert, sich einer beruflichen Ausbildung, Fortbildung oder einer Umschulung zu unterziehen (AVAVG. § 92), oder wer seine Arbeitsstelle ohne wichtigen oder ohne berechtigten Grund aufgegeben oder durch ein Verhalten verloren hat, das zur fristlosen Entlassung berechtigt (AVAVG. § 93), erhält für 4 Wochen keine Arbeitslosenunterstützung. Diese *Sperrfrist* kann in milder zu beurteilenden Fällen auf 2 Wochen herabgesetzt, in schweren Fällen, insbesondere im Wiederholungsfall bis auf 8 Wochen verlängert werden (AVAVG. § 93a).

Ausgeschlossen von der Arbeitslosenversicherung sind:

a) wer Arbeitsmöglichkeiten beharrlich nicht nutzt, seiner Registrierungspflicht nicht nachgekommen ist oder die Bemühungen, ihm Arbeit zu verschaffen, beharrlich vereitelt (AVAVG. § 93c);

b) Arbeitslose, deren Arbeitslosigkeit durch einen inländischen Ausstand oder eine inländische Aussperrung verursacht ist, während des Ausstandes oder der Aussperrung (AVAVG. § 94).

Arbeitsfähig ist, wer imstande ist, durch eine Tätigkeit, die seinen Kräften und Fähigkeiten entspricht und ihm unter billiger Berücksichtigung seiner Ausbildung und seines bisherigen Berufes zugemutet werden kann, wenigstens ein Drittel dessen zu erwerben, was geistig und körperlich gesunde Personen derselben Art mit ähnlicher Ausbildung in derselben Gegend durch Arbeit zu verdienen pflegen (AVAVG. § 88).

2. *die Anwartschaft erfüllt und den Anspruch auf Arbeitslosenunterstützung nicht erschöpft hat* (AVAVG. § 87).

   Die *Anwartschaft* ist erfüllt, wenn der Arbeitslose in den letzten 12 Monaten vor der Arbeitslosmeldung wenigstens 26 Wochen in einer versicherungspflichtigen Beschäftigung gestanden hat (AVAVG. § 95). Bestimmte Tätigkeiten oder Ereignisse (versicherungsfreie Beschäftigungen, Krankheit, Schwangerschaft, Bezug von Arbeitslosenunterstützung u. ä.) werden in diese Rahmenfrist nicht eingerechnet (AVAVG. § 95/2).

   Unterstützungsdauer: allgemein 13 Wochen;

   für Arbeitslose, die innerhalb der vorerwähnten Rahmenfrist, wenigstens 39 Wochen versicherungspflichtig beschäftigt gewesen sind: 20 Wochen;
   für Arbeitslose, die wenigstens 52 Wochen beschäftigt gewesen sind : 26 Wochen.
   Die Unterstützungsdauer beginnt nach jeder Erfüllung einer neuen Anwartschaft von neuem (AVAVG. § 99).

3. *wer die Wartezeit hinter sich hat* (AVAVG. § 110). Die Wartezeit beginnt mit dem Tag der Arbeitslosmeldung und dauert regelmäßig bei Arbeitslosen ohne zuschlagsberechtigte Angehörige 7 Tage, bei Arbeitslosen mit zuschlagsberechtigten Angehörigen 3 Tage (AVAVG. § 110a, 110b).

Leistungen:

1. ***Hauptunterstützung.*** Sie wird nach dem tatsächlichen Arbeitsentgelt (RVO. § 160) bemessen, das der Arbeitslose in den letzten 13 Wochen, bei monatlicher Berechnung des Arbeitsentgeltes in den letzten 3 Monaten versicherungspflichtiger Beschäftigung vor der ersten Arbeitslosmeldung, die dem Erwerb der Anwartschaft folgte, durchschnittlich bezogen hat. Ein höheres Arbeitsentgelt als 12,50 DM täglich, 87,50 DM wöchentlich oder 375,— DM monatlich darf nicht zugrunde gelegt werden (Gesetz zur Änderung des Gesetzes über Arbeitsvermittlung und Arbeitslosenversicherung vom 29. 3. 51 § 1). *Hauptunterstützung* und *Familienzuschläge* werden nach der dem Gesetz als Anlage beigefügten Tabelle gewährt.

Auszug aus dieser Tabelle:

Arbeitsentgelt je Woche von bis DM	Haupt-unter-stützung DM	Arbeitslosenunterstützungs-Wochensätze mit . . . Familienangehörigen 1 DM	2 DM	3 DM	4 DM	5 DM	6 DM	Höchst-betrag DM
10,— bis 11,99	8,70	9,90	—	—	—	—	—	9,90
20,— bis 21,99	14,40	17,40	—	—	—	—	—	17,40
30,— bis 31,99	18,60	22,20	24,—	24,90	—	—	—	24,90
40,— bis 41,99	21,60	25,80	27,90	30,—	32,10	32,70	—	32,70
50.— bis 51,99	23,40	28,20	30,60	33,—	35,40	37,80	38,40	38,40
60,— bis 61,99	25,20	30,30	32,70	35,10	37,50	39,90	42,30	42,60
70,— bis 71,99	26,40	31,80	34,50	37,20	39,90	42,60	45,30	49,80
80,— bis 81,99	27,60	33,—	35,70	38,40	41,10	43,80	46,50	56,70
86,— bis 87,50	28,50	34,20	37,20	40,20	43,20	46,20	49,20	60,90

Höchstbetrag, wenn mehr als die angegebenen zuschlagsberechtigten Familienangehörigen vorhanden.

Zuschlagsberechtigte Angehörige des Arbeitslosen sind Angehörige, denen er auf Grund einer rechtlichen Pflicht ganz oder überwiegend Unterhalt gewährt hat oder im Falle seiner Leistungsfähigkeit zu gewähren hätte. Familienzuschlag wird nicht gewährt, sofern der Angehörige in der Lage ist, seinen Lebensunterhalt aus eigenen Kräften und Mitteln zu beschaffen, oder für seine Person Hauptunterstützung bezieht (AVAVG. § 103).

2. *Kurzarbeiterunterstützung* auf Anordnung der Landesregierung für Arbeitnehmer, die in einer versicherungspflichtigen Beschäftigung stehen, aber in einer Kalenderwoche infolge Arbeitsmangels die in ihrer Arbeitsstätte übliche Anzahl von Arbeitsstunden nicht erreichen und deswegen Lohnausfälle haben. Kurzarbeiterunterstützung darf nicht höher als die Arbeitslosenunterstützung sein und zusammen mit dem Arbeitsentgelt $^5/_6$ des vollen Arbeitsentgelts nicht übersteigen (AVAVG. § 130).

3. *Krankenversicherung Arbeitsloser.* Während des Bezuges der Hauptunterstützung sind die Arbeitslosen bei der Allgemeinen Ortskrankenkasse bzw. der einschlägigen Knappschaft oder der Seekrankenkasse für den Fall der Krankheit versichert (AVAVG. §§ 117, 121).

Literaturübersicht:

Angegeben sind nur die wichtigsten, heute noch wesentlichen Werke. Spezialliteratur ist in den Schrifttumsnachweisen am Ende eines jeden Paragraphen verzeichnet. Im allgemeinen ist jedes Werk nur einmal genannt.

Versicherungslehre:

Gürtler, Max, „Die Kalkulation der Versicherungsbetriebe", Berlin 1936.

Herrmannsdorfer, Fritz, „Versicherungswesen", Berlin 1928 (Enzyklopädie der Rechts- und Staatswissenschaften).

Liebig, E. Freiherr von, „Das deutsche Feuerversicherungswesen", Berlin 1911.

Manes, Alfred, „Versicherungswesen (System der Versicherungswirtschaft)", Leipzig und Berlin 1930/32.
„Grundzüge des Versicherungswesens", Leipzig 1932.

Moldenhauer, Paul, „Versicherungswesen", Tübingen 1922 (Grundriß der Sozialökonomik).

Moldenhauer, Paul, „Das Versicherungswesen". Neubearbeitung von *Werner David*, Berlin 1951.

Mowbray, Albert H., „Insurance" (War Department Education Manual EM 759), Washington 1944.

Rohrbeck, Walter, „Wesen, Gehalt und Reform der deutschen Privatversicherung", Berlin und München 1949.

Wagenführ, Horst, „Wirtschaftskunde des Versicherungswesens", Stuttgart 1938.

Wagner, Adolph, „Versicherungswesen" (Handbuch der Politischen Ökonomie, herausgegeben von Schönberg), Tübingen 1898.

Versicherungsrecht:

Ehrenberg, Victor, „Privatversicherungsrecht", Berlin 1923 (Enzyklopädie der Rechts- und Staatswissenschaften).

Gierke, Julius von, „Versicherungsrecht", Stuttgart 1947.

Hagen, Otto, „Seeversicherungsrecht", Berlin 1938.

Prölß, Erich R., „Versicherungsvertragsgesetz" (Kurzkommentar), München 1948.

Raiser, Rolf, „Kommentar der Allgemeinen Feuerversicherungs-Bedingungen", Berlin 1937.

Richter, Lutz, „Sozialversicherungsrecht", Berlin 1931 (Enzyklopädie der Rechts- und Staatswissenschaften).

Versicherungsmathematik:

Böhm, Friedrich, „Versicherungsmathematik", Berlin 1946 (Sammlung Göschen).

Riebesell, Paul, „Einführung in die Sachversicherungs-Mathematik, Berlin.

Zwinggi, Ernst, „Versicherungsmathematik", Basel 1945.

Sammelwerke:

Handwörterbuch der Staatswissenschaften, Wörterbuch der Volkswirtschaft.

„Versicherungs-Lexikon", herausgegeben von *Alfred Manes*, Berlin 1924.

„Die Praxis der Versicherungswirtschaft", Leipzig und Berlin 1936/38.

„Deutsche Versicherungswirtschaft", herausgegeben von *Lencer* und *Riebesell*, Berlin 1936—1939.

„Handbuch der Versicherung", herausgegeben von *Paul Riebesell*, Hamburg 1933.

„Wille, Wege und Wandlungen im Versicherungswesen", herausgegeben von *Walter Härle*, 1948.

„Schriftenreihe des Instituts für Versicherungswissenschaft der Universität Köln", herausgegeben von *W. Rohrbeck*, Berlin und München, bis jetzt als Neue Folge erschienen:

Heft 1/2: „Querschnitt durch die Versicherungsforschung", 1949.

Heft 3: „Versicherungsstand und Versicherungsprobleme des Auslandes", 1950.

Heft 4: „Sozial- und Privatversicherung", 1950.

Heft 5/6: „Aus der Privat- und Sozialversicherung des In- und Auslandes", 1950.

Heft 4: „Sozial- und Privatversicherung", 1950.

Heft 5/6: „Aus der Privat- und Sozialversicherung des In- und Auslandes", 1951.

Heft 7: „Sozialpolitik und private Krankenversicherung", 1951.

Heft 8: „Das Recht des Versicherungsvereins auf Gegenseitigkeit" (*W. Kisch*), 1951.

Zeitschriften:

„Zeitschrift für die gesamte Versicherungs-Wissenschaft", Berlin (erscheint seit dem Kriege nicht mehr).

„Veröffentlichungen des Deutschen Vereins für Versicherungs-Wissenschaft", Berlin (seit dem Kriege eingestellt).

„Versicherungswissenschaft, Versicherungspraxis, Versicherungsmedizin", München, jetzt „Deutsche Versicherungszeitschrift", Berlin-Bielefeld-München.

„Versicherungswirtschaft", Karlsruhe.

„Zeitschrift für Versicherungswesen", Hamburg.

Aufsätze über Versicherungsfragen finden sich ferner gelegentlich in den bekannten volkswirtschaftlichen Zeitschriften wie „Jahrbücher für Nationalökonomie und Statistik", „Weltwirtschaftliches Archiv", „Schmollers Jahrbuch" usw., sowie in den großen Tageszeitungen wie „Deutsche Zeitung und Wirtschaftszeitung", „Allgemeine Kölnische Rundschau", „Der Volkswirt Wirtschafts- und Finanzzeitung", „Frankfurter Allgemeine Zeitung für Deutschland".

Statistische Angaben finden sich in „Wirtschaft und Statistik" und in den Zeitschriften der verschiedenen statistischen Landesämter.

Namenverzeichnis

Sachverzeichnis

Schriftenreihe des Instituts für Versicherungswissenschaft an der Universität Köln / Neue Folge

Begründet von Professor Dr. jur., Dr. phil. W. Rohrbeck †
Fortgeführt von Professor Dr. sc. pol. P. Braeß

1/2 **Querschnitt durch die Versicherungsforschung.** Hrsg. von Prof. Dr. *W. Rohrbeck*. 218 S. 1949. DM 22,60.

3 **Versicherungsstand und Versicherungsprobleme des Auslandes.** Hrsg. von Prof. Dr. *W. Rohrbeck*. 165 S. 1950. DM 18,60.

4 **Sozial- und Privatversicherung.** (Volkswirtschaftlich gesehen.) Hrsg. von Prof. Dr. *W. Rohrbeck*. IV, 194 S. 1950. DM 19,80.

5/6 **Aus der Privat- und Sozialversicherung des In- und Auslandes.** Hrsg. von Prof. Dr. *W. Rohrbeck*. 251 S. 1951. DM 28,80.

7 **Sozialpolitik und private Krankenversicherung.** Hrsg. von Prof Dr. *W. Rohrbeck*. 115 S. 1951. DM 12,80.

8 **Das Recht des Versicherungsvereins auf Gegenseitigkeit.** Von Prof. Dr. *W. Kisch*. 376 S. 1951. DM 36,60.

9 **50 Jahre materielle Versicherungsaufsicht** nach dem Gesetz vom 12. Mai 1901. Hrsg. von Prof. Dr. *W. Rohrbeck*.
1: **Allgemeine Fragen des Versicherungsrechts und der Versicherungswirtschaft.** XVI, 364 S. 1952. Ln. DM 48,—.

10 2: **Entwicklung und Fortschritt in den beaufsichtigten Institutionen.** VII, 384 S. 1952. Ln. DM 48,—.

11 3: **Versicherungsaufsicht im In- und Ausland** — Nachschlageregister über die Veröffentlichungen der Aufsichtsbehörde für das Versicherungswesen in den ersten 50 Jahren. 599 S. und 9 Abb. 1955. Ln. DM 78,—.

12 **Rechtsfragen aus der Privat- und Sozialversicherung.** Hrsg. von Prof. Dr. *E. Roehrbein*. 164 S. 1953. DM 16,60.

13 **Luftfahrt und Versicherung.** Von Dr. *R. Schmetzke*. 229 S. 1954. DM 28,—.

14 **Systeme der Staatsaufsicht über Versicherungsunternehmungen.** Von Dr. *P. Boss*. 124 S. 1955. DM 15,80.

15 **Die versicherungstechnischen Grundlagen der deutschen privaten Krankheitskostenversicherung.** Von Dr. *G. Jäger*. 132 S. 1958. DM 19,60.

16 **Aufgaben und Ziele in der Maschinenversicherung.** Von Dr. *W. Schiemann*. 204 S. 1961. DM 24,60.

17 **Die Versicherungsmärkte.** Von Prof. Dr. *D. Farny*. 181 S. 1961. DM 22,60.

18 **Die periodische Kostenrechnung im Versicherungsbetrieb.** Von Dr. *F. Gürtler*. 186 S. 1964. DM 24,60.

19 **Steuer und Rechnungsabschluß in der Versicherungswirtschaft.** Von Dr. *L. Hoefeld*. 154 S. 1964. DM 26,60.

20 **Grundlagen eines risikogerechten Schwankungsfonds für Versicherungsunternehmen.** Von Dr. *W. Karten*. 230 S. 1966. DM 38,60.

21 **25 Jahre Institut für Versicherungswissenschaft an der Universität zu Köln.** Hrsg. von Prof. Dr. *P. Braeß*. 93 S. 1966. DM 12,60.

22 **Das Problem der Bestandsrentenanpassung in den Rentenversicherungen der Arbeiter und Angestellten.** Von Dr. *W. Hippe*. 166 S. 1966. DM 26,60.

23 **Sterbekassen in alter und neuer Zeit.** Von *E. Vesper* †. XX, 534 S. 1966. DM 68,60.

24 **Der optimale Versicherungsbestand.** Von Dr. *G. Schmidt*. 148 S. 1968. DM 25,80.

25 **Angebot und Nachfrage in der Seeversicherung.** Von Dr. *W. Jakobi*. 243 S. 1969. DM 48,60.

26 **Die Rechnungslegung der Schadenversicherungsunternehmen gegenüber den Versicherungsaufsichtsbehörden in den Vereinigten Staaten von Amerika.** Von Dr. *H. Aufenanger*. 191 S. 1970. DM 46,60.

DUNCKER & HUMBLOT / BERLIN